Kohlhammer

Jahrbuch für badische Kirchen- und Religionsgeschichte

11. Band

Herausgegeben im Auftrag des Vorstands des
Vereins für Kirchengeschichte
in der Evangelischen Landeskirche in Baden
von Udo Wennemuth

2017

Verlag W. Kohlhammer Stuttgart

Die Drucklegung des Jahrbuchs für badische Kirchen- und Religionsgeschichte erfolgt mit Unterstützung der Evangelischen Landeskirche in Baden.

Das Jahrbuch für badische Kirchen- und Religionsgeschichte erscheint jährlich. Die für die Zeitschrift bestimmten Beiträge sind einzureichen beim Geschäftsführer des Vereins für Kirchengeschichte in der Evangelischen Landeskirche in Baden, Landeskirchliches Archiv, Blumenstraße 1, 76133 Karlsruhe. Die Beiträge werden in gemäßigter neuer Rechtschreibung erbeten. Beiträge werden ausschließlich in elektronischer Form entgegengenommen. Richtlinien für die Erstellung der Textdateien sind beim Geschäftsführer zu erfragen.
Das Verlagsrecht auf die in der Zeitschrift veröffentlichten Beiträge bleibt dem Verein für Kirchengeschichte in der Evangelischen Landeskirche in Baden auf drei Jahre vom Zeitpunkt der Veröffentlichung an vorbehalten.
Rezensionsexemplare sind gleichfalls dem Geschäftsführer des Vereins für Kirchengeschichte (Anschrift wie oben) einzureichen. Die Weitergabe der Besprechungsexemplare an die Rezensenten erfolgt durch die Schriftleitung.

Alle Rechte vorbehalten
© 2017 Verein für Kirchengeschichte in der Evangelischen Landeskirche in Baden
Kommissionsverlag: W. Kohlhammer GmbH, Stuttgart
Reproduktionsvorlage: wiskom e. K., Friedrichshafen
Gesamtherstellung:
W. Kohlhammer GmbH, Stuttgart

Print:
ISBN 978-3-17-033191-4

Für den Inhalt abgedruckter oder verlinkter Websites ist ausschließlich der jeweilige Betreiber verantwortlich. Die W. Kohlhammer GmbH hat keinen Einfluss auf die verknüpften Seiten und übernimmt hierfür keinerlei Haftung.

Editorial

Dass auch der Jahrgang 2017 des Jahrbuchs für badische Kirchen- und Religionsgeschichte einen solch stattlichen Umfang aufweist, ist ein deutliches Anzeichen, dass das Jahrbuch von den Forschenden zur badischen Kirchengeschichte gern als Publikationsort angenommen wird. Dabei ist bemerkenswert, dass auch Autorinnen und Autoren aus dem nichtbadischen Raum im Jahrbuch veröffentlichen bzw. dass auch Autorinnen und Autoren das Jahrbuch als geeignetes Publikationsorgan ansehen, die nicht dem Verein für Kirchengeschichte angehören.

Manch eine Leserin oder ein Leser wird vielleicht eine Rubrik „Reformationsjubiläum" vermissen. Auf eine besondere Veranstaltung zum Reformationsjubiläum hat der Verein für Kirchengeschichte bewusst verzichtet. Dennoch gibt es in zahlreichen anderen Rubriken Aufsätze zu reformationsgeschichtlichen Themen, die häufig auf Vorträge zurückgehen, so der Beitrag von Konrad Fischer zur Bekenntnisbildung bei Melanchthon, von Daniel Abendschein zu Simon Sulzer oder die Beiträge von Kurt Andermann, Thomas Fuchs und Albrecht Ernst über Reformation in der Region zwischen Rhein und Odenwald. Die beiden ersteren Beiträge gehen auf einen Studientag über die Reformation im Kraichgau am 18. Februar 2017 in Kraichtal-Münzesheim zurück.

Auch zweier anderer Jubiläen konnte im Jahrbuch gedacht werden. Anlässlich des 200. Todestages von Johann-Heinrich Jung-Stilling können zwei bisher unbekannte Briefe Jung-Stillings durch Annika Stello aus dem Bestand der Badischen Landesbibliothek ediert und vorgestellt werden. Und Jörg Winter blickt auf den 60. Geburtstag der 1958 erlassenen und seither vielfach angepassten Grundordnung unserer Landeskirche voraus.

Bewährte Formate im Veranstaltungszyklus des Vereins wurden auch 2016/2017 beibehalten. Die Jahrestagung des Vereins für Kirchengeschichte fand im Oktober 2016 in Pforzheim zum Thema „Stiftskirchen" statt. Leider war es nur möglich, den Beitrag von Sven Rabeler zur Stiftskirche in Pforzheim, in dem auch viel Grundsätzliches zur Stiftskirchenforschung gesagt wird, hier abzudrucken. Der Studientag in Bretten, der in bewährter Zusammenarbeit mit der Europäischen Melanchthonakademie veranstaltet wurde, befasste sich mit der Bekenntnisfrage in Baden von der Reformationszeit bis zur Gegenwart. Dankenswerterweise haben alle drei Referenten, Konrad Fischer, Johannes Ehmann und Georg Gottfried Gerner-Wolfhard, ihre Vorträge für eine Veröffentlichung im Jahrbuch zur Verfügung gestellt.

In den Beiträgen stellt Johannes Ehmann sein Konzept einer Historia ecclesiae badensis vor; wir sind gespannt auf den demnächst erscheinenden ersten Band. Das Band der Themen in den Beiträgen ist auch jenseits der Stiftskirchenproblematik breit gestreut: Es geht um die Neuorientierung des Schulwesens unter dem Einfluss des Neuhumanismus (Gerhard Schwinge), um Leistungen der bürgerlichen Gemeinde für Messner- und Organistendienste (Uwe Kai Jakobs) und den Informationsgehalt des Gesetzes- und Verordnungsblattes für die Kirchengeschichte im „Dritten Reich" (Ulrich Bayer).

Über den hohen Stellenwert der Rubrik aus Orten und Regionen bin ich besonders glücklich. Neben den bereits erwähnten reformationsgeschichtlichen Vorträgen setzte Helmut Neumaier seine Studien zur Kirchengeschichte des Baulandes eindrucksvoll fort. Gleiches gilt auch für die Rubrik „Biographisches". Der Beitrag von Daniel Abendschein über Sulzer macht neugierig auf die Veröffentlichung seiner Dissertation, die in der Reihe des Vereins erscheinen wird. Die Tradition der Beschäftigung mit den badischen Theologinnen setzt Sarah Banhardt mit ihrem Beitrag über Elsbeth Overbeck fort; damit können wir in diesem Band ein Zeichen setzen und ein Versprechen machen, das sich ganz direkt an Hilde Bitz, „Nestrix" der badischen Theologinnenforschung, richtet, deren Tod wir zu beklagen haben. Unter den biographischen Beiträgen findet sich auch eine kleine Studie von Almut Ochsmann zu Wilhelm Rumpf, die die Kirchenmusik als wichtigen Bestandteil der Kirchengeschichte in Erinnerung bringt.

Seit der ersten Ausgabe des Jahrbuchs war es immer auch ein Anliegen, über „grundsätzliche" Fragen, oft auch mit begriffsgeschichtlichem Hintergrund, zu informieren. Dass das aktuelle Jahrbuch gleich zwei substantielle Beiträge von Heinrich Löber zu den Kirchenbüchern und Kai Uwe Jakobs zu Simultaneen enthält, bestätigt die Notwendigkeit dieser Rubrik, in der es selbstverständlich auch immer um eine Konkretisierung mit Blick auf die badischen Verhältnisse geht.

Die Briefe Jung-Stillings wurden bereits erwähnt; doch sind diese nicht die einzigen Quellen, die das Jahrbuch vorstellt. Eine eher anekdotische Geschichte teilt Gerhard Schwinge aus dem Leben von Theodor Plitt mit, während Udo Wennemuth den angekündigten zweiten Teil des Tagebuchs der Klara Faisst zur Kenntnis bringt. Einige kurze Hinweise aus Archiv und Bibliothek (Walter Schnaiter, Mareike Ritter) und ein thematisch breit aufgestellter Rezensionsteil schließen den Band ab.

Die Ausgabe 2017 des Jahrbuchs nimmt in besonderer Weise Bezug auf das Lebenswerk von Hilde Bitz, die am 1. August 2017 zu Grabe getragen wurde. Hans-Georg Ulrichs ist für das einfühlsame Lebensbild zu danken, das er sehr kurzfristig für das Jahrbuch verfasste.

Herzlich danken möchte ich Herrn Pfarrer i. R. Hans Kratzert, der sich bereit erklärt hat, für sämtliche Beiträge Korrektur zu lesen. Davon kann die Qualität des Jahrbuchs nur profitieren.

Abschließend gestatten Sie noch eine Bemerkung in eigener Sache: Eine Besonderheit des Jahrbuchs ist seine Interdisziplinarität, d. h. in ihm publizieren Autorinnen und Autoren der unterschiedlichsten Fachrichtungen: Theologie und Kirchengeschichte, Kirchenrecht und Rechtsgeschichte, Germanistik und Musikwissenschaften, allgemeine Geschichte, Archiv- und Bibliothekswissenschaften, Kulturwissenschaften, Philosophie und Archäologie. Jede dieser Fachrichtungen hat ihre eigenen Konventionen dahingehend entwickelt, wie zitiert wird, welche Abkürzungen bei Zeitschriften und Reihen wie verwendet werden, welche formalen Kriterien angewendet werden etc. Wenn jede Disziplin auf ihren Konventionen gegen die Veröffentlichungsrichtlinien und die Praxis des Jahrbuchs beharrt, macht sie dem Herausgeber und Redakteur das Leben extrem schwer. Ich bitte daher, die für das Jahrbuch gültigen Richtlinien zu beachten und auch anzuwenden. Zur Orientierung sind die moderat gehaltenen Richtlinien beigefügt.

Udo Wennemuth, Karlsruhe, im September 2017

Inhaltsverzeichnis

Editorial 5
Inhaltsverzeichnis 7

Hans-Georg Ulrichs
„Zu ihrem Gedächtnis". Hilde Bitz (1929–2017), Nestrix der evangelischen
Frauengeschichtsschreibung in Baden. 11

Beiträge

Johannes Ehmann
Historia ecclesiae badensis – Prolegomena zur einer bad. Kirchengeschichte . . . 27

Sven Rabeler
Stift – Residenz – Stadt
Das Pforzheimer Michaelsstift, die Stadt Pforzheim und die Markgrafen von
Baden im 15. und 16. Jahrhundert. 51

Gerhard Schwinge
Die Vereinigung des reformierten und des katholischen Gymnasiums in
Heidelberg 1808 und die anfänglichen Widerstände gegen die Vereinigung
und gegen den Neuhumanismus im Bildungswesen 101

Uwe Kai Jacobs
Naturalleistung – Geldleistung – Ablösung? Verträge des 19. Jahrhunderts
zwischen bürgerlicher Gemeinde und Kirchengemeinde wegen der
Organisten- und Messnerdienste und die weitere Entwicklung der
Vertragsbeziehung. 123

Ulrich Bayer
„Am Sonntag Quasimodogeniti ist … in Predigt und Kirchengebet auf
den Geburtstag des Führers Bezug zu nehmen" – Das Gesetzes- und
Verordnungsblatt der Badischen Landeskirche während des Zweiten Weltkrigs   137

Jubiläen

Jörg Winter
60 Jahre Grundordnung der Evangelischen Landeskirche in Baden. 153

Studientag zur Frage der Bekenntnisbildung und Bekenntnisverpflichtung in Baden

Konrad Fischer
Symbol und Konfession. Der Beitrag Melanchthons zur Bekenntnisbildung
des Luthertums. 161

Johannes Ehmann
Die Bekenntnisfrage in der badischen Kirche (1821–1958) 185

Georg Gottfried Gerner-Wolfhard
Bekenntnis und Bekenntnisrecht 199

Orte und Regionen

Kurt Andermann
Kirchenorganisation im Kraichgau in vorreformatorischer Zeit 211

Thomas Fuchs
Die Reformation im Kraichgau 225

Albrecht Ernst
Die Anfänge der Reformation zwischen Neckar, Odenwald und Bauland 235

Helmut Neumaier
Pfarrerschicksal zwischen „gestufter Aristokratie" und bikonfessioneller
Herrschaft. Die Ganerbschaft Schüpf als Mosaikstein in der dezentralisierten
Struktur des Alten Reiches. 249

Biografisches

Daniel Abendschein
Simon Sulzer (1508–1585). Basler Antistes und Generalsuperintendent in
Südbaden 273

Sarah Banhardt
„Nicht bloß barmherzige Mitschwester, […] sondern […] Theologin,
weiblicher Pfarrer" – Elsbeth Oberbeck (1871–1944): Leben und Wirken der
ersten badischen Theologin 297

Almut Ochsmann
Der Karlsruher Kirchenmusikdirektor Wilhelm Rumpf 313

Einführungen und Grundlagen

Heinrich Löber
Geschichte und Überlieferung der evangelischen Kirchenbücher Badens 319

Uwe Kai Jacobs
Simultaneen. Skizze ihrer Entwicklung und Bedeutung mit besonderer
Berücksichtigung Badens. 365

Quellen und Editionen

Annika Stello
„allemahl eine Herzstärkung": Zwei bisher unbekannte Briefe Jung-Stillings . . . 377

Gerhard Schwinge
Überfall eines Straßenräubers oder Unfall eines Betrunkenen? Was einem Geistlichen 1880 auf der Landstraße von Handschuhsheim nach Dossenheim passierte . . 385

Udo Wennemuth
Revolution und Kriegsbewältigung – Das Trauma des verlorenen Krieges.
Das Karlsruher Kriegstagebuch von Clara Faisst (2. Teil) 393

Aus Archiv und Bibliothek

Walter Schnaiter
Der Nachlass Karl Heinrich Mann (1912–1982) im Landeskirchlichen Archiv . . 425

Mareike Ritter
Jahresstatistik des Landeskirchlichen Archivs 2016 427

Rezensionen

Karl-Heinz Braun/Thomas Martin Buck (Hgg.), Über die ganze Erde erging der Name von Konstanz. Rahmenbedingungen und Rezeption des Konstanzer Konzils (Johannes Ehmann) … 431; Annika Stello/Udo Wennemuth (Hgg.), Die Macht des Wortes. Reformation und Medienwandel (Annelen Ottermann) … 432; Martin Lehmann (Hg.), Der Globus Mundi Martin Waldseemüllers aus dem Jahre 1509 (Ulrich Bayer) … 441; Christoph Strohm/Thomas Wilhelmi (Hgg.), Martin Bucer, der dritte deutsche Reformator (Johannes Ehmann) … 443; Christoph Strohm, Theologenbriefwechsel im Südwesten des Reichs in der Frühen Neuzeit (1550–1620) (Johannes Ehmann) … 444; Reformation mit Hindernissen. 500 Jahre evangelischer Glaube in Baden-Baden (Udo Wennemuth) … 445; Michael Heymel, Eine Geschichte der Kirchenmusik in der Evangelischen Kirche in Hessen und Nassau (EKHN) (Martin-Christian Mautner) … 446; Hans Jörg Staehle, Gottesdiener, Gotteskrieger & Gottesmanager – Zeugnisse aus dem Kirchenleben von Heidelberg-Handschuhsheim (Micha Willunat) … 448; Protestanten ohne Protest. Die evangelische Kirche der Pfalz im Nationalsozialismus (Udo Wennemuth) … 450

Register 455
Verzeichnis der Abkürzungen 464
Verzeichnis der Autorinnen und Autoren 466
Publikationsrichtlinien 467

Abb. 1:
Hilde Bitz als Vikarin, um 1955 (Foto: Landeskirchliches Archiv)

„Zu ihrem Gedächtnis".
Hilde Bitz (1929–2017), Nestrix der evangelischen Frauengeschichtsschreibung in Baden

Hans-Georg Ulrichs

„Hilde Bitz gekannt zu haben, ist ein Privileg und bleibend Grund zur Dankbarkeit." So formulierte es Prälat Traugott Schächtele bei der Beerdigung der Mannheimer Pfarrerin am 1. August 2017 und sprach damit der großen Trauergemeinde aus der Seele.[1] Ähnlich werden es wohl die Theologinnen und die Kirchenhistoriker/innen empfinden. Nach Maria Heinsius (1893–1979) war sie die Kirchenhistorikerin, die sich mit Frauengeschichte in der badischen Kirchengeschichte befasst hat. Dabei konzentrierte sie sich im Wesentlichen auf die erste Hälfte des 20. Jahrhunderts, näherhin auf die Geschichte der frühen evangelischen Theologinnen.

Das Œuvre von Hilde Bitz soll hier nicht zusammengefasst und quasi auf einen Nenner gebracht werden, vielmehr soll ihrer gedacht und ihre Leistungen wertgeschätzt werden, indem ihr Weg als Theologin, die an der Entwicklung zur vollen Gleichberechtigung der Geschlechter im geistlichen Amt teilnahm, nachgezeichnet wird. Sie spielt darin eine besondere Rolle, die sie jedoch im Hinblick auf die frühen Theologinnen, die in viel schwierigeren Verhältnissen hatten leben und arbeiten müssen, zurückwies. Diesen Theologinnen widmete sie in den letzten gut zwanzig Jahren ihres Lebens ein großes Stück ihrer Kraft und Zeit. Dieser Abschnitt badischer Kirchengeschichte könnte überschrieben sein mit „Von 1917 bis 1971": 1917 gelang es Elsbeth Oberbeck (1871–1944)[2], beide kirchlichen Examina abgelegt zu haben. Aber Oberbecks Weg führte sie nicht in ein landeskirchliches Pfarramt, sondern in eine religionspädagogische und seelsorgerliche Anstellung bei der Evangelischen Kirchengemeinde Heidelberg, wo ihr später im Rahmen der Seelsorge auch die Sakramentsspendung genehmigt wurde. Nach der Neuregelung durch die Landessynode 1971 hat sich Hilde Bitz dann als erste Frau auf eine ausgeschriebene Pfarrstelle beworben und wurde im selben Jahr die erste Frau, die rechtlich völlig selbstständig und gleichberechtigt eine Pfarrstelle inne hatte.

Indem nun ihre Biographie zu ihrem Gedächtnis dargeboten wird, erfährt sie die Erinnerung, um die sie sich bei so vielen anderen Theologinnen überaus beeindruckend bemüht hat.

---

[1] Traugott Schächtele, Predigt über Johannes 8,12 im Gottesdienst anlässlich der Beerdigung von Pfarrerin i.R. Hilde Bitz am Dienstag, 1. August 2017 auf dem Hauptfriedhof in Mannheim, in: Badische Pfarrvereinsblätter. Mitteilungsblatt des Evangelischen Pfarrvereins in Baden e.V. 9/2017, 388–390, hier: 390.

[2] Vgl. den Beitrag von Sarah Banhardt in diesem Jahrbuch.

Herkunft und Schulzeit

Hilde Wilhelmine Bitz wurde am 18. September 1929 in Mannheim geboren. Sie war das zweite Kind des von Württemberg nach Mannheim gezogenen Spengler- und Installationsmeisters Albert Bitz und seiner Frau Wilhelmine, die aus dem pfälzischen Reichenbach (-Steegen) stammte. Die Familie konnte im Jahr 1936 ein eigenes Haus mit Werkstatt in der Tattersallstraße 9 beziehen. Sie gehörte zum kirchlichen Milieu. Hilde Bitz besuchte von 1936 bis 1940 die Volksschule, dann von 1940 bis 1943 die Mittelschule. Während der Bruder Ernst als Soldat zur Wehrmacht eingezogen wurde, wurde der Vater schon ab September 1939 zum Sicherheits- und Hilfsdienst dienstverpflichtet.[3] Als ein dramatisches Erlebnis blieb ihr zeitlebens vor Augen, wie 1943 das Geschäft, die Werkstatt und das Haus komplett ausgebombt wurden: „Grauenhafte Erinnerung: jenes Flammenmeer, soweit man [sc. in der Tattersallstraße] sehen konnte, rechts zum Bahnhof, links zum Wasserturm, nirgendwo ein Durchkommen."[4] Während die Mutter daraufhin zur Verwandtschaft in die Pfalz zog, ging Hilde mit der „Kinderlandverschickung" nach St. Blasien, wo sie bis 1945 die Mittelschule besuchte. Neben zahlreichen nationalsozialistischen Lagerleiterinnen und Lehrerinnen erlebte sie dort nur wenige tapfere Ausnahmen. So gab es an der dortigen Schule keinen Religionsunterricht mehr, aber durch eine mutige Lehrerin bestand die Möglichkeit, vierzehntägig am Konfirmandenunterricht der Gemeinde bei Pfarrer Hermann Greiner (1885–1963) teilzunehmen. Am 19. März 1944 wurde sie konfirmiert, allerdings im genannten Reichenbach durch Pfarrer Fritz Roos (1909–1994, später Dekan von Ludwigshafen und Oberkirchenrat in Speyer, mit dem sie im Kontakt bleiben sollte). Die Konfirmation musste heimlich geschehen, weil eine Konfirmation nicht als Beurlaubungsgrund anerkannt wurde. Die Mutter bat für den Konfirmationstermin um einen „Kleiderurlaub", um sie neu einzukleiden.[5]

Unmittelbar nach Kriegsende konnte sie ab Pfingsten 1945 wieder mit Mutter und Vater zusammen in Reichenbach sein. Die gemeinsame Rückkehr nach Mannheim war bereits im August 1945 möglich. Ab Februar 1946 besuchte sie das Liselotte-Gymnasium, wo sie im Sommer 1949 das Abitur mit Auszeichnung bestand. In allen Fächern war sie „gut", in Religion, Deutsch und Geschichte sogar „sehr gut". Die damals mühevollen Verhältnisse relativierte sie später: „Dass ich 1949 das Abitur sozusagen am Küchentisch machte, ist unwesentlich."[6] Viel wichtiger erscheint dagegen, dass sie von ihrer Religionslehrerin Dr. Doris Faulhaber (1907–1991) geprägt wurde. Während der Nachkriegsjahre engagierte sie sich in der Gemeindejugend, in der Jungschar und im Kindergottesdienst der Christuskirche und der Friedensgemeinde beim „Gemeindepfarrer Rudolf Mayer, in dessen Haus ich aus- und einging."[7] Sie nahm an den Vorträgen der bekannten „Geistlichen Woche" in Mannheim teil und entwickelte den Berufswunsch, Gemeindehelferin oder Diakonisse zu werden. Auf Grund ihrer

---

[3] Vgl. Hilde Bitz, Noch einmal: Kirchliche Kräfte in Baden in der Kriegs- und Nachkriegszeit. Erinnerungen, in: Jahrbuch für badische Kirchen- und Religionsgeschichte 3 (2009), 299–305, hier: 300.
[4] Ebd., 301.
[5] Ebd., 303.
[6] Ebd., 304.
[7] Ebd..

Neurodermitis war dies jedoch nicht realisierbar. Daraufhin wollte sie hauptamtliche Religionslehrerin werden und daher Theologie studieren, wobei das Gemeindepfarramt oder ein Sonderpfarramt noch gar nicht im Blick waren.

Studium und Predigerseminar

Der Weg ins Studium war nicht ohne Hindernisse, und die Aufnahme in die Liste der Theologiestudierenden war durchaus erkämpft. Diese Aufnahme war jedoch Voraussetzung für die Immatrikulation in Heidelberg, da die theologische Fakultät in der Person von Dekan Edmund Schlink (1903–1984) sie sonst nicht zulassen wollte, zumal die Studienplätze rar waren. Doris Faulhaber setzte sich für ihre Schülerin ein: *Ich habe ihr das Wagnis eines theologischen Studiums durchaus erklärt und nichts beschönigt oder verschwiegen, ich habe sie also in keiner Weise ermuntert*, schrieb Faulhaber, die auch als promovierte Theologin und trotz der Ordination zu Beginn des Jahres 1944 keine Chance auf ein Gemeindepfarramt in Baden nach Kriegsende hatte, beinahe entschuldigend an den zuständigen Oberkirchenrat. *Ich weiss doch gut Bescheid über die heutigen Verwendungsmöglichkeiten der Theologin. Ich vermute ja, dass ich ihr stilles Vorbild bin, denn sie hatte mich nun 3 Jahre im Unterricht.*[8]

Aber auch diese Fürsprache führte noch nicht zur Aufnahme in die Liste der Theologiestudierenden, denn es gab bereits mehr weibliche Theologiestudierende als Planstellen für Theologinnen in der Landeskirche, wie der EOK Hilde Bitz mitteilte und hinzufügte: *Wir gehen dabei von der Meinung aus, daß es gewiß noch viele andere Möglichkeiten gibt, in dieser Welt das Zeugnis von Jesus Christus auszurichten, und daß für eine Frau Christsein nicht gleichbedeutend ist mit Theologin sein.*[9] Einem männlichen Bewerber wäre ein solcher Satz wohl kaum geschrieben worden. Der EOK erbat von Hilde Bitz ein fachärztliches Attest, ob ihre Hauterkrankung, die sie an praktischen Diensten wie denen einer Gemeindehelferin oder Diakonisse hinderte, ein Problem für eine hauptamtliche Beschäftigung als Theologin – und das bedeutete als Religionslehrerin oder als Hauptamtliche in der Frauenarbeit – darstellen könnte. Nach Vorlage entsprechender Atteste signalisierte der EOK im September die Aufnahme in die Theolog/inn/enliste. Am 22. Oktober konnte sich Hilde Bitz in Heidelberg immatrikulieren, am 18. November beschloss das Kollegium ihre endgültige Aufnahme in die Liste.

Es folgte ein Theologiestudium in Heidelberg vom Wintersemester 1949/1950 bis zum Sommersemester 1953. In Heidelberg gab es seit vielen Jahren zwei engagierte Unterstützer für Theologinnen. Zum einen war dies der bereits verstorbene Neutestamentler Martin Dibelius (1883–1947) und zum anderen der nordbadische Prälat Hermann Maas (1877–1970), also zwei liberale Theologen. An der Fakultät wirkte ab 1947 allerdings auch Peter Brunner (1900–1981), der noch 1971 gegen Frauen im (Gemeinde-) Pfarramt votieren sollte.

---

[8] Brief Doris Faulhabers an den EOK/OKR Katz, Mannheim, 30. Juli 1949.
[9] Brief des EOK an Hilde Bitz, Karlsruhe, 22. August 1949.

Das Studium musste den beschränkten familiären Verhältnissen abgetrotzt werden. Die Familie ermöglichte ihr finanziell das Studium, auch wenn der Vater ab dem Winter 1949, also praktisch zu Studienbeginn, auf Grund von Kriegsverletzungen nicht mehr arbeitsfähig war und dann auch bereits 1955 verstarb. Der Ende 1947 aus der Kriegsgefangenschaft zurückgekehrte Bruder Ernst übernahm das väterliche Geschäft. Wegen der wirtschaftlich knappen Situation pendelte Hilde Bitz täglich von Mannheim nach Heidelberg und konnte auch nicht die Universität wechseln, da sie dann ein eigenes Zimmer hätte finanzieren müssen. Sie schaffte im ersten Semester das Hebraicum, im zweiten Semester die griechische Ergänzungsprüfung und konnte so zügig zu Ende studieren.

Prägender als die Theologieprofessoren wurde allerdings ein anderer Mensch, mit dem sie dann bereits in frühen Jahren ihr Leben zu teilen begann. Im Frühjahr 1950, also in ihrem zweiten Semester, zog die noch nicht volljährige Hilde Bitz zur 22 Jahre älteren Doris Faulhaber in die Friedrich-Ebert-Straße 39 und lebte mit ihr „in häuslicher Gemeinschaft", wie es offiziell hieß. Hilde Bitz sprach eher von „Wohngemeinschaft". Jedenfalls war auch in den kirchlichen Behörden unstrittig, dass sie mit Faulhaber „zusammen lebt und wohnt". Es war eine erstaunliche Lebenspartnerschaft, wie sie zwei Männern wohl so weder von den Behörden noch von der Öffentlichkeit in jener Zeit zugestanden worden wäre. Es ist gewiss Spekulation, aber vielleicht wäre dieses Lebensmodell im eher betulich-bürgerlichen Karlsruhe, also im unmittelbaren Gravitationsfeld des EOK nicht möglich gewesen, wohl aber in der anders geprägten Großstadt Mannheim. Doris Faulhaber wird die Studentin sicherlich auch wissenschaftlich oft unterstützt haben.

Von anderen prägenden Figuren und theologischen Prägungen erfahren wir nichts. Hilde Bitz hat alle Fächer gleichermaßen studiert und ist wohl nicht zu einer bestimmten theologischen, kirchenpolitischen oder konfessionellen „Gruppe" zu zählen. Im Lebenslauf zur Meldung zum zweiten Examen schrieb sie: *Ich bin durchaus dankbar für die weite Schau und die biblisch begründete Theologie, die ich in Heidelberg kennenlernen durfte.*[10] Ihre akademischen Leistungen waren durchschnittlich. Die Erste theologische Prüfung im Frühjahr 1954 (10. April) absolvierte sie mit der Note 3 und damit als 13. von 24 Kandidaten, ein Jahr darauf das zweite Examen mit der gleichen Note und als 9. von 17. Eine Anekdote am Rande: Die gedruckten Zeugnisformulare mussten jeweils maschinenschriftlich geändert werden, weil sie nur männliche Formen vorsahen – man kann dies aber auch als bemerkenswert und achtsam deuten, dass diese korrekten Formulierungen trotz der Vordrucke vorgenommen worden sind.

Zwischen den beiden Examina besuchte sie das Praktisch-theologische Seminar in Heidelberg, wo man damals nicht wohnte, so dass Hilde Bitz weiterhin von Mannheim nach Heidelberg pendelte. Im Predigerseminar war sie die einzige Frau unter den Kandidaten oder, wie man sagte: „Kurskollegen". Seminardirektor Wilhelm Hahn beschied ihr: *Fräulein Bitz ist sehr fleissig in ihrem Studium, eifrig und auch sonst einsatzbereit. Sie ist in ihrem Grundcharakter ernst, hat aber auch durchaus Humor. Als einziges Mädchen hat sie sich im Kreise der Kommilitonen sehr gut zu behaupten gewußt. Die theologischen Leistungen sind ordentlich, wenn auch den Durchschnitt*

---

[10] Mannheim, 13. Januar 1955.

nicht überragend.[11] Neben den theologischen Fächern war auch Kirchenmusik – das KI (Kirchenmusikalisches Institut, heute: Hochschule für Kirchenmusik) lag in der Nähe – gefragt, was Hilde Bitz aufgrund fehlender Vorbildung freilich erlassen wurde. Es wurde im Predigerseminar auch Sport – offenbar koedukativ – unterrichtet, der bei ihr mit der Note 3–2 bewertet wurde.[12]

Einsegnung oder Ordination zum eingeschränkten Dienst

Hilde Bitz wurde am 21. März 1955 zur Pfarrvikarin ernannt. Am Palmsonntag des Jahres (3. April 1955) wurde sie – da der zuständige Kirchenrat Friedrich Joest (1883–1955) verhindert war – durch Dekan Heinrich Schmidt (1909–1977) in der Melanchthongemeinde ordiniert; Gemeindepfarrer war dort Dr. Karl Stürmer (1912–1975). Man sprach zwar von einer „Einsegnung", bei der das 1944 entstandene und ab 1952 weiterhin verwandte Formular zur Anwendung kam[13], aber Hilde Bitz selbst und andere Theologinnen verstanden die Handlung immer als „Ordination".[14] Später sah sie diesen nicht exakten Sprachgebrauch kritisch, weil dadurch kaschiert wurde, dass es sich eben nicht um eine gleichwertige Ordination, sondern nur um eine eingeschränkte Beauftragung für Frauen handelte. Anders als bei früheren Einsegnungen von Frauen bestand Hilde Bitz auf der Mitwirkung von Assistenten. Die im Formular genannte „Vikarin" wurde dort auch als „Dienerin der Gemeinde Jesu Christi" bezeichnet, allerdings blieb ihr noch ein gutes Jahrzehnt gerade das Tätigkeitsfeld „Gemeinde" verwehrt. Mit der Einsegnung wurde Hilde Bitz und den anderen Frauen lediglich eingeschränkte Amtsvollmacht übertragen, denn laut der Urkunde zur Aufnahme in den landeskirchlichen Dienst[15] wurden die „Vikarkandidatinnen" *für befähigt erklärt, zu kirchlichen Diensten in den durch das Vikarinnengesetz gezogenen Rahmen verwendet zu werden. Der Auftrag zur Spendung der heiligen Sakramente kann gemäß*

---

[11] Zeugnis, unterschrieben von Wilhelm Hahn, Praktisch-theologisches Seminar, Heidelberg, 15. Februar 1955.

[12] Es wäre interessant, die fachliche Begründung für den erteilten Sportunterricht für angehende Theologen in Erfahrung zu bringen. Ob sich in älteren Pastoraltheologien etwas dazu finden lässt? – Und mussten sich etwa auch angehende Lehrer einer Leibesertüchtigung in der zweiten Ausbildungsphase unterziehen?

[13] Vgl. Gesetzes- und Verordnungsblatt 1944, 10f. – In Baden gab es bereits 1943 einige „Einsegnungen" nicht zuletzt von Pfarrfrauen, die ein Theologiestudium absolviert hatten, um die Gemeindedienste aufrecht zu erhalten, als die Ehemänner zur Wehrmacht eingezogen waren. – Zur Entwicklung nach 1945 vgl. Waltraud Hummerich, Die Weiterentwicklung der Berufsgeschichte der Theologinnen nach 1945 – ein Überblick, in: „Darum wagt es, Schwestern …" Zur Geschichte evangelischer Theologinnen in Deutschland (Historisch-theologische Studien zum 19. und 20. Jahrhundert 7), Neukirchen-Vluyn ²1994, 463–484.

[14] Ab dem Jahr 1958 wurde in der badischen Landeskirche dann nicht mehr von „Einsegnung", sondern von „Ordination" der Theologinnen gesprochen und entsprechende Urkunden ausgestellt, obwohl es sich weiterhin nur um eine eingeschränkte Beauftragung zum selbstständigen Dienst der Theologinnen handelte.

[15] Karlsruhe, 21. März 1955.

§2 Abs. 2 in zeitlich und örtlich beschränkter Weise erteilt werden.[16] Theologinnen in Baden durften – nach 1945 erneut – nicht im öffentlichen Gottesdienst predigen[17] und die Sakramentsspendung war an weitere Bedingungen geknüpft. Ansonsten galt: *Die Vorschriften der [...] Pfarrkandidatenordnung sind sinngemäß zu beachten.* Eine Frau war, obwohl rite vocata, doch nicht gleichberechtigt. Für sie galten zwar alle Pflichten wie für einen männlichen Kollegen, sie besaß aber nicht alle Rechte. Eine „Zölibatsklausel", nach der Theologinnen bei Heirat ihre Stelle aufzugeben hätten, findet sich so zwar nicht in den Akten, die einzelne Personen betreffen, wurde de facto aber wohl praktiziert. Immerhin unterstützte die Landeskirche auf Anfrage den Kauf eines „Vikarinnentalars" großzügig mit DM 200,-.[18]

Als Theologin im Religionsunterricht

Nach wenigen Monaten an ihrer früheren Schule arbeitete Hilde Bitz ab September 1955 als hauptamtliche Religionslehrerin am Elisabeth-Gymnasium in Mannheim mit einem vollen Deputat von 24 bis 26 Wochenstunden.[19] Das Elisabeth-Gymnasium und das Liselotte-Gymnasium befanden sich in demselben Gebäude, so dass die Lebensgefährtinnen Hilde Bitz und Doris Faulhaber auch an einem Ort arbeiten konnten, wenn auch oft in „Wechselschichten", da nicht genügend Unterrichtsräume zur Verfügung standen.

Hilde Bitz engagierte sich über den Unterricht hinaus, etwa durch eine Hebräisch-Arbeitsgemeinschaft, die eigentlich nur zum Ziel haben konnte, Mädchen für das Theologiestudium zu gewinnen und vorzubereiten, und in den vierzehntägigen Schulandachten. Besonderes Verständnis zeigte sie für „problematische" Schülerinnen und verwies auf schwierige Lebensumstände der Kinder und Jugendlichen, etwa auf Kriegserlebnisse, Halbwaisenstatus oder die Umstände in „zerrütteten" oder bereits geschiedenen Ehen. Nach einem ersten schweren Jahr in der Schule, geprägt auch vom Tod des Vaters, einer Erkrankung der Lebensgefährtin und eigener angeschlagener Gesundheit, wurden ihr im zweiten Jahr erhebliche Fortschritte bescheinigt: *Sie wächst [...] sichtlich in ihre Aufgabe hinein. Ihr grosser Fleiss und die Gewissenhaftigkeit, mit der sie ihr Amt wahrnimmt, verdient beste Anerkennung. Im Lehrerkollegi-*

---

[16] So musste Hilde Bitz 1956 anfragen, ob sie ihren Neffen taufen dürfe, was freilich anstandslos genehmigt wurde.

[17] Vgl. Hilde Bitz, 100 Jahre landeskirchliches Examen für Frauen in der Badischen Landeskirche. Bericht einer Zeitzeugin, in: Erinnerungen und Perspektiven. Evangelische Frauen in Baden 1916–2016, im Auftrag der Evangelischen Frauen in Baden herausgegeben von Anke Ruth-Klumbies und Christoph Schneider-Harpprecht, Leipzig 2016, 112–116, hier: 115.

[18] Auch mit der Geschichte des Talars für Frauen kann – ähnlich wie bei der „Ordination" u.a. – die erkämpfte Geschlechtergerechtigkeit im geistlichen Amt illustriert werden, vgl. Renate Schatz-Hurschmann, Kleider machen Pfarrerinnen. Die Talarfrage als kirchenhistorisches Lehrstück über Geschlecht und Macht, in: Querdenken. Beiträge zur feministisch-befreiungstheologischen Diskussion. FS für Hannelore Erhart zum 65. Geburtstag, herausgegeben vom Frauenforschungsprojekt zur Geschichte der Theologinnen, Göttingen/Pfaffenweiler, ²1993, 290–306. – In den Akten des Landeskirchlichen Archivs finden sich Entwürfe für einen Theologinnen-Talar.

[19] Als Nachfolgerin von Hannelore Schreiber (geb. 1928), die zur Basler Mission wechselte.

um der Schule wird sie voll genommen. Auch im Kreise der Amtsbrüder ist sie geachtet und mit regem Interesse am kirchlichen Leben beteiligt.[20] Im Dienst als Religionslehrerin schloss sie 1957 das Biennium ab und wurde zum 1. Januar unter Berufung in ein Beamtenverhältnis mit einer Religionslehrerstelle am Elisabeth-Gymnasium in Mannheim betraut. Diese Zeit bis 1971 war mit 16 Jahren ihre längste berufliche Periode, die sie gemeinsam mit Doris Faulhaber teilte, bis diese in den Ruhestand trat. Gut tat den beiden während dieser Zeit der Umzug in eine schöne neue Wohnung in der Rheinvillenstraße.

Im Jahr 1962 wurde für im kirchlichen Dienst tätige Theologinnen in Baden die Amtsbezeichnung „Pfarrerin" eingeführt.[21] Kurz vorher schien die Landeskirche im Jahr 1961 nicht unglücklich darüber zu sein, Hilde Bitz – wie auch andere Theologinnen im Schuldienst – beamtenrechtlich an das Land Baden-Württemberg abgeben zu können. Dagegen hat sie sich Monate lang gewehrt, weil sie ihren Dienst in und für die Kirche tun wollte. [T]*rotz prinzipieller Bedenken*[22] willigte sie schließlich ein und wurde 1962 Landesbeamtin.[23] Allerdings musste sie sich nach mehr als sechs Jahren bewährter Unterrichtspraxis[24] gegen die Einstufung als „Studienassessorin" verwahren und bestand mit Erfolg auf der Einstellung als „Studienrätin". 1966 wurde sie zur „Oberstudienrätin" ernannt und entsprechend nach A14 hochgestuft. Soweit führte sie als Unverheiratete über viele Jahre ein normales, nahezu unauffälliges Berufsleben als weibliche Lehrkraft an einer Schule für Mädchen.

Gemeindepfarramt

Nach anderthalb Jahrzehnten in der Schule war für Hilde Bitz die Zeit gekommen, ein anderes Tätigkeitsgebiet zu suchen. Vielleicht war auch die Zurruhesetzung ihrer Lebensgefährtin Doris Faulhaber 1969 mit ein Auslöser für diese Gedanken.[25] Faulhaber hatte von 1943 bis zum Kriegsende eine Mannheimer Pfarrei vertreten und gehörte zu den im Februar 1944 ordinierten Frauen, die dann aber nach dem Krieg nicht in den Gemeinden hatten arbeiten dürfen. Hilde Bitz fasste dies später so zusammen: „Der Neubeginn der badischen Landeskirche nach dem Ende des ‚Dritten Reiches' brachte nach der Umbildung der Kirchenleitung für die Vikarinnen (so der offizielle Titel seit 1944) unerwartet große Rückschritte. Sie wurden in ihren Pfarrämtern, die sie verwaltet hatten, nicht, wie gehofft und gewünscht, bestätigt, sondern nach und nach

---

[20] 2. Jahresbericht über den Dienst von Hilde Bitz vom Evangelischen Dekanat Mannheim an den EOK, Mannheim, 21. September 1957.

[21] Vgl. Kirchliches Gesetz vom 2. Mai 1962 zur Änderung der Grundordnung mit Wirkung vom 1. Juli 1962, in: Gesetzes- und Verordnungsblatt 1962, 18.

[22] Brief Hilde Bitz' an den EOK, Mannheim, 1. April 1961.

[23] Vgl. die Urkunde vom 30. Dezember 1961 mit der Unterschrift des Ministerpräsidenten Kurt Georg Kiesinger.

[24] In einem Dienstzeugnis schreibt das Evangelische Dekanat Mannheim, dass sie sich *in ihrer Arbeit voll bewährt* habe. Sie *erteile* [...] *einen ausgezeichneten Unterricht.* (Mannheim, 27. Mai 1961).

[25] Möglicherweise spielte auch eine Rolle, dass die von ihr und der Familie ihres Bruders betreute Mutter im Juli 1970 verstarb.

aus diesen zurückgezogen."²⁶ Mit ihrem Namen sollte nun ein anderer Weg verbunden werden.

Nach Gesprächen mit der Personalabteilung bekundete sie im Sommer 1970 ihr Interesse an einer Tätigkeit im Krankenhaus- oder im Gemeindepfarramt. In der zweiten Hälfte der 60er Jahre hatte es weitere kirchenpolitische und -rechtliche Initiativen gegeben, Frauen auch ins Gemeindepfarramt berufen zu können. Predigende Frauen gab es und wohl auch welche, die im Gemeindepfarrdienst in Baden eingesetzt waren, aber eben nicht als selbstständige Pfarrstelleninhaberinnen, sondern als Verwalterinnen oder Verweserinnen.²⁷ Jedenfalls bestand im Umfeld und mit der Interessensbekundung von Hilde Bitz Regelungsbedarf. Für diese Neuregelung steht die Frühjahrssynode der Landeskirche 1971, die die rechtlichen Regelungen schuf, indem sie alle Sonderregeln abschaffte und beiden Geschlechtern den gleichen Zugang zum Pfarramt und damit auch zu allen anderen Ämtern in der Kirche eröffnete. Der Satz *Pfarrer im Sinne der Grundordnung ist auch die Pfarrerin* mag im Nachhinein viel belächelt worden sein, aber er beendete die Ungleichbehandlung der Geschlechter im badischen Pfarrdienst. Es war weiser und weitergehend, auf wie auch immer gut gemeinte Sonderregeln für Frauen verzichtet zu haben. Hilde Bitz hat das gewusst und sich dementsprechend selbstbewusst verhalten. Mit nur einem Satz *Hiermit bewerbe ich mich um die Paul-Gerhardt-Pfarrei Mannheim*²⁸ warf sie ihren Hut in den Ring und wurde gewählt. Während im „Bewerbungsgespräch" mit der Gemeinde thematisiert wurde, dass sie ja eine Frau wäre, verlor sie in der Predigt im Einführungsgottesdienst am 4. Advent (19. Dezember 1971) über Jesaja 62,1–12 kein Wort über ihr Geschlecht. Sie war nun auch als Frau ganz selbstverständlich dort und musste sich weder rechtfertigen noch sich selbst in den Vordergrund rücken – auch später, etwa bei Gratulationen zu runden Geburtstagen, zu Ordinations- oder anderen Jubiläen verwahrte sie sich gegen sie exponierende und ohnehin nicht ganz zutreffende Zuschreibungen wie „erste Pfarrerin Badens".²⁹ Das war sie nicht und dieses Image wollte sie sich nicht zuschreiben lassen. Der EOK schätzte ihre Amtseinführung aber bereits zeitgenössisch anders, geradezu als historisch ein: *Sie werden in besonderer Weise Kraft brauchen und auch Weisheit, denn Ihre Arbeit ist ja so etwas wie ein Pionierdienst. Von der Art, wie Sie Ihr Pfarramt führen, wird sicher die künftige Beurteilung des Dienstes der Frau in der Gemeinde als Pfarrerin mitabhängen.*³⁰ Falls der EOK Recht haben sollte, muss man im Nachhinein wohl schließen, dass Hilde Bitz diese Aufgabe exzellent erfüllt hat.

---

[26] Hilde Bitz, Doris Faulhaber (1907–1991): Langjährige Leiterin des badischen Theologinnenkonventes, in: Lebensbilder aus der Evangelischen Kirche in Baden im 19. und 20. Jahrhundert, Band IV: Erweckung, Innere Mission/Diakonie, Theologinnen, herausgegeben von Gerhard Schwinge, Heidelberg u.a. 2015, 432–463, hier: 447.

[27] Hilde Bitz wies selber auf Waltraud Sattler als „Pfarrverwalterin" in Heidelberg-Rohrbach (1968; Pfarrerin ebd. 1972) und Ilse Frank in Mannheim (Vikarin in der Epiphanias [Feudenheim]1957; Pfarrverwalterin in der Sporwörthsiedlung [Casterfeld] 1967 [früher Immanuel, heute Pfingstberg]) hin, die beide de facto bereits vor 1971 als Gemeindepfarrerinnen arbeiteten.

[28] Mannheim, 30. Juli 1971.

[29] Leider ist diese unzutreffende Formulierung auch in der landeskirchlichen Pressemeldung zu ihrem Tod 2017 enthalten. – Als erste ordinierte Pfarrerin im Gemeindedienst in den EKD-Gliedkirchen gilt Elisabeth Haseloff (1914–1974), die im Mai 1959 in der St. Matthäi-Gemeinde Lübeck eingeführt wurde.

[30] Brief des EOK an Hilde Bitz, Karlsruhe, 21. Januar 1972.

Nachdem der Landesbischof sie am 5. November 1971 berufen und den Dienstbeginn auf den 16. November festgelegt hatte, war sie, unterdes 42 Jahre alt, also die erste Frau in der badischen Landeskirche, die sich auf eine ausgeschriebene Gemeindepfarrstelle beworben hat, gewählt und ohne jede geschlechtsbezogene Begrenzung oder Sonderregelung in ein Gemeindepfarramt eingeführt worden ist und dieses „verwaltete". Auf eigenen Antrag wurde sie aus dem Beamtenverhältnis des Landes Baden-Württemberg entlassen. Ärgerlich, weil kleinkariert war das Verhalten der Kirchenverwaltung, als es um die Kosten für den Umzug ging, wurden doch die anteiligen Umzugskosten für Doris Faulhaber verweigert – also Umzugskosten für ein Arbeitszimmer und ein Schlafzimmer. Angesichts der vielen Dienstjahre für die Landeskirche und der Tatsache, dass die kürzlich in den Ruhestand versetzte Doris Faulhaber während ihrer ganzen Berufsbiographie als Lehrerin nie Umzugskosten von der Landeskirche erstattet erhalten hatte, war dies für Hilde Bitz nicht nachvollziehbar. Den betont sachlichen Bescheiden aus dem EOK, es handele sich bei Doris Faulhaber ja nicht um ein Familienmitglied, hatte sie formalrechtlich nichts entgegen zu setzen. Doris Faulhaber zog gleichwohl mit ins Pfarrhaus und bildete mit Hilde Bitz zusammen die „Pfarrfamilie"[31], in der Faulhaber quasi die Rolle einer klassischen Pfarrfrau und darüber hinaus die einer Vertretungspfarrerin übernahm: „Da blieb kein Telefonanruf und kein Türklingeln ungehört. Sie ist in jede Lücke eingesprungen, sei es Organistendienst oder seien es Gottesdienste gewesen oder die Bibelbesprechstunde".[32]

Hilde Bitz war in der Paul-Gerhardt-Gemeinde in Mannheim-Neckarstadt tätig[33] und war auch gleich überparochial engagiert. So wirkte sie ab Anfang 1972 sowohl im Finanzausschuss als auch im Bezirkskirchenrat Mannheim mit. Das weit überwiegend männliche Berufsumfeld hat sie also nicht daran gehindert, einflussreiche Positionen einzunehmen. Nach *anfängliche*[n] *Schwierigkeiten* hatte sie *das Vertrauen der Gemeinde gewonnen*, wie nach einigen Jahren gelegentlich einer Visitation festzustellen war. Ihr gelang es, ein vertrautes Verhältnis zu den Ältesten der Gemeinde aufzubauen und viele Ehrenamtliche zu gewinnen. Einen Schwerpunkt legte sie auf die Seelsorge. So habe man *sehr viel Grund, Ihnen Dank und Anerkennung für Ihre Tätigkeit auszusprechen*.[34]

Letzte Dienstjahre als Krankenhauspfarrerin

Nach einem Jahrzehnt im Gemeindepfarramt suchte Hilde Bitz Anfang der 80er Jahre erneut eine neue Herausforderung, und zwar dezidiert keine neue Gemeinde, sondern ein neues Betätigungsfeld. Bereits im Zuge der ersten Überlegungen erwarben sie

---

[31] Hilde Bitz, Ein Jahrzehnt im Dienst der Paul-Gerhardt-Gemeinde, in: Paul-Gerhardt-Gemeinde Mannheim 25 Jahre 1961–1986, Mannheim 1986, 37–41, hier: 39.
[32] Ebd., 39.
[33] Vgl. ebd.; Dies., Die Paul-Gerhardt-Kirche in Mannheim, in: 50 Jahre Paul-Gerhardt-Kirche Mannheim. Festschrift, Mannheim 2011, 4–19.
[34] Persönlicher Bescheid des EOK für Hilde Bitz über die Visitation vom 6.–9. Oktober 1977, Karlsruhe, 11. Oktober 1977.

und Doris Faulhaber mit einem Darlehen der Landeskirche im Jahr 1981 eine Eigentumswohnung in der Kolpingstraße 11/12, womit sie die Personalabteilung durchaus auch vor vollendete Tatsachen stellte. Es dauerte dann noch bis zum Sommer des folgenden Jahres, bis sie vom 1. Juli 1982 an als Pfarrerin am Mannheimer Diakonissenkrankenhaus als Krankenhausseelsorgerin (Krankenhauspfarrstelle IV) arbeiten konnte. Zwar absolvierte sie aus eigenem Interesse 1985/1986 noch einen Kurs in Klinischer Seelsorgeausbildung, aber sie ahnte bereits nach relativ kurzer Zeit, dass die Stelle aus ihrer Sicht keine gute Wahl gewesen war. Immer wieder auftretendes Kompetenzgerangel zermürbte sie. Den Anspruch des Pfarrers im Vorsteheramt, ihr gegenüber weisungsbefugt zu sein, wies sie vor Ort und bei der Kirchenleitung zurück und argumentierte mit der Grundordnung der Landeskirche, die keine höherrangigen, herrschenden Pfarrstellen kenne. Die von ihr als demütigend empfundene Situation rechtzeitig zu verlassen, hat sie indes versäumt. Angesichts ihres nahenden 60. Geburtstages wähnte sie sich als zu alt für einen weiteren Wechsel und beantragte zum 1. Juli 1987 und bis zur Vollendung ihres 60. Lebensjahres eine Beurlaubung – ohne Fortzahlung von Bezügen. Angesichts der offenbar nicht zu klärenden Verhältnisse vor Ort wurde diesem Antrag vom EOK entsprochen. Zum 1. Oktober 1989 wurde sie schließlich in den Ruhestand versetzt.

„Alles in allem ein langer, mitunter hügeliger, aber guter Weg", wie Hilde Bitz selbst ihre Berufsbiographie resümierte.[35] Und in der Tat erhält man auf Grund ihres beruflichen Werdegangs den Eindruck, dass die Evangelische Landeskirche in Baden nach der drastischen Beendigung der Tätigkeit von Theologinnen in Gemeinden mit Kriegsende, dem die tatsächlichen Verhältnisse eher verunklarenden Sprachgebrauch und einigen ärgerlichen Kleinigkeiten insgesamt den theologisch und kirchlich ausgebildeten (1917) Frauen den Weg als ordinierte oder besser „eingesegnete" (1944 bzw. 1958) Pfarrerinnen (1962) ins Gemeindepfarramt (1971) nicht dauerhaft erschwert, sondern sukzessive geöffnet hat, auch wenn es Jahrzehnte gedauert hat und Theologinnen berufsbiografisch teils große Opfer haben bringen müssen oder gar Opfer des Agierens der Verwaltung und der Personalabteilung geworden waren – die letzteren verließen dann den badischen Kirchendienst. Hilde Bitz wies immer wieder daraufhin, dass sie es im Vergleich zu den frühen Theologinnen, für die es gar keine Planstellen gegeben hatte, die jahrzehntelang auf eine Einsegnung oder Ordination hatten warten müssen und die nie ins Gemeindepfarramt gelangt waren, nachgerade leicht gehabt hatte.

Frauengeschichtliche Forschungen im Ruhestand

Erst nach ihrer Pensionierung nahm sie kirchengeschichtliche Studien auf. Im Jahr 1994 begann sie, angeregt durch das Göttinger Frauenforschungsprojekt[36] und vielleicht auch durch den Tod von Doris Faulhaber 1991 und der sich anschließenden

---

[35] Bitz, 100 Jahre landeskirchliches Examen (wie Anm. 17), 116.
[36] „Darum wagt es, Schwestern …" (wie Anm. 13).

Abb. 2:
Hilde Bitz zusammen mit Annegret Brauch (Leiterin der Frauenarbeit) und Gemeindepfarrer Ferdinand Schubert beim Jubiläumsgottesdienst in der Paul-Gerhardt- Kirche in Mannheim am 18.12.2011, Foto: Sabine Ningel

Verwaltung ihres Nachlasses motiviert, zahlreiche Beiträge vor allem über badische Theologinnen zu schreiben. Ihre ersten Beiträge über Doris Faulhaber und Maria Heinsius erschienen 1996 in dem Band „Dem Himmel so nah – dem Pfarramt so fern", eine bis heute beachtenswerte Publikation.[37] Viele weitere überwiegend biografische Studien folgten in den kommenden zwanzig Jahren. Sie war dabei eifrig, aber nicht eifernd. In dem entsprechenden biografischen „Lexikon früher evangelischer Theologinnen", das 2005 erschien, zählt sie mit beinahe 50 Einträgen zu den fleißigsten Beiträgerinnen.[38] Nicht sich selbst, sondern „all die anderen Frauen ans Licht zu ziehen und in Erinnerung zu halten", sei „ihr Lebensthema geblieben", wie Traugott Schächtele während der Trauerfeier für Hilde Bitz zutreffend formulierte. So war sie „die Hüterin vielfacher Erinnerungen. Dass Teile ihrer Wohnung unverkennbar auch Züge eines Archivs tragen, passt zu dieser Beschreibung.[39] Aber sie war

---

[37] Dem Himmel so nah – dem Pfarramt so fern. Erste evangelische Theologinnen im geistlichen Amt, bearbeitet von Heike Köhler u.a., Neukirchen-Vluyn 1996.
[38] Lexikon früher evangelischer Theologinnen. Biographische Skizzen, Neukirchen-Vluyn 2005.
[39] Nach dem Willen von Hilde Bitz wird der Nachlass Doris Faulhaber/Hilde Bitz im Landeskirchlichen Archiv in Karlsruhe bewahrt und betreut werden.

nicht nur Sammlerin und Hüterin, sondern findungsreiche Spurenleserin, und durch ihre zahlreichen Veröffentlichungen wurde sie zur Nestrix der badischen kirchlichen Frauengeschichte.[40]

Würdigungen

Als eine explizit feministische Theologin hat sich Hilde Bitz wohl nicht verstanden, gewiss aber ganz bewusst als *Frau* im kirchlichen Dienst. Sie hat als Angehörige ihrer Generation die Entwicklung von der Sonderrolle der Theologinnen bis zur Gleichberechtigung der Geschlechter im geistlichen Amt miterlebt und mitgestaltet. Sie agierte bewusst als Frau und führte mit Doris Faulhaber zusammen eine bemerkenswerte weibliche Ko-Existenz in der kirchlichen Öffentlichkeit.

Hilde Bitz verstarb am 23. Juli 2017 im Alter von 87 Jahren. Die Traueranzeige war überschrieben mit dem Wort aus Johannes 8,12, das sie sich bereits für ihre Einführung in die Paul-Gerhardt-Gemeinde gewünscht hatte: *Christus spricht: Ich bin das Licht der Welt. Wer mir nachfolgt, wird nicht wandeln in der Finsternis, sondern wird das Licht des Lebens haben.* So steht es auch auf dem riesigen „Lux-mundi-Teppich" des Mannheimer Künstlers Karl Rödel (1907–1982), der in dieser Mannheimer Kirche hängt. Das war sicher ein feiner Hinweis auf ihre Verbundenheit mit dieser Gemeinde, in der sie eben eine besondere historische Rolle hatte ausfüllen können – wie auch ihr Kollektenwunsch für „GRATIA. Stiftung der Evangelischen Frauen in Baden" zum Ausdruck bringt, dass ihr die Förderung von Frauen in der Kirche ein ganz wesentliches Anliegen war. In einem Nachruf während der Trauerfeier am 1. August 2017 sagte die Leiterin der Evangelischen Frauen in Baden, Anke Ruth-Klumbies, Hilde Bitz sei „eine [sc. Frau gewesen], die Erinnerung als Lebensaufgabe betrachtete, in der sich die Kunst der Erinnerung in ihren Körper und ihr Wesen einschrieb. Die Erinnerung an die Lebensgeschichten der frühen Theologinnen war ihr selbst Auftrag und manchmal auch Bürde. Selbst Pfarrerin mit einer bewegenden theologischen Laufbahn gab sie den vor ihr lebenden Theologinnen ihre Stimme, ihre Erinnerungskraft, ihre Tinte. Sie ließ nicht locker – im Schreiben nicht, im Reden nicht, im Erinnern nicht. Das Erinnern, mehr noch, das im-Gedächtnis-Halten der eigenen theologischen Geschichte als auch das der anderen Frauen wurde ihr Leben, ja ihr Lebenswerk. Mit einer besonderen Intensität eignete sie sich diese Theologinnengeschichte an. Sie sammelte, ordnete, bewahrte die kirchlichen Abläufe einer ganz und gar nicht ruhmreichen Emanzipationsgeschichte und sie hob auf die Lebensläufe der frühen Theologinnen. So schuf sie ein theologisch-weibliches Gedächtnis für die badische Landeskirche – das machte Hilde Bitz so außergewöhnlich, das war ihr ganz besonderer Dienst an ihrer Kirche […] Sie sah auch das Kleingedruckte, meist von vielen anderen Vergessene, sie entlockte auch dem Kleinen, auf den ersten Blick Ne-

---

[40] Die im Deutschen gebräuchliche Form „Nestorin" ist von der männlichen Form „Nestor" abgeleitet. Um ihre Selbstständigkeit auszudrücken, bezeichne ich Hilde Bitz lieber mit einer eigenständigen sprachlichen Form des Weiblichen, nämlich „Nestrix". In anderen europäischen Ländern und Sprachen findet sich dieser Ausdruck.

bensächlichem eine Bedeutung ab. Sie hielt die Erinnerungsräume dieser weiblichen Erlebenswelt offen – das Schöne weiblicher theologischer Errungenschaften, aber auch das Schmerzhafte, das von Missachtung und Entwürdigung eines theologischen Frauenlebens. In all dem war sie Brückenbauerin und Vermittlerin, Zeitzeugin und Erbschaftsträgerin vergangener Frauenwirklichkeiten. Hinterlassen hat sie uns viele ermutigende Schriften und sorgfältige Arbeiten, aber sie hat uns auch eine Aufgabe mit auf dem Weg gegeben. Dieses wichtige Stück weibliche Kirchengeschichte nun selbst im Gedächtnis zu halten, in lebendiger Erinnerung. Eine Gesamtschau aus Baden steht noch aus – irgendwann […] wird dies noch eingelöst werden. So wird Hilde Bitz auf eine besondere Weise für uns alle weiterhin präsent bleiben als Wegbereiterin." Hilde Bitz ist über ihren Tod hinaus ein bleibendes Vorbild für alle, die ohne ideologische Fesseln eine geschlechterbewusste Kirchengeschichte betreiben und bemüht sind, den zu ihrer jeweiligen Zeit und in der folgenden Kirchengeschichtsschreibung marginalisierten Frauen einen historisch angemessenen Platz in der Forschung und einen würdigen Ort in der kirchlichen Erinnerungskultur zu ermöglichen.[41]

Bibliographie

Ein Jahrzehnt im Dienst der Paul-Gerhardt-Gemeinde, in: Paul-Gerhardt-Gemeinde Mannheim 25 Jahre 1961–1986, Mannheim 1986, 37–41

Doris Faulhaber, in: Dem Himmel so nah - dem Pfarramt so fern. Erste evangelische Theologinnen im geistlichen Amt, bearb. von Heike Köhler u.a., Neukirchen-Vluyn 1996, 29–31

Maria Heinsius, in: Dem Himmel so nah - dem Pfarramt so fern (wie eben), 63–67

„Wer weiß denn noch was über Wintermantel!" Gertrud Wintermantel, Lebensbild einer früh vollendeten Theologin, in: Christel Hildebrand (Hgn.), Wie im Himmel so auf Erden. Festschrift 75 Jahre Konvent Evangelischer Theologinnen in Deutschland, Tübingen 2000, 276–288

Frauenordination in der Badischen Landeskirche, in: Sechs Jahrzehnte Frauenordination. Ilse Härter zum 60. Ordinationsjubiläum, hrsg. von Dagmar Herbrecht, als Manuskript gedruckt, 2002

Lexikon früher evangelischer Theologinnen. Biographische Skizzen, Neukirchen-Vluyn 2005
    Gertrud Barth, geb. Mampel, 24
    Ruth Bauer, geb. Hauser, 27
    Liselotte Bornhäuser, geb. Reinert, 44
    Eva Brenner, geb. Brauer, 52
    Greti Caprez, geb. Roffler, 67
    Hildegard Casack, 68
    Helene Cucuel, 73
    Hildegard Deuchler, geb. Lange, 80
    Annelise Diem, geb. Burmann, 84
    Irene Diemer, geb. Pauly, 85
    Gertrud Emmerich, geb. Herrmann, 99

---

[41] Für Hinweise, Korrekturen und Mithilfe habe ich Sarah Banhardt, Martina Reister-Ulrichs und Udo Wennemuth zu danken.

Waltraud Engler, 100
Dr. Doris Faulhaber, 108
Felicitas Feuerstein, 110
Annelies Findeiß, 111
Liselotte Füß, 124
Dr. Grete Gillet, 129
Gudrun Glitscher, 131
Ruth-Maria Gudopp, geb. Kaiser, 145
Margarete Freiin von Hahn, 153
Hannelore Hansch, geb. Gebhardt, 156
Gertrud Harsch, 159
Helene Heidepriem, 166
Dr. Maria Heinsius, geb. Stoeber, 167
Luise Herrmann, 176
Erika Heyd, 177
Augusta Hohn, geb. Fingado, 180
Margarete Jonas, geb. Fix, 197
Dr. Annemarie Karle, geb. Brieger, 204
Pauline Merkel, geb. Fluhrer, 262
Annemarie Meyer, geb. Oberföll, 264
Gertrud Mischnat, verw. Broel, geb. Weichold, 267
Elsbeth Oberbeck, 281
Hildegard Pfroepffer-Hertel, geb. Hertel, 295
Dr. Gertrud Sattler, geb. Janzer, 326
Dr. phil. Gerta Scharffenorth, geb. von Mutius, 333 [mit Heide-Marie Lauterer]
Renate Scherer, 335
Irmgard Schlink, geb. Oswald, 341
Gabriele Schweikhart, geb. Naumann, 373
Marlene Stöcklin, 394
Ursula Trömel, 408
Lic. theol. Olga Tugemann, 411
Emma Waetzel, geb. Willareth, 424
Dr. Gertrud Weidinger, geb. Jäckle, 430
Maria Winnecke, S. 442 [mit Dietlinde Cunow]
Gertrud Wintermantel, 445

Warum ein Lexikon früher Theologinnen?, in: Theologinnen. Berichte aus der Arbeit des Konventes Evangelischer Theologinnen in der Bundesrepublik Deutschland, Nr. 18, Mai 2005, 34–36

50 Jahre im Dienst der Kirche. Einige persönliche Gedanken, in: Theologinnen. Berichte aus der Arbeit des Konventes Evangelischer Theologinnen in der Bundesrepublik Deutschland, Nr. 18, Mai 2005, 86–88

Trude Emmerich (1905–1983), eine evangelische Theologin an der Odenwaldschule, in: Peter Zimmerling (Hg.), Evangelische Seelsorgerinnen. Biografische Skizzen, Texte und Programme, Göttingen 2005, 335–350

In Kraft und Würde: Frühe Theologinnen im Frauenwerk, in: „Kraft und Würde sind ihr Gewand und sie lacht des kommenden Tages …". 90 Jahre Evangelische Frauenarbeit in Baden, Karlsruhe 2006, 43–62.

Noch einmal: Kirchliche Kräfte in Baden in der Kriegs- und Nachkriegszeit. Erinnerungen, in: Jahrbuch für badische Kirchen- und Religionsgeschichte 3 (2009), 299–305

Theologinnen der Badischen Landeskirche im Zweiten Weltkrieg und in der Nachkriegszeit, in: Unterdrückung – Anpassung – Bekenntnis. Die Evangelische Kirche in Baden im Dritten Reich und in der Nachkriegszeit, in Verbindung mit Eckhart Marggraf und Jörg Thierfelder herausgegeben von Udo Wennemuth (VVKGB 63), Karlsruhe 2009, 435–453

Gedenken an Ilse Frank-Hasenfratz, in: Badische Pfarrvereinsblätter, Nr. 6, Juni 2010, S. 229–231 (auch in: Theologinnen. Berichte aus der Arbeit des Konventes Evangelischer Theologinnen in der Bundesrepublik Deutschland, Nr. 23, September 2010, 92ff.

Die Paul-Gerhardt-Kirche in Mannheim, in: 50 Jahre Paul-Gerhardt-Kirche Mannheim. Festschrift, Mannheim 2011, 4–19

Art. Heinsius, Maria, in: BBKL 32 (2011), Sp. 656–659

Gertrud Emmerich, geb. Herrmann. Eine vergessene Theologin der Badischen Landeskirche, in: Jahrbuch für badische Kirchen- und Religionsgeschichte 6 (2012), 267–274

Grete Gillet (1895–1970): Die erste Theologin Deutschlands in landeskirchlichem Dienst, in: Lebensbilder aus der Evangelischen Kirche in Baden im 19. und 20. Jahrhundert, Band IV: Erweckung, Innere Mission/Diakonie, Theologinnen, hg. von Gerhard Schwinge, Heidelberg u.a. 2015, 404–431

Doris Faulhaber (1907–1991): Langjährige Leiterin des badischen Theologinnenkonventes, in: Lebensbilder IV (wie eben), 432–463

100 Jahre landeskirchliches Examen für Frauen in der Badischen Landeskirche. Bericht einer Zeitzeugin, in: Erinnerungen und Perspektiven. Evangelische Frauen in Baden 1916–2016, im Auftrag der Evangelischen Frauen in Baden herausgegeben von Anke Ruth-Klumbies und Christoph Schneider-Harpprecht, Leipzig 2016, 112–116

Elsbeth Auguste Oberbeck. „Frauenarbeit, nach dir wird gerufen!" – „Das Leben zu einem rechten Gottesdienst gestalten", in: www.frauen-und-reformation.de

Historia ecclesiae badensis –
Prolegomena zur einer bad. Kirchengeschichte

Johannes Ehmann

Die hier vorgestellte Skizze und der folgende Aufbau einer geplanten Darstellung einer badisch-evangelischen Kirchengeschichte beleuchten ein Projekt, das – so Gott will und wir leben – meine akademische Lehrtätigkeit begleiten und bestimmen soll. Ein Teil davon ist bereits in Vorlesungen an der Universität Heidelberg oder auch auch in der Oberrheinischen Sozietät an der Theologischen Fakultät vorgestellt worden. In diesem ersten Überblick, der vor allem methodische Grundentscheidungen veranschaulichen soll, sind alle Hinweise auf Literatur weggelassen worden. Gerne und dankbar nehme ich evtl. Hinweise auf bisher vernachlässigte Aspekte und Perspektiven zur Kenntnis.

1. Eine notwendige Unterscheidung: reformatorische Bewegung und Reformation

Reformation und reformatorische Bewegung sind zu unterscheiden. Aus dem einfachen und dann eben doch nicht so einfachen Grund, dass anfänglich-zaghafte, dann sich intensivierende, schließlich auch ausgebildete und klar erkennbare reformatorische Aufbrüche seit 1518 in einzelnen Territorien des Reiches durchaus zu beobachten sind und *dort* – nimmt man als klassisches Beispiel Kursachsen – früh von einer ausgebildeten Reformation gesprochen werden kann, also von einer planmäßigen, landesweiten Umbildung des geistlichen Lebens nach den Einsichten reformatorischer Theologie. Das klingt beinahe selbstverständlich.

Das für eine badisch-evangelische Kirchengeschichte sich ergebende Problem ist nun freilich,
- dass es eine ausgebildete Reformation nach diesem Verständnis in der Markgrafschaft Baden bis 1556 *gar nicht gegeben* hat,
- dass es aber zu Reformationen gekommen ist in Städten und Territorien, die *erst* zwischen 1803 und 1807 badisch geworden sind (bspw. Wertheim oder rechtsrheinische Gebiete der Reichsstadt Straßburg),
- dass es vor allem aber zu dann unterdrückten reformatorischen Ansätzen gekommen ist, wiederum in Städten und Gebieten, die *heute* badisch sind (Beispiel Kenzingen in Vorderösterreich oder auch die Reichsstadt Gengenbach oder in der bischöflich Speyerischen Residenzstadt Bruchsal, v. a. aber in der Reichsstadt

Konstanz, die ihrem klaren und widerständigen Reformationskurs sogar ihren politischen Niedergang verdankt).

Kurzgefasst: Es gibt (1) Reformationen auf heutigem badischen Territorium, die *historisch* nicht als badisch gelten können. Es gibt (2) Reformationen, die nicht nachhaltig waren. Es gibt (3) reformatorische Bewegungen, die unterdrückt wurden, aber dennoch zu nennen sind, weil sie mit Theologen in Verbindung stehen, die auch aus Baden vertrieben wurden.

Und: Es gibt (4) die *Markgrafschaft Baden* – schon deren Geschichte im 16. Jahrhundert ist kompliziert genug –, die erst 1556, also ganz spät zur Reformation übergeht und dann eben auch nur ein Teil dieser Markgrafschaft, nämlich Baden-Pforzheim bzw. -Durlach.

So entsteht ein Dilemma: Sprechen wir also vom historischen Baden des 16. Jahrhunderts, so kommt damit nur ein geringer Teil der Kirchengeschichte des heutigen Baden in den Blick. Sprechen wir von badischer Reformation, so können wir streng genommen erst 1555 einsetzen und vernachlässigen die Vorgeschichte oder auch die gescheiterte Geschichte in damals (noch) nicht badischen Städten und Territorien, obwohl diese Geschichte doch zur Tradition heutiger badischer Gemeinden gehört.

Die Geschichtsschreibung bis ins 19. Jahrhundert, aber noch die neueste kirchengeschichtliche Gesamtdarstellung von Gottfried Gerner-Wolfhard ist deshalb den Weg gegangen, in Ansätzen alle historischen Prozesse auch des 16. Jahrhunderts zu beschreiben, die sich auf dem Territorium des 19. und 20. Jahrhunderts zugetragen haben. Das ist mühevoll und insofern plausibel, weil kirchenhistorisch Interessierte wissen wollen, wie und wann evangelische Kirche oder reformatorische Ansätze in der je eigenen Stadt oder dem je eigenem Territorium früher einmal zu verzeichnen waren. Aber so vorzugehen ist zugleich problematisch, da hier Geschichte immer als Geschichte des schon Gewordenen und nicht des Werdens bzw. Gewordenseins geschrieben und beschrieben wird.

Kein Mensch bspw. in der evangelischen und freien Stadt *Konstanz* hätte noch im Jahre 1546 für wahrscheinlich gehalten, dass diese Stadt sehr bald nicht mehr frei und nicht mehr evangelisch, vor allem aber in 260 Jahren einmal badisch sein würde.

Kein Untertan bspw. der *Kurpfalz* im Jahre 1563 hätte vermutet, dass der wichtigste Teil des einst bedeutendsten weltlichen Reichsstands einmal (1803) territorialer Bestandteil der im 16. Jahrhundert doch weit geringeren Markgrafschaft Baden werden würde, womit auch ein reformiert geprägtes Territorium mit einem lutherischen (und sogar mehrheitlich katholischen) Land vereinigt wurde.

Kein Bürger bspw. der freien Reichsstadt *Gengenbach* hätte in den frühen 1540er Jahren angenommen, dass aufgrund des politischen Einflusses vor allem des Kaisers eine doch konsolidierte Reformation unter dem Einfluss Straßburgs, d. h. Bucers, keinen Bestand haben würde. Dennoch verdanken wir gerade der Kirchengeschichte dieser Stadt interessante Auskünfte, da bspw. hier ein eigener Stadtkatechismus verfasst wurde, der zeigt, wie durchstrukturiert sich Stadtreformation auch ganz kleinräumig als Teil kommunaler Reformen darstellt.

Das bedeutet methodisch für die Darstellung:
- Weil die Reformation historisch nicht zu trennen ist von ihrer obrigkeitlichen Steuerung, die von der Einführung, Visitation und Kirchenordnung bis zur Geschichte eines Territoriums im 30jährigen Krieg reicht, kann sich (erst) der Folgeband, in

dem es um die Einführung der Reformation und um das konfessionelle Zeitalter und die Aufklärung geht, in erster Linie dem altbadischen Raum widmen, weil nun mal die markgräfliche Politik bis 1803 sich auf ihr ursprüngliches Territorium erstreckt und nicht auf den gesamtbadischen Raum, das Gebiet der heutigen Evangelischen Landeskirche.

- Das heißt, die Geschichte der bis 1803 nicht bzw. noch nicht badischen Territorien interessiert nur soweit, insofern sie die badische Politik, auch Kirchenpolitik bestimmt. Haupteinflussfaktor sind aber nicht einmal diese später badischen Territorien, sondern Württemberg.
- Das heißt weiter, dass die zum Ziele und auch nicht zum Ziele gelangenden reformatorischen Bewegungen dieser außerbadischen Landschaften doch berührt werden müssen – und zwar aus dem Grunde, weil sie nun doch im kollektiven Gedächtnis der evangelischen Gemeinden heute eine Rolle spielen (selbst wenn dort die Reformation scheiterte), vor allem aber, weil Baden ein Teil des Oberrhein ist, in dem spezifische Theologien entwickelt wurden, die letztlich, wenn auch indirekt dann auch in Baden wirksam wurden.
- Das Außerbadische kommt also vor, doch nicht als Vorstufe der badischen Landes- und Unionskirche des 19. Jahrhunderts, sondern zur Kennzeichnung des pluralen religiösen Aufbruchs am Oberrhein, der teilweise auch in die badische Reformation mündet (und vielleicht doch manches an Verständigungswillen in sich trägt, der Jahrhunderte später auch der Union zugute gekommen ist).
- Konkret bedeutet dies, dass im Ersten Band „badischer" Kirchengeschichte ein Zeitraum von ca. 40 Jahren betrachtet wird, welcher der badischen Reformation von 1556 vorausliegt. Um dies anschaulich zur Darstellung zu bringen, wird jeweils immer eine Doppelperspektive eingenommen, nämlich (Ausnahmen bestätigen die Regel) eine (1) *Biographie*, die mit dem reformatorischen Wirken an einem oder mehreren (2) *Orten* verbunden ist, wie bereits im Titel der §§ zu erkennen. Dabei geht es weniger um erbauliche Lebensbilder mehr oder minder erfreulicher Persönlichkeiten, sondern methodisch um die *personen*bezogene Erfassung reformatorischer Entwicklungen im oberdeutschen *Raum*.
- Schließlich: Das Reformationsjubiläum 2017 setzte richtig voraus, dass das Initial zur Reformation (s. o.) Luthers Thesenanschlag vom 31. Oktober 1517 gewesen ist. Schon angeklungen ist auch, dass historisch eigentlich nicht zutrifft, von einem Reformationsjubiläum als Feier einer schon vollzogenen Reformation zu sprechen. 1517 beginnt manches, und genau genommen beginnt im südwestdeutschen Raum „Alles" erst mit der Heidelberger Disputation vom April 1518. Deshalb muss auch hier der Luther von 1518 zur Sprache kommen. Aber von der Reformation im Vollsinne und dann noch von der Reformation als Begründung evangelischer Kirche in Baden ist eben erst 1556 zu sprechen.

Insgesamt soll also in einer Art „prosopographisch-geotheologischem" (Personen und Räume umfassenden) Anmarsch all das abgebildet werden, was historisch und theologisch am Oberrhein von Bedeutung ist.

2. Die zu betrachtenden außerbadischen Räume
(Elsass, Vorderösterreich, Kurpfalz, Württemberg und Basel)

Wenn im Folgenden immer wieder die territorialen Stände (Herrschaften und Städte) genannt werden, ist es sinnvoll, eine kurze Übersicht zu geben, wovon eigentlich die Rede ist.

(a) Elsass

Das linksrheinische Gebiet, das dem badischen Territorium gegenüber liegt, das Elsass, bildete im 16. Jahrhundert keine Einheit, sondern bestand aus einem Konglomerat von Herrschaften. Wichtig waren die freien Städte wie bspw. Mühlhausen i. E., Colmar, Hagenau und Weißenburg i. E. und Grafschaften wie Rappoltstein oder Lützelstein. Für unsere Darstellung sind zwei Tatsachen von Bedeutung: Die eine ist, dass das Elsass einerseits unter starkem habsburgischen Einfluss stand (Sundgau), andererseits die Kurpfalz hier bis 1558 Vogteirechte wahrnahm. Die Herrschaften Horburg und Reichenweier gehörten als Nebenbesitz zu Württemberg (angrenzend an die württembergische Grafschaft Mömpelgard/Montbéliard).

Die wichtigste geistesgeschichtliche Bastion ist freilich der damalige und auch heutige Hauptort des Elsass, Straßburg, wobei diese Stadt wiederum immer zwei Herrschaften meint: die der freien Stadt Straßburg und die des Hochstifts Straßburg, d. h. die *weltliche* Herrschaft des (altgläubigen) Bischofs. Beide Straßburger Herrschaften verfügen über rechtsrheinischen Besitz. Für eine evangelische Kirchengeschichte ist vor allem die freie Stadt wichtig, denn diese ist auch Hauptort, wenn nicht *der* Hauptort oberdeutscher Reformation. Hier wird 1524 Martin Bucer (1491–1551) zum Pfarrer gewählt, nachdem schon andere vor ihm reformatorisch gepredigt haben, hier kommt es zur Durchdringung von Reformation und Humanismus, hier entsteht 1530 ein ganz wesentliches Bekenntnis, die *Confessio Tetrapolitana*; von hier aus wirken Bucer und die andern, Capito, Hedio, Zell und wie sie alle heißen, ins nähere und weitere, heute auch badische Umland. Von hier aus spannt sich der Bogen einer vermittelnden Theologie bei anfänglicher Hinneigung zu Zwingli nach 1531 hin zu Luther und v. a. Melanchthon in Wittenberg. Ergebnis ist die von Bucer und Melanchthon 1536 als Protokoll einer Verständigung über das Abendmahl verfasste sog. Wittenberger Konkordie, ein Dokument, das im Rahmen auch einer badischen Darstellung immer wieder auftauchen wird.

Zu erwähnen ist aber auch noch das elsässische Schlettstadt mit seiner berühmten Humanistenbibliothek, nebenbei auch der Geburtsort Bucers.

(b) Vorderösterreich

Der oberdeutsche Raum umfasst auch die habsburgische Herrschaft im sog. Vorderösterreich, also das den österreichischen Erblanden vorgelagerte Territorium (Vorlande) mit der Hauptstadt Freiburg i. Br., das damals also eine habsburgische Landstadt ist, mehr nicht, also auch noch lange kein Bischofssitz, der erst im 19. Jahrhundert errichtet wurde. Aber Freiburg ist doch mehr: Es hat eine Universität, die humanistisch orientiert ist. Hier wirkt von 1529 bis 1535 Erasmus (1466–1536), ein Humanistenfürst, der die Reformation beflügelt, vor der er sich aber nach 1525 mit Abscheu zurückzieht.

(c) Kurpfalz

Die uns nächste Größe ist die nördlich Badens gelegene Kurpfalz, der angesehenste weltliche Reichsstand, der religionspolitisch einen ausgleichenden, aber bis 1545 nominell katholischen Kurs steuert und deshalb bei den Verhandlungen mit den Protestanten 1532 und 1539 gemeinsam mit Kurmainz reichspolitisch eine bedeutende Rolle spielt. Auch hier wird sich erst 1545 eine reformatorische Orientierung klarer bemerkbar machen, die aber erst 1556 zum Durchbruch kommt.

Es ist also eher Zufall, dass die bedeutende Disputation Luthers von 1518 als *Heidelberger* Disputation in die Geschichte eingeht. Das „Heidelberg" der Disputation ist nicht der kurpfälzischen Residenz geschuldet, sondern dem hier ansässigen Augustinerkonvent. Dennoch: Die Heidelberger Disputation ist das Initial der oberdeutschreformatorischen Bewegung.

(d) Württemberg

Ganz anderes ist vom Herzogtum Württemberg zu berichten, das zwar nicht im engeren Sinne dem Oberrhein zugeordnet werden kann, aber den südwestdeutschen Protestantismus stark prägen wird. Hier wird im Spätmittelalter fromme Theologie getrieben. Graf Eberhard im Bart (1445–1496; reg. 1459 Württemberg-Urach, 1482 Gesamt-Württemberg) schließt sich der *Devotio moderna* an, einer aus den Niederlanden stammenden mystisch geprägten Kreuzestheologie. Die Universität Tübingen (gegr. 1477) wird deren geistesgeschichtliche Bastion. Das Land steigt auf, aus Grafen werden Herzöge, die im 16. Jahrhundert auch Land gewinnen, teils durch Krieg, teils durch Kauf. Ehemals kurpfälzisches Land, später auch badische Städte. Bekannt ist die Geschichte des Herzogs Ulrich, der wegen einer Eifersuchtsgeschichte einen Verwandten des frühnational orientierten Humanisten Ulrich von Hutten (1488–1523) umbringt und nicht nur deshalb von den Ständen verjagt wird. Und das alles ist schon Reformationsgeschichte, denn 1534 wird dieser Herzog Ulrich mit Hilfe des Landgrafen Philipp von Hessen in der Schlacht von Lauffen am Neckar sein Land zurückgewinnen (und zwar gegen habsburgische Truppen) und umgehend die Reformation einführen und somit ein bis heute konfessionell und kulturell starkes evangelisches Territorium begründen, mithilfe so wichtiger Theologen wie Schnepf und Blarer, später Brenz und Andreä.

(e) Basel

Zu nennen ist noch Basel, das wir oft zu schnell allein der Schweiz zuordnen. Basel hält sich noch lange zum Reich *und* zur Schweiz, d. h. auch zu einer oberdeutschen, dem Reich zugewandten (Straßburg), *und* zu einer schweiz- (v. a. an Zürich) orientierten Theologie. Auch Basel, die damals einzige Universitätsstadt der Schweiz, ist Hort des Humanismus, in Basel und Straßburg wirkt der Verfasser des berühmten „Narrenschiffs", Sebastian Brant (1457–1521). Hier finden Karlstadt und Ökolampad Zuflucht, um von hier aus eine Theologie zu begründen, die Luther ein solches Ärgernis ist. Hier lebt auch Erasmus, der sich im katholischen Freiburg nicht mehr wohl fühlt, hier stirbt er auch und ist im Münster begraben. Gerade in den 1530er Jahren wird Basel versuchen, gemeinsam mit Straßburg einen Vermittlungskurs zwischen Zürich u. Wittenberg zu steuern, dem (seit 1538 erkennbar) jedoch kein Erfolg beschieden ist.

Später wird hier Simon Sulzer (1508–1585) als Antistes (Vorsteher) wirken, also als ranghöchster evangelischer Pfarrer, der zugleich nach 1556 in den angrenzenden (süd-)badischen Landschaften als Generalsuperintendent wirkt und seine Schüler als erste badische Pfarrer etabliert. –

Das sind die an das badische Gebiet angrenzenden Räume, auf die Hochstifte, also die weltlichen Herrschaften der geistlichen Fürsten, ist eigens einzugehen (s. u.). Deutlich ist, dass die badischen Gebiete von recht unterschiedlichen Nachbarn gerahmt waren, machtpolitisch wie theologisch. Gewaltige religiöse Aufbrüche in Basel und Straßburg, später auch prägend in Württemberg, standen neben den Beharrungskräften im Habsburgischen. Hier verband sich der Machteinfluss des Kaisers mit katholischer Konfessionspolitik. Auch waren die badischen Herrschaften am Rheinknie alles andere als rechtlich gesichert. (Das geschieht erst im 18. Jahrhundert unter Markgraf Karl-Friedrich!) Die Markgrafen mussten sich also hüten, den Kaiser zu verärgern, indem sie sich reformatorisch profilierten. Aber dass geistig-geistliche Einflüsse der Nachbarn auf die Markgrafschaft unvermeidlich waren, steht außer Frage und ist deshalb doch innerhalb einer badischen Kirchengeschichte zu zeigen.

All das sind wichtige Informationen im zeitlichen wie räumlichen Umfeld der geplanten Darstellung. Aber doch auch mehr, denn der Makrokosmos berührt den Mikrokosmos. Einer der wesentlichen Männer einer reformkatholischen Ausrichtung und zugleich gegen die Reformation gerichtet und somit Stütze des Kaisers war ausgerechnet der Kanzler der kleinen Markgrafschaft Baden-Baden: Hieronymus Vehus (1484–1544), dessen Name hier zumindest genannt sein soll. Vehus war es, der bereits 1521 Luther in Worms traf und dort die sein Leben bestimmende Auffassung gewonnen hatte, dass mit diesem Mönch kein Staat (und eben auch keine Kirche) zu machen war.

Mehrfach war nun schon von Reichstagen die Rede, bei denen die Stände zusammentraten, beileibe nicht nur das wichtigste Organ politischer und rechtlicher Kommunikation, sondern ein Sammelsurium von Eingaben, Intrigen, Protestationen (Einsprüchen), Rechtsstreitigkeiten, Ernennungen, Bestätigungen, Huldigungen, Turnieren, Gottesdiensten und lockeren Belustigungen. Ganz kurz sind die Stände zu skizzieren.

3. Die Reichsstände (Kurfürsten, Fürsten und Ritter, Städte)

(a) Die Kurfürsten

Gemeinhin vertritt man die Auffassung, die Kurfürsten seien eben die Fürsten gewesen, die, gestützt auf die Goldene Bulle von 1356, eben das Recht der Kaiserwahl innehatten. Das ist zwar richtig, besagt aber zu wenig. Die Kurfürsten bildeten eine eigene Kurie bei den Reichstagen. Waren die Kurfürsten untereinander einig, so war der Einfluss der übrigen Fürsten beinahe vernachlässigbar. Außerordentlich eifersüchtig schauten die Kurfürsten auf ihre Privilegien – und zu aller erst auf den Einfluss der Familien, unter denen im 16. Jahrhundert die Hohenzollern, die Wettiner und die Wittelsbacher herausragen.

(b) Die Fürsten

Die weiter zu nennende Gruppe (Kurie) sind die Fürsten, zu denen nun freilich die Markgrafen von Baden gehörten.

Ein Katalog von 1521 der für das Reichsregiment in Frage kommenden Fürsten nannte dabei neben dem Chef des Reichsregiments, Erzherzog Ferdinand (dem Kaiserbruder), und den Kurfürsten auch fünf weiteren Fürsten, darunter auch Markgraf Philipp von Baden.

Als geistliche Fürsten wurden genannt die Erzbischöfe und Bischöfe von Augsburg, Bamberg, Salzburg, schließlich die drei von Speyer, Straßburg und Würzburg, also allein drei Bischöfe, deren weltliche Herrschaft (Hochstift) in das spätere Baden (im Umfang des 19. Jahrhunderts) hineinreichten.[1]

(c) Die Reichsritter

Wir verlassen die Reichstage und wenden uns einer besonderen Gruppe zu: den Reichsrittern. Sie waren *Reichs*ritter, weil sie in der Tat direkt dem Reichsoberhaupt unterstanden, also dem Kaiser. Das machte sie einerseits als reichsunmittelbarer Adel wichtig und theoretisch unabhängig. Sie waren aber „nur" Ritter, d. h. es war ihnen nicht gelungen, in den Rang eines Reichsfürsten aufzusteigen. Stark waren sie allenfalls als Gruppe, die sich einig sein musste. Entsprechend schlossen sie sich zusammen zu ritterschaftlichen Kreisen, also etwa die Kraichgauer Ritterschaft zum schwäbischen Kreis, oder die fränkisch-odenwälder Ritter zum fränkischen Kreis, zu denen auch der berühmteste gehört, nämlich Götz von Berlichingen.

Anzeichen wie Ursache der Schwäche der Ritter war, dass sie seit der Reichsreform am Ende des 15. Jahrhunderts keine Stimme beim Reichstag mehr hatten. Politischer Anspruch und reale Geltung der Ritter klafften weit auseinander. So erhofften viele Ritter von der lutherischen Bewegung eine Rückkehr zur guten alten Zeit mit einem Reich, das in sich einig ist und an dessen Spitze ein mächtiger Kaiser steht, der

---

[1] Auf die Grafen von Wertheim usf. ist hier nicht einzugehen.

sich wie früher auf seine guten, ehrlichen, kampfesfrohen und trinkfesten Ritter stützt, und nicht auf ambitionierte Fürsten, die ihren eigene Herrschaftsbereich – ggf. auch auf Kosten des Reichs – auszudehnen trachteten. Daran ist nur wenig Karikatur. Es waren die Reichsritter, die sich von Luthers Schrift „An den christlichen Adel" (1520) besonders angesprochen fühlten: Hier war man wieder gefordert, zu politischen und auch kirchlichen Reformen. Und theologisch war man dazu mandatiert: als rechte christliche Obrigkeit und in Wahrnehmung des Priestertums aller Getauften. Als Adressaten Luthers schien man hier den Fürsten gewissermaßen gleichgestellt.

So ist wenig erstaunlich, dass die Reichsritter in der Mehrheit und sehr früh zur Reformation neigten und das nicht nur aus theologischen Gründen. Denn viele Ritter waren verarmt, verdingten sich als Söldner, mal gegen, mal mit den Bauern (sogar 1525). Man tat alles, um sich über Wasser zu halten. Doch jetzt, 1520, schien eine politische Option gegeben, Handlungsspielraum, vielleicht sogar eine reformerische Vision für den noch so kleinen Herrschaftsbereich, der manchmal nur eine Burg und ein, zwei Dörfer umfasste. In seiner Schilderung des Kraichgaus hat der in Menzingen aufgewachsene Melanchthonschüler David Chyträus die wichtigsten Familien genannt: „Wenn nun aber im Kraichgau rund sechzig Ritterfamilien wohnen, so ist es dennoch vor allem der glänzende und berühmte Adel der Sickinger, Helmstatter, Menzinger und Gemminger, dem nicht von mir allein, der ich von dem Hause Menzingen bevorzugt größte Wohltaten empfangen habe, ein erster Rang mit Recht gebührt, sondern auch von allen anderen, die seine ausgezeichnete und mit Glanz und Macht verbundene heroische Ritterlichkeit hochschätzten."[2] Natürlich lobte Chyträus hier vor allem seinen Patron, der seine Ausbildung bezahlt hatte, aber er hatte zugleich recht, gerade diese Familien herauszustellen; zu ergänzen wären noch die Göler von Ravensburg.

(d) Die Städte

Die Reformation ist (mit gewissen Einschränkungen) ein *urban event*, wie man das weltweit von Bernd Moeller bzw. zuvor Arthur G. Dickens gelernt hat. Dieser reformationsgeschichtliche Ansatz ist in den letzten Jahrzehnten vielfach präzisiert und auch modifiziert worden. Als weitverbreiteter Konsens dürften die folgenden Beobachtungen gelten:

(1) In keinem vergleichbaren Gemeinwesen der Neuzeit war die Gelehrsamkeit der Bevölkerung so dicht wie in den Städten. Und umgekehrt: „Es hat in der deutschen Geschichte keine Zeit gegeben, in der das Interesse an Fragen der Theologie und ihre selbständige Kenntnis bei Menschen aller Stände und Berufe derart verbreitet gewesen ist wie in den ersten Jahren der Reformation."[3]

(2) Die Städte mit ihrer intensiven Kommunikaton von Herrschenden und Beherrschten, Rat und Bürgern, mussten sich früh und intensiv mit reformatorischen Aufbrüchen befassen, ohne die Frage delegieren zu können oder zu wollen. Der kommunale Einigungsdruck musste zu einer intensiven Auseinandersetzung führen, sollte

---

[2] David Chytraeus, Kraichgau – De Creichgoia […], hrsg. und neu übersetzt von Reinhard Düchting und Boris Körkel (heimatverein Kraichgau, Sonderveröffentlichungen 21), Ubstadt-Weiher 1999, 70.
[3] Bernd Moeller, Reichsstadtund Reformation, Neue Ausg., Tübingen 2011, 82.

es nicht zur Spaltung der Bürgerschaft kommen. Die Begründung des gemeinsamen geistlichen Standes (der „Laien"), wie Luther sie in der Adelsschrift vorgetragen hatte, sowie die Verbürgerlichung des Pfarrerstandes führten Geistlichkeit und Bürgerschaft zusammen.

(3) Damit verwandt ist die Stärkung des kommunalen Bewusstseins, die mit den Stadtreformationen einhergehen konnte.

Die (freien) Städte waren, auch wenn sie ihre Blütezeit hinter sich hatten, von wirtschaftlich großer Bedeutung. Straßburg, Ulm, vor allem Augsburg zählten weit mehr Bevölkerung und waren größer als die Fürstenresidenzen. Freilich nahm insgesamt ihre wirtschaftliche Bedeutung – und dem folgend: die politische – seit dem 14. Jahrhundert eher ab. Doch waren sie immer noch Zentren der geistigen Regsamkeit, auch der geistlichen. Es waren die Städte, d. h. die Magistrate, und nicht die Bischöfe, die Prädikanten beriefen, um der Predigt ein gewisses Niveau zu sichern. Die theologisch gebildeten Prädikanten, weniger die Priester brachten die reformatorische Bewegung voran, manchmal waren es charismatische Mönche von großer Redegewalt, die der Reformation den Weg in den Städten (Straßburg) bereiteten.

Die Markgrafschaft Baden verfügte freilich nur über ein, zwei, vielleicht drei kommunale Gebilde, die man in diesem Sinne als Stadt bezeichnen kann: Nicht von ungefähr waren das auch die Residenzen, die eine Lateinschule und ein Stift in ihren Mauern hatten: Pforzheim, Baden-Baden, Ettlingen.

Pforzheim, die alte Residenzstadt der Unteren Markgrafschaft Baden ist dabei keineswegs gering zu schätzen. Sie beherbergte ein Stift – die Schlosskirche St. Michael war eine Stiftskirche –, hier findet sich das humanistische Erbe des Pforzheimers Johannes Reuchlin (1455–1522) bis heute verdichtet (Bibliothek), es war bedeutende Schulstadt mit der von Markgraf Jakob I. von Baden (1407; reg. 1431–53) begründeten Lateinschule, deren berühmtester Schüler der kleine Brettener Philipp Schwarzerdt sein sollte, der in die Geschichte als Melanchthon einging. Und Pforzheim war eben noch im Reformationsjahr 1556 die Residenz (bis 1565) der Markgrafschaft unter Karl II. (1529; reg. 1552–77) und die Schlosskirche bis 1860 Grablege der evangelisch-markgräflichen, dann großherzoglichen Familie.

Für den Zeitraum der Vorreformation bedeutet dies also, dass abgesehen von den Residenzen Baden gleichsam von einem Sternenkranz an wichtigen Städten oberrheinischer Gelehrsamkeit mit frühen humanistischen und/oder reformatorischen Bewegungen umgeben war: Konstanz, Basel, Schlettstadt, Straßburg, Heidelberg und Tübingen, mit Einschränkung Freiburg i. Br., also allesamt damals *keine* badischen Städte. Wirtschaftlicher und kultureller Hauptort des Oberrheins war (neben Basel) und blieb lange Zeit Straßburg.

4. Die Kirche (Diözesen), geistliche Stände

Es wurde bereits erwähnt, dass wir nicht von der politischen Größe ausgehen können, die man seit dem 19. Jahrhundert als Baden kennt, ein Staat also mit *einem* katholischen Landesbistum (neben der Evangelischen Landeskirche), sondern der Oberrhein umfasste die katholischen Bistümer Konstanz, Basel, Straßburg, Speyer, Worms, Mainz und Würzburg auch als Territorien von größter Bedeutung. Konstanz, Worms und Speyer ragten weit in das heutige Baden-Württemberg hinein.

5. Die Akteure

Damit ist ein Rahmen zur Entfaltung der vorreformatorischen Bewegungen gewonnen, die als personenbezogene und raumorientierte Betrachtung vorgenommen werden soll. Jede der in Einzelparagraphen darzustellenden Personen hat Berührungspunkte zum Humanismus, ist reformatorisch gesinnt, kann in Ansätzen reformatorisch wirken oder auch in Ausnahmefällen evangelische Gemeinden nachhaltig begründen. Es geht um Gelehrte, Priester, Stadtprediger und Prädikanten, die sich in einem meist klar umgrenzten Raum zur reformatorischen Bewegung bekennen.

All das muss in der jeweiligen Einzelbetrachtung anklingen. Aber eben mit diesen Mosaiksteinchen entsteht langsam ein Bild, das sich dann zumindest in Baden-Pforzheim zum Bild einer klar erkennbaren Reformation verdichtet und klärt, wie in anderen Regionen zum Bild der wiedergewonnenen (römisch-)katholischen Kirche.

6. Badische Kirchengeschichtsschreibung

(a) Johann Daniel Schöpflin (1694–1771)

An dieser Stelle sei ein kurzer Hinweis auf die Historiographie des Oberrheins gegeben, die freilich beim ersten zu nennenden kaum als Kirchengeschichtsschreibung im eigentlichen Sinne gelten kann. Dennoch sei Schöpflin hier genannt, zumal seine zähringisch-badische Geschichte (s. u.) auf die badische Kirchengeschichtsschreibung bei Sachs eingewirkt hat. Er war nicht nur Universalgelehrter von europäischer Geltung, Professor der Beredsamkeit, der Geschichte und des Staatsrechts an der Universität Straßburg (wo Goethe ihn hörte), sondern belegt allein schon mit seinem eigenen Leben die kulturelle Zusammengehörigkeit des Oberrheins. Geboren in Sulzburg als Sohn eines markgräflich-badischen Verwalters, der aus Hägelberg (heute: Steinen-Hägelberg) stammte, besuchte er in Durlach die Schule, dann auch die Basler Universität, bis er sich 1711 nach Straßburg wandte. Dort hat er auch Theologie studiert und 1717 in Reichenweiher/Elsass, dem Herkunftsort der Mutter, sogar eine Predigt über die *Vortrefflichkeit der christlichen Religion* gehalten.

Bekannt im gesamteuropäischen Raum wurde Schöpflin als Wissenschaftspolitiker (Begründer von Akademien) und höfisch gewandter, vermittelnder Diplomat in Rechtsstreitigkeiten, u.a. zwischen den Städten Straßburg und Basel mit dem Haus Baden (-Baden und -Durlach). Kann Schöpflin als Begründer der historischen Wissenschaft am Oberrhein gelten, so verdankt er diesen Ruf zunächst seiner Geschichte des Elsass (*Alsatia illustrata*) und weniger der zwischen 1763 und 1766 entstandenen *Historia Zaringo-Badensis*, die – wie schon der Titel zeigt – vor allem anderen am Nachweis der historischen Bedeutung des Fürstengeschlechts der Zähringer als „Urgeschichte" der badischen Fürsten interessiert war. Lediglich der vierte (und letzte) Band dieser von Markgraf Karl Friedrich in Auftrag gegebenen Hausgeschichte befasst sich mit Quellen zur Geschichte der badisch-durlachischen Geschichte, also des evangelischen Teils der Markgrafschaft.

Schöpflins Lebensmittelpunkt war Straßburg; hier ist er 7. August 1771 gestorben. Der Lutheraner wurde in der Thomaskirche mit einem aufwändigen Grabmal geehrt, das noch heute besteht.

(b) Johann Christian Sachs (1720–1789)

Nur 16 Jahre jünger war Johann Christian Sachs, vielleicht einer der ersten bekannten *gebürtigen* Karlsruher der erst 1715 gegründeten neuen Stadt, die Durlach als Residenz ablöste.

Sachs war Theologe, dessen Leben und Werk noch keineswegs als erforscht gelten kann. Seiner 53 Jahre währenden Tätigkeit als Lehrer, später Rektor am 1724 von Durlach nach Karlsruhe übersiedelten Gymnasium, die in bewegenden Nachrufen in Gedichtform gewürdigt wurde, steht die doch erstaunliche Tatsache gegenüber, dass von Sachs kein Bildnis erhalten ist. Auch seine genaue Herkunft, sein Vater soll fürstlicher Rat gewesen sein, ist nicht geklärt.

Vielleicht hat frühe Verwaisung dazu geführt, dass Sachs als 12-Jähriger ins berühmte Waisenhaus zu Halle übergeben wurde. Den Gründer der Anstalten, August Hermann Francke (1663–1727), hat er also nicht mehr persönlich kennengelernt. Dass er vom halleschen Pietismus nachhaltige Prägung erfahren hat, ist wahrscheinlich, aber nicht nachweislich. In Halle hat er sich (1736) als 16-jähriger Student einschreiben können. Doch bereits 1737 kehrte er aus gesundheitlichen Gründen – die genauen Umstände sind nicht zu erhellen – wieder nach Karlsruhe zurück, wo er jedoch als noch 17-Jähriger sogleich in Vertretung ein Lehramt am Gymnasium ausübte. Offenbar tat er dies mit solchem Erfolg, dass er zum Präzeptor, dann Professor und schließlich zum Rektor aufstieg. Unterrichtet hat er im Grunde alle Fächer, die zur Ausbildung für das Pfarramt nötig waren: Glaubens- und Sittenlehre, Psalmen und Propheten, die Bücher des Neuen Testaments sowie Kirchengeschichte.

Seit 1754, also noch vor Schöpflin, befasste sich Sachs auch mit der Geschichte der Markgrafschaft, die in den letzten beiden Bänden wesentliche Sekundärquelle auch der badischen Kirchengeschichte bildet. Trägt der erste Band seiner *Einleitung in die Geschichte der Marggravschaft* (insg. 5 Bde.; 1764–1777) noch die Autorenbezeichnung *Professor an dem Gymnasio Illustri zu Carlsruhe*, so der zweite den Zusatz eines *Markgrävl. Baden-Durlachischen würklichen Kirchen-Raths*, eine Stellung, in die Sachs 1764 neben seiner Tätigkeit als Rektor eingerückt war. Vielleicht wurde ihm diese Ehrung im Zusammenhang des 200. Jubiläums des Gymnasiums zuteil, das ja auf eine Gründung des Markgrafen Ernst Friedrich zurückging. Sachs hatte dazu eine Festschrift erstellt und das Gymnasium auch in seinen *Beiträgen* (1787) gewürdigt.

Ganz originell ist die historische Arbeit nicht. Sachs verwies selbst darauf, dass er Werke anderer, vor allem die Arbeiten Schöpflins, verarbeitet hatte, die er teilweise nur übersetzte. Aber der Übergang von der Latinität ins Deutsche schafft der *Einleitung* weite Rezeption.

Seine theologisch wenig profilierte Auffassung bedarf noch der Erhellung. Es kann davon ausgegangen werden, dass er sich gegen aufgeklärt-deistische Tendenzen in der Theologie wandte. Ob und wie weit er sich selbst überhaupt der Aufklärung verpflichtet wusste oder gar pietistischen Strömungen (Halle) verbunden war (oder gar beides zu vermitteln suchte), ist einstweilen noch ganz unklar.

Johann Christian Sachs starb im 69. Lebensjahr am 29. Juni 1789 an einem Schlaganfall in Karlsruhe, also kurz vor Ausbruch der Französischen Revolution. Auch in seiner Lebensspanne blieb er also ein Vertreter des aufgeklärten Absolutismus der Ära Karl Friedrichs.

(c) Karl Friedrich Vierordt (1790–1864)

Am 18. November 1790 ist Vierordt in Karlsruhe als Sohn des Kammerdieners, später Kammerrat und zweiter Leibarzt, Ernst Jacob Vierordt (1766–1810) und der Anna Magdalena Scherer geboren worden. Nach dem Besuch des Karlsruher Lyzeums, wo er u. a. bei Johann Peter Hebel Unterricht genoss, studierte er seit 1808 an der 1803 an Baden gefallenen und nun reorganisierten Heidelberger Universität Theologie. Seine Lehrer waren Carl Daub, Friedrich Marheineke, Wilhelm L. de Wette und Friedrich Creuzer. Einer seiner Kommilitonen – die Zahl der Studenten war damals überschaubar – war der gleichaltrige Reichsgraf Leopold von Hochberg, der spätere Großherzog (1790; reg. 1830–1852). Aus der Schul- und Studienzeit blieben die guten Verbindungen zu Hebel wie auch zum späteren Großherzog prägend.

Nach seinem Vikariat in Südbaden schlug Vierordt den damals für Theologen nicht untypischen Weg eines Lehrers bzw. Hauslehrers ein. So unterrichtete Vierordt in Yverdon bei Pestalozzi und in Neuchâtel, um (nach einem weiteren Vikariat) 1816 zunächst in Lahr sich wieder dem Lehramt zu widmen. 1820 – also mitten in der Entstehungszeit der badischen Union (1817–1821) – wechselte Vierordt ans Karlsruher Lyceum, dem früheren Gymnasium Illustre, wo er 40 Jahre lang amtierte (1823 Professor, 1855 Rektor). Im Nebenamt war er seit 1838 Mitglied der evangelischen Kirchen- und Prüfungskommission. Offenbar haben konfessionelle Rücksichten auf (ehemals) reformierte Theologen die Berufung Vierordts in die Kirchensektion (Kirchenbehörde im Innenministerium) verhindert.

Karl Friedrich Vierordt starb, 1856 noch durch den Titel eines Geheimen Hofrates und durch die Universität Heidelberg mit dem Doktor h. c. geehrt, am 19. Dezember 1864. Seine Lebensdaten markieren somit auch die Epoche der vielleicht bewegendsten und positiven Phase der badischen Geschichte – sieht man von den Not- und Krisenjahren 1795–1813 einmal ab – zwischen Französischer Revolution und dem 1866er Krieg.

Vierordts Bedeutung wäre verkannt ohne die Würdigung seiner Kirchengeschichte. Bereits im Studium hatte er historisch gearbeitet, seit 1833 verfolgte er zielstrebig den Plan einer evangelischen Kirchengeschichte, dann auch einer Landesgeschichte.

Dahinter verbarg sich freilich nur eine pragmatische Arbeitsteilung, denn Land und Landesherrschaft (seiner Zeit!) waren ihm selbstverständlich identisch. So konnte er ohne Weiteres von der Reformation im *Großherzogtum* Baden sprechen, in dessen

Geschichte auch die kleinterritorialen Geschichten der seit 1803/06 an Baden gefallenen Gebiete legitim einzuzeichnen waren. Vierordt hat also methodisch den Weg beschritten, der in meiner Darstellung *nicht* gegangen werden soll. Was also keinesfalls einmal zur badischen Geschichte gehört hatte, wurde nun virtuell badisch (als „Landesteile") betrachtet. Neu war die Konzentration auf die kirchengeschichtliche Darstellung, die Vierordt in der ersten Hälfte des 19. Jahrhunderts noch vermisste – trotz oder gar wegen der Arbeiten eines Schöpflin bzw. Sachs.

Vierordt räumte ein, dass eine Darstellung der (alt)badischen Geschichte schon quellenkundlich auf große Probleme stieß, und wandte sich auch deshalb ganz stark einer Perspektive der Landesteile, d. h. der früheren Herrschaften zu, deren Archive ergiebiger waren: Straßburg, Hanau-Lichtenberg, Geroldseck, Konstanz, Gengenbach, ritterschaftliche Gebiete, Fürstenberg, Vorderösterreich und wie sie alle heißen.

In jedem Falle verdient Vierordts Arbeit höchste Anerkennung. Was in jahrzehntelanger Arbeit aus den Nebenarchiven zusammengetragen wurde, konnte zu einem erzählerisch meisterlichen Gesamtbild verdichtet werden. Wie im 19. Jahrhundert leider üblich, sind die Fundorte nicht immer genannt, doch zeigen einzelne Stichproben (wenn heute noch möglich), dass Vierordt sehr verlässlich gearbeitet hat. Auch sein Werk muss und kann deshalb (nach den seither zu verzeichnenden Kriegsverlusten) als Sekundärquelle angesehen werden. *Die Geschichte der evangelischen Kirche* trägt dabei durchaus den liberalen Geist historischer Verantwortung ohne konfessionalistische Attitude. Nicht nur darin besteht das Verdienst dieser ersten als *Kirchengeschichte* konzipierten historischen Darstellung.

Resümee:

Somit schließt sich der Kreis dieser vorläufigen Bemerkungen:
1. Eine badische evangelische Kirchengeschichte wird in einem ersten Teil sich Personen und Räumen des heute badisch-landeskirchlichen Gebiets widmen müssen, auch zur Pflege des kulturellen Gedächtnisses der Gemeinden.
2. Eine solche Betrachtung von Personen und Räumen wird diese Geschichte freilich nicht als „protobadisch" entfalten können. Von den gescheiterten und zerstörten Reformationen führt kein direkter Weg in die Neubegründung evangelischer Gemeinden nach 1803 bzw. 1806 (also der Entstehung des Großherzogtums Baden im heutigen Umfang).
3. Vergleichbares gilt für die Würdigung der Kirchengeschichte der Kurpfalz, deren rechtsrheinisch-reformierte Traditionen für die badische Kirchengeschichte wichtig, aber im Grunde erst 1803 von größerer Bedeutung sind. Dass freilich in Einzelfragen auch Bezüge herzustellen sind (Markgraf Ernst-Friedrich und Georg Friedrich), beleuchtet die Ausnahmen der Regel.
4. Ein Reformationsverständnis, das seinen hermeneutischen Ziel- bzw. historischen Ausgangspunkt in der Kichenordnung von 1556 findet, wird eine evangelische Kirchengeschichte Badens also vor allem als kirchliche Integrationsgeschichte der Baden zufallenden Gebiete entfalten.

5. Schließlich: Dass dabei nicht mehr nur Ereignis oder gar Fürstengeschichte zu beschreiben ist, dürfte nicht der weiteren Erörterung bedürfen. Sozialgeschichtliche Fragen, die ja auch aus kirchenordnenden Maßnahmen (z. B. Hebammenordnungen) zu erheben sind, sind also ebenso wichtig wie der Streit um Bekenntnisse oder pietistische Einflüsse auf die kleine Markgrafschaft und/oder wie die administrativen Schübe seit 1771, mit denen die Herrschaft eines lutherischen Herrscherhauses über eine mehrheitlich katholische Bevölkerung beginnt.

Um hier abschließend nur ein Beispiel zu nennen: Selbstverständlich muss die Heidelberger Disputation vom April 1518 Erwähnung finden; dies freilich nicht als Teil der Kirchengeschichte einer badischen Stadt, sondern als Initial des Reformatorischen, das über Bucer und Brenz im Südwesten indirekt auch auf das badische einwirkt; genuin badisch wird man freilich allein die Auswirkungen auf das unstete Leben des Ettlingers und späteren baden-badenschen Stiftsherrn Franz Irenicus (1494–1553) nennen können; und auch er ist ein erstes Beispiel scheiternder reformatorischer Bewegungen in Baden.

Grundriß einer badischen Kirchengeschichte

Die im folgenden „Erster Band" genannte Teildarstellung – er setzt ein mit einer ausführlicheren Fassung des oben Gebotenen – soll noch 2018 erscheinen; zu weiterem sind in den letzten Jahren Vorarbeiten geleistet worden. Nach jetzigem Stand stellt sich also die geplante Gesamtdarstellung folgendermaßen dar:[4]

Geschichte der Evangelischen Kirche in Baden

Erster Band: Reformatorische Bewegungen im Südwesten des Reichs (1518–1557)
Von Luthers Heidelberger Disputation bis zum Augsburger Frieden

Inhalt
A. Einführung
   § 1. Zur Methode der Darstellung
      1.1. Was ist Reformation?
         (a) Begrifflichkeit
         (b) Phänomene
         (c) geistesgeschichtliche Abgrenzung
         (d) „*ecclesia semper reformanda*"? – zur Vielgestaltigkeit der Reformation
      1.2. Was ist reformatorische Bewegung? (Reform[ation] und badischer Raum)

---

[4] In welchem Zeitraum sie erscheinen kann, ist freilich offen. Ebenso, ob nicht ggf. ein weiterer Band mit thematischen Längsschnitten vorgelegt werden kann und soll.

- *1.3. Die zu betrachtenden außerbadischen Räume (Elsass, Vorderösterreich, Kurpfalz, Württemberg und Basel)*
  - (a) Elsass
  - (b) Vorderösterreich
  - (c) Kurpfalz
  - (e) Württemberg
  - (f) Basel
- *1.4. Der Kaiser (Karl V.)*
- *1.5. Die Reichsstände*
  - (a) die Kurfürsten
  - (b) die Fürsten
  - (c) die Reichsritter
  - (d) die Städte
- *1.6. Die Kirche (Diözesen), geistliche Stände*
- *1.7. Die Akteure*
- *1.8. Badische Kirchengeschichtsschreibung*
  - (a) Johann Daniel Schöpflin
  - (b) Johann Christian Sachs
  - (c) Karl-Friedrich Vierordt

B. Gestalten – Städte – Territorien
- § 2 Martin Luther (1483–1546) in Heidelberg (1518)
  - *2.1. Vorgeschichte und Verlauf der Heidelberger Disputation*
  - *2.2. Theologische Grundfragen der Heidelberger Disputation*
  - *2.3. Ergebnis und Ausblick*
- § 3 Wertheim und seine Reformatoren: Jakob Strauß (1483–1532, Franz Kolb (1465–1535), Johann Eberlin von Günzburg (1470–1533)
  - *3.1. Graf Georg II. von Wertheim*
  - *3.2. Jakob Strauß*
  - *3.3. Franz Kolb*
  - *3.4. Johann Eberlin von Günzburg*
- § 4 Jakob Otter (1485–1547) in Kenzingen und Steinach
  - *4.1. Reformatorische Predigt in Kenzingen*
  - *4.2. Hans Landschad III. von Steinach*
- § 5 Täufer am Oberrhein
  - *5.1. Was ist Täufertum?*
  - *5.2. Täufer am Oberrhein*
  - *5.3. Die Verfolgung der Täufer*
- § 6 Johannes Schwebel aus Pforzheim (1490–1540)
  - *6.1. Biographie bis 1521*
  - *6.2. Die erste Auseinandersetzung in Schwebels „Ermahnung"*
  - *6.3. Auf der Ebernburg*
  - *6.4. Rückkehr nach Pforzheim und Abschied*
  - *6.5. Theologische Einordnung*

§ 7 Ambrosius Blarer (1492–1564) mit seinen Geschwistern Margarete (1494–1541) und Thomas (1499–1567) in Konstanz
  7.1. Zur Biographie des Ambrosius Blarer
  7.2. Wirken in Württemberg
  7.3. Wieder in Konstanz: der bestallte Prediger an St. Stephan
  7.4. Die Schwester Margarete
  7.5. Das Ende der Reformation in Konstanz – Ambrosius Blarer geht in die Schweiz
§ 8 Caspar Hedio (1494–1552) aus Ettlingen und sein Weg nach Straßburg
  8.1. „Werd nit matt" – Leben und Wirken Hedios
  8.2. Der humanistische Historiker – C. Hedio. D(octor) Civis
§ 9 Franz Irenicus (1495–1553) aus Ettlingen und die Kraichgauer Ritterschaft
  9.1. Leben und Wirken des Irenicus in Baden (bis 1526)
  9.2. Die Kraichgauer Ritterschaft
  9.3. Der Einfluss des Johannes Brenz
§ 10 Matthias Erb (1494?–1571), Thomas Lindner († 1564) und Gengenbach
  10.1. Zur reformatorischen Bewegung in Gengenbach
  10.2. Das Leben und Wirken Erbs
  10.3. Thomas Lindner und der Gengenbacher Katechismus
§ 11 Katharina Zell, geb. Schütz (1497–1562) und Straßburg
  11.1. Bileams Eselin und Kirchenmutter
  11.2. „schand, schmach, nachred und lugen" – eine „Entschuldigung"
  11.3. „die Verjagten aufgenommen, die Elenden getröstet" – Solidarität mit Kenzingen
  11.4. „Kirche und Verkündigung und Schulen gefördert und geliebt" – Kommunikation und Kirchenaufbau
  11.5. Das unüberwindliche Wort – oder: Mit dem gehörten Wort das Wort ergreifen
    (a) Reise nach Wittenberg
    (b) Grabrede auf ihren Ehemann – Mann und Frau, Zell und Zellin
    (c) Tod
§ 12 Anselm Pflüger (vor 1510?–1556) und die Grafschaft Hanau-Lichtenberg
  12.1. Die Grafschaft Hanau-Lichtenberg
  12.2. Straßburger Pfarrer in Hanau-Lichtenberg
  12.3. Bucer und Melanchthon als Reformatoren der Grafschaft – die „Kölner Reformation"
Zwischenbemerkung
§ 13 Paul Fagius (1504–1549) zwischen Heidelberg und Cambridge
  13.1. Lebenslauf
  13.2. Fagius in Heidelberg
§ 14 Olympia Fulvia Morata und Heidelberg
§ 15 Martin Schalling, Vater (ca. 1490–1552) und Sohn (1532–1608), und der Weg vom reformatorischen ins konfessionelle Zeitalter
  15.1. Martin Schalling sen.
  15.2. Martin Schalling jun.
Nachbemerkung

C. Wege der Reformation, Wege zur Reformation
  § 16 Martin Bucer und Philipp Melanchthon als Reformatoren des oberrheinischen Protestantismus
   16.1. Strukturen
     (a) Luthers Heidelberger Disputation und das Interesse der Humanisten
     (b) Luthers Adelsschrift und das Interesse des niederen Adels an Reformen der Kirche
     (c) die städtischen Reformationen am Oberrhein mit ihren reformerischen und kirchenordnenden Maßnahmen (Lehre, Katechismus, Abendmahlspraxis)
   16.2. Das reformatorische Programm
     (a) die Bilderfrage
     (b) die Abendmahlsfrage und die Gewinnung eines konkordanten Punktes in der Wittenberger Konkordie von 1536
     (b) Kirchen- und Sittenzucht
     (c) das Problem der Einigkeit in der Lehre
   16.3. Die Reformation am Oberrhein bis zum Schmalkaldischen Krieg
     (a) Straßburg
     (b) Kurpfalz
     (c) Württemberg
  § 17 Ausblick
   17.1. Schmalkadischer Krieg und Interim (1546–1548)
   17.2. Fürstenkrieg (1552) und Markgrafenkrieg (1553)
   17.3. Der Augsburger Friede (1555) und die Spätreformationen im Südwesten
     (a) kein Religionsfriede
     (b) die Bestimmungen des Augsburger Friedens
     (c) der zweifache Ausgang des Friedens
     (d) die Territorien
   17.4. Schlussbild: „oberländisch" – der Rückgriff Kurfürst Ottheinrichs auf die Wittenberger Konkordie als Orientierungspunkt oberdeutscher Theologie

D. Literatur
  Glossar
  Literatur

E. Register
  Personen (ohne die in den Hauptüberschriften erwähnten)
  Sacherklärungen

Geschichte der Evangelischen Kirche in Baden

Zweiter Band: Die Kirche der Markgrafschaft

1. Buch: Vorgeschichte und Entwicklung bis zum Regierungsantritt Karl Friedrichs
- § 1 Kirche in Raum und Zeit (Rückblick)
  1. Die evangelische Kirche
  2. Raum, Markgrafschaften, landesherrliches Kirchenregiment
  3. Zeit: Reformation und konfessionelles Zeitalter
- § 2 Vorgeschichte(n): Die Zeit Markgraf Christoph I. und Ernsts (1515–1552)
  1. Theologie am Oberrhein
  2. Badische Theologen der Reformationszeit
  3. Die offene Situation
- § 3 Einführung der Reformation: Markgraf Karl II. (1552–77)
  1. Die Kirchenordnung von 1556
  2. Visitation und kirchliches Leben
  3. Innerprotestantischer Streit: der Streit um die Konkordienformel im Oberland
- § 4 Zwietracht der Brüder: „Zweite Reformation", Beendigung der Reformation und Festigung des Konkordienluthertums unter den Markgrafen Ernst Friedrich, Jakob III. und Georg Friedrich zwischen 1577 und 1622/38
  1. Die „Zweite Reformation" Ernst Friedrichs (1577–1604)
     a) Streit um die Konkordienformel im Reich
     b) Ernst Friedrichs Kampf gegen die Konkordienformel und die lutherische Renitenz zu Pforzheim
     c) Der Markgraf als Theologe: das Stafforter Buch (1599)
  2. Die Beendigung der Reformation und der Übertritt des Hochberger Markgrafen Jakob III. (1584–90)
     a) Johann Pistorius
     b) Die Religionsgespräche von Emmendingen und Baden(-Baden)
     c) Die Konversion zum Katholizismus und der plötzliche Tod des Markgrafen
  3. Georg Friedrich und die Krise der Markgrafschaft
     a) Die „Conformität"
     b) Kampf und Niederlage im 30jährigen Krieg
     c) Staatskrise und Bibelglaube
- § 5 Evangelische Bewegungen in der Markgrafschaft Baden-Baden und ihr Ende
- § 6 Die evangelische Pfarrerschaft
  1. „Haus und Hof, Weib und Kind, Acker, Vieh und alle Güter"
  2. Die spezielle Aufsicht in der Kirche und die Pfarrsynode
  3. Die allgemeine Aufsicht in der Kirche und der Beginn der Pfarrdynastien
- § 7 Friedrich V. Magnus (1622–59)
  1. Die Markgrafschaft im Großen Krieg
  2. Das Augustana Jubiläum
  3. Konsolidierung von Kirche und Territorium
- § 8 Friedrich VI. (1659–77)

- § 9 Friedrich VII. Magnus (1677–1709)
  1. Die verheerenden Kriege
  2. Neue Konsolidierungsversuche (Kummer, Eisenlohr)
  3. Peuplierung und Migration
- § 10 Karl Wilhelm (1709–38)
  1. Die Gründung Karlsruhes als kirchengeschichtliches Ereignis
  2. Die Reformierten
  3. Waldenser, Hugenotten und Wallonen
- § 11 Markgräfin Magdalena Wilhelmine (v. Württemberg)
  1. Friedrich (1703–32)
  2. Das Reformationsjubiläum 1717
  3. Einflüsse der Markgräfin
- § 12 Bekenntnis und Lehre
  1. Oberdeutsches Luthertum
  2. Konkordienluthertum
  3. Das *Eindringen* des Pietismus nach Baden
- § 13 Bildung und Unterricht
  1. Der kirchliche Unterricht in den niederen Schulen
  2. Seminar und Gymnasium illustre zu Durlach (dann Karlsruhe)
  3. Die Theologenfrequenzen an den Universitäten
- § 14 Der Gottesdienst
  1. Der Gemeindegottesdienst
  2. Taufe und Abendmahl
  3. Trauung und Bestattung
- § 15 Kultur und Ethik
  1. Feiertage und Lustbarkeiten
  2. Kirchenmusik
  3. Almosenwesen

2. Buch: Das Zeitalter Karl Friedrichs (1728–1806/11)
- § 16 Methodische Fragen
  1. Karl Friedrich
  2. Kirchliche Zentralbehörden
  3. Die Pfarrerschaft
- § 17 Der baden-durlachsche Markgraf (Kirchenratsinstruktion!)
  1. Erziehung und religiöse Bildung
  2. Orthodoxie, Aufklärung und Pietismus
     Bürcklin – Stein – Daler – Heinrich Sander – Walz – Seiler
  3. Toleranz
- § 18 Die Vereinigung der Markgrafschaften 1771 in kirchengeschichtlicher Perspektive
  1. Ereignisgeschichte
  2. Rückblick auf die evangelischen Traditionen der Markgrafschaft Baden-Baden
  3. Der Syndikatsprozess / Brauer

§ 19 Kirchliches Leben und Frömmigkeit
  1. Die Einführung der Konfirmation
  2. Bildung und Lehre (auch Fecht)
  3. Die Entdeckung des Kindes
§ 20 Der Kurfürst und der Großherzog
  1. Der Aufstieg der Markgrafschaft zum Kurfürsten- und Großherzogtum
  2. Die Organisationsedikte Brauers (1803)
  3. Die Konstitutionsedikte (1807)
§ 21 Die Universität Heidelberg und die neugewonnene badische evangelische Fakultät
  1. Erste Reformer und Reformen
  2. Neubadische Theologen (1)
  3. Die Fakultät
§ 22 Der Weg zur obrigkeitlichen Kirchenvereinigung
  1. Aufklärungstheologie und Frömmigkeit
  2. Die Schul- und „Verwaltungsunion"
  3. Das Stocken der Unionsbemühungen
§ 23 Theologie und Theologen der Jahrhundertwende
  1. Lavater und Jung-Stilling am Karlsruher Hof
  2. Gottlieb Bernhard Fecht
  3. Nikolaus Sander
  4. Johann Peter Hebel
  5. Ernst Ludwig Posselt
  6. Johann Ludwig Ewald
§ 24 Die evangelische Gemeinde im letzten Drittel des 18. Jahrhunderts
  1. Der Gottesdienst (Liturgie und Gesangbuch)
  2. Die Krise des kirchlichen Unterrichts
  3. Almosenwesen
§ 25 Religiöse Pluralität?
  1. Religiöse Devianz
  2. Der badische Katholizismus
  3. Die Juden
§ 26 Das Ende einer Epoche
  1. Der Tod Karl Friedrichs (1811)
  2. Die kirchliche Situation im Rheinbundstaat
  3. Ausblick

Geschichte der Evangelischen Kirche in Baden

Dritter Band: Die Kirche im Großherzogtum (1807–1918)

Von der Union bis zum Ende des Ersten Weltkriegs
§ 1 Kirche in Raum und Zeit
  1. Kirche im Großherzogtum
  2. Auf der Suche nach der freien Kirche im freien Staat
  3. Das theologische Erbe neubadischer Territorien (ohne Kurpfalz)

- § 2 Die neue Unionsbewegung
  1. Das Reformationsjubiläum von 1817
  2. Bürgerliche Impulse zur Union
  3. Theologische Impulse zur Union
- § 3 Das Erwachen des pfälzischen Reformiertentums
  1. Das schwierige kurpfälzische Erbe
  2. Die kirchliche Verfassungsbewegung in der rechtsrheinischen Kurpfalz
  3. Integralistische Personalpolitik
- § 4 Die Gestaltung der Union
  1. Die Karlsruher Konferenz
  2. Die Sinsheimer Konferenz
  3. Die Unionssynode
     a) Verlauf
     b) Erste Unstimmigkeiten zwischen Staat und Kirche
     c) Der neue Bekenntnisstand
- § 5 Die Heidelberger Fakultät im ersten Drittel des 19. Jahrhunderts
  1. Carl Daub
  2. Friedrich Heinrich Christian Schwarz
  3. Heinrich E.G. Paulus
- § 6 Die badische Erweckung – Aloys Henhöfer (1789–1862)
  1. Der Weg Henhöfers
  2. Die Erweckung: Von der Bewegung zur Partei
  3. Spätrationalismus und Erweckung im Streit um den ersten Unionskatechismus
- § 7 Die Pfarrerschaft im Vormärz
  1. Friedrich Wilhelm Hitzig
  2. Gottlieb Bernhard Fecht
  3. Sonstige
- § 8 Kirchliches Leben zwischen Streit und Erbauung
  1. Der erste Agendenstreit
  2. Das Reskript gegen den Rationalismus
  3. Streit um die kirchlichen Zustände im Vormärz: Karl Zittel – Karl Mann – K. B. Huneshagen
- § 9 Kirche und Revolution
  1. Einführung
  2. Pfarrer als Revolutionäre
  3. Reaktion
- § 10 Die badische Vermittlungstheologie in Fakultät und Kirchenleitung
  1. Carl Ullmann
  2. Das Kirchenregiment Ullmanns zwischen Erfolg und Scheitern
     a) Katechismus
     b) Agendenstreit
     c) Kirchenverfassung
  3. Das Ende der unionistischen Ära
     a) Bekenntnisstand

       b) kirchlicher Pluralismus
       c) „Ökumene" und Konfessionalismus: lutherische Separation, Methodismus, Verhältnis zur katholischen Kirche

§ 11 Die „Neue Ära" und ihre religiösen Folgen
    1. Kirchen und Staat
    2. Kirche und Schule
    3. Kirche und Gesellschaft

§ 12 Der Vereinsprotestantismus in Baden
    1. Das erweckte Vereinswesen der Inneren Mission A. B.
    2. Landeskirchlicher Verein für Innere Mission und Bibelgesellschaft
    3. Der wissenschaftliche Predigerverein

§ 13 Vom Rationalismus zum Liberalismus – Richard Rothe und seine Freunde
    1. Richard Rothe: Erweckung, Vermittlung, Sittlichkeit
    2. Daniel Schenkel und der Streit um das Seminar
    3. Badische Theologie zwischen Revolution und Reichsgründung

§ 14 Kirchliches Leben
    1. Gottesdienst und Gesangbuch
    2. Kirchenbau und Kirchenmusik
    3. Katechismus und Schule

§ 15 Transformationen in Kirche und Gesellschaft
    1. Die Anfänge des kirchlichen Parteiwesens
    2. Der Protestantenverein und seine südwestdeutschen Wurzeln (1864/67)
    3. „Reichstheologie"

§ 16 Prälaten und Hofprediger
    1. Karl Wilhelm Doll (1837–1905)
    2. Albert Helbing (1837–1914)
    3. Karl Ludwig Schmitthenner (1858–1932)

§ 17 Die Kirche vor der sozialen Frage
    1. Statistik und Kirchenbau
    2. Religiöser Sozialismus
    3. Die „Erfindung des Gemeindehauses"

§ 18 Kirchliche Organisationsformen
    1. Kirchentage
    2. Die Diakonissen
    3. Evangelischer Bund

§ 19 Kirche zwischen Krieg und Frieden
    1. Das Konstanzer Friedenskonzil
    2. Die Bewältigung des Krieges zwischen Staatsloyalität und Friedensauftrag
    3. Kirche an der Heimatfront

§ 20 Das Ende des Krieges
    1. Reformationsjubiläum 1917 und Gottes Gericht
    2. Das Ende des landesherrlichen Kirchenregiments
    3. Ausblick

Geschichte der Evangelischen Kirche in Baden

Vierter Band: Im Wechsel der Staatsordnungen (1919–73)

Von der Weimarer Republik bis zum Ende der Nachkriegszeit
- § 1   Kirche in Raum und Zeit
    1. „Die christliche Gemeinde im Wechsel der Staatsordnungen
    2. Der Freistaat Baden
    3. Kirche in der Zeit
- § 2   Kirchlicher Vernunftrepublikanismus
    1. Die neue Kirchenverfassung
    2. Scheitern der Kirchenregierung
    3. Konsolidierung
- § 3   Die Kirchenparteien
    1. Die Positiven
    2. Die Liberalen
    3. Die religiösen Sozialisten
    4. Die „Landeskirchlichen"
- § 4   Kirchliches Leben
    1. Gottesdienst und Agende
    2. Chor- und Posaunenarbeit
    3. Katechismus
- § 5   Nationalsozialismus und Kirche
    1. Weltliches
    2. Aufstieg der DC
    3. „Deutschland wohin" – das Zeugnis des Ernst Lehmann
- § 6   Kirchenkampf in Baden – die „zerstörte" Landeskirche
    1. Kirchenwahlen
    2. Die Auflösung der Landessynode
    3. Von Wurth zu Kühlewein – vom Kirchenpräsidenten zum Bischof
- § 7   Die Heidelberger Fakultät in der Weimarer Zeit und im „Dritten Reich"
    1. „Anschlüsse"
    2. Martin Dibelius
    3. Renatus Hupfeld
- § 8   Kirchenkampf in Baden – die „intakte" Landeskirche
    1. Notbund
    2. Barmen 1934
    3. Die Finanzabteilung
- § 9   Die Pfarrerschaft im Krieg
    1. Krieg
    2. Theologie
    3. Pfarrer Maas, der Judenfreund
- § 10 Vernichtung des Leben – „Euthanasie" und Diakonie
    1. Die Ideologie
    2. Die Menschen
    3. Die Kirche und ihre Anstalten

§ 11 Kirche im totalen Krieg
  1. Der Verlust an Menschen
  2. Der Verlust an Gebäuden
  3. Der Verlust der Infrastruktur
§ 12 Besiegt, befreit – versöhnt?
  1. „Herrenalb"
  2. Die Brettener Synode
  3. Bischof Julius Bender
§ 13 Der Neuaufbau der Landeskirche
  1. Statistisches, Bericht aus der Besatzungszeit
  2. Streit um den Bekenntnisstand
  3. Die Integration der Flüchtlinge
§ 14 Kirchengemeinschaft
  1. Erfahrung: Kirchenkampf und Ökumene
  2. Suche: Arnoldshainer Konferenz und Arnoldshainer Thesen
  3. Verfassung: Grundordnung 1958
§ 15 Kirchliches Leben
  1. Gottesdienst, Agende, Gesangbuch
  2. Der Kirchenbau vom Wiederaufbau zum Gemeindezentrum
  3. Gemeindenahe Diakonie – das Beispiel der Neckarauer Liebeswerke
§ 16 Die Frauenarbeit nach dem Krieg
§ 17 Die Heidelberger Fakultät nach dem Zweiten Weltkrieg
  1. Bibelwissenschaften – Entmythologisierung
  2. Historische Theologie
  3. Systematik Luthertum
  4. Praktische Theologie zwischen Hans-Wolfgang Heidland und Wilhelm Hahn
§ 18 Transformationen in Kirche und Gesellschaft
  1. Zwischen Reform und Restauration
  2. Kirche und Schule – das Scheitern in der Katechismusfrage
  3. Erwachsenenbildung
§ 19 Die Synode
  1. Abschied vom Parteiwesen
  2. Die Präsidenten
  3. Kirchenleitung und Ältestenamt
§ 20 Kirchengemeinschaft und Ökumene
  1. Das Jubiläum des Heidelberger Katechismus 1963
  2. Die ACK in Baden-Württemberg
  3. Die Leuenberger Konkordie
§ 21 Ausblick
  1. Bischof Heidland und die Krise der Predigt
  2. Das Unionsjubiläum 1971
  3. Persönliches

Stift – Residenz – Stadt
Das Pforzheimer Michaelsstift, die Stadt Pforzheim und die Markgrafen von Baden im 15. und 16. Jahrhundert

Sven Rabeler

I. Einleitung

In den letzten Jahren vor seinem Tod, zwischen 1595 und 1603, schrieb Bartholomäus Sastrow (1520–1603) die Geschichte seines eigenen Lebens nieder.[1] In Greifswald geboren, ausgebildet an Lateinschulen und Universitäten in Greifswald, Stralsund und Rostock, hatte es ihn 1542 nach Oberdeutschland verschlagen, wo er in Speyer, am Ort des Reichskammergerichts, eine Ausbildung als Notar genoss.[2] Am 24. Juni 1544 – das Datum hielt er ganz exakt fest[3] – trat er in Pforzheim seinen Dienst als Schreiber in der Kanzlei des Markgrafen Ernst von Baden (1482–1553) an. Rund ein Jahr sollte er in der markgräflichen Residenzstadt am Zusammenfluss von Enz, Nagold und Würm verbringen.[4] In der Rückschau nach mehr als einem halben Jahrhundert scheint ihm der Ort ganz behaglich vorgekommen zu sein:

Pfortzheim ist nicht groß, hat nur eine Kirche, ligt gar im Grunde an einer schönen lustigen Wisen, dardurch laufft ein clares, gesundes Wasser, gibt allerlei wollschmeckende Fische, daran man des Sommers gar gute Kurtzweile haben kan, zwuschen vberaus hohen Bergen, so mit Holtzungen, einer Wiltnussen nicht vngleich, bewachssen, so guth Wildbreth gibt. Das furstliche Schloß ligt woll niderich, aber respectu oppidi zimblich hoch; sonst hat die Statt viel geler-

---

[1] Zu Bartholomäus Sastrow siehe Theodor Pyl, Art. „Sastrow: Bartholomäus", in: Allgemeine Deutsche Biographie, Bd. 30, Leipzig 1890, 398–408; Ursula Brosthaus, Bürgerleben im 16. Jahrhundert. Die Autobiographie des Stralsunder Bürgermeisters Bartholomäus Sastrow als kulturgeschichtliche Quelle (Forschungen und Quellen zur Kirchen- und Kulturgeschichte Ostdeutschlands 11), Köln/Wien 1972; Karl-Reinhart Trauner, Identität in der frühen Neuzeit. Die Autobiographie des Bartholomäus Sastrow (Geschichte in der Epoche Karls V. 3), Münster 2004; außerdem den einschlägigen Eintrag bei Gabriele Jancke, Selbstzeugnisse im deutschsprachigen Raum. Autobiographien, Tagebücher und andere autobiographische Schriften 1400–1620. Eine Quellenkunde, online unter http://www.geschkult.fu-berlin.de/e/jancke-quellenkunde/verzeichnis/s/sastrow/index.html [25.7.2017] (mit Angaben zu weiterer Literatur).

[2] Zu Studium und Ausbildung siehe Brosthaus, Bürgerleben (wie Anm. 1), 8–17; vgl. auch Trauner, Identität (wie Anm. 1), 50, 51f. und 53–56.

[3] Bartholomäi Sastrowen Herkommen, Geburt und Lauff seines gantzen Leben, auch was sich in dem Denckwerdiges zugetragen, so er mehrentheils selbst gesehen und gegenwärtig mit angehöret hat, von ihm selbst beschrieben, Tl. 1, hrsg. von Gottl[ieb] Christ[ian] Friedr[ich] Mohnike, Greifswald 1823, 264.

[4] Vgl. dazu Brosthaus, Bürgerleben (wie Anm. 1), 17f.

*ter, bescheidener, freuntlicher, wollerzogener Leute, vnnd Alles, was man zur Leibes Notturfft, auch Erhaltunge zeitliches Lebents in Gesuntheit vnnd Kranckheit von Nöten, an Gelerten, Vngelerten, Apothekern, Balbiern, Wirtsheusern, allerlei Handtwerckern, nichts außgenommen, in Predigen vnnd Gesengen Euangelische Religion etc. [...].*⁵

Abb. 3:
Westfassade der Stiftskirche zu Pforzheim (Foto: Landeskirchliches Archiv Karlsruhe)

Pforzheim erscheint in der Beschreibung Sastrows als ein durch seine Lage ausgezeichneter Ort, verbunden mit den praktischen Vorzügen urbanen Lebens, beides im Sinne des Städtelobs.⁶ Was uns an dieser Stelle interessiert, steht freilich herausgehoben und allem anderen vorausgehend im ersten Satz: *Pfortzheim [...] hat nur eine Kirche [...]*. Nur eine Kirche? Offenbar interessieren unseren Beobachter nicht die Bettelordensklöster, deren Pforzheim mit immerhin dreien eine nicht geringe Zahl aufwies, auch nicht die Kirche des Spitals, das unter der Leitung eines Konvents des Heilig-Geist-Ordens stand, ebenso wenig die Martinskirche in der ‚Alten Stadt'.⁷ Die

---

⁵ Bartholomäi Sastrowen Herkommen, Tl. 1 (wie Anm. 3), 266.
⁶ Vgl. allgemein Klaus Arnold, Städtelob und Stadtbeschreibung im späteren Mittelalter und in der frühen Neuzeit, in: Städtische Geschichtsschreibung im Spätmittelalter und in der Frühen Neuzeit, hrsg. von Peter Johanek (Städteforschung, Reihe A: Darstellungen 47), Köln/Weimar/Wien 2000, 247–268; Paul Gerhard Schmidt, Mittelalterliches und humanistisches Städtelob, in: Die Rezeption der Antike. Zum Problem der Kontinuität zwischen Mittelalter und Renaissance, hrsg. von August Buck (Wolfenbütteler Abhandlungen zur Renaissanceforschung 1), Hamburg 1981, 119–128.
⁷ Zu den geistlichen Einrichtungen und Gemeinschaften in Pforzheim vgl. Stefan Pätzold, *Von der Pfarre wegen zu Pforzheim*. St. Martin und St. Michael im Mittelalter, in: Neues aus Pforzheims Mittelalter, hrsg. von Dems. (Materialien zur Stadtgeschichte 19), Heidelberg/Ubstadt-Weiher/Basel 2004, 57–86; Karl Rieder, Zur Reformationsgeschichte des Dominikanerinnenklosters zu Pforzheim, in: Freiburger Diözesan-Archiv 45 (1917), 311–366 und 46 (1919), 519; Gustav Bossert, Die Quellen zur Reformationsgeschichte des Dominikanerinnenklosters in Pforzheim, in: Zeitschrift für die Geschichte des Oberrheins 73 (1919), 465–484; Olaf Schulze, Institutionen der Krankenpflege: Kloster, Spital, Leprosen-, Seel- und Pesthaus, in: Pforzheim zur Zeit der Pest. Die Löbliche Singergesell-

Kirche, mit der er die Stadt Pforzheim gleichsam identifiziert und in ihrer Größe (*nur eine*) klassifiziert, ist zweifellos St. Michael. Etwa um dieselbe Zeit, zu der Bartholomäus Sastrow im fernen Greifswald seine Lebenserinnerungen zu Papier brachte, im Jahr 1594, fertigte der württembergische Rat Georg Gadner im Rahmen seiner ‚Chorographia', einer kartographischen Beschreibung des Herzogtums Württemberg, eine Karte des Wildbader Forstes an. Darin machte er Pforzheim mit einer Miniaturansicht (Abbildung 4) kenntlich, die bei aller Vereinfachung und Pauschalisierung die stärkste Markierung mit der abbreviaturhaft erkennbaren Michaelskirche setzt.[8] Für Sastrow allerdings handelt es sich nicht allein um ein wesentliches bauliches Substrat der Stadt, sondern vor allem um den Ort des evangelischen Gottesdienstes, wie er am Ende seiner knappen Beschreibung Pforzheims hervorhebt.[9]

An der Stelle der Michaelskirche stand spätestens in salischer Zeit eine Kapelle, die wohl stets der etwas oberhalb gelegenen Burg als Sakralraum gedient haben dürfte. Dieser kleine Bau wurde in der zweiten Hälfte des 12. Jahrhunderts durch eine dreischiffige romanische Kirche ersetzt (zum Teil im Westbau erhalten), diese wieder-

---

schaft von 1501. Begleitband zur Ausstellung vom 1.9.–17.10.1993, Pforzheim 1993, 74–131 und 276–278; Sven Rabeler, *Benannt, gegeben und gemacht zu einem Spital armen und elenden Siechen*. Zur Sozial- und Wirtschaftsgeschichte des Pforzheimer Heilig-Geist-Spitals (14. bis 16. Jahrhundert), in: Neues aus Pforzheims Mittelalter (wie Anm. 7).

[8] Georg Gadner, Chorographia. Beschreybung des löblichen Fürstentums Wirtenberg […] – Hauptstaatsarchiv Stuttgart, N 3 Nr. 1/6 (= Bl. 8v): Wildbader Forst, online zugänglich unter https://www2.landesarchiv-bw.de/ofs21/bild_zoom/zoom.php?bestand=6643&id=3788966&gewaehlteSeite=01_0001388871_0001_1-1388871-2.jpg&screenbreite=1366&screenhoehe=768 [11.8.2017] (Pforzheim am nordöstlichen Rand des Kartenblattes). Vgl. dazu Stefan Pätzold, Pforzheim – eine Stadt im Bild. Zu einigen Stadtansichten des 16. und 17. Jahrhunderts und ausgewählten methodischen Aspekten der Vedutenforschung, in: Stadtbilder der Neuzeit. 42. Arbeitstagung des Südwestdeutschen Arbeitskreises für Stadtgeschichtsforschung in Zürich vom 14.–16. November 2003, hrsg. von Bernd Roeck (Stadt in der Geschichte 32), Ostfildern 2006, 41–61, hier 45f.; Erich Rummel, Eine bisher kaum beachtete Stadtansicht aus dem Ende des XVI. Jahrhunderts, in: Johannes Reuchlin 1455–1522. Festgabe seiner Vaterstadt Pforzheim zur 500. Wiederkehr seines Geburtstages, hrsg. von Manfred Krebs, Pforzheim [1955], 156; außerdem die Beschreibung im Online-Findbuch des Hauptstaatsarchivs Stuttgart, https://www2.landesarchiv-bw.de/ofs21/olf/struktur.php?bestand=6643&sprungId=3788960&letztesLimit=suchen [11.8.2017].

[9] Zur lutherischen Haltung Sastrows siehe Brosthaus, Bürgerleben (wie Anm. 1), 94–97; ausführlich Trauner, Identität (wie Anm. 1), 284–348. – Abrisse zur Reformationsgeschichte in den badischen Markgrafschaften liefern: Hansmartin Schwarzmaier, Baden, in: Handbuch der baden-württembergischen Geschichte, Bd. 2: Die Territorien im Alten Reich, hrsg. von Meinrad Schaab u.a., Stuttgart 1995, 164–246, hier 216–222; Volker Press, Baden und badische Kondominate, in: Die Territorien des Reichs im Zeitalter der Reformation und Konfessionalisierung. Land und Konfession 1500–1650, Bd. 5: Der Südwesten, hrsg. von Anton Schindling und Walter Ziegler (Katholisches Leben und Kirchenreform im Zeitalter der Glaubensspaltung 53), Münster 1993, 124–166, hier bes. 130–139; Martin Brecht/Hermann Ehmer, Südwestdeutsche Reformationsgeschichte. Zur Einführung der Reformation im Herzogtum Württemberg 1534, Stuttgart 1984, 88f., 188–190 und 378–380; ausführlicher: Armin Kohnle, Die Einführung der Reformation in der Markgrafschaft Baden. Eine Bestandsaufnahme nach 450 Jahren, in: 450 Jahre Reformation in Baden und Kurpfalz, hrsg. von Udo Wennemuth (Veröffentlichungen zur badischen Kirchen- und Religionsgeschichte 1), Stuttgart 2009, 45–74; Friedemann Merkel, Geschichte des evangelischen Bekenntnisses in Baden von der Reformation bis zur Union (Veröffentlichungen des Vereins für Kirchengeschichte in der evang. Landeskirche Badens 20), Karlsruhe 1960, bes. 11–21. Einen kurzen Überblick zur Reformation im Südwesten des Reiches bietet auch Helga Schnabel-Schüle, Stadtreformation und territoriale Reformation am Oberrhein, in: Kirche und Politik am Oberrhein im 16. Jahrhundert. Reformation und Macht im Südwesten des Reiches, hrsg. von Ulrich A. Wien und Volker Leppin (Spätmittelalter, Humanismus, Reformation 89), Tübingen 2015, 29–44.

Abb. 4:
Georg Gadner, Karte des Wildbader Forstes (1594), Ausschnitt Pforzheim, nach Pätzold, Pforzheim (wie Anm. 8), 45

um – vielleicht noch nicht einmal vollendet – durch eine gotische Basilika (Langhaus um 1225/60, Seitenschiffe mit Diagonalchören 1310/20 und sogenannte Margarethenkapelle nach 1320).[10] Neben ihrer weiterbestehenden funktionalen Beziehung zur Burg – um 1500 lag sie innerhalb der Ummauerung des Schlossbezirkes[11] – bildete die Michaelskirche nunmehr den zentralen Sakralbau der im 12. und 13. Jahrhundert entstandenen ‚Neuen Stadt' Pforzheim.[12] Aus städtischer Sicht übertraf sie bereits im 14. Jahrhundert die Mutterkirche St. Martin bei weitem an Bedeutung, ablesbar etwa an den zahlreichen Pfründstiftungen.[13] 1402 wurde sie als *pharrekirchen zů sante Mi-*

---

[10] Zur Baugeschichte des 13. und 14. Jahrhunderts sowie zu den archäologisch nachgewiesenen Vorgängerbauten siehe – mit leichten Abweichungen in der Datierungen der Bauabschnitte – Christoph Timm unter Mitarb. von Kiriakula Damoulakis u.a., Pforzheim. Kulturdenkmale im Stadtgebiet (Denkmaltopographie Baden-Württemberg II.10.1), Heidelberg/Ubstadt-Weiher/Basel 2004, 199f. und 202; Simon M. Haag/Andrea Bräuning, Pforzheim. Spurensuche nach einer untergegangenen Stadt (Archäologischer Stadtkataster Baden-Württemberg 15; Materialhefte zur Stadtgeschichte der Stadt Pforzheim 15), Ubstadt-Weiher 2001, 148; Mathias Köhler/Christoph Timm, Ev. Schloß- und Stiftskirche St. Michael, Pforzheim (Schnell Kunstführer 2215), Regensburg 1996, 17f.; Emil Lacroix/Peter Hirschfeld/Wilhelm Paeseler, Die Kunstdenkmäler der Stadt Pforzheim (Die Kunstdenkmäler Badens 9: Kreis Karlsruhe 6), Karlsruhe 1939, 71–80; Erwin Vischer, Die Schloß-(Stifts-)Kirche zum heiligen Michael in Pforzheim (Studien zur deutschen Kunstgeschichte 141), Straßburg 1911, 9–61. Zu der in salischer Zeit nachweisbaren Turmhügelburg und einem dieser vielleicht vorangegangenen Königshof vgl. Helmut Maurer, Art. Pforzheim, in: Die deutschen Königspfalzen, Bd. 3.1: Baden-Württemberg 1, bearb. von Dems., Göttingen 2004, 476–492, hier 483.

[11] Lacroix/Hirschfeld/Paeseler, Kunstdenkmäler der Stadt Pforzheim (wie Anm. 10), 66 (mit Quellenbeleg zu 1502).

[12] Zur Entstehung der ‚Neuen Stadt' Pforzheim – in Unterscheidung von der älteren Siedlung (der ‚Alten Stadt') um die Martinskirche – vgl. Hans-Peter Becht, Pforzheim im Mittelalter. Bemerkungen und Überlegungen zum Stand der Forschung, in: Pforzheim im Mittelalter. Studien zur Geschichte einer landesherrlichen Stadt, hrsg. von Dems. (Pforzheimer Geschichtsblätter 6), Sigmaringen 1983, 39–62, hier 43–46; Haag/Bräuning, Pforzheim (wie Anm. 10), 55–58; Maurer, Art. Pforzheim (wie Anm. 10), 490; Sven Rabeler, Urkundengebrauch und Urbanität. Beobachtungen zur Formierung der städtischen Gemeinde in Pforzheim im 13. und 14. Jahrhundert, in: Neue Beiträge zur Pforzheimer Stadtgeschichte 3 (2010), 9–40, hier 17–23.

[13] Zu den vor der Errichtung des Kollegiatstifts bestehenden mindestens 22 Altarpfründen siehe Gerhard Fouquet, St. Michael in Pforzheim. Sozial- und wirtschaftsgeschichtliche Studien zu einer Stiftskirche der Markgrafschaft Baden (1460–1559), in: Pforzheim im Mittelalter (wie Anm. 12), 107–169, hier

chel zů Pfortzheim bezeichnet.[14] Das Verhältnis von Mutter- und Filialkirche kehrte sich faktisch um, so dass es über ein Jahrhundert später in einer Urkunde von 1526 zur gerade erfolgten erneuten Aufwertung der Martinskirche heißen konnte, diese sei *kurtzvergangner zeyt* von der Michaelskirche gelöst *unnd zu eyner sonndern pfarre, wie sie vor langen zeyten auch gewesen, widder gemacht unnd verordnet* worden.[15]

Als fürstliche Schloss- und städtische Pfarrkirche aber ist St. Michael zur Zeit Bartholomäus Sastrows nur unzureichend charakterisiert. Denn obgleich unser pommerscher Gewährsmann den neuen Gottesdienst hervorhebt – tatsächlich wirkte seit 1524 der lutherisch gesinnte Johann Unger (†1553) als Prediger an St. Michael[16] –, bestand hier doch nach wie vor das 1460 vom badischen Markgrafen Karl I. gegründete Kollegiatstift. Dass Sastrow diese altkirchliche geistliche Gemeinschaft, dieses Überbleibsel der Papstkirche in der von ihm als protestantisch wahrgenommenen Stadt schweigend übergeht, kann freilich wenig überraschen.

Mit Peter Moraw ist das Pforzheimer Michaelsstift der letzten Phase mittelalterlicher Kollegiatstiftsgründungen zuzurechnen, die im 13. Jahrhundert einsetzte und ihren quantitativen Höhepunkt im 15. Jahrhundert erreichte. Es gehört in die nun dominierende Gruppe der ‚Residenzstifte', mithin jener Stifte, die mit der Ausbildung zumeist fürstlicher Residenzen im Zusammenhang standen, zugleich – so Moraw – „Mittel herrscherlicher [...] Politik auf dem kirchlichen Feld" waren und zudem „Mittelpunkte landesherrlichen Beamtentums" darstellen konnten.[17]

114–116 und 118; Adalrich Arnold, Die Göldlinschen Pfründestiftungen zu Pforzheim im 14. Jahrhundert, in: Freiburger Diözesan-Archiv 63 (1935), 244–261.

[14] Karlsruhe, Generallandesarchiv [im Folgenden GLA], 67/709, fol. 13v; vgl. Gottfried Carl (Bearb.), Regesten zur Geschichte der Stadt Pforzheim 1195–1431, hrsg. von Hans-Peter Becht (Materialien zur Stadtgeschichte 12), Pforzheim 1998, Nr. 219.

[15] GLA 38/3220 (Urkunde Markgraf Philipps I. von Baden, 1. Okt. 1526).

[16] Zu Unger siehe Fouquet, St. Michael (wie Anm. 13), 159 (Nr. 51, mit Angaben zur älteren Literatur); Heinrich Neu, Pfarrerbuch der evangelischen Kirche Badens von der Reformation bis zur Gegenwart, Tl. 2: Das alphabetische Verzeichnis der Geistlichen mit biographischen Angaben (VVKGB 13/1), Lahr 1939, 621; Johann Georg Friedrich Pflüger, Geschichte der Stadt Pforzheim, Pforzheim 1862 [Nachdruck mit einer Einleitung von Hans-Peter Becht, Pforzheim 1989], 330–336. Vgl. auch Heinz Scheible, Melanchthons Pforzheimer Schulzeit. Studien zur humanistischen Bildungselite, in: Pforzheim in der frühen Neuzeit. Beiträge zur Stadtgeschichte des 16. bis 18. Jahrhunderts, hrsg. von Hans-Peter Becht (Pforzheimer Geschichtsblätter 7), Sigmaringen 1989, 9–50, hier 41–48, mit Kritik an der verbreiteten Auffassung, Unger sei vor 1524 Rektor der Pforzheimer Lateinschule gewesen; ebenso Hans-Jürgen Kremer, „Lesen, Exercieren und Examinieren". Die Geschichte der Pforzheimer Lateinschule. Höhere Bildung in Südwestdeutschland vom Mittelalter zur Neuzeit (Katalog zur Ausstellung des Stadtarchivs Pforzheim im Stadtmuseum Pforzheim, 4. Mai–12. Oktober 1997) (Materialien zur Stadtgeschichte 11), Ubstadt-Weiher 1997, 34.

[17] Peter Moraw, Über Typologie, Chronologie und Geographie der Stiftskirche im deutschen Mittelalter, in: Ders., Über König und Reich. Aufsätze zur deutschen Verfassungsgeschichte des späten Mittelalters, hrsg. von Rainer Christoph Schwinges, Sigmaringen 1995, 151–174 [erstmals 1980 veröffentlicht], hier 166f. (Zitate 167). Zur häufigen Verbindung von Residenzentwicklung und Stiftsgründungen vgl. auch Enno Bünz, Art. Gottesdienst und Frömmigkeit, in: Höfe und Residenzen im spätmittelalterlichen Reich, [Bd. 2:] Bilder und Begriffe, Teilbd. 1: Begriffe, hrsg. von Werner Paravicini, bearb. von Jan Hirschbiegel/Jörg Wettlaufer (Residenzenforschung 15.II/1), Ostfildern 2005, 35–37, hier 36. – Zur Erforschung (spät)mittelalterlicher Kollegiatstifte seien hier zum einen als Problemaufrisse genannt: Sönke Lorenz, Einleitung: Das Tübinger Stiftskirchenprojekt, in: Die Stiftskirche in Südwestdeutschland: Aufgaben und Perspektiven der Forschung. Erste wissenschaftliche Fachtagung zum Stiftskirchenprojekt des Instituts für Geschichtliche Landeskunde und Historische Hilfswissenschaften der Universität Tübingen (17.–19. März 2000, Weingarten), hrsg. von Dems./Oliver Auge (Schriften zur südwestdeutschen Landeskunde 35), Leinfelden-Echterdingen 2003, 1–53; Peter Mo-

Die folgenden Überlegungen widmen sich St. Michael in Pforzheim als Beispiel eines solchen Residenzstifts.[18] Dabei wird zwar auch die Entstehung in den Blick zu nehmen sein, der Schwerpunkt aber liegt auf dem weiteren Umgang mit dem Stift. Den Ausgangspunkt bildet die bekannte Morawsche Formel von der Stiftskirche als „eine[r] der interessantesten Stätten der für das Mittelalter grundlegenden Begegnung von Kirche und Welt."[19] In der Nachfolge Moraws haben Stifte lange Zeit insbesondere als Objekte und Instrumente der Herrschaft Aufmerksamkeit gefunden.[20] Das Stift als Ort der „Begegnung von Kirche und Welt" impliziert aber darüber hinaus ganz allgemein die Frage nach den beteiligten Akteuren samt den Inhalten und Formen ihrer Kommunikation, mit Guy P. Marchal ist „das Stift in Relation mit dem vielfältigen institutionellen Umfeld zu würdigen".[21] Die spezifische Umwelt, in die das Pforzheimer Stift eingebettet war, wurde – so wird näher zu zeigen sein – vornehmlich von zwei Faktoren bestimmt: der Dynastie der Markgrafen von Baden und ihrer Herrschaft zum einen, der Stadt Pforzheim und ihren sozialen Führungsgruppen zum anderen.[22] Beide

---

raw, Stiftskirchen im deutschen Sprachraum. Forschungsstand und Forschungshoffnungen, in: Ebd., 55–71. Zum anderen seien einige wenige Einzelstudien exemplarisch angeführt: Enno Bünz, Stift Haug in Würzburg. Untersuchungen zur Geschichte eines fränkischen Kollegiatstiftes im Mittelalter, 2 Teilbde. (Veröffentlichungen des Max-Planck-Instituts für Geschichte 128; Studien zur Germania Sacra 20), Göttingen 1998; Andreas Jakob, Das Kollegiatstift bei St. Martin in Forchheim. Grundlagen zur Geschichte von Stift und Pfarrei in der zweiten Hauptstadt des Hochstifts Bamberg 1354–1803, Tl. 1 [mehr bislang nicht erschienen] (Historischer Verein Bamberg, Schriftenreihe 35/1), Bamberg 1998; Oliver Auge, Stiftsbiographien. Die Kleriker des Stuttgarter Heilig-Kreuz-Stifts (1250–1552) (Schriften zur südwestdeutschen Landeskunde 38), Leinfelden-Echterdingen 2002; Ulrike Siewert, Das Bamberger Kollegiatstift St. Stephan. Säkularkanoniker in einer mittelalterlichen Bischofsstadt (Historischer Verein Bamberg, Schriftenreihe 42), Bamberg 2007; André Heinzer, Pfründen, Herrschaft, Gottesdienst. Lebenswelten der Mönche und Weltgeistlichen am Kloster und Kollegiatstift St. Leodegar in Luzern zwischen 1291 und 1550 (Luzerner Historische Veröffentlichungen 45), Basel 2014; Wolfgang Rosen, Die Ökonomie des Kölner Stiftes St. Aposteln. Strukturen und Entwicklungen vom Mittelalter bis 1802 (Rheinisches Archiv 158), Köln/Weimar/Wien 2016.

[18] Wenn Fouquet, St. Michael (wie Anm. 13), 143 schreibt, dass die „Kollegiatkirche St. Michael […] erst vom Jahre 1535 an [als] typisches Residenzstift zu bezeichnen ist", so bezieht sich das auf den Abbruch des Ausbaus der Pforzheimer Residenz nach 1462/63 und die erneute Funktion als Hauptresidenz ab 1535, vgl. unten bei Anm. 52 und 66.

[19] Peter Moraw, Hessische Stiftskirchen im Mittelalter, in: Aus Geschichte und ihren Hilfswissenschaften. Festschrift für Walter Heinemeyer zum 65. Geburtstag, hrsg. von Hermann Bannasch und Hans-Peter Lachmann (Veröffentlichungen der Historischen Kommission für Hessen 40), Marburg 1979, 425–458, hier 427. Vgl. auch Enno Bünz, „Begegnung von Kirche und Welt" – Peter Moraw und die Erforschung des weltlichen Kollegiatstifts, in: Stand und Perspektiven der Sozial- und Verfassungsgeschichte zum römisch-deutschen Reich. Der Forschungseinfluss Peter Moraws auf die deutsche Mediävistik, hrsg. von Christine Reinle (Studien und Texte zur Geistes- und Sozialgeschichte des Mittelalters 10), Affalterbach 2016, 251–267. – Ähnlich betont die „dem weltlichen Kollegiatstift immanente Verflechtung von Kirche und Welt" Guy P. Marchal, Was war das weltliche Kanonikerinstitut im Mittelalter? Dom- und Kollegiatstifte: Eine Einführung und eine neue Perspektive, in: Revue d'histoire ecclésiastique 94 (1999), 761–807 [= Tl. 1]; 95 (2000), 7–53 [= Tl. 2], Zitat Tl. 2, 45.

[20] Vgl. den kritischen Forschungsüberblick von Oliver Auge, Südwestdeutsche Stiftskirchen im herrschaftlichen Kontext: Ansätze und Perspektiven der Forschung, in: Die Stiftskirche in Südwestdeutschland (wie Anm. 17), 171–198.

[21] Guy P. Marchal, Die Welt der Kanoniker. Das Institut des weltlichen Kollegiatstifts unter historisch-anthropologischer Sicht, in: Die Stiftskirche in Südwestdeutschland (wie Anm. 17), 73–84, Zitat 84.

[22] Zum Thema ‚Stift und Stadt' vgl. Erich Meuthen, Stift und Stadt als Forschungsproblem der deutschen Geschichte, in: Stift und Stadt am Niederrhein. Referate der 3. Niederrhein-Tagung des Arbeitskreises niederrheinischer Kommunalarchive (30. September bis 1. Oktober 1983 in Emmerich-Borghees), hrsg. von Dems. (Klever Archiv 5), Kleve 1984, 9–26, hier bes. 19–22. Einen typologisch

Aspekte fließen gleichsam im Begriff der ‚Residenzstadt' zusammen, womit hier kein festgefügter urbaner Typus gemeint ist, in dem das Stift funktional zu verorten wäre, sondern das solchermaßen angedeutete Geflecht von Interaktion und Kommunikation, das seinen Rahmen in den räumlichen und rechtlichen, sozialen und wirtschaftlichen Strukturen von Residenz und Stadt fand.[23] Dieser residenzstädtische Rahmen unterlag in Pforzheim spezifischen Konjunkturen, und so wird neben den Folgen der Stiftsgründung in der Abschwungphase herrschaftlicher Präsenz seit den 1460er Jahren die letzte Etappe Pforzheims als markgräfliche Residenz zwischen 1535 und 1565 den zweiten zeitlichen Schwerpunkt der folgenden Ausführungen bilden.[24] In der Summe geht es um eine Fallstudie – mehr ist hier nicht zu leisten – zu Stift (im Sinne des weltlichen Kollegiatstifts) und Residenzstadt.

Wer sich mit dem mittelalterlichen Pforzheim beschäftigt, kämpft nicht selten mit einem eklatanten Mangel an Quellen.[25] Dies gilt auch für das Michaelsstift, allerdings nicht in jedweder Hinsicht gleichermaßen. Über den Stiftungsvorgang informieren uns mehrere Urkunden, und in einem grundlegenden Aufsatz hat Gerhard Fouquet gezeigt, dass sowohl zur materiellen Ausstattung des Stifts – überliefert sind insbesondere zwei Lagerbücher des 16. Jahrhunderts[26] – als auch zur Prosopographie des Stiftskapitels gar nicht so wenige Informationen vorliegen.[27] Insbesondere im ersten Abschnitt der folgenden Ausführungen, der sich der Gründung des Stifts in Verbindung mit der Residenzentwicklung Pforzheims sowie seiner personellen Verflechtung mit Stadt und Herrschaft widmet, wird auf diese Forschungsergebnisse zurückzugreifen sein (II). Nicht ganz einfach ist es, über das solchermaßen eruierte Material und damit über die ökonomische und soziale Verfasstheit des Michaelsstifts hinaus in die Beziehungen zur Stadt, aber auch zu den Markgrafen einzudringen. Zu guten Teilen ist ein solches Unterfangen auf die Interpretation einzelner Quellen angewiesen. Dass Einblicke hier dennoch zu gewinnen sind, sei aus drei Perspektiven dargelegt: Der

---

vom ‚Residenzstift' zu unterscheidenden, wenngleich in manchen Ausprägungen des Phänomens nicht immer zu trennenden Fall – vgl. Moraw, Typologie (wie Anm. 17), 166 und 169 – behandelt Guy P. Marchal, Das Stadtstift. Einige Überlegungen zu einem kirchengeschichtlichen Aspekt der vergleichenden Städtegeschichte, in: Zeitschrift für historische Forschung 9 (1982), 461–473;

[23] Vgl. allgemein Sven Rabeler, Überlegungen zum Begriff ‚Residenzstadt', in: Mitteilungen der Residenzen-Kommission der Akademie der Wissenschaften zu Göttingen, N.F.: Stadt und Hof 3 (2014), 17–33, bes. 27–32; Ders., Stadt und Residenz in der Vormoderne. Akteure – Strukturen – Prozesse, in: Residenzstädte der Vormoderne. Umrisse eines europäischen Phänomens, hrsg. von Gerhard Fouquet, Jan Hirschbiegel und Sven Rabeler (Residenzenforschung N.F. 2), Ostfildern 2016, 43–66.

[24] Zu Pforzheim als Residenz der Markgrafen von Baden siehe im Überblick Heinz Krieg, Art. Pforzheim, in: Höfe und Residenzen im spätmittelalterlichen Reich, [Bd. 1:] Ein dynastisch-topographisches Handbuch, Teilbd. 2: Residenzen, hrsg. von Werner Paravicini, bearb. von Jan Hirschbiegel/Jörg Wettlaufer (Residenzenforschung 15.I/2), Ostfildern 2003, 448–450.

[25] Zur Pforzheimer Quellensituation vgl. allgemein Sven Rabeler, Über ein zukünftiges Urkundenbuch zur mittelalterlichen Geschichte der Stadt Pforzheim (bis 1565). Skizze eines Editionsprojekts, in: Neue Beiträge zur Stadtgeschichte II, hrsg. von Christian Groh (Pforzheimer Geschichtsblätter 10), Stuttgart 2001, 9–21.

[26] GLA 66/6572 und 66/6574.

[27] Fouquet, St. Michael (wie Anm. 13). Zu den prosopographischen Daten (ebd., 143–169) bieten einzelne Ergänzungen *en détail* Anneliese Seeliger-Zeiss (Bearb.), Die Inschriften der Stadt Pforzheim (Die Deutschen Inschriften 57 = Heidelberger Reihe 15), Wiesbaden 2003; Kremer, Lesen (wie Anm. 16). – Vgl. zukünftig als kurzen Abriss auch Sven Rabeler, Art. Pforzheim, St. Michael, in: Die Stiftskirchen in Baden-Württemberg, hrsg. von Sigrid Hirbodian und Oliver Auge [Erscheinen des Bandes für 2018 geplant].

Blick wird sich nacheinander auf wirtschaftliche Aspekte sowie auf Pfarrei und Kirchenfabrik im Schnittpunkt der Interaktionen von Stift, Stadt und Herrschaft (III), auf die Nutzung des Kirchenraumes für Begräbnis und Memoria (IV) und schließlich am Beispiel einer ‚Skandalgeschichte' des Jahres 1538 noch einmal auf herrschaftliche Eingriffsmöglichkeiten richten, nun in Kooperation und Konkurrenz mit der bischöflichen Jurisdiktion (V).

II. Herrschaft und Stift: Residenz, Fundation, Nutzung

In den 1440er Jahren nutzte Markgraf Jakob I. (1407–1453) Pforzheim, die mit Abstand größte und wirtschaftlich bedeutendste Stadt seiner Herrschaft,[28] mehrmals als Bühne dynastischer Repräsentation. Insbesondere entschied er sich dafür, die Feierlichkeiten anlässlich der Hochzeit seines Sohnes Karl mit Katharina von Österreich, einer Schwester König Friedrichs III., 1447 in Pforzheim abzuhalten.[29] Bereits einige Monate zuvor hatte der Markgraf zahlreiche Fürsten und Adlige dorthin zu einem Turnier geladen.[30] Angeblich fasste er sogar schon den Plan, in Pforzheim eine Universität zu gründen,[31] doch erst Karl I. (1427–1475) machte sich an die konkrete Ausführung dieses Vorhabens. Am 7. Dezember 1459 genehmigte Papst Pius II. die entsprechende Supplik des Markgrafen.[32] Zur Ausstattung der zukünftigen Hohen

---

[28] Zur allgemeinen Geschichte Pforzheims ist bis heute wichtig die alte Darstellung von Johann Georg Friedrich Pflüger (Pflüger, Geschichte [wie Anm. 16]); außerdem Hans Georg Zier, Geschichte der Stadt Pforzheim. Von den Anfängen bis 1945, Stuttgart 1982; im Überblick auch Stefan Pätzold, Kleine Geschichte der Stadt Pforzheim (Regionalgeschichte – fundiert und kompakt), Leinfelden-Echterdingen 2007. Zu den markgräflichen Städten vgl. außerdem Rüdiger Stenzel, Die Städte der Markgrafen von Baden, in: Landesherrliche Städte in Südwestdeutschland, hrsg. von Jürgen Treffeisen/Kurt Andermann (Oberrheinische Studien 12), Sigmaringen 1994, 89–130.

[29] Siehe dazu Heinz Krieg, Eine standesgemäße Hochzeit: Die Vermählung Markgraf Karls I. von Baden mit Katharina von Österreich, in: Höfische Feste im Spätmittelalter, hrsg. von Gerhard Fouquet/Harm von Seggern/Gabriel Zeilinger (Mitteilungen der Residenzen-Kommission, Sonderheft 6), Kiel 2003, 39–54. Zur Einordnung in die Entwicklung der badisch-habsburgischen Beziehungen vgl. auch Konrad Krimm, Baden und Habsburg um die Mitte des 15. Jahrhunderts. Fürstlicher Dienst und Reichsgewalt im späten Mittelalter (Veröffentlichungen der Kommission für Geschichtliche Landeskunde in Baden-Württemberg, Reihe B: Forschungen 89), Stuttgart 1976, 29f.

[30] Regesten der Markgrafen von Baden und Hachberg 1050–1515, 4 Bde., Innsbruck 1900–1915 [im Folgenden RMB], hier Bd. 3, Nr. 6681 (Einladungsschreiben vom 27. Okt. 1446 für das Turnier am 22. Jan. 1447).

[31] So heißt es jedenfalls in der Supplik Karls I. von 1459, siehe unten Anm. 32.

[32] Die Supplik, mit der Karl I. um die Genehmigung einer Universitätsgründung bat, ist gedruckt bei Dieter Brosius, Papst Pius II. und Markgraf Karl I. von Baden. Ein Nachtrag aus den päpstlichen Registern, in: Freiburger Diözesan-Archiv 92 (1972), 161–176, hier 175, mit dem Vermerk: *Fiat ut petitur.* – Zum Pforzheimer Universitätsprojekt vgl. ebd., 166–170; Fouquet, St. Michael (wie Anm. 13), 116f.; Sönke Lorenz, Fehlgeschlagen, gescheitert, erfolglos. Vergebliche Versuche von Universitätsgründungen in Regensburg, Lüneburg, Breslau und Pforzheim, in: Attempto – oder wie stiftet man eine Universität. Die Universitätsgründungen der sogenannten zweiten Gründungswelle im Vergleich, hrsg. von Dems. (Contubernium 50), Stuttgart 1999, 7–18, hier 16–18. – Allgemein zum Verhältnis von Universität und Stift siehe Wolfgang Eric Wagner, Universitätsstift und Kollegium in Prag, Wien und Heidelberg. Eine vergleichende Untersuchung spätmittelalterlicher Stiftungen im Spannungsfeld von Herrschaft und Genossenschaft (Europa im Mittelalter 2), Berlin 1999 sowie den Sammelband:

Schule sollte offenbar unter anderem ein Kollegiatstift dienen, dessen Grundstock die Pfarrkirche St. Michael bildete. Zwar ist dieser Zusammenhang in den Quellen nicht unmittelbar belegt, er ist aber – wie Dieter Brosius gezeigt hat – in hohem Grade plausibel.[33] Dementsprechend hatte der Papst bereits am 29. November 1459 der markgräflichen Supplik um Erhebung der bestehenden Pfarrkirche zu einem Kollegiatstift stattgegeben.[34] Vollzogen wurde die Umwandlung im Herbst 1460 von dem Speyerer Bischof Johannes Nix von Hoheneck und dem Speyerer Domherrn Rucker von Lauterburg als päpstlichen Exekutoren.[35] Am 5. November 1460 wurden schließlich mit Einverständnis Karls I. die Statuten des neuen Stifts erlassen.[36]

Vielleicht mehr noch als in den glanzvollen Hochzeitsfeierlichkeiten des Jahres 1447[37] hat die Forschung in den Universitätsplänen und der damit verbundenen Gründung des Kollegiatstifts die Absicht Jakobs I. und Karls I. erkannt, Pforzheim als bevorzugte Residenz auszubauen.[38] Allgemein ist der Zusammenhang von Residenzent-

---

Stiftsschulen in der Region. Wissenstransfer zwischen Kirche und Territorium. Dritte wissenschaftliche Fachtagung zum Stiftskirchenprojekt des Instituts für Geschichtliche Landeskunde und Historische Hilfswissenschaften der Universität Tübingen (15.–17. März 2002, Weingarten), hrsg. von Sönke Lorenz/Martin Kintzinger/Oliver Auge (Schriften zur südwestdeutschen Landeskunde 50), Ostfildern 2005 (darin vor allem die Beiträge von Guy Paul Marchal, Oliver Fieg, Dieter Speck und Oliver Auge).

[33] Brosius, Papst Pius II. (wie Am. 32), 167–169.
[34] Druck der Supplik bei Emil Göller, Gesuche des Markgrafen Karl I. von Baden an Pius II. während seines Aufenthaltes auf dem Kongreß zu Mantua (1459), in: Freiburger Diözesan-Archiv 60 (1932), 239–251, hier 245–247. Vgl. dazu Fouquet, St. Michael (wie Anm. 13), 113; Urkundenbuch zur Geschichte der Bischöfe zu Speyer, Bd. 2: Jüngere Urkunden, hrsg. von Franz Xaver Remling, Mainz 1853 [ND Aalen 1970], 295–297 (Nr. 159).
[35] Fouquet, St. Michael (wie Anm. 13), 117.
[36] GLA 67/152, fol. 13r–21v (Abschrift). Vgl. dazu Fouquet, St. Michael (wie Anm. 13), bes. 117–122.
[37] Krieg, Hochzeit (wie Anm. 29), 54: „Am Anfang der schließlich gescheiterten markgräflichen Bemühungen, Pforzheim gegenüber dem älteren, namengebenden Stammsitz in Baden aufzuwerten, steht die Fürstenhochzeit des Jahres 1447, die somit auch als öffentlichkeitswirksam inszenierter Auftakt zur Verwirklichung weitergehender, hochfliegender Pläne zu deuten ist."
[38] Dies sei hier nur mit wenigen Beispielen illustriert. Kurt Andermann, Baden-Badens Weg zur Residenz, in: Zeitschrift für die Geschichte des Oberrheins 144 (1996), 259–269, hier 264f.: „Es scheint indes, als hätten die Markgrafen Jakob und Karl […] um die Mitte des 15. Jahrhunderts eine besondere Vorliebe für Pforzheim entwickelt. Dieser Eindruck läßt sich zwar aus den Itineraren beider Fürsten kaum belegen, weil zu viele ihrer Urkunden keinen Ausstellungsort nennen, aber eine ganze Reihe von Indizien könnte doch darauf hindeuten, daß der Residenz Baden(-Baden) um 1450/60 in Pforzheim eine sehr ernstzunehmende Konkurrenz erwuchs. […] Weshalb also, wenn eine Verlegung der Residenz vom Berg [sc. der Burg Hohenbaden] herab ohnehin anstand, nicht gleich ein Wechsel nach Pforzheim, das aufgrund seiner Vorzüge eine so hohe Attraktivität besaß? […] Eine verstärkte Hinwendung des Markgrafen nach Pforzheim ist unverkennbar." – Krieg, Art. Pforzheim (wie Anm. 24), 449: „Ansätze zu einer Aufwertung P[forzheim]s als Res[idenz] lassen sich unter den M[ark]g[ra]fen Jakob I. (1431–53) und Karl I. (1453–75) beobachten: 1447 feierte man in P[forzheim] mit großem Aufwand die Hochzeit M[ark]g[ra]f Karls mit Katharina von Österreich […]. Wohl im Zusammenhang mit dem Plan einer Universitätsgründung in P[forzheim] ließ M[ark]g[ra]f Karl die Kirche St. Michael 1460 zum Kollegiatstift erheben. […] Die vernichtende Niederlage gegen Pf[alz]g[ra]f Friedrich den Siegreichen in der Schlacht bei Seckenheim (1462) verhinderte die Verwirklichung des Universitätsprojekts und den weiteren Ausbau P[forzheim]s als Res[idenz]." – Vorsichtiger in der Formulierung Seeliger-Zeiss, Inschriften (wie Anm. 27), XXV: „Die […] Erhebung von St. Michael zu einem weltlichen Kollegiatstift leitete 1460 für Pforzheim – nach den Stiftsgründungen in Baden-Baden und Ettlingen – den Aufstieg in die Gruppe der vom Landesherrn bevorzugten Städte ein." Vgl. auch ebd., XVIII: „Die Stadt Pforzheim wirkt im 15. Jahrhundert wie eine Bühne, auf der sich der Aufstieg Badens unter dem Markgrafen Bernhard I. und der Niedergang unter Karl I. grell

wicklung und Stiftsgründung oftmals evident,[39] gehörte ein Kollegiatstift jedenfalls in den Territorien im Südwesten des Reiches mit einer gewissen Regelhaftigkeit zur Ausstattung von Residenzen. Dies gilt für die Grafen und Herzöge von Württemberg (Stuttgart 1321, Tübingen 1476, Urach 1477/1517) ebenso wie für die Pfalzgrafen bei Rhein (Neustadt 1356, Heidelberg 1398/1400, auch Alzey 1479, doch ohne formelle Ausbildung in der Folgezeit). Spärlicher fällt der Befund allerdings für die geistlichen Reichsfürsten in ihren Residenzorten außerhalb der Kathedralstädte aus: Weder für die Bischöfe von Speyer (Udenheim) noch für diejenigen von Basel (Delsberg/Delémont, Pruntrut/Porrentruy) oder Konstanz (Gottlieben, das ohnehin keine städtische Struktur ausbildete) sind in vorreformatorischer Zeit Stifte entstanden. Einzig die Straßburger Bischöfe wandelten das 1303 nach Zabern/Saverne verlegte Augustiner-Chorherrenstift 1482 in ein Kollegiatstift um und verlegten es 1485 an die Pfarrkirche ihrer Residenzstadt.[40] Unter der Ägide der Markgrafen von Baden entstanden in dichter Folge drei Kollegiatstifte:[41] Parallel zu Pforzheim verfolgte Karl I. die Installation eines weiteren, gleichfalls 1460 gegründeten Stifts an der Pfarrkirche in Ettlingen,[42] auch dies mutmaßlich mit dem planerischen Blick auf die finanzielle Versorgung des künftigen Universitätspersonals.[43] Noch Jakob I. hatte die Pfarrkirche in Baden(-Baden) kurz vor seinem Tod 1453 nach mehrjähriger Vorbereitung zur

---

abzeichnen, während die andere Residenz Baden-Baden abseits der Verkehrswege damals mehr im Hintergrund stand. Denn im Jahr 1447 war nicht Baden-Baden, sondern Pforzheim Schauplatz der glanzvollen Fürstenhochzeit […]."

[39] Vgl. dazu allgemein oben Anm. 17.

[40] Vgl. die einschlägigen Ortseinträge in: Alfred Wendehorst/Stefan Benz, Verzeichnis der Säkularkanonikerstifte der Reichskirche (Schriften des Zentralinstituts für Fränkische Landeskunde und Allgemeine Regionalforschung an der Universität Erlangen-Nürnberg 35), 2., verb. Aufl., Neustadt an der Aisch 1997; Höfe und Residenzen im spätmittelalterlichen Reich, Bd. 1, Teilbd. 2 (wie Anm. 24); Württembergisches Klosterbuch. Klöster, Stifte und Ordensgemeinschaften von den Anfängen bis in die Gegenwart, hrsg. von Wolfgang Zimmermann/Nicole Priesching, Ostfildern 2003; Pfälzisches Klosterlexikon. Handbuch der pfälzischen Klöster, Stifte und Kommenden, bisher 4 Bde., hrsg. von Jürgen Keddigkeit u.a. (Beiträge zur pfälzischen Geschichte 26/1–4), Kaiserslautern 2014–2017 (zu Alzey und Neustadt an der Weinstraße); Palatia sacra. Kirchen- und Pfründebeschreibung der Pfalz in vorreformatorischer Zeit, hrsg. von L[udwig] Anton Doll, Tl. 1: Bistum Speyer, der Archidiakonat des Dompropstes von Speyer, Bd. 5: Der Landdekanat Böhl, bearb. von Renate Engels (Quellen und Abhandlungen zur mittelrheinischen Kirchengeschichte 61/5), Mainz 1992 (zu Neustadt an der Weinstraße); Médard Barth, Handbuch der elsässischen Kirchen im Mittelalter, Bruxelles 1980 [zuerst erschienen in: Archives de l'église d'Alsace 27 (1960), 28 (1962) und 29 (1962/63)] (zu Zabern/Saverne). Auf die Anführung spezieller Literatur zu den einzelnen Stiften sei hier verzichtet. – Zu späteren Stiftsgründungen in bischöflichen Residenzstädten: 1534 wurde das Stift Münster-Granfelden/Moutier-Grandval nach Delsberg/Delémont verlegt, 1625 erfolgte eine Stiftsgründung in Udenheim.

[41] Bedeutung besaß für die badischen Markgrafen daneben noch das Kollegiatstift in Lahr (badischer Kondominatsanteil an der Herrschaft Lahr-Mahlberg), an dessen Gründung im Jahr 1482 (Umwandlung des vorhandenen Steigerklosters) sie aber anscheinend keinen Anteil hatten, obwohl sie in der folgenden Zeit rasch Einfluss gewannen. Vgl. Ulrich Parlow, Vom Kollegiatstift zur Pfarrkirche von Lahr, in: Für Seelenheil und Bürgerwohl. 750 Jahre Stiftskirche und Spital Lahr (1259–2009), hrsg. von Niklot Krohn, Lahr 2009, 90–131.

[42] Lorenz, Fehlgeschlagen (wie Anm. 32), 17. Die betreffende Supplik Markgraf Karls I. von 1459 ist gedruckt bei Göller, Gesuche (wie Anm. 34), 247f.; vgl. Urkundenbuch zur Geschichte der Bischöfe zu Speyer, Bd. 2 (wie Anm. 34), 293–295 (Nr. 158). – Zum Ettlinger Kollegiatstift vgl. Rüdiger Stenzel, Ettlingen vom 14.–17. Jahrhundert, Halbbd. 1 (Geschichte der Stadt Ettlingen 2a), Ettlingen 1982, 107–133.

[43] Diesen plausiblen Zusammenhang stellt Brosius, Papst Pius II. (wie Am. 32), 167 her.

Stiftskirche erheben lassen,[44] womit er ein Vorhaben umsetzte, das schon sein Vater Bernhard I. (†1431) in seinem Testament von 1412 verfügt hatte.[45] Dieser war bereits in Baden(-Baden) beigesetzt worden,[46] Jakob I. folgte ihm darin nach.[47]

So könnte sich um die Mitte des 15. Jahrhunderts seitens der Markgrafen eine neue Präferenz für Pforzheim als Residenz angekündigt haben – wichtigstes Herrschaftszentrum war bis dahin die Burg Hohenbaden[48] –, doch sprechen gerade die Stiftsgründungen für die Förderung der Städte Pforzheim *und* Baden(-Baden). Auf eine Bevorzugung Pforzheims verweist die reichere Dotierung des Stifts,[49] auch wäre dem Ort mit der geplanten Universität möglicherweise ein höherer Grad herrschaftlicher Zentralität zugewachsen. Zu bedenken ist jedoch, dass zum Zeitpunkt der Pforzheimer Stiftsgründung Baden(-Baden) schon seit zwei Generationen als dynastische Grablege diente, wofür Jakob I. mit der Erhebung der Pfarr- zur Stiftskirche endlich den geziemenden liturgischen Rahmen geschaffen hatte. In der Summe deutet sich eine Aufteilung von Residenzfunktionen an: dynastische Grablege und Memoria in Baden(-Baden), höfische Repräsentation und Rekrutierung gelehrten Personals in Pforzheim, Gottesdienst, Stiftungen und materielle Versorgung von Hofangehörigen hier wie dort. Die Grundtendenz bildete dabei weniger die Entscheidung *für* als *gegen* einen bestimmten Standort – oder genauer gegen zwei Standorte, nämlich zum einen die dynastisch namengebende und bis ins 15. Jahrhundert ausgebaute, aber verkehrsungünstige Höhenburg Hohenbaden,[50] zum anderen die Zisterzienserinnenabtei Lichtenthal, die bis zu Rudolf VI. (†1372), dem Vater Bernhards I., den Markgrafen als Grablege gedient hatte.[51] Die verheerende Niederlage bei Seckenheim im Jahr 1462, in deren Folge Karl I. nicht allein mit erheblichen finanziellen Belastungen konfrontiert wurde, sondern sich 1463 auch gezwungen sah, die Stadt Pforzheim an Kurpfalz zu Lehen aufzutragen,[52] setzte dort dem institutionellen Ausbau der Residenz jedoch ein Ende, insbesondere die Universitätspläne wurden nie verwirklicht.[53]

Zentraler Bestimmungsgrund der Residenz ist freilich die regelmäßige Anwesenheit des Herrn.[54] Nicht leicht zu beantworten ist die Frage, wie sich die skizzierten

---

[44] Kurt Andermann, Die Urkunden des Kollegiatstifts Baden(-Baden) im Erzbischöflichen Archiv Freiburg, in: Freiburger Diözesan-Archiv 117 (1997), 5–110, hier 6 (Entwurf von Fundationsurkunde und Statuten 1445, ältere Pläne bereits um 1412/13). Vgl. auch Brosius, Papst Pius II. (wie Am. 32), 168.

[45] RMB (wie Anm. 30), Bd. 1, Nr. 2726.

[46] Ilas Bartusch (Bearb.), Die Inschriften der Stadt Baden-Baden und des Landkreises Rastatt (Die Deutschen Inschriften 78 = Heidelberger Reihe 17), Wiesbaden 2009, Nr. 58.

[47] Konrad Krimm, Art. Jakob I., Markgraf von Baden, in: Neue Deutsche Biographie, Bd. 10, Berlin 1974, 311.

[48] Kurt Andermann, Art. „Baden-Baden", in: Höfe und Residenzen im spätmittelalterlichen Reich, Bd. 1, Teilbd. 2 (wie Anm. 24), 28–30, hier bes. 29f.

[49] Fouquet, St. Michael (wie Anm. 13), 125.

[50] Wie oben Anm. 48.

[51] Bartusch, Inschriften (wie Anm. 46), Nr. 40. In Lichtenthal bestattet wurde danach noch – abgesehen von späteren Äbtissinnen aus dem Haus Baden – eine Tochter Bernhards I., die 1402 im Alter von etwa vier Monaten verstorbene Mechthild (ebd., Nr. 48). Zu weiteren markgräflichen Grabdenkmälern in Lichtenthal siehe ebd., Nr. 4, 8–11, 17–19, 23 und 25. Zum Kloster vgl. Faszination eines Klosters. 750 Jahre Zisterzienserinnen-Abtei Lichtenthal [Ausstellungskatalog Badisches Landesmuseum, 25.2.–21.5.1995], hrsg. von Harald Siebenmorgen, Sigmaringen 1995.

[52] RMB (wie Anm. 30), Bd. 4, Nr. 9040. Vgl. Krimm, Baden und Habsburg (wie Anm. 29), 179f.

[53] Andermann, Baden-Badens Weg (wie Anm. 38), 265f.; Lorenz, Fehlgeschlagen (wie Anm. 32), 17f.

[54] Zur Forschungsdiskussion um den Residenzbegriff siehe Rabeler, Überlegungen (wie Anm. 23), 18–22.

okkasionellen und institutionellen Entwicklungen – kurz gefasst: Fest und Turnier einerseits, Stiftsgründung andererseits – auf diese örtliche Präsenz der Markgrafen auswirkten. Das Itinerar Jakobs I. und Karls I. bleibt über die meisten Strecken äußerst fragmentarisch, denn die vorhandenen Belege sind recht gering an Zahl.[55] 256 Urkunden und Schreiben Jakobs I. nennen Baden – die Burg Hohenbaden und die Stadt Baden sind dabei fast nie zu unterscheiden[56] – oder Pforzheim als Ausstellungsort (durchschnittlich rund elf pro Jahr), für Karl I. handelt es sich um 528 Nennungen (durchschnittlich rund 24 pro Jahr), womit die Aufenthaltsbelege in ihrer übergroßen Mehrzahl erfasst sind.[57] Unter beiden Fürsten erscheint Baden rund zehnmal so oft wie Pforzheim (siehe Abbildung 5 und Anhang 1). Von Jahr zu Jahr sind deutliche Schwankungen zu bemerken – der für Baden 1454 besonders große Ausschlag resultiert aus den Lehnsbestätigungen nach dem Herrschaftsantritt Karls I. –, doch bei aller gebotenen Vorsicht angesichts der schwachen Belegdichte sind ein paar Feststellungen zu treffen: Über den gesamten Untersuchungszeitraum hinweg blieb Baden als Ausstellungsort weitaus wichtiger als Pforzheim (allein 1449 wurden dort geringfügig mehr Urkunden und Briefe ausgestellt). Allerdings liegen die Zahlen für Pforzheim zwischen den endenden 1440er und den mittleren 1460er Jahren höher als im vorhergehenden und im nachfolgenden Zeitraum (jährlicher Durchschnitt 1432–1448: 0,53; 1449–1466: 3,00: 1467–1474: 1,00). Für Baden hingegen fällt die Steigerung in der zweiten Periode im Verhältnis viel geringer aus, nach 1466 wächst der jährliche Durchschnitt weiter an (1432–1448: 11,00; 1449–1466: 14,56 ohne Berücksichtigung des ‚Ausnahmejahres' 1454, andernfalls 18,28; 1467–1474: 23,38).

Zwar gewinnen wir auf diese Weise Indizien dafür, dass die Markgrafen um 1450/60 tatsächlich anfingen, sich häufiger als zuvor in Pforzheim aufzuhalten. Dass diese Tendenz nach 1462/63 nicht abrupt endete, könnte für eine kurze Phase der Unentschiedenheit sprechen.[58] Ebenso ist es wahrscheinlich, dass die Bedeutung Badens im markgräflichen Itinerar ab der Mitte der 1460er Jahre weiter zunahm. Überdeutlich aber wird, dass Pforzheim durchweg Nebenresidenz blieb. Welche Entwicklung sich

---

[55] So bereits Andermann, Baden-Badens Weg (wie Anm. 38), 264 (siehe das Zitat oben Anm. 38).

[56] In einem Notariatsinstrument von 1437 heißt es einmal ausdrücklich *in castro Baden in cancellaria ibidem*. RMB (wie Anm. 30), Bd. 3, Nr. 5580.

[57] Die Nachweise finden sich unten in Anhang 1. Ausgewertet wurden die ‚Regesten der Markgrafen von Baden' vom Tod Bernhards I. (5. Mai 1431) bis zum Tod Jakobs I. (13. Okt. 1453): RMB (wie Anm. 30), Bd. 3, Nr. 5094–7570, und von da an bis zum Tod Karls I. (24. Febr. 1475): ebd., Bd. 4, Nr. 7571–10696. Dementsprechend sind einige von Karl I. vor dem Tod seines Vaters ausgestellte Stücke nicht berücksichtigt (ebd., Bd. 3, Nr. 6179 [Fälschung!], 6405, 6728, 7040, 7254, 7375 und 7475). Da nicht Aufenthaltstage, sondern ausgestellte Urkunden und Schreiben gezählt werden, sind Stücke mit identischem Datum je einzeln gerechnet. Nur einmal gezählt sind jedoch Schreiben gleichen Inhalts, die zeitgleich an einen größeren Empfängerkreis ausgingen, z. B. ebd., Bd. 3, Nr. 6752. Angemerkt sei, dass sich hinsichtlich des Itinerars insofern Probleme ergeben können, als die Datierung nicht mit dem tatsächlichen Aufenthaltsort des markgräflichen Ausstellers übereinstimmen muss, kenntlich etwa ebd., Bd. 4, Nr. 8272 (Belehnungsurkunde, datiert auf den 6. Dez. 1458 in Pforzheim – an diesem Tag hielt sich Karl I. aber auf dem Ehrenbreitstein auf, vgl. ebd., Nr. 8271). In mangelnder Kenntnis der spezifischen Kanzleigebräuche sind nähere Aussagen dazu nicht möglich. – Zum Vergleich: Das noch verhältnismäßig häufig genannte Ettlingen kommt in diesem Zeitraum auf insgesamt 24 Nennungen als Ausstellungsort, siehe ebd., Bd. 3, Nr. 5156 (1431), 5176 (1432), 5550 (1436), 6014, 6015 (1439), 6696, 6698 (1446), 7300 (1451), 7343 (1452) und 7536 (1453); ebd., Bd. 4, Nr. 7731 (1454), 7841, 7842 (1455), 8357, 8363, 8364, 8368, 8369 (1459), 8392 (1460), 8702, 8703 (1461), 8857, 8864 (1462) und 10649 (1474).

[58] Vgl. auch Brosius, Papst Pius II. (wie Am. 32), 170.

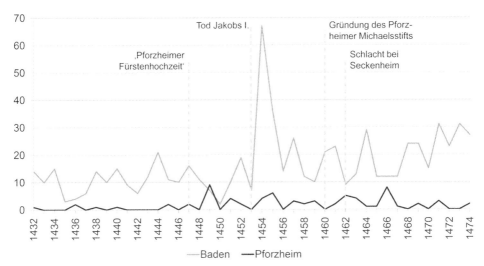

Abb. 5:
Anzahl der in Baden und Pforzheim ausgestellten Urkunden und Schreiben der Markgrafen Jakob I. (1431–1453) und Karl I. (1453–1475). Vgl. Anhang 1.

möglicherweise noch ergeben hätte, sei dahingestellt – der Rang Badens als Hauptresidenz war nie akut gefährdet.

Das Verhältnis von Haupt- und Nebenresidenz zeigt sich nicht zuletzt in ihrer sakralen Funktion (siehe zum Folgenden Anhang 2). Soweit Nachweise vorliegen, begingen Jakob I. und Karl I. die kirchlichen Hochfeste Ostern, Pfingsten und Weihnachten in aller Regel in Baden. Jakob I. verbrachte Weihnachten vereinzelt in Ettlingen, vielleicht auch in Pforzheim, Karl I. scheint sich – seine Anwesenheit im Land vorausgesetzt – ganz auf Baden konzentriert zu haben. Tatsächlich war dort seit 1453 unter Einbeziehung der Stiftsgeistlichkeit ein höherer gottesdienstlicher Aufwand möglich. In Pforzheim bot das Michaelsstift ab 1460 gleichfalls einen entsprechenden liturgischen Rahmen, auch wenn dort der Bau des neuen Chores wohl erst um 1470 erfolgte.[59] Doch an der Bevorzugung Badens auch und gerade an den herausgehobenen Festtagen des Kirchenjahres änderte sich nichts. Allerdings ist zeitweise ein auffälliges Muster zu erkennen. Während Karl I. das Weihnachtsfest regelmäßig in Baden feierte, scheint er sich bis 1466 fast ebenso regelmäßig zu Jahresbeginn nach Pforzheim begeben zu haben: 1455 weilte er dort zu Neujahr, 1459 am Dreikönigstag, 1461 ist er am 3. und am 15. Januar in Pforzheim nachgewiesen, 1464 am 15. Februar, 1465 am 10. Februar, 1466 zwischen dem 17 und dem 23. Januar.[60] In den späteren

---

[59] Zum Stiftschor von St. Michael vgl. Anneliese Seeliger-Zeiss, Studien zur Architektur der Spätgotik in Hirsau, in: Hirsau, St. Peter und Paul, 1091–1991, Tl. 1: Zur Archäologie und Kunstgeschichte (Forschungen und Berichte der Archäologie des Mittelalters in Baden-Württemberg 10/1), Stuttgart 1991, 265–363, hier 303–306 („um ca. 1470 vollendet", 303); Timm u.a., Pforzheim (wie Anm. 10), 200f. („um 1460–70"); Lacroix/Hirschfeld/Paeseler, Kunstdenkmäler der Stadt Pforzheim (wie Anm. 10), 81 („rund um 1470"); Köhler/Timm, Schloß- und Stiftskirche (wie Anm. 10), 18f.; Vischer, Schloß-(Stifts-)Kirche (wie Anm. 10), 62–73.

[60] RMB (wie Anm. 30), Bd. 4, Nr. 7825 (30. Dez. 1454) und 7828–7830 (2.–3. Jan. 1455); 8285 (6. Jan. 1459); 8540 (3. Jan. 1461) und 8547 (15. Jan. 1461); 9185 (15. Febr. 1464); 9302 (10. Febr. 1465); 9363 (17. Jan. 1466) und 9364–9366 (21.–23. Jan. 1466).

Jahren Karls I. lässt sich dieses Muster nur noch 1471 belegen, für seinen Vater Jakob I. ohnehin nur einmal im Jahr 1436.[61] Interpretieren lässt sich auch dieser Befund nicht als einseitige Präferenz für die Stadt Pforzheim, sehr wohl aber als weiteres Indiz für die (zeitweise) Verstetigung ihrer Funktion als Residenz.

So lag es auch, aber eben nicht nur an den Folgen der Schlacht bei Seckenheim, dass Baden(-Baden) im Prozess der ‚Verstädterung' der Residenz schließlich den Vorzug erhielt. Karls Sohn, Christoph I. (1453–1527), verlegte schließlich 1479 seine Hofhaltung von der Burg Hohenbaden hinab in das ‚Neue Schloss' in der Stadt Baden(-Baden).[62] Ein venezianischer Gesandter, der 1492 durch Pforzheim kam, hielt in seinem Reisebericht fest, dass sich Wohnung und Hofhaltung des Markgrafen in Baden befänden.[63] Und in der 1507 erlassenen Stadtordnung Markgraf Christophs heißt es, dass *unser statt Baden im unserm furstenthum der marggraveschafft die forderst und furnemst*, außerdem der Ort *unsers gewonlichen hofhaltens* sei.[64] Im Privilegienbrief für die Stadt Pforzheim von 1491 war diese hingegen bloß als *ein mercklich glid* im Fürstentum *und zum handel und wandel am basten gelegen* charakterisiert worden.[65] Erst nach der badischen Teilung von 1535[66] sollte Pforzheim unter Markgraf Ernst, dem Begründer der ernestinischen Linie des Hauses Baden, den Rang einer Hauptresidenz erhalten, bis diese unter seinem Sohn und Nachfolger Karl II. (1529–1577) im Jahr 1565 nach Durlach verlegt wurde.[67]

Vor diesem Hintergrund muss die weitere Geschichte des Pforzheimer Michaelsstifts betrachtet werden. Seit den 1460er Jahren nahm das Interesse Markgraf Karls I. und seiner Nachfolger deutlich ab, es kam jedoch nicht gänzlich zum Erliegen. Diese ambivalente Haltung lässt sich in drei Punkten fassen.

Erstens war die Organisation des Stifts bei dessen Einrichtung 1460 noch nicht vollständig ausgebildet. Gemäß den Statuten gehörten ihm 24 Mitglieder an: der Dekan, elf Kanoniker und zwölf Vikare.[68] Über mehr als vier Jahrzehnte hin sollte das Dekanat die einzige Prälatur bleiben, denn nach längerer Vorbereitung ließ erst Markgraf Christoph I. 1506 die Propstei errichten.[69] 1520 folgte noch die Kantorei – doch

---

[61] Ebd., Bd. 4, Nr. 10108 (26. Jan. 1471); ebd., Bd. 3, Nr. 5518 (9. Febr. 1436).
[62] Andermann, Baden-Badens Weg (wie Anm. 38), 267.
[63] Henry Simonsfeld, Ein venetianischer Reisebericht über Süddeutschland, die Ostschweiz und Oberitalien aus dem Jahre 1492, in: Zeitschrift für Kulturgeschichte 2 (1895), 241–283, hier 264.
[64] [Franz Josef] Mone, Stadtordnungen [Tl. 2], in: Zeitschrift für die Geschichte des Oberrheins 4 (1853), 291–311, hier 291.
[65] Leonard Korth (Bearb.), Urkunden des Stadtarchivs zu Pforzheim, Pforzheim 1899, 5. Zu den badischen Städteordnungen des späten 15. und frühen 16. Jahrhunderts vgl. zuletzt Katja Leschhorn, Die Städte der Markgrafen von Baden. Städtewesen und landesherrliche Städtepolitik in der Frühen Neuzeit (Veröffentlichungen der Kommission für geschichtliche Landeskunde in Baden-Württemberg, Reihe B 183), Stuttgart 2010, 101–122.
[66] Schwarzmaier, Baden (wie Anm. 9), 214f.
[67] Udo Wennemuth, Karl II. von Baden (1529–1577), in: Herrschaft und Glaubenswechsel. Die Fürstenreformation im Reich und Europa in 28 Biographien, hrsg. von Susan Richter/Armin Kohnle, Heidelberg 2016, 301–314, hier 306f.; Susanne Asche/Olivia Hochstrasser, Durlach. Staufergründung, Fürstenresidenz, Bürgerstadt (Veröffentlichungen des Karlsruher Stadtarchivs 17), Karlsruhe 1996, 94–113 (auch zu den Auswirkungen auf die Stadt Durlach).
[68] GLA 67/152, fol. 14v. – 1559 wurden tatsächlich 26 Pfründen verzeichnet. Fouquet, St. Michael (wie Anm. 13), 118.
[69] Fouquet, St. Michael (wie Anm. 13), 122f.

damit brach die Entwicklung der innerstiftischen Ämterorganisation endgültig ab, Prälaturen für Kustos oder Scholaster wurden anscheinend nie geschaffen.[70]

Zweitens: Vor 1460 bestanden an der Michaelskirche 22 Altarpfründen, die nun der finanziellen Ausstattung der Kanonikate und Vikariate der Stiftsgeistlichen dienten und für die das Präsentationsrecht größtenteils in den Händen der Nachkommen stadtbürgerlicher Stifter lag. Allein die Kollatur des Dekans hatten von Anfang an der fürstliche Stiftsgründer und dessen Nachkommen inne, ebenso galt dies später für den Propst. Zwar erwarben die badischen Markgrafen in der folgenden Zeit die meisten Kollaturen durch Pfründentausch,[71] doch 1488 wurden gemäß einem Verzeichnis der Pfründen in der Markgrafschaft Baden immer noch zwei Kanonikate vom Pforzheimer Gericht vergeben, ein Kanonikat und vier Vikariate von verschiedenen stadtbürgerlichen Familien (den Gößlin, den Weiler und den nach Zürich abgewanderten Göldlin) – davon erwarben die Markgrafen 1489 noch die Rechte an einem Vikariat –, ein Vikariat vom Kloster Maulbronn, das 1529 eingezogen wurde, und die Plebanie vom Kloster Lichtenthal, die den Markgrafen gar erst 1555 zufiel. Außerdem war das Pforzheimer Landkapitel an der Präsentation einer Pfründe beteiligt.[72] Am Ende des 15. Jahrhunderts verfügten die Markgrafen somit über rund zwei Drittel der Kanonikate und Vikariate. Bezeichnend ist der Vergleich mit dem Stift in Baden(-Baden), wo 1488 neben den bereits vorhandenen Prälaturen von Propst, Dekan, Kustos und Kantor auch alle weiteren Präbenden – acht Kanonikate und zehn Vikariate – markgräflicher Verleihung unterlagen.[73] Und auch im Stift in Ettlingen, das freilich mit nur dreizehn Pfründen deutlich kleiner war, lag das Besetzungsrecht durchweg beim Markgrafen.[74]

Vor diesem komplexen Hintergrund kann es – drittens – nicht verwundern, dass bei der personellen Besetzung des Stifts nicht ausschließlich die unmittelbaren Interessen der Markgrafen von Baden zum Tragen kamen, sondern die sozialen Führungsgruppen Pforzheims einflussreich blieben. Die Pröpste, die grundsätzlich nicht dem Kapitel entstammen durften, standen in enger Verbindung zu den Markgrafen, in der Regel waren sie Angehörige ihres Rates, und einzig der erste Inhaber der Prälatur, Johannes Hochberg, stammte aus Pforzheim.[75] Hingegen beruhte die Besetzung von Dekanat und Kantorei nur ausnahmsweise auf markgräflicher Patronage. Entscheidend waren hier wie auch bei den übrigen Pfründen überwiegend die Interessen und die Patronagebeziehungen von Familien der Pforzheimer Oberschicht.[76] Offensichtlich

---

[70] Ebd., 124.
[71] So übertrug z. B. Peter Rot genannt Vaihinger seine Rechte an einer Pfründe in St. Michael 1468 im Tausch gegen eine Pfründe in Niefern auf Markgraf Karl I. GLA 38/3209.
[72] K[arl] Reinfried, Verzeichniß der Pfarr- und Kaplaneipfründen der Markgrafschaft Baden vom Jahre 1488, in: Freiburger Diöcesan-Archiv 27 (1899), 251–269, hier 264f.; Fouquet, St. Michael (wie Anm. 13), 118f. – Zu den beiden Göldlinschen Vikariaten siehe auch Arnold, Pfründestiftungen (wie Anm. 13), 248–252; Fouquet, St. Michael (wie Anm. 13), 142.
[73] Reinfried, Verzeichniß (wie Anm. 72), 254.
[74] Ebd, 261. – Nach den Statuten von 1461 sollte das Ettlinger Stift genauso wie St. Michael in Pforzheim 24 Pfründen umfassen (Dekan, elf Kanoniker, zwölf Vikare). J[ohann] B[aptist] Trenkle, Beiträge zur Geschichte der Pfarreien in den Landcapiteln Gernsbach und Ettlingen, in: Freiburger Diöcesan-Archiv 12 (1878), 39–137 [= Tl. 3], hier 95.
[75] Fouquet, St. Michael (wie Anm. 13), 138f.
[76] Nähere Angaben dazu bei Fouquet, St. Michael (wie Anm. 13), 139–142. – Einen ähnlichen Befund liefert z. B. das Stift Backnang, allerdings insbesondere vor seiner 1477 erfolgten Umwandlung

akzeptierten die Markgrafen diese enge Verflechtung zwischen Stift und städtischen Führungsgruppen und stützten sie über ihr Präsentationsrecht, auch wenn sie das Stift in einigen Fällen zur Versorgung ihrer eigenen Funktionsträger und ihrer höfischen Klientel nutzten.[77]

Bis 1535 blieb Pforzheim nur Nebenresidenz der badischen Markgrafen. Die um 1450/60 spürbaren Ansätze zur höfisch-repräsentativen Nutzung des Stadtraums, zur erhöhten Frequenz fürstlicher Aufenthalte und zum institutionellen Ausbau herrschaftlicher Zentralität, in deren Mittelpunkt neben und mit der geplanten Universität das Michaelsstift stand, änderten daran nichts. Allenfalls am Rande kamen St. Michael bis ins 16. Jahrhundert typische Funktionen eines Residenzstifts zu: Weder diente es als dynastische Grablege noch erfüllte es regelmäßig die Aufgabe der gottesdienstlichen Versorgung der Fürstenfamilie und der Hofes, es spielte keine wesentliche Rolle für die Ausbildung herrschaftlichen Verwaltungspersonals, und auch für die materielle Versorgung markgräflicher Diener und Räte wurde es nicht übermäßig in Anspruch genommen. Anders als etwa im Fall des Pforzheimer Heilig-Geist-Spitals, unter dessen 1517 verzeichneten Gülten die Zinsen der an die Markgrafen vergebenen Darlehen immerhin gut 20 Prozent ausmachten,[78] ist das Stift bislang zudem nicht als Kreditgeber der badischen Markgrafen nachzuweisen. Wirkung entfaltete dieses Relikt des abgebrochenen Residenzausbaus jedoch in seiner städtischen Umwelt.

III. Stift und Stadt: Ökonomien und Institutionen

Wie stellte sich also dieses ‚Residenzstift (fast) ohne Residenz' aus städtischer Sicht dar? Welche Auswirkungen hatte die 1460 vollzogene Stiftsgründung für die Kommune und wie interagierten Stift und Stadt in der Folgezeit?

Begrenzt waren die Auswirkungen auf die Versorgung stadtbürgerlicher Kleriker, insbesondere aus Familien der städtischen Oberschicht, weil die Markgrafen – wie angesprochen – die stadtbürgerliche Patronage weitgehend akzeptierten. Allerdings konnten diese nun auf die finanziell lukrativeren und prestigeträchtigeren Stiftsprä-

---

von einem Augustiner-Chorherrenstift in ein Kollegiatstift. Sabine Beate Reustle, Das Kollegiatstift Backnang. Vermögen – Vermögensverwaltung – Vermögensverteilung, in: Stift und Wirtschaft. Die Finanzierung geistlichen Lebens im Mittelalter. Fünfte Wissenschaftliche Fachtagung zum Stiftskirchenprojekt des Instituts für Geschichtliche Landeskunde und Historische Hilfswissenschaften der Universität Tübingen (12.–14. März 2004, Weingarten), hrsg. von Sönke Lorenz/Andreas Meyer in Verb. mit Dieter R. Bauer (Schriften zur südwestdeutschen Landeskunde 58), Ostfildern 2007, 163–192, hier 168–172 und 182.

[77] Fouquet, St. Michael (wie Anm. 13), 141: „Diesem bürgerlichen Beziehungssystem standen die Markgrafen in einer eigentümlich zwittrigen Rolle gegenüber. Auf der einen Seite waren sie Patrone des bürgerlichen Netzes; denn sie besaßen zumindest seit Ende des 15. Jahrhunderts das Gros der Präsentationsrechte. In dieser Rolle war der markgräfliche Landesherr allerdings in der Regel stets darauf bedacht, den Mechanismus des bürgerlichen Systems nicht zu stören, d. h., die von dem Bürgerverband vorgeschlagenen Kandidaten zu akzeptieren. Auf der anderen Seite konkurrierten die Markgrafen aber mit den Bürgern ihrer Landstadt, indem sie die Klientel ihres Hofes, die juristische und wissenschaftliche Führungselite der Markgrafschaft, mit Stiftsherrenstellen versorgten."

[78] Sven Rabeler, Sozial- und Wirtschaftsgeschichte (wie Anm. 7), 104f.

benden an Stelle der älteren Altarpfründen zurückgreifen, um geistlichen Söhnen Auskommen und Status zu verschaffen. Der materielle Vorteil resultierte allein schon aus den Präsenzgeldern, für deren Kapitalstock Karl I. über 6.000 rheinische Gulden und damit mehr als die Hälfte der in die Stiftsgründung investierten Mittel von rund 12.000 Gulden aufgebracht haben dürfte.[79] Aus den daraus fließenden Einkünften konnte gemäß den Statuten von 1460 jedem Stiftsgeistlichen, sofern er nicht ohne triftigen Grund seine gottesdienstlichen Aufgaben versäumte,[80] ein Präsenzgeld von 8 Pfennigen pro Tag oder 12 Pfund Pfennigen (umgerechnet 13,33 rheinischen Gulden) pro Jahr ausgezahlt werden.[81] Zum Vergleich: 1452 stiftete der Pforzheimer Pfarrer Johann Rappenherr eine Pfründe am Jakobsaltar der Michaelskirche. Aus einer Urkunde, mit der Markgraf Jakob I. ein paar Monate zuvor sein Placet zu Stiftung und Dotation dieser Pfründe erteilt hatte, erfahren wir, dass Rappenherr diese mit jährlichen Erträgen von 30 Gulden auszustatten gedachte.[82] Sollte die Dotation tatsächlich diese Höhe erreicht haben, wäre das im Vergleich zu anderen Pfründstiftungen an St. Michael ein recht stattlicher Betrag gewesen.[83] Die 1460 ausgesetzten Präsenzgelder von gut 13 Gulden hätten die Einkünfte in diesem Fall aber immerhin noch einmal um knapp 45 Prozent erhöht.

Obwohl die in manchen Fällen anzunehmende Vernachlässigung der Präsenzpflicht, wie sie die Statuten vorschrieben,[84] in Rechnung zu stellen ist, dürfte die markgräfliche Dotierung des Stifts somit dafür gesorgt haben, dass Geld in die Stadt floss. Zusätzlich zu berücksichtigen ist der Bau des neuen Stiftschores,[85] zu dessen Kosten wir über keine Informationen verfügen. An der Stiftskirche in Baden(-Baden) hatten die Markgrafen bis 1459 gemäß einer Indulgenz Papst Pius' II. 3.000 rheinische Gulden für Baumaßnahmen aufgewandt, zusätzlich zur Dotation des Stifts in Höhe von

---

[79] Fouquet, St. Michael (wie Anm. 13), 127 berechnet, dass die Markgrafen 1460 insgesamt 12.101,17 rheinische Gulden „für die Präsenz- und Pfründdotationen an St. Michael ausgegeben" hätten. Auf die Präsenzgelder entfielen davon 6.716,8 rheinische Gulden. Die angegebenen Kapitalwerte ergeben sich unter Annahme eines fünfprozentigen Kapitalzinses.

[80] Vgl. GLA 67/152, fol. 19r.

[81] GLA 67/152, fol. 15r. Vgl. Fouquet, St. Michael (wie Anm. 13), 127 (auch zur Umrechnung in Gulden).

[82] RMB (wie Anm. 30), Bd. 3, Nr. 7364.

[83] Einen Überblick zu den Pfründstiftungen des 14. und 15. Jahrhunderts und deren Dotation gibt Fouquet, St. Michael (wie Anm. 13), 114f. (zur erwähnten Stiftung des Johann Rappenherr ebd., 115 Anm. 68). – Als 1559 der Stiftsbesitz verzeichnet wurde (GLA 66/6574), wurde auch die Ausstattung der einzelnen Stiftspfründen respektive der Altäre erfasst (detailliert aufgenommen bei Fouquet, St. Michael [wie Anm. 13], 129–136). Auf einen Versuch, diese Angaben mit Dotierungen von Altarpfründen in der urkundlichen Überlieferung vor 1460 zu vergleichen, wird hier verzichtet. Neben technischen Schwierigkeiten wie der Umrechnung von Geldangaben oder der Bewertung von Naturaleinkünften ergäben sich dabei Probleme aus den Geldwertverlusten. Vor allem wissen wir im Einzelfall nicht, wann und in welcher Weise sich Änderungen in den Einkünften einer Pfründe ergeben haben. So wurden 1559 für den Jakobsaltar Geldzinse und Naturalabgaben von etwa 12 rheinischen Gulden verzeichnet, wobei zusätzlich zu bedenken ist, dass an diesem Altar nicht nur ein Kanonikat, sondern auch ein Vikariat bestand (ebd., 131, zur Bewertung der Naturaleinkünfte ebd., 129 mit Anm. 198). Obgleich wir nicht wissen, ob die von Johann Rappenherr vorgenommene Dotation tatsächlich so hoch ausfiel, wie von ihm geplant, ist die Angabe von 1452 (oben Anm. 82) damit schwer in Einklang zu bringen. Dazwischen aber liegen über hundert Jahre, während derer wir über die Entwicklung der mit der Pfründe verbundenen Besitztitel und Einkünfte nichts erfahren.

[84] GLA 67/152, fol. 19r; Fouquet, St. Michael (wie Anm. 13), 121.

[85] Vgl. oben Anm. 59.

10.000 rheinischen Gulden (mithin etwa 2.000 Gulden weniger als im Pforzheimer Fall).[86] Jedenfalls entstand über Jahre hin eine Großbaustelle mit einer nicht näher bestimmbaren Nachfrage nach Arbeitskräften. Die aus all dem resultierenden finanziellen Effekte sind nicht zu quantifizieren, doch wenigstens einen begrenzten Eindruck von der finanziellen Situation und den materiellen Ressourcen eines Stiftsherrn gewährt uns das Testament Dietrich Weilers (†1534).[87]

Die Weiler (Wyler) gehörten zu den führenden Familien der Stadt Pforzheim.[88] Im 15. und 16. Jahrhundert sind sie immer wieder als Mitglieder von Rat und Gericht, als Bürgermeister und Schultheißen nachweisbar. So ist Dietrichs Bruder Matern Weiler 1517 und 1527 als Richter belegt. Doch schon Klaus Weiler fungierte als Richter (1453) und später als Schultheiß (1468), dessen Söhne Konrad, Dietrich und Klaus begegnen zwischen 1486 und 1527 als Ratsherr, Richter, Bürgermeister und Schultheiß, zudem als Pfleger des Heilig-Geist-Spitals.[89] Während der Hochzeitsfeierlichkeiten im Sommer 1447 logierte die Herzogin von Bayern *am kirchperg in Paul Wylers huß mit 30 person*.[90] Und 1482 veräußerte die Witwe des Heinrich Wyler ein Viertel des Dorfes Eisingen für 550 Gulden an den badischen Markgrafen.[91] Dietrich Weiler resignierte 1498 seine Ettlinger Stiftsherrenpräbende, über die er seit 1488 verfügt hatte, und wechselte auf das Vikariat am Sebastian- und Fabianaltar in St. Michael. 1520 tauschte er diese Pfründe, in deren Besitz ihm mit Christoph Weiler ein Verwandter (ein jüngerer Bruder?)[92] nachfolgte, gegen das Kanonikat am Matthiasaltar, das sein 1510 verstorbener Bruder (?) Nikolaus Weiler innegehabt hatte.[93]

Dietrich Weilers Testament ist nicht datiert, es muss aber zwischen 1529 und 1534 aufgesetzt worden sein.[94] Die angeführten Vermögenswerte und Objekte geben einen fragmentarischen und doch bezeichnenden Einblick in den Haushalt des Stiftsherrn.

---

[86] Brosius, Papst Pius II. (wie Am. 32), 165 Anm. 11; Fouquet, St. Michael (wie Anm. 13), 125. Zur Höhe der Pforzheimer Dotation vgl. oben Anm. 79. – In Baden(-Baden) betrafen die Baumaßnahmen zwar neben dem Chor auch das Langhaus, ob das aber auch schon 1459 der Fall war, ist unsicher (der neue Chor dürfte zu diesem Zeitpunkt abgeschlossen gewesen sein). Vgl. Emil Lacroix/Peter Hirschfeld/Heinrich Niester, Die Kunstdenkmäler der Stadt Baden-Baden (Die Kunstdenkmäler Badens 11: Stadtkreis Baden-Baden 1), Karlsruhe 1942, 77f.

[87] Korth, Urkunden (wie Am. 65), 36–44 (Nr. 11). Vgl. dazu Fouquet, St. Michael (wie Anm. 13), 160 (Nr. IV.52), einschließlich einer Inhaltsangabe zum Testament.

[88] Oskar Trost, Die Adelssitze im alten Pforzheim, in: Pforzheimer Geschichtsblätter 1 (1961), 82–145, hier 139 verbindet die Pforzheimer Familie mit dem Adelsgeschlecht von Weiler (Weiler, Gemeinde Obersulm, Landkreis Heilbronn), deren Angehörige im 15. und 16. Jahrhundert wiederholt im württembergischen Dienst anzutreffen sind. Seeliger-Zeiss, Inschriften (wie Anm. 27), 23 bezeichnet diese Verbindung aufgrund der unterschiedlichen Wappen zu Recht als unwahrscheinlich.

[89] Siehe Rabeler, Sozial- und Wirtschaftsgeschichte (wie Anm. 7), 115f. (Nr. 18, Konrad Weiler) und 117f. (Nr. 25, Klaus Weiler), mit Nachweisen.

[90] RMB (wie Anm. 30), Bd. 3, Nr. 6769.

[91] Pflüger, Geschichte (wie Anm. 16), 174.

[92] In seinem Testament erwähnt Dietrich Weiler seinen verstorbenen Bruder *Cristoff*, den er als *her* bezeichnet, was auf einen Geistlichen hindeuten könnte. Korth, Urkunden (wie Anm. 65), 43.

[93] Fouquet, St. Michael (wie Anm. 13), 160 (Nr. IV.52, Dietrich Weiler; Nr. IV.53, Nikolaus Weiler) und 168 (Nr. V.45, Christoph Weiler). Außerdem Seeliger-Zeiss, Inschriften (wie Anm. 27), 74f. (Nr. 99, Nikolaus Weiler); Karl Ehmann, Das Geschlecht von Wyler/Weiler in Pforzheim, in: Südwestdeutsche Blätter für Familien- und Wappenkunde 15 (1976), 63–66, hier 64. – Als Vikar hatte ab 1460 bereits Johannes Weiler eine Pfründe am Michaelsstift besessen. Fouquet, St. Michael (wie Anm. 13), 168 (Nr. V.46).

[94] An einer Stelle wird im Testament als verstrichener Zahlungstermin der 21. Febr. 1529 erwähnt. Korth, Urkunden (wie Anm. 65), 39.

Weiler besaß ein Haus im Wert von 300 Gulden, vermutlich wie andere Stiftsherrenkurien in der unmittelbaren Umgebung der Michaelskirche gelegen, daneben einen Anteil an einem Garten vor dem Brötzinger Tor.[95] Seiner Schwester Agnes vermachte er 200 Gulden, die ihm deren Sohn noch schuldig sei, auf seine gleichnamige Nichte übertrug er eine jährliche Rente von 20 Pfund Straßburger Pfennigen (umgerechnet knapp 32 Gulden), das beim Straßburger Rat angelegte Kapital müsste unter Zugrundelegung der weit verbreiteten Verzinsung von 5 Prozent rund 630 Gulden betragen haben, etwa der zweifache Wert der genannten Stiftsherrenkurie.[96] Nicht beziffert ist im Testament der Wert der Annaberger, Joachimstaler und Freiberger Bergwerksanteile, über die der Testator Verfügungen traf.[97]

Offenbar war Dietrich Weiler ein sehr wohlhabender Mann, der sein Vermögen teilweise selbst ererbt hatte. So wundert es nicht, dass die detailliert aufgeführten Sachlegate auch seinen mobilen Besitz als wertvoll erweisen: Seinem Bruder Matern vermachte er unter anderem *den knoderichten* [d. h. buckelförmigen] *silberin hohen becher mit einem deckel und Judith mit einem schwert oben daruff, den ich erkoufft hab zu Franckfordt*,[98] ebenso seine schwarze Schaube *mit einem füchsinfuter underzogen*.[99] Materns Sohn Jakob teilte er *zwey sydine wammes und ein schwarzen rock mit grienem arrass underzogen* zu.[100] Und so finden sich noch zahlreiche weitere silberne oder vergoldete Becher, goldene Ringe, mehr oder minder kostbare Kleidungsstücke, darüber hinaus Bücher in offenbar nennenswerter Zahl und noch manches andere, was an Verwandte oder auch die Testamentsexekutoren gelangen sollte.[101] All das zeugt vom gehobenen, oberschichtspezifischen Konsumbedarf dieses Klerikerhaushalts. In Frankfurt hatte Weiler nicht nur den Silberbecher mit der alttestamentlichen Judith erworben, sicherlich ein besonderes Glanzstück seines Schaugeschirrs, sondern auch zwei seiner *besten sergen* [Bettdecken].[102] Ansonsten wird zwar vereinzelt die Person namhaft gemacht, von der Weiler ein Objekt erstanden hatte – so zum Beispiel der Jude *Helchana* oder wiederholt ein *Heinrich goldschmi(e)d* –,[103] des Einkaufsortes aber wird anderswo nirgends gedacht. Doch gerade weil bei besonders kostbaren Objekten ausnahmsweise Frankfurt als Einkaufsort erscheint, dürfte manches andere in nahe gelegenen Orten erworben worden sein, darunter in Pforzheim.[104] Aus Sicht der

---

[95] Korth, Urkunden (wie Anm. 65), 37. – Zur Lage des Wohnhauses bietet das Testament keine Informationen, vgl. aber allgemein zu den Anwesen der Stiftsherren Haag/Bräuning, Pforzheim (wie Anm. 10), 158f. (mit weiteren Verweisen); Fouquet, St. Michael (wie Anm. 13), 137; Pflüger, Geschichte (wie Anm. 16), 151.

[96] Korth, Urkunden (wie Anm. 65), 39. Die Angabe zum mutmaßlichen Kapital (632,3 Goldgulden) und entsprechend zur Rente nach Fouquet, St. Michael (wie Anm. 13), 160.

[97] Korth, Urkunden (wie Anm. 65), 43. Außerdem ist ebd., 39 eine Schmelzhütte erwähnt.

[98] Ebd., 42.

[99] Ebd., 38.

[100] Ebd., 39.

[101] Eine Zusammenfassung des Inventars gibt Fouquet, St. Michael (wie Anm. 13), 160.

[102] Korth, Urkunden (wie Anm. 65), 40.

[103] Ebd., 37 und 42.

[104] Zum Pforzheimer Tuchgewerbe im 16. Jahrhundert siehe Eberhard Gothein, Wirtschaftsgeschichte des Schwarzwaldes und der angrenzenden Landschaften, Bd. 1: Städte- und Gewerbegeschichte, Straßburg 1892, bes. 552–557; Ders., Pforzheims Vergangenheit. Ein Beitrag zur deutschen Städte- und Gewerbegeschichte (Staats- und socialwissenschaftliche Forschungen 39), Leipzig 1889, 27f.; zu den Goldschmieden ebd., 28f. Jolande Elisabeth Rummer, Die Pforzheimer Prob. Geschichte und Probleme der Pforzheimer Edelmetallkontrolle vom 15. Jahrhundert bis zum Erlass des Reichsfeinge-

Handwerker und Händler der Stadt bildeten die Stiftsgeistlichen wohlhabende Konsumenten, deren Bedürfnisse es gewinnbringend zu befriedigen galt.

Neben der personellen Verflechtung und den anzunehmenden ökonomischen Effekten lässt sich die Beziehung zwischen Stift und Stadt auch institutionell fassen: in der mit der Michaelskirche vor wie nach 1460 verbundenen Pfarrei (Plebanie).[105] Diese war seit 1344 dem Kloster Lichtenthal inkorporiert,[106] mit der Gründung des Stifts wurde die Plebanie zunächst mit dem Dekanat verbunden. Dieses Vorgehen mag auch insofern sinnvoll erschienen sein, als der erste Dekan, Jodokus Bonet, bereits vor 1460 Pleban an der Michaelskirche gewesen war.[107] Die 1460 erlassenen Statuten legten fest, dass dem Dekan fortan sämtliche Einkünfte der Pfarrei zustehen sollten, er im Gegenzug aber alle Pflichten eines Pfarrers zu erfüllen habe. Dazu gehörte die auf eigene Kosten zu erfolgende Unterhaltung zweier Hilfspriester (*mittling*, „Mietlinge"), die ihn in seinen Aufgaben unterstützen und teilweise vertreten konnten. Täglich hatte er an dem *altar vor dem khore*, dem *pfarraltare* außerhalb des dem Stiftskapitel reservierten Hochchors, eine Messe zu lesen, ferner an bestimmten Festen *officium und die fronmeß* [zu] *singen*.[108] Zugleich wurde dem Markgrafen das Recht eingeräumt, bei

---

haltsgesetzes 1884 (Pforzheimer Geschichtsblätter 2), Pforzheim 1963, 19 attestiert dem Pforzheimer Goldschmiedegewerbe mit Blick auf das 16. Jahrhundert „geringe[s] Niveau der Erzeugnisse", „anspruchsvolle Konsumenten [bevorzugten] längst Straßburger oder Frankfurter Silber" (zurückhaltender in der negativen Bewertung ebd., 34).

[105] Vgl. auch Jakob, Kollegiatstift (wie Anm. 17), 409: „Am engsten und am kompliziertesten zeigt sich die Verbindung von Stift und Stadt Forchheim bei dem gemeinsam genutzten Gotteshaus, das gleichzeitig als Stadtpfarr- und Stiftskirche diente." – Zum Verhältnis von Pfarr- und Stiftskirche sowie zur Inkorporation von Pfarreien in Kollegiatstifte siehe die ‚klassische' Studie von Heinrich Schäfer, Pfarrkirche und Stift im deutschen Mittelalter. Eine kirchenrechtsgeschichtliche Untersuchung (Kirchenrechtliche Abhandlungen 3), Stuttgart 1903 (vor allem für die Zeit bis zum 13. Jahrhundert); außerdem z. B. Wolfgang Petke, Mittelalterliche Stifts- und Klosterkirchen als Pfarrkirchen, in: Frauenstifte – Frauenklöster und ihre Pfarreien, hrsg. von Hedwig Röckelein (Essener Forschungen zum Frauenstift 7), Essen 2009, 31–54 (mit Blick auf Frauengemeinschaften auch die übrigen Beiträge des Bandes); Monika Escher-Apsner, Stadt und Stift. Studien zur Geschichte Münstermaifelds im hohen und späteren Mittelalter (Trierer historische Forschungen 53), Trier 2004, bes. 387–395. – Zur Erforschung der Pfarreien als wesentlicher Teil des Niederkirchenwesens im Mittelalter vgl. die Überblicke bei Enno Bünz, Pfarreien und Pfarrgemeinden im spätmittelalterlichen Deutschland, in: Pfarreien in der Vormoderne. Identität und Kultur im Niederkirchenwesen Europas, hrsg. von Michele C. Ferrari/Beat Kümin (Wolfenbütteler Forschungen 146), Wiesbaden 2017, 25–59; Ders., Die erfolgreichste Institution des Mittelalters: Die Pfarrei, in: „Überall ist Mittelalter". Zur Aktualität einer vergangenen Epoche, in Verb. mit Markus Frankl und Franz Fuchs hrsg. von Dorothea Klein (Würzburger Ringvorlesungen 11), Würzburg 2015, 109–138; Ders., Die mittelalterliche Pfarrei in Deutschland. Neue Forschungstendenzen und -ergebnisse, in: Pfarreien im Mittelalter. Deutschland, Polen, Tschechien und Ungarn im Vergleich, hrsg. von Nathalie Kruppa unter Mitw. von Leszek Zygner (Veröffentlichungen des Max-Planck-Instituts für Geschichte 238; Studien zur Germania Sacra 32), Göttingen 2008, 27–66; Wolfgang Petke, Die Pfarrei. Ein Institut von langer Dauer als Forschungsaufgabe, in: Klerus, Kirche und Frömmigkeit im spätmittelalterlichen Schleswig-Holstein, hrsg. von Enno Bünz/Klaus-Joachim Lorenzen-Schmidt (Studien zur Wirtschafts- und Sozialgeschichte Schleswig-Holsteins 41), Neumünster 2006, 17–49. Gleichsam einen Querschnitt durch den Forschungsgegenstand bieten die Beiträge in: Die Pfarrei im späten Mittelalter, hrsg. von Enno Bünz/Gerhard Fouquet (Vorträge und Forschungen 77), Ostfildern 2013. Als ortsgebundene Studie sei hier exemplarisch genannt: Martial Staub, Les paroisses et la cité. Nuremberg du XIIIe siècle à la Réforme (Civilisations et sociétés 116), Paris 2003.

[106] Pätzold, St. Martin und St. Michael (wie Anm. 7), 69–71.
[107] Fouquet, St. Michael (wie Anm. 13), 146 (Nr. II.1).
[108] GLA 67/152, fol. 14v und 17r.

Bedarf Dekanat und Plebanie wieder zu trennen,[109] was tatsächlich schon im August 1461 vollzogen wurde. Fortan war die Plebanie bis 1555 an die vom Kloster Lichtenthal zu vergebende Pfründe gekoppelt,[110] womit dessen Patronat (wieder) gewahrt wurde, ohne dass wir wüssten, ob dies bei dem Vorgang eine Rolle spielte.

Aus der Doppelfunktion von St. Michael als Stifts- und Pfarrkirche konnten freilich Probleme erwachsen. Das Gebäude und dessen materielle Ausstattung gehörten nämlich seit 1460 zwei unterschiedlichen Vermögenskörpern an: zum einen dem Stiftskapitel, zum anderen der Pfarrei, deren Vermögen, die Kirchenfabrik (*fabrica ecclesiae*),[111] wie schon vor 1460 und allgemein üblich von Laien als Kirchenmeistern oder Heiligenpflegern verwaltet wurde.[112] Erstmals nachweisbar sind die *heiligenpfleger der pfarrekirchen zu Pfortzhein sant Michels* in einer Urkunde von 1408, in der Werner Gößlin und Heinrich Mey (*Meyge*) *der alte* in dieser Funktion genannt werden.[113] Gößlin ist seit 1381 als Angehöriger des Gerichts, Mey hingegen des Rates belegt.[114] Wenige Monate später treten mit Hans von Hall und Marx Freyermut zwei Pfleger in Erscheinung, die aufgrund späterer Nachrichten ebenfalls Familien der Pforzheimer Oberschicht zuzuordnen sind, obgleich zu ihnen selbst keine weiteren Informationen vorliegen und sie insbesondere nicht als Gerichts- oder Ratsherren nachzuweisen sind.[115] Auch in der Folgezeit war die Zugehörigkeit zu den sozialen

---

[109] GLA 67/152, fol. 14v.

[110] Fouquet, St. Michael (wie Anm. 13), 119 und 122. – Für Ettlingen verzichtete das Kloster Lichtenthal auf das Recht zur Besetzung der dem Stift inkorporierten Pfarrei, behielt aber die daraus bezogenen Einkünfte. Trenkle, Beiträge, Tl. 3 (wie Anm. 74), 98.

[111] Für die mittelalterliche Kirchenfabrik ist allgemein grundlegend Arnd Reitemeier, Pfarrkirchen in der Stadt des späten Mittelalters. Politik, Wirtschaft und Verwaltung (Vierteljahrschrift für Sozial- und Wirtschaftsgeschichte, Beiheft 177), Stuttgart 2005; vgl. daneben die ältere Darstellung von Sebastian Schröcker, Die Kirchenpflegschaft. Die Verwaltung des Niederkirchenvermögens durch Laien seit dem ausgehenden Mittelalter (Görres-Gesellschaft, Veröffentlichungen der Sektion für Rechts- und Staatswissenschaft 67), Paderborn 1934. Im Sinne Reitemeiers wäre der hier behandelte Pforzheimer Fall zu den „wirtschaftliche[n] wie rechtliche[n] Mischformen" von Niederkirche und Stiftskirche zu zählen. Reitemeier, Pfarrkirchen (wie Anm. 111), 16f. (Zitat 17), vgl. auch 609. – In ortsgebundenen Studien wird der Kirchenfabrik teils mehr, teils weniger Aufmerksamkeit geschenkt, vgl. beispielsweise Jakob, Kollegiatstift (wie Anm. 17), 410–414; Julia Kahleyß, Die Bürger von Zwickau und ihre Kirche. Kirchliche Institutionen und städtische Frömmigkeit im späten Mittelalter (Schriften zur sächsischen Geschichte und Volkskunde 45), Leipzig 2013, 185–235. Zu Rechnungen der Kirchenfabriken jetzt auch Martin Sladeczek, Prinzipien der Rechnungsführung städtischer und dörflicher Kirchenfabriken in Thüringen im 15. und 16. Jahrhundert, in: Wirtschafts- und Rechnungsbücher des Mittelalters und der Frühen Neuzeit. Formen und Methoden der Rechnungslegung: Städte, Klöster und Kaufleute, hrsg. von Gudrun Gleba/Niels Petersen, Göttingen 2015, 103–118.

[112] Zu den Laien, die der Kirchenfabrik vorstanden (Heiligenpfleger, Kirchenmeister), siehe allgemein Reitemeier, Pfarrkirchen (wie Anm. 111), 102–122.

[113] GLA 38/2927; vgl. Carl, Regesten (wie Anm. 14), Nr. 229.

[114] Carl, Regesten (wie Anm. 14), Nr. 183 (1381), 193 (1384), 241 (1414, nur Werner Gößlin), 268 (1426, nur Werner Gößlin, nun als Schultheiß) und 272 (1428, nur Heinrich Mey). Vgl. auch Becht, Pforzheim (wie Anm. 12), 44f. und 59f. Zu Gericht und Rat, die 1381 erstmals als getrennte Gremien zu fassen sind, siehe außerdem Stefan Pätzold, Für Kommerz, Kommune und Kirche. Pforzheims Oberschicht im Mittelalter, in: Neues aus Pforzheims Mittelalter (wie Anm. 7), 123–138, hier 129–134; Rabeler, Urkundengebrauch (wie Anm. 12), 18 und 26–28.

[115] Carl, Regesten (wie Anm. 14), Nr. 231. Allerdings besitzen wir nach 1384 auch für längere Zeit keine vollständigen Verzeichnisse der Angehörigen von Gericht und Rat, die in den folgenden Jahrzehnten nur vereinzelt belegt sind, vgl. die Übersicht bei Becht, Pforzheim (wie Anm. 12), 60. – In beiden Fällen wird die Zugehörigkeit der Familie zur Pforzheimer Oberschicht im 16. Jahrhundert deutlich: Hans (von) Hall gehörte 1486 dem „Ausschuß" der Gemeinde an, 1506 dem Gericht. Pflüger, Ge-

Führungsgruppen der Stadt die Regel. So dürfte es sich bei dem 1432 genannten Heiligenpfleger Hans Rot[116] um den Richter Großhans Rot von Vaihingen († 1438) gehandelt haben.[117] Für den sozialen Status seines zeitgleich amtierenden Kollegen Marquard Plus (Blus)[118] spricht deutlich, dass er Markgraf Albrecht von Brandenburg in seinem Haus Quartier bot, als dieser 1447 während der Vermählungsfeierlichkeiten für Markgraf Karl I. und Katharina von Österreich in Pforzheim weilte.[119] Zudem war er mit dem späteren Bürgermeister Hans Plus verwandt, ebenso mit den Stiftsherren Paul Plus (ab 1483 Dekan, †1507) und Johannes Plus (ab 1520 Kantor, †1532).[120] Thomas Sattler (1495 Heiligenpfleger)[121] war Mitglied des Rates, der erwähnte Matern Weiler (1528 und 1533 Heiligenpfleger)[122] gehörte dem Gericht an.[123] Ob Klaus Engelhard, der 1533 als Heiligenpfleger amtierte[124] und als Kaufmann 1538 die Frankfurter Messe besuchte,[125] mit jenem Klaus Engelhard identisch ist, der 1582 unter den Herren des Gerichts aufgeführt wurde und 1588 verstarb,[126] mag zweifelhaft erscheinen – zu rechnen ist wohl doch eher mit zwei gleichnamigen Verwandten, möglicherweise Vater und Sohn. In einer Urkunde von 1538 erscheint als Heiligenpfleger Michel Ganzhorn (*Ganßhorn*),[127] offenbar ein Verwandter des Laurenz Ganzhorn genannt Widmann, der unter anderem 1486 als Ratsherr erscheint.[128]

Eine auch nur annähernd vollständige Erfassung der Heiligenpfleger von St. Michael lässt die Überlieferungslage ebenso wenig zu wie Aussagen zu den Amtszeiten, und auch die Informationen zu den einzelnen Personen – die angeführten Beispiele zeigen es – bleiben alles in allem dürftig. Deutlich ist immerhin, dass sie erwartungs-

---

schichte (wie Anm. 16), 189; Karl Ehmann, Einwohnerverzeichnis von Pforzheim von 1501–1527, in: Südwestdeutsche Blätter für Familien- und Wappenkunde 13 (1969–1972), 409–418, hier 410. Johannes Hall ist 1549/50 als Kanoniker nachweisbar. Fouquet, St. Michael (wie Anm. 13), 154 (Nr. IV.25). Johannes Freiermund ist nach 1555 als Stiftsherr belegt. Ebd., 151 (Nr. IV.14).

[116] GLA 38/2678.
[117] Zur Person siehe Pflüger, Geschichte (wie Anm. 16), 65; Seeliger-Zeiss, Inschriften (wie Anm. 27), 43.
[118] Wie Anm. 116.
[119] RMB (wie Anm. 30), Bd. 3, Nr. 6769. Herzog Sigmund von Österreich war im Haus des Heinrich Plus untergebracht (ebd.). – Zu den Quartieren der Hochzeitsgäste in der Stadt vgl. Krieg, Hochzeit (wie Anm. 29), 50.
[120] Zu Hans Plus (1479 Bürgermeister, 1486 Ratsherr) siehe Rabeler, Sozial- und Wirtschaftsgeschichte (wie Anm. 7), 113f. (Nr. 15, mit Nachweisen), zu den Stiftsherren Paul Plus und Johannes Plus Fouquet, St. Michael (wie Anm. 13), 146f. (Nr. II.4) und 148 (Nr. III.1). – Marquard Plus war mit Anna Wels verheiratet. Pflüger, Geschichte (wie Anm. 16), 86; Seeliger-Zeiss, Inschriften (wie Anm. 27), 28.
[121] GLA 38/1786.
[122] GLA 38/3874 (1528); 38/1786 (Dorsualvermerk, 1533).
[123] Thomas Sattler war 1465–1466 Pfleger des Heilig-Geist-Spitals, 1486 ist er als Ratsherr belegt, 1507 wird seine Witwe erwähnt; sein Wohnhaus lag am Markt. Rabeler, Sozial- und Wirtschaftsgeschichte (wie Anm. 7), 113 (Nr. 14, mit Nachweisen). – Matern Weiler wird 1517 und 1527 als Richter genannt. Ehmann, Einwohnerverzeichnis (wie Anm. 115), 414; Ders., Geschlecht von Wyler/Weiler (wie Anm. 93), 65. Vgl. oben bei Anm. 88.
[124] GLA 38/1786 (Dorsualvermerk).
[125] Pflüger, Geschichte (wie Anm. 16), 284.
[126] Ebd., 356; Seeliger-Zeiss, Inschriften (wie Anm. 27), Nr. 202.
[127] GLA 38/4025.
[128] Laurenz Ganzhorn, gen. Widmann ist in Pforzheim 1486 als Ratsherr, 1501 als Schultheiß belegt, später war er Bürgermeister, 1502–1504 außerdem Pfleger des Heilig-Geist-Spitals. Rabeler, Sozial- und Wirtschaftsgeschichte (wie Anm. 7), 117 (Nr. 21, mit Nachweisen).

gemäß in der Regel aus der Pforzheimer Oberschicht stammten und häufig, wenngleich wohl nicht immer Gericht oder Rat angehörten.[129] Im Übrigen sind nach 1460 mehrmals verwandtschaftliche Beziehungen zwischen den Vorstehern der Kirchenfabrik und Angehörigen des Kollegiatstifts zu erkennen, besonders deutlich im Fall der Weiler und der Engelhard, die auch im Michaelsstift vertreten waren.[130] Freilich folgte dies allein schon aus der allgemeinen personellen Verflechtung zwischen den sozialen Führungsgruppen der Stadt und dem Stiftskapitel.[131] Konflikte musste dies aber keineswegs ausschließen.

Ab wann es zu Auseinandersetzungen um das Kirchenvermögen kam, wissen wir nicht. 1479 jedoch sah sich Markgraf Christoph I. veranlasst, in einer Reihe strittiger Fragen zwischen dem Stift auf der einen, Schultheiß, Gericht, Rat und Gemeinde zu Pforzheim auf der anderen Seite zu entscheiden. Streitgegenstand waren nach dem Wortlaut der darüber ausgestellten Urkunde[132] verschiedene *artickel [...], die von den von Pfortzheim und den [...] heyligenpflegern bißhere allein gehandelt sind, wie von alter heerkommen ist, des die bemelten stifftherren vermeynen beswert sin*. Offenbar fühlten sich also die Stiftsherren durch die Rechte der Heiligenpfleger beeinträchtigt. Festgesetzt wurden folgende Punkte:

1. Fortan dürfe der Dekan samt dem Pfarrer und einem weiteren Stiftsherrn der Rechnungslegung der Heiligenpfleger beiwohnen, den Vertretern des Stifts komme allerdings allein eine beratende Stimme zu. Ansonsten habe die Darlegung von Einnahmen und Ausgaben der Kirchenfabrik in hergebrachter Weise zu geschehen, was wohl heißt: vor dem Gericht oder dem Rat der Stadt Pforzheim. Größere Baumaßnahmen und die Aufnahme von Schulden sollten mit Wissen des Dekans und der *amptlüte* (des Markgrafen) erfolgen.

2. Bislang hätten die Heiligenpfleger für die *ornamenta* und die Beleuchtung in der Stiftskirche Sorge getragen, ebenso für die Wohnung des Sakristans und der Chorschüler und anderes. Für die nächsten zehn Jahre legte der Markgraf nun fest, dass die Stiftsherren Bücher, Kelche und Chorkappen, die Altäre und ihre Ausstattung *in güten eren halten, bessern und handthaben sollen*. Diese (wenigstens nominell) befristete Übertragung des mobilen Kirchenbesitzes war mit der Verpflichtung verbunden, den Pfarrer mit seinen Ornaten zu versehen, Kohlen, Weihrauch und Kerzen, in der Regel auch Messwein und Oblaten bereitzustellen, ferner den Sakristan und die Chorschüler zu besolden. Im Gegenzug hatten die Heiligenpfleger dem Stift jährlich 28 Pfund Pfennige aus den Einnahmen der Kirchenfabrik zu entrichten.

3. Zukünftig war das Begräbnis in der Kirche nur noch mit Zustimmung des Dekans, des Pfarrers und der Heiligenpfleger gestattet, ausgenommen wurden allein die Angehörigen des Stifts. Die zu entrichtende Begräbnisgebühr, die ausschließlich

---

[129] 1506 sprechen Schultheiß und Gericht von den Heiligenpflegern als den *ersamen unnsere*[n] *mittrichtere*[n], ohne deren Namen zu nennen. GLA, 38/2798 (zu den Problemen dieser Urkunde vgl. unten Anm. 134).

[130] Zu den Stiftsgeistlichen aus der Familie Weiler siehe oben bei Anm. 92. – Johannes Engelhard († 1520), ab 1493 Stiftsherr, Fouquet, St. Michael (wie Anm. 13), 150 (Nr. IV.7).

[131] Vgl. oben bei Anm. 76.

[132] GLA 38/3218. – Zu Auseinandersetzungen um die Pfarrei kam es zwischen Stift und Stadt beispielsweise auch in Ettlingen, vgl. Leschhorn, Städte (wie Anm. 65), 141f.; Trenkle, Beiträge, Tl. 3 (wie Anm. 74), 102.

der baulichen Unterhaltung der Kirche und ausdrücklich nicht dem Stift zugutekommen durfte, betrug mindestens ein Pfund Pfennige.
4. Schmuck, Perlen, Kleider oder andere Textilien, die der Kirche geschenkt würden, hätten die Heiligenpfleger an den Dekan weiterzureichen, um damit die *ornament* der Kirche zu verbessern – eine anderweitige Verwendung seitens des Kapitels sei ausgeschlossen.

Die genannten Bestimmungen – so schließt die Urkunde – sollten zehn Jahre lang in Kraft bleiben. Für die Zukunft seien Markgraf Christoph als dem *stiffter und landsfürsten* Änderungen jeglicher Art vorbehalten.

Die Urkunde zeugt davon, wie sehr der Gemeinde in ihrer weitgehenden Überlagerung politischer und kirchlicher Verfasstheit an der Verwaltung des Kirchenvermögens und der Erhaltung der Funktionsfähigkeit der Pfarrei lag, zumal Pfarrkirchen eben auch zu den zentralen Anknüpfungspunkten stadtgemeindlicher Identifikation zählten[133] – und wie das Stiftskapitel versuchte, gleichsam Herr im eigenen Kirchenraum zu werden. Ausgehandelt wurde ein Kompromiss, der geprägt war von der Teilung von Rechten und Zuständigkeiten, von der Austarierung von Verpflichtungen und Belastungen, von sachlichen Vorbehalten und zeitlichen Befristungen. Zwar erlangte das Stift faktisch die Kontrolle über das Kircheninventar, und dass sich daran nach Ablauf der festgeschriebenen zehnjährigen Frist etwas geändert hätte, ist nicht bekannt und auch nicht wahrscheinlich. Doch die Kirchenfabrik blieb ihm weiterhin entzogen. Wie intensiv die Heiligenpfleger in der Folgezeit jedoch ihr Amt wahrnahmen, darf fraglich erscheinen: 1506 baten die damaligen Pfleger Schultheiß und Gericht, ihnen wieder zu etlichen Zinsen und Gülten zu verhelfen, denn diese seien der Pfarrkirche abgegangen und längere Zeit nicht entrichtet worden, und selbst die entsprechenden Zinsregister seien ihnen abhanden gekommen.[134] Im Übrigen ist in der Regel wohl eher von guten Beziehungen zwischen Bürgermeistern, Ratsleuten und Richtern als Vertretern der Stadtgemeinde und dem Michaelsstift auszugehen. Als beispielsweise Bürgermeister und Gericht 1517 eine beglaubigte Kopie des Privile-

---

[133] Vgl. allgemein Enno Bünz, Klerus und Bürger. Die Bedeutung der Kirche für die Identität deutscher Städte im Spätmittelalter, in: Aspetti e componenti dell'identità urbana in Italia e in Germania (secoli XIV–XVI) / Aspekte und Komponenten der städtischen Identität in Italien und Deutschland (14.–16. Jahrhundert), hrsg. von Giorgio Chittolini/Peter Johanek (Annali dell'Istituto Storico Italo-Germanico in Trento / Jahrbuch des Italienisch-Deutschen Historischen Instituts in Trient, Contributi / Beiträge 12), Bologna/Berlin 2003, 351–389 (zur Bedeutung der Kirchenpflegschaft in diesem Zusammenhang 372–374); Ders., Pfarreien und Pfarrgemeinden (wie Anm. 105), 39–58 (zusammenfassend auch 59); Arnd Reitemeier, *Man hat Gott vnd alle Allte Christenliche Ordnung lieb gehabt vnd geüffert* ... Kultur in der Pfarrkirche – Identifikation mit der Pfarrkirche in der Stadt des späten Mittelalters, in: Pfarreien in der Vormoderne (wie Anm. 105), 157–175, hier 171–174 (außerdem die weiteren Beiträge dieses Sammelbandes); anhand eines einzelnen Beispiels: Escher-Apsner, Stadt und Stift (wie Anm. 105), 376–387.

[134] GLA, 38/2798: [...] *ettlich zinß und gulte abganngen unnd gütte zyt nit geantwurt, ouch die zinßregister daruber verlorn weren*. Merkwürdigerweise spricht die von Schultheiß und Gericht zu Pforzheim ausgestellte Urkunde anfangs von *sannt Michels unnd sannt Niclaus unnßerer pfarrkirchen zu Pfortzheym pflegere*[n], im weiteren Text ist nur noch von *sannt Niclaußen (pflegeren)* die Rede (entsprechend auch die Vermerke auf der Rückseite der Pergamenturkunde, u.a. *sannt Niclausen gultbrieff* und *pfarrkirch*). Bislang ist dem keine vergleichbare Formulierung an die Seite zu stellen. Soweit ich sehe, ist über ein zusätzliches Nikolauspatrozinium der Michaelskirche (oder auch der Martinskirche in der ‚Alten Stadt') nichts bekannt, doch ist nicht ersichtlich, auf welche andere Pfarrkirche als St. Michael sich die Urkunde beziehen sollte. Letztlich kann die Frage hier nicht geklärt werden.

gienbriefes Markgraf Christophs I. von 1491 und der Bestätigungsurkunde Markgraf Philipps I. von 1510 (*fryheitts- und bestettigungsbrieff*) anfertigen lassen wollten, um dem Verlust oder der Beschädigung dieses wichtigen Dokuments städtischer Rechte vorzubeugen, wandten sie sich neben dem herrschaftlichen Vogt bezeichnenderweise an das gleichfalls siegelführende Stiftskapitel. Stift und Vogt entsprachen dem Ansinnen, die fraglichen Urkunden *glöiblich zu vidimiern und transumpt davon zu gebend*, und stellten am 2. November 1517 den gewünschte Vidimus aus.[135]

Die Schlichtungsurkunde von 1479 zeigt schließlich auch, wie sich den Markgrafen als „Stiftern und Landesfürsten" Möglichkeiten ganz praktisch eröffneten, um auf die kirchlichen Verhältnisse vor Ort Einfluss zu nehmen. In den Stiftsstatuten von 1460 war für den Fall, dass *zwuschen demselben unnserm herren, dem marggrafen, oder sinen erben, iren reeten, dienern oder knechten oder iren burgern oder gebuwerslüten, mannes oder frauwen geslecht, an eynem und den obgenanten dechan und capittel, vicarien und gliedern des stiffts in gemeyn oder in sunderheit an dem anndern teyle spenn entstünden*, ein Schiedsgericht aus Räten des Markgrafen und Angehörigen des Stifts vorgesehen gewesen.[136] Von einem solchen Verfahren war 1479 keine Rede, stattdessen entschied allein Markgraf Christoph.

Markgraf Philipp I. (1479–1533) scheute schließlich nicht mehr davor zurück, unmittelbar in das Kirchenvermögen einzugreifen. Mit einer Urkunde von 1529 ließ er die Einkünfte der mit dem Marien-Magdalenen-Altar verbundenen und nach dem Tod des Inhabers nunmehr eingezogenen Pfründe in Höhe von 42 Gulden in Teilen der Pfarrkompetenz (7 Gulden) und dem Prädikanten Johann Unger (15 Gulden) zuweisen, die restliche Summe (20 Gulden) war für die Ausbesserung des Kirchendaches und des zu der ehemaligen Altarpfründe gehörigen Hauses zu verwenden.[137] Kirchenrechtlich war ein solches Verfahren komplex und nicht unproblematisch, da es nicht zwischen Beneficium, Pfarrkompetenz und Kirchenfabrik unterschied.[138]

Verblieben auf städtischer Seite materielle und finanzielle Zugriffsrechte in parochialen Angelegenheiten mittels der Kirchenfabrik, so besaß die Pfarrgemeinde doch kein Mitspracherecht, wenn es um die personelle Besetzung der Plebanie ging. Über das fürstliche Gebaren in Kirchensachen konnte sich für die Stadt jedoch mittelbar die Möglichkeit ergeben, auf die Auswahl des Pfarrers Einfluss zu nehmen. 1532 bewarb sich ein Angehöriger des Stifts um dieses Amt. Formal lag der Patronat noch immer beim Kloster Lichtenthal,[139] doch scheint das im Folgenden keine Rolle gespielt zu haben. Als Markgraf Philipp den Pforzheimer Rat um eine Stellungnahme bat, ließ

---

[135] Korth, Urkunden (wie Anm. 65), 31–33 (Nr. 8, nach dem heute verlorenen Exemplar des Stadtarchivs Pforzheim).

[136] GLA 67/152, fol. 20r.

[137] Karl Friedrich Vierordt, De Johanne Ungero, Pforzhemiensi, Philippi Melanchthonis præceptore, Karlsruhe 1844, 28 Anm. 58 (nach einer Urkunde Markgraf Philipps I. vom 25. Aug. 1529, Baden). Auf Vierordt verweisen Gerhard Kattermann, Die Kirchenpolitik Markgraf Philipps I. von Baden (1515–1533) (VVKGB 11), Lahr 1936, 30 und Fouquet, St. Michael (wie Anm. 13), 159; zum 1529 verstorbenen Inhaber der Pfründe, Trutwin Mager, ebd., 155 (Nr. IV.35). Auf Vierordt beziehen sich offenbar auch die Angaben bei Pflüger, Geschichte (wie Anm. 16), 333f. Zu Unger vgl. oben Anm. 16.

[138] Zur kirchenrechtlichen Einordnung vgl. Kattermann, Kirchenpolitik (wie Anm. 137), 29f.: Suppression des Beneficiums, Vereinigung (*unio per confusionem*) mit der Pfarrkompetenz, eventuell Dismembration (Aufspaltung des Vermögens). Im geschilderten Fall greifen – kirchenrechtlich problematisch – alle drei Elemente, zusätzlich verbunden mit Aufgaben der Kirchenfabrik.

[139] Siehe oben bei Anm. 110.

dieser verlauten: *Maister Marx hat von Franzosen Schaden, darzu das Podagra, ist noch nit viel in der Kirchen gewest, wär ihm wohl beschwerlich zu webern* [d. h. sich zu bewegen].[140] Bei dem Kandidaten, der offensichtlich nicht auf die Unterstützung der Stadtvertreter rechnen durfte, könnte es sich um Magister Markus Flecht gehandelt haben, der seit 1531 Vikar am Altar Johannes' des Täufers war.[141] In diesem Fall wäre zu hinterfragen, wie valide die Argumentation des Rates tatsächlich war. Denn zu der Behauptung, der Bewerber leide an Syphilis (*Franzosen*) und Gicht (*Podagra*), so dass er körperlich ungeeignet sei, den gottesdienstlichen Pflichten eines Pfarrers zu genügen, passt nicht recht, dass Flecht später als Prediger in Marbach und Stiftsprädikant in Stuttgart begegnet.[142] Wie dem auch sei, der Einspruch des Rates scheint erfolgreich gewesen zu sein, denn noch im Sommer desselben Jahres 1532 trat Johann Wieland sein Amt als Pfarrer an. Wieland aber kam nicht aus den Reihen des Michaelsstifts, sondern war zuvor Dechant des Ruralkapitels Oberriexingen im Württembergischen gewesen.[143]

Über die konkrete Tätigkeit der Pfarrer (Plebane) und die Beziehungen zu ihrer Gemeinde erfahren wir kaum etwas. Die Einbindung in außerstiftische Bezüge und einen gemeindlichen Handlungshorizont deutet immerhin eine Stiftung an, die Paul Pfeffer, *pfarherr in sant Michels stifftkirchen zw Pfortzheim*, 1520 errichtete.[144] Bürgermeister und Rat *als obristen pflegern sant Mathis pruderschafft*[145] übergab er ein Kapital von 20 rheinischen Gulden. Die Empfänger gelobten, nach seinem Tod auf ewige Zeiten jährlich an einem vom Stifter festzulegenden Tag *durch unsere gesetzten hailgen pfleger gemelter pruderschafft* Brot im Wert von einem Gulden an Arme auszuteilen zum Seelenheil Pfeffers und seiner Vorfahren.

---

[140] Zitat (in der Schreibweise gegenüber der Vorlage wohl modernisiert) aus der Antwort des Pforzheimer Rates vom 12. März 1532 auf die Anfrage Markgraf Philipps vom 1. März 1532 bei Karl Friedrich Vierordt, Geschichte der evangelischen Kirche in dem Großherzogthum Baden, Bd. 1: Bis zu dem Jahr 1571 (Geschichte der Reformation im Großherzogtum Baden), Karlsruhe 1847, 327 Anm. 2 (mit dem Vermerk „Pforzheimer Archiv", womit das Stück wahrscheinlich als verloren zu betrachten ist).

[141] Vierordt (ebd.) spricht zwar von einem „Canonicus Marx am St. Michelsstift", doch ist unter diesem Familiennamen (auch Markus o.ä.) kein Stiftsangehöriger bei Fouquet, St. Michael (wie Anm. 13) angeführt. Der Vikar Markus Flecht – ebd., 163 (Nr. V.11) – scheint am ehesten in Frage zu kommen.

[142] Kattermann, Kirchenpolitik (wie Anm. 137), 98 Anm. 57; danach Fouquet, St. Michael (wie Anm. 13), 163.

[143] Vierordt, Geschichte, Bd. 1 (wie Anm. 140), 327. Johann Wieland(t) ist auch verzeichnet bei Neu, Pfarrerbuch, Tl. 2 (wie Anm. 16), 664 (1532–1534 zweiter Pfarrer in Pforzheim, ohne weitere Angaben); vgl. außerdem Kattermann, Kirchenpolitik (wie Anm. 137), 99.

[144] Dies und das Folgende nach der von Bürgermeister und Rat der Stadt Pforzheim am 30. April 1520 darüber ausgestellten Urkunde, GLA 38/3340. Zu Paul Pfeffer vgl. Fouquet, St. Michael (wie Anm. 13), 156 (Nr. IV.38).

[145] Die Pforzheimer Matthias-Bruderschaft („St. Matthiesen Bruderschaft") ist erstmals 1407 belegt. Pflüger, Geschichte (wie Anm. 16), 160.

IV. Stadtbürger, Stiftsherren, Fürsten und andere: Memoriale Repräsentation im Kirchenraum

Greifen wir die Streitschlichtungsurkunde von 1479 noch einmal an einem Punkt auf, der auf einer nicht zuletzt symbolischen Ebene aufschlussreich für das Verhältnis von Stift und Stadt sein könnte und dieses gleichsam auf den konkreten Raum projiziert: Nicht ohne Grund wurde die Vergabe von Grabstellen innerhalb des Kirchenraums eigens geregelt, und zwar, wie schon angeführt, in gemeinsamer Verantwortung von Dekan, Pfarrer und Heiligenpflegern.[146]

Für die Michaelskirche sind aus dem Zeitraum bis 1565, als Karl II. seine Residenz nach Durlach verlegte, rund hundert Grabmonumente bekannt, teils *in situ* oder unter Veränderung des Lageplatzes erhalten, teils wenigstens schriftlich dokumentiert, zuweilen in Zweit- oder Drittverwendung (vgl. hier wie zum Folgenden die Aufstellung in Anhang 3).[147] Zumeist handelt es sich um Grabplatten, seltener um Epitaphien. Vor allem der von Anneliese Seeliger-Zeiss 2003 publizierte Band zu den ‚Inschriften der Stadt Pforzheim' gibt darüber detailliert Auskunft.[148] Wie umfangreich dieser materielle Quellenbestand ist, wird im Vergleich zur Baden-Badener Stiftskirche deutlich, wo aus der Zeit bis 1565 gerade einmal 33 Grabmonumente erhalten oder wenigstens schriftlich dokumentiert sind.[149] Doch weist das Pforzheimer Denkmälerinventar nicht nur den dreifachen Umfang auf, es ist auch gänzlich anders strukturiert (siehe Abbildung 6). In Baden-Baden entfällt rund ein Drittel der Denkmäler auf die Mitglieder des 1453 an der dortigen Pfarrkirche errichteten Kollegiatstifts,[150] ein weiteres Drittel machen die Angehörigen der markgräflichen Familie aus.[151] Den Rest bilden adlige wie nichtadlige Funktionsträger im badischen Fürstendienst[152] sowie Adlige, für die eine solche Dienstbindung nicht bekannt ist[153] – bis auf eine Ausnahme: Als im Chor 1801 kurzzeitig Teile des Gestühls entfernt wurden, kam eine bis dahin verdeckte Platte zum Vorschein, deren Inschrift an die 1387 verstorbene Katharina Maler erinnerte.[154] Sieht man von nichtadligen markgräflichen Dienern ab, besitzen wir damit den einzigen Nachweis eines Grabmals stadtbürgerlicher Provenienz in der Baden-Badener Stiftskirche (die Platte selbst ist seitdem verloren gegangen). Zugleich han-

---

[146] Oben nach Anm. 132.
[147] Bei Timm u.a., Pforzheim (wie Anm. 10), 218 wird der „registrierte Bestand" mit „111 Grabsteine[n] und Epitaphien (inklusive Fragmenten)" angegeben, wozu aber auch Objekte aus der Zeit nach 1565 gehören. „Damit überliefert die Schlosskirche einen landesweit bedeutenden, ungewöhnlich frühen und reichen Bestand, was sicher nicht zuletzt auf den Umstand zurückzuführen ist, dass die Kirche von der Reformation bis zum Ende des 18. Jahrhunderts mit Ausnahme der fürstlichen Grablege kaum genutzt und verändert wurde." Nach Köhler/Timm, Schloß- und Stiftskirche (wie Anm. 10), 27 „umfaßt der Grabmalbestand 110 Denkmäler".
[148] Seeliger-Zeiss, Inschriften (wie Anm. 27).
[149] Bartusch, Inschriften (wie Anm. 46), Nr. 43, 49, 58, 78, 96, 97, 104, 109, 110, 112, 115, 119, 124, 129, 138, 150, 156, 185, 191, 203, 213, 214, 218, 229–231, 243, 245, 248, 260, 261, 294 und 327.
[150] Ebd., Nr. 97, 109, 124, 129, 150, 185, 203, 230, 231, 243, 248 und 294. – Zur Errichtung des Kollegiatstifts vgl. oben bei Anm. 44.
[151] Bartusch, Inschriften (wie Anm. 46), Nr. 58, 96, 112, 119, 138, 191, 213, 214, 229, 245 und 327.
[152] Ebd., Nr. 104 (Vogt), 110 (Kanzler), 115 (Vogt, Hofmeister) und 261 (Landschreiber?).
[153] Ebd., Nr. 49 (von Selbach), 78 (Röder von Tiefenau), 156 (von Windeck?), 218 (von Albersdorff) und 260 (Landschad von Steinach).
[154] Ebd., Nr. 43.

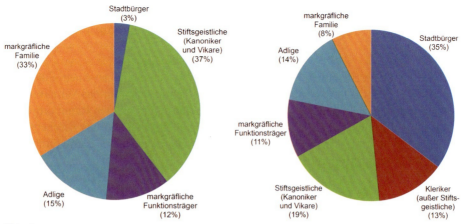

Abb. 6:
Zuordnung der Grabdenkmäler in den Stiftskirchen in Baden-Baden (links) und Pforzheim (rechts). Vgl. Anm. 150–154 und Anhang 3.

delt es sich um eines von insgesamt nur drei Grabmälern, von denen wir aus der Zeit vor der Stiftsgründung Kenntnis haben.[155]

Hingegen datiert mehr als ein Drittel des Pforzheimer Denkmälerbestandes aus der Zeit vor der Stiftserhebung (1460). Damit hängt zusammen, dass die Grabplatten von Stadtbürgern sowie Klerikern, die nicht dem Stift zuzurechnen sind, darunter fast die Hälfte ausmachen. Stiftsangehörige kommen auf etwa ein Fünftel, markgräfliche Funktionsträger und Adlige auf ein Viertel, was den Werten in Baden-Baden entspricht. Im Vergleich sehr klein fällt in der Michaelskirche hingegen der Anteil der Markgrafen und ihrer Verwandten aus.

Der Pforzheimer Bestand lässt eine zeitlich differenzierte Betrachtung zu, wobei sich als Einschnitte der Analyse die Stiftsgründung (1460) und die Wahl Pforzheims als Residenz durch Markgraf Ernst (1535) anbieten. Den Schlusspunkt bildet – wie bereits oben – das Ende Pforzheims als Residenz (1565), die Untersuchung reicht damit über die normativ-formelle Einführung der Reformation mit der Kirchenordnung Karls II. (1556)[156] hinaus. Zwar ist bei der statistischen Auswertung angesichts der letztlich begrenzten Fallzahlen Vorsicht geboten, doch werden immerhin Tendenzen sichtbar (siehe zum Folgenden Anhang 3 und Abbildung 7).

Einsetzend mit der ältesten erhaltenen Grabplatte, derjenigen für den 1275 verstorbenen Eberhard Liebener (Anhang 3, Nr. 1), machen Stadtbürger, insbesondere Angehörige der führenden Pforzheimer Familien, mit 22 Stücken das Gros der vor 1460 entstandenen Denkmäler aus. Nach 1460 ist ihre Zahl, vor allem auch ihre Frequenz merklich geringer. Dazu passt, dass 1479 das Begräbnisrecht neu und offenbar restriktiver geregelt wurde.[157] Nicht zu klären ist die Frage, welche Alternativen fortan

---

[155] Bei den anderen handelt es sich um das fragmentarisch erhaltene Grabmal für Otto und Otteman von Selbach sowie um das nicht erhaltene Grabmal für den 1431 verstorbenen Markgrafen Bernhard I. von Baden. Ebd., Nr. 49 und 58.
[156] Schwarzmaier, Baden (wie Anm. 9), 220.
[157] Vgl. oben nach Anm. 132.

Abb. 7:
Prozentuale Verteilung der Grabdenkmäler in der Pforzheimer Michaelskirche. Vgl. Anhang 3.

(stärker) genutzt worden sein mögen. Vielleicht ist dabei an die Bettelordenskirchen innerhalb der Stadt zu denken, doch lässt die Überlieferung dazu keine Aussagen zu.[158] Dass in St. Michael nach 1460 die Grabdenkmäler der Stiftsgeistlichen dominieren, ist hingegen nicht sonderlich erstaunlich.

Ein gänzlich anderes Bild bietet sich für die Zeit nach 1535, als Pforzheim Hauptresidenz der ernestinischen Markgrafenlinie geworden war. Der Hochchor erhielt eine neue Funktion, er wurde jetzt – und erst jetzt – zur dynastischen Grablege der Markgrafen,[159] genauer eben der ernestinischen Linie (Baden-Pforzheim, später Baden-Durlach), die neben der bernhardinischen (Baden-Baden) aus der Herrschaftsteilung von 1535 hervorging. Den Beginn markiert das Hochgrab für Markgraf Ernst und seine zweite Gemahlin Ursula von Rosenfeld (Anhang 3, Nr. 86), das nach dem Tod der Letzteren (1538) noch zu Lebzeiten Ernsts geschaffen wurde.[160] Kurz zuvor war für

---

[158] Die Überlieferung von Grabdenkmälern – vgl. Seeliger-Zeiss, Inschriften (wie Anm. 27) – ist in allen Fällen zu gering.

[159] Zu den Grablegen protestantischer Reichsfürsten gibt einen umfangreichen Überblick Oliver Meys, Memoria und Bekenntnis. Die Grabdenkmäler evangelischer Landesherren im Heiligen Römischen Reich Deutscher Nation im Zeitalter der Konfessionalisierung, Regensburg 2009 (zur Definition der ‚dynastischen Grablege' allgemein 21, zu den Grabdenkmälern in der Pforzheimer Michaelskirche 638–647). Vgl. dazu ferner Sophie Seher, Die Grablegen der Wettiner. Repräsentation im Zeitalter der Reformation, Bucha bei Jena 2016 (265–275 zur „Besetzung des Chores als Grablege"); Andrea Baresel-Brand, Grabdenkmäler nordeuropäischer Fürstenhäuser im Zeitalter der Renaissance 1550–1650 (Bau + Kunst 9), Kiel 2007; Kurt Andermann, Kirche und Grablege. Zur sakralen Dimension von Residenzen, in: Residenzen. Aspekte hauptstädtischer Zentralität von der frühen Neuzeit bis zum Ende der Monarchie, hrsg. von Dems. (Oberrheinische Studien 10), Sigmaringen 1992, 159–187, hier bes. 172–185.

[160] Meys, Memoria (wie Anm. 159), 640 Anm. 1451 hält „eine Datierung [...] in die Zeit kurz nach 1538" für „sehr wahrscheinlich". Hingegen plädiert Hans Rott, Kunst und Künstler am Baden-Durlacher Hof bis zur Gründung Karlsruhes, Karlsruhe 1917, 15 für eine Datierung „in die Mitte der vierziger Jahre" (ebd., 12f. und 15 die Zuschreibung der Tumba an Christoph von Urach, die seither in der Literatur übernommen wurde). – Zu Ursula von Rosenfeld vgl. Casimir Bumiller, Ursula von Rosenfeld und die Tragödie des Hauses Baden, Gernsbach 2010.

den 1532 zu Regensburg verstorbenen und bestatteten ersten Propst von St. Michael, Johannes Hochberg, in der Kirche ein Epitaph errichtet worden (Anhang 3, Nr. 83),[161] aus der Zeit nach 1535 aber ist kein einziges Denkmal für einen Stiftsherrn erhalten. Es hat den Anschein, als ob die Stiftsgeistlichen noch vor der endgültigen Aufhebung ihrer Kommunität rund ein Vierteljahrhundert später in memorialer Hinsicht gleichsam aus dem Kirchenraum verdrängt worden wären. Das deckt sich damit, dass von markgräflicher Seite die letzte bekannte Präsentation auf eine Stiftsherrenstelle – mit Ausnahme der Propstei – aus dem Jahr 1536 vorliegt.[162] Doch nicht allein die Grabmonumente der Stiftsgeistlichen finden sich nun nicht mehr im Kirchenraum: Nahezu Gleiches gilt auch für die Familien der Pforzheimer Oberschicht – einzig für den 1542 verstorbenen Richter Matern Weiler ist noch eine Grabplatte auf uns gekommen (Anhang 3, Nr. 87).[163]

Demgegenüber ließen sich nach 1535 vermehrt markgräfliche Funktionsträger und Hofangehörige in der Stiftskirche beisetzen, so etwa 1554 der Kanzler Oswald Gut (Anhang 3, Nr. 94). Zwar hatte in St. Michael schon der Haushofmeister Erhard Thorlinger ein Grabdenkmal für sich und seine 1479 verstorbene Gemahlin errichten lassen (Anhang 3, Nr. 50a), doch war das zu dieser Zeit eine Ausnahme. Bezeichnend ist, dass Albrecht von Berwangen (†1464), der 1457/58 als markgräflicher Vogt zu Pforzheim belegt ist und in der Stadt 1459 ein Haus besaß, keineswegs in St. Michael, sondern in der Stiftskirche in Baden(-Baden) beigesetzt wurde.[164]

In der Summe bietet sich für die memoriale Repräsentation unterschiedlicher Gruppen der Michaelskirche ein differenziertes Bild. Vor 1460 dominierten die stadtbürgerlichen Denkmäler, gefolgt von Klerikern. Nach der Stiftsgründung entstand die Mehrheit der bekannten Denkmäler für die Kanoniker und Vikare der neuen geistlichen Gemeinschaft. Ab 1535 nahmen die Markgrafen den Hauptchor und damit den vornehmsten Bereich des Kirchenraums exklusiv für sich in Anspruch, was St. Michael als Begräbnisstätte auch für fürstliche Amtsträger attraktiv machen konnte, und das über das Ende der Pforzheimer Residenz hinaus: Noch zu seinen Lebzeiten ließ sich Martin Achtsynit (1526–1592), der 1554 Kanzler Markgraf Karls II. wurde, ein Grabdenkmal anfertigen, das seinen Platz in der Michaelskirche fand.[165] Etwas überspitzt formuliert, zeichnet sich solchermaßen die Entwicklung von der Pfarr- über die Stifts- zur Schlosskirche ab. In weiterer Verengung sollte St. Michael die letztgenannte Funktion auch beibehalten, nachdem die Residenz 1565 nach Durlach und 1715 nach Karlsruhe verlegt worden war. Denn die Markgrafen der ernestinischen Linie

---

[161] Zu Johannes Hochberg vgl. Fouquet, St. Michael (wie Anm. 13), 144 (Nr. I.1).
[162] Helmut Steigelmann, Badische Präsentationen des 15. und 16. Jahrhunderts, in: Zeitschrift für die Geschichte des Oberrheins 108 (1960), 499–600, hier 561 (Nr. 894). – Zur Propstei siehe Fouquet, St. Michael (wie Anm. 13), 145f. (Nr. I.3, Johannes Astmann, und I.4, Georg Bock). Als Patronatsherren nahmen die Göldlin auch nach 1536 noch Präsentationen auf die ihnen zustehenden Pfründen vor, ebd., 154 (Nr. IV.25, Johannes Hall) und 165 (Nr. V.23, Veit Kederich).
[163] Zu Matern Weiler vgl. oben bei Anm. 88 und 123.
[164] Bartusch, Inschriften (wie Anm. 46), Nr. 104 (Grabplatte für Albrecht von Berwangen und seine Frau Margareta), mit Angaben zur Person. Ebd. wird davon ausgegangen, dass die Grabplatte erst 1475/78 nach dem Tod der Ehefrau angefertigt worden sei.
[165] Seeliger-Zeiss, Inschriften (wie Anm. 27), 160–162 (Nr. 205).

nutzten weiterhin die Grablege in Pforzheim, bis diese schließlich im 19. Jahrhundert nach Karlsruhe verlegt wurde.[166]

V. Markgraf, Stift, Bischof – und Stadt?

Wenden wir uns der Zeit nach 1535 abschließend noch aus einer anderen Perspektive zu. Mit einem Schreiben vom 24. April 1538[167] trat Markgraf Ernst von Pforzheim aus an den Speyerer Bischof Philipp von Flersheim (reg. 1529–1552) heran.[168] Gemäß einem Beschluss des Reichstages habe er, der Markgraf, den Geistlichen in seinem Herrschaftsbereich verkünden lassen, dass sie Abstand von unmoralischem Verhalten zu nehmen hätten und dass vor allem das Zusammenleben mit *unerlichen, unzüchtigen weibern* nicht länger geduldet werde. Ein Kanoniker des Pforzheimer Stifts, Michel Hahn, habe daraufhin seine Konkubine, mit der er bisher zusammengewohnt und auch Kinder gezeugt habe, im Haus seines Vaters untergebracht. Er selbst habe dort *sein tisch bestellt*, also regelmäßig verkehrt. Daraufhin seien der Kanoniker, dessen Vater und die *dirn* festgesetzt worden. Zwar sei er, der Markgraf, durchaus befugt, selbst gegen diesen Geistlichen vorzugehen, doch wolle er es lieber dem Bischof überlassen, den Delinquenten so zu bestrafen,

> *das andere sich daran stoßen und von solcher hohen ergerniß und mißtat sich verhüten und geistlicher zucht und haltung sich befleißen, damit wir auch uns nochmaln in gleichem fall gegen andern darnach der gepür zu halten wißßen.*[169]

---

[166] Zur Geschichte der dynastischen Grablege in der Michaelskirche von 1565 bis ins 19. Jahrhundert siehe ebd., XXX–XXXV; Timm u.a., Pforzheim (wie Anm. 10), 228–233; Andermann, Kirche (wie Anm. 159), 176f.; Winfried Klein, Das Eigentum an Fürstengräbern in Deutschland unter besonderer Berücksichtigung der Fürstengruft in der Schloss- und Stiftskirche St. Michael zu Pforzheim, in: Memoria im Wandel. Fürstliche Grablegen in der Frühen Neuzeit und im 19. Jahrhundert, hrsg. von Winfried Klein/Konrad Krimm (Oberrheinische Studien 35), Ostfildern 2016, 243–283, hier bes. 253f. und 261–266.

[167] GLA 171/2213, fol. 1r–1v (24. April 1538, Pforzheim, notariell beglaubigte Abschrift). – Zu Mich(a)el Hahn siehe Fouquet, St. Michael (wie Anm. 13), 153 (Nr. IV.24), mit kurzem Abriss zu den im Folgenden geschilderten Vorgängen. Ein Verwandter, Balthasar Hahn, war Vikar am Michaelsstift, ebd., 164 (Nr. V.16).

[168] Zu Bischof Philipp von Flersheim vgl. allgemein Hans Ammerich, Art. Flersheim, Philipp Freiherr von, in: Die Bischöfe des Heiligen Römischen Reiches, [Bd. 2:] 1448 bis 1648. Ein biographisches Lexikon, hrsg. von Erwin Gatz, Berlin 1996, 185f.; Gerhard Fouquet, Das Speyerer Domkapitel im späten Mittelalter (ca. 1350–1540). Adlige Freundschaft, fürstliche Patronage und päpstliche Klientel, Tl. 2 (Quellen und Abhandlungen zur mittelrheinischen Kirchengeschichte 57/2), Mainz 1987, 502–506 (Nr. 143); Franz Xaver Remling, Geschichte der Bischöfe zu Speyer, Bd. 2, Mainz 1854, 267–327.

[169] GLA 171/2213, fol. 1v. – Auf welchen Reichstag das Schreiben Bezug nimmt, ist bisher nicht eindeutig zu klären. Möglicherweise ist der Augsburger Reichstag von 1530 gemeint, vgl. Kattermann, Kirchenpolitik (wie Anm. 137), 87; Antje Flüchter, Der Zölibat zwischen Devianz und Norm. Kirchenpolitik und Gemeindealltag in den Herzogtümern Jülich und Berg im 16. und 17. Jahrhundert (Norm und Struktur 25), Köln/Weimar/Wien 2006, 73–82.

Dem Verhörprotokoll vom 1. Mai – Hahn war mittlerweile an den Speyerer Bischof nach Udenheim überstellt worden – sind weitere Details zu entnehmen.[170] Bei der „Dirne" handelte es sich um Maria Sebolt, die vier Jahre mit dem Kanoniker verbracht hatte. Erschwerend kam hinzu, dass sie verheiratet war und ihr Mann noch lebte, es sich mithin um Ehebruch handelte, was Michel Hahn erst ein Vierteljahr nach Beginn ihres Verhältnisses erfahren haben wollte. Den größten Teil des Protokolls nimmt der Rechtfertigungsversuch Hahns ein. Der Aufforderung des Markgrafen, Konkubinate umgehend zu beenden, habe er ohne Verzug entsprochen – es folgt eine umständliche Darlegung, wie es unglücklicherweise schließlich doch zum Zusammentreffen in seinem Vaterhaus gekommen sei.

Auch Maria Sebolt, mittlerweile des Diebstahls bezichtigt, wurde im markgräflichen Gewahrsam verhört, nicht unter der Tortur, wie Markgraf Ernst in einem Schreiben vom 3. Mai an den Bischof ausdrücklich vermerkte, doch *mit drowung uff pinlich frag*. Da kein Geständnis zu erreichen war und sich der Diebstahlsvorwurf auch sonst nicht erhärten ließ, wurde sie aus dem Gefängnis entlassen, aber des Landes verwiesen.[171] Offenbar noch in Unkenntnis dieses Briefes bat der Speyerer Bischof am 4. Mai den Markgrafen um Mitteilung, über welche Erkenntnisse er mittlerweile *des dieplichen geruchs halben* verfüge, *darin bemelter priester sein soll*. Offenbar hatte es Philipp von Flersheim eilig, bat er doch, dass seinem Boten sogleich eine schriftliche Antwort ausgehändigt werden möge.[172] Einen Tag später – nun war das vorhergehende markgräfliche Schreiben vom 3. Mai eingegangen – zeigte sich der Bischof erleichtert, denn auch Hahn hatte den Diebstahl *zum hochstem* bestritten. Durchaus im Einklang mit der anfangs formulierten markgräflichen Forderung gedachte Philipp gleichwohl Härte zu zeigen: Er wolle Hahn *dermassen der gepur straffen, das er diss seins unpriesterlichen wesens und haltens geringen geniess befunden und andere ab ime sich von demselben als mher abhalten sollen*.[173]

An Hahn ein Exempel zu statuieren war freilich von Beginn an das Ziel des Bischofs gewesen. Schon am 28. April ließ Philipp von Flersheim seinen Generalvikar wissen, dass Kleriker, die in solcher Weise *ergerlich lebten*, so zu strafen seien, *das andere unsere priester ein beyspill hievon empfangen mochten*. Daher erteilte er die Anweisung,

---

[170] GLA 171/2213, fol. 4r–6r. – Die Festnahme erfolgte, als Hahn versuchte, den Hausrat Maria Sebolts ins kurpfälzische Germersheim zu überführen, wo er im Februar 1538 ein Vikariat am Stift erlangt hatte. Siehe dazu neben Fouquet, St. Michael (wie Anm. 13), 153 auch GLA 171/2213, fol. 7r–7v, 10r und 14r (Briefwechsel zwischen dem Speyerer Bischof und dem Dekan zu Germersheim).

[171] GLA 171/2213, fol. 8r (3. Mai 1538, Pforzheim, Ausfertigung). Die Landesverweisung war den Konkubinen schon in einem Mandat Markgraf Philipps I. von 1528 angedroht worden, Richard Fester, Die Religionsmandate des Markgrafen Philipp von Baden 1522–1533, in: Zeitschrift für Kirchengeschichte 11 (1890), 307–329, hier 320 (Nr. 7). – Einige Tage zuvor hatte der Bischof Markgraf Ernst ersucht, ihm etwaige Erkenntnisse *von wegen des diplichen beruchs von emelten priesters dirnen* zu übermitteln. GLA 171/2213, fol. 12r (unten Anm. 174). Auch auf einem nicht weiter bezeichneten Zettel (Abschrift?), der einem Brief (des Markgrafen?) beigelegt war, ist die Rede davon, *das der priester und sein dirn etlichermas diebstals halb beruchtet sein, wiewol wir sie das nit betzigen, sonnder der sach weiter nachfragens haben*. Ebd., fol. 13r.

[172] GLA 171/2213, fol. 9r (4. Mai 1538, Udenheim, Abschrift).

[173] GLA 171/2213, fol. 9v (5. Mai 1538, Udenheim, Konzept). Zur Haltung Markgraf Ernsts vgl. oben bei Anm. 169.

ir [sc. der Generalvikar] wollent dieser sachen sonderlich und dermassen nachdencken haben, damit die weltlichen nit zu tadeln, auch uns an unserer iurisdiction in dergleichen und anderen fellen so weniger eingriff zu thun ursach haben mogen […].[174]

Dem Bischof war es mithin nicht allein um den angemessenen Lebenswandel der Geistlichen seiner Diözese zu tun,[175] sondern ganz bewusst auch um die Abwehr weltlicher Eingriffe in die eigene Jurisdiktionsgewalt.

Implizit bezog der Bischof damit Stellung gegen Markgraf Ernst, der vier Tage zuvor in seinem ersten Schreiben betont hatte, dass er in Fällen dieser Art selbst die Strafgewalt besitze, weshalb die Überstellung Hahns an den Bischof eher als freundliches Entgegenkommen denn als Anerkennung der Kompetenzen des geistlichen Gerichts erschienen war.[176] Ernst schloss damit an das Vorgehen seines Bruders Philipp I. an, der 1525 den Geistlichen in seiner Herrschaft die Heirat gestattet hatte, und zwar ausdrücklich zur Vermeidung konkubinärer Verhältnisse.[177] Wenige Monate später klagte Philipp, dass etliche Amtleute seinen Befehl nicht befolgt hätten, *die priester anzuhalten, die argwenigen* [d. h. verdächtigen] *perschonen von inen zu thun oder dieselbigen zu ehelichen*. Vielmehr hätten *ettlich prister ire argwenige megd dem gemeinen mann zu ergernus noch also ungeehelicht bi inen* […] *und ettlich ire megd tags us den husern thuen und die bi nachtlicher wile darin haben*.[178] Drei Jahre darauf konstatierte der Markgraf, dass seiner Anordnung zur Abstellung dieses *schantlichen, unerlichen lebens und wesens*, das die betreffenden Kleriker *mit iren megden nit zu kleiner ergernus des volcks gefiert*, in vielen Fällen nicht nachgekommen worden sei. Dem Geistlichen, der *mit einer concubinen oder argwonigen perschonen hushalte*, drohte nun eine Strafe von 10 Pfund Pfennigen.[179] Bei all dem war von der bischöflichen Jurisdiktion, die in der Frage von Ehe und Konkubinat kirchenrechtlich zuständig gewesen wäre, keine Rede. In einem Vertrag, den er 1531 mit dem Speyerer Bischof schloss und der unter anderem den markgräflichen Amtleuten die Aufsicht über die Geistlichen zur Aufgabe machte, um diese *inn priesterlichenn erbarn zuchtigen weßen und wanndel* zu halten, nahm der Markgraf allerdings Rücksicht auf dessen Gerichtsbarkeit: Er werde nicht verhindern, *sovil unnd weß der geistlichen obrikeit hierinnen zustrafen zustehe oder gepüre*.[180] Sieben Jahre später sah Markgraf Ernst das offenbar anders.

---

[174] GLA 171/2213, fol. 11r (28. April 1538, Udenheim, Konzept). – Unter dem gleichen Datum bestätigte der Bischof Markgraf Ernst den Empfang des Schreibens vom 24. April (oben Anm. 167). Ebd., fol. 12r (Konzept).

[175] Zum Klerikerkonkubinat im Mittelalter vgl. allgemein z. B. Ludwig Schmugge, Kirche – Kinder – Karrieren. Päpstliche Dispense von der unehelichen Geburt im Spätmittelalter, Zürich 1995, 251–255 und passim; Flüchter, Zölibat (wie Anm. 169), 49–59.

[176] Siehe oben bei Anm. 169.

[177] Fester, Religionsmandate (wie Anm. 171), 315 (Nr. 3, Mandat vom 29. April 1525, Baden). Vgl. dazu wie zum Folgenden Kattermann, Kirchenpolitik (wie Anm. 137), 23f.; Horst Bartmann, Die badische Kirchenpolitik unter den Markgrafen Philipp I., Ernst und Bernhard III. von 1515 bis 1536, in: Zeitschrift für die Geschichte des Oberrheins 108 (1960), 1–48, hier 11.

[178] Fester, Religionsmandate (wie Anm. 171), 316 (Nr. 4, Mandat vom 10. Aug. 1525, Baden).

[179] Ebd., 319f. (Nr. 7, Mandat vom 20. Oktober 1528, Baden).

[180] Zum Vertrag von 1531 Bartmann, Kirchenpolitik (wie Anm. 177), 31–33 (Zitate 33 Anm. 172).

Genau im entgegengesetzten Sinne mag das Interesse Philipps von Flersheim noch besonders stimuliert worden sein: Entschieden suchte der Bischof gegen die reformatorischen Bestrebungen im Allgemeinen und die Ehe lutherisch gesinnter Geistlicher im Besonderen vorzugehen.[181] Die Priesterehe aber konnte für den treu zur Papstkirche stehenden Bischof nichts anderes als ein konkubinäres Verhältnis darstellen. Die hektischen Reaktionen Philipps von Flersheim und die Vehemenz seines Vorgehens dürften in dieser gleich zweifachen Aufladung des Themas – der Verteidigung der eigenen rechtlichen Position und dem Kampf gegen den Einfluss der Lutheraner – ihre Erklärung finden. Wie die Angelegenheit für Michel Hahn ausgegangen sein mag, entzieht sich unserer Kenntnis.

Was vorderhand als Affäre um die Verfehlungen eines Klerikers erscheint, wird damit zum Exemplum für die Spannungen zwischen fürstlichem ‚Kirchenregiment' auf der einen, der Behauptung bischöflicher Rechte auf der anderen Seite.[182] Zugleich ist die markgräfliche Kooperation mit dem Bischof vor dem Hintergrund des „konfessionellen Schwebezustands" zu sehen, der charakteristisch war für die Haltung Markgraf Ernsts zur neuen Lehre.[183] Doch wie sehr diese neue Lehre in St. Michael bereits Fuß gefasst hatte, verdeutlicht ein wenige Jahre zurückliegender Vorgang: Am 6. Juli

---

[181] Remling, Geschichte, Bd. 2 (wie Anm. 168), 287f. – Zur Priesterehe im Kontext der Reformation siehe z. B. Marjorie Elizabeth Plummer, From Priest's Whore to Pastor's Wife. Clerical Marriage and the Process of Reform in the Early German Reformation (St Andrews Studies in Reformation History), Farnham/Burlington 2012; Stephen E. Buckwalter, Die Priesterehe in Flugschriften der frühen Reformation (Quellen und Forschungen zur Reformationsgeschichte 68), Gütersloh 1998.

[182] Zum ‚Kirchenregiment' im 16. Jahrhundert (und darüber hinaus in der frühen Neuzeit) sei hier allgemein nur verwiesen auf Michael Stolleis, Art. Kirchenregiment, landesherrliches, in: Handwörterbuch zur deutschen Rechtsgeschichte, Bd. 2, hrsg. von Albrecht Cordes u.a., 2., völlig überarb. u. erw. Aufl., Berlin 2012, 1826–1828; Anton Schindling, Art. Kirchenregiment, in: Enzyklopädie der Neuzeit, Bd. 6, Stuttgart 2007, 685–693; Dietmar Willoweit, Das landesherrliche Kirchenregiment, in: Deutsche Verwaltungsgeschichte, Bd. 1: Vom Spätmittelalter bis zum Ende des Reiches, hrsg. von Kurt G. A. Jeserich, Hans Pohl und Georg-Christoph von Unruh, Stuttgart 1983, 361–369. Zur Kritik des Begriffs aus mediävistischer Sicht unter Betonung seines wissenschaftlichen Vereinbarungscharakters vgl. Ernst Schubert, Fürstliche Herrschaft und Territorium im späten Mittelalter (Enzyklopädie deutscher Geschichte 35), 2. Aufl., München 2006, 41. – Zu den Schwierigkeiten, denen sich das fürstliche ‚Kirchenregiment' angesichts entgegenstehender kirchenrechtlicher Regelungen gegen Ende des Mittelalters ausgesetzt sah, vgl. Christoph Volkmar, Die Pfarrei im Blickfeld der Obrigkeit. Aufsicht und Reform durch Bischöfe, Landesherren und Städte, in: Die Pfarrei im späten Mittelalter (wie Anm. 105), 97–130, hier 112–123 und 127–129.

[183] Kohnle, Einführung der Reformation (wie Anm. 9), 50: „Ernsts Regierungszeit [...] bedeutete insgesamt also eine Verlängerung des konfessionellen Schwebezustands in der Tradition Philipps [seines 1533 verstorbenen älteren Bruders]." Vgl. auch ebd., 49 und 52 sowie Ders., Die badischen Markgrafschaften und die konfessionellen Lager im 16. Jahrhundert, in: Zeitschrift für die Geschichte des Oberrheins 154 (2006), 111–129, hier 117f.; ferner Press, Baden (wie Anm. 9), 132: Markgraf Ernst sei „den zunehmend wirksameren Kräften der Reformation nicht entgegen[getreten]", doch habe er „es strikt vermied[en], sich persönlich zu sehr mit der evangelischen Seite zu identifizieren – als ein von österreichischen Territorien umgebener Reichsstand". Erst sein Sohn Karl II. als „Vertreter einer neuen Fürstengeneration" habe „sich entschieden auf die Reformation zu[bewegt]". – Die Probleme, die sich aus diesem „Schwebezustand", auch aus der seit 1528 teilweise umschwenkenden Haltung Markgraf Philipps I. (vgl. Kohnle, Einführung der Reformation [wie Anm. 9], 49) auf der seelsorgerischen Ebene ergaben, illustrieren die Eingaben des Pforzheimer Pfarrers Johann Wieland beim Rat der Stadt im Jahr 1533, abgedruckt bei Vierordt, De Johanne Ungero (wie Anm. 137), 41f. Anm. 80 (ebd., 42f. Anm. 81 auch ein Schreiben des Rates in dieser Angelegenheit an Markgraf Philipp). Vgl. dazu Kattermann, Kirchenpolitik (wie Anm. 137), 103f. und 106. Zur Kirchenpolitik der Markgrafen Philipp und Ernst allgemein zudem Bartmann, Kirchenpolitik (wie Anm. 177).

1532 hatte sich der kurz zuvor zum Pforzheimer Pfarrer bestellte Johann Wieland durch den Prädikanten Johann Unger trauen lassen. Bezeichnenderweise traten dabei gleich drei Herren des Michaelsstifts als Zeugen auf:[184] Johannes Wild, der knapp vier Wochen später, am 1. August, Kantor wurde, sodann Johannes Schwarz, der aus Oberriexingen, der vorhergehenden Wirkungsstätte Wielands, stammte und seit 1530 ein Kanonikat am Pforzheimer Stift besaß, schließlich – wenngleich nicht mit Sicherheit zu identifizieren – Vitus Rot genannt Vaihinger, Stiftsherr seit 1520. Alle drei resignierten ihre jeweilige Pfründe im Jahr 1535, zumindest Schwarz und Rot erhielten anschließend evangelische Pfarrstellen in Württemberg.[185] Der existenzielle Umbruch, den die Reformation für die Stiftsgemeinschaft bedeutete, da diese in der folgenden Zeit wegen ausbleibender Präsentationen auf freiwerdende Pfründen langsam ‚ausstarb', eröffnete für die einzelnen Stiftsgeistlichen neue Handlungsoptionen oder auch Handlungszwänge.

Und die Stadt? Zwar stammte Michel Hahn aus Pforzheim, doch auf den ersten Blick scheinen die skizzierten Vorgänge des Jahres 1538 keinerlei Bezug zur städtischen Umwelt des Michaelsstifts aufzuweisen. Oder vielleicht doch? In seinem Schreiben vom 24. April betonte Markgraf Ernst, dass Michel Hahn *zu offentlicher ergerniß und schand der gantzen statt und aller priesterschafft* gehandelt habe.[186] Das könnte zwar eine eher topische Wendung darstellen, vielleicht aber ist dieser Blick auf die Stadt und deren Ehre mehr als das, geht es doch konkret um die Wahrnehmung des Stifts, des Fürsten und der Residenzstadt. Immerhin ließe sich nach der Lektüre des markgräflichen Schreibens die Frage stellen, was als Verfehlung eigentlich schwerer wog: der Konkubinat des Klerikers an sich oder der Umstand, dass er es wagte, seine Konkubine vor aller Öffentlichkeit im Haus seines Vaters in der Stadt unterzubringen.

VI. Schluss

Als die Michaelskirche auf Betreiben Markgraf Karls I. von Baden 1460 zum Kollegiatstift erhoben wurde, geschah dies unter den Vorzeichen des Ausbaus herrschaftlich-sakraler Zentralität. Eine einseitige Präferenz für Pforzheim als Residenz kam darin freilich nicht zum Ausdruck, muss St. Michael doch im Zusammenhang mit den Stiftsgründungen in Baden(-Baden) (1453) und auch Ettlingen (1460) gesehen werden. Es scheint Karl I. ebenso wie seinem Vater Jakob I. nicht um den Austausch der Residenz – (Hohen-)Baden *gegen* Pforzheim –, sondern um die Differenzierung und örtliche Diversifizierung von Residenzfunktionen – Baden(-Baden) *und* Pforz-

---

[184] Vierordt, Geschichte, Bd. 1 (wie Anm. 140), 327 mit Anm. 2; danach Kattermann, Kirchenpolitik (wie Anm. 137), 100f. (allerdings mit Datum 6. Juni statt 6. Juli). Die drei Geistlichen nennt Vierordt „Dr. Rhor, Johann Wild und Johann Schwarz". Ein „Dr. Rhor" ist unter den bei Fouquet, St. Michael (wie Anm. 13) verzeichneten Stiftsgeistlichen nicht zu finden, möglicherweise liegt aber ein Lesefehler vor und gemeint ist der Kanoniker Vitus Rot gen. Vaihinger (siehe Anm. 185), der 1519 in Heidelberg das Bakkalariat erwarb. – Zu Johann Wieland siehe oben bei Anm. 143.

[185] Fouquet, St. Michael (wie Anm. 13), 148 (Nr. III.2, Johannes Wild) und 158 (Nr. IV.43, Vitus Rot gen. Vaihinger); Nr. IV.46, Johannes Schwarz).

[186] GLA 171/2213, fol. 1r–1v (oben Anm. 167).

heim – gegangen zu sein. Langfristig ist dahinter ein Prozess der ‚Verstädterung' von Residenzfunktionen zu beobachten, von der Aufgabe des Klosters Lichtenthal als dynastischer Grablege im frühen 15. Jahrhundert bis zur Verlegung der Hofhaltung in das ‚Neue Schloss' in Baden(-Baden) im Jahr 1479. Auf sakraler Ebene bildete dafür das Kollegiatstift das angemessene Instrument. Hinter dieser Entwicklung, die vier Generationen markgräflicher Regenten – von Bernhard I. bis zu Christoph I. – überspannte, muss und sollte man keinen stringenten Plan vermuten. Doch gerade die in sich stimmigen, weil funktional differenzierten Fundationen von Kollegiatstiften zwischen 1453 und 1460 führen die konzeptionellen Möglichkeiten herrschaftlichen Handelns vor Augen. Ob letztlich vielleicht doch noch eine überproportionale Bündelung von Residenzfunktionen in Pforzheim erfolgt wäre – vielleicht unter Verlegung der dynastischen Grablege in die Michaelskirche oder unter Separierung des memorialen Zentrums der Dynastie in Baden(-Baden), wie es ähnlich in Pforzheim nach 1565 geschehen sollte –, lässt sich nicht beurteilen. Um 1450/60 deutet der Befund nicht darauf hin.

Dass dieser Verstädterungsprozess von Residenzfunktionen nach 1462/63 infolge externer Faktoren eine andere Richtung einschlug und innerhalb kurzer Zeit dazu führte, dass Baden(-Baden) Hauptresidenz wurde und Pforzheim nur bedingt relevante Nebenresidenz blieb, bedeutete für die Entwicklung von St. Michael, für dieses verfehlte Universitätsstift, das nun ein ‚Residenzstift (fast) ohne Residenz' war, eine erste Anomalie. Denn die Abschwungphase herrschaftlicher Präsenz ist nicht nur ansatzweise im Itinerar Karls I. während der zweiten Hälfte seiner Regentschaft zu greifen, sie zeigt sich ganz unmittelbar am Michaelsstift, an den Grenzen seiner herrschaftlichen Überformung und Nutzung: Aus dieser Perspektive blieb es stets unfertig, ablesbar am unvollständigen Ausbau der inneren Organisation, an den nie vollständig erworbenen Patronatsrechten, an den für die städtische Patronage weithin offen Präbendenbesetzungen. Und als Pforzheim 1535 dann doch noch für drei Jahrzehnte Hauptresidenz wurde, zeigte sich eine zweite Anomalie: Anstatt nun gleichsam bestimmungsgemäß zentrale Aufgaben in der sakralen Herrschaftspraxis zu übernehmen, wurde die herrschaftliche Einbindung des Michaelsstifts überlagert von den (vor)reformatorischen Entwicklungen, die schrittweise zum Verlöschen der geistlichen Gemeinschaft führten. Könnte die Form der Tumba, wie sie nach 1538 für das Grabmal Markgraf Ernsts und Ursulas von Rosenfeld im Chor von St. Michael gewählt wurde, noch auf eine Erweiterung der liturgischen Aufgaben der Stiftsgemeinschaft im Sinne des Totengedächtnisses hindeuten, scheint auf markgräflicher Seite das Interesse am Fortbestehen dieser Stiftsgemeinschaft bereits kurz darauf erloschen zu sein. Nicht zuletzt erweist sich dies daran, dass die seit 1460 kontinuierlich festzustellende memoriale Repräsentation der Stiftsgeistlichen im Kirchenraum mit dem Epitaph für den 1532 verstorbenen Propst Johannes Hochberg abrupt abbricht.

Diese beiden Anomalien machen einen besonderen Wert des Michaelsstifts als Untersuchungsobjekt aus. Denn sie öffnen – gewissermaßen *ex negativo* – den Blick auf eine Ebene der „Begegnung von Kirche und Welt",[187] die im Fall von Residenzstiften von der fürstlichen Herrschaft, Präsenz und Instrumentalisierung verdeckt werden kann: die Beziehungen zur städtischen Umwelt. Das betrifft allein schon die

---

[187] Vgl. oben bei Anm. 19.

Besetzung der Pfründen. Deutlich treten die Interessen von Stadt und sozialen Führungsgruppen an Patronat und Patronage hervor, die unter den spezifischen Bedingungen in Pforzheim auch nach 1460 vielfach bewahrt wurden. Bloßgelegt werden damit aber ebenso strukturelle Gegebenheiten, die bei der leichthin als ‚Stiftsgründung' beschreibbaren Umwandlung einer städtischen Pfarrkirche in ein Kollegiatstift allgemein zu bedenken sind: Nicht allein die Pforzheimer Pfarrkirche war durch kirchliche Gemeinde und städtische Kommune vielfältig geprägt, sie war personell und ökonomisch auf ihre urbane Umwelt bezogen, sie war Teil des Alltags und Element städtischer Identifikation. All dies wurde von der Erhebung zum Kollegiatstift tangiert. In dieser Sicht erweist sich die Stiftsgründung nicht einfach als eine Abfolge punktueller Rechtsakte, die durch Supplikation, päpstliche Zustimmung, Umwandlung durch die Exekutoren und Erlass der Statuten gekennzeichnet war, sondern als Prozess, an dem auch städtische Akteure beteiligt waren, etwa die Nachkommen von Stiftern, die über den Patronat einzelner Pfründen verfügten. Nur fiel dieser Prozess in Pforzheim besonders langwierig aus.

Institutionell kam in den Beziehungen zwischen Stift und Stadt der Kirchenfabrik herausgehobene Bedeutung zu, da sie unter der Kontrolle von Pfarr- und Stadtgemeinde verblieb. Sie bildete ein von Kooperation wie Konflikt bestimmtes Feld von Aushandlungsprozessen, wie die Streitschlichtung durch Markgraf Christoph I. im Jahr 1479 vor Augen führt. Der Markgraf tat dies zwar unter Betonung seiner Autorität als „Stifter und Landesherr", der von ihm beurkundete Interessenausgleich zwischen Stift und Stadt erweckt dennoch den Eindruck, als ob es hier weniger um einen Akt der ‚Überherrschung' als um die Vermittlung eines Konsenses gegangen wäre. Fürst, Stift und Stadt konnten freilich auch anders interagieren, beispielsweise bei der Besetzung der Pfarrei im Jahr 1532, als der aus den Reihen des Stifts kommende Kandidat offenbar (auch) am Einspruch des Rates scheiterte. Hier trat der Fürst nicht mehr in seiner zweifachen Rolle als „Stifter und Landesherr" auf, sondern in einem verstärkt obrigkeitlichen Sinn. Die ‚Causa Hahn' von 1538 zeigt zudem, dass die Verhältnisse noch komplexer waren, da das Stift auch zum Objekt in den Beziehungen zwischen dem Markgrafen von Baden und dem Bischof von Speyer werden konnte. Dass die Stadt dabei einen Rahmen bildete, in dem das Verhalten der Stiftsgeistlichen wie auch das darauf bezogene herrschaftliche Handeln beobachtet wurde, deutet sich immerhin an. Die wirtschaftlichen Wirkungen schließlich, die das Stift als ‚Großkonsument' innerhalb der urbanen Ökonomie entfaltete, sind im Fall Pforzheims zwar plausibel zu machen, aber nicht näher zu belegen.

Die Beziehungen zwischen Residenz, Stift und Stadt erweisen sich in der Summe als komplex in ihrer Durchdringung herrschaftlicher und personeller, sozialer und wirtschaftlicher Aspekte. Das Stift war nicht allein Objekt herrschaftlichen Handelns, es war selbst Akteur, doch vor allem war es in seine spezifische städtische Umwelt eingebunden. Solchermaßen war es Teil des Beziehungsgefüges von Residenz und Stadt in seinen wechselnden Konjunkturen. Freilich konnte man es auch viel einfacher sehen, so wie Bartholomäus Sastrow: *Pforzheim ist nicht groß, hat nur eine Kirche ...*

Anhang 1: In Baden und Pforzheim ausgestellte Urkunden und Schreiben der Markgrafen Jakob I. (1431–1453) und Karl I. (1453–1475)[188]

Jakob I.	Baden	Pforzheim	Karl I.	Baden	Pforzheim
1431	2	—	1453	2	—
1432	14	1	1454	67	4
1433	10	—	1455	36	6
1434	15	—	1456	14	—
1435	3	—	1457	26	3
1436	4	2	1458	12	2
1437	6	—	1459	10	3
1438	14	1	1460	21	—
1439	10	—	1461	23	2
1440	15	1	1462	9	5
1441	9	—	1463	13	4
1442	6	—	1464	29	1
1443	12	—	1465	12	1
1444	21	—	1466	12	8
1445	11	2	1467	12	1
1446	10	—	1468	24	—
1447	16	2	1469	24	2
1448	11	—	1470	15	—
1449	7	9	1471	31	3
1450	2	—	1472	23	—
1451	10	4	1473	31	—
1452	19	2	1474	27	2
1453	5	—	1475	8	—
	232	24		481	47

Nachweise zu Jakob I. (Nummern nach RMB [wie Anm. 30], Bd. 3)

Pforzheim: **1432 (1):** 5245. – **1436 (2):** 5518, 5541. – **1438 (1):** 5692. – **1440 (1):** 6060. – **1445 (2):** 6417, 6440. – **1447 (2):** 6775, 6812. – **1449 (9):** 6994, 7020–7022, 7033, 7036, 7038, 7039, 7055. – **1451 (4):** 7246, 7288, 7289, 7294 (?). – **1452 (2):** 7468, 7469.

---

[188] Zu Auswertung und Zählweise siehe oben Anm. 57.

Baden: **1431 (2):** 5101, 5153. – **1432 (14):** 5186, 5187, 5195, 5200, 5216, 5232, 5242, 5243, 5248, 5255, 5257, 5259, 5277, 5286. – **1433 (10):** 5293, 5300, 5317, 5318, 5356–5359, 5372, 5375. – **1434 (15):** 5391, 5392, 5396, 5397, 5408, 5409, 5417, 5423, 5433, 5436, 5440, 5442, 5457, 5464, 5469. – **1435 (3):** 5506, 5510, 5512. – **1436 (4):** 5514, 5543, 5562, 5570. – **1437 (6):** 5580, 5600–5602, 5604, 5640. – **1438 (14):** 5645, 5656, 5661, 5665, 5673, 5679, 5687, 5700, 5797, 5798, 5805, 5822, 5849, 5856. – **1439 (10):** 5899, 5914, 5918, 5920, 5923, 5924, 5930, 5932, 5956, 5958. – **1440 (15):** 6023, 6026, 6040, 6055, 6064–6066, 6076, 6077, 6086, 6094, 6096, 6098, 6099, 6101. – **1441 (9):** 6106, 6109, 6115, 6119, 6123, 6131, 6133–6135. – **1442 (6):** 6158, 6159, 6174, 6175, 6183, 6212. – **1443 (12):** 6231, 6232, 6244, 6245, 6246, 6253, 6264, 6266, 6268, 6269, 6282, 6287. – **1444 (21):** 6311, 6313, 6316, 6324, 6325, 6331, 6334, 6337, 6339, 6341–6343, 6345, 6347, 6352, 6354, 6355, 6372, 6373, 6383, 6385. – **1445 (11):** 6394, 6403, 6410, 6412, 6414, 6419, 6421–6423, 6431, 6434. – **1446 (10):** 6590, 6596, 6598, 6649, 6669, 6672, 6674, 6680, 6684, 6708. – **1447 (16):** 6719, 6721, 6734, 6738, 6739, 6743, 6749, 6752, 6755, 6757, 6758, 6793, 6794, 6799, 6801, 6807. – **1448 (11):** 6821, 6831, 6834, 6839, 6842, 6850, 6852, 6869, 6870, 6881, 6896. – **1449 (7):** 6922, 6923, 6925, 6926, 6932, 6980, 7056. – **1450 (2):** 7083, 7107. – **1451 (10):** 7184, 7185, 7231 (?), 7234, 7237, 7275, 7310, 7312, 7313, 7318. – **1452 (19):** 7335, 7339, 7341, 7364, 7367, 7370, 7377–7379, 7384, 7396, 7409, 7412, 7439, 7444, 7448, 7450, 7451, 7458. – **1453 (5):** 7483, 7486, 7515, 7559, 7564.

Nachweise zu Karl I. (Nummern nach RMB [wie Anm. 30], Bd. 4)

Pforzheim: **1454 (4):** 7686, 7687, 7806, 7825. – **1455 (6):** 7828–7830, 7837, 7932, 7948. – **1457 (3):** 8160, 8161, 8168. – **1458 (2):** 8220, 8221. – **1459 (3):** 8285, 8291, 8320. – **1461 (2):** 8540, 8547. – **1462 (5):** 8789, 8817, 8819, 8820, 8871. – **1463 (4):** 9081, 9082, 9090, 9091. – **1464 (1):** 9185. – **1465 (1):** 9302. – **1466 (8):** 9363–9366, 9382–9384, 9386. – **1467 (1):** 9497. – **1469 (2):** 9883, 9935. – **1471 (3):** 10108, 10181, 10182. – **1474 (2):** 10560, 10608.

Baden: **1453 (2):** 7572, 7575. – **1454 (67):** 7656, 7657, 7678, 7697, 7699, 7700, 7702–7705, 7709–7711, 7713, 7738–7742, 7744–7754, 7758, 7759, 7772–7774, 7776–7779, 7782–7785, 7787–7794, 7804, 7808–7822. – **1455 (36):** 7836, 7868–7878, 7880–7882, 7884, 7890–7892, 7897–7903, 7910–7913, 7918, 7922, 7952–7954, 7958. – **1456 (14):** 7961, 7982, 7983, 7994, 7999, 8000, 8003, 8005, 8007, 8026, 8027, 8033, 8037, 8055. – **1457 (26):** 8074, 8081, 8087, 8088, 8104–8106, 8108–8110, 8124–8126, 8130, 8132, 8133, 8145, 8146, 8150, 8151, 8457, 8159, 8164, 8174, 8176, 8177. – **1458 (12):** 8192, 8193, 8199, 8206, 8224–8228, 8260, 8266, 8267. – **1459 (10):** 8286, 8293–8295, 8299, 8309, 8314, 8317, 8330, 8337. – **1460 (21):** 8400, 8407, 8413, 8414, 8428, 8430, 8432, 8437, 8441–8443, 8446, 8463, 8497, 8505, 8517, 8518, 8532, 8534, 8536, 8537. – **1461 (23):** 8548, 8552, 8554, 8564, 8567, 8568, 8571, 8578, 8582, 8587, 8589, 8592, 8603, 8604, 8631, 8635, 8636, 8642, 8674, 8676, 8678, 8696, 8725. – **1462 (9):** 8799, 8828, 8831, 8865, 8866, 8869, 8889, 8908, 8909. – **1463 (13):** 9066, 9094, 9100, 9102, 9113, 9118, 9139, 9140, 9149, 9150, 9152, 9168, 9169. – **1464 (29):** 9187, 9190, 9191, 9197–9199, 9201, 9206, 9209, 9211, 9225, 9226, 9233–9236, 9243, 9244, 9248, 9256–9258, 9261, 9285–9289, 9291. – **1465 (12):** 9304–9307, 9309, 9311, 9314, 9334, 9338,

9339, 9342, 9358. – **1466 (12):** 9360, 9371, 9372, 9377, 9390, 9399, 9413, 9425, 9427, 9436, 9447, 9448. – **1467 (12):** 9469, 9477, 9487, 9493, 9502, 9505, 9516, 9517, 9519, 9553, 9554, 9558. – **1468 (24):** 9562, 9573, 9578, 9583, 9584, 9587, 9589, 8590, 9596, 9603, 9606 (?), 9626, 9628, 9637, 9642, 9652, 9653, 9655, 9656, 9659, 9712, 9716, 9717, 9719. – **1469 (24):** 9734, 9736, 9737, 9745, 9830, 9832, 9834, 9841, 9846, 9847, 9879, 9882, 9895, 9924, 9952, 9953, 9962, 9963, 9978, 9984, 9985, 9988, 9989, 9991. – **1470 (15):** 10007, 10011, 10013, 10021–10023, 10025, 10074, 10075, 10079, 10082, 10083, 10088, 10089, 10101. – **1471 (31):** 10103, 10114, 10115, 10119, 10130, 10132, 10133, 10136, 10138–10140, 10142, 10148, 10164, 10173, 10174, 10178, 10179, 10185–10188, 10190–10193, 10195, 10196, 10203, 10206, 10209. – **1472 (23):** 10215, 10224, 10226, 10229, 10231, 10239, 10249, 10259, 10267, 10271–10273, 10282, 10297, 10300, 10302, 10305, 10306, 10313, 10333, 10337, 10339, 10342. – **1473 (31):** 10363, 10377, 10383, 10390, 10392, 10396, 10399, 10402, 10403, 10405, 10406, 10409, 10418, 10419, 10423, 10430–10432, 10437, 10439, 10450, 10451, 10458, 10459, 10462, 10464, 10465, 10469, 10481, 10503, 10517. – **1474 (27):** 10526, 10536, 10540, 10541, 10549, 10552, 10554–10556, 10565, 10566, 10573, 10579, 10586, 10596, 10599, 10621, 10624, 10625, 10634–10637, 10639, 10645, 10648, 10660. – **1475 (8):** 10673, 10675, 10682, 10683, 10685, 10687, 10688, 10690.

Anhang 2: Aufenthaltsorte der Markgrafen Jakob I. (1431–1453)
und Karl I. (1453–1475) an kirchlichen Hochfesten
(Ostern, Pfingsten, Weihnachten)

Ist ein Ort in runde Klammern gesetzt, ist der dortige Aufenthalt zwar nicht am Fest selbst, aber im unmittelbaren zeitlichen Umfeld belegt. Eckige Klammern und Fragezeichen weisen auf einen mehr oder wenigen großen Abstand des jeweiligen Belegs zum betreffenden Festtag hin (vgl. im Einzelnen die Nachweise).

	Ostern	**Pfingsten**	**Weihnachten**
1431			Ettlingen
1432	Baden	(Baden)	[Baden?]
1433			(Baden)
1434	Baden	[Baden?]	
1435			[Baden?]
1436			
1437			[Baden?]
1438			
1439			[Ettlingen?]
1440			Baden
1441	[Baden?]		
1442	[Baden?]		
1443		[Baden?]	[Baden?]
1444	(Baden)		[Baden?]
1445	[Baden?]		
1446			
1447	[Baden?]	Baden	
1448	Baden	(Baden)	
1449	[Baden?]		
1450			
1451		Baden (?)	Baden
1452		[Baden?]	[Pforzheim?]
1453			
1454		[Baden?]	Baden
1455		Baden	(Baden)
1456		(Baden)	[Ehrenbreitstein/ Trier?]

	Ostern	**Pfingsten**	**Weihnachten**
1457		[Baden?)	[Baden?]
1458	[Baden?]	(Baden)	Ehrenbreitstein
1459	Baden		
1460	(Baden)		(Baden)
1461	Baden		Walluf (bei Wiesbaden)
1462	(Baden)	[Baden?]	[in pfälz. Gefangenschaft]
1463	[in pfälz. Gefangenschaft]		[Baden?]
1464	Baden		[Baden?]
1465		Lüttich	
1466		[Baden?]	[Baden?]
1467		(Pforzheim)	(Baden)
1468	[Baden?]	(Baden)	Baden
1469	Baden	Baden	[Baden?]
1470	Baden		Baden
1471		Baden	[Baden?]
1472	[Baden?]	Baden	[Baden?]
1473	[Baden?]	(Baden)	[Breisach?]
1474	[Baden?]	(Baden)	[Baden?]

Nachweise zu Jakob I. (Nummern nach RMB [wie Anm. 30], Bd. 3)

1431, Weihnachten: 5156 (26. Dez., Ettlingen). – **1432**, Ostern (20. April): 5200 (21. April, Baden). – **1432**, Pfingsten (8. Juni): 5232 (10. Juni, Baden). – **1432**, Weihnachten: 5286 (16. Dez., Baden); 5295 (3. Jan. 1433, Baden). – **1433**, Weihnachten: 5375 (22. Dez., Baden). – **1434**, Ostern (28. März): 5417 (28. März, Baden). – **1434**, Pfingsten (16. Mai): 5436 (13. Mai, Baden); 5440 (25. Mai, Baden). – **1435**, Weihnachten: 5514 (3. Jan. 1436, Baden). – **1437**, Weihnachten: 5640 (15. Dez., Baden); 5645 (1. Jan. 1438, Baden). – **1439**, Weihnachten: 6014–6015 (21. Dez., Ettlingen). – **1440**, Weihnachten: 6101 (26. Dez., Baden). – **1441**, Ostern (16. April): 6123 (20. April, Baden). – **1442**, Ostern (1. April): 6174 (25. März, Baden); 6175 (9. April, Baden). – **1443**, Pfingsten (9. Juni): 6264 (14. Juni, Baden). – **1443**, Weihnachten: 6287 (20. Dez., Baden). – **1444**, Ostern (12. April): 6316 (14. April, Baden). – **1444**, Weihnachten: 6385 (19. Dez., Baden). – **1445**, Ostern (28. März): 6410 (4. April, Baden). – **1447**, Ostern (9. April): 6734 (13. April, Baden). – **1447**, Pfingsten (28. Mai): 6755 (29. Mai, Baden). – **1448**, Ostern (24. März): 6834 (25. März, Baden). – **1448**, Pfingsten (12. Mai): 6850 (14. Mai, Baden). – **1449**, Ostern (13. April): 6932 (7. April, Baden). – **1451**, Pfingsten (13. Juni): 7231 (14. Juni, Baden [?]). – **1451**, Weihnachten: 7318 (26. Dez., Baden). – **1452**, Pfingsten (28. Mai): 7377–7379 (3. Juni, Baden). – **1452**, Weihnachten: 7468, 7469 (28. Dez., Pforzheim).

Nachweise zu Karl I. (Nummern nach RMB [wie Anm. 30], Bd. 4)

1454, Pfingsten (9. Juni): 7656 (12. Juni, Baden). – **1454**, Weihnachten: 7816 (24. Dez., Baden); 7817, 7818 (26. Dez., Baden). – **1455**, Pfingsten (25. Mai): 7871 (23. Mai, Baden); 7872, 7873 (26. Mai, Baden). – **1455**, Weihnachten: 7954 (20. Dez., Baden); 7958 (27. Dez., Baden). – **1456**, Pfingsten (16. Mai): 7999 (15. Mai, Baden); 8000 (21. Mai, Baden). – **1456**, Weihnachten: 8063 (22. Dez., Ehrenbreitstein). – **1457**, Pfingsten (5. Juni): 8110 (28. Mai, Baden). – **1457**, Weihnachten: 8176, 8177 (28. Dez., Baden). – **1458**, Ostern (2. April): 8206 (7. April, Baden). – **1458**, Pfingsten (21. Mai): 8226–8228 (20. Mai, Baden). – **1458**, Weihnachten: 8274, 8275 (26. Dez. Ehrenbreitstein). – **1459**, Ostern (25. März): 8317 (26. März, Baden). – **1460**, Ostern (13. April): 8428 (15. April, Baden). – **1460**, Weihnachten: 8534 (23. Dez., Baden); 8536 (29. Dez., Baden). – **1461**, Ostern (5. April): 8587 (4. April, Baden); 8589 (6. April, Baden). – **1461**, Weihnachten: 8750 (25. Dez., Walluf). – **1462**, Ostern (18. April): 8869 (17. April, Baden). – **1462**, Pfingsten (6. Juni): 8909 (4. Juni, Baden). – **1463**, Weihnachten: 9168 (28. Dez., Baden). – **1464**, Ostern (1. April): 9211 (1. April, Baden). – **1464**, Weihnachten: 9285–9289 (28. Dez., Baden). – **1465**, Pfingsten (2. Juni): 9322. – **1466**, Pfingsten (25. Mai): 9399 (22. Mai, Baden). – **1466**, Weihnachten: 9469 (5. Jan. 1467, Baden). – **1467**, Pfingsten (17. Mai): 9497 (16. Mai, Pforzheim). – **1467**, Weihnachten: 9554 (23. Dez., Baden); 9558 (28. Dez., Baden). – **1468**, Ostern (17. April): 9578 (22. April, Baden). – **1468**, Pfingsten (5. Juni): 9596 (4. Juni, Baden). – **1468**, Weihnachten: 9717 (23. Dez., Baden); 9719 (26. Dez., Baden). – **1469**, Ostern (2. April): 9830 (3. April, Baden). – **1469**, Pfingsten (21. Mai): 9879 (21. Mai, Baden). – **1469**, Weihnachten: 9988, 9989 (18. Dez., Baden); 9991 (29. Dez., Baden). – **1470**, Ostern (22. April): 10021–10023 (23. April, Baden). – **1470**, Weihnachten: 10101 (26. Dez., Baden). – **1471**, Pfingsten (2. Juni): 10142 (2. Juni, Baden). – **1471**, Weihnachten: 10209 (19. Dez., Baden). – **1472**, Ostern (29. März): 10226 (12. März, Baden); 10229 (4. April, Baden). – **1472**, Pfingsten (17. Mai): 10239 (18. Mai, Baden). – **1472**, Weihnachten: 10363 (1. Jan., Baden). – **1473**, Ostern (18. April): 10418 (23. April, Baden). – **1473**, Pfingsten (6. Juni): 10437 (5. Juni, Baden); 10439 (11. Juni, Baden). – **1473**, Weihnachten: 10523. – **1474**, Ostern (10. April): 10565 (13. April, Baden). – **1474**, Pfingsten (29. Mai): 10586 (28. Mai, Baden). – **1474**, Weihnachten: 10673 (2. Jan., Baden).

Anhang 3: Grabdenkmäler in der Pforzheimer Michaelskirche

	vor 1460	1460–1534	1535–1565	
Stadtbürger	23	7	2	32
Kleriker (außer Stiftsgeistliche)	11	1	—	12
Stiftsgeistliche (Kanoniker und Vikare)	—	17	—	17
Markgräfliche Funktionsträger	3	2	5	10
Adlige	3	7	3	13
Markgräfliche Familie	—	—	7	7
	40	34	17	91

Nachweise (die Nummern verweisen auf das im Anschluss folgende Verzeichnis)
Stadtbürger, vor 1460: Nr. 1, 3–5, 7, 9–11, 13–15, 17, 19, 22, 25, 29, 36–41 und 43. – 1460–1534: Nr. 48, 51, 62, 66, 71, 82 und 85. – 1535–1565: Nr. 87 und 92. — **Kleriker (außer Stiftsgeistliche)**, vor 1460: Nr. 6, 12, 18, 21, 26, 28, 30–33 und 35. – 1460–1534: Nr. 61. — **Stiftsgeistliche**, 1460–1534: Nr. 44–47, 52–55, 58, 67, 72–75, 78, 80 und 83. — **Markgräfliche Funktionsträger**, vor 1460: Nr. 20, 27 und 42. – 1460–1534: Nr. 50 und 81 (Ehemann). – 1535–1565: Nr. 89, 94, 95 (Vater), 100 und 102. — **Adlige**, vor 1460: Nr. 8, 23 und 34. – 1460–1534: Nr. 56, 68, 70, 76, 77, 79 und 84. – 1535–1565: Nr. 88, 90 und 99. — **Markgräfliche Familie**, 1535–1565: Nr. 86, 91, 93, 96–98 und 101.
Nicht berücksichtigt, weil keine klare Zuordnung möglich: 2, 16, 24, 49, 57, 59, 60, 63, 64, 65 (Datierung) und 69.

Die folgende Aufstellung basiert auf dem detaillierten und reich kommentierten Inschrifteninventar von Anneliese Seeliger-Zeiss.[189] Es handelt sich ganz überwiegend um steinerne Grabplatten (Nr. 86 ist eine Tumba), daneben um einige Epitaphien (Nr. 50a, 72, 83, 89–91, 93b, 94, 95, 97b, 99b und 101b) sowie einen Totenschild (Nr. 50b) und eine auf die Wand gemalte Sterbe-Inschrift (Nr. 11). In vier Fällen (Nr. 27, 59, 79 und 100) ist nicht mit Sicherheit zu entscheiden, ob der Inschriftenträger als Grabplatte oder als Epitaph diente. Verlorene Objekte (genaue Angaben bei Seeliger-Zeiss) sind in unterschiedlicher Form dokumentiert.

Hier nicht berücksichtigt wurde als Sonderfall der nicht erhaltene, aber in Beschreibung und Inschriftenkopie überlieferte Margarethen-Sarg, der kultischen Zwe-

---

[189] Seeliger-Zeiss, Inschriften (wie Anm. 27). Ausdrücklich verwiesen sei hier zusätzlich auf die Beschreibung der Grabdenkmäler bei Lacroix/Hirschfeld/Paeseler, Kunstdenkmäler der Stadt Pforzheim (wie Anm. 10), 140–180, die zwar weniger umfassend und systematisch ist, aber den Vorkriegszustand zu großen Teilen dokumentiert. Ein Überblick zu den erhaltenden Grabmonumenten entsprechend ihrer heutigen Aufstellung bei Timm u.a., Pforzheim (wie Anm. 10), 219–225, zum Chor 227–231. Vgl. für die markgräflichen Grabdenkmäler im Chor darüber hinaus Meys, Memoria (wie Anm. 159), 640–647.

cken gedient haben dürfte.[190] Für Burkhard von Reischach (†frühestens 1503) ist zwar eine Inschrift vorhanden, die auf die Stiftung einer Messe hinweist, was ein Begräbnis in St. Michael wahrscheinlich macht,[191] doch da wir von einem Grabmal keine Kenntnis besitzen, ist dieser Fall nicht in die Aufstellung übernommen. Ebenso ist eine Inschrift behandelt, die einer Messstiftung des Johann Widmann genannt Möchinger (†1524) gedenkt.[192]

In der ersten Spalte wird hinter der laufenden Nummer in runden Klammern gegebenenfalls auf eine spätere (→ Nr.) oder eine vorhergehende (← Nr.) Verwendung der Grabplatte verwiesen; in eckigen Klammern folgt kursiv die Nummer bei Seeliger-Zeiss, Inschriften (wie Anm. 27).

Nr.			Person(en)	Jahr
1		[2]	Eberhard Liebener [Geschworener]	1275
2	(→ 19)	[31]	unbekannte Person	2. H. 13. Jh.
3		[11]	Agnes [Ehefrau des Heinrich Medicus von Horb]	1310
4		[13]	Gosolt Liebener [wahrscheinlich Geschworener]	1318
5		[14]	Heinrich von Eberdingen [Schultheiß]	1324
6		[15]	Trutwin [Priester] und dessen Mutter Luitgard	1324
7	(→ 70)	[16]	Albert Weis(e)	1. V. 14. Jh.
8		[17]	Crafto von Bettingen	1326
9		[18]	Günther Rappenherr d.Ä.	1341
10	(→ 88)	[19]	Werner I. Göldlin [Schultheiß]	1349
11		[20]	Luitgard Göldlin [Tochter Werner I. Göldlins, vgl. Nr. 10; Ehefrau des Heinrich Schultheiß/Göldlin]	1371
12	(→ 99a)	[21]	Günther von Tettighofen [Geistlicher]	1372
13		[22]	Guta [Witwe Günther Rappenherrs d.Ä., vgl. Nr. 9]	1372
14	(→ 64, 75)	[25]	Goeslin Schultheiß [Richter; Bruder des Heinrich Schultheiß/Göldlin, vgl. Nr. 11]	1382
15		[27]	Ursula Hepp	1398
16	(→ 35)[193]	[23]	unbekannte Person	2. H. 14. Jh.[194]
17		[28]	Marquard Plus (Blus) und seine Frau Anna (geb. Wels)	um 1400?
18		[30]	Günther Flad [Geistlicher]	1407

---

[190] Seeliger-Zeiss, Inschriften (wie Anm. 27), 3–5 (Nr. 1).
[191] Ebd., 70f. (Nr. 92).
[192] Siehe unten Anm. 199.

Nr.			Person(en)	Jahr
19	(← 2)	[31]	Gerhusa Weis(e)	1408
20		[32]	Katharina Mesner [Ehefrau des Friedrich Tufel (Teufel), markgräflicher Rat und Schreiber]	1413?
21		[33]	Johannes Ruhmus [Geistlicher]	1414
22		[34]	Johannes Nettinger und sein Bruder Krafto Nettinger [Kaplan an der Martinskirche] [Brüder der Katharina Nettinger, vgl. Nr. 38, alle drei gemeinsam Stifter einer Pfründe an der Michaelskirche]	1414
23		[36]	N.N. Schnewlin von Wiesneck	1419
24		[38]	unbekannte Person	1. V. 15. Jh.
25		[39]	Petrus Rot (Reut) genannt Veyhinger	1428
26		[40]	N.N. Rot gen. Veyhinger oder Rappenherr [Geistlicher]	1438
27		[41]	Reinhard von Remchingen (?) [Vogt von Pforzheim]	1429
28		[42]	Johannes Lantschriber [Geistlicher]	1429
29		[43]	Elisabeth Wels [Tochter des Albert Wels (vgl. eventuell Nr. 37), Ehefrau des Gunther Rappenherr]	1429
30		[44]	Konrad Flad [Geistlicher]	1429
31		[45]	Johannes Rot (von Pforzheim) [Geistlicher]	1420/29
32		[46]	Johannes Dietrich [Geistlicher]	1425/29?
33		[47]	Nikolaus Kommerell [Frühmesser und Pfründner am Hl. Kreuzaltar]	1430
34		[50]	Graf Wilhelm III. von Eberstein	1431
35	(← 16)	[23]	Johannes W(e)iler [Geistlicher]	1433
36		[51]	Johannes Rot (Reut) gen. Großhans Veyhinger [Richter?]	1438
37[195]		[52]	Albert Wels [eventuell Vater der Elisabeth Wels (vgl. Nr. 29)]	1439
38		[48]	Katharina Nettinger [Schwester des Johannes und des Krafto Nettinger, vgl. Nr. 22]	1430/39
39		[49]	N.N. Rappenherr oder Rot gen. Veyhinger	1430/39
40		[53]	N.N. Rot gen. Veyhinger	ca. 1420/40

Nr.		Person(en)	Jahr
41	[55]	Hannmann Hunger von Ettlingen	1442
42	[57]	Hans von Remchingen [wahrscheinlich der Sohn des Reinhard von Remchingen (vgl. Nr. 27), im markgräflichen Dienst (u.a. Hofmeister)]	1449 oder kurz danach
43	[58]	Ehefrau des Ulrich Keyser [eventuell Mutter des Stiftsherrn Ulrich Kaiser]	1459
44	[59]	(Johannes) Eberlin [wahrscheinlich Stiftsherr]	nach 1460
45	[60]	(Bernhard) Flad [wahrscheinlich Stiftsherr]	nach 1460
46	[63]	Petrus Suser [Stiftsherr][196]	1471
47	[64]	Peter Goeslin [Stiftsherr]	1472
48[197]	[65]	Balthasar Wels [Schultheiß]	1473
49	[66]	unbekannte Person	1474
50a/b	[67, 119]	Erhard Thorlinger (†1528) [Haushofmeister] und seine Ehefrau Ursula (†1479)	1479, 1528
51	[68]	Bruderschaft/Zunft der Weber	1480
52	[69]	Johannes von Baden [Vikar]	1481
53	[70]	Johannes Besecka [Vikar]	1482
54	[71]	Johannes Bysloch [Vikar (?)]	1486?
55	[73]	Anshelm (von Lauterburg?) [Stiftsherr]	1488?
56	[74]	Bartholomäus von Gärtringen	1489
57 (→ 85)	[75]	Hans N.N. und seine Frau Luck	1480/89
58	[77]	Sebastian Huber [Stiftsherr]	1492
59	[84]	unbekannte Person	1491/94[198]
60	[81]	Johann Freigraf aus Klein-Ägypten	1498
61	[82]	Johannes Bremgart [wahrscheinlich Kleriker]	1498, 1520
62	[85]	Hans Blus (Plus) [eventuell Richter, Ratsherr, Bürgermeister] und seine Frau Margret Knoder [wohl verwandt mit dem Stiftsvikar Jakob Knoder] [Eltern des Stiftsdekans Paul Plus?]	4. V. 15. Jh.
63	[88]	unbekannte Person	15. Jh.
64 (← 14, → 75)	[25]	unbekannte Person	15. Jh.

Nr.			Person(en)	Jahr
65		[89]	N.N. [Rektor der Pfarrkirche in Niefern]	15. Jh.?
66		[94]	Hans von Lienzingen [von Beruf Sergenweber?]	1504
67		[95]	Jodocus Meyer [Vikar]	1506
68		[96]	Hans Kechler d.Ä. von Schwandorf und seine Frau Margret (geb. von Windeck)	1507
69	(→ 84)	[97]	unbekannte Person	1507?
70	(← 7)	[16]	Margarethe von Sachsenheim [Ehefrau Reinhards von Neuhausen]	1509
71		[98]	Eucharius Rot gen. Veyhinger und seine Frau Katherina (geb. Engelhart)	1500/09
72		[99]	Nikolaus Weiler [Stiftsherr, Verwandter des Matern Weiler (vgl. Nr. 87)]	1510
73		[100]	Nikolaus Spengler von Bönnigheim [Stiftsherr]	1510
74		[103]	Hans Schwertfeger (†1494) und seine Frau Agnes (†1494) sowie ihr Sohn Johannes Schwertfeger (†1511) [Stiftsdekan]	1511
75	(← 14, 64)	[25]	Johannes Giltz [Stiftsherr]	1511
76		[105]	Hans Schenk von Stauffenberg und seine Frau Barbara (geb. Güss von Güssenberg)	nach 1511
77		[109]	Hans von Neuneck	1519
78		[102]	Jacobus Schüm genannt Abenturer [Vikar]	1510/19
79		[113]	Hans (?) Kechler von Schwandorf d.J.	1523
80		[114]	Georg Krapf [Vikar]	1525
81		[117]	Mechtild Widmann gen. Möchinger (geb. Bälz) [Ehefrau des Dr. Johann Widmann gen. Möchinger, u.a. württembergischer und badischer Leibarzt[199]]	1526
82		[118]	Heinrich (?) Liesch [wahrscheinlich Heinrich Liesch, Richter, Bürgermeister]	1527
83		[123]	Johannes Hochberg [Stiftspropst]	1532
84	(← 69)	[97]	unbekannte Person (*errhaft vnd furnem freiherr*)	1532
85	(← 57)	[75]	Veit Breitschwert d.Ä. [Richter]	1533

Nr.		Person(en)	Jahr
86		[*129*] Markgraf Ernst von Baden (†1553) und seine zweite Gemahlin Ursula geb. von Rosenfeld (†1538)	1538, 1553
87		[*134*] Matern Weiler [Richter; Verwandter des Nikolaus Weiler (vgl. Nr. 72)]	1542
88	(← 10)	[*19*] N.N. Schenk von Winterstetten	1542
89		[*135*] Sebastian Hochberg [markgräflicher Küchenmeister (?); verwandt mit dem Stiftspropst Johannes Hochberg (vgl. Nr. 83)]	1543
90		[*136*] Anna von Ehingen [Ehefrau des Bernhard von Hardheim]	1543
91		[*139*] Anna von Hohenheim genannt Bombast (geb. Schillig von Cannstatt) [Mutter der dritten Frau Markgraf Ernsts]	1546
92		[*145*] Cordula Widmann gen. Möchinger [Ehefrau des Conrad Gremp; Tochter des Johann Widmann und der Mechtild Bälz (vgl. Nr. 81)]	1551
93a/b		[*148, 149*] Markgraf Bernhard d. J. [Sohn Markgraf Ernsts]	1553
94		[*151*] Oswald Gut [Kanzler]	1554
95		[*153*] Kunigunde von Schauenburg [vermutl. Tochter des badischen, später württembergischen Haushofmeisters Melchior von Schauenburg]	1555
96		[*154*] Karl Pfalzgraf bei Rhein [Sohn Kurfürst Friedrichs III. von der Pfalz; Neffe Kunigundes, der Gemahlin Markgraf Karls II. von Baden (vgl. Nr. 98)]	1555
97a/b		[*156, 157*] Markgraf Albrecht (Alcibiades) von Brandenburg-Ansbach-Kulmbach [Bruder Kunigundes, der Gemahlin Markgraf Karls II. von Baden (vgl. Nr. 98)]	1557
98		[*158*] Markgräfin Kunigunde von Baden [Gemahlin Markgraf Karls II.]	1558
99a/b	(← 12)	[*21, 159*] Bernhard Friedrich Widergrün von Staufenberg	1558
100[200]		[*160*] Maternus von Osburg (Offenburg?) [„Amtsträger im Umfeld des Markgrafen Karl II."[201]]	1558

Nr.		Person(en)	Jahr
101a/b	[*163, 171*]	Markgräfin Maria von Baden [Tochter Markgraf Karls II.]	1561, 1565
102	[*166*]	Katharina von Remchingen (geb. Schenk von Winterstetten) [erste Ehefrau des Daniel von Remchingen (u.a. badischer Rat)]	1562

[193] Die Grabplatte könnte noch ein drittes Mal verwendet worden sein, allerdings ohne Anhaltspunkt für Jahr und Person, weshalb dies hier nicht ins Gewicht fällt. Siehe Seeliger-Zeiss, Inschriften (wie Anm. 27), 23.

[194] Ebd., 23 Datierung auf das dritte Viertel des 14. Jahrhunderts, was die fragmentarisch überlieferte Inschrift aber nicht zwingend erscheinen lässt.

[195] Ebd., 44: „Die Grabplatte mit der Inschrift ist offensichtlich einige Zeit später – vielleicht gegen Ende des 15. Jahrhunderts – für eine Zweitverwendung umgedreht worden. Die Unterseite wurde geglättet und für eine neue Beschriftung vorbereitet, die aber nicht erfolgt ist. Offensichtlich sollte die Platte wiederum für ein Glied der Familie Wels genutzt werden, wie das Wappen anzeigt." Da die fehlende Inschrift darauf hinweist, dass die vorgesehene erneute Verwendung nicht erfolgte, wird diese hier nicht gezählt.

[196] Bei Fouquet, St. Michael (wie Anm. 13), 149 (Nr. IV.4) als Petrus „Duser" angeführt. Nach Seeliger-Zeiss, Inschriften (wie Anm. 27), 52 ist die Lesung „Suser" (*svser*) auf der Grabplatte eindeutig.

[197] Die Grabplatte war ursprünglich für eine andere Person vorgesehen (auch tatsächlich verwendet?), deren Wappen (Ritzzeichnung) noch vorhanden ist (Seeliger-Zeiss, Inschriften [wie Anm. 27], 53f. mit Abb. 53). Da das Wappen nicht identifiziert ist, sind zu dieser eventuellen Erstverwendung keine weiteren Angaben möglich.

[198] Seeliger-Zeiss, Inschriften (wie Anm. 27), 66 gibt „1491–1499" an, doch lässt die möglicherweise unvollständige Jahreszahl (*M cccc lxxxxi[– – –]*) üblicherweise nur eine Ergänzung bis 1494 zu.

[199] Für Johann Widmann selbst ist in der Michaelskirche eine Inschrift erhalten, welche die Stiftung einer Messe am Dreikönigsaltar im Jahr 1522 dokumentiert (Seeliger-Zeiss, Inschriften [wie Anm. 27], 88f. [Nr. 112]). Die Tafel könnte durchaus in Verbindung mit der mutmaßlich in St. Michael geplanten Beisetzung Widmanns stehen (vgl. ebd., 89), jedoch ist – anders als für seine Frau – keine Grabplatte überliefert.

[200] Ob sich die Grabplatte oder das Epitaph (nicht erhalten, Inschrift allein bei Crusius überliefert) in der Michaelskirche befand, ist nicht mit völliger Sicherheit zu sagen (Seeliger-Zeiss, Inschriften [wie Anm. 27], 123).

[201] Ebd., 124.

Die Vereinigung des reformierten und des katholischen Gymnasiums in Heidelberg 1808 und die anfänglichen Widerstände gegen die Vereinigung und gegen den Neuhumanismus im Bildungswesen

Gerhard Schwinge

Am 21. November 1808 fand in Heidelberg eine Feier zur Vereinigung zweier bis dahin bestehender Gymnasien, des reformierten und des katholischen Gymnasiums, und damit die Eröffnung eines neuen Großherzoglichen Gymnasiums statt. Aus diesem Anlass hielt als Mitglied der über ein Jahr vorher innerhalb des badischen Innenministeriums konstituierten „Generalstudienkommission zur Vereinheitlichung des konfessionell gegliederten höheren badischen Schulwesens" der Reformierte Johann Ludwig Ewald eine Rede.[1]

In Erinnerung an das 1546 gegründete erste reformierte Gymnasium illustre in Heidelberg gab die Nachfolgeschule, das Kurfürst-Friedrich-Gymnasium[2], 1996 zum 450jährigen Jubiläum der Gründung eine umfangreiche Festschrift heraus, in der sich allerdings nur ein Aufsatz mit der Schulgeschichte beschäftigt.[3]

Aus den ersten zwei Jahrzehnten der Schulgeschichte gibt es acht Quellenschriften, welche für das Aufsatzthema relevant sind. Überwiegend handelt es sich um Gelegenheitsschriften geringen Umfangs; von ihnen beleuchten sechs ausschließlich die Heidelberger Schulsituation und deren Bildungsziele. Die ersten vier dieser Quellen wurden bisher in der Literatur nicht berücksichtigt.[4] Daher erscheint dieser Aufsatz gerechtfertigt.[5]

---

[1] Siehe Anhang 1 und weiter unten. Biogramm siehe Anhang 4.
[2] Der Name der Schule erinnert an ihren Gründer Kurfürst Friedrich II. von der Pfalz (1462–1556).
[3] Bibliographische Angaben in Anhang 5. – Siehe jedoch auch drei Internetartikel zur Geschichte des KFG Heidelberg: Wikipedia: Kurfürst-Friedrich-Gymnasium Heidelberg; www.kfg-Heidelberg.de; und den von einer Geschichts-Arbeitsgemeinschaft der Schule eingestellte Internetbeitrag: https://sites.google.com/a/geschichts-ag-kfg-heidelberg.de/website/home/ueberblick-schulgeschichte.
[4] Siehe Anhang 1. – Von den Quellenschriften sind anscheinend drei nicht (mehr) in Heidelberger Bibliotheken vorhanden.
[5] Archivalische, also ungedruckte Quellen wurden bei der Erarbeitung dieses Aufsatzes nicht herangezogen; nur eine wird genannt.

1. Die Vorgeschichte und die Voraussetzungen der Vereinigung[6]

Politische Vorgeschichte

Als 1771 durch Erbfall die katholische Markgrafschaft Baden-Baden mit der lutherischen Markgrafschaft Baden-Durlach zur Markgrafschaft Baden vereinigt wurde, überwog fortan der katholische Untertanenanteil. Als 1803 durch den Reichsdeputationshauptschluss auch die reformierte Kurpfalz an Baden fiel, kamen zahlreiche reformierte Untertanen hinzu. Mit der Erhebung des nunmehrigen Kurfürstentums zum Großherzogtum Baden 1806 wurde eine rechtliche und verwaltungsmäßige Vereinheitlichung im gesamten Herrschaftsgebiet endgültig unaufschiebbar. Grund dafür war zumal die Säkularisation, durch welche Klöster, Stifte und Ordenseinrichtungen und damit auch die durch diese betriebenen Kollegs und Gymnasien aufgehoben werden mussten.

Schulorganisatorische Vorgeschichte

Die evangelische Gelehrtenschultradition Heidelbergs als ehemalige kurpfälzische Residenzstadt (bis 1720, als Mannheim Residenz wurde) reichte in ihren Ursprüngen mit einem Gymnasium illustre bis 1546 zurück. Gleichwohl gab es 1808 außer einem reformierten Gymnasium auch ein katholisches Gymnasium, als Nachfolgeschule eines Jesuitenkollegs. Beide Gymnasien wurden am 21. November 1808 vereinigt.[7] Das Großherzogliche Gymnasium trägt seit 1908 den Namen Kurfürst-Friedrich-Gymnasium.

Auch in anderen badischen Städten mit Gelehrtenschultradition gab es Fusionen oder Veränderungen. In Mannheim wurden ein Jahr vor Heidelberg bereits am 10. November 1807 sogar drei konfessionelle Vorgängerschulen vereinigt, die sich allerdings alle in desolatem, nicht mehr existenzfähigem Zustand befanden: ein katholisches Gymnasium als Nachfolgeschule eines Jesuiten- bzw. Lazaristenkollegs, ein lutherisches Gymnasium für die Lutheraner[8] und ein reformiertes Gymnasium.[9] Das Großherzogliche Lyceum erhielt 1907 den Namen Karl-Friedrich-Gymnasium.

In der ehemaligen katholischen Markgrafschaft Baden-Baden fand eine Zusammenlegung zweier Ordensschulen statt: Am 15. November 1808 (also gleichzeitig mit dem Heidelberger Gymnasium) wurde das Baden-Badener Lyceum (das ehemalige Jesuitenkolleg) mit dem Rastatter Piaristenkolleg zum Großherzoglichen Lyceum Rastatt vereinigt; nach hundert Jahren erhielt es 1908 den Namen Ludwig-Wilhelm-Gymnasium. In der ehemaligen lutherischen Markgrafschaft Baden-Durlach wurde

---

[6] Siehe Anhang 2: zur Chronologie 1801 bis 1843.
[7] Vgl. Anmerkung 3.
[8] In Mannheim gab es immer, im Unterschied zur übrigen Kurpfalz, eine zahlenmäßig starke lutherische Gemeinde.
[9] Nach Veröffentlichungen zur Schulgeschichte 1857, 1907 und 1972 vgl. zuletzt vor allem: 200 Jahre Vereinigtes Großherzogliches Lyceum Mannheim – Karl-Friedrich-Gymnasium Mannheim 1807–2007, hrsg. von Hermann Wiegand u. Wilhelm Kreutz, Heidelberg u. a.: verlag regionalkultur 2008, 432 S., Abb., 1 CD-ROM.

schon 1806 aus dem ursprünglich Durlacher Gymnasium illustre von 1586, seit 1724 in der neuen Residenzstadt Karlsruhe, das Karlsruher Lyceum, seit 1938 mit dem Namen Bismarck-Gymnasium.[10] In Freiburg in den österreichischen Vorlanden, seit 1806 zum Großherzogtum gehörend, wurde das zuvor von den Benediktinerklöstern des Breisgaus getragene Gymnasium 1807 staatlich als Großherzogliches Gymnasium Freiburg weitergeführt (1814 Humanistisches Gymnasium, 1839 neunjähriges Lyzeum); nachdem 1904 das Friedrich-Gymnasium als ein zweites humanistisches Gymnasium gegründet worden war, erhielt das Großherzogliche Gymnasium den Namen Berthold-Gymnasium. In Konstanz wurde aus dem staatlich-österreichischen Gymnasium, das sich auf das 1604 gegründete Jesuitenkolleg zurückführt, 1807 ein großherzogliches Lyceum, heute Heinrich-Suso-Gymnasium.

Die Bezeichnungen für die „Gelehrtenschulen", häufiger „Mittelschulen" genannt[11] (zwischen den Elementarschulen und der Universität) waren oft uneinheitlich. Vierjährige Lateinschulen und Pädagogien als weniger ausgebaute Mittelschulen gab es auch außerhalb von Residenzstädten. In diesen unterhielt der Landesherr, spätestens seit dem 16. Jahrhundert, meistens ein sechs- oder achtjähriges Gymnasium illustre.[12] – Die in den ersten Jahrzehnten des 19. Jahrhunderts benutzten Bezeichnungen Lyceum und Gymnasium dienten – wenn auch nicht immer – einer Unterscheidung im Blick auf die Zahl der Klassen und Schuljahre: Ein Lyceum hatte sechs Klassen in acht bis neun Schuljahren, wobei die beiden obersten Klassen 5 und 6 je zwei Schuljahre dauerten.[13]

Kulturgeschichtliche und pädagogische Vorgeschichte

Im 17./18. Jahrhundert hatte es auf dem Boden von Pietismus und Aufklärung im Bildungswesen verschiedene Neuansätze gegeben, so dass man diese Zeit als das pädagogische Zeitalter überhaupt bezeichnet hat. Dabei gewann der Realienunterricht (Geschichte und die später sogenannten Naturwissenschaften Geographie, Mathematik, Naturgeschichte) an Bedeutung. Im mit der Realienbildung verbundenen Nützlichkeitsdenken waren sich pietistische und aufgeklärte Pädagogen einig – von August Hermann Francke in Halle mit den Franckeschen Stiftungen bis Johann Heinrich Pes-

---

[10] In Karlsruhe gab es ab 1809 auch schon eine gemischtkonfessionelle Ingenieurschule, das spätere Polytechnikum, dann Universität (TH), heute KIT (Karlsruher Institut für Technologie). Vgl. Ewald in seiner Schrift von 1810 (siehe Anhang 1): *Es ist doch äusserst auffallend, dass man eine Menge Institute hat, in denen Rechnen, Geographie, Technologie, Geschichte, Waarenkenntniß, Handlungswissenschaft oder reine und angewandte Mathematik, Geschichte, lebende Sprachen und Ingenieurkunst für alle drei Konfessionen gelehrt wird, und dass Niemand ein Wort dagegen sagt.* (S. 31f.)

[11] Von dem eigenen Lyceum oder Gymnasium sprechen die zeitgenössischen Autoren dagegen durchweg als von der Anstalt oder dem Institut.

[12] Bei Johann Just Winckelmann (soweit bekannt nicht verwandt mit dem bekannteren Johann Joachim Winckelmann) heißt es in seiner Schrift von 1671 „Oldenburgischer Friedens- u. der benachbarter Oerter Kriegshandlungen": *Die Schulen machen gute Christen, daraus werden treue Untertanen.*

[13] Das Mannheimer Lyceum hatte in dieser Anfangszeit acht Schuljahre, das Heidelberger Gymnasium sechs Schuljahre. Ruf (S. Anhang 5) bemüht sich (S. 3. 27), „in das damalige Durcheinander" eine gewisse Ordnung zu bringen. 1831 waren danach die Lyzeen neunstufig, die Gymnasien siebenstufig, je mit unterschiedlicher Klassenanzahl. 1831 habe es in Baden vier Lyzeen gegeben (in Mannheim, Karlsruhe, Rastatt und Konstanz) und sechs Gymnasien (in Heidelberg, Freiburg, Bruchsal, Wertheim, Offenburg und Donaueschingen).

talozzi mit seiner Anschauungspädagogik nach Jean Jacques Rousseau seit 1773/74 und. Johann Bernhard Basedow mit dem Dessauer Philanthropinum von 1774.[14]

Latein, Griechisch und auch Hebräisch hatten jedoch wegen der Theologenausbildung stets eine unverzichtbare Rolle gespielt; bis 1777 war die Philologie als Sprachwissenschaft der alten Sprachen sogar ein Teil der Theologie. Erst im letzten Viertel des 18. Jahrhunderts erfolgte durch den Humanismus der Klassik eine Neubewertung der alten Sprachen und der Antike. Der Humanismus der Klassik wird gelegentlich missverständlich Neuhumanismus genannt, im Unterschied zum „Althumanismus", dem Renaissance-Humanismus. „Neuhumanismus" ist also leider kein einheitlich benutzter Begriff. Er sollte nur für die Bildungsbewegung in der ersten Hälfte des 19. Jahrhunderts verwendet werden, wie es in diesem Aufsatz vertreten wird.

Der Humanismus der Klassik[15] ist gekennzeichnet durch Antike-Begeisterung, Altertumsforschung, Italien-, insbesondere Romreisen als Bildungsreisen, Übersetzungen antiker Schriftsteller und literarische Verarbeitung antiker Stoffe. Neben Winckelmann, Heyne und Wolf (ein Schüler Heynes) ist Goethe zu nennen. Durch Übersetzungen aus dem Griechischen und Lateinischen wie überhaupt durch eine Rezeption der Antike wirkten auch Christoph Martin Wieland, Friedrich Schiller oder Friedrich Hölderlin.

Eine besondere Situation ergab sich in Heidelberg durch die zeitliche und örtliche Nähe von Voß und Creuzer. Johann Heinrich Voß (ein Schüler Heynes) mit seinen beiden Söhnen, wie ihr Vater Klassische Philologen, lebte seit 1805 in Heidelberg.[16] Als Verfechter eines rationalistischen Klassizismus des 18. Jahrhunderts geriet „der alte Voß" in Konflikt mit seinen Zeitgenossen, vor allem in vielfache literarische, oft satirische Fehden mit den Vertretern der Heidelberger Romantik[17] und mit dem zwanzig Jahre jüngeren Friedrich Creuzer, dem Vertreter eines neuen Verständnisses von Humanismus, seit 1804 in Heidelberg. Bekannt ist der Antisymbolikstreit zwischen Voß und Creuzer (und anderen), vor allem in den Jahren 1819 bis 1825.[18]

---

[14] Vgl. Udo Wennemuth, Reformiertes und lutherisches Gymnasium in Mannheim, S. 14–37 in: 200 Jahre Vereinigtes Großherzogliches Lyceum Mannheim, Vorträge, Mannheim: Selbstverlag 2007, hier S. 35. – In Mannheim hatte bereits 1782 der Reformpädagoge Johann Jakob Winterwerber im Sinne Basedows und Rousseaus eine Schule für *männliche Zöglinge aller Religionen und Religionspartheien*, Philanthropin genannt, gegründet, „welche die Abkehr von der Lateinschule zur deutschen Realschule mit sprachlicher, aber eben auch kaufmännischer Grundausbildung markiert" (Johannes Ehmann in: Udo Wennemuth, Geschichte der evangelischen Kirche in Mannheim (Quellen und Darstellungen zur Mannheimer Stadtgeschichte, 4), Sigmaringen 1996, S.58f.; vgl. daselbst S. 45).

[15] Vgl. Anhang 3.

[16] Vgl. Anhang 3.

[17] Vgl. Günter Häntzschel, Johann Heinrich Voß in Heidelberg. Kontroversen und Missverständnisse, in: Heidelberg im säkularen Umbruch, hrsg. von Friedrich Strack, Stuttgart 1987, S. 301–321 (manche Fragezeichen sind hier allerdings angebracht); Heribert Raab, Görres und Voß. Zum Kampf zwischen „Romantik" und „Rationalismus" im ersten Drittel des 19. Jahrhunderts, ebd., S. 322–336.

[18] Vgl. Anhang 3. Voß und Creuzer waren ursprünglich Theologen. Zum Antisymbolikstreit siehe: Gerhard Schwinge, „freundlich und ernst". Friedrich Heinrich Christian Schwarz. Theologieprofessor und Pädagoge in Heidelberg 1804–1837 und die Heidelberger Gesellschaft seiner Zeit (Archiv und Museum der Universität Heidelberg, Schriften 11), Heidelberg u. a. 2007, S. 70–74; Ders., Creuzers Symbolik und Mythologie und der Antisymbolikstreit mit Voß sowie dessen Kryptokatholizismusvorwurf, in: Friedrich Creuzer 1771–1859. Philologie und Mythologie im Zeitalter der Romantik. Begleitband zur Ausstellung in der Universitätsbibliothek Heidelberg, 12. Februar – 8. Mai 2008, hrsg. von Frank Engehausen u. a. (Archiv und Museum der Universität Heidelberg, Schriften 12), Heidelberg u. a. 2008, S. 73–88; Ders., Voß sah überall nur Mystizisten und Kryptokatholiken. Zum Heidelberger

Schon 1807 hatte Creuzer anlässlich der Gründung seines philologischen Seminars in seiner programmatischen Schrift „Das Akademische Studium des Alterthums" auf einen propädeutischen Unterricht folgend, von „humanistischen" Vorlesungen über die eigentlichen sprachlichen und historischen Altertumsgegenstände aufgrund der Humaniora und der aus diesen erwachsenden Humanität geschrieben.[19]

Behördliche Voraussetzungen[20]

Für die Neuordnung des bis dahin konfessionell getrennten Bildungswesens Badens, im Kurfürstentum seit 1803 und im Großherzogtum seit 1806, waren die im Geist des Spätabsolutismus verfassten Edikte des Staatsministers Friedrich Brauer maßgeblich: So enthält das 13. Organisationsedikt „über die Organisation der gemeinen und wissenschaftlichen Lehranstalten" vom 13. Mai 1803 (das letzte von 13 Organisationsedikten, diese u. a. über die Religionsausübung in dem nun konfessionell gemischten Land und die Säkularisierung der Klöster) erste Pläne für die Gelehrtenschulen. Dort heißt es: *Die Lycäen* [sic] *oder akademischen Gymnasien haben das Ziel, eine erste Einleitung in die wissenschaftliche Bildung der studierenden Jugend zu geben.* 1806 folgten sechs Konstitutionsedikte Brauers (teilweise im Gegensatz zu der mehr fortschrittlichen Position Sigismund von Reitzensteins, des Kurators der Neuorganisation der Universität Heidelberg seit 1803). 1807 wurden die bis dahin getrennten evangelischen Kirchenräte (Kirchenverwaltungsbehörden), der lutherische in Karlsruhe und der reformierte in Heidelberg, zu einem „Oberkirchenrat" in Karlsruhe vereinigt, was eine einzige gemeinsame Kirchenverwaltungsbehörde, also eine Verwaltungsunion bedeutete. Ebenfalls 1807 wurde die schon eingangs erwähnte Generalstudienkommission eingerichtet; ihre drei Mitglieder waren der lutherische Kirchenrat Nikolaus Sander, der reformierte Kirchenrat Johann Ludwig Ewald und der katholische Kirchenrat Philipp Brunner. Diese tagten im April 1807 an mehreren Tagen, um einen detaillierten Plan für künftige Lyceen bzw. Gymnasien zu erarbeiten, welcher am 12. August genehmigt wurde.[21] Der Plan fand seine Veröffentlichung in der der Vereinigungsfeier in Mannheim vorausgehenden Einladungsschrift „Einige leitende Ideen

---

Antisymbolikstreit 1821–1826 und seiner Vorgeschichte, in: Von der Spätaufklärung zur Badischen Revolution. Literarisches Leben in Baden zwischen 1800 und 1850, hrsg. von Achim Aurnhammer u. a., Freiburg 2010, S. 50–64. – Zu Voß und Söhne Ders., Albert Ludwig Grimm (1786–1872). Eine Biographie in ihrem zeitgeschichtlichen Rahmen, Heidelberg u. a. 2011, S. 20f. u. 32. – Creuzer und Schwarz gründeten 1807 ein Philologisch-pädagogisches Seminar, in welchem Creuzer für die (Alt-) Philologie und Schwarz für die Pädagogik zuständig war; dazu: Schwinge, Schwarz, 2007 (s. o.), S. 42; Engehausen in: Friedrich Creuzer, 2008 (s. o.), S. 29.

[19] Das Akademische Studium des Alterthums, nebst einem Plane der humanistischen Vorlesungen und des Philologischen Seminarium auf der Universität zu Heidelberg, Friedrich Creuzer, Grossherzogl. Badischer Hofrath, Ordentlicher Professor der classischen Literatur und Beredsamkeit und Direktor des Philologischen Seminars, Heidelberg 1807, 140 S. (Faks.-Reprint 2007). Zu der Zeit nannte Creuzer auf S. 98 neben Lessing, Winckelmann, Heyne u. a. als Gewährsmann auch noch Voß (auf S. 103 noch einmal Heyne, dazu Wolf u. a.).

[20] Zu den im Folgenden genannten Personen siehe Anhang 4, zu den Institutionen siehe Anhang 2.

[21] Ausführlich referiert von: Karl Albert Müller, Von den Anfängen unserer [Mannheimer] Schule 1665 bis 1807, S. 7–112 (darin S. 104–107 Vorgeschichte 1802–1807), in: Dreihundert Jahre Karl-Friedrich-Gymnasium. Vergangenheit und Gegenwart einer Mannheimer Schule, hrsg. von Karl Albert Müller, Mannheim 1972, 226 S.

[…] zur Ankündigung des in Mannheim zu errichtenden Lyceum" [sic].[22] Die Generalstudienkommission wurde allerdings bereits 1809 wieder aufgelöst[23] und durch eine evangelische und eine katholische Kirchensektion im Innenministerium abgelöst.

Die übrige vielfältige, bedeutsame badische Zeitgeschichte der ersten beiden Jahrzehnte des 19. Jahrhunderts muss hier außer Acht gelassen werden.

2. Die Quellenschriften zur Vereinigung aus den Jahren 1808 bis 1810 und ihre beiden Verfasser

Wie oben bereits gesagt, gibt es aus den Jahren 1808 bis 1823 Quellen, welche für das Aufsatzthema erhellend sind; eine Quelle ist jedoch leider nicht mehr auffindbar.[24] Zu den ersten fünf Veröffentlichungen:

(1) Ein gutes halbes Jahr vor der Vereinigung beschrieb der seit 1794 amtierende Direktor des reformierten Gymnasiums Gottfried Christian Lauter innerhalb einer Einladungsschrift zu den Anfang April 1808 stattfindenden Schulprüfungen die *gegenwärtige Einrichtung* seiner Schule. Wie seit der Stiftung in der Mitte des 16. Jahrhunderts sei das Gymnasium *eine gelehrte Bildungs- und Vorbereitungsanstalt für das Studium der höheren Wissenschaften auf der Universität*. Nötige Reformen seien durch Johann Friedrich Abegg seit 1789 erreicht worden. Lauter selbst war zu der Zeit bereits neben seiner Heidelberger Pfarrstelle zweiter Lehrer an der Schule. Die neueste Veränderung sei zu Beginn des Schuljahres 1807 eingetreten. *Die beyden Hauptabsichten derselben waren: erstlich, den gelehrten Sprachunterricht in die ihm gebührenden Rechte einzusetzen und durch Einschränkung des Real-Unterrichtes für jenen mehr Zeit zu gewinnen; zweytens, noch mehr Ordnung in das Ganze zu bringen und besonders die Disciplin des Gymnasiums zu schärfen.* – Das bedeutete Stärkung des Sprachunterrichts, nämlich der alten Sprachen Latein und Griechisch (und auch Hebräisch für die künftigen Theologen), einschließlich der antiken Geschichte, Altertümer und Literatur, neben der Religion an erster Stelle. Es sei ein Vorurteil, dass das Griechische nur für den Theologen nötig sei und nicht für alle Schüler. Einschränkung des Realienunterrichts, Verbesserung der Schuldisziplin, auch das sind Gesichtspunkte, die im Folgenden wiederkehren. – Seit der neuesten Organisation sei dem Heidelberger Kirchenrat und Theologieprofessor Carl Daub als „Scholarch" die Aufsicht über das Gymnasium übertragen worden. Zu den weiteren vier Lehrern an der Schule gehörte bereits seit 1794 Karl Philipp Kayser.

(2) Am 21. November 1808 fand in Heidelberg die Feier zur Vereinigung des reformierten Gymnasiums mit dem katholischen Gymnasium, dem ehemaligen Jesui-

---

[22] Vgl. Anm. 25 und unten im Abschnitt zum Bildungskonzept.
[23] Die Generalstudienkommission hat sich gegen ihre (wahrscheinlich von Sigismund von Reitzenstein betriebene) Auflösung zu wehren versucht – siehe Landeskirchliches Archiv Karlsruhe GA 1257 (zur Auflösung: Schriftwechsel zwischen der Kommission und dem Innenministerium vom Januar 1810). Die Kommission legt am 20. Januar 1810 einen ausführlichen Tätigkeitsbericht (44 Kanzleischrift-Seiten) vor und warnt vor den unabsehbaren Folgen ihrer Auflösung.
[24] Siehe Anhang 1: Quellen und Anhang 4: Personen.

tenkolleg, statt. Lauter muss zuvor davon gewusst haben, denn ein Jahr vorher waren ja bereits am 10. November in Mannheim drei konfessionelle Gymnasien vereinigt worden, worüber zwei Schriften noch 1807 öffentlich berichtet hatten.[25] Beide Vereinigungen waren regierungsamtlich veranlasst worden und wurden von den die Konfessionen vertretenden Mitgliedern der dazu eingerichteten Generalstudienkommission durchgeführt. Während in Mannheim alle drei Kommissionsmitglieder geredet hatten, war Ewald in Heidelberg einziger Festredner bei der Feier „im kleinen katholischen Seminarium"; die Rede erschien 1809 im renommierten Heidelberger Verlag Mohr und Zimmer.[26] (Abb. 8)

Ewald verteidigt die Vereinigung gegen Vorurteile und konfessionspolitische Bedenken der katholischen Seite. Beide bisherigen „Institute" hatten offenbar Schwierigkeiten (S. 6: sie *schmachteten in Lähmung und Ohnmacht*). Die alten Sprachen Griechisch und Latein getrennt zu unterrichten, sei unsinnig; der Religionsunterricht finde dagegen selbstverständlich weiterhin getrennt statt (10). Die Direktion wechsle zwischen den Konfessionen ab (11), die meisten Lehrzimmer würden im reformierten Gymnasiumsgebäude untergebracht (11). Ewald nennt sodann drei Vorteile für die Vereinigung: erstens den ökonomischen Vorteil bei der Finanzierung (13), zweitens den pädagogischen Vorteil. Ewald wagt zu sagen: V*ielleicht sind die Schüler in den katholischen* [Lehrinstituten] *oft zu sehr beschränkt; vielleicht wird ihnen in den protestantischen zu viel Freiheit gelassen. Vielleicht sind manche katholische von mancher Seite zu weit hinter dem Zeitgeiste zurück; vielleicht haben sich manche protestantische zu weit hinreißen lassen von dem Zeitgeiste. Vielleicht ist die Lehrmethode in manchen protestantischen Instituten zu frei, vielleicht in manchen katholischen zu steif.* (16) Und drittens nennt er den humanen Vorteil: gemeinsame Erweckung der ersten Liebe zu den Wissenschaften und zur Bildung, ohne Intoleranz, in konfessioneller Gemeinschaft (18–21). – Zum Schluss redet Ewald nacheinander Lehrer, Eltern und Zöglinge noch gesondert an. Schließlich weist er auf die guten Erfahrungen in Mannheim hin (28).

(3) Wie schon ein Jahr zuvor als Direktor des reformierten Gymnasiums, so ließ Lauter 1809, jetzt als erster der alternierenden Direktoren[27] des neuen vereinigten Gymnasiums, eine Einladungsschrift zu den Anfang Oktober stattfinden öffentlichen Schulprüfungen und -feierlichkeiten herausgehen und berichtete dabei ausführlich über das Gymnasium *nach seiner jetzigen Einrichtung*. (Abb. 9) Zu den mehreren wohltätigen Früchten des Zeitgeistes gehöre die größere gegenseitige Annäherung der verschiedenen christlichen Religionsparteien und damit auch die Vereinigung der

---

[25] (1) [Johann Ludwig Ewald,] Einige leitende Ideen ueber das richtige Verhaeltniss zwischen religioeser, sittlicher, intellektueller und aesthetischer Bildung, zur Ankündigung des in Mannheim zu errichtenden Lyceum, welches am 10ten November dieses Jahres im grossen Hoersaale des ehemaligen Jesuiter-Kollegium [sic] ... eingeweiht wird ... Mannheim 1807, 31 S. (wohl zusammenfassender Bericht der Beratungsergebnisse vom April 1807 im Auftrag der Mitglieder der Generalstudienkommission Brunner, Sander und Ewald). – (2) Kurze Darstellung der Lyceums-Feierlichkeit zu Mannheim bei dessen Eröffnung am 10ten November 1807, nebst den Lyceums-Gesetzen und Anzeige der Vorlesungen, Mannheim o. J. [1807], 42 S.

[26] Mit Auflistung von 14 Druckfehlern! – Ewald wohnte vielleicht noch in Heidelberg, wo er 1805–1807 als Theologieprofessor an der Universität gelehrt hatte. Er war unter den drei Kommissionsmitgliedern der einzige Nichtbadener.

[27] Die Direktion wechselte jährlich zischen einem evangelischen und einem katholischen Schulprofessor.

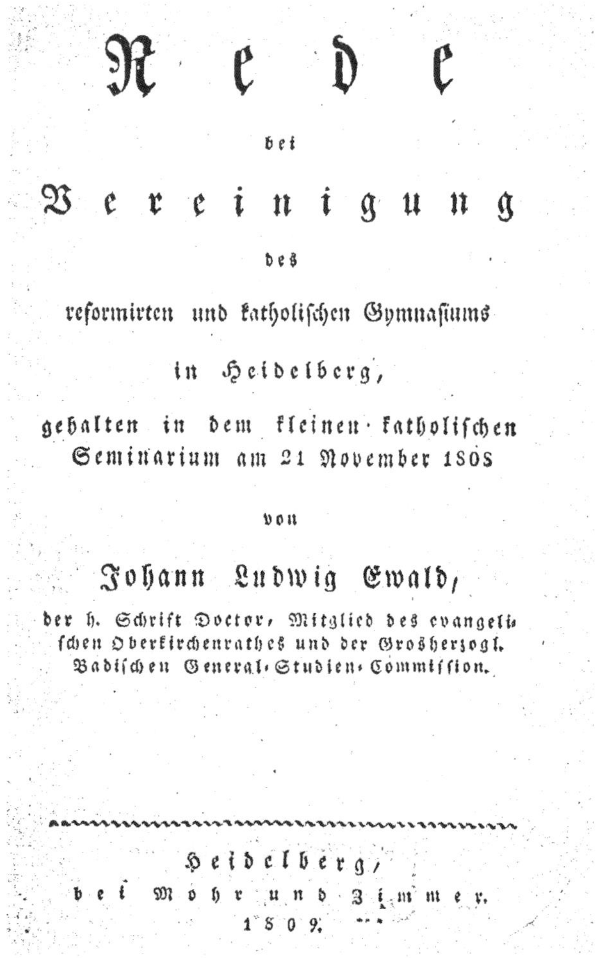

> **Rede**
>
> bei
>
> **Vereinigung**
>
> des
>
> reformirten und katholischen Gymnasiums
>
> in Heidelberg,
>
> gehalten in dem kleinen katholischen
> Seminarium am 21 November 1808
>
> von
>
> **Johann Ludwig Ewald,**
>
> der h. Schrift Doctor, Mitglied des evangelischen Oberkirchenrathes und der Großherzogl. Badischen General-Studien-Commission.
>
> ~~~~~~~~~~~~~~~~~~~~~~~~~~~~~~~~~~~
>
> Heidelberg,
> bei Mohr und Zimmer.
> 1809.

Abb. 8:
Johann Ludwig Ewald, Rede bei Vereinigung des reformirten und katholischen Gymnasiums in Heidelberg (Heidelberg 1809), Titelblatt (UB Heidelberg)

gelehrten Schulen verschiedener christlicher Konfessionen, wenn dabei mit der gehörigen Klugheit und Vorsicht zu Werke gegangen werde. (3) Wenn die Kirche zu viel Einfluss auf derartige Schulen habe, sei ein gleiches Bildungsniveau weniger erreichbar. (4) Nach einem Hinweis auf das erste vereinigte Lyceum in Mannheim kommt Lauter auf die konkrete Situation in Heidelberg zu sprechen: auf die Lehrer (6, jetzt mit dem Titel Professoren, unter ihnen Kayser, außerdem eigentlich auch ein Lutheraner, der aber noch nicht gefunden wurde), auf die Schüler (116, 38 katholisch und 78 reformiert), die Zahl der Klassen (fünf mit je zwei Jahren), die Unterrichtsräume, die mit der Aufsicht betrauten und monatlich an den Konferenzen teilnehmenden „Kommissare" (Professor Daub und ein katholischer Regierungsrat aus Mannheim) und schließlich auf die Unterrichtsgegenstände dieser gelehrten Bildungs- und Vorbereitungsanstalt für das Studium der höhern Wissenschaften auf der Universität. Bezeichnend ist die Reihenfolge: Deutsche Sprache, Lateinische Sprache, Griechi-

Abb. 9:
Gottfried Christian Lauter, Das hiesige Großherzoglich-Badische vereinigte Gymnasium ... (Heidelberg 1809), Titelblatt (UB Heidelberg)

sche Sprache, Hebräische Sprache, Französische Sprache und die übrigen: Religion, Mathematik (nach der Pestalozzischen Lehrmethode), Naturlehre, Erdbeschreibung, Geschichte des Vaterlandes und die der Griechen und Römer, Gesang, Zeichnen, Schönschreibkunst. – Auf drei Seiten (10–12) befasst Lauter sich mit dem weniger als das Lateinische anerkannten Griechisch, angesichts der häufigen Forderungen der Eltern, ihre Söhne von der Erlernung des Griechischen freizusprechen. Griechisch sei eine der originellsten Sprachen, von unermesslichem Reichtum, von bewundernswürdiger Bildsamkeit und unnachahmlichem Wohlklang. *Der deutsche Genius unserer Vosse, Göthe, Schiller, Wieland und anderer Heroen der deutschen Literatur* sei *von hellenischem Geist genährt.* Auch die Sprache und Literatur der Römer stehe in engem Zusammenhang mit der Kenntnis der griechischen Sprache und Literatur. – Zum Schluss werden die Eltern der Schüler noch direkt angesprochen. – Bei dem feierlichen „Actus" der Schule am 3. Oktober stand laut dem Ablaufverzeichnis am Anfang eine Rede des Direktors *über das Studium der classischen Sprachen des Alterthums als ein vorzügliches Bildungsmittel des jugendlichen Geistes"*

(4) Mit den Vorurteilen gegen die Berechtigung des Griechischunterrichts für alle Schüler hatte sich Lauter bereits in seinen Schulschriften von 1808 und 1809 auseinandergesetzt, während auch Ewald 1809 auf die Vorurteile und außerdem auf die kon-

fessionspolitischen Bedenken der katholischen Seite eingegangen war. Beide Schriften von 1809 waren es daraufhin einem anonymen Rezensenten wert, diese in der „Allgemeinen Literatur-Zeitung" vom April 1810 in der Rubrik „Staatswissenschaften" auf dreieinhalb Spalten nicht nur zu referieren, sondern sich auch kritisch mit den *Versuchen, katholische und protestantische Gymnasien miteinander zu vereinigen*, zu befassen und auf deren *großen Bedenklichkeiten und Schwierigkeiten aufmerksam zu machen*. Dabei geht es dem redseligen Verfasser nur um schulische Fragen. Viel Überzeugendes kommt dabei nicht heraus.

(5) Dennoch nahm Ewald den Zeitungsartikel zum Anlass, „Noch ein Wort über Vereinigung protestantischer und katholischer Gymnasien, besonders derer in Mannheim und Heidelberg" mit immerhin 32 Seiten im selben Jahr als Verlagsdrucksache erscheinen zu lassen. (Abb. 10) Auch darin ist nicht viel Neues zu lesen, zumal Ewald, den Rezensenten wieder und wieder zitierend, ebenso ausschweifend auf Einzelheiten

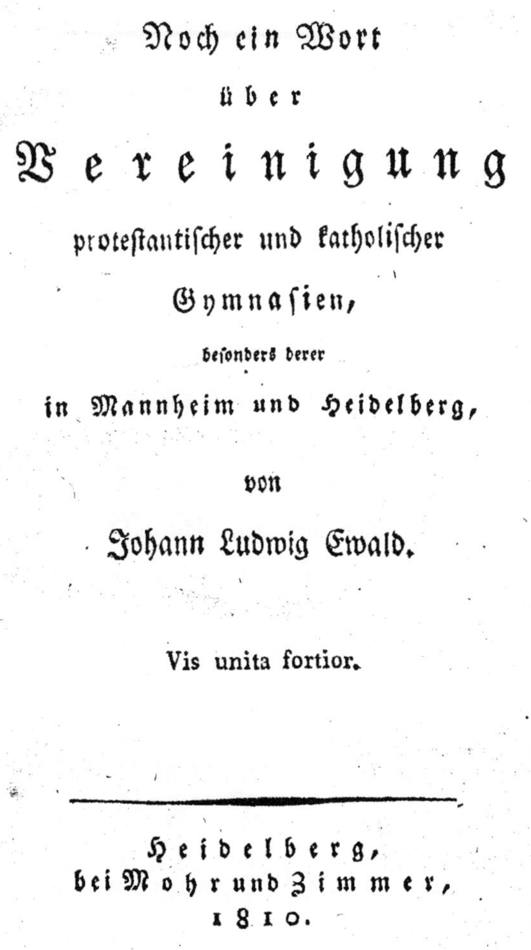

Noch ein Wort
über
Vereinigung
protestantischer und katholischer
Gymnasien,
besonders derer
in Mannheim und Heidelberg,
von
Johann Ludwig Ewald.

Vis unita fortior.

Heidelberg,
bei Mohr und Zimmer,
1810.

Abb. 10:
Johann Ludwig Ewald, Noch ein Wort über Vereinigung protestantischer und katholischer Gymnasien … (Heidelberg 1810), Titelblatt (UB Heidelberg)

eingeht. Eingangs behauptet er, dass *trotz des Geschreis mehrerer Andersdenkender* inzwischen *die Schwierigkeiten bei den beiden Instituten in Mannheim und Heidelberg wirklich gehoben* [sic] sind (4f. 6), was sich ja als falsch herausstellen sollte. Und: *Was hat die griechische und lateinische Sprache, Mathematik, Naturkunde – was hat ein Institut, in dem künftige Staatsmänner, Richter, Ärzte, so gut wie Theologen, in dem Alle, nicht für ein gewisses Fach, sondern als Menschen, zu höherer Bildung bestimmt, unterrichtet werden – was hat das Alles ursprünglich mit der Kirche zu thun? Es steht* [zwar] *meist unter einem Kirchenkollegium, die meisten Aufseher sind Geistliche, aber nicht in so ferne sie das, sondern in so ferne sie Pädagogen sind, deren man in andern Ständen wenige findet.* (21) – Andererseits zeigt Ewald Verständnis dafür, dass manche (reformierte) *Pfälzer noch in einer so ängstlichen, immer misstrauischen Stimmung sind*, nachdem es *eine harte, drückende Zeit für die reformierte Kirche* (unter dem katholischen Regenten Karl Theodor) gegeben habe (24. 23) Aber man könne jetzt nicht mehr *unter einem protestantischen Regenten, bei den jezt herrschenden Grundsätzen der Toleranz, Einrichtungen beibehalten wollen, die in Zeiten des Drucks der Intoleranz unter einer katholischen Regierung heilsam waren* (S. 25).

3. Die Gründe für die Vereinigung

Die Vereinigung von zuvor eigenständigen und konfessionell geprägten Gymnasien 1807/1808 in mehreren Städten des neuen Großherzogtums hatte zunächst kaum ideelle Gründe, wie beispielsweise etwa ökumenische Motive. Vielmehr ergaben die territorialen Gebietserweiterungen in den Jahren zuvor die politische Notwendigkeit, zur Festigung des neuen Mittelstaats nicht nur behördliche, sondern eben auch schulische Strukturen neu zu ordnen und zu vereinheitlichen. Die Säkularisation von Klöstern und Ordenseinrichtungen machte es zudem notwendig, die von den Kirchen und Orden unterhaltenen Kollegs nun in staatliche Obhut zu nehmen. Es mag zusätzlich da und dort empfunden worden sein, dass zu den Früchten dieser Entwicklung auch eine gegenseitige Annäherung der verschiedenen christlichen Konfessionen gehörte, wie Lauter 1809 schrieb.

Ganz pragmatische Gründe standen jedoch im Vordergrund: ökonomische Gründe wie die Erleichterung der Finanzierung der Schulen bei erhöhter Schülerzahl; schulpraktische Gründe wie die Bereitstellung von Unterrichtsgebäuden und Lehrerwohnungen, überhaupt die Einstellung geeigneter Lehrer in der notwendigen Anzahl.

Ebenso spielten selbstverständlich pädagogische Gründe eine Rolle: die Erziehung zur Toleranz, eine Verbesserung der Ausbildung. (Ewald wagte sogar anzudeuten, dass das Niveau der katholischen Schulen auf das der evangelischen angehoben werden müsse, wie oben bereits ausführlich zitiert wurde.) – Über das neue humanistische Bildungskonzept, von dem weiter unten zu handeln ist, mit entsprechenden Unterrichtsplänen, wurde man sich erst allmählich einig.

4. Die ersten Direktoren

Entsprechend der Vorgeschichte der Gymnasien und wegen der Kompetenz in den drei alten Sprachen waren auch nach der Vereinigung die meisten Lehrer und mehr noch die Direktoren studierte Theologen, welche oft sogar vor oder nach der Lehrtätigkeit an der Schule im Pfarrdienst der Landeskirche standen.[28] Theologen hatten sich nämlich im Studium in den Ursprachen mit dem hebräischen Alten Testament, mit dem griechischen Neuen Testament und mit den lateinischen Kirchenvätern beschäftigen müssen. Ferner fällt auf, dass manche in verwandtschaftlicher Beziehung zu kirchenleitenden Personen standen. Ebenfalls waren die katholischen alternierenden Direktoren der Anfangsjahrzehnte durchweg Theologen; dass drei von ihnen Schüler am katholischen Gymnasium in Mannheim gewesen waren, verwundert nicht.

Für die drei Mitglieder der Generalstudienkommission galt genauso, dass sie ebenfalls Theologen waren, obwohl sie als Pädagogen in die Kommission berufen wurden.

5. Die Widerstände gegen die Vereinigung

Von Anfang gab es Bedenken, Besorgnisse, Klagen gegen die Vereinigung. Für die Verteidiger der Vereinigung in Person der Kommissionsmitglieder und der Schuldirektoren waren dies Vorurteile oder Missverständnisse. Dennoch tauchten solche Schwierigkeiten in den ersten Jahrzehnten immer wieder auf; mehr noch als in Heidelberg war dies in Mannheim der Fall.[29] Die Widerstände kamen von den örtlichen Kirchen und mehr noch von den Eltern der Schüler. Im Wesentlichen waren es zwei Streitthemen: (1) der Streit vonseiten der Eltern um die Gewichtung der Realien gegenüber den alten Sprachen, (2) die Befürchtungen der Kirchen wegen des Verlustes ihres Einflusses und wegen einer konfessionellen Neutralität.

(1) Die Auseinandersetzungen darüber, ob die Nutzen bringenden Realienfächer oder die bildungsintensiven alten Sprachen, insbesondere das Griechische, im Vordergrund stehen sollten, gab es schon seit der Unterrichtsreform am reformierten Gymnasium unter Abegg vor 1800, erst recht dann vor und nach der Gründung des neuen vereinigten Gymnasiums.[30] Die umstrittene Frage lautete: Soll die Gelehrtenschule – als

---

[28] Vgl. Anhang 4.
[29] Der Mannheimer Lyzeumsdirektor Nüßlin (vgl. Anm. 36) veröffentlichte 1810, 1828 und 1843 Schriften, in denen er die Schwierigkeiten direkt ansprach. Der Schuljahresbericht 1828 enthält eine Erklärung mit dem *Zweck, gewissen Missverständnissen [...] durch einige vertrauensvolle Worte zu begegnen*, wobei es um *die ewig wiederkehrende Klage über das Griechische* ging. Noch 1843 heißt es im Titel: *Beantwortung der Frage, ob das spätere Vergessen des Griechischen ein Grund seiner Verbannung aus den Schulen werden könne.* – Ruf 1960 (S. Anhang 5), S. 16f.: „Nüßlin lehnte für die Schule alle utilitaristischen Zwecke ab. Er verteidigte die allgemeine Bildung, die er am besten durch die alten Sprachen verwirklicht sah, wobei das Griechische im Zentrum seiner Bildungsauffassung stand." Er verachtete die Realien.
[30] Vgl. oben zu den Schriften Lauters von 1808 (es sei ein Vorurteil, dass das Griechische nur für den Theologen nötig sei und nicht für alle Schüler) und 1809 (auf drei Seiten befasst Lauter sich mit dem weniger als das Lateinische anerkannten Griechisch, angesichts der häufigen Forderungen der Eltern,

Befähigung für das Universitätsstudium – der praxisorientierten Vorbereitung einer Ausbildung für wirtschaftliche, technische oder naturwissenschaftliche Berufe dienen oder der allgemeinen Bildung durch die alten Sprachen, insbesondere das Griechische und die Kultur der Antike – Realienkonzept oder Neuhumanismus?

(2) Die Kirchen kritisierten den mit der Vereinigung gegebenen gemischt konfessionellen Charakter der Schule und dadurch deren konfessionelle Neutralität. Für Katholiken, in Heidelberg in der Minderheit, stand der kirchenpolitische Einfluss auf dem Spiel, für Protestanten die bekenntnismäßige Prägung. Lauter jedoch sah 1809 optimistisch die Annäherung der Konfessionen als eine Frucht des Zeitgeistes.

Weil die – mehr und mehr wohl unterschwelligen – Schwierigkeiten in Heidelberg anscheinend anhaltend waren, erwogen die Behörden im April 1816 sogar, die Vereinigung der beiden Gymnasien rückgängig zu machen beziehungsweise die Schulen in Heidelberg und Mannheim neu zu organisieren.[31] Dabei war daran gedacht, in Heidelberg wie in Mannheim wieder je ein evangelisches und ein katholisches Gymnasium einzurichten oder in Heidelberg ein evangelisches und in Mannheim ein katholisches Gymnasium. Es kam aber nicht dazu.

6. Zum Bildungskonzept des neuhumanistischen Gymnasiums

Das mit der Vereinigung der Gymnasien zugleich angestrebte neue Bildungskonzept sollte das bisherige, durch die Aufklärung geprägte ablösen. Dabei ging es konkret nicht um die Beseitigung der sog. Realienfächer, sondern nur um deren Einschränkung zugunsten der alten Sprachen und damit zugunsten der Beschäftigung mit der Antike, wie es in den verschiedenen oben referierten Quellen bereits angeklungen ist. Diese neuhumanistische Orientierung hatte eine kulturgeschichtliche Vorgeschichte, wie ebenfalls schon oben angesprochen wurde und hier nicht wiederholt werden soll. Der Umbruch[32] geschah gerade in den Jahren der förmlichen gymnasialen Vereinigungen um 1808, zu gleicher Zeit wie die Neuorientierung der Altertumswissenschaft und Altphilologie an den Universitäten im Anschluss an von Humboldt durch Heyne

---

ihre Söhne von der Erlernung des Griechischen freizusprechen) und die (leider nicht mehr auffindbare) Äußerung Kaysers von 1823 (siehe Anhang 1).

[31] Vgl. dazu Kaysers Tagebuch (siehe Anhang 1), S. 87f., April 1816: Die vereinigten Gymnasien sollen wieder getrennt werden; das wird von katholischer Seite gefordert, weil man sich in einer Besoldungsfrage nicht hatte einigen können. *Von protestantischer Seite nahm man es mit Freuden an, selbst Ewald nicht ausgenommen. Doch es kam nicht zu einem förmlichen Antrag, weil man alles beim Alten zu lassen wünschte. Ich hatte aller Orten gerathen, nicht in Heidelberg ein protestantisches, in Mannheim ein katholisches Gymnasium zu errichten, sondern an jedem dieser Orte zwey, ein protestantisches und ein katholisches zu gründen.* – Dezember: Die Regierung sei entschlossen, das Gymnasium *in ein Pädagogium zu verwandeln, d. h. in eine Lehranstalt, die die Schüler nur bis zu den [= bis vor die] obersten Classen der Gymnasien vorbereite.* Als Motiv hätte man die Existenz der Universität in der Stadt angegeben.

[32] Zum Folgenden vgl. Anhang 3.

(Göttingen), Wolf (Halle und Berlin)[33], Creuzer (Heidelberg)[34] und andere. Für den Umbruch im Schulwesen ist Niethammer in Jena zu nennen.[35] – Hier soll nur noch die konkrete Entwicklung in und für die Gymnasien skizziert werden.

War in Mannheim die treibende Kraft der dortige Schuldirektor und Gräzist Friedrich August Nüßlin[36], so waren es in Heidelberg der Schuldirektor und Latinist Gottfried Christian Lauter und der Schulprofessor und spätere Nachfolger Karl Philipp Kayser.[37] – Eine detaillierte Konzeption für die Gymnasien verfasste der lutherische Kirchenrat Nikolaus Sander, Theologe und Philologe, Mitglied der Generalstudienkommission; seine über 200 Seiten umfassende Schrift „Über Gymnasialbildung" von 1811 (Abb. 11) veröffentlichte Sander nach der und aus Ärger über die 1809 erfolgte Auflösung der Kommission vor dem Abschluss ihrer Auftragsarbeit.

In einem „Vorbericht" schreibt Sander: *Nachstehende Schrift wurde im Jahr 1809 der unter dem Nahmen Generalstudienkommission damahls noch bestehenden, aus Mitgliedern der drey christlichen Konfessionen zusammengesetzten obersten Schulbehörde für die gesammten Großherzoglich Badischen Lande als Vorschlag und Plan zur Einrichtung des sämmtlichen Mittelschulwesens in diesen Landen auf höchstem Auftrage vorgelegt.* Das Original sei in den Akten der Kommission hinterlegt; zur Behandlung sei es nicht mehr gekommen, insofern handele es sich um das Votum eines Privatmannes. In drei Teilen mit 80 Paragraphen und vielfachen Untergliederungen behandelt Sander fast nur konkrete Einzelfragen: Im ersten, dem „theoretischen Teil" listet er unter dem Stichwort „Bildungsziele" die Unterrichtsfächer auf und teilt sie auf in Sprachstudien, Anschauungswissenschaften, Erfahrungswissenschaften und Übungen; es folgen Hinweise zu den „Methoden", teilweise mit Empfehlung bestimmter Lehrbücher zu den einzelnen Fächern. Im zweiten, einem „praktischen Teil" geht Sander auf alle konkreten Sachfragen der „Lehranstalten" ein, u. a. zu den beteiligten Personen (Schüler, Lehrer und Diener), zu den Prüfungen, zu den Schulgeldern. Im dritten, dem „sittlichen Teil" kommt Sander endlich auf den Auftrag der Schule zu

---

[33] Wolf in seiner „Darstellung der Alterthums-Wissenschaft" von 1807: *Studia humanitatis […] umfassen alles, wodurch rein menschliche Bildung und Erhöhung aller Geistes- und Gemütskräfte zu einer schönen Harmonie des inneren und äußeren Menschen befördert wird.*

[34] Creuzer in seiner Schrift „Das Akademische Studium des Alterthums" von 1807: *Aber die Humaniora nehmen, und darum heißen sie so, nicht blos unser wissenschaftliches Denken in heilsame Obhut, sondern sie bemächtigen sich auch des ganzen Menschen, sie erwecken ihn zu einem höheren Leben, bilden seine besten Güter, sein geistiges Eigenthum, aus, indem sie alle seine Seelenkräfte und Gemütsregungen bestimmen.*

[35] Mit seiner Schrift von 1808 „Der Streit des Philanthropinismus und des Humanismus in der Theorie des Erziehungs-Unterrichts unserer Zeit". – Ewald schrieb 1807 in seiner in Anm. 25 genannten Schrift: *Mittel, wodurch besonders eine gleichfoermige, verhaeltnismaessige Bildung aller Kräfte bewirkt werden soll, ist vorzüglich Bekanntschaft mit den Alten; mit den klassischen Schriften der Griechen und Römer.* Und 1810 in seiner oben bereits referierten Schrift: *Das Gymnasium ist eine Schule, in der* Alle nicht für ein gewisses Fach, sondern als Menschen, zu höherer Bildung bestimmt, unterrichtet werden.

[36] Friedrich August Nüßlin (1780–1863 [oft: 1864], Vater des späteren jur. Präsidenten des Oberkirchenrats August N., 1812–1887; Neffe u. Schüler des späteren Kirchenrats Nikolaus Sander, 1750–1824), ev.-luth. Theologe, Pfarrerssohn, stud. ev. Theologie u. Philologie in Halle (Schüler von Friedrich August Wolf), rezipiert 1802, 1803 Präzeptor in Genf für Mathematik u. Latein, 1807 Diakonus u. Präzeptor in Lörrach, 1807–1850 (!) Lehrer u. alternierender Direktor am Lyceum in Mannheim; zahlreiche altphilologische Schriften (über Homer, Platon, Thukydides – also Gräzist) – BB II, 1875, 112f.; ADB 24, 1887, 64; Neu, 1939, 441f.

[37] Vgl. Anhang 4.

Abb. 11:
Nikolaus Sander, Ueber Gymnasialbildung ... (Karlsruhe 1811), Titelblatt (Badische Landesbibliothek Karlsruhe)

sprechen, nämlich *Bildung des Gemüths mit Geistesbildung im Vereine* (nicht in umgekehrter Reihenfolge!); sogleich schließt sich wieder Konkretes an: Verbindung zu den Eltern, tägliche Andachtsübungen, Preise, Strafen für unsittliches Verhalten von Schülern, Schulferien. – Vom eigentlichen Bildungsauftrag und einem Bildungsideal findet sich dagegen fast nichts.

Dennoch: Der anderswo projektierte Neuhumanismus vertrat das Ideal einer umfassenden Menschenbildung und allgemeinen Erziehung, als Reaktion auf eine aus der Aufklärung stammende, aber weiterhin noch vorhandene utilitaristische Realiengläubigkeit. Letztlich ging es um ein neues Menschenbild.

Ausblick

1837 hat eine Lehrplanreform für die Gymnasien in Baden, in der Griechisch als unumgängliches Fach festgelegt und der Lateinunterricht ausgeweitet wurde, endgültig das sogenannte humanistische Gymnasium in Humboldtscher Tradition geschaffen.
    Dieses gilt auch heute noch als zeitgemäß. Alle oben genannten Gymnasien in Heidelberg und Mannheim, Karlsruhe und Rastatt, Freiburg und Konstanz bieten weiterhin in einem altsprachlichen Zug Latein ab der 5. Klasse und Griechisch wahlweise ab Klasse 10 an. Das Karl-Friedrich-Gymnasium Mannheim bietet darüber hinaus auch Hebräisch als Arbeitsgemeinschaft an. In Heidelberg erübrigt sich dies am Kurfürst-Friedrich-Gymnasium, weil Hebräisch in der Theologischen Fakultät Pflichtfach ist.
    Die alten Sprachen leisten damit auch einen wesentlichen Beitrag zur Bewusstseinsbildung europäischer Identität, einer Idee, die in dem neu geschaffenen Modell „Europäischen Gymnasium" ihren Ausdruck findet.[38]

Anhang 1: Quellenschriften

Lauter, Gottfried Christian: Nachricht von der gegenwärtigen Einrichtung des hiesigen Großherzoglich-Badischen Evangelisch-Reformirten Gymnasiums. Eine Einladungsschrift zu den auf den 4ten, 5ten und 6ten April festgesetzten Prüfungen und Feyerlichkeiten des Gymnasiums, Heidelberg 1808, 28 u. 4 S. – vh.: BLB Karlsruhe

Ewald, Johann Ludwig: Rede bei Vereinigung des reformirten und katholischen Gymnasiums in Heidelberg, geh. [...] am 21. Nov. 1808, Heidelberg 1809, 29 S. – vh.: UB Heidelberg

Lauter, Gottfried Christian: Das hiesige Großherzoglich-Badische Vereinigte Gymnasium in seiner jetzigen Einrichtung. Eine Einladungsschrift zu den am 2ten October anfangenden öffentlichen Prüfungen und den darauf folgenden Feyerlichkeiten, Heidelberg 1809, 20 u. 8 S. – vh.: UB Heidelberg

Rezension (anonym) zu Ewald 1809 und Lauter 1809 in: Allgemeine Literatur-Zeitung / ALZ, Nr. 101 vom April 1810, Sp. 803–807 (digitalisiert)

---

[38] Das Europäische Gymnasium in Baden-Württemberg ist seit 2003 eine Variante des altsprachlichen Gymnasiums. An den Europäischen Gymnasien – die Bezeichnung wird auf Antrag verliehen – werden neben den beiden alten Sprachen Latein und Griechisch zwei moderne Fremdsprachen unterrichtet. Die vier Sprachen werden in zeitlich versetzten Phasen erlernt. Die dritte Sprache kommt in der achten Klasse hinzu, die vierte Fremdsprache in der zehnten Klasse. Dabei können die Schüler eine der ersten beiden neuen Sprachen ablegen oder auch alle vier bis zum Abitur beibehalten. Zu den zu wählenden modernen Fremdsprachen zählen Englisch, Französisch, Italienisch und Spanisch. In der gymnasialen Oberstufe des Europäischen Gymnasiums sind jedoch zwei Fremdsprachen Pflicht; dabei muss es sich um eine moderne und eine alte Sprache handeln. Die Schüler erhalten bei erfolgreichen Ergebnissen mit dem Abiturzeugnis das Zertifikat „Europäisches Gymnasium". (Wikipedia) – Die heute viel diskutierte Forderung, das G9 durch ein G8, also das neunjährige Gymnasium durch ein achtjähriges zu ersetzen, zeigt m. E. dieselbe utilitaristische Einstellung wie zu Beginn des 19. Jahrhunderts der Wunsch nach einer gymnasialen Realienpädagogik.

Ewald, Johann Ludwig: Noch ein Wort über Vereinigung protestantischer und katholischer Gymnasien, besonders derer in Mannheim und Heidelberg, Heidelberg 1810, 32 S. – (Replik auf die Rezension in der Allgemeinen Literatur-Zeitung von 1810) – vh.: UB Heidelberg, UB Freiburg

Sander, Nikolaus: Ueber Gymnasialbildung oder Auftrag, Inhalt und Organisation der Mittelschule in ihrem gesammten Umfange, Karlsruhe 1811, XI, 212 S. – vh.: UB Mannheim, BLB Karlsruhe

Kayser, Karl Philipp: Über die widersinnige Forderung, den Gymnasialunterricht nur auf den künftigen unmittelbaren Gebrauch der Kenntnisse zu berechnen, in: Schulactus Heidelberg 1823, ungedruckt – vh.: Schularchiv des Kurfürst-Friedrich-Gymnasiums Heidelberg (nach Schuckert 1996, S. 181; leider nicht mehr auffindbar)

Kayser, Karl Philipp: Aus gärender Zeit. Tagebuchblätter […] 1793 bis 1827 […], hrsg. von Franz Schneider, Karlsruhe 1923, 102 S.

Anhang 2: Chronologie 1801–1837

1801, 9. Febr.	Friede von Lunéville, erste Gebietserweiterungen
1803, 4. Febr.	1. Organisationsedikt (Brauer)
1803, 25. Febr.	Reichsdeputationshauptschluss, Sanktionierung des Anfalls der Kurpfalz an die Markgrafschaft Baden, Baden wird Kurfürstentum
	Säkularisation: Aufhebung von Klöstern, Stiften, Ordenseinrichtungen
	Mediatisierung von geistlichen Herrschaftsgebieten
1803, 13. Mai	13. Organisationsedikt (Brauer): Neuordnung des Schulwesens, erste Pläne
1803	Neuorganisation der Universität Heidelberg (von Reitzenstein)
1806, 14. Mai	1. Konstitutionsedikt (Brauer)
1806, 12. Juli	Baden tritt dem Rheinbund bei und wird Großherzogtum
1807, 15. Juni	Ev. Oberkirchenrat (Verwaltungsunion der zuvor getrennten ev. Kirchenräte: luth. KR in Karlsruhe und ref. KR in Heidelberg)
1807, 10. Aug.	Bildung einer Generalstudienkommission, gemischtkonfessionell (Sander / luth., Ewald / ref., Brunner / kath.)
1807, 10. Nov.	Vereinigungsfeier des gemischtkonfessionellen Lyceums Mannheim (Beginn des reformierten Mannheimer Gymnasiums: 1664 als Lateinschule)
1808	Lauter: „[…] von der gegenwärtigen Einrichtung des […] reformirten Gymnasiums" (Heidelberg)
1808, 21. Nov.	Vereinigungsfeier des reformierten und katholischen Gymnasiums Heidelberg (Beginn des reformierten Heidelberger Gymnasiums: 1546)
1808, 10. Nov.	Ewald: „Rede bei der Vereinigung […] in Heidelberg"
1809, Sept.	Lauter: „Das hiesige […] vereinigte Gymnasium in seiner jetzigen Einrichtung" (Heidelberg)

1809, 26. Nov.	Auflösung der Generalstudienkommission – Kirchensektionen im Innenministerium, Ev. Kirchen- und Prüfungskommission
1810, Sommer	Ewald: „Noch ein Wort über die Vereinigung" der Gymnasien in Mannheim und Heidelberg
1811	Sander: „Über Gymnasialbildung"
1816	Überlegungen, die Vereinigungen rückgängig zu machen, besonders in Heidelberg
1823	Kayser: „Über die widersinnige Forderung, den Gymnasialunterricht nur auf den künftigen unmittelbaren Gebrauch der Kenntnisse zu berechnen" (Heidelberg)
1837	Neuordnung des Gymnasialunterrichts: Lehrplanreform – Humanistisches Gymnasium

Anhang 3: Vertreter des Humanismus der Klassik und des Neuhumanismus

Klassischer Humanismus (und Klassizismus)

Johann Joachim Winckelmann (1717–1768), Altertumsforscher und Archäologe. *Geschichte der Kunst des Alterthums*, 1764 (Kunst der griechischen Antike: *„edle Einfalt, stille Größe"*, seit 1755 in Rom lebend, in Italien reisend)

Christian Gottlob Heyne (1729–1812), Altertumsforscher und Philologe in Göttingen

Friedrich August Wolf (1759–1824), studierte in Göttingen bei Heyne, Altphilologe und Bildungsreformer in Halle, ab 1807 in Berlin. *Darstellung der Altertums-Wissenschaft nach Begriff, Umfang Zweck und Werth*, 1807 – (eigentlicher Begründer des Neuhumanismus; Lehrer von Sander und Nüßlin; Einfluss auf den Mannheimer Lehrplan, den er begutachtete und guthieß,)

Johann Wolfgang Goethe (1749–1832), Klassiker (Weimarer Klassik: *„das Land der Griechen mit der Seele suchend"* – *Iphigenie auf Tauris*, nach Euripides, Prosa 1779, als Versdrama auf der Italienreise 1786)

Johann Heinrich Voß (1751–1826), Dichter, Übersetzer Homers und anderer griechischer und lateinischer Klassiker (Schüler Heynes), 1805 als badischer Hofrat mit Ehrensalär nach Heidelberg berufen (angeblich auf Betreiben Friedrich Weinbrenners (s. u.), Außenseiter, Auseinandersetzung u. a. mit Creuzer im Antisymbolikstreit, s. u.) – Sohn Heinrich Voß (jun., 1779–1822), seit 1806 Professor für griechische und lateinische Literatur in Heidelberg – Sohn Abraham Voß (1785–1847), studierte Philologie in Heidelberg, Hauslehrer in Heidelberg, 1810 Gymnasiallehrer für Klassische Philologie in Rudolstadt

Neuhumanismus

Wilhelm von Humboldt (1767–1835), Bildungsreformer des Neuhumanismus im Universitätswesen. *Über das Studium des Alterthums, und des Griechischen insbesondre,* 1793 (Werke in fünf Bänden, Bd. 2, 1963). 1810: Das Gymnasium als Vorstufe der Universität; es muss nur allgemeine Menschenbildung bezwecken. – Gründer der Berliner Universität 1810, „in der auch der neue Beruf des ‚Gymnasiallehrers' (Einführung des examen pro facultate docendi 1810 als Vorläufer des heutigen Staatsexamens) durch das Studium der Klassischen Philologie zu erlernen war". Zu Humboldts neuhumanistisch gesinnten Mitstreitern gehörte der Theologe Friedrich Schleiermacher. (nach Wikipedia)

Friedrich Creuzer (1771–1858), Mythen- und Altertumsforscher, seit 1804 Klassischer Philologe und Altertumsforscher an der Universität Heidelberg. *Das Akademische Studium des Alterthums, nebst einem Plane der humanistischen Vorlesungen und des Philologischen Seminarium auf der Universität zu Heidelberg* [Philolog.-Pädagog. Seminar, gegr. 1807 von F. C. zus. mit dem Theologen u. Pädagogen F. H. C. Schwarz], Heidelberg 1807 (Faks.-Reprint 2007) – (1812ff. Auseinandersetzung mit Voß im Antisymbolikstreit nach Creuzers *Symbolik und Mythologie der alten Völker, besonders der Griechen*, Bd. 1–4, 1810–1812)

Friedrich Immanuel Niethammer (1766–1848), ev. Theologe, Philosoph des Neuhumanismus in Jena. *Der Streit des Philanthropinismus und des Humanismus in der Theorie des Erziehungs-Unterrichts unserer Zeit,* Jena 1808

Friedrich Schleiermacher (1768–1834), ev. Theologe, Altphilologe (Platon-Übersetzer u. Editor) und Pädagoge, Philosoph, Publizist, Staatstheoretiker, Kirchenpolitiker. *Die Vorlesungen aus dem Jahre 1826* (Pädagogische Schriften, Teil 1, 1983)

Anhang 4: Personen der Anfangsgeschichte des Gymnasiums Heidelberg (Auswahl, chronologisch)

Evangelische Lehrer und Direktoren

Abegg, Johann Friedrich (1765–1840), ev.-ref. Theologe, 1786 Vikar, 1789–1794 Rektor am Gymnasium in Heidelberg, 1790 Mitglied einer Reformkommission, seit 1791 zugleich Universitätsprofessor in Heidelberg, ab 1794 im Kirchendienst in verschiedenen Gemeinden, seit 1807 nebenamtlich in der Kirchenleitung, seit 1808 Pfarrer an der Peterskirche Heidelberg – BB I, 1875, 1f.; ADB 1, 1875, 4f.; Neu, 1939, 11; HGL, 1986, 1; DBETh 1, 2005, 1; Wikipedia (2015)

Lauter, Gottfried Christian (1764–1820), Dr. theol., ev.-ref. Theologe, Pfarrerssohn, Schüler erst des ref., dann des kath. Gymnasiums in Heidelberg, stud. ev. Theologie und Philologie in Heidelberg und Halle (bei Wolf), 1783 rezipiert, 1784–1786 Senior des Sapienzkollegs, zugleich Pfarrvikar in Heidelberg-Neuenheim, 1786 lat. theol.

Dissertation, 1786 Pfarrer in Darmstadt, 1789 Pfarrer in Heidelberg und Lehrer am ref. Gymnasium, 1794 Direktor (als Nachfolger von Johann Friedrich Abegg), 1808–1820 Professor und alternierender Direktor am Vereinigten Gymnasium in Heidelberg (die Direktion wechselte jährlich zwischen einem evangelischen und einem katholischen Schulprofessor); zahlreiche altphilologische Schriften (Latinist) – Goldenes Buch (1994), 21–24; Neu, 1939, 363 (fehlerhaft)

Kayser, Karl Philipp (1773–1827), Dr. phil., ev.-ref. Theologe, Pfarrerssohn, stud. Theologie und Philologie (bei Heyne) in Göttingen, rez. 1793, Hauslehrer bei Goethes Schwager Johann Georg Schlosser in Karlsruhe, 1794 Lehrer am ref. Gymnasium in Heidelberg, 1808 Professor am Vereinigten Gymnasium, 1820–1827 alternierender Direktor, zugleich 1805 Privatdozent, 1805 nebenamtl. Bibliothekar der Universitätsbibliothek, 1819 Universitätsprofessor; zahlr. altphilologische Schriften (Latinist) – Goldenes Buch (1994), 26f.; BB I, 1875, 447; Neu, 1939, 313f.; HGL, 1986, 132

Daub, Carl (1765–1836), Dr. theol., ev.-ref. Theologe, seit 1795 Universitätsprofessor in Heidelberg, 1805 nebenamtl. Kirchenrat und Kurator des Gymnasiums in Heidelberg – BB 1, 1875, 160–166; ADB 4, 1876, 768; NDB 3, 1957, 522; TRE 8, 1981, 376–378; HGL, 1986, 44; BBKL 1, 1990, Sp. 1231; RGG 4. Aufl. 2, 1999, 592; DBETh 1, 2005, 277; Wikipedia (2016)

Bähr, Johann *Christian* Felix (1798–1872, Sohn von Johannes B. (1767–1828, seit 1799 Pfarrer an der Heiliggeistkirche Heidelberg, seit 1822 Kirchen- und Ministerialrat in Karlsruhe, seit 1826 Prälat), älterer Bruder des späteren Oberkirchenrats Karl B., 1801–1874), besuchte das ref., dann das Vereinigte Gymnasium in Heidelberg, war Schüler von Kayser; stud. Philologie in Heidelberg (besonders bei Friedrich Creuzer, dessen Mitarbeiter er wurde, auch bei Daub, befreundet mit dem späteren Prälaten und Oberkirchenratsdirektor Carl Ullmann, 1796–1865); seit 1821 Univ.-Professor für antike Literaturgeschichte und Altphilologie und 1832 Oberbibliothekar in Heidelberg, 1845 als Seminardirektor Nachfolger Creuzers, Mitglied der Prüfungskommission für die Gymnasien; zahlr. altphilologische Schriften – BB I, 1875, 32–35; ADB 1, 1875, 769–772; HGL, 1986, 8f.; Wikipedia (2017)

Behaghel, Johann Georg (1797–1861, älterer Bruder von Johann Peter B. in Mannheim), ev.-ref. Theologe, Schüler des Mannheimer Lyceums, stud. Philologie, Mathematik und ev. Theologie in Utrecht und Heidelberg, rez. 1819, Vikar in Emmendingen, seit 1820 Lehrer am Gymnasium in Elberfeld, seit 1828 in Heidelberg – Goldenes Buch (1994), 35; Neu, 1939, 49 (fehlerhaft)

Katholische Direktoren

Pazzi, Franz (1774–1827): Schüler am kath. Gymnasium in Mannheim, stud. in Heidelberg Philosophie, Mathematik und Naturlehre, dann kath. Theologie; seit 1804 am kath. Gymnasium in Heidelberg, 1808 Direktor am Vereinigten Gymnasium, 1812–1816 alternierender Direktor, dann Stadtpfarrer und Stadtdechant in Mannheim – Goldenes Buch (1994), 25

Eitenbenz, Joseph Anton (*1779): stud. kath. Theologie in Salzburg; 1816–1819 alternierender Direktor, dann Pfarrer – Goldenes Buch (1994), 28f.

Mitzka, Franz (1783–1852): Schüler am kath. Gymnasium in Mannheim, stud. kath. Theologie in Heidelberg; seit 1805 am kath. Gymnasium, dann am Vereinigten Gymnasium, 1819–1831 i. R. alternierender Direktor – Goldenes Buch (1994), 27

Brummer, Johann Anton (1794–1843): Schüler am kath. Gymnasium in Mannheim, stud. Philologie und Philosophie in Heidelberg bei Creuzer, Daub und Fries (Physik); kein Theologe; 1819 Professor am Vereinigten Gymnasium in Heidelberg, 1831–1843 alternierender Direktor – Goldenes Buch (1994), 29f.

Furtwängler, Wilhelm (1809–1875), kath. Theologe und Altphilologe, 1841 Lehrer am Gymnasium in Heidelberg, 1844 am Lyceum in Mannheim, 1848 Versetzung nach Konstanz – BB I, 1875, 274; Goldenes Buch (1994), 45–47

Regierung und Generalstudienkommission

Brauer, Johann Nikolaus *Friedrich* (1754–1813), ev.-ref., Jurist, Kirchenratsdirektor, Schriftsteller; seit 1774 in badischen Diensten in hohen und höchsten Regierungsämtern, Verfasser Organisationsedikte von 1803 und der Konstitutionsedikte von 1806 – BB I, 1875, 117–124; ADB 3, 1876, 263f.; NDB 2, 1955, 542f,; BBKL 27, 2007, Sp. 179–186; Wikipedia (2017)

Reitzenstein, Sigismund von (1766–1847), Jurist, bad. Staatsmann, 1806–1809 Kurator der Universität Heidelberg – BB II, 1875, 179–181; ADB 30, 1890, 69f.; NDB 21, 2003, 404f.; Wikipedia (2016)

Ewald, Johann Ludwig (1748–1822), Dr. theol., ev.-ref. Theologe, 1805–1807 Universitätsprofessor in Heidelberg, seit 1807 Kirchenrat in Karlsruhe, 1807–1809 ref. Mitglied der Generalstudienkommission – Neu, 1939, 148; NDB 4, 1959, 693f.; HGL, 1986, 66; BBKL 1, 1990, Sp.1578; RGG 4. Aufl. 2, 1999, 1759; DBETh 1, 2005, 396; Wikipedia (2017)

Sander, *Nikolaus* Christian (d. J., 1750–1824), ev.-luth. Theologe, Pfarrerssohn, Pfarrer, 1774 zugleich Prorektor am Pädagogium in Pforzheim, seit 1791 Lehrer am Gymnasium illustre in Karlsruhe (ein halbes Jahr vor seinem zehn Jahre jüngeren Landsmann aus der oberen Markgrafschaft Baden Johann Peter Hebel), 1794 mit dem Titel Kirchenrat Mitarbeiter Brauers, seit 1803 Mitglied der Kirchenleitung, 1807–1809 luth. Mitglied der Generalstudienkommission; S. ließ, verärgert über die nicht abgeschlossene Kommissionsarbeit, nachträglich 1811 unter dem Titel „Über Gymnasialbildung" eine detaillierte Programmschrift erscheinen. – BB II, 1875, 230–233; Neu, 1939. 512; BBKL 38, 2017, Sp. 1231–1237

Brunner, *Philipp* Joseph (1758–1829), rk. Theologe, stud. Theologie in Speyer und Philosophie in Heidelberg, seit 1785 im Kirchendienst, seit 1803 Kirchenrat in Bruchsal, 1807–1809 kath. Mitglied der Generalstudienkommission, anschließend in der Kirchensektion im Innenministerium, seit 1814 Dekan in Karlsruhe – BB I, 1875, 136f.; ADB 3, 1876, 447; DBETh 1, 2005, 132; BBKL 36, 2015, Sp. 197–206

Goldenes Buch s. Anhang 5.

Anhang 5: Literatur (chronologisch)

Ruf, Werner: Der Neuhumanismus in Baden und seine Auswirkungen auf die Gelehrtenschulen, Diss. München 1960, II, 192 S. („Der Kampf des Humanismus mit dem Realismus" / S. 5–80: von der Generalstudienkommission bis 1837)

Das „Goldene Buch" des KFG [sic]. Autobiographien Heidelberger Pädagogen (1812–1939). Transkribiert u. redigiert von Wolf Uebel (Schriftenreihe des Stadtarchivs Heidelberg, 5), Heidelberg: Guderjahn 1994, 177 S., Abb. (1812 von Lauter angelegt und begonnen, verschieden lange Einträge, nicht vollständig)

Pädagogium – Lyceum – Gymnasium. 450 Jahre Kurfürst-Friedrich-Gymnasium (Buchreihe der Stadt Heidelberg, 7), Heidelberg: Guderjahn 1996, 409 S., Abb.– darin:

Schuckert, Lothar: Lyceum und Humanistisches Gymnasium im 19. Jahrhundert, S. 171–245

Steiger, Johann Anselm: Johann Ludwig Ewald (1748–1822) (Forschungen zur Kirchen- und Dogmengeschichte, 62; Veröffentlichungen des Vereins für Kirchengeschichte in der Evang. Landeskirche ein Baden, 52), Göttingen und Karlsruhe 1996, 598 S.; hier S. 122–127: General-Studien-Kommission, Schulwesen

im Internet:

Wikipedia-Artikel: Kurfürst-Friedrich-Gymnasium Heidelberg

www.kfg-heidelberg.de

https://sites.google.com/a/geschichts-ag-kfg-heidelberg.de/website/home/ueberblick-schulgeschichte (Ergebnis einer Schüler-Arbeitsgemeinschaft zur Geschichte des KFG Heidelberg, Datei)

Naturalleistung – Geldleistung – Ablösung?
Verträge des 19. Jahrhunderts zwischen bürgerlicher Gemeinde und Kirchengemeinde wegen der Organisten- und Messnerdienste und die weitere Entwicklung der Vertragsbeziehung

Uwe Kai Jacobs

I. Herkunft und Inhalt der Verträge

Als vor etwa einhundertfünfzig Jahren in Baden eine ganze Reihe von evangelischen Kirchengemeinden mit den jeweiligen bürgerlichen Gemeinden Verträge über die Kostenträgerschaft des Organisten- und des Messnerdienstes schloss, entstand ein Vertragstypus, dessen Hintergründe und Zielrichtung heute weitgehend in Vergessenheit geraten sind. Dies ist nicht nur aus Gründen der Rechtsklarheit misslich, zumal die Verträge grundsätzlich noch heute in Geltung stehen, sondern auch aus kirchenhistorischen Gründen: An diesen Verträgen kann die Entwicklung in der organisatorischen Trennung von Staat und Kirche quasi im Mikrokosmos nachvollzogen werden, und zwar an der Schnittstelle von Schule, kirchlicher und bürgerlicher Gemeinde. Außerdem kann an diesen Verträgen der Übergang von der Naturalwirtschaft zur Finanzwirtschaft im 19. Jahrhundert[1] abgelesen werden.

1. Regelungsgegenstände

Als Beispiel und zugleich zum Einstieg in das Thema sei der Vertrag der Kirchengemeinde Mengen bei Freiburg vom 30. November 1868 im Originalwortlaut wiedergegeben:

Zwischen
dem politischen Gemeinderath und Kirchengemeinderath dahier wurde unter dem heutigen nachstehender Vertrag abgeschlossen:
Der Kirchengemeinderath ist damit einverstanden, dass die bisher von sämtlichen Bürgern alljährlich geleisteten Messnergaben an je 6. Maß Mischelfrucht bestehend vom 1. Januar 1869 an in Wegfall kommen.

---

[1] Zum Kontext: Hans Niens, Kirchengut, Pfarrbesoldung und Baulast in der Evangelischen Landeskirche in Baden. Entstehung – Entwicklung – Probleme, Heidelberg 1991.

Dagegen macht sich der politische Gemeinderath verbindlich, die Kosten für den Organisten und für den in Übereinstimmung mit dem Kirchengemeinderath zu ernennenden Messner aus der Gemeindekasse zu bezahlen.
Vorstehender Vertrag wurde doppelt ausgefertigt und an beiden Theilen unterzeichnet.
Mengen den 30. November 1868
Der politische Gemeinderath   Der Kirchengemeinderath[2]

Der Vertrag ist leider nicht in Paragraphen gegliedert. Sein Inhalt ist aber klar: Er stellte das Leistungssystem um. Ursprünglich waren die Leistungsschuldner der Messnergaben, also der Gaben für den Messner, „sämtliche Bürger" der Kommune gewesen, wie der zitierte Vertrag in Erinnerung ruft. Eine Differenzierung nach Konfessionszugehörigkeit fand nicht statt, sicher mangels Bedarfs. Die Mengener Bevölkerung wird im Jahr 1868 konfessionell relativ homogen gewesen sein. Der „alte" Leistungsgegenstand war laut Vertrag eine Naturalabgabe, eine Mischelfrucht, gewesen. Die Leistung *in natura* wurde vertraglich ersetzt durch eine Zahlung aus der Kommunalkasse. Damit wurde der Leistungsgegenstand monetarisiert.

Ob die Leistungsgegenstände in wirtschaftlicher Hinsicht gleichwertig waren, ist unbekannt. Darauf wird es auch nicht angekommen sein. Denn die Pointe des Vertrages wird mit dem Stichwort der Monetarisierung nicht ganz erfasst. Letztlich liegt die Pointe darin, dass die Kirchengemeinde auf eine Leistung verzichtete (die Naturalabgabe durch alle Bürger[3]), während die politische Gemeinde eine Erstattung der nun der Kirchengemeinde anfallenden Kosten zusagte. Das wird noch wesentlich werden. Die nötige „Übereinstimmung mit dem Kirchengemeinderat" bezog sich auf die Personalauswahl und berührte die Pflicht zur Kostenerstattung nicht.

Ähnliche Verträge wie in Mengen wurden von verschiedenen badischen Kirchengemeinden, vor allem in Südbaden, geschlossen, nachweislich[4] in:

- Diersheim 1871
- Eichstetten 1869
- Freiamt Brettental 1869
- Freiamt Keppenbach 1869
- Freiamt Mußbach 1869
- Freiamt Reichenbach 1869
- Freistett 1869
- Linx 1869
- Memprechtshofen 1869
- Ottoschwanden 1869
- Schallstadt 1869
- Wolfenweiler 1870
- Wollbach 1869
- Zienken (Hügelheim) 1869

---

[2] Landeskirchliches Archiv Karlsruhe (LKA), SpA 15575 (Mengen).
[3] Damit sind nur Männer gemeint; letztlich waren damit aber die Haushalte bzw. Familien erfasst.
[4] Verträge jeweils in: Evangelischer Oberkirchenrat (EOK), Registratur, Az. 26/1 Organistendienste.

Interessant ist schon das Spektrum der Feldfrüchte, die ursprünglich den Leistungsgegenstand darstellten: Mischelfrucht (Mengen), Weizen, Halbweizen (Freistett), Gelbweizen (Schallstadt, Wolfenweiler), wahrscheinlich je nach den örtlichen Gegebenheiten. Unter Mischelfrucht verstand man Gerste mittlerer Qualität, mit Beimischung von Kernen.[5]

Interessant stellt sich auch die Variationsbreite der (neuen) Verpflichtungen dar: In Mengen geht es um eine Vollkostenleistung („*die* Kosten für den Organisten"), was noch wichtig werden wird, in Wolfenweiler um eine Quote von drei Fünfteln dieser Kosten, die Restquote betraf Schallstadt in der Nachbarschaft.[6]

Ein weiteres, klarer gefasstes, Beispiel bietet Memprechtshofen:

§ 1
Der evangelische Kirchengemeinderath verzichtet Namens der Messnerpfründe auf das Messnereinkommen zu Gunsten der politischen Gemeinde, sonach auf den ferneren Fortbezug der sogenannten Messnergarben.
§ 2
Dagegen übernimmt die politische Gemeinde dafür die Verpflichtung, die jeweils erforderlichen Gehalte für den Organisten und Kirchendiener [...] für alle Zeiten aus der Gemeindekasse zu bestreiten.[7]

Alle genannten Verträge betreffen den Dienst des Organisten und des Messners[8] (Kirchendieners[9]) oder nur einen dieser beiden Dienste; es sind liturgische oder liturgienahe Dienste. Sie sind erforderlich, um einen Gottesdienst angemessen durchführen zu können, und waren – nicht nur in Baden – längere Zeit mit dem Schuldienst verbunden.[10] Auch die Lehrerausbildung trug dieser „klassischen" Verbindung Rechnung; erinnert sei an das Kurmärkische Küster- und Lehrerseminar[11] oder an das 1817 gegründete Kaiserslauterer Lehrerseminar, in dem jedem Lehranwärter auch Orgelspiel vermittelt wurde.[12] Auch von dieser Verbindung von Aufgaben wird noch zu sprechen sein.

---

5   Vollrath Vogelmann, Die Zehnt-Ablösung im Großherzogtum Baden, ihr Fortgang und ihre Folgen, Karlsruhe 1838, 43.
6   LKA SpA 16454.
7   Vertrag vom 15. Juni 1869, EOK Registratur, Az. 26/1 Memprechtshofen.
8   Die Schreibweise changiert in den Originaltexten zwischen „Messner" und „Meßner". In Württemberg heißt es nach wie vor Mesner (RiLi für die Ordnung des Mesnerdienstes vom 18.9.2003). Die katholische Kirche kennt ebenfalls noch heute den Terminus „Mesner", vgl. die Mitteilung „Einführungskurs für Mesnerinnen und Mesner", ABl. Erzdiözese Freiburg 2016, 415.
9   Mesner (von „mansionarius", Hausverwalter), Küster, Kirchendiener, Sakristan und Sigrist sind Synonyma, vgl. Erik Wolf, Ordnung der Kirche, Frankfurt am Main 1961, 644.
10 F. Blattner, Schule, Schulwesen, in: EKL, 1. Aufl., Bd. III, Göttingen 1959, 860–865; O. Brodde, Organist, ebd., Bd. II, Göttingen 1958, 1725; H. Lutze, Küster, wie zuvor, 1012; E. Feifel, Lehrer und Kirche, in: Wörterbuch zum Religionsunterricht, Freiburg i. Br. 1976, 143–146, hier 144.
11 Lutze, Küster (wie Anm. 10), 1012.
12 Michael Landgraf, Zur Entwicklung des evangelischen Religionsunterrichts in der Pfalz seit 1816, in: BPfKG 78 (2011), 29–52, hier 30.

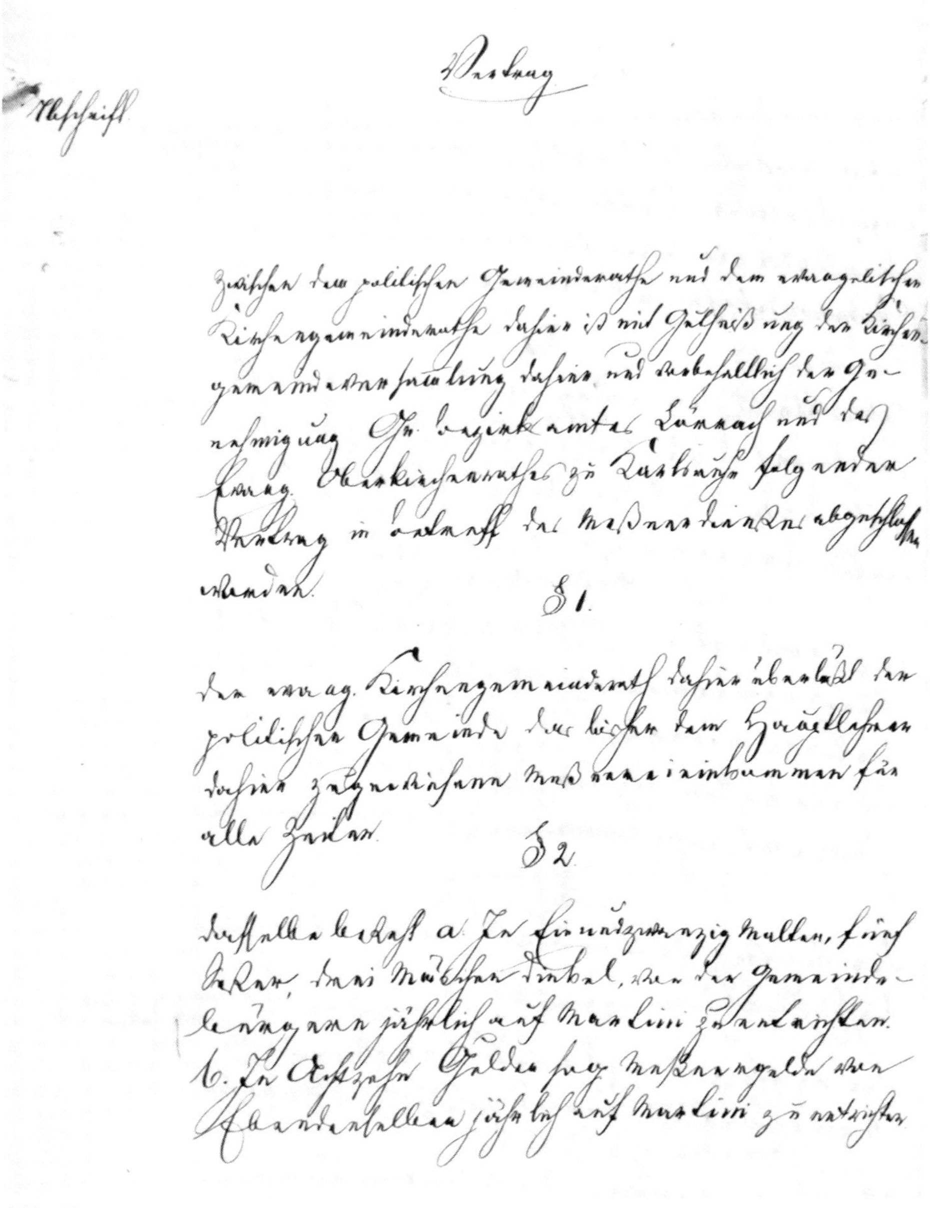

Abb. 12:
Vertrag zwischen Kirchengemeinde und bürgerlicher Gemeinde Wollbach 1869 (Landeskirchliches Archiv Karlsruhe)

So viel zum Wortlaut der Verträge.

2. Staatsrecht

Die Verträge sind historisch einzuordnen in eine Reformära des badischen Staates. Staatsrechtlich wird als Hintergrund der Vertragsschlüsse der Jahre 1868–70 das sogenannte Kirchengesetz von 1860[13] anzusehen sein, genauer das „Gesetz über die rechtliche Stellung der Kirchen und kirchlichen Vereine im Staate", also ein staatliches Gesetz. Mit diesem staatskirchenrechtlichen „Hauptgesetz"[14] wurde eine grundsätzliche organisatorische Trennung von Staat und Kirche im Großherzogtum Baden vollzogen,[15] und es wurden damit die noch heute maßgeblichen Verfassungssätze gewissermaßen vorweggenommen, wonach in Deutschland *keine Staatskirche besteht*[16] und jede Religionsgesellschaft ihre Angelegenheiten *selbständig ordnet und verwaltet.*[17]

Zugleich regelte das badische Kirchengesetz von 1860 – zumindest grundsätzlich – die Verwaltung des kirchlichen Vermögens, also unseren Betrachtungsgegenstand.[18] Details bestimmte im Jahr 1862 die staatliche Verordnung *die Verwaltung des evangelischen Kirchenvermögens betreffend.*[19] Sie legte in § 5 fest: *Das örtliche, das ist das für ein einzelnes Kirchspiel bestimmte Vermögen, wird durch den Kirchengemeinderath verwaltet.* Zu Recht sehen ihn daher der Mengener Vertrag, aber auch diejenigen von Freistett, Schallstadt, Wolfenweiler und Wollbach, als Vertragspartner der bürgerlichen Gemeinde an. Dies ist die formale Seite.

Inhaltlich setzen die Verträge um, was in Konsequenz des Kirchengesetzes von 1860 und insbesondere seines § 6 Abs. 1 mit dem Wortlaut: *Das öffentliche Unterrichtswesen wird vom Staate geleitet,* das – seinerzeit nicht unumstrittene[20] – badische Volksschulgesetz mit dem Titel „Gesetz über den Elementarunterricht"[21] im Jahr 1868 verfügte: *Die gesetzliche Verbindung der niedern Kirchendienste, namentlich des Meßner-, Glöckner- und Organisten-, sowie des Vorsängerdienstes mit dem Schuldienste hört auf.*[22]

---

[13] Wortlaut bei Georg Spohn, Badisches Staatskirchenrecht, Karlsruhe 1868, 3ff. Zum Kontext des Gesetzes: Uwe Kai Jacobs, 150 Jahre Gesetzes- und Verordnungsblatt der Evangelischen Landeskirche in Baden, JBKRG 5 (2011), 171–184.

[14] Wilhelm Kahl, Lehrsystem des Kirchenrechts und der Kirchenpolitik, Erste Hälfte, Freiburg i. B./Leipzig 1894, 216.

[15] Vgl. insbes. §§ 1, 7 und 8 Kirchengesetz (Spohn, Staatskirchenrecht [wie Anm. 13]).

[16] Art. 137 Abs. 1 der deutschen Verfassung von 1919 (WRV), der durch Art. 140 Grundgesetz (GG) in das GG inkorporiert ist.

[17] Art. 137 Abs. 3 Satz 1 WRV; Art. 4 und 5 Landesverfassung Baden-Württemberg.

[18] § 10 Kirchengesetz (wie Anm. 13). Vgl. näherhin: Joachim Mehlhausen, Kirche zwischen Staat und Gesellschaft, in: Gerhard Rau/Hans-Richard Reuter/Klaus Schlaich (Hgg.), Das Recht der Kirche, Bd. II: Zur Geschichte des Kirchenrechts, Gütersloh 1995, 193–271 (zu Baden: 248–250); Udo Wennemuth, Historische Grundlagen der Staatsleistungen in Baden, in: JBKRG 8/9 /2014/2015), 43–63, hier 57; Christoph Link, Staat und Kirche in der neueren deutschen Geschichte, Frankfurt am Main 2000, 77; Peter Landau, Verfassungskonflikte im Streit um die staatliche Kirchenhoheit 1871–1880, in: Ders., Grundlagen und Geschichte des evangelischen Kirchenrechts und des Staatskirchenrechts, Tübingen 2010, 414–435, hier 417 f.

[19] Spohn, Staatskirchenrecht (wie Anm. 13), 197–200.

[20] Zur Haltung des Erzbistums Freiburg in der Schulfrage: Emil Friedberg, Der Staat und die katholische Kirche im Großherzogtum Baden seit dem Jahre 1860, Leipzig 1871; Reinhold Zippelius, Staat und Kirche. Eine Geschichte von der Antike bis zur Gegenwart, München 1997, 141, 143.

[21] Zum vorangegangenen Schulstreit: Ewald Keßler, Das badische Schulgesetz von 1864, in: JBKRG 8/9 (2014/2015), 65–78; Rudolf Lill, Kulturkampf, in: Adalbert Erler/Ekkehard Kaufmann (Hgg.), Handwörterbuch zur deutschen Rechtsgeschichte, 1. Aufl., Bd. 2, Berlin 1978, 1250f.

[22] § 43 [Abs. 2] Ges. über den Elementarunterricht, Spohn, Staatskirchenrecht (wie Anm. 13), 129, 147, sowie in: Ders., Kirchenrecht der Vereinigten evangelisch-protest. Kirche im Großherzogtum Baden, Zweite Abtheilung: Kirchenverwaltung, Karlsruhe 1875, 215. Zu dieser Rechtssammlung siehe Uwe

Die Schullehrer waren also zu diesen Diensten spätestens seit 1868 nicht mehr verpflichtet. Gleichwohl konnten ihnen diese Aufgaben *gegen eine angemessene Vergütung* übertragen werden.²³ Es ging folglich bei der Trennung der „niederen Kirchendienste" vom Schuldienst weniger um einen „Personalwechsel" vor Ort als vielmehr um einen Strukturwechsel in Bezug auf die Zuständigkeiten von Staat und Kirche hinsichtlich der Volksschule, und zwar im Rahmen der Neuordnung des badischen Volksschulwesens.²⁴ Betroffen von den Auswirkungen auf die „niederen Kirchendienste" war ganz offensichtlich vor allem der ländliche Raum. Die oben genannten Kirchengemeinden, sämtlich Landgemeinden, indizieren dies.

Die „niederen Kirchendienste" waren organisatorisch aus dem Schuldienst *ausgeschieden*. Die Finanzierung der Dienste war überdies aus dem Schulvermögen *ausgeschieden*. Deshalb können die hier interessierenden Vereinbarungen dem Typus des „Ausscheidungsvertrags" zugeordnet werden.²⁵ Es ging nicht zuletzt um eine Vermögensausscheidung.²⁶ Die Verträge selbst verwenden zuweilen den Begriff der Ablösung. So der Vertrag für Freistett: *Vertrag zwischen dem evangelischen Kirchengemeinderath zu Freystett und dem politischen Gemeinderath daselbst anderseits, die Ablösung der Meßnergarben betreffend […] Diese Meßnergarben […] löst die Gemeinde Freystett durch gegenwärtigen Vertrag ab.*

Man könnte die Verträge auch Umwandlungsverträge nennen, weil der Leistungsgegenstand – oder das Austauschsystem – umgewandelt wird. Auf die Bezeichnung kommt es aber letztlich nicht an (*falsa demonstratio non nocet*)²⁷. Immerhin bleibt es im neuen „System" bei einer „Jahresgabe". So wie die Naturalleistung – dem Rhythmus von Saat und Ernte entsprechend – jährlich entrichtet worden war, so nun die Geldleistung. Deutlich wird dies wiederum am Vertrag von Freistett: *Diese Meßnergarben […] löst die Gemeinde Freystett […] ab und zahlt hierfür jährlich vom 23. April 1869 an […] die Summe von […].*²⁸

3. Grundlagen der Verträge

Die Verträge fußen also auf einer festen staatsrechtlichen Basis. Dies erklärt auch, warum das Geburtsjahr der Verträge auf das Jahr 1868 fällt: Zu diesem Zeitpunkt war die organisatorische Einheit des Schuldienstes mit dem Organisten- und Messnerdienst zerbrochen – eine Entwicklung, die sich nicht auf Baden beschränkte, aber nicht un-

---

Kai Jacobs, Wieder gelesen: Georg Spohn, Kirchenrecht der Vereinigten evangelisch-protestantischen Kirche im Großherzogtum Baden, in: JBKRG 7 (2013), 307–310.

²³ § 43 [Abs. 3] und § 120 Ges. über den Elementarunterricht (wie Anm. 22).
²⁴ Dazu Otto Friedrich, Einführung in das Kirchenrecht, 2. Aufl., Göttingen 1978, 196–199. Ein anschauliches Beispiel „vor Ort" schildert Manfred Wahl, Religionsunterricht zwischen „Evangelischer Volksschule" und „Christlicher Gemeinschaftsschule", in: 150 Jahre Evangelische Kirchengemeinde Baden-Baden 1832–1982, Zürich 1982, 22–26.
²⁵ So auch Art. 16 Württembg. Gesetz betreffend die Einkommensverhältnisse der Volksschullehrer, die Trennung des Mesnerdienstes vom Schulamte und die Rechtsverhältnisse der Lehrerinnen an Volksschulen vom 8.8.1907 (RegBl. S. 338): *Die Ausscheidung der zur Mesnerei gehörigen Vermögensteile […] kann auch […] im Weg der freien […] Vereinbarung erfolgen.*
²⁶ Vgl. auch § 76 [Vermögensausscheidung] Württembergisches Gesetz über die Kirchen vom 3. März 1924.
²⁷ Die falsche Bezeichnung schadet nicht, vgl. § 133 BGB.
²⁸ Vertrag vom 16.9.1869, nicht in §§ gegliedert, LKA SpA 17184.

bedingt zeitgleich stattfand, teils sogar erheblich später; den definitiven Schlusspunkt bildete die Zäsur 1919.[29]

Die frühere Verbindung der „Dienste"[30] *musste* nicht, aber sie *konnte* in Baden ersetzt werden durch eine vertragliche Lösung vor Ort. Dies lag in der Disposition von bürgerlicher und kirchlicher Gemeinde. Hiervon haben Eichstetten, Freistett und viele andere Gebrauch gemacht.

Eine Kündigungsklausel oder eine zeitlich befristete Geltung kennen diese Verträge nicht, was noch wichtig werden sollte. Die Verträge sind auf Dauer angelegt, *für alle Zeiten* sollten ihre Regelungen gelten, wie jeweils § 1 der Verträge von Schallstadt und Wolfenweiler sowie § 2 des Vertrags von Memprechtshofen festlegen. Ganz eindeutig auch die Regelung in § 2 des Vertrages von Ottoschwanden: *Gegenwärtiger Vertrag [...] kann nie gekündigt werden.*[31] Die kirchlichen[32] und die staatlichen Aufsichtsbehörden[33] haben den Verträgen seinerzeit zugestimmt.

Vorangegangen war den Vertragsabschlüssen – ganz modern anmutend – eine Fragebogenaktion des Evangelischen Oberkirchenrats, organisiert jeweils auf kirchenbezirklicher Ebene, damals Diözesen genannt[34], für die einzelnen Kirchengemeinden. Die Aktion hatte bereits im Jahr 1863 stattgefunden. Der *Fragebogen zur Ermittelung des Vermögens und Einkommens der Meßner- und Organistendienste [...]*[35] leitete mit folgenden Fragen ein: *1. Frage: Wie viele Haupt- und Unterlehrer sind an der Schule angestellt?*

2. Frage: Ist der Meßner- (Glöckner-, Sigristen-) und Organistendienst oder nur einer dieser beiden Dienste mit dem Schuldienst verbunden [...]?[36]

---

[29] Vgl. für die bayerische Pfalz: Bernhard H. Bonkhoff, Geschichte der Vereinigten Protestantisch-Evangelisch-Christlichen Kirche der Pfalz 1861–1918, Speyer 1993, 155–159 (Trennung der niederen Kirchendienste vom Schuldienst erst 1919, vgl. Art. 144 WRV); für das Rheinland: Hugo Fröhlich, Die Kirchengeschichte des Rheinischen Oberlandes, in: Ernst Gillmann (Hg.), Unsere Kirche im Rheinischen Oberland, Simmern 1954, 101–398 (hier 284f.); für Württemberg: Gesetz betreffend die Einkommensverhältnisse der Volksschullehrer (wie Anm. 25), v. a. Art. 11 bis 13, 15 und 16; für das Oberelsass: Harald Steffahn (Hg.), Albert Schweitzer. Lesebuch, Berlin/München o. J. [1984], 18f. (betr. Günsbach 1875–93).

[30] Für Hessen-Darmstadt siehe das Beispiel Rumpenheim im ausgehenden 19. Jh.: *Der Dienst des ‚Cantors, Organisten und Vorlesers' war mit der ersten Lehrerstelle verbunden und wurde mit 6 Fl. = 10,29 Mark vergütet*, Harald Müller, Aus der Geschichte unserer Gemeinde, in: Evangelische Schloßgemeinde Offenbach-Rumpenheim (Hg.), 450 Jahre Evangelische Gemeinde Rumpenheim, Offenbach 1991, 11–88, hier 46.

[31] Vertrag vom 19.4.1869, LKA SpA 27034.

[32] Als Beispiel: Genehmigungsverfügung *No. 10418, Carlsruhe, den 16. November 1869, Evangelischer Oberkirchenrath* betr. den Vertrag von Freistett, EOK Registratur, Az. 26/1, Freistett, Nebenberufl. Mitarbeiter, Bd. 2.

[33] Als Beispiel: Genehmigungsverfügung des Großherzoglichen Bezirksamts Freiburg vom 24.2.1870 betr. die Verträge von Schallstadt und Wolfenweiler, LKA SpA 16454 (Schallstadt).

[34] § 46 Verfassung der vereinigten evangelisch-protestantischen Kirche des Großherzogtums Baden vom 5.9.1861, Spohn, Kirchenrecht (wie Anm. 22), Erste Abt., Karlsruhe 1871, 163–260, hier 205.

[35] Erlass des Evangelischen Oberkirchenrats Nr. 4291 vom 26. Mai 1863.

[36] EOK Registratur Az. 26/1 Wollbach, Bl. 1ff. Der Fragebogen ist jeder Spezialia-Akte „Messner- und Organistendienste" des Evang. Oberkirchenrats, Az. 26/1, 1863ff., vorangeheftet. „Sigrist" (Sakristan) ist eine süddeutsche, auch in der Schweiz vorkommende Variante für „Kirchendiener/Messner".

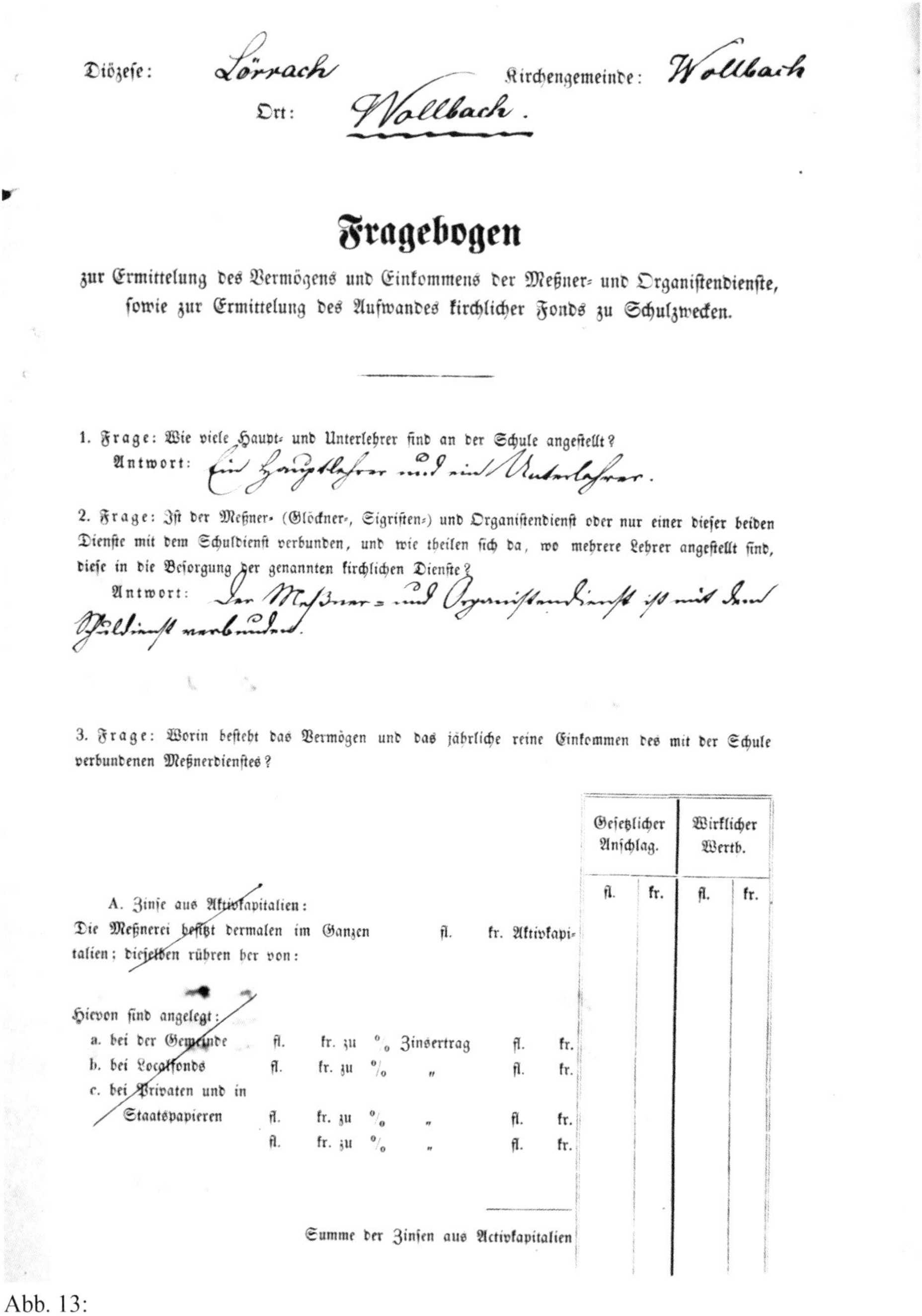

Diözese: Lörrach   Kirchengemeinde: Wollbach
Ort: Wollbach.

Fragebogen

zur Ermittelung des Vermögens und Einkommens der Meßner- und Organistendienste, sowie zur Ermittelung des Aufwandes kirchlicher Fonds zu Schulzwecken.

1. **Frage:** Wie viele Haupt- und Unterlehrer sind an der Schule angestellt?
Antwort: *Ein Hauptlehrer und ein Unterlehrer.*

2. **Frage:** Ist der Meßner- (Glöckner-, Sigristen-) und Organistendienst oder nur einer dieser beiden Dienste mit dem Schuldienst verbunden, und wie theilen sich da, wo mehrere Lehrer angestellt sind, diese in die Besorgung der genannten kirchlichen Dienste?
Antwort: *Der Meßner- und Organistendienst ist mit dem Schuldienst verbunden.*

3. **Frage:** Worin besteht das Vermögen und das jährliche reine Einkommen des mit der Schule verbundenen Meßnerdienstes?

	Gesetzlicher Anschlag.		Wirklicher Werth.	
	fl.	fr.	fl.	fr.
A. Zinse aus Aktivkapitalien: Die Meßnerei besitzt dermalen im Ganzen fl. fr. Aktivkapitalien; dieselben rühren her von:				
Hievon sind angelegt:				
a. bei der Gemeinde fl. fr. zu % Zinsertrag	fl.	fr.		
b. bei Localfonds fl. fr. zu % "	fl.	fr.		
c. bei Privaten und in Staatspapieren fl. fr. zu % "	fl.	fr.		
fl. fr. zu % "	fl.	fr.		
Summe der Zinsen aus Activkapitalien				

Abb. 13:
Fragebogen aus Wollbach (Landeskirchliches Archiv Karlsruhe)

Als Zwischenfazit kann festgehalten werden: Die Vertragsschlüsse der Jahre 1868 bis 1870 waren sorgfältig vorbereitet und in gesetzliche Regelungen eingebettet. Sie entsprangen keiner „Laune der Geschichte" oder einer im Überschwang geborenen Idee vor Ort. Vielmehr haben sie das geltende Recht umgesetzt. Sonst hätten die Aufsichtsbehörden die Verträge nicht genehmigt.

II. Schicksal der Verträge

Habent sua fata libelli. Bücher haben ihre Geschichte, ihre physische und ihre geistige Geschichte. Das gilt auch für die oben genannten Verträge. Welches Schicksal nahmen sie, und was bewirkten sie für die Kirchengemeinden?

1. 1870 bis 1945

Zunächst werden die Verträge erfüllt. Dem Bedarf entsprechend werden sie weiterentwickelt und konkretisiert. So im Jahr 1903 der Vertrag für Mengen, in dem der Zahlbetrag *aus der Gemeindekasse*, also die Leistung der Kommune, auf 200 Mark festgelegt wurde.[37] Dass die Verträge den konkreten Bedarf zu decken, insofern „mit der Zeit zu gehen" hatten, war ihnen inhärent, waren doch die politischen Gemeinden verpflichtet, *die jeweils erforderlichen Gehalte zu bestreiten* (§ 2 Vertrag von Memprechtshofen). Das schloss Schwankungen bei Mehr- oder Minderbelastung der Organisten- und Küsterdienste ebenso ein wie Währungsänderungen und anderes mehr.

Eine erste Zäsur erfahren die Verträge in der NS-Zeit. Dann werden nicht wenige der Verträge von den bürgerlichen Gemeinden nicht mehr oder nur noch teilweise erfüllt. Eine entsprechende Mitteilung sendet das Pfarramt Linx am 28. Februar 1940 an den Evangelischen Oberkirchenrat und fügt hinzu: […] *wird* […] *seitens der politischen Gemeinden keine Organistenvergütung mehr bezahlt aus Gründen, die Ihnen wohl bekannt sein werden.*[38]

Eine unmissverständliche Sprache hinsichtlich der „wohl bekannten Gründe" kommt im Schreiben des Bürgermeisters der Gemeinde Wollbach an „Herrn Landrat, Lörrach" vom 30. Januar 1940 zum Ausdruck: *Nebenbei bemerkt wurde damals schon der angeführte Vertrag, […], gegen alle Vernunft und Rechtsgefühl abgeschlossen. In ganz unmißverständlicher Weise wird über kurz oder lang ein nationalsozialistischer Gesetzgeber solche Privatrechtstitel aufheben, sofern Personen oder Behörden heute noch glauben, sich an solche Verträge und Rechtstitel halten zu müssen.*[39]

Ebenso berichtet das Pfarramt Mengen dem Evangelischen Oberkirchenrat – rück- und vorausblickend – am 7. Juli 1947: *Im Jahre 1937 hörten die Zuwendungen auf, da den Gemeinden es verboten wurde, irgendwelche Beträge an die Kirche zu bezahlen.* […]. *Die Vergütung für den Organisten übernahm seit 1938 die Kirchengemeinde.* […]. *Wir hegen die Hoffnung, dass die derzeitige Gemeindeverwaltung nach einer Rücksprache des Unterzeichneten*[40] *mit ihr bereit sein dürfte, die Vergütung für den Organisten oder doch eine bestimmte Summe von ihr auf die Gemeindekasse zu übernehmen.*[41]

Die Hoffnung sollte sich als begründet erweisen.

---

[37] Schreiben des Evang. Kirchengemeinderats Mengen vom 23.3.1903 an den Evang. Oberkirchenrat, LKA SpA 15575.
[38] Brief, LKA SpA 16025.
[39] Brief vom 30.1.1940, EOK Registratur, Az. 26/1 Wollbach, Bd. I.
[40] Brief, LKA SpA 15575.
[41] Wie zuvor, Pfr. Hch. Köbler.

Abb. 14:
Die evangelische Kirche in Mengen um 1900
(Landeskirchliches Archiv)[42]

2. Zweite Hälfte des 20. Jahrhunderts

Nach Wiederherstellung der staatlichen Ordnung in den späten 1940er Jahren nehmen die politischen Gemeinden die vertraglichen Leistungen zwar wieder auf, darunter in Mengen (ab Jahresanfang 1948).[43]

Hinterfragt waren die Verträge seitens der Zivilgemeinden, ob die Kirchensteuer, die erst in den Jahren 1888/1892[44], also deutlich nach den Vertragsschlüssen eingeführt worden war, die Verträge tangiert.[45] Dies verneinte der Evangelische Oberkirchenrat schon in den 1950er Jahren.[46] Dieser Ansicht pflichtete zwanzig Jahre später die Gemeindeprüfungsanstalt Baden-Württemberg[47] ausdrücklich bei und stellte fest: *Die Einführung der Kirchensteuer hat die staatlichen bzw. kommunalen Leistungspflichten gegenüber der Kirche nicht berührt.*[48] Diese Auffassung war richtig, dient

---

[42] Foto: Hafner, LDA Freiburg, zur Verfügung gestellt von der Kirchengemeinde Mengen-Hartheim. Dasselbe Foto in: Evang. Kirchengemeinde Mengen (Hg.), Kleiner Führer durch die Evangelische Kirche in Mengen im Breisgau, 2. Aufl., Mengen 2015, 9.
[43] Mitteilung des Pfarramtes Mengen an den Evang. Oberkirchenrat vom 26.1.1948, LKA SpA 15575.
[44] Friedrich, Kirchenrecht (wie Anm. 24), 203.
[45] So das Bürgermeisteramt Wolfenweiler in seinem Schreiben vom 1.8.1950 an den Evang. Oberkirchenrat, LKA SpA 16454.
[46] Antwortschreiben des Evang. Oberkirchenrats (wie zuvor) vom 20.9.1951, ebd.
[47] Zu ihrem Auftrag gehört die Beratung der Kommunen in Fragen der Wirtschaftlichkeit der Verwaltung.
[48] Schreiben der Gemeindeprüfungsanstalt an das Bürgermeisteramt Neuenburg am Rhein vom 12.8.1976 (EOK Registratur SpA 26/1 Neuenburg, Bd. I).

doch die Kirchensteuer der Finanzierung der allgemeinen Aufgaben der Kirche, *zur Deckung ihrer Bedürfnisse*[49]; sie tritt nicht an die Stelle anderweitiger Rechtstitel.[50] Historisch gesehen sollte die Kirchensteuer das Land von Finanzierungspflichten befreien[51] und nicht die Zivilgemeinden.

Hinterfragt wurden die Verträge aber auch grundsätzlich hinsichtlich ihres Geltungsgrundes und ihres „hohen Alters".[52] Nur so lässt sich erklären, dass sich 1953 das Landratsamt Freiburg im Breisgau, also die Kommunalaufsicht, mit den Verträgen befasst und feststellen muss, *[…] dass die politischen Gemeinden […] verpflichtet sind, die in den Verträgen von 1870 und 1869 übernommenen Verpflichtungen gegenüber der Ev. Kirchengemeinde […] weiterhin zu erfüllen, da […] die Verträge nicht gegenstandslos geworden sind.*[53]

Schon in der Nachkriegszeit stand offenbar die Überlegung im Raum, ob sich die Verträge angesichts veränderter Zusammensetzung der Bevölkerung unter dem Gesichtspunkt hinterfragen lassen, dass die Verträge aufgrund der *clausula rebus sic stantibus* anzupassen seien. Eine Anpassung bezweckte aus Sicht der Kommunen die Reduktion ihrer Leistungspflicht. Zunächst hält sich noch die Einsicht, dass keine wesentliche Veränderung der Verhältnisse seit 1868 eingetreten sein kann, erst recht nicht in staatskirchenrechtlicher Hinsicht. Die Trennung von Staat und Kirche war ja im Jahr 1860 bereits im Wesentlichen vollzogen. Deshalb werden die – für das 19. Jahrhundert selbstverständlich – handschriftlich abgefassten und daher nicht leicht lesbaren Verträge (Foto 1) in den 1960er und 1970er Jahren gerne maschinenschriftlich neu gefasst, teilweise auch auf DM-Beträge umgestellt, aber zugleich wird hervorgehoben, dass der ursprüngliche Vertrag „weiterhin gültig ist". Nachweisen lässt sich dies für Wollbach: *§ 1 Entsprechend §§ 3 und 5 des […] am 30. März 1869 geschlossenen Vertrags besteht darin Einigkeit, daß ab 1.1.1974 die Vergütung des Organisten in Wollbach für das Orgelspiel an allen Sonn- und Feiertagen jährlich 1.200 DM […] beträgt, zahlbar durch die politische Gemeinde Wollbach. […] § 4 Die Vereinbarungspartner stimmen ferner darin überein, daß der Vertrag vom 30. März 1869 weiterhin gültig ist.*[54] Etwas mehr als einhundert Jahre nach seiner Unterzeichnung wurde also der Wollbacher Vertrag erneut und auf unbestimmte Zeit bestätigt. Wollbach blieb gewiss kein Einzelfall.

Gleichwohl muss manche Kirchengemeinde ein wenig Skepsis beschlichen haben, ob die „historischen" Verträge „belastbar" seien. Wie sonst wäre zu erklären, dass der Kirchengemeinderat Ottoschwanden den Evangelischen Oberkirchenrat mit Brief vom 29. April 1977 fragte: *Vor allem sind wir skeptisch gegenüber § 2 des Vertrages ('Gegenwärtiger Vertrag … kann nie gekündigt werden')?*[55] Die Antwort aus Karlsru-

---

[49] § 1 Abs. 1 Satz 1 Kirchensteuergesetz Baden-Württemberg in der Fassung vom 15.6.1978/25.1.2012.
[50] *Die Kirchensteuergesetzgebung […] kann aber Verpflichtungen Dritter nicht berühren*, VG Karlsruhe, Urteil vom 12.2.2010, in: Entscheidungen in Kirchensachen, hrsg. von Manfred Baldus und Stefan Muckel, Bd. 55 (2010), 76–102, hier 98.
[51] Link, Staat und Kirche (wie Anm. 18), 94.
[52] Wie Anm. 45.
[53] Schreiben vom 29.9.1953, LKA SpA 16454.
[54] Auszug aus der Vereinbarung zwischen der politischen Gemeinde Wollbach und der Evang. Kirchengemeinde Wollbach (mit beiderseitigem Dienstsiegel) vom 20.12.1973, EOK Registratur, Az. 26/1 Wollbach.
[55] LKA 27034.

he lautete ebenso klar wie lapidar: *Zum Vertrag selbst ist zu sagen, daß er noch heute voll gültig ist und von der politischen Gemeinde zu erfüllen ist.*[56] Dennoch wurde aus Karlsruhe zu einer Ablösungsvereinbarung geraten, die im Jahr 1984 auch zustande kam.[57] Zur Rechtslage der Ablösung sogleich mehr.

3. Gegenwart

Bleiben wir zunächst beim Thema „Vertragsschicksal". Eine erneute Zäsur erfahren die Verträge in ihrer Lebenswirklichkeit an der Wende vom 20. zum 21. Jahrhundert. Teilweise setzen die bürgerlichen Gemeinden die Leistungen aus oder „kündigen" die Verträge, häufig mit eher laienhaften Begründungen: Die Verträge seien „nicht mehr zeitgemäß", „Hintergründe für den damaligen Vertrag (seien) im Hause nicht mehr ermittelbar", die „Geschäftsgrundlage (sei) nicht mehr existent".[58] Damit wiederholen sich Argumente, die auch aus anderen Zusammenhängen bekannt sind, etwa hinsichtlich des Fortbestandes kommunaler Kirchturmbaulastverpflichtungen.[59]

Allerdings gibt es keinen Rechtsgrundsatz, der Vertragspflichten an eine „Zeitgemäßheit" bindet oder bei veränderten „Zeiten" automatisch in Wegfall bringt. Verträge erlöschen nicht kraft „hohen Alters", weder völkerrechtliche Verträge noch Pachtverträge oder andere Verträge. Zudem hatte es bei den betroffenen Kirchengemeinden durchaus Überraschung ausgelöst, dass einige Kommunalverwaltungen die Verträge und ihre Hintergründe nicht mehr kannten, obwohl die Verträge noch kurz zuvor offiziell bestätigt worden waren.

Aus diesen Gründen wurde versucht, die Leistungspflicht der Kommunen in den Jahren 2009 bis 2010 gerichtlich zu klären,[60] nachdem beispielsweise in Eichstetten die Zahlungen seitens der Kommune einfach eingestellt wurden[61] – ein glatter Vertragsbruch. Denn: *Pacta sunt servanda*, Verträge sind einzuhalten. Das gilt für privatrechtliche[62], aber auch für öffentlich-rechtliche Verträge.[63] Als solche sind die uns interessierenden Verträge der 1860er Jahre nach heutigem Maßstab einzustufen. Da-

---

[56] Schreiben des Evang. Oberkirchenrats vom 21.7.1977, EOK Registratur Az. 26/1 Ottoschwanden.
[57] LKA 27034.
[58] Schreiben der Stadt Kandern an die Kirchengemeinde Wollbach-Holzen vom 3.12.2013, EOK Registratur Az. 26/1 Wollbach.
[59] Vgl. Nicole Grahm, Kommunale Kirchenbaulasten im Gebiet des ehemaligen Großherzogtums Baden, Frankfurt am Main 2012; Felix Hammer, Fortexistenz und Schicksal kommunaler Kirchturmbaulastverpflichtungen in der Gegenwart – Zum Urteil des VGH Baden-Württemberg vom 14.11.2013, Kirche und Recht 2014, 29–40; Michael Frisch, Kirchenbaulasten und Geltungsverlust von Rechtsnormen, Zeitschrift für evangelisches Kirchenrecht [ZevKR] 44 (1999), 244–257; Urteil des Staatsgerichtshofs für das Land Baden-Württemberg vom 2.2.2015, Verordnungsblatt BW 2015, 414.
[60] Verwaltungsgerichtsverfahren VG Freiburg, Az. 2 K 2497/09. Das Verfahren führte der Verfasser als Prozessbevollmächtigter zweier klagender Kirchengemeinden; es endete durch Abschluss einer Ablösungsvereinbarung im Rahmen eines Prozessvergleichs (vgl. EOK Registratur, Az. 26/1 Mengen, 26/1 Wolfenweiler).
[61] Gustav Rinklin, Alter Vertrag ist Geschichte. Eichstetten zahlt 130.000 Euro an die Kirche und löst damit Gehalt für Messmer [!] und Organisten ab, Badische Zeitung vom 29.1.2009. Ebenso im Falle Wollbachs seitens der politischen Gemeinde Kandern im Jahr 2013, EOK Registratur, Az. 26/1 Wollbach.
[62] § 241 Abs. 1 BGB.
[63] § 62 Satz 2 Landesverwaltungsverfahrensgesetz Baden-Württemberg (LVwVfG) i. V. m. § 241 Abs. 1 BGB.

her sind die politischen Gemeinden auf die ordnungsgemäßen Wege verwiesen: Sie können ein Anpassungsbegehren äußern[64] oder ihre Leistungspflicht einvernehmlich ablösen, und zwar durch Zahlung eines Einmalbetrags, der den Wert der bisherigen Leistungen ausgleicht.[65] Dafür gelten die Ablösungsrichtlinien des Finanzministeriums Baden-Württemberg von 1962[66] als klarer und praktizierter[67] Maßstab. Eine Kündigung des Vertrags ist nur in Extremfällen zulässig.[68]

Im erwähnten Prozess wurde seitens der Kommune als Einwand gegen die (Fort-) Geltung der Verträge vorgebracht, dass sie von einer damals unzuständigen Stelle abgeschlossen worden seien, nämlich vom Bürgermeister. Auch wenn dies im Falle Mengens gerade nicht gilt – hier schloss der Gemeinderat den Vertrag (siehe oben) –, ist darauf hinzuweisen, dass seinerzeit keine ausdrückliche Regelung zur rechtlichen Vertretung der bürgerlichen Gemeinde existierte. Nach § 41 der damaligen Gemeindeordnung führt der Bürgermeister lediglich die Aufsicht über das Gemeindevermögen und leitet dessen Verwaltung; der Gemeinderat dagegen beschließt nach § 42 Nr. 3 Gemeindeordnung *über Alles, was auf die Verwaltung, Vermehrung und Verwendung des Gemeindevermögens […] Bezug hat.*[69] Die zeitgenössische Kommentierung der Gemeindeordnung bestätigt: *Eine allgemeine Vorschrift, welche den Geschäftskreis des Bürgermeisters von jenem des Gemeinderaths genau äußerlich abgrenzte unter Bezeichnung der einzelnen Fälle, in welchem dieser oder jener zu handeln hat […], besteht nicht.*[70]

Entscheidend war die Frage nach der korrekten Vertretungsbefugnis also nicht. Im erwähnten Prozess wurde klar, dass – auch nach Auffassung der Kammer – grundsätzlich von einer Fortgeltung der Verträge auszugehen ist, ein Anpassungsverlangen aber – je nach Konstellation vor Ort – begründet sein kann. Ein einseitiges Vorgehen wäre jedenfalls unwirksam.

Bei der Konstellation vor Ort wird es auf Veränderungen in der konfessionellen Zusammensetzung der Bevölkerung ankommen. Nehmen wir ein Beispiel: Lebten in Wollbach um 1870 nur fünfhundert Menschen weitgehend mit evangelischer Konfession, so gehören heute 1.350 Personen zum Gemeindegebiet, von denen 835 evangelisch sind. Das entspricht immerhin einer Quote von etwa 62%. Eine weitere, etwa katholische Gemeinde besteht in Wollbach nicht. Trauerfeiern finden nur in der evan-

---

[64] § 60 Abs. 1 Satz 1 LVwVfG.
[65] Vgl. den – auf die hier in Rede stehenden Verträge übertragbaren – Gedanken bei Werner Hofmann, Ablösung oder Anpassung der Kultusbaulast des Staates?, ZevKR 10 (1963/64), 369–381, hier 371.
[66] Auf sie nimmt Satz 4 Schlussprotokoll zu Artikel 19 Abs. 1 Evangelischer Kirchenvertrag Baden-Württemberg Bezug. Der Text der Ablösungsrichtlinien ist veröffentlicht unter www.kirchenrecht-baden.de/700.510 sowie bei Joseph Listl (Hg.), Die Konkordate und Kirchenverträge in der Bundesrepublik Deutschland. Textausgabe für Wissenschaft und Praxis, Bd. 1, Berlin 1987, 102.
[67] Ablösungsvereinbarung betr. Ottoschwanden u. a. vom 5.6.1984 (wie Anm. 57); Ablösungsvereinbarung betr. Zienken (Neuenburg am Rhein) vom 11./16.2.1977 EOK-Reg. 26/1.
[68] § 60 Abs. 1 Satz 1 Alt. 2 und Satz 2 LVwVfG, wie Anm. 63; für das kirchliche Recht siehe § 54 Abs. 1 Satz 1 Alt. 2 und Satz 2 VVZG.EKD.
[69] Friedrich Fröhlich, Die badischen Gemeindegesetze sammt [!] den dazu gehörigen Verordnungen und Ministerial-Verfügungen, mit geschichtlichen und erläuternden Einleitungen und Anmerkungen, Heidelberg 1854, 70, 74 (2. Aufl., Karlsruhe 1861).
[70] Friedrich Wielandt, Die Badische Gemeindegesetzgebung im engeren Sinne. Mit Erläuterungen, 2. Aufl., Heidelberg 1883, 91 (zu § 52 GemeindeO: *unverändert § 41 G.O. von 1831*, dort Anm. 1).

gelischen Kirche statt, da es keine gesonderte Trauerhalle gibt.[71] Mithin lässt sich vertreten, dass die evangelische Kirchengemeinde immer noch die Position innehat, die sie vor einhundertfünfundvierzig Jahren hatte.

Der verfassungsrechtlichen Ablösungspflicht[72] der sogenannten Staatsleistungen unterliegen die Ausscheidungsverträge übrigens nicht. Diese Pflicht bezieht sich nur auf Leistungen des Landes als Kompensation für säkularisationsbedingte Vermögenseinbußen der Kirche, die ihr der Staat zugefügt hatte. Vertragliche Leistungen von Kommunen sind davon unberührt.

III. Fazit

Von der Natural- zur Geldleistung im Laufe des 19. Jahrhunderts und schließlich zu deren allmählicher Ablösung ab dem späten 20. Jahrhundert: Stets ging und geht es um einen Systemwechsel, aber bei Wertausgleich. Das Vermögen der Kirche, zu dem auch ihre Ansprüche auf Geldleistungen gegenüber Dritten, nicht zuletzt den Kommunen, gehören, unterliegt seit 1919 dem Schutz der Verfassung.[73] Daher ist bei einem systemischen Wechsel das Prinzip der Wertadäquanz maßgeblich, um das aber vielfach gerungen wird. Für beides, die Geltung des Prinzips und den „Kampf um's Recht"[74], aber auch dessen Unkenntnis, sind die Ausscheidungsverträge des 19. Jahrhunderts aus dem Bereich der badischen Landeskirche ein beredtes Beispiel, an dem sich auch „Klimaveränderungen" im Verhältnis von Kirche und Kommune ablesen lassen.

---

[71] Mitteilung des Evang. Pfarramtes Wollbach-Holzen an den Evang. Oberkirchenrat vom 22.11.2016, EOK Reg. Az. 26/1 Wollbach.

[72] Art. 140 GG i. V. m. Art. 138 Abs. 1 WRV; Art. 25 Abs. 6 Evangelischer Kirchenvertrag Baden-Württemberg.

[73] Art. 140 GG i. V. m. Art. 138 Abs. 2 WRV. Burghard Winkel, Kirchenvermögen, in: Hans Michael Heinig/Hendrik Munsonius (Hgg.), 100 Begriffe aus dem Staatskirchenrecht, 2. Aufl., Tübingen 2015, 139–141.

[74] Rudolf von Ihering, Der Kampf um's Recht, 4. Aufl., Wien 1874. Der Buchtitel wurde zum geflügelten Wort.

„Am Sonntag Quasimodogeniti ist … in Predigt und Kirchengebet auf den Geburtstag des Führers Bezug zu nehmen"[1] – Das Gesetzes- und Verordnungsblatt der Badischen Landeskirche während des Zweiten Weltkriegs

Ulrich Bayer

Der Osnabrücker Kirchenhistoriker Martin H. Jung behandelt 2014 in seinem inzwischen zu einem Standardwerk avancierten Studienbuch „Kirchengeschichte" auch die Bedeutung von Kirchengeschichte in der Region: „Geschichte hat immer regionale und lokale Bezüge […] häufig kann die große Geschichte gerade an der Lokal- und Regionalgeschichte anschaulich werden. […] Unsere unmittelbare Umgebung ist wie ein aufgeschlagenes Religionsbuch oder ein geöffnetes Archiv."[2]

Zur „unmittelbaren Umgebung" von Menschen, die in unserer Landeskirche tätig sind, gehören häufig die Pfarrämter und Dekanate mit ihren teilweise ausführlichen Archiven. In vielen Pfarrämtern findet sich neben der Sammlung der Verhandlungen der Badischen Landessynode meist auch das Gesetzes- und Verordnungsblatt. Beide Publikationen sind also gut greifbar und bilden über die Jahrzehnte hinweg einen interessanten Schatz zur regionalen Kirchengeschichte Badens.

Zum 150. Jubiläum des Gesetzes- und Verordnungsblattes (GVBl.) hat Uwe Kai Jacobs 2011 eine konzise Überblicksdarstellung vorgelegt, die auch kurz auf das GVBl. in der NS-Zeit eingeht.[3] Wichtig ist für diese Epoche vor allem der Umstand, dass das GVBl. seit 1938 von der Finanzabteilung des Evangelischen Oberkirchenrates herausgegeben wurde, einer vom NS-Staat kontrollierten Behörde, die versuchte, auch über das GVBl. entsprechend die Politik und Propaganda der NS-Diktatur innerhalb der Badischen Landeskirche zu lancieren.[4]

Gleich in der ersten Ausgabe des Gesetzes- und Verordnungsblattes nach Kriegsbeginn wurde am 9. September 1939 eine Verordnung der Finanzabteilung des Ober-

---

[1] Erlass des Oberkirchenrates vom 05.04.1941, in: Gesetzes- und Verordnungsblatt für die Vereinigte Evangelisch-Protestantische Landeskirche Badens (GVBl.) Nr. 4 vom 25.04.1941, 32.

[2] Martin H. Jung, Kirchengeschichte (UTB basics), Tübingen ²2017, 243. Das Buch ist die erste protestantische Gesamtdarstellung von Kirchengeschichte, die auch umfangreiche Zusatzmaterialien über das Internet bietet wie z. B. Aussprachehilfen für fremdsprachige Begriffe aus dem Französischen oder Spanischen.

[3] Vgl. Uwe Kai Jacobs, 150 Jahre Gesetzes- und Verordnungsblatt der Evangelischen Landeskirche in Baden, in: Jahrbuch für Badische Kirchen- und Religionsgeschichte 5 (2011), 177–191.

[4] Vgl. hierzu Udo Wennemuth, Die Einrichtung und die Arbeit der staatlichen Finanzabteilung beim Evangelischen Oberkirchenrat in Karlsruhe, in: Die Evangelische Landeskirche in Baden im Dritten Reich. Quellen zu ihrer Geschichte. Bd. IV: 1935–1945 (VVKGB 60), Karlsruhe 2003, 189–298, sowie Johannes Frisch, Einsetzung und Wirken der Finanzabteilung in Baden im Zweiten Weltkrieg, in: Udo Wennemuth (Hg.), Unterdrückung-Anpassung-Bekenntnis. Die Evangelische Kirche in Baden im Dritten Reich und in der Nachkriegszeit (VVKGB 63), Karlsruhe 2009, 67–81.

kirchenrates veröffentlicht, in der von Pfarrern der Landeskirche und ihren Ehefrauen der Nachweis arischer Abstammung erbracht werden sollte:

Ich muß [...] verlangen, daß mir vor der Erteilung der Zustimmung der Finanzabteilung zur Aufnahme eines Kandidaten der Theologie [...] seitens des in Betracht kommenden Kandidaten der Theologie [...] der Nachweis der deutschblütigen Abstammung erbracht wird. Ebenso muß ich den Nachweis der deutschblütigen Abstammung hinsichtlich der Braut oder der Ehefrau eines Geistlichen [...] verlangen.[5]

In der gleichen Ausgabe wurde nochmals das „Reichsbürgergesetz" vom September 1935 mit der berüchtigten Formulierung *Ein Jude kann nicht Reichsbürger sein* abgedruckt, verbunden mit dem Verbot für jüdische Deutsche, weiterhin Beamte sein zu dürfen, und des Verbots der Heirat zwischen sogenannten Ariern und Juden.[6]

Auf den Kriegsbeginn am 1. September 1939 ging eine Art „Sonderausgabe" des Gesetzes- und Verordnungsblattes vom 14. September 1939 ein, in der Aufrufe der Deutschen Evangelischen Kirche (DEK) sowie von Landesbischof Julius Kühlewein[7] veröffentlicht wurden. Die vom Geistlichen Vertrauensrat[8] der DEK am 2. September 1939 verfasste Erklärung zum Kriegsbeginn lautete unter anderem:

Aufruf der Deutschen Evangelischen Kirche.

Seit dem gestrigen Tage steht unser deutsches Volk im Kampf für das Land seiner Väter, damit deutsches Blut zu deutschem Blute heimkehren darf. Die deutsche evangelische Kirche stand immer in treuer Verbundenheit zum Schicksal des deutschen Volkes. Zu den Waffen aus Stahl hat sie unüberwindliche Kräfte aus dem Worte Gottes gereicht. [...] So vereinigen wir uns auch in dieser Stunde mit unserem Volk in der Fürbitte für Führer und Reich, für die gesamte Wehrmacht und alle, die in der Heimat ihren Dienst für das Vaterland tun. Gott helfe uns, daß wir treu erfunden werden, und schenke uns einen Frieden der Gerechtigkeit![9]

Etwas stärker biblisch fundiert war demgegenüber der Aufruf des badischen Landesbischofs Kühlewein:

[...] Um diese Gnade einer festen, getrosten und stillen Zuversicht wollen wir bitten. [...] Wir wollen uns stärken lassen und einander stärken durch Gottes Wort. Das muß jetzt erst recht unseres Fußes Leuchte und ein Licht auf unserm Wege sein. [...] Haltet an am Gebet, seid fröhlich in Hoffnung und geduldig in Trübsal![10]

In der November-Ausgabe des GVBl. 1939 wurde eine Verordnung der DEK über die *Gewährung von Straffreiheit* veröffentlicht:

Angesichts der Notwendigkeit eines geschlossenen Einsatzes der Deutschen Evangelischen Kirche für die Verteidigung von Volk und Reich wird [...] folgendes verordnet: [...] Noch nicht vollstreckte Dienststrafen [...] sind erlassen [...]. Schwebende

---

[5] GVBl. Nr. 18 vom 09.09.1939, 162. Die Verordnung war vom Leiter der Finanzabteilung, Emil Doerr, unterzeichnet. Doerr (1882–1948) war 1924 Oberkirchenrat geworden und trat 1933 den Deutschen Christen (DC) sowie 1937 der NSDAP bei. Von 1938–1945 war er stellv. Leiter der vom Staat eingesetzten Finanzabteilung (FA) beim EOK, faktisch war Doerr in dieser Zeit Leiter der FA, da der eigentliche Vorgesetzte der Behörde, der Mosbacher NS-Bürgermeister Theophil Lang, seine Aufgaben an Doerr delegiert hatte. 1945 wurde Doerr von der US-Militärverwaltung ohne Bezüge dienstenthoben.

[6] Vgl. GVBl. Nr. 18 vom 09.09.1939, 165–169.

[7] Zu Kühlewein vgl. Anm. 73.

[8] Zum Geistlichen Vertrauensrat vgl. Anm. 27.

[9] GVBl. Nr. 19 vom 14.09.1939, 173.

[10] Vgl. GVBl. Nr. 19 vom 14.09.1939, 174.

Disziplinarverfahren wegen Dienstvergehen, die vor dem 1. September 1939 begangen sind, sind einzustellen [...].

Ausgeschlossen von einem Gnadenerweis [...] sind die Dienstvergehen, die eine Verletzung der Treuepflicht gegen Führer, Volk und Reich enthalten [...].[11]

Nach dem erfolgreichen Abschluss des Westfeldzuges und des Sieges über Frankreich war im Gesetzes- und Verordnungsblatt vom 27. Juni 1940 ein Dankgottesdienst angeordnet worden:

An sämtliche Geistliche der Landeskirche.

Der Krieg mit Frankreich ist siegreich beendet. Davon ist unser badisches Grenzland in besonderer Weise berührt. Es ist hierdurch von der unmittelbaren Kriegsgefahr befreit. Die zeitweilige Räumung der dem Rhein benachbarten Gebiete ist aufgehoben. Unsere Rückwanderer dürfen in ihre Heimatgemeinden zurückkehren. Auch die vorübergehend geschlossenen Gotteshäuser sind wieder geöffnet und für den Gottesdienst freigegeben. Dazu ist unser Nachbarland, das deutsche Elsaß, wieder deutsches Land und Straßburg, unsere Nachbarstadt, wieder deutsche Stadt geworden. Das alles erfüllt unsere Herzen mit tiefer Dankbarkeit gegen Gott, der unsere Heimat gnädig bewahrt [...] und der unser Heer von einem Sieg zum andern geführt hat.

Ich ordne daher an, daß aus diesem Anlaß in allen Gemeinden am kommenden Sonntag ein Dankgottesdienst gehalten und die Gemeinde unter das Wort gestellt wird: Du bist der Gott, der Wunder tut; du hast deine Macht bewiesen unter den Völkern [...] Entsprechend der Anordnung des Führers über Beflaggung und Glockengeläute sind sämtliche kirchlichen Gebäude vom 25. Juni ab 10 Tage lang zu beflaggen. Vom 25. Juni bis 1. Juli einschließlich sind von 12 Uhr bis 12.15 Uhr die Glocken zu läuten. Wo noch besondere Luftschutzverordnungen bestehen sollten, bleibt das Läuten auf 3 Minuten beschränkt.[12]

Noch sollten die Glocken den Erfolg des Regimes einläuten, doch kaum eineinhalb Jahre später erfolgte die Einschmelzung der meisten deutschen Kirchenglocken zu Rüstungszwecken.[13]

Im Oktober 1940, zu einer Zeit, da die badischen, pfälzischen und saarländischen Juden in das Lager Gurs in Süd-Frankreich deportiert wurden, veröffentlichte das GVBl. einen Beschluss, nach dem der jüdisch-stämmige Pfarrer Ernst Lehmann[14] aufgrund des Arierparagraphen aus der Landeskirche entlassen wurde: *Pfarrer a. D. Dr. Lehmann in Heidelberg wird [...] insoweit aus dem Dienst der Landeskirche entlassen, daß er seinen Anspruch auf Ruhegehalt und Hinterbliebenenversorgung verliert.*[15]

---

[11] GVBl. Nr. 22 vom 03.11.1939, 187f.
[12] GVBl. Nr. 8 vom 27.06.1940, 50.
[13] Vgl. unten S. 143.
[14] Im Betreff wurde der Name Lehmann mit dem in der NS-Diktatur für jüdische Bürger verpflichtenden Zusatz „Israel" zitiert: *Dr. Ernst Josef Israel Lehmann in Heidelberg* betr. Ernst Lehmann war seit 1932 im Ruhestand. Zum Schicksal jüdischer Pfarrer in der Badischen Landeskirche vgl. Hermann Rückleben, Die Badische Kirchenleitung und ihre nichtarischen Mitarbeiter zur Zeit des Nationalsozialismus, in: Zeitschrift für die Geschichte des Oberrheins 126 (1978), 371–407 sowie Eberhard Röhm/Jörg Thierfelder, Juden-Christen-Deutsche. Bd. 1, Stuttgart 1990, 240–254 (hier wird die Geschichte von Ernst Lehmann und seines Sohnes Kurt Lehmann behandelt, die beide aus rassischen Gründen aus dem Kirchendienst entlassen wurden).
[15] GVBl. Nr. 13 vom 14.10.1940, 86.

In der gleichen Ausgabe wurde ein Erlass veröffentlicht, der den Kirchenaustritt für SS-Mitglieder vereinfachen sollte: *Demgemäß werden die Herren Bevollmächtigten der Finanzabteilung beim Evang. Oberkirchenrat Karlsruhe und die Evang. Kirchengemeinderäte (Kirchenvorstände) ersucht, bei ihnen eingehende Austrittserklärungen, welche vor einem SS-Richter im Felde oder vor der zuständigen Wehrmachtsbefehlstelle abgegeben und ordnungsgemäß beurkundet sind, als rechtswirksame Austrittserklärungen anzunehmen.*[16]

Auffällig war hier der vorauseilende Gehorsam der kirchlichen Seite, welche willfährig bereit war, den vor SS-Stellen vorgenommenen Kirchenaustritt zu akzeptieren und somit die SS einer staatlichen Instanz gleichzustellen.

Äußerlich fällt auf, dass sich ab Kriegsbeginn auf der Titelseite eine „Ehrentafel" befand, die – geschmückt mit dem Eisernen Kreuz – die „Für Führer, Volk und Vaterland" Gefallenen und die mit Kriegsauszeichnungen dekorierten Mitarbeiter der Landeskirche aufführte. Die Zahl der gefallenen Pfarrer und kirchlichen Mitarbeiter schnellte nach Beginn des Überfalls auf die Sowjetunion im Juni 1941 und vor allem nach den verlustreichen Kämpfen im russischen Winter 1941/42 in die Höhe. So verzeichnete das GVBl. in seiner Ausgabe vom 16. Februar 1942 allein sechs Gefallene aus den Reihen der Landeskirche:

Für Führer, Volk und Vaterland fielen:
Vollmann, Wilhelm, Hauptmann, Pfarrer in Hagsfeld, am 16.01.1942 im Osten, Goldbach, Otto, Feldwebel, Vikar aus Karlsruhe, am 24.12.1941 bei den Abwehrkämpfen im Osten, Hilmer, Klaus, Feldwebel, Vikar in Mannheim, am 19.12.1941 in Rußland, Hötzel, Karl, Gefreiter, Vikar in St. Georgen i. Schw., am 27.11.1941 in Gambut in Nordafrika, Meißner, Oskar, Leutnant und Kompanieführer, zuletzt Vikar in Weisweil, am 10.1.1942 in Rußland, Roß, Werner, Leutnant, cand. theol. aus Büchenbronn, am 24.12.1941 im Osten.[17]

Bei den Kriegsauszeichnungen hieß es dann auf der gleichen Seite unter anderem:

Baier, Karl, Hauptfeldwebel, Hausinspektor beim Evang. Oberkirchenrat, mit dem Kriegsverdienstkreuz II. Klasse mit Schwertern, [...] Rößler, Oskar, Leutnant, stud.theol. aus Karlsruhe, mit dem Eisernen Kreuz II.Klasse, mit dem U-Boots-Jagdabzeichen und mit dem Verwundetenabzeichen [...][18]

In der gleichen Ausgabe veröffentlichte das GVBl. einen Erlass des Generalbevollmächtigten für die Reichsverwaltung und Reichsinnenministers Frick[19], in dem zahlreiche kirchliche Feiertage gestrichen wurden:

Mit Rücksicht auf die besonderen Erfordernisse des Krieges wird auf Grund gesetzlicher Ermächtigung und mit Zustimmung des Beauftragten für den Vierjahresplan und des Oberkommandos der Wehrmacht verordnet:

---

[16] GVBl. Nr. 13 vom 14.10.1940, 100.
[17] GVBl. Nr. 2 vom 16.02.1942, 11. Hervorhebung der Namen im Original.
[18] Ebd.
[19] Wilhelm Frick, geb. 1877, war von 1933–1945 NS-Reichsinnenminister und wurde 1946 als Hauptkriegsverbrecher in Nürnberg zum Tode verurteilt und hingerichtet.

(1) Soweit der Himmelfahrtstag, der Fronleichnamstag, das Reformationsfest und der Bußtag auf einen Wochentag fallen, werden sie für die Dauer des Krieges als staatliche Feiertage im Sinne reichs- und landesrechtlicher Vorschriften auf einen Sonntag verlegt, und zwar: der Himmelfahrtstag, der Fronleichnamstag und das Reformationsfest auf den nachfolgenden Sonntag, der Bußtag auf den vorhergehenden Sonntag.
(3) Kirchliche Feierlichkeiten aus Anlaß dieser Feiertage sind ebenfalls auf den nachfolgenden oder vorhergehenden Sonntag zu verlegen und genießen an diesen Tagen den bisherigen reichs- und landesrechtlichen Schutz.
(3) Die Wochentage, auf die der Himmelfahrtstag, der Fronleichnamstag, das Reformationsfest und der Bußtag fallen, sind Werktage […]
Zuwiderhandlungen gegen diese Verordnung werden, sofern nicht die Tat nach anderen Vorschriften mit schwerer Strafe bedroht ist, mit Geldstrafe in unbeschränkter Höhe bestraft. Die Verordnung gilt auch in den eingegliederten Ostgebieten und im Protektorat Böhmen und Mähren.[20]

In der März-Ausgabe 1941 wurde ein „Hinweis" veröffentlicht für eine Broschüre „Die Erstellung des Ahnenpasses". Diese – im Zentralverlag der NSDAP veröffentlichte Handreichung (!) – sollte den Pfarrern und Kirchenbuchämtern wichtige Informationen für die Ausfertigung der Ahnenpässe geben, einem Instrument zur Durchsetzung der antisemitischen Rassepolitik des NS-Regimes. An dieser Notiz wird deutlich, wieweit das GVBl. unter Führung der Finanzabteilung beim EOK zu diesem Zeitpunkt bereits zum willfährigen Handlanger der NS-Rassepolitik geworden war. Die zum Preis von 0,50 RM erhältliche Schrift enthalte *eine gute Übersicht der einschlägigen Bestimmungen über die Ahnenpaßbeglaubigung und mancherlei Anregungen für deren Handhabung […] Die Broschüre, die zur Benützung empfohlen wird, kann mit Zustimmung der Finanzabteilung beim Evang. Oberkirchenrat vom 27.1.1941 […] aus örtlichen Mitteln angeschafft werden.*[21]

Diese offen antisemitische Ausrichtung fand ihre konsequente Fortsetzung im folgenden Heft des GVBl., in dem mehrere Vorträge des „Instituts zur Erforschung des jüdischen Einflusses auf das deutsche kirchliche Leben" beworben wurden. Dieses Institut war 1939 auf Betreiben deutschchristlicher Gruppen in Eisenach gegründet worden, die Eröffnungsfeier fand bezeichnenderweise auf der Wartburg statt. Wissenschaftlicher Leiter war der damals sehr bekannte Theologe Walter Grundmann, Professor für Neues Testament an der Universität Jena.[22]

Der eigentliche Name lautete „Institut zur Erforschung *und Beseitigung* des jüdischen Einflusses auf das deutsche kirchliche Leben", ob dieser Teil des Titels hier bewusst weggelassen wurde, ist unklar. Wichtig war für die Finanzabteilung hier auch die Information, dass Pfarrer, die zu Vorträgen des Instituts nach Eisenach reisten, dafür Dienstreisekosten abrechnen konnten: *Der Herr Reichsminister für die kirchlichen Angelegenheiten hat […] die Finanzabteilung angewiesen, Reisen von Geist-*

---

[20] GVBl. Nr. 2 vom 16.02.1942, 15.
[21] GVBl. Nr. 2 vom 01.03.1941, 12.
[22] Vgl. hierzu: Oliver Arnhold, „Entjudung" – Kirche im Abgrund. Studien zu Kirche und Israel, Bd. 25. Teil 2: Das „Institut zur Erforschung und Beseitigung des jüdischen Einflusses auf das deutsche kirchliche Leben" 1939–1945, Berlin 2010.

lichen zur Teilnahme an Vortragsveranstaltungen des Instituts zur Erforschung des jüdischen Einflusses auf das deutsche kirchliche Leben in Eisenach als Dienstreisen anzuerkennen und für die den Geistlichen dadurch entstehenden Dienstreisekosten nach der geltenden Ordnung Ersatz zu leisten.[23]

In der Mai-Ausgabe 1941 des GVBl. wurde ausdrücklich eine Veranstaltung dieses antisemitischen Instituts in Freiburg i. Br. beworben, Veranstalter war die badische DC-Pfarrerschaft. Veranstaltungsort im Juni 1941 war das Gemeindehaus der Freiburger Ludwigskirche, Organisator der deutschchristliche Pfarrer der Ludwigskirche, Fritz Kölli. Zu den angebotenen Themen dieser DC-Tagung gehörten unter anderem: „Aus den Sitzungsprotokollen des Instituts zur Erforschung des jüdischen Einflusses auf das kirchliche Leben", „Das Volkstestament" oder „Deutscher Glaube im deutschen Wort". Die Mahlzeiten während der Tagung sollten im noblen Hotel „Dattler" auf dem Schlossberg eingenommen werden.[24] Ein erstaunlicher Aufwand mitten im Krieg. Eine weitere Tagung des Instituts fand im November 1941 ebenfalls in Freiburg statt, unter anderem mit einem Vortrag von Walter Grundmann über „Die antike Religion im Lichte der Rassenfrage".[25]

Auch die schleichende Abwertung des Religionsunterrichts an öffentlichen Schulen während der Kriegszeit fand ihren Niederschlag im GVBl. So wurde durch Erlass des EOK vom 18.06.1941 festgelegt, dass die Schulnoten für das Fach Religion nicht mehr im normalen Zeugnis, sondern auf einem separaten Zeugnisblatt zu vermerken seien: *Soweit an Schulen konfessioneller Religionsunterricht erteilt wird und bisher benotet wurde, hat diese Benotung für die Folge auf einem besonderen Blatt nach beiliegendem Muster zu erfolgen.*[26]

Ein weiterer Schritt hin zur Liquidierung des evangelischen und katholischen Religionsunterrichts war dann kurze Zeit später die Verlegung dieses Unterrichts auf Randstunden am späten Nachmittag, um ihn dann in der Schlussphase des Krieges fast ganz zum Erliegen kommen zu lassen. Ein ähnliches, schrittweises Vorgehen gab es in der DDR nach 1952 bis zur völligen Abschaffung des Religionsunterrichts am Ende der 1950er Jahre.

In der gleichen Ausgabe des Gesetzes- und Verordnungsblattes wurde ein Telegramm des „Geistlichen Vertrauensrates" der Deutschen Evangelischen Kirche an Hitler zum Beginn des Überfalls auf die Sowjetunion abgedruckt.[27] Darin hieß es am 30. Juni 1941 unter anderem: *Der Geistliche Vertrauensrat der Deutschen Evangelischen Kirche, erstmalig seit Beginn des Entscheidungskampfes im Osten versammelt, versichert Ihnen, mein Führer, in diesen hinreißend bewegten Stunden aufs neue die unwandelbare Treue und Einsatzbereitschaft der gesamten evangelischen Christenheit des Reiches. Sie haben, mein Führer, die bolschewistische Gefahr im eigenen*

---

[23] GVBl. Nr. 3 vom 27.03.1941, 27.
[24] Vgl. GVBl. Nr. 6 vom 28.05.1941, 44. Bei dem „Volkstestament" handelte es sich um eine 1941 veröffentlichte Ausgabe des NT, in dem alle Bezüge zum und Zitate aus dem AT getilgt waren.
[25] Vgl. GVBl. Nr. 11 vom 06.11.1941, 82.
[26] GVBl. Nr. 7 vom 08.07.1941, 47.
[27] Der Geistliche Vertrauensrat war ein 1939 entstandenes Kompromiss-Gremium der DEK, das zu gleichen Teilen mit Vertretern der Deutschen Christen, der Bekennenden Kirche und sogenannten „Neutralen" besetzt war. Vgl. hierzu: Karl-Heinrich Melzer, Der Geistliche Vertrauensrat. Geistliche Leitung für die Deutsche Evangelische Kirche im Zweiten Weltkrieg? (Arbeiten zur Kirchlichen Zeitgeschichte B.17), Göttingen 1991.

Lande gebannt und rufen nun unser Volk und die Völker Europas zum entscheidenden Waffengange gegen den Todfeind aller Ordnung und aller abendländisch-christlichen Kultur auf. Das deutsche Volk und mit ihm alle seine christlichen Glieder danken Ihnen für diese Ihre Tat […] Die Deutsche Evangelische Kirche […] ist mit allen ihren Gebeten bei Ihnen und bei unseren unvergleichlichen Soldaten, die nun mit gewaltigen Schlägen daran gehen, den Pestherd zu beseitigen, damit in ganz Europa unter Ihrer Führung eine neue Ordnung erstehe und aller inneren Zersetzung, aller Beschmutzung des Heiligsten, aller Schändung der Gewissensfreiheit ein Ende gemacht werde.[28]

In der Ausgabe vom 27. August 1941 wurde ein Erlass der Finanzabteilung veröffentlicht, nach dem Teile der Kirchensteuer auch dem staatlichen Winterhilfswerk zur Verfügung gestellt werden konnten.[29]

Die Auswirkungen des Krieges führten auch dazu, dass Ende 1941 die Abgabe der Kirchenglocken für den Bau von Kanonen und Panzern verfügt wurde. So hieß es in einem Schreiben von Landesbischof Julius Kühlewein, das am 12. Dezember 1941 im Gesetzes- und Verordnungsblatt veröffentlicht wurde: *Wie bereits unterm 24.11.1941 mitgeteilt wurde, müssen unsere Kirchenglocken nun doch in den Krieg wandern. Es ist damit zu rechnen, daß der Ausbau der Glocken in allernächster Zeit beginnen wird. Es soll daher womöglich an dem der Ablieferung vorausgehenden Sonntag im Gottesdienst des Abschieds von den Glocken gedacht werden. Dabei ist folgendes* **Wort an die Gemeinden**[30] *zu verlesen:*

Liebe Gemeinde! Die harte Notwendigkeit des Krieges verlangt nun doch die Hingabe unserer Glocken. Dieses Opfer ist für unsere Gemeinden schwer. Denn wir sind mit unseren Glocken aufs innigste verbunden. Sie begleiten unser ganzes Leben. Sonntag für Sonntag rufen sie die Gemeinde zum Gotteshaus und vielerorts täglich des Morgens und des Abends zum Gebet. Darum wird uns der Abschied von unseren Glocken nicht leicht.
Aber wir wissen, daß noch schwerere Opfer gebracht werden müssen, als unsere Glocken es sind, wenn das Leben und die Ehre unseres Volkes es verlangt. Darum wollen wir das Opfer unserer Glocken bringen in der Hoffnung, daß es in dem gegenwärtigen schweren Entscheidungskampf zu einem glücklichen Sieg und Ende mithelfen wird. Wenn aber auch unsere Glocken von uns gehen: Das Wort Gottes, zu dem sie gerufen haben, bleibt, und Gottes Wort ist und bleibt Kern und Mittelpunkt unserer Gottesdienste. Ihm haltet fernerhin unentwegt eure Treue. Kommt fleißig, auch ohne daß die Glocken rufen, zu unseren Gottesdiensten […] Gott schütze Volk und Führer und stärke unser kämpfendes Heer. Er segne die Botschaft von Christus an unserem Volke, daß sie in unserer Zeit eine Quelle der Kraft, des Trostes und des Friedens werde […] Als Ausklang der Feier kann, wo die Luftschutzverordnungen es gestatten, ein letztes Geläut der Glocken stattfinden.[31]

---

[28] Vgl. GVBl. Nr. 7 vom 08.07.1941, 50.
[29] Vgl. GVBl. Nr. 8 vom 27.08.1941, 58–59.
[30] Hervorhebung im Original.
[31] GVBl. Nr. 12 vom 12.12.1941, 87.

Die wachsende Zahl der Kriegsgefallenen, insbesondere nach Beginn des Russlandfeldzuges im Juni 1941, führte dazu, dass Anfang 1942 eine „Ordnung zum Gedächtnis der Gefallenen" im GVBl. abgedruckt wurde.[32] Die Gottesdienstordnung enthält keinerlei Bezüge zum NS-Staat, auffällig ist auch, dass die Standardformulierung „Gefallen für Führer, Volk und Vaterland", wie sie ja monatlich in der „Ehrentafel" des GVBl. vorkam, nicht verwendet wurde. Im Schlussgebet der Liturgie heißt es lediglich: *Heile die Wunden, die du geschlagen hast. Gib denen, die im Felde stehen und weiterkämpfen, Tapferkeit und Opfermut. Uns aber bringe durch den Ernst dieser Zeit zu neuer lebendiger Gemeinschaft mit dir. Mache es zu deinem Volk und schenke uns in allen Kämpfen dieses Lebens deinen Frieden durch Christus Jesus, unsern Herrn.*[33]

Im Gesetzes- und Verordnungsblatt vom 16. Februar 1942 wurde auf die besondere Gestaltung des Heldengedenktages im März 1942 hingewiesen. Dieser Vorläufer des Volkstrauertages war 1925 während der Weimarer Republik zum Gedenken an die deutschen Kriegsopfer des Ersten Weltkrieges eingeführt worden. Ab 1933 vereinnahmten die Nationalsozialisten den Heldengedenktag für ihre Propagandazwecke, der Tag wurde mehr und mehr vor allem im Laufe des Krieges zu einem Tag der Heldenverehrung. Die kirchliche Anbindung dieses Gedenktages trat immer mehr in den Hintergrund. Im Erlass des EOK vom 06. Februar 1942 hieß es: *Der Heldengedenktag wird in diesem Jahr am **Sonntag Lätare, dem 15. März 1942**[34] begangen. Unsere Gedanken richten sich an diesem Tag in ganz besonderem Maße auf unsere tapferen Truppen, die es vermocht haben, im vergangenen Jahr und während eines harten Winters über einen zähen Gegner im Osten gewaltige Siege davon zu tragen und dadurch die Heimat vor einem bedrohlichen feindlichen Einfall zu schützen. Vor allem gedenken wir in tiefer Dankbarkeit der gefallenen Helden, die für Deutschlands Zukunft ihr Leben gelassen haben. Wir empfehlen unseren Geistlichen, den Gottesdienst an diesem Sonntag besonders feierlich und würdig zu gestalten. An diesem Tag wird eine Landeskollekte erhoben zugunsten der Kriegsgräberfürsorge, der Nationalstiftung für Hinterbliebene der Gefallenen sowie jener Gemeinden unseres Landes, die durch den Krieg und seine Folgen geschädigt worden sind.*[35]

Das Ausmaß der nationalsozialistischen Einflussnahme auf die Kirche wird auch in einer Dienstanweisung deutlich, die am 19. März 1942 im GVBl. veröffentlicht wurde:

OKR. 12.2.1942. **Reichssportwettkampf der HJ betr.**[36]
*Der auf Anordnung des Führers alljährlich durchzuführende Reichssportwettkampf der HJ findet in diesem Jahr am **30. und 31. Mai (Trin.)**[37] statt. Um ein zeitliches Überschneiden und eine Überbeanspruchung der Jugend zu vermeiden, sollen an diesen Tagen keine besonderen kirchlichen Feiern und religiösen Gemeinschafts-*

---

[32] Im Winter 1941/42 waren jeden Monat im Schnitt etwa 45.000 deutsche Soldaten gefallen, zu Einzelheiten vgl. Rüdiger Overmans, Deutsche militärische Verluste im Zweiten Weltkrieg (Beiträge zur Militärgeschichte 46), München 2000.
[33] GVBl. Nr. 1 vom 23.01.1942, 7.
[34] Hervorhebung im Original.
[35] GVBl. Nr. 2 vom 16.02.1942, 14.
[36] Hervorhebung im Original.
[37] Hervorhebung im Original.

veranstaltungen aller Art stattfinden (lt. Anordnung des Jugendführers des Deutschen Reiches und des Reichsministers für die kirchlichen Angelegenheiten).[38]

Der wachsende Druck des NS-Regimes auf die Kirchen offenbarte sich auch in einer eher harmlosen Notiz in der August-Ausgabe 1942 des Gesetztes- und Verordnungsblattes. Hier geht es um die Übernahme evangelischer Kindergärten durch die Nationalsozialistische Volkswohlfahrt (NSV): *Die Finanzabteilung weist die örtlichen kirchl. Vermögensverwaltungsstellen an, […] in den Fällen, in welchen mit der NSV Verhandlungen wegen der Uebernahme kirchlicher Kindergärten geführt werden, der Finanzabteilung Vorlage zu erstatten.*[39]

In einem an gleicher Stelle abgedruckten Erlass des Reichsministers für die kirchlichen Angelegenheiten heißt es dann jedoch ganz unverblümt: *Die Betreuung der Kinder in den Kindertagesstätten obliegt der NSV, insbesondere dem Hauptamt für Volkswohlfahrt und den von ihm beauftragten Stellen, im Rahmen der allgemeinen Menschenführungsaufgabe der Partei. Aus diesen Grundsätzen ergibt sich, daß die Uebernahme der kirchlichen Kindergärten auf die Dienststellen der NSV anzustreben ist. Den bei den evang. Kirchen gebildeten Finanzabteilungen obliegt es, dafür zu sorgen, daß dort, wo die NSV von sich aus Anträge auf Uebernahme kirchlicher Kindergärten stellt, diesen Anträgen nach Möglichkeit entsprochen wird. Für den Fall, daß eine gütliche Einigung auf Uebernahme der Kindergärten nicht zustande kommt, ist es Aufgabe der Finanzabteilungen, dafür zu sorgen, daß in diesen Fällen dann keine Zuschüsse aus kirchlichen Mitteln für die Weiterführung der kirchl. Kindergärten gezahlt werden.*[40] Evangelische Kirchengemeinden, die sich weigerten, ihre Kindergärten an den NS-Staat und dessen rassenideologisches und atheistisches Erziehungsmodell auszuliefern, sollten demnach durch die Finanzabteilung finanziell unter Druck gesetzt werden.[41]

Der im Kriegsverlauf immer mehr spürbare Papiermangel führte auch zu drastischen Einsparungen im Bereich der Verwaltung der Landeskirche, wie aus der folgenden Anweisung des EOK vom 21. August 1942 deutlich wird: *Die durch die Kriegsverhältnisse gebotene Einsparung von Papier macht es notwendig, daß die Vorlage von Nachweisungen, Statistiken, Kostenverzeichnissen, Kostenrechnungen usw. ohne besonderen Begleitbericht erfolgt. Begleitberichte sind nur zu erstatten, wenn besondere Erläuterungen zu den Vorlagen erforderlich sind. Im übrigen genügt es, wenn der Vorlagebericht auf das vorzulegende Schriftstück gesetzt wird.*[42]

Die Auswirkungen des seit Anfang 1942 von der Royal Air Force und der US-Luftwaffe geführten strategischen Bombenkrieges gegen Deutschland führten nicht nur zur systematischen Zerstörung von Wohn- und Industrieanlagen, sondern gefähr-

---

[38] GVBl. Nr. 3 vom 19.03.1942, 18. Bereits im März 1940 war angeordnet worden, dass am „Tag der Verpflichtung der Hitlerjugend", dem 31. März 1940, landesweit keine kirchlichen Veranstaltungen für Jugendliche angeboten werden durften, vgl. GVBl. Nr. 5 vom 09.04.1940, 26.
[39] GVBl. Nr. 9 vom 28.08.1942, 60.
[40] GVBl. Nr. 9 vom 27.08.1942, 60f.
[41] Vgl. hierzu Rainer Bookhagen, Zwischen „allgemeiner Menschenführungsaufgabe der Partei" und „Wesens- und Lebensäußerung der evangelischen Kirche". Innere Mission und evangelische Kindergärten in Baden in der Zeit des zweiten Weltkrieges 1940–1945, in: Wennemuth (Hg.), Unterdrückung – Anpassung – Bekenntnis (wie Anm. 4), 143–170.
[42] GVBl. Nr. 10 vom 06.10.1942, 69.

deten auch kulturell wichtige Überlieferungsbestände, wie sie sich im Raum der Kirchen befanden.[43] Dazu wurde im Gesetztes- und Verordnungsblatt Nr. 2 vom 08. Februar 1943 ein Erlass zur *Sicherung der Kirchenbücher und kirchenbuchähnlicher Schriftdenkmäler gegen Bomben- und Brandschäden*[44] veröffentlicht. Vor allem seien die Kirchenbücher, die vor dem 01. Januar 1876 angelegt worden waren – also der Einführung des Zivilstandsregisters im Deutschen Reich –, gegen Bombenschäden zu sichern. Diese Sicherung solle auch *sippenkundlich wertvolle* […] *Akten* betreffen. Während also große Teile der deutschen Städte in Flammen aufgingen, war es der NS-Verwaltung ein wichtiges Anliegen, zur Dokumentation der antisemitischen Ariernachweise relevantes Material unbedingt zu sichern. Selbst im total vom Krieg verwüsteten Deutschland hätte im Falle eines Sieges von NS-Deutschland die rassische Überwachung seiner Bürger problemlos fortgesetzt werden können.

Das bezeichnete Schriftgut ist in **bombensicheren, trocknen und ungezieferfreien**[45] *Räumen unterzubringen. Dabei hat die Möglichkeit der Benutzung des Schriftguts während des Krieges gegenüber der sicheren Aufbewahrung zurückzutreten. Als bombensicher sind vorzugsweise anzusehen unterirdische Bunker und ähnlich gesicherte Kellergewölbe, unterirdische Stahlkammern, abseits geschlossener Siedlungen gelegene Schlösser*[46] *oder sonstige Anwesen aus Stein und Eisen* […] *Eine Vergrabung oder Einmauerung darf auf keinen Fall vorgenommen werden.* Den eindeutigen Charakter dieser Sicherungsmaßnahme im Rahmen der nationalsozialistischen Verfolgungs- und Ausrottungspolitik gegenüber den Juden verriet folgender Passus: *Die zur Unterbringung erforderlichen Maßnahmen werden getroffen* […] *für die von kirchlichen Stellen aufbewahrten Register über die Personenstandsanfälle von Juden durch das Reichssippenamt, dem diese Register von den kirchlichen Stellen zu übermitteln sind.*[47]

Bei der Erstellung der Ariernachweise mussten ab 1933 die evangelischen und katholischen Kirchen mitwirken, indem sie den staatlichen Behörden auf Nachfrage Auskünfte aus den Kirchenbüchern erteilten. Besonders willfährige deutschchristliche Pfarrer suchten von sich aus Christen jüdischer Abstammung aus ihren Tauf- und Trauregistern heraus und meldeten sie den NS-Behörden.[48]

Die durch den Luftkrieg entstehende Wohnungsnot führte dazu, dass die Verwaltungen per Erlass des badischen Reichsstatthalters und Gauleiters Robert Wagner[49]

---

[43] Zum Thema Bombenkrieg und Kirchen vgl. Ulrich Bayer, Die Auswirkungen des Luftkriegs auf Kirchengemeinden in Baden, in: Wennemuth (Hg.), Unterdrückung – Anpassung – Bekenntnis (wie Anm. 4), 209–230.

[44] Hervorhebung im Original.

[45] Hervorhebung im Original.

[46] Ein solches war Schloss Menzingen im Kraichgau, wohin während des Krieges Teile von Archiv und Bibliothek der Universität Heidelberg ausgelagert waren. Gleichwohl wurden Anfang April 1945 bei den Kampfhandlungen im Kraichgau Schloss und Dorf Menzingen fast vollständig zerstört und damit auch die gesamte dort lagernde Überlieferung.

[47] GVBl. Nr. 2 vom 08.02.1943, 8–9, 9.

[48] Vgl. hierzu die umfangreichen Informationen bei Manfred Gailus (Hg.), Kirchliche Amtshilfe. Die Kirche und die Judenverfolgung im „Dritten Reich", Göttingen 2008.

[49] Robert Wagner (1895–1946), eigentlicher Name: Robert Backfisch, 1921 Annahme des Mädchen-Namens der Mutter „Wagner", 1925 NSDAP-Gauleiter für Baden, 1933 Reichsstatthalter Baden, 1940 Gauleiter Baden-Elsass, 1940 Verantwortlich für die Deportation der badischen und elsässischen Juden nach Gurs, 1946 in Straßburg zum Tode verurteilt und hingerichtet.

aufgefordert wurden, ihre Räumlichkeiten zu verkleinern bzw. zusammenzulegen. Als Alternativen wurden der kirchlichen Verwaltung folgende Möglichkeiten angeboten:

> *Als anderweite Unterbringungsmöglichkeiten […] schlägt der Reichsarbeitsminister vor:*
> 1. *Zusammenlegung mehrerer Stellen in den bisherigen Räumen einer Stelle,*
> 2. *Unterbringung in nicht genügend genutzten Geschäftsträumen […]*
> 3. *Unterbringung in Baracken.*[50]

In der gleichen Ausgabe des GVBl. wurde auch über die bevorstehende Beschlagnahme von leerstehenden Pfarrhäusern für Wohnungssuchende berichtet.[51]

Die wachsende Zahl der Kriegsverluste unter der badischen Pfarrerschaft dokumentiert ein statistischer Befund im Gesetzes- und Verordnungsblatt vom 10. März 1943. Unter der Rubrik *Personalveränderungen unter den Geistlichen im Jahr 1942* wird berichtet, dass allein 1942 21 Pfarrer der Badischen Landeskirche gefallen sind, mit den im Ruhestand verstorbenen Pfarrern verlor die Landeskirche 1942 insgesamt 25 Geistliche, wohingegen nach der einzigen theologischen Prüfung dieses Jahres nur drei Neuzugänge zu verzeichnen waren – ein dramatischer Verlust, der sich in den kommenden Kriegs- und Nachkriegsjahren noch verschlimmerte.[52]

Im Juli 1943 berichtete das GVBl. über die Schwierigkeiten der Seelsorge an deutschen Kriegsgefangenen: *Das Hilfswerk für Internierte und Kriegsgefangene bei dem Kirchlichen Außenamt der DEK*[53] *hat ebenso wenig wie das Deutsche Rote Kreuz eine Möglichkeit, Nachforschungen nach in Rußland vermißten Angehörigen durchzuführen. Jeder Versuch dieser Art wird dadurch unmöglich gemacht, daß die Sowjetregierung das Internationale Komitee vom Roten Kreuz in Genf als neutrale Vermittlungs- und Auskunftstelle* **nicht**[54] *anerkennt und sich infolgedessen – im Unterschied zu den anderen Feindmächten – weigert, die Namen der in ihrer Hand befindlichen Angehörigen der deutschen Wehrmacht dorthin laufend zu melden. Damit fällt grundsätzlich jede Möglichkeit einer Rückfrage oder Erkundigung im Einzelfall, die bei Kriegsgefangenen nur durch eine* **neutrale**[55] *Auskunftstelle bewerkstelligt werden kann, fort.*

Es ist wiederholt und mit allem Nachdruck versucht worden, im Einvernehmen mit den zuständigen Reichsbehörden über die kirchlichen Hilfswerke für Kriegsgefangene in neutralen Ländern (z. B. Schweden) Erhebungen über die Behandlung deutscher Kriegsgefangener in Rußland durchzuführen. Auch diese Versuche sind bisher ergebnislos verlaufen. Jedenfalls hat sich eine Nachforschung über die genannten Stellen als unmöglich und undurchführbar erwiesen.[56]

Über die besondere Situation der nach der Schlacht von Stalingrad vermissten Soldaten – dabei waren mehr als 200.000 deutsche Soldaten gefallen und am Ende

---

[50] GVBl. Nr. 2 vom 08.02.1943, 12.
[51] Vgl. ebd.
[52] Vgl. GVBl. Nr. 3 vom 10.03.1943, 13.
[53] Dieses Hilfswerk war im Oktober 1939 unter Leitung von Bischof Theodor Haeckel gegründet worden und bestand noch viele Jahrzehnte nach dem Krieg weiter. Es war für die Suche nach Kriegsgefangenen und Vertriebenen von großer Bedeutung.
[54] Hervorhebung im Original.
[55] Hervorhebung im Original.
[56] Vgl. GVBl. Nr. 7 vom 07.07.1943, 36.

der Kämpfe Anfang Februar 1943 etwa 90.000 in sowjetische Kriegsgefangenschaft geraten – wurde mitgeteilt, dass hierzu besondere „Arbeitsstäbe Stalingrad" bei den Wehrkreis-Ersatzkommandos gebildet seien, bei denen man Nachfragen nach Vermissten einreichen könne.[57] Dass auch diese Nachforschungen völlig aussichtslos waren, ist aus heutiger Sicht klar.

Nach dem schweren Bombenangriff auf Mannheim am 5./6. September 1943, bei dem mehr als 80.000 Mannheimer obdachlos geworden waren und mehr als 6.000 Gebäude total oder schwer beschädigt worden waren, war auch das kirchliche Leben Mannheims fast vollständig zusammengebrochen.[58] Auch die beiden traditionsreichen Gotteshäuser Trinitatiskirche und Konkordienkirche waren zerstört. Keine andere Stadt in Baden hatte mehr Luftangriffe zu erleiden – bis Kriegsende 151. Dies führte auch zu gravierenden Einschnitten bei der Seelsorge, wie ein Abkündigungshinweis im GVBl. vom 20. Oktober 1943 zeigte:

Wir ersuchen sämtliche Geistliche, in den nächsten Gottesdiensten folgendes zu verkünden:
Die anläßlich der Terrorangriffe geflüchteten oder umquartierten evangelischen Gemeindeglieder der Stadt Mannheim werden gebeten, ihren derzeitigen Aufenthaltsort sofort den zuständigen Heimatpfarrämtern in Mannheim mitzuteilen, damit diese sich mit ihren Gemeindeangehörigen in Verbindung setzen können. Wir erwarten, daß unsere Pfarrer sich nach Kräften der zugezogenen Mannheimer Glaubensgenossen mit Rat und Tat annehmen.[59]

Diese Anweisung wurde auch von vielen Mannheimer Pfarrern umgesetzt. Viele der Evakuierten waren im Elsass oder im Schwarzwald untergekommen und erhielten dann per Post Nachricht von ihren Mannheimer Heimatpfarrern. Pfarrer Lutz etwa teilte seinen Konfirmanden per Brief die Aufgaben mit, die sie im Konfirmandenunterricht erarbeiten sollten. Wenige Tage vor der Konfirmation am 5. März 1944 schrieb er den Eltern: *Helfen Sie mit, dass dieser Tag für unsere Kinder wirklich ein Feiertag wird. Sorgen Sie vor allem dafür, dass, soweit es an uns liegt, unsere Kinder am Abend zuvor zu einem friedlichen Tagesschluss und zu einer ruhigen Nacht kommen. Lassen Sie ihr Kind wissen, was sie an diesem Abend bewegt […] Bis hierher hat uns Gott geholfen […] Ach bleib mit deinem Schutze bei uns, o Herr und Gott.*[60] Bei der letzten Kriegskonfirmation im März 1945 gab es in der gesamten Mannheimer Innenstadt nur noch sechs Konfirmanden, einer davon war bereits zum dritten Mal ausgebombt.[61]

Ein eigenartiger Aufruf fand sich in der Dezember-Ausgabe 1943 des Gesetzes- und Verordnungsblattes. Hier wurden *Richtlinien für die Führung von Kriegschroniken*[62] veröffentlicht: *In manchen Gemeinden unserer Landeskirche hat der Ortspfarrer eine Chronik angelegt über besondere Ereignisse und Erlebnisse der Kriegszeit, die der Nachwelt aufbehalten werden sollen und späterer Geschichtsschreibung für die*

---

[57] Vgl. ebd.
[58] Vgl. Bayer, Die Auswirkungen des Luftkriegs (wie Anm. 43), 211.
[59] GVBl. Nr. 10 vom 20.10.1943, 57.
[60] Udo Wennemuth, Geschichte der evangelischen Kirche in Mannheim, Sigmaringen 1996, 478f.
[61] Vgl. ebd.
[62] Hervorhebung im Original.

Kirchengemeinde selbst und die Landeskirche als unwiederbeibringliches Quellenmaterial dienen können. Es darf vermutet werden, daß manche dieser Aufzeichnungen infolge des Einrückens des Pfarrers zum Wehrdienst nicht weiter geführt wurden, und daß andere Lücken aufweisen infolge oft mehrfachen Wechsel des Dienstverwesers. Die Evakuierungen während des Kriegsgeschehens am Oberrhein[63] *werden da und dort Anlaß geworden sein, namentlich im Zusammenhang mit der Feststellung von Geburten und Todesfällen unter den ‚Rückwanderern' zeit- und ortsgeschichtliche Aufzeichnungen zu machen, ebenso die immer häufiger werdenden und auch entlegene Gemeinden heimsuchenden feindlichen Flieger- und Terrorangriffe. Wo solche Notizen noch nicht gemacht wurden, sollten die betreffenden Tatsachen und Eindrücke doch der Vergessenheit entrissen werden, ehe es zu spät ist. In anderen Kirchen ist die Führung von Kriegschroniken den Pfarrern zur Pflicht gemacht.*

Bei den nun abgedruckten *Richtlinien für Kirchengemeindechroniken*[64] wurde vermerkt: *Es handelt sich im gegenwärtigen Zeitpunkt nicht um die Abfassung einer Geschichte der Kirchengemeinde; das muß späterer Zeit vorbehalten bleiben […] Neben die fortlaufende Chronikschreibung hat die ständige Sammlung des Quellenmaterials (Festordnung für Kirchenjubiläum, Lebensläufe der Gefallenen, Gedenkreden für gefallene Geistliche, […] Zeitungsausschnitte, Programme von Feierstunden, Feldpostbriefe usw.) zu treten.* Die Kirchenverwaltung gab auch gleich praktische Ratschläge, wie solche Kriegschroniken anzulegen seien: *Die Sammlung erfolgt am besten im Steh-Ordner.*[65]

Bei den Ausgaben des Gesetzes- und Verordnungsblattes im vorletzten Kriegsjahr 1944 fällt auf, dass erstmals Frauen zu Vikarinnen der Landeskirche ernannt wurden. Das entsprechende *Vorläufige kirchliche Gesetz. Die Vikarinnen betr. vom 14. März 1944* war im GVBl. vom 22. März 1944 veröffentlicht worden. Darin hieß es in § 1: *In der Vereinigten Evang.-prot. Landeskirche Badens wird als ein Amt des kirchlichen Dienstes das Amt der Vikarin eingerichtet. Das Amt kann bekleidet werden von Frauen, welche die beiden theologischen Prüfungen der Landeskirche abgelegt haben oder eine entsprechende Vorbildung nachweisen.* In § 2 wurde konkreter ausgeführt: *Aufgaben des Amtes der Vikarin sind: a) die Abhaltung von Kindergottesdienst, Christenlehre, Bibelstunden und Andachten, b) Mithilfe in der Gemeindeseelsorge, Seelsorge an den Frauen in Anstalten und die damit verbundene Spendung der Sakramente, c) Religionsunterricht und kirchliche Unterweisung, d) landeskirchliche oder gemeindliche Frauen- oder Jugendarbeit. Der Oberkirchenrat kann, unter Berücksichtigung der durch besondere Notstände gegebenen Bedürfnisse, der einzelnen Vikarin in zeitlich und örtlich beschränkter Weise gestatten, Gemeindegottesdienst abzuhalten und die Sakramente zu spenden. Bei Amtshandlungen, die von Geistlichen in der Amtstracht vorgenommen werden, hat die Vikarin eine entsprechende Gewandung zu tragen.*[66]

Mitten im Krieg war auf diese Weise erstmals Frauen in der Badischen Landeskirche der Weg in Richtung Pfarramt eröffnet worden. Ein langer und schwieriger Prozess mit vielen Rückschlägen, der sich schließlich bis zur vollständigen Anerken-

---

[63] Am Beginn des Krieges 1939/40.
[64] Hervorhebung im Original.
[65] GVBl. Nr. 12 vom 17.12.1943, 64–65.
[66] GVBl. Nr. 3 vom 22.03.1944, 10.

nung als Gemeindepfarrerin noch bis 1971 hinziehen sollte, als die Landessynode die Grundordnung entsprechend änderte mit der inzwischen historisch gewordenen Formulierung *Pfarrer im Sinne der Grundordnung ist auch die Pfarrerin.*[67] Die Einsegnung zum Pfarrdienst – noch nicht Ordination – der ersten neun Vikarinnen war bereits am 23. Januar 1944 in der Karlsruher Stadtkirche erfolgt.[68]

Die Folgen des von Goebbels 1943 propagierten „totalen Krieges" führten auch im Bereich der Badischen Landeskirche in den letzten Kriegsjahren zu einem massiven Anstieg der bei Luftangriffen getöteten Zivilisten. In einem Erlass des Oberkirchenrates vom 10. Mai 1944 wurde für die bei Luftangriffen Umgekommenen festgelegt, dass diese in den Kirchenbüchern mit dem Vermerk *bei einem Luftangriff [...] gefallen* einzutragen seien.[69]

In einem der letzten vor Kriegsende noch veröffentlichten Gesetzes- und Verordnungsblätter im Juli 1944 – die Invasion der Alliierten in Frankreich hatte bereits einen Monat zuvor begonnen – wurde eine Verordnung der Finanzabteilung beim Oberkirchenrat veröffentlicht, nach der Beamte im Falle einer Eheschließung weiterhin ihre *deutschblütige Abstammung* nachzuweisen hätten. Die zu unterschreibende Erklärung hatte folgenden Wortlaut: *Ich versichere, daß mir nach bestem Wissen keine Umstände bekannt sind, welche die Annahme rechtfertigen könnten, daß mein zukünftiger Ehegatte von jüdischen Eltern oder Großeltern abstammt.*[70]

Die Zerstörung der deutschen Infrastruktur durch den strategischen Bomberkrieg der Alliierten hatte ab Mitte 1944 auch erhebliche Einschränkungen beim Eisenbahnverkehr zur Folge. Geistliche und kirchliche Verwaltungsbeamte konnten nur noch mit besonderer Genehmigung des Reichskirchenministers Dienstfahrten antreten: *Nachstehend geben wir einen Runderlaß des Herrn Reichsministers für die kirchl. Angelegenheiten vom 7.8.1944 I 1879/44 II zur Beachtung bekannt: „Nach Benehmen mit dem Herrn Reichsverkehrsminister teile ich folgendes mit: Die in den Tageszeitungen bekanntgegebene Bekanntmachung der Deutschen Reichsbahn [...] über die Beschränkung des Reiseverkehrs findet auf die Religionsgesellschaften und Kirchen mit folgender Maßgabe Anwendung: Die erforderlichen Bescheinigungen werden für Beamte und Angestellte der Religionsgesellschaften und für Geistliche, soweit es sich um Angehörige der übergeordneten Kirchen- und Diözesanleitungen (einschließlich Landeskirchenräten und Konsistorien) handelt, von mir, in allen übrigen Fällen von dem zuständigen Landrat oder Oberbürgermeister ausgestellt [...]".*[71]

Die letzte vor Kriegsende veröffentlichte Ausgabe des Gesetzes- und Verordnungsblatts erschien am 11. November 1944 mit einem von Oberkirchenrat Karl Bender[72]

---

[67] Die Verordnung trat am 28.04.1971 in Kraft und wurde im GVBl. Nr. 10 vom 25.06.1971, 88, publiziert. Den spannenden Weg von „Theologinnen der Badischen Landeskirche im Zweiten Weltkrieg und in der Nachkriegszeit" beleuchtete Hilde Bitz 2009 in: Wennemuth (Hg.), Unterdrückung – Anpassung – Bekenntnis (wie Anm. 4), 435–453.

[68] Vgl. Johannes Ehmann, Theologinnen in der Frauenarbeit – Wahrnehmungen eines Weges, in: Anke Ruth-Klumbies/Christoph Schneider Harpprecht (Hgg.), Erinnerungen und Perspektiven. Evangelischer Frauen in Baden 1916–2016, Leipzig 2016, 63–83, hier 74.

[69] GVBl. Nr. 5 vom 17.05.1944, 20.

[70] GVBl. Nr. 7 vom 12.07.1944, 33.

[71] GVBl. Nr. 9 vom 12.09.1944, 41.

[72] Karl Bender (1881–1961), 1911 Pfarrer, 1933–45 Oberkirchenrat, ständiger Vertreter des Landesbischofs, 1945 auf eigenen Wunsch pensioniert.

verfassten Rundbrief an die Gemeinden und Pfarrer zum 50jährigen Dienstjubiläum des badischen Landesbischofs Julius Kühlewein.[73]

Ein Beispiel für die immer stärkeren Einschränkungen der Seelsorge durch den NS-Staat gibt eine in der gleichen Ausgabe veröffentlichte Verordnung des Reichsluftfahrtministeriums wieder: *Der Herr Reichsminister der Luftfahrt*[74] *hat bestimmt, daß – sofern von Schwerverwundeten oder Sterbenden in den LS-Rettungsstellen*[75] *der Beistand eines Geistlichen gefordert wird – keine Bedenken bestehen, diesem Verlangen stattzugeben. Es soll dies aber nur auf ausdrücklichen Wunsch des Schwerverwundeten oder Sterbenden erfolgen.*[76]

Die nächste Ausgabe des GVBl. kam nach Kriegsende bereits am 13. September 1945 in die Pfarrämter, auf der Titelseite mit einem Hirtenwort von Landesbischof Kühlewein, in der er die untergegangene NS-Diktatur unter anderem mit folgenden Worten beschrieb: *Denn nie hat unser deutsches Volk eine so schwere Unterdrückung erleben müssen, als in dieser Zeit, eine Unterdrückung der Freiheit, der Wissenschaft, der Schule, der Religion, der Kirche, des christlichen Glaubens, der christlichen Seite, des Rechtes und der Gerechtigkeit.*[77]

Das seit 1938 von der NS-kontrollierten Finanzabteilung beim Oberkirchenrat herausgegebene Gesetzes- und Verordnungsblatt der Badischen Landeskirche war ein Teil dieses Systems der Unterdrückung gewesen.

---

[73] Vgl. GVBl. Nr. 11 vom 11.11.1944, 49. Julius Kühlewein (1873–1948), 1924 Prälat, 1933–1945 Landesbischof der Evangelischen Landeskirche in Baden.
[74] Hermann Göring, geb. 1893, NSDAP, 1932 Reichstags-Präsident, 1933 Ministerpräsident Preußen, Reichsminister für Luftfahrt, 1940 Reichsmarschall, 1946 in Nürnberg zum Tode verurteilt, Suizid unmittelbar vor Hinrichtung.
[75] LS, d. h. Luftschutz.
[76] GVBl. Nr. 11 vom 11.11.1944, 51.
[77] GVBl. Nr. 1 vom 13.09.1945, 1.

60 Jahre Grundordnung der
Evangelischen Landeskirche in Baden

Jörg Winter

Am 23. Mai 1958 wurde von der Landessynode die Grundordnung der evangelischen Landeskirche in Baden beschlossen, die mit zahlreichen Veränderungen durch insgesamt 16 Novellierungen größeren und kleineren Ausmaßes Bestand hatte, bis sie im Jahre 2007 völlig neu gefasst worden ist.[1] Zunächst musste es nach dem Zusammenbruch des „Dritten Reiches" darum gehen, handlungsfähige kirchenleitende Organe zu bilden. Dabei erwies sich die Tatsache als vorteilhaft, dass „das Amt des Landesbischofs und der Oberkirchenrat ordnungsgemäß besetzt waren"[2]. Es fehlte aber die 1934 aufgelöste Landessynode.[3] Seitdem waren außerdem die Befugnisse des erst im Juni 1933 geschaffenen erweiterten Evangelischen Oberkirchenrats auf den Evangelischen Oberkirchenrat übertragen worden.[4] Eine synodale Beteiligung an der

---

[1] Siehe: Gesetz zur Neufassung der Grundordnung der Evangelischen Landeskirche in Baden vom 28. April 2007 (GVBl. 2007, 81); heute gilt sie in der zuletzt geänderten Fassung vom 19. Oktober 2016 (GVBl. 2016, 226). Zur Entstehungsgeschichte der Grundordnung und ihrer weiteren Entwicklung vgl. im Ganzen: Otto Friedrich, Die kirchen- und staatskirchenrechtliche Entwicklung der Evangelischen Landeskirche Badens von 1933–1953, Zeitschrift für evangelisches Kirchenrecht (ZevKR) 3 (1954), 292ff.; Ders., Die neue Grundordnung der Evangelischen Landeskirche in Baden im Lichte des heutigen kirchlichen Verfassungsproblems, in: ZevKR 7 (1959/60), 1–18.; Günther Wendt, Neuere Entwicklungen in der evangelischen Kirchenverfassung, in: Verkündigung im Gespräch mit der Gesellschaft. Festschrift für Hans-Wolfgang Heidland, Karlsruhe 1977, 2ff.; Hans-Georg Dietrich, Die Neuordnung der badischen Landeskirche nach 1945 unter besonderer Berücksichtigung der Theologischen Erklärung von Barmen, in: Hermann Erbacher (Hg.), Beiträge zur kirchlichen Zeitgeschichte der Evangelischen Landeskirche in Baden (VVKGB 39), Karlsruhe 1989, 185–226; Jörg Winter, Die Barmer Theologische Erklärung. Ein Beitrag über ihre Bedeutung für Verfassung, Recht, Ordnung und Verwaltung der Evangelischen Landeskirche in Baden nach 1945 (Freiburger Rechts- und Staatswissenschaftliche Abhandlungen 47), Heidelberg 1986; Ders., Die kirchenrechtliche Entwicklung in der Evangelischen Landeskirche in Baden in den Jahren 1990–2000, in: Max-Emanuel Geis, Dieter Lorenz (Hgg.), Staat-Kirche-Verwaltung, Festschrift für Hartmut Maurer zum 70. Geburtstag, München 2000, 507ff.; Hendrik Stössel, Kirchenleitung nach Barmen, Das Modell der Evangelischen Landeskirche in Baden (Jus Ecclesiasticum 60), Tübingen1999; Jörg Winter, Die Grundordnung der Evangelischen Landeskirche in Baden, Kommentar für Wissenschaft und Praxis, Köln 2011, Einführung Rd.Nr. 60ff.

[2] So: Otto Friedrich, Einführung in das Kirchenrecht, Göttingen ²1978, 234.

[3] Zur Auflösung der Landessynode vgl. Hermann Erbacher, Die Evangelische Landeskirche in Baden in der Weimarer Zeit und im Dritten Reich 1919–1945 (VVKGB 34), Karlsruhe 1983, 44; Kurt Meier, Der evangelische Kirchenkampf, Bd. 1, Göttingen ²1984, 436; zum Umbau der kirchlichen Verfassung nach 1933 vgl. im Ganzen: Jörg Thierfelder, Die badische Landeskirche in der Zeit des Nationalsozialismus – Anpassen und Widerstehen, in: Gerhard Schwinge (Hg.), Die Evangelische Landeskirche in Baden im Dritten Reich, Quellen zu ihrer Geschichte, Bd. VI: Generalregister (VVKGB 62), Karlsruhe 2005, 287–366.

[4] Der erweiterte Oberkirchenrat war durch das vorläufige kirchliche Gesetz, den vorläufigen Umbau der Verfassung der Vereinigten Evang.-protestantischen Landeskirche betreffend vom 1. Juni 1933

Kirchenleitung gab es seitdem nicht mehr. Als erste Maßnahme wurde der erweiterte Evangelische Oberkirchenrat durch die Berufung von sechs synodalen Mitgliedern durch den Landesbischof wiederhergestellt. Grundlage dafür war ein vom Evangelischen Oberkirchenrat erlassenes vorläufiges Gesetz. Der erweiterte Oberkirchenrat wiederum erließ am 23. August 1945 ein Gesetz über die Bildung einer vorläufigen Landessynode, die zu ihrer ersten Tagung vom 27.–29. November 1945 in Bretten zusammentrat.[5] Die Synode wählte Julius Bender zum neuen Landesbischof.

Ein erster wesentlicher Schritt des rechtlichen Neuanfangs war die Umgestaltung der Gemeindeleitung durch die Kirchliche Wahlordnung vom 27. September 1946. In ihr finden die im Kirchenkampf während der Zeit des „Dritten Reiches" gewonnenen Erkenntnisse über das wahre Wesen der Kirche zum ersten Mal in Baden ihren gesetzgeberischen Ausdruck. Wesentliche Bedeutung kommt dabei der von der ersten Bekenntnissynode in Wuppertal-Barmen im Mai 1934 beschlossenen „Barmer Theologischen Erklärung" zu, von der später im Vorspruch zur Grundordnung gesagt wird, dass die Landeskirche sie *als schriftgemäße Bezeugung des Evangeliums gegenüber Irrlehren und Eingriffen totalitärer Gewalt* bejaht.[6] In ihrer Dritten These stellt die Erklärung den untrennbaren Zusammenhang zwischen Glauben und Gehorsam, zwischen der Botschaft der Kirche und ihrer rechtlichen Ordnung heraus. Die Wahlordnung wendet sich deshalb *von der zäh eingewurzelten Vorstellung* ab, *wonach alles kirchliche Recht dem staatlichen nachgebildet sein müsse*.[7] Sie beseitigte insbesondere das Verhältnis- und Listenwahlrecht, wie es in der Kirchenverfassung von 1919 in Nachahmung des staatlichen Verfassungsrechts festgelegt war. Die Wahlordnung stellte außerdem strenge Anforderungen an das aktive und passive Wahlrecht der Gemeindeglieder und übertrug die Gemeindeleitung dem Pfarrer und den Kirchenältesten in gemeinsamer Verantwortung. Damit verbunden war eine neue Würdigung des „Laienelements" in der Kirche.

Mit der Wahlordnung von 1946 waren zunächst die Konsequenzen aus den Erfahrungen des Kirchenkampfes auf der Ebene der Gemeinde gezogen worden. Diesem Schritt kam deshalb besondere Bedeutung zu, weil „das Ältestenamt ein für die Ordnung der Gemeinde und – da sich das Ältestenamt in dem Synodalamt fortsetzt – für Struktur und Funktion der presbyterialen und synodalen Kirchenleitungsorgane auf allen Stufen der Kirchenverfassung (Pfarrgemeinde, Kirchengemeinde, Kirchenbezirk, Landeskirche) zentrales Gewicht" besitzt.[8] Wenige Jahre später wurde auf dieser Linie durch das Gesetz, die Leitung der Vereinigten Evangelisch-protestantischen Landeskirche Badens betreffend, vom 29. April 1953 der Umbau der landeskirchli-

---

geschaffen worden. Er trat an die Stelle der bisherigen Kirchenregierung. Der Evangelische Oberkirchenrat erweiterte sich für die Erledigung bestimmter Gegenstände durch vier vom Landesbischof zu berufende Mitglieder der Landessynode.

[5] Zur Vorgeschichte der Synode in Bretten vgl. Verhandlungen der vorläufigen Landessynode, Tagung vom 27.–29. November 1945 und Tagung vom 27.–27. September 1946, IV.

[6] Zur Kritik dieser Formulierung vergl.: Ernst Wolf, Barmen – Kirche zwischen Versuchung und Gnade (Beiträge zur evangelischen Theologie 27), München ³1984, 27; zur Entstehungsgeschichte des Vorspruchs allgemein vgl. Hayo Büsing, Der Streit um die Präambel der Evangelischen Landeskirche in Baden – Die Auseinandersetzung über den Bekenntnisstand nach dem Zweiten Weltkrieg, in: Erbacher, Beiträge (wie Anm. 1), 227–273.

[7] Erik Wolf in: Verhandlungen der vorläufigen Landessynode 1946, 14

[8] Günther Wendt, Das Ältestenamt im Aufbau der evangelischen Kirchenverfassung, in: Existenz und Ordnung, Festschrift für Erik Wolf zum 60. Geburtstag, Frankfurt a.M. 1962, 88.

chen Leitungsstruktur vollzogen. § 1 Abs. 2 dieses Gesetzes enthält die später in die Grundordnung übernommene viel zitierte Formulierung: *Die Leitung der Landeskirche geschieht geistlich und rechtlich in unaufgebarer Einheit, wobei alles Recht allein dem Auftrag der Kirche zu dienen hat. Im Dienste der Leitung wirken zusammen die Landessynode, der Landesbischof, der Landeskirchenrat und der Evangelische Oberkirchenrat.*[9] In der Entwicklung des Kirchenrechts kommt dieser Bestimmung richtungsweisende Bedeutung zu, denn „die in der Unterscheidung der geistlichen Leitung und der kirchlichen Administration seit Jahrhunderten nachwirkende Unterscheidung von inneren und äußeren Angelegenheiten erscheint hier wirklich überwunden zu Gunsten der wiederentdeckten Einheit der geistlichen und rechtlichen Leitung. Mit Recht ist wiederholt bemerkt worden, dass diese Sicht sich besonderer Realitätsnähe erfreut."[10]

Wesentliches Merkmal dieser Leitungsstruktur ist in Aufnahme der vierten These der Barmer Theologischen Erklärung von 1934, nach der die verschiedenen Ämter in der Kirche keine Herrschaft der einen über die anderen begründen, der konsequente Verzicht auf ein hierarchisches Verhältnis der Leitungsorgane zueinander. Diese wirken vielmehr im Dienste der Kirchenleitung mit unterschiedlichen Funktionen auf gleicher Ebene zusammen.[11] Dabei repräsentieren sie jeweils historisch überkommene unterschiedliche „Typen" kirchenleitenden Handelns, nämlich die personale Leitungsform in der Person des Landesbischofs mit dem Schwerpunkt der geistlichen Leitung, die presbyterial-synodale Form durch die Synode mit dem Schwerpunkt in der Gesetzgebung und die kollegial-konsistoriale Form durch den Evangelischen Oberkirchenrat mit dem Schwerpunkt in der Exekutive. Alle drei Funktionen sind zusammengebunden im Landeskirchenrat. In der badischen Landeskirche gibt es keine Person oder kein Organ, das für sich allein den Anspruch erheben könnte, „die Kirchenleitung" zu sein. Sie unterscheidet sich damit von denjenigen Landeskirchen, die in reformierter Tradition nach dem sog. „Einheitsprinzip" organisiert sind.[12] Typisch dafür ist die Bestimmung in Art. 128 der Verfassung der Evangelischen Kirche im Rheinland, der bestimmt: *Die Landessynode leitet die Evangelische Landeskirche im Rheinland.* Die Landessynode ist nach diesem Verständnis „nicht nur oberstes Leitungsorgan oder gar nur Mitträger der Leitung innerhalb eines gewalten- oder arbeitsteiligen Trägersystems, sondern die Leitung der Gesamtkirche schlechthin."[13] Die episkopalen und konsistorialen Elemente der Kirchenleitung werden nicht kraft eigenen Amtes, sondern kraft ihrer strukturellen Einbindung in die Synode wahrgenommen, die sich selbst als episkopal versteht.[14]

---

[9] Vergl. heute Art. 7, Art. 37 Abs. 1 und Art. 64 Abs. 2 GO.

[10] Axel von Campenhausen, Kirchenleitung, in: ZevKR 29 (1984), 11–34, hier 27.

[11] Vgl. dazu Jörg Winter, Das „Zusammenwirken" als kirchenleitendes Prinzip in der Grundordnung der Evangelischen Landeskirche in Baden, in: Verhandlungen der Landessynode der Evangelischen Landeskirche in Baden, Ordentliche Tagung vom 17. Oktober bis 21. Oktober 2004, 28ff.

[12] Vgl. dazu Jörg Winter, Demokratie und Gewaltenteilung in der Kirche, Kirche und Recht 2013, 248–261.

[13] Erich Dahlhoff, Synode und Kirchenleitung in der Evangelischen Kirche im Rheinland, in: ZevKR 11 (1964/65), 89–110, hier 90.

[14] Vgl.: Joachim Beckmann, Der Kampf der bekennenden Kirche im Rheinland um die Presbyterial-Synodale Kirchenordnung (II), in: ZevKR 1 (1951), 135–162, 261–279, hier 271.

Die Gesamtreform der kirchlichen Rechtsverhältnisse gemäß der *Erkenntnis, die uns in den Jahren des Kirchenkampfes über das Wesen der Kirche geschenkt worden sind*[15], vollzog sich auf der Grundlage der vom „Kleinen Verfassungsausschuss" erarbeiteten Entwürfe in mehreren gesetzgeberischen Teilschritten, die schließlich in der Grundordnung von 1958 zusammengefasst worden sind. Diese wiederum wurde seit 1969 in mehreren Änderungsgesetzen bis zur Fassung vom 5. Mai 1972 einer gründlichen Revision unterzogen.[16] Der Kleine Verfassungsausschuss wurde von der Landessynode im März 1948 als ständiger Ausschuss eingesetzt. Ihm gehörten zunächst der Freiburger Kirchenrechtler Prof. Dr. Erik Wolf[17], der Heidelberger Theologe Prof. D. Dr. Edmund Schlink[18] und der Freiburger Kreisdekan Otto Hof als stimmberechtigte Mitglieder an. Stellvertreter waren Prof. Dr. Constantin v. Dietze[19] und Pfarrer Bertold Kühlewein, beide aus Freiburg, und der Konstanzer Bürgermeister Hermann Schneider. Das Protokoll führte die damalige Gerichtsreferendarin Barbara Dahlmann.[20] Oberkirchenrat D. Dr. Otto Friedrich[21] nahm als Sachverständiger an den Sitzungen teil. In den Verhandlungen des Ausschusses spielten nicht zuletzt unterschiedliche konfessionell bedingte Sichtweisen eine Rolle, wie sie etwa mit den Namen Erik Wolf und Otto Friedrich repräsentiert sind. Oberkirchenrat Friedrich entwickelte seine Vorstellungen über die Neuordnung der Landeskirche in einer gut 100 Seiten starken, unveröffentlichen „Denkschrift über eine Grundordnung der Evangelischen Landeskirche Badens"[22], die er dem Kleinen Verfassungsausschuss vorlegte. Nach dem Urteil Erik Wolfs ist sie *ganz im lutherischen Geiste geschrieben und schlägt eine Kirchenordnung mit lutherischer Auffassung des Bischofsamtes, des geistlichen Amtes*

---

[15] Erik Wolf, in: Verhandlungen der Landessynode, ordentliche Tagung vom März 1948, 12.

[16] Zum Gang des Verfahrens vgl. Friedrich, Einführung in das Kirchenrecht (wie Anm. 2), 327ff.

[17] Erik Wolf wurde am 13.5.1902 in Biebrich am Rhein geboren. Nach seiner Studienzeit in Jena begann er seine Lehrtätigkeit zunächst als Privatdozent in Heidelberg. 1928 wurde er auf den ordentlichen Lehrstuhl für Strafrecht und Rechtsphilosophie nach Rostock berufen. 1930 folgte er einem Ruf auf das gleiche Ordinariat nach Kiel. Seit 1930 lehrte er bis zu seiner Emeritierung im Jahre 1967 in Freiburg im Breisgau. Seine Gegnerschaft zu den Deutschen Christen führte ihn bald in den Freiburger Ortsbruderrat der Bekennenden Kirche. Erik Wolf starb kurz nach der Vollendung seines 75. Lebensjahres am 13. Oktober 1977 in Oberrotweil im Kaiserstuhl. Zu seiner Person vgl.: Alexander Hollerbach, Erinnerungen an Erik Wolf, in: Freiburger Universitätsblätter 2002, 99ff.

[18] Über ihn vgl. Hermann Erbacher, in: Gerhard Schwinge (Hg.), Geschichte der badischen evangelischen Kirche seit der Union 1821 in Quellen, Veröffentlichungen des Vereins für Kirchengeschichte in der Evangelischen Landeskirche in Baden, Karlsruhe 1996, 592.

[19] Über ihn vgl. Hermann Erbacher, ebd., 563.

[20] Barbara Dahlmann, später verheiratete Just-Dahlmann, wurde am 2. März 1922 in Posen geboren und arbeitete damals als Assistentin von Erik Wolf am Institut für Rechtsphilosophie und evangelisches Kirchenrecht in Freiburg. Nach ihrer Tätigkeit als Staatsanwältin in Mannheim seit 1954 wurde sie 1980 Direktorin des Amtsgerichts Schwetzingen. Besondere Verdienste hat sie sich bei der Aufarbeitung der NS-Verbrechen und der Aussöhnung mit Israel erworben und ist dazu auch literarisch hervorgetreten. Sie starb am 27. Juli 2005.

[21] Otto Friedrich wurde am 6. Juli 1883 in Molsheim /Elsass geboren. Im November 1924 wurde er zum Rechtsreferenten des Evangelischen Oberkirchenrates berufen, eine Position, die er bis zu seiner Pensionierung zum 1. April 1953 innehatte. Friedrich starb am 21. Juni 1978 in Heidelberg. Zu seiner Person vgl.: Günther Wendt, Nachruf Otto Friedrich, in: ZevKR 23 (1978), 145ff.; Ders., Friedrich, Otto, in: Bernd Ottnad (Hg.), Baden-württembergische Biographien, Bd. 1, Stuttgart 1994, 95ff.; Hermann Erbacher, Friedrich, Otto, in: Schwinge, Geschichte (wie Anm. 18), 569; Jörg Winter; Friedrich, Otto, in: BBKL 17 (2000), Sp. 406ff.

[22] LKA GA 3288.

überhaupt etc. vor.[23] Während bei dem gebürtigen Elsässer Friedrich auf Grund seiner lutherischen Herkunft nach dem Urteil seines Nachfolgers Günther Wendt ein „etwas distanziertes Verhältnis"[24] zur badischen Bekenntnisunion zu konstatieren ist, sah sich Erik Wolf, dessen Mutter aus Basel stammte, der reformierten Tradition verpflichtet. Aus Protest gegen die Bestrebungen einer Liturgierefom, in der er einen Beitrag zur theologischen Umwandlung der badischen Unionskirche in eine Kirche lutherischer Prägung sah („kalte Lutheranisierung"), legte er mit einem Brief vom 4. Juni 1949[25] an den damaligen Präsidenten der Landessynode, Rechtsanwalt Erwin Umhauer[26], alle seine kirchlichen Ämter im Juli 1949 nieder. Unter dem Einfluss seines Schülers Günther Wendt[27] hat freilich seine rechtstheologische Position in der Novellierung der Grundordnung vom 5. Mai 1972 dann doch noch ihren deutlichen Niederschlag gefunden.[28] Die Grundordnung von 1958 wies zwar den Kirchenältesten zusammen mit dem Pfarrer die geistliche Leitung der Gemeinde zu (§ 22 Abs. 3), hielt aber dezidiert an einem lutherischen Amtsverständnis fest, in dem sie in § 45 Abs. 2 bestimmte: *Das Predigtamt ist das durch Christi Befehl und Verheißung eingesetzte Amt, Gottes Wort in der Gemeinde öffentlich zu verkündigen, die Sakramente zu verwalten, Unterricht zu erteilen und Seelsorge zu üben.* Die Tatsache, dass diese Bestimmung in der Grundordnung von 1972 nicht mehr erscheint, macht die Verschiebung im Verständnis des kirchlichen Amtes besonders deutlich. Durch die Betonung der theologischen Lehre vom Priestertum aller Gläubigen für die Grundstruktur der Gemeindeordnung ist die Grundordnung von 1972 darum bemüht, die vor allem in der lutherischen Theologie des 19. Jahrhunderts vertretene einseitige Prävalenz entweder des Amtes oder der Gemeinde zugunsten einer funktionellen Entsprechung und Zusammenschau beider Grundelemente zu überwinden.[29] So hält § 44 Abs. 1 GO (a.F.) den theologischen Grundsatz des Priestertums aller Gläubigen als ein verfassungsrechtlich wirksames Ordnungsprinzip ausdrücklich fest, in dem er bestimmt: *Der Kirche Jesu Christi und ihren Gemeinden ist der Auftrag gegeben, das Evangelium in Wort und Tat zu bezeugen. Aufgrund der Taufe ist jeder Christ zu Zeugnis und Dienst in der Welt bevoll-*

---

[23] Junge Kirche 1949, Sp. 12.
[24] ZevKR 23 (1978), 146.
[25] Das Schreiben ist veröffentlicht in: Junge Kirche 1949, 554; zur weiteren Korrespondenz siehe die Handakten Friedrich 1945–1949 (LKA GA 1047).
[26] Erwin Umhauer (1878–1961) stand der DVP nahe und war nach dem Ende der Großen Koalition vom 10. Januar bis zum 10. März 1933 badischer Innenminister, dann Rechtsanwalt in Karlsruhe (zuletzt am Bundesgerichtshof). Vgl. Ernst Rudolf Huber, Deutsche Verfassungsgeschichte seit 1789, Bd. VI, Stuttgart u.a. 1981, 798.
[27] Günther Wendt wurde am 23. September 1919 in Herborn geboren. Nach seiner strafrechtlichen Habilitation in Freiburg wurde er 1954 zum Oberkirchenrat berufen. Wendt starb am 12. Januar 2004 in Karlsruhe. Zu seiner Person und seinem beruflichen Wirken vgl. Klaus Engelhardt, „… geistlich und rechtlich in unaufgebbarer Einheit …". Dank an Günther Wendt, in: ZevKR 29 (1984), 1–10 (Festheft zu seinem 65. Geburtstag); Jörg Winter, Nachruf Günther Wendt, in: ZevKR 49 (2004), S. 415; Ders., Wendt, Günther, Straf- und Kirchenrechtler, Oberkirchenrat, in: Fred Ludwig Sepaintner, (Hg.), Baden-Württembergische Biographien, Bd. VI, Stuttgart 2016, 503ff.
[28] Über die „Entwicklungen der Kirchenordnung aus der Erfahrung und Beobachtung eines Kirchenjuristen in drei Jahrzehnten (1953–1983)" hat Wendt berichtet in: Rüdiger Schloz (Hg.), Verwaltete Kirche – Lebendige Kirche. Thema für Walter Hammer, Bielefeld 1989, 111ff.
[29] Vgl.: Günther Wendt, Das Ältestenamt im Aufbau der evangelischen Kirchenverfassung, in: Existenz und Ordnung, Festschrift für Erik Wolf zum 60. Geburtstag, Frankfurt a. M. 1962, 93ff. (wieder abgedruckt in: Jörg Winter (Hg.), Kirchenrecht in geistlicher Verantwortung, Gesammelte Aufsätze von Oberkirchenrat i.R. Prof. Dr. Günther Wendt, Karlsruhe 1994, 1ff.).

mächtigt und verpflichtet.[30] In der Konsequenz dieses theologischen Ansatzes leitet die Grundordnung das kirchliche Amt aus der Verantwortung der Gemeinde für die auftragsgemäße und gemeindebezogene Arbeit der zu besonderem Dienst Berufenen ab, die durch die öffentliche Beauftragung bekräftigt wird (§ 44 Abs. 6 GO a.F.).[31] Die im Predigtamt enthaltenen Aufgaben werden demgemäß nicht exklusiv im Pfarramt konzentriert, sie können sich vielmehr *in einer Vielzahl von Diensten der Verkündigung, Seelsorge und Unterweisung entfalten*, die auf Dauer oder auf Zeit übertragen und hauptberuflich, nebenberuflich oder ehrenamtlich ausgeübt werden können (§ 46 Abs. 3 a.F. GO).[32] Diese Regelungen sind bei Otto Friedrich auf Grund seiner lutherischen Prägung auf deutliche Kritik gestoßen.[33] Die Landessynode hat sich zuletzt bei ihrer Tagung im Oktober 2015 zu dieser Konzeption bekannt, deren Vereinbarkeit mit der Confessio Augustana von Pfarrer i. R. Gerhard Hof in einer Eingabe in Zweifel gezogen worden ist.[34]

Dem Versuch, die badische Unionskirche, in der alle in der Präambel genannten Bekenntnisschriften gleichermaßen in Geltung stehen, in eine lutherisch geprägte Konfessionskirche umzuwandeln, wurde von der Landessynode bei ihrer Tagung im Frühjahr 1957 nach heftigem Schlagabtausch der Kontrahenten eine Absage erteilt. Der von Landesbischof Bender und Otto Friedrich unterstütze Vorschlag, der Confessio Augustana als lutherischer Bekenntnisschrift einen Vorrang vor allen anderen einzuräumen, fand damals keine Mehrheit.[35] Das für eine Unionskirche typische Konzept der „Einheit in Mannigfaltigkeit" wurde damit bewahrt und gilt bis heute.

Die späteren Änderungen der Grundordnung waren dem Bemühen geschuldet, die kirchlichen Strukturen den sich ändernden gesellschaftlichen und finanziellen Rahmenbedingungen anzupassen. Dazu bedurfte es nicht zuletzt der Flexibilisierung, Dezentralisierung und Straffung von Entscheidungsprozessen und des Abbaus von Aufsichtsrechten und Genehmigungsvorbehalten des Evangelischen Oberkirchenrates. Vor allem die „mittlere Ebene" des Kirchenbezirks ist dadurch gestärkt worden. Änderungen, die die „Statik" der Kirchenverfassung grundlegend verändert hätten, wie sie durch die Grundordnung von 1958 und die Revision in den siebziger Jahren festgelegt worden ist, hat es aber nicht gegeben. Das gilt auch für die Neufassung von 2007.[36] Eine Ausnahme in dieser Hinsicht bilden nur die Beschlüsse der Landessynode von 2012 und 2013, die Amtszeit des Landesbischofs und der Mitglieder des Evangelischen Oberkirchenrates zu begrenzen.[37] Sicher gibt es dafür eine Reihe

---

[30] Vgl. heute: Art. 1 Abs. 3, Satz 2 GO.
[31] Vgl. heute: Art. 89, Abs. 4 GO.
[32] Vgl. heute: Art. 89 Abs.1 und Abs. 2 GO.
[33] Vgl.: Friedrich, Einführung in das Kirchenrecht (wie Anm. 29), 344:
[34] Vgl.: Verhandlungen der Landessynode der Evangelischen Landeskirche in Baden, Oktober 2015, Anlage 1 mit der Stellungnahme des Evangelischen Oberkirchenrates sowie den Vortrag von Friederike Nüssel zum Amtsverständnis der Confessio Augustana, 22ff.
[35] Vgl. dazu: Winter, Grundordnung. Kommentar (wie Anm. 1), Rd.Nr. 23ff.
[36] Vgl. dazu im Ganzen: Jörg Winter, Die Neufassung der Grundordnung der Evangelischen Landeskirche in Baden, in: ZevKR 53 (2008), 174–183.
[37] Vgl.: Verhandlungen der Landessynode der Evangelischen Landeskirche in Baden, Oktober 2012, 57ff. und Verhandlungen der Landessynode der Evangelischen Landeskirche in Baden, April 2013, 64ff. Die Landesbischöfin bzw. der Landesbischof werden seitdem nach § 74 Abs. 3 GO für eine Amtszeit von 12 Jahren ohne die Möglichkeit der Wiederwahl von der Landessynode gewählt. Die

guter Gründe[38], aber es kann nicht übersehen werden, dass die Entscheidung für die Begrenzung der Amtszeit die bisher für die Grundordnung typische Balance im Zusammenspiel der Leitungsorgane aus einer Mischung aus Ämtern, die auf Kontinuität und Langzeitwirkung angelegt sind, und solchen, die nur auf Zeit besetzt werden, zugunsten des synodalen Elements verschoben hat.

Auch nach 60 Jahren kann gesagt werden, dass die badische Landeskirche ihre Identität als Unionskirche bis heute hat bewahren können und in ihrer rechtlichen Verfassung trotz vieler Veränderungen im Einzelnen hinsichtlich ihrer rechtstheologischen Grundlagen in einer weitgehend ungebrochenen Kontinuität zum Erbe des Kirchenkampfes im „Dritten Reich" steht, wie sie zuerst in der Grundordnung von 1958 ihren Niederschlag gefunden haben.

---

stimmberechtigten Mitglieder des Evangelischen Oberkirchenrates werden nach Art. 79 Abs. 4 für 8 Jahre vom Landeskirchenrat in synodaler Besetzung berufen. Mehrfache Wiederwahl ist möglich.

[38] Die Landessynode hat sich bei ihrer Tagung im April 1998 aufgrund eines theologischen und eines juristischen Referats von Winfried Härle aus Heidelberg (Verhandlungen der Landessynode, April 1998, 10ff.) und Christoph Link (ebd., 15ff.) aus Erlangen mit dieser Frage bereits intensiv auseinandergesetzt, und damals noch beschlossen, diese Ämter nicht mit einer zeitlichen Befristung zu versehen.

Symbol und Konfession.
Der Beitrag Melanchthons zur
Bekenntnisbildung des Luthertums.

Konrad Fischer

Symbol und Konfession. Es legt sich nahe, den Wörtern auf den Grund zu gehen – ad fontes. Die Maxime der Humanisten ist kein Mythologem auf Vergangenheit. Sie zielt auf Gegenwart. Sie nimmt das Gegebene als Gewordenes wahr. Wer es unternimmt, das Gegebene auf seine Quellen zu befragen, hat ihm das Prädikat der Unhinterfragbarkeit schon entzogen. Die Reformation hat hinterfragt: den Zustand der Kirche, die herrschende Lehre, die kirchliche Hierarchie, die gegebenen Machtverhältnisse. Das nahm vor 500 Jahren seinen Anfang. Ad fontes.

1. Luther, Cajetan und der Anfang der Reformation

Unser Herr und Meister Jesus Christus, als er sprach: Tut Buße, denn das Himmelreich ist nahe herbeigekommen, wollte, dass das ganze Leben der Gläubigen Buße sei.[1] Die Reformation hob an mit Luthers kritischer Erörterung des geltenden Ablasswesens als einer spezifischen Form der Handhabung des Bußsakraments. *Contritio cordis, confessio oris, satifactio operis*, die Reue im Herzen, die Verbalisierung der begangenen Sünden, die Abgeltung der auferlegten Bußleistungen bildeten nach weithin geltendem Verständnis den Dreischritt zum Heil.[2] Das allerdings, das Heil, war in einem erheblichen Ausmaß fraglich geworden.

Es ist hier nicht der Raum, die Entwicklung näher zu beschreiben, mit welcher ab dem 14. Jahrhundert von Oberitalien aus das Bewusstsein von der Einzelheit und Besonderheit der individuellen Existenz ins Zentrum der geistesgeschichtlichen Entwicklung getreten war.[3] Noch ist hier Raum, das diese Entwicklungen begleitende Gottesbild auszudeuten. Andeutungsweise aber lässt sich sagen: Der Anthropologi-

---

[1] Ablassthesen 1517, These 1; WA 1, 233, Z. 10f.
[2] Anne Helene Kratzert, „... dass das ganze Leben Buße sei". Fundamentaltheologische Überlegungen zu einer praktischen Theologie evangelischer Buße (Arbeiten zur Systematischen Theologie 7), Leipzig 2014, 41ff.
[3] Als Paradigma dieser Entwicklung nenne ich Giannozzo Manettis Traktat *De dignitate et excellentia hominis*. Die Schrift erschien in Florenz im Jahr 1452, ein Jahr, bevor das Oströmische Reich unter dem Zugriff der Osmanen zugrunde ging. Vgl. dazu in deutscher Übersetzung: Giannozzo Manetti: Über die Würde und Erhabenheit des Menschen. De dignitate et excellentia hominis, hrsg.von August Buck, Hamburg 1990.

sierung der humanistischen Weltsicht entspricht in einer gewissen Kontrapunktik die gleichzeitige Nominalisierung des Denkens und damit auch des Gottesbildes. Deren Kern liegt in der Problematisierung von Gewissheit.[4] Die erkenntnistheoretische Lücke lässt die Frage nach der Möglichkeit von religiöser Gewissheit, von Heils- und Gnadengewissheit nicht aus. Sie erwägt diese Frage aus dem Status der Ungewissheit heraus. So dass, wer sich die Frage nach dem Heil stellt, sich allererst seiner diesbezüglichen Ungewissheit zu stellen hat.[5] Das ist die geistige Lage, aus der heraus (gewiss zugleich verbunden mit vielen anderen Voraussetzungen, die ich hier übergehe[6]) die Reformation ihre Ausgangsdynamik bezog. Die genannte erkenntnistheoretische Lücke führte in dieser Sicht zu unterschiedlichen und gegensätzlichen Bewältigungsstrategien, deren gegenseitige Kompatibilität in hohem Maße fraglich sein musste. Als Lehrstück für diesen Sachverhalt kann das Verhör Luthers durch Cajetan vom 12. bis 14. Oktober 1518 in Augsburg gelten.[7]

Cajetan hatte im Dezember 1517 – also nahezu zeitgleich mit Luther – ebenfalls einen Traktat zur Ablassfrage vorgelegt. Das erlaubt es, für beide Gesprächspartner von einer gemeinsamen Problemwahrnehmung auszugehen. Wie aus den von Cajetan im Anschluss an das Verhör verfassten 15 „Augsburger Traktaten" hervorgeht, beurteilte er Luthers Ansichten zwar als „neue Lehre", erhob jedoch nicht den Vorwurf der Häresie.[8] In welchem Maße die Gewissheitsfrage indes den Gang des Gesprächs bestimmte, wird an der zunehmenden Gereiztheit sichtbar, mit welcher Luther auf dem Erfordernis einer persönlich verantworteten *certa fides* für die Wirksamkeit des Sakraments bestand, während Cajetan in realistischer Einschätzung der Sprengkraft dieses Postulats („das heißt eine neue Kirche bauen") sich auf die Feststellung zurückzog, „dass es niemandem erlaubt sei, von dem, was die römische Kirche tut und verkündet, abzuweichen: dies muss man also glauben und es ist nicht in Zweifel zu ziehen."[9] Luthers Fokussierung auf die in unvertretbarer Personalität erfahrene existenzielle Grundrelation *coram Deo*, also auf Sündenverlorenheit und schlechthinnige Gnadenverwiesenheit, lag außerhalb seines Verstehenshorizonts. „Dass ein Mensch von der Sorge um sein persönliches Angenommen-Sein durch Gott umgetrieben ist, war für ihn in seiner Theologie ohne Belang."[10] So kommt im Fazit des Gesprächs die

---

[4] Theo Kobusch, Art. Nominalismus, in: TRE 24, 589–604, fokussiert 594 Z. 40ff. auf „das Problem der Gewissheit" als Kernproblem der das Feld beherrschenden scotistisch-ockhamistischen Schule („Nichts kennzeichnet das nominalistische Denken mehr als die Infragestellung der Gewißheit des menschlichen Erkennens"). Vgl. auch Werner Dettloff, Art. Biel, in: TRE 6, 488–491, hier 491 Z. 1ff.: Man „wird [...] Biel den Vorwurf, einen Willkürgott gelehrt zu haben, nicht ersparen können."

[5] Kobusch, Nominalismus (wie Anm. 4), 596 Z. 39ff. unter Verweis auf Gregor von Rimini (Auch der „‚Selige [...] ist nicht gewiß, daß sein Glück nicht von ihm weggenommen werden könnte'." Vgl. auch Ulrich Barth, Die Geburt religiöser Autonomie. Martin Luthers Ablassthesen von 1517, in: Arnulf von Scheliha u.a. (Hgg.): Das protestantische Prinzip. Historische und systematische Studien zum Protestantismusbegriff, Stuttgart 1998, 3–38, hier 19.

[6] Ich verweise auf die Bedeutung, welche dem rasanten Anwachsen der Drucktechnik für die Verbreitung des reformatorischen Gedankenguts zuzusprechen ist; vgl. Annika Stello/Udo Wennemuth (Hgg.): Die Macht des Wortes. Reformation und Medienwandel (Ausstellungskatalog). Regensburg 2016.

[7] Zum Folgenden vgl. Bernhard Lohse, Luthers Theologie in ihrer historischen Entwicklung und in ihrem systematischen Zusammenhang, Göttingen 1995, 127ff.

[8] Barth, Autonomie (wie Anm. 5), 17ff.

[9] Lohse, Luthers Theologie (wie Anm. 7), 130.

[10] Ebd.

eine *Indubitabilitas* gegen die andere zu stehen: die unbezweifelbar gewisse Lehre der römischen Kirche gegen die aus der heiligen Schrift geschöpfte und gnadenhaft geschenkte *certissima fides indubitabilis*.[11]

Die Auseinandersetzung mit Cajetan belegt, in welchem Ausmaß die Reformation Luthers ihre geistliche Ursprungsdynamik aus der Auseinandersetzung mit dem mittelalterlich-spätmittelalterlichen Bußwesen bezog. Buchstäblich aus dem Zentrum des Bußsakraments, aus seiner numerischen und sachlichen Mitte (*contritio, confessio, satisfactio*) gewinnt Luther den Begriff, in dem sich für ihn die Erstreckung der menschlichen Existenz vor Gott, sein *esse coram Deo*, zusammenfasst und bündelt: der *homo peccator*, der in Er- und Be-kenntnis seiner Sündenverlorenheit seinen Schöpfer und Erhalter in Christus als seinen Heiland und Erlöser bekennt und im Akt des Bekennens in das Gotteslob des gesammelten Gottesvolkes einstimmt. *Denn als ich es wollte verschweigen*, spricht der Psalm (Ps 32, 3.5.6), *verschmachteten meine Gebeine durch mein tägliches Klagen. Darum bekannte ich dir meine Sünde, und meine Schuld verhehlte ich nicht. Ich sprach: Ich will dem Herrn meine Übertretungen bekennen [dixi confitebor Domino (Vg 31, 5)], da vergabst du mir die Schuld meiner Sünde.* – *Confitebor*, sagt Ps 32 (= 31,5 Vg), um sogleich im anschließenden Psalmlied (Ps 33, 2 = 32, 2 Vg) den Lobgesang der Erlösten und Begnadeten anzustimmen: *confitemini Domino*.[12]

2. Melanchthon, die FC und die Geburt des Luthertums

Als der junge Philipp Melanchthon im August 1518 nach Wittenberg kommt, ist er von der Sache Luther unberührt. Auf dem Tisch liegt das aus Tübingen mitgebrachte humanistische Bildungsprogramm, Ziel ist die Besserung der menschlichen Gaben und Sitten: *Denn nichts ist für die Entfaltung der menschlichen Begabungen und Sitten wirksamer als die Wissenschaften.*[13] Die Baccalaureatsthesen, ein gutes Jahr später im Rahmen seiner Promotion zum *baccalaureus biblicus* vorgetragen (9. September 1519), zeigen bereits ein anderes Bild: *Iustitia, Gerechtigkeit, das ist die Wohltat, die uns von Christus herkommt. Alle unsere Gerechtigkeit ist uns durch Gott gnadenhaft zugerechnet. Katholisch-sein erfordert nicht, über die in der Schrift bezeugten hinaus noch weitere Artikel zu glauben.*[14] Zwischen der Antrittsvorlesung vom August 1518 und den Baccalaureatsthesen vom September 1519 liegen die Leipziger Disputation und gewiss unzählige Gespräche mit dem verehrten Kollegen und Freund, dem 14 Jahre älteren Martin Luther. *Von Luther habe ich das Evangelium gelernt*, notiert Melanchthon in seinem Testament aus dem Jahr 1539.[15] Als er am 16. Februar

---

[11] WA 2, 13 Z. 24: *non dubitare, sed certissima fide confidere.*
[12] Vgl. Ps 100, 4 (= 99, 4 Vg). Ein nämliches Ineinandergreifen von Sündenbekenntnis und Doxologie unter dem einen Lexem *confiteri* kennzeichnet im biblischen Koine-Griechisch das Äquivalent ὁμολογέω mit seinen Derivaten. Vgl. Theologisches Wörterbuch zum Neuen Testament 5, 199–220.
[13] MSA 3, 40 Z. 19f. (Mel. dt. 1, 58) Antrittsvorlesung vom 29. August 1518.
[14] MSA 1, 24 Th. 3–6.8–10.16.
[15] CR 3, 827; zur unsicheren Datierung vgl. MBW 2302.

1560, seinem 63. Geburtstag, die lateinische Vorrede zum Corpus Doctrinae (CD) niederschreibt[16], erinnert er – wie bereits im Februar 1546 anlässlich der Beerdigung Luthers[17] – unmittelbar in den ersten Zeilen an die Begeisterung, die Luther mit seiner Auseinandersetzung um das Bußsakrament ausgelöst hatte. Damals *zündete der Funken* der Reformation.[18] Das im Jahr 1559 – ein Jahr vor seinem Tod – zur Sicherung der reformatorischen Lehre zusammengestellte *Corpus doctrinae Christianae* hält fest, „was Melanchthon am Ende seines Lebens aus der Fülle seiner theologischen Schriften hervorgehoben und als bedeutsamste [sic!] seiner Lehrschriften angesehen wissen wollte".[19] Die Sammlung stand unter der Bezeichnung *Corpus doctrinae Misnicum* oder *Philippicum* in verschiedenen Territorien der Reformation bis zur Erstellung der Konkordienformel (FC) in normativem Gebrauch.[20]

In Anlehnung an Luthers 1. Ablassthese bleibt Lk 24, 47 für Melanchthon lebenslang der Inbegriff und die Quintessenz des Evangeliums: dass nämlich *gepredigt werde im Namen Christi die Buße zur Vergebung der Sünden unter allen Völkern.* Keiner „außer Luther", bemerkt Bernhard Lohse in diesem Zusammenhang, „hat […] einen so großen Einfluss auf die lutherische Reformation, ja auf die Reformation überhaupt, ausgeübt wie Melanchthon. In gewisser Hinsicht hat der Einfluss Melanchthons sogar denjenigen Luthers übertroffen."[21] Lohse bezieht sich hier insbesondere auf die *Confessio Augustana* (CA). Liest man sich indessen weiter in den kodifizierten Schriftenbestand des Luthertums ein, so wird schnell deutlich, in welchem Maße Person und Werk Melanchthons darin präsent sind.

Wir glauben lehren und bekennen, dass die einige Regel und Richtschnur, nach welcher zugleich alle Lehren und Lehrer gerichtet und geurteilt werden sollen, seind allein die prophetischen und apostolischen Schriften Altes und Neues Testamentes.[22]

---

[16] Philipp Melanchthon, *Corpvs doctrinae christianae, qvae est svmma orthodoxi et catholici dogmatis, complectens doctrinam puram & ueram Euangelii Iesu Christi.* Leipzig 1560 u.ö. Ein Exemplar (Vögelin, Leipzig 1565) befindet sich in der Bibliothek des Melanchthonhauses Bretten. Die lateinische Fassung der Vorrede ist publiziert in MSA 6. Vgl. dazu das Vorwort des Hauptherausgebers Robert Stupperich ebd. VI und 5. Zur Bedeutung des Corpus doctrinae Philippicum vgl. Wolf-Dieter Hauschildt, Corpus doctrinae und Bekenntnisschriften, in: Martin Brecht und Reinhard Schwarz (Hgg.), Bekenntnis und Einheit der Kirche. Studien zum Konkordienbuch, Stuttgart 1980, 235–252.

[17] CR 11, 728: *Lutherus veram et necessariam [de poenitentia] doctrinam patefecit*, sagt er mit einem Terminus, den er sonst bevorzugt der Selbstoffenbarung Gottes in seinem Wort vorbehält.

[18] MSA 6, 5f. Z. 6ff. Vgl. CR 1, 415: *Si quaeris, quid contulerit Ecclesiae Lutherus, habes hic summam rei, veram poenitentiae rationem docuit.*

[19] Stupperich, Vorwort (wie Anm.16), 5.

[20] Hendrik Stössel, Was gilt? Philipp Melanchthon und das „Bekenntnis", in: Badische Pfarrvereinsblätter, Heft 1 2017, 3–29, hat S. 3ff. die geistlich-theologische Entwicklung Melanchthons bis hin zur Fixierung des von ihm formulierten Lehrstandes im CD Philippicum nachgezeichnet. Die nachstehenden Überlegungen verfahren gleichsam im Gegenriss. Sie fassen vom Ende, von Konkordienformel und Konkordienbuch her den Beitrag Melanchthons zur Bekenntnisbildung des Luthertums ins Auge.

[21] Bernhard Lohse, Dogma und Bekenntnis in der Reformation: Von Luther bis zum Konkordienbuch, in: Carl Andresen/Adolf Martin Ritter (Hgg.): Handbuch der Dogmen- und Theologiegeschichte, Bd. 2: Die Lehrentwicklung im Rahmen der Konfessionalität, Göttingen ²1998, 70. In der Tendenz ähnlich Robert Stupperich, Der unbekannte Melanchthon. Wirken und Denken des Praeceptor Germaniae in neuer Sicht, Stuttgart 1961, 128ff. Vgl. auch Heinz Scheible: Art. Melanchthon, Philipp. TRE 22, 371–410, hier 395, Z. 28f.; Carl Heinz Ratschow, Der angefochtene Glaube. Anfangs- und Grundprobleme der Dogmatik. Gütersloh ³1967 (unv. Nachdruck der Erstauflage 1957), 209. 221.

[22] BSLK 767; BSELK 1216. Die lateinische Fassung liest *Credimus, confitemur et docemus*. BSELK 1217.

Mit dieser emphatischen Formulierung zeichnen sich Verfasser und Unterzeichner der Konkordienformel absichtsvoll in die Linie ein, die vom urchristlichen Taufbekenntnis in Röm 10, 9f. und der proskynetischen Proklamation des *Kyrios Christos* in Phil 2 über die *regula fidei* des Irenäus[23] und die drei *Symbola* der Alten Kirche zur *Confessio Augustana* und von dort zur konfessionsbegründenden Konkordienformel des Luthertums führt. Mit ihr behaupten sie die Konkordienformel (FC) als normierendes Interpretament der im Konkordienbuch des Jahres 1580 aufgeführten Schriften Luthers und Melanchthons. Ihrem Selbstverständnis nach firmiert die FC insoweit als einzig legitime Reformulierung des biblischen und altkirchlichen Bekenntnisstandes. Ihr sachliches *Intentum*[24] ist in Aufnahme der Ekklesiologie Melanchthons[25] die Sicherung der in der Reinheit der Lehre verbürgten apostolischen Botschaft, die ihrerseits in ungebrochener Kontinuität auf das protologische Ur-Evangelium in Gen 3, 14f. zurückweist.

In seinem Entwurf der sog. Theologenvorrede zur FC[26] kommt Jakob Andreae, im Auftrag des württembergischen Herzogs Organisator, Koordinator und Motor des Konkordienprozesses, auf Unklarheiten bezüglich des Verständnisses von Buße zu sprechen. Das Wort Buße werde in der FC wie in der Schrift zum einen zur Kennzeichnung der persönlichen Sündenerkenntnis und Reue gebraucht, meine zum andern aber den gesamten Vorgang der Bekehrung zu Gott und sei in diesem letzteren Sinne durchaus angemessen als Gegenstand und Inhalt der Evangeliumspredigt zu verstehen. In diesem letzteren Sinne habe, so lautet seine Begründung, *Melanthon selbst die definicion oder beschreibung des Evangeli in gemein verstanden.*[27] Im Hintergrund solcher Bezugnahme steht die offensichtlich intensiv, wenn nicht gar erbittert geführte Diskussion um die Frage, ob man nicht im Konkordienwerk zusammen mit Luther Melanchthon als zentrale Autorität des sich nunmehr formierenden Luthertums würde zu nennen haben.[28] Ich möchte diesbezüglich hier nicht auf die nach meinem Urteil eher politisch relevante Differenzierung zwischen Gnesiolutheranern[29], Melanchthonianern, Philippisten und Kryptocalvinisten eingehen. Nur bleibt bemerkenswert, mit welcher Vorsicht Andreae im ersten Entwurf seiner Vorrede den Umstand erläutert, dass Melanchthon im gesamten Konkordienwerk lediglich an einer Stelle, und zwar

---

[23] Zur *regula fidei* vgl. BSELK Qu1, 10f. In keinem Text der kirchlichen Lehrentwicklung ist die ökumenische Ursprungsdynamik kirchlicher Bekenntnisbildung so massiv auf dem Plan wie in der *regula* des Irenäus aus dem 2. nachchristlichen Jahrhundert: „Verkündigung und [...] Glauben hat die Kirche empfangen [... Sie] bewahrt [...] ihn sorgsam, wie wenn sie ein Haus bewohnte [...]; wie wenn sie eine Seele und dasselbe Herz besäße [...]; wie wenn sie über einen Mund verfügte." Zit. ebd., 11 Z. 12–22.

[24] Ratschow, Der angefochtene Glaube (wie Anm. 21), 209.

[25] Vgl. CR 23, LXX; MSA 6, 206 Z. 14ff. mit FC BSLK 960 Z. 4ff. BSELK 1441 Z. 14ff. CR 14, 423–430 (Auslegung zu Mt. 16, 13–19).

[26] BSELK Qu2, 739–1100.

[27] BSELK Qu2, 526 Z. 32ff.

[28] Zur Auseinandersetzung um die Frage namentlicher Bezugnahme vgl. Ernst Koch, Aufbruch und Weg. Studien zur Lutherischen Bekenntnisbildung im 16. Jahrhundert, Berlin 1983, 58.

[29] *Gnesiolutheraner* ist ein erst in einer späteren theologiegeschichtlichen Epoche gebildeter Sammelbegriffs für „Luthers besonders treue Anhänger"; Rudolf Keller, Art. Gnesiolutheraner, in: TRE 13, 512–519, 512. Melanchthon hat ihn vorbereitet. Am 25. November 1537 schreibt er über seine Gegner an Veit Dietrich *putant esse γνήσια τοῦ Λουθέρου* CR 3, 453; MBW 1968. Vgl. Gunther Wenz, Zum Streit zwischen Philippisten und Gnesiolutheranern, in: Günter Frank/Ulrich Köpf (Hgg.), Melanchthon und die Neuzeit, Stuttgart 2003, 43–68, hier 47 Anm. 10.

in der Vorrede, und sonst nirgends mehr, namentlich genannt wird. Melanchthon betreffend, lautet der Vorwurf, mit dem sich Andreae auseinanderzusetzen hat, habe man versäumt, *seiner* [sc. Melanchthons] *schriefften, besonders aber der locorum communium theologicorum meldung zu tun* und so den Eindruck erweckt, dass damit *alle gedachts Melanthons bucher gentzlich verworffen und verdambt, auß kirchen und schulen gestossen werden, das man sich hinfuro derselbigen gar nicht mehr gebrauchen solt.* Andreae verwahrt sich gegen diesen Vorwurf mit dem Hinweis, man habe *in dem buch der concordien seine* [sc. Melanchthons] *schrifften nicht gentzlich außgeschlossen und allein d. Luthers bucher gedacht* [AS, GK, KK]*, dann beneben der augspurgischen confession […] auch die Apologien außdruckenlich zu den symbolis gesetzt und der bekendtnus unserer kirchen in diesem buch einvorleibt.* Im selben Atemzug aber bedeutet er dem *christlichen Leser* – wie um diese Konzentration auf Person und Werk Melanchthons doch noch ein wenig abzuschwächen –, man habe ja auch der Schriften anderer verdienstvoller Lehrer, wie etwa Brenzens, Bugenhagens, Jonas' oder des Urbanus Regius nicht namentlich Erwähnung getan.[30] *Verhoffen demnach, fromme hertzen werden deßhalben mit uns […] nicht zuunfrieden sein, […] das wir allein des teuren und hocherleuchteten mannes d. Martin Luthers außdrucklich mit nahmen gedacht, weill Gott denselben anfanges wunderbarlich erwecket durch seine gnad, das rein unvorfelschte wortt Gottes wiederumb an das licht zubringen […] Derwegen, wan d. Luther mit bestendigen grundt Gottes wort redet und in Philippi oder auch anderer schriefften etwas denselben ungemeß oder zuwider befunden, solches ihme nicht vorgetzogen, sondern weichen und also nach der lere s. Pauli die geister der propheten den propheten underworffen sein sollen.*[31]

Im indirekten Gespräch mit Andreae vermittelt wenig später Nikolaus Selnecker, ebenfalls Mitarbeiter am Konkordienwerk, aus seiner eher melanchtonisch gefärbten Sicht einen lebhaften Eindruck von den Auseinandersetzungen, die im Hintergrund des Konkordienprozesses Melanchthons wegen zu bewältigen waren. Selnecker hatte bei Melanchthon in Wittenberg studiert. Das Gewicht, welches er seinem Hausherrn und Lehrer in der Ausbildung des Luthertums beimaß, verdeutlichen die fünf Vorlesungen, die er als Leipziger Theologieprofessor, Superintendent und Thomaspfarrer im Jahr 1581 vorlegte.[32] Selnecker dokumentiert in einem ersten Kapitel die innere Absicht des im Jahr zuvor erschienenen Konkordienbuches sowie die von den Unterzeichnern befolgte Verfahrensweise,[33] das nächste Kapitel widmet sich den Fragen von Christologie und Herrenmahl;[34] ein anschließendes drittes Kapitel wendet sich der Bedeutung und Interpretation der CA[35] zu. Gewissermaßen auf gleichem Bedeutungslevel folgt als viertes Kapitel eine Ausarbeitung über das Verhältnis von Luther und Melanchthon.[36] Unter Berufung auf den Zeugen Luther lobt Selnecker überschwänglich den Praeceptor, Wissenschaftler und Dialektiker Melanchthon (*allen anderen*

---

[30] Alle Zitate BSELK Qu2 519 Z. 9ff. – Vgl. dazu BSELK 1200, bes. ebd. Anm. 71 mit weiteren Verweisen.
[31] BSLEK Qu2, 520 Z. 5ff.
[32] Recitationes aliquot, Leipzig 1581. Quelle: http://reader.digitale-sammlungen.de/resolve/display/bsb11231452.html (15. 06. 2017).
[33] *De consilio scripti libri Concordiae et modo agendi, qui in subscriptionibus servatus est.*
[34] Cap. 2: *De persona Christi et Coena Domini.*
[35] Cap. 3: *De autoritate et sententia Confessionis Augustanae.*
[36] Cap. 4: *De autoritate Lutheri et Philippi.*

vorzuziehen[37]). *In der Theologie haben wir keine bessere Methode als die, die wir in den Schriften Philipps finden. Er bietet uns die zutreffenden Begriffe, Sprachwendungen und Definitionen der Dinge. Ja, Gott hat Luther und Philipp zusammengefügt wie zwei Lichter […] Philipps theologische Schriften sind nicht anders als die Luthers allezeit auf das Wort Gottes gegründet. […] Mit dem Mantel Luthers schmücken wir Philipps Schriften, die uns, Bächen gleich, zur Quelle führen.* Selnecker verschweigt nicht die sich an Melanchthons vorgeblicher *pusillanimitas* (Kleinmütigkeit, Verzagtheit) und *lenitas* (Sanftheit, Milde) entzündende Kritik: *Was Wunder? Er war ein Mensch. Wir anerkennen seine menschliche Schwäche. Es sollen aber, es können und müssen die Schriften des hoch verehrten Lehrers gelesen und studiert werden; Kirche und Schule können ihrer nicht entraten.*[38]

3. Vom Zerbster Abschied zum Konkordienbuch

Der in den späten 60er, frühen 70er Jahren des Reformationsjahrhunderts einsetzende Konkordienprozess war 1577 nach langem Ringen um das, was als lutherisch zu gelten habe, mit der Konkordienformel (FC) ins Ziel gelangt, nach dem Ort ihrer Verabschiedung im Mai 1577 im Kloster Berge bei Magdeburg auch Bergisches Buch genannt.[39] Drei Jahre später (1580) erschien das sog. Konkordienbuch. Es enthält neben der Konkordienformel, deren ausführlicher Darlegung (*Solida Declaratio*) eine konzentrierte Zusammenfassung von der Hand Jacob Andreaes (*Epitome*) vorgeschaltet ist, eine Zusammenstellung der für das Luthertum maßgeblichen Texte. An erster Stelle steht in unmittelbarem Anschluss an die drei altkirchlichen Symbole (*Apostolikum, Niceno-Constantinopolitanum, Athanasianum*) die von Melanchthon ausgearbeitete *Augsburgische Konfession*, und zwar ausdrücklich in ihrer unveränderten Fassung, so, wie sie nach Meinung der Autoren der FC am 25. Juni 1530 vor Kaiser Karl V. verlesen worden ist; es folgen Melanchthons *Apologie*; Luthers *Schmalkaldische Artikel* von 1536/1537, Melanchthons *Traktat de primatu et potestate papae*[40] und *beide Katechismen* Luthers (GK und KK) aus den Jahren 1528 und 1529.[41] Die Konkor-

---

[37] *Agnoscimus Philippum communem Praeceptorem, praeferendum omnibus, quos nostra aetas tulit, Philosophis* (ebd. 269; Digitalisat 291).

[38] Ebd. 269ff. (Digitalisat 295). Melanchthon sei, bemerkt Selnecker an dieser Stelle, *ad ἄτη natum*; geboren, Hader auf sich zu ziehen. *Ate* ist in der griechischen Mythologie die Göttin des Streits. Den Kirchenvätern, notiert Benjamin Hederich, Gründliches mythologisches Lexikon. Leipzig 1770, 459, galt die *Ate* als Luzifergestalt. Luther auf der Coburg macht in seinem Ärger über die verspätet eintreffenden Nachrichten aus Augsburg die *Ate aut aliquis Satan* haftbar. Brief an Melanchthon, 29. 06. 1530, WAB 5, 405 Z. 15.

[39] Zur Geschichte der Konkordienformel ausführlich BSELK mit BSELK Qu1.Qu2 in toto.

[40] Zu Melanchthons *De potestate et primatu papae tractatus* vgl. BSELK 789ff. (Entstehung und Geschichte). Der Traktat war zuvor ohne Hinweis auf Melanchthons Autorenschaft in verschiedenen *Corpora doctrinae* enthalten gewesen, fand aber erst 1580 Aufnahme in das Konkordienbuch.

[41] Den ganzen Konkordienprozess betreffend, verweise ich auf das von Irene Dingel verantwortete Projekt *concordia controversa* mitsamt den darin erarbeiteten Materialien und Studien sowie auf die ebenfalls von Irene Dingel verantwortete Neuedition der Bekenntnisschriften der Evangelisch-Luthe-

dienformel ihrerseits versteht sich in *Epitome* und *Solida Declaratio* als autoritativer Interpretationsrahmen der im Konkordienbuch dokumentierten Bekenntnistexte.

Schon rein äußerlich und quantitativ betrachtet, wird in dieser Aufzählung deutlich, in welchem Ausmaß Melanchthon im Bekenntnisfundus des Luthertums vertreten ist. Die nach 350 Jahren im Jubiläumsjahr 1930 erstmals kritisch edierte Neuausgabe des Konkordienbuches von 1580 umfasst ca. 1200 Seiten, die je zu einem Drittel auf Arbeiten Melanchthons, Luthers und die FC entfallen. „Theologisch", bemerkt Heinz Scheible dazu in inhaltlicher Würdigung, „hat die *Konkordienformel* weitgehend seine [sc. Melanchthons] Positionen bestätigt".[42] Nun gilt zwar die Konkordienformel mitsamt dem aus ihrem Geist geborenen Konkordienbuch als Gründungsurkunde des Luthertums. Ihr geistiger Urheber allerdings ist, wenn man den komplexen Zusammenhang in seiner Summe vor Augen nimmt, eher unter dem Namen Melanchthon zu identifizieren. Das gilt für Methode und Zielsetzung der FC gleichermaßen.[43]

Luther selbst hatte sich dagegen verwahrt, zum Namenspatron der mit seinem Namen verbundenen Neuformulierung der evangelischen Botschaft ernannt zu werden[44]. Die Kanonisierung seines Werkes, seines Namens und seines Bildes ist vielmehr Ergebnis der außerordentlich komplexen Dynamik, die das spätreformatorische Geschehen seit dem Ableben Luthers am 18. Februar 1546 erschütterte. Der Geländegewinn des Kaisers im Schmalkaldischen Krieg, die Schwächung des protestantischen Lagers durch das Versagen des hessischen Landgrafen, die Gefangenschaft des seiner Kurwürde entkleideten Herzogs Johannes (Ernestiner), der Frontwechsel des Albertiners Moritz ins kaiserliche Lager, die Machtverschiebungen in Sachsen und endlich der Druck des Augsburger Interims mitsamt der uneindeutigen Haltung Melanchthons zur sächsischen Landtagsvorlage (das „Leipziger Interim") wurde für viele Funktionsträger des mit dem Namen Luther verknüpften reformatorischen Aufbruchs zur Probe auf die Überlebensfähigkeit der Reformation, für viele auch zur buchstäblich existenziellen Bedrohung.[45] Es kann nicht Wunder nehmen, dass in dieser Situation die Frage nach der bevollmächtigenden Erbschaft Luthers aufbrach; und noch weniger kann verwundern, dass sich in dieser Lage das Bild Luthers idealisierte. Für Melanchthon, den engsten Mitarbeiter Luthers und Lehrer einer Vielzahl bedeutender Bannerträger

---

rischen Kirche, welche die im Jahre 1930 anlässlich des 400jährigen Jubiläums der CA erschienene kritische Edition des Konkordienbuches ablöst.

[42] Heinz Scheible, Art. Philipp Melanchthon, in: Irene Dingel/Volker Leppin (Hgg.), Das Reformatorenlexikon, Darmstadt 2014, 163–173, hier 171.

[43] Vgl. hierzu die lateinische Vorrede zum Corpus Doctrinae Philippicum; MSA 6, 9 Z. 14ff. mit Vorrede FC, BSLK 6 Z. 5ff. sowie ebd. 13 Z. 39ff. Ebenso Selnecker (wie Anm. 32). Zum Einfluss Melanchthons auf die FC auch Irene Dingel, Ablehnung und Aneignung. Die Bewertung der Autorität Martin Luthers in den Auseinandersetzungen um die Konkordienformel, in: ZKG 105 (1994), 38-57, hier 45.

[44] WA 15, 70 Z. 15; ebd. 78 Z. 8ff. Dazu Melanchthon Apol 15,44, BSLK 305, Z. 43; Vgl. Heinrich Heppe, Ursprung und Geschichte der Bezeichnungen „reformirte" und „lutherische" Kirche, Gotha 1859, 11f.; Dingel, Ablehnung und Aneignung (wie Anm. 43), 48.

[45] Eine lebhafte Vorstellung von der Unübersichtlichkeit der Lage ergibt sich aus dem Bericht, den Caspar Aquila, Superintendent in Saalfeld, am 22. Juli 1548 über ein Gespräch mit Agricola an Melanchthon nach Wittenberg schickt. Agricola, seit langem Melanchthon in Abneigung verbunden, war Mitglied der Kommission, die das Augsburger Interim zu erarbeiten hatte. Unter Verweis auf Luthers Galaterkommentar (*si articulus iustificationis nobis concedetur, pedes osculabimur Papae*) habe Agricola ihn dringlich in Richtung Anerkennung des Interims agitiert. CR 7, 77f.; MBW 5232.

der Reformation, musste hier eine äußerst schwierige Lage entstehen, sofern er es von nun an mit einem zur Seligkeit verklärten Untoten zu tun hatte. Vielleicht ist es nicht falsch, den berühmt-berüchtigten Brief Melanchthons an Carlowitz, über dessen Umstände und historische Voraussetzungen Heinz Scheible in einer umfassenden Analyse Auskunft gegeben[46] und dessen kompromittierende Bemerkung über Luther er seiner neu bearbeiteten Melanchthon-Biographie nebst jener zum *liberum arbitrium* vorangestellt hat,[47] aus einem Geflecht misshelliger Erbansprüche, konkurrierender Profile und gegenseitiger Frustrationen heraus zu interpretieren. Pauschal jedenfalls muss die mit der Niederlage der Schmalkaldener und dem Augsburger Interim anbrechende Epoche als eine Zeit massivster Orientierungsprobleme begriffen werden. Grundprobleme der reformatorischen Theologie in Anthropologie, Hamartologie, Rechtfertigungslehre, Christologie und Ethik und immer wieder die Frage nach der zutreffenden Deutung des Abendmahls traten in den Vordergrund. Das kann im Einzelnen hier nicht erörtert werden. Aber die positionelle Verbindung der theologischen Entscheidungen mit bestimmten machtpolitischen Optionen bedeutete insbesondere nach der kriegsbedingten politischen Schwächung des evangelischen Lagers auf jeden Fall eine währende Unsicherheit, an deren Überwindung den Theologen mindestens so sehr wie den Ständen gelegen sein musste.[48]

Dabei gehört es zur Ironie dieser Entwicklungen, dass gerade Melanchthon, der nicht erst mit dem *Corpus Doctrinae Christianae* des Jahres 1560 die Weichen hin zu einer Kodifizierung und Normierung der evangelischen Lehre gestellt hatte,[49] mit der Erstellung der Konkordienformel 1577 jedenfalls im Außenbild des nunmehr einsetzenden Kodifizierungsverfahrens einen erheblichen Bedeutungsverlust hinzunehmen hatte. In den frühen 70er Jahren hatte man sich am kursächsischen Hof bis in die mittleren 70er Jahre noch bemüht, die lehrmäßige Einheit zwischen Luther und Melanchthon zu behaupten.[50] Gleichzeitig beschleunigte der zunehmende Normierungs- und Abgrenzungsdruck die Verschiebung der Gewichte, eine Entwicklung, die sich als Schritt vom (offenen) Ringen um die *doctrina pura evangelii* zur (exklusiven) *doctrina vera*[51] vollzieht, eine Verengung des geistigen Klimas, die sich beispielhaft am Zerbster Abschied vom 7./8. Mai 1570 illustrieren lässt. Es handelt sich dabei um einen von Lüneburger Geistlichen vorgelegten Konkordienentwurf, der allerdings von der damals noch melanchthonisch-philippistisch dominierten kursächsischen Sei-

---

[46] CR 6, 879–885; MBW 5139. Vgl. Heinz Scheible, Melanchthons Brief an Karlowitz, in: ARG 57 (1966), 102–130.

[47] *Tuli servitutem paene deformem* und *Esse fatemur liberum arbitrium*. Heinz Scheible, Melanchthon. Vermittler der Reformation. Eine Biographie, München 2016 (Überarbeitung der 1. Auflage, München 1997), 9. Nachweis ebd. 355.

[48] Hierzu Irene Dingel (Hg.), Die Debatte um die Wittenberger Abendmahlslehre und Christologie (1570–1574) (C&C 8), Göttingen 2008, 8ff., 13f.

[49] Irene Dingel, Melanchthon und die Normierung des Bekenntnisses, in: Günter Frank (Hg.), Der Theologe Melanchthon (Melanchthonschriften der Stadt Bretten 5), Stuttgart 2000, 195–211, hier 200ff. – Melanchthon benutzt den der Rechtssprache entlehnten Begriff selten. Er erscheint, soweit ich sehe, nirgendwo zur Kennzeichnung einer Lehrnorm und dient als *norma iustitiae* in seinen späteren Schriften gelegentlich zur Kennzeichnung des in Gott unveränderlich bestehenden Sittengesetzes (CR 23, 9. 294 u.ö.).

[50] Dingel, Debatte (wie Anm. 48), 14.

[51] Vorrede FC, BSELK 1190: *Wahrheit des allein seligmachenden Göttlichen worts*. Dazu Fischer in Stello/ Wennemuth, Die Macht des Wortes (wie Anm. 6), 117.

te nicht mitgetragen wurde. Der Entwurf sieht vor: *Alle anwesende / hochgedachten Churfürsten / Fürsten und erbaren Städte Theologen [...] bekennen [...] sich / in einhelligen gleichen Verstande / anfenglich zu den dreyen bewerten Symbolis, Apostolorum, Athanasii und Niceno, auch zu der Christlichen Augp. Confession / als dieser Zeit unserm Symbolo, so [...] anno 30. übergeben / und derselben darauff erfolgten Apologia, samt den Schmalcaldischen Artikeln und Catechismo Lutheri, in welchen vier Schrifften der rechte wahrhafftige / eigentliche und natürliche Verstand der heil. Schrifft / von den vornehmsten Artikeln unserer wahhafftigen Christlichen Bekenntniß deutlich und helle / nach aller Notdurft ercleret worden / nach welchen alle Schrifften Lutheri, so obvormelter Confeßion gründliche Erklerung / als dan auch des Herrn Phil. Melanchthonis Bücher in corpore Doctrinae desgleichen des Herrn Brentii und andere nützliche Schrifften verstanden und gedeutet werden sollen.*[52] Hier wird eine Tiefenstaffelung vorgenommen,[53] welche die CA in dichtestem Anschluss an die altkirchlichen Bekenntnisse *als dieser unserer Zeit Symbolon* identifiziert.[54] Gleichzeitig werden die weiteren Texte, sc. Melanchthons Apologie, Luthers Schmalkaldische Artikel sowie die beiden Katechismen Luthers in einem gewissermaßen gleitenden Abwärtsgefälle als verbindlicher Interpretationsrahmen für die Auslegung der CA festgeschrieben. Die Anordnung hält sich in der Folgezeit bis zur FC und bis zur Veröffentlichung des ganzen Konkordienbuches im Jahre 1580 durch, erweitert lediglich um Melanchthons *Tractatus de potestate Papae*.[55] Dass in der Zerbster Erklärung dabei, wenn ich es recht sehe, *alle Schrifften Lutheri* als Interpretamente der CA vereinnahmt und sowohl Melanchthons als auch Brenzens Schriften in ihrer geistlich Erkenntniskraft auf eine reine Dienstfunktion an der CA reduziert werden, so dass ihnen folglich ein originärer Erkenntnisgehalt in Bezug auf die Heilige Schrift im Kern abzusprechen ist, gehört zu den Paradoxien dieser auf Luthertum drängenden Entwicklung.

An dieser Stelle entsteht die m. E. überaus berechtigte Frage, die Beate Kobler in ihrer Arbeit zur Entstehung des negativen Melanchthonbildes artikuliert hat, nämlich die Frage, „warum sich [...] die Bewertung [...] Melanchthons überhaupt zwangsläufig an Luther" zu orientieren habe; und ob also die „von Melanchthons Kritikern aufgestellte Gleichung Wort Gottes = Aussagen Luthers = reine Lehre und damit [die] Kanonisierung der Lehre Luthers wirklich" sachgemäß sei. Oder ob man nicht

---

[52] Eine nämliche Aufzählung der in Zerbst als verbindlich deklarierten Bekenntnistexte bei Andreae 1570, Fol. A 4r (Jakob Andreae, beständiger Bericht. Wolffenbüttel 1570, Fol. A 4r. <http://www.controversia-et-confessio.de/id/cfada79d-ace4-4b5f-9719-f2aa8cc1ae9c>. (Zugriff am 20.06.2017). Der in der Historiographie des Konkordienbuches wenig beachtete Zerbster Abschied ist dokumentiert bei J. G. Bertram, Das evangelische Lüneburg oder Reformations- und Kirchen-Historie der alt-berühmten Stadt Lüneburg, Braunschweig 1719, 2. Teil, Beilage 8, 113 (Beylagen zum II. Theile, Num. IIX. Seite 110ff. https://books.google.de/books?id=4edAAAAcAAJ&printsec=frontcover&hl=de&source=gbs_ge_summary_r&cad=o#v=onepage&q=Beylage&f=false [Zugriff 20.06.2017]). Vgl. auch Robert Kolb, Die Konkordienformel. Eine Einführung in ihre Geschichte und Theologie, Göttingen 2011, 160.

[53] Hauschildt, Corpus doctrinae (wie Anm. 16), 162.

[54] BSELK 1186 Z. 20f., ebd. 1216 Z.31f.

[55] BSELK 1208 Z. 16ff. – Vgl. dazu die Definition des verbindlichen Schriftenkanons in der Schwäbischen Konkordie von 1573/74 (BSELK QU2, 83. 86f.), in der Schwäbisch-Sächsischen Konkordie des Jahres 1575 (ebd. 145), der Maulbronner Formel des Jahres 1576 (ebd. 279), im Torgauischen Buch 1576 (ebd. 346ff.).

vielmehr von einer Form „eigenständigen theologischen Denkens Melanchthons" zu sprechen berechtigt sei als von „eine[r] zweite[n] Form des Evangelischen neben der spezifisch lutherischen."[56]

Die Frage kann im Rahmen der hier vorgetragenen Überlegungen schwerlich umfassend beantwortet werden.[57] Ist sie allerdings zutreffend gestellt, so begründen sich in ihr zugleich Recht und Erfordernis, auf bestimmte Grundlinien im spannungsreichen Verhältnis zwischen Luther und Melanchthon und den daraus resultierenden Spannungen in der Formulierung des lutherischen Bekenntnisstandes hinzuweisen.

4. Luther, Melanchthon und die zwiefache Rationalität der Reformation

Dazu bietet sich ein entscheidender Zugang in den von Luther an Melanchthon gerichteten Briefen vom 27., 29. und 30. Juni 1530, in denen sich, bedingt durch eine höchst belastende Kommunikationsstörung zwischen Coburg und Augsburg während der letzten Verhandlungsphase vor Übergabe der CA, Luthers Unmut über die zögerliche und kompromissbereite Verhandlungsführung Melanchthons in einer explosiven, ebenso kränkenden wie herausfordernden Kritik Bahn bricht.

Ich verzehre mich in quälendsten Sorgen, hatte Melanchthon unter dem 13. Juni[58] nach Coburg geschrieben. Luther reagiert verärgert: *Dass die Sorge so von deinem Herzen Besitz ergriffen hat, liegt nicht an der Größe der Aufgabe; es liegt an der Größe unseres Unglaubens. Ich verabscheue das! Es ist deine Philosophie, die dich so quält, nicht die Theologie.*[59] Zwei Tage später legt er nach: *Dich quälen Ausgang und Ende unserer Sache, weil man sie nicht ausrechnen kann ... Gott hat dafür einen Gemeinbegriff (locus communis) gesetzt, der in deiner Rhetorik und in deiner Philosophie nicht vorkommt: das ist der Glaube. [...] Ist nur der Glaube auf dem Plan – was kann uns Satan samt seiner ganzen Welt noch tun?* Es folgt eine fulminante kerygmatische Klimax, mit der Luther das Urvertrauen der gottgeschenkten *fides* buchstäblich ins Feld führt, um endlich seine Kritik auf Zuspruch und Stärkung mit demjenigen Schriftwort zuzuspitzen, das für Melanchthon mit fortschreitendem Lebensalter zum persönlichen Wahl- und Leitspruch werden sollte: *Wenn wir nicht das*

---

[56] Beate Kobler, Die Entstehung des negativen Melanchthonbildes (Beiträge zur Historischen Theologie 171), Tübingen 2014, 484. In ähnlicher Weise hatte bereits Ferdinand Christian Baur in der Mitte des 19. Jahrhunderts Position bezogen. Christof Gestrich, Luther und Melanchthon in der Theologie des 19. und 20. Jahrhunderts, in: Luther-Jahrbuch 66 (1999), 35. Diesbezüglich aufschlussreich auch die Ausführungen von Irene Dingel zur Kritik Zacharias Ursinus' an der Inanspruchnahme Luthers durch die Autoren der FC: Dingel, Ablehnung und Aneignung (wie Anm. 43), 46ff.

[57] Vgl. dazu Dingel, Ablehnung und Aneignung (wie Anm. 43).

[58] WAB 5, 365 Z. 16; MBW 927. Vgl. auch Melanchthon an Luther 25. 06. 1530, WAB 5, 386 Z. 3f.; MBW 937.

[59] Luther an Melanchthon, 27. 06. 1530. WAB 5, 399 Z. 6–16. Fast gleichlautend an Justus Jonas unter dem 29. 06.: *Es ist seine Philosophie, die dem Philipp zu schaffen macht, sonst nichts*. WAB 5, 409 Z. 18.

Wort Gottes festhalten, wer dann?, schreibt Luther. *Ist also Gott mit uns, wer kann wider uns sein?*[60]

Gewiss sind die in den „Coburg-Briefen" enthaltenen, teils geradezu rüden Äußerungen Luthers allererst als „Quelle für Luthers Stimmung"[61] zu werten; aber ihre Interpretation wird ergiebig, wenn man den dahinter liegenden Sachgehalt mit ins Auge fasst.

In einem konzentrierten Seminarbericht verweist Michael Plathow auf die Schwierigkeiten, „die sich bei dem existenziell denkenden Frömmigkeitstheologen M. Luther"[62] für die Verhältnisbestimmung von Glaube und Vernunft ergeben. Die einschlägigen Äußerungen oszillieren zwischen rüden Bemerkungen über *des Teuffels Braut, Ratio, die schone Metze*[63] und dem Lobpreis der Vernunft als eines den Fall Adams in der Gnade Gottes überdauernden menschlichen Würdezeichens. Hier erscheint die Vernunft als *Quell und Leitstern aller Künste, der Medizin, der Rechtswissenschaft und all dessen, was dem Menschen in diesem Leben an Weisheit, Gestaltungsvermögen, sittlicher Fähigkeit und Ehrenhaftigkeit zu eigen ist.*[64] Schlüssig wird die Spannbreite dieser Äußerungen vor dem Hintergrund der in Luthers *Disputatio de homine* entfalteten Ambivalenz der Vernunft. Die *ratio* als sie selber, sc. abgesehen von den Einsichten, die allein der Glaube vermitteln kann, hat allenfalls eine rudimentäre, nachgerade nichtige Einsicht in das Wesen des Menschseins.[65] Sie rechnet nicht mit dem Eschaton und weiß nichts von Gott dem Schöpfer.[66] Es besteht auch keine Aussicht, dass der Mensch in der Frage, was im letzten seine personale Existenz ausmacht,[67] zu einem zutreffenden Verständnis seiner selbst gelangt, es sei denn, er lernt, sich aus seinem Ursprung heraus, nämlich aus Gott heraus, zu verstehen.[68] Tatsächlich ist der kreatürliche Mensch nach dem Fall Adams der Macht des Teufels verfallen, der Sünde, dem Tod. Das gilt auch für die Vernunft und gilt für jeden Menschen, und zwar für jeden Menschen ganz. Deshalb argumentieren jene, welche behaupten, es sei im Bereich der Gaben und Fähigkeiten des Menschen nach dem Fall irgend etwas intakt geblieben, gewissenlos und töricht gegen die Einsichten der Theologie.[69]

Die Verhältnisbestimmung von Glaube und Vernunft ist in dezidiert systematischer Fragestellung, soweit ich sehe, allenfalls indirekt ein Problem der reformato-

---

[60] Röm 8, 31; WAB 5, 406f. Z. 54–74.
[61] Scheible, Melanchthon (wie Anm. 47), 190; Hans von Schubert, Luther auf der Koburg, in: Luther-Jahrbuch 12 (1930), 109–161, hier 147, spricht von „den prachtvollen Briefen vom 27., 29. und 30. [Juni]"; Hanns Rückert, Luther und der Reichstag zu Augsburg. Glossen zu drei Briefen Luthers von der Coburg, in: Ders., Vorträge und Aufsätze zur historischen Theologie, Tübingen 1972, 108–136, hier 117, ordnet sie den Trostbriefen Luthers an die Augsburger Verhandlungskommission zu; Scheible, Melanchthon (wie Anm. 47), 192, sieht in ihnen das Freundschaftsverhältnis zwischen Luther und Melanchthon nachhaltig belastet.
[62] Michael Plathow, Glaube und Vernunft bei Luther. Seminarbericht vom Internationalen Lutherkongress in Helsinki (5.–11.8.2012), in: Luther-Jahrbuch 80 (2013), 297–301, hier 297.
[63] WA 51, 126 Z. 6f.; WA 18, 164 Z. 27.
[64] WA 30 I, 175, Th. 5: *est inventrix et gubernatrix omnium Artium.*
[65] Ebd. Th. 11: *si comparetur Philosophia seu ratio ipsa ad Theologiam, apparebit nos de homine paene nihil scire.*
[66] Ebd. Th. 14.
[67] Th. 15. Luther spricht von der *causa finalis, quam vocant animam.*
[68] Th. 17.
[69] Ebd. 176 Th. 22–26. Vgl. hierzu Gerhard Ebeling, Lutherstudien, Bd. 2, T. 3, Tübingen 1989, 211ff.

rischen Lehrbildung gewesen. Sie steht wie diejenige nach dem *liberum arbitrium*[70] im Horizont theologischer Anthropologie. *Gläuben heißet nicht die Historien allein wissen, sondern es heißt den Artikel gläuben: Vergebung der Sunde […] Darümb will [er, sc. Paulus, Röm 4], daß man durch den Glauben die Verheißung Gottes ergreifen müsse.* So formuliert in eindeutig melanchthonischer Handschrift ein Vorentwurf zu CA 20 (*Vom Glauben und guten Werken*).[71] Dass *ergreifen* semantisch dem Akt der Gnadenzueignung als human-aktives Moment zuzuordnen ist, dürfte unmittelbar einsichtig sein.[72] Damit deutet sich hier bereits an, was in den Auseinandersetzungen der späteren Jahre als Synergismusproblem zutage treten wird. Von früh an hat Melanchthon der Philosophie und den Seelenkräften des Menschen sowohl in Fragen der Religion als auch insbesondere in der Ethik einen deutlich anderen, nämlich erheblichen höheren Stellenwert zugeordnet, als dies bei Luther der Fall ist. Gott hat dem Menschen das rationale Vermögen, bleibend über den Fall Adams hinaus, mit der Schöpfung eingestiftet. Seine Fähigkeiten gehen weit über die Regelung und Gestaltung von Alltagsfragen hinaus. Das rationale Vermögen ist das Unterpfand der bürgerlichen Sittlichkeit.[73] Von Gott her ist es der *mens* des Menschen (dem menschlichen Bewusstsein) unhintergehbar eingeschrieben und reicht als Sittengesetz bis in die naturrechtlich verstandene Einsicht in die Verbindlichkeit der 10 Gebote.[74] Die *mens* anerkennt das Dasein Gottes, sein Wesen, seine Weisheit, seine Schöpfermacht.[75] Aber ihr Verstand scheitert an der Heilshaltigkeit seines Willens. Aus sich heraus versteht sie nichts von der Menschwerdung Gottes in Christus. Sie lässt die Botschaft von der Sündenvergebung nicht für sich gelten. Hierfür bedarf sie der Augenöffnung durch den Glauben. Der wird dank der Gabe des Heiligen Geistes im Akt der Bekehrung (*conversio*) ergriffen, welches wiederum nicht ohne das Handeln desjenigen geschieht, der, durch den Geist begabt, vom Wort Gottes ergriffen wird. Insofern sind in der systematischen Erörterung der *conversio* drei Gründe zu nennen, die in diesem Vorgang wirksam sind: das Wort Gottes, der heilige Geist und der menschliche Wille, der dem Wort Gottes zustimmt und es nicht abweist.[76] Es bleibt also der Wille im Akt der

---

[70] *Also wenn man den freyen willen nennet, so begreift man verstand und willen.* Ralf Jenett/Johannes Schilling, Philipp Melanchthon, Heubtartikel Christlicher Lere. Melanchthons deutsche Fassung seiner Loci Theologici, Leipzig 2002, 140 Z. 8f. [= CR 22, 147].

[71] BSLK 83 Z. 4–10; vgl. BSELK Qu1, 115 Z. 39f.

[72] Die lateinische Fassung der CA bevorzugt in diesem Zusammenhang passivische Formulierungen. *[sciatis] fide in Christum apprehendi gratiam.* BSLK 79 n. 22.

[73] *Ich halte entschieden dafür, die wahre Religion aus der Heiligen Schrift zu schöpfen. Was aber die bürgerlichen Sitten betrifft, ziehe ich Cicero vor.* CR 11, 88; vgl. Komm. zu Röm 12, MSA 5, 282 Z. 27f.; zur Sache auch Scholia zu Kol 2,8; MSA 4, 234 Z. 14ff.

[74] Vgl. CR 16, 62; CR 21, 956 (= MSA 2, 2, 652 Z. 9ff.); CR 22, 135.

[75] Melanchthon an König Christian III. von Dänemark, 24. Juni 1550. CR 7, 614; MBW 5833.

[76] *Verbum Dei, Spiritus sanctus et humana voluntas assentiens nec repugnans verbo Dei.* CR 21, 658 (= MSA 2, 1, 270 Z. 20ff.). Es bleibt bemerkenswert, dass die von Melanchthon autorisierte deutsche Fassung seiner loci praecipui aus dem Jahr 1553 (Jenett/Schilling, Heubtartikel; wie Anm. 70) weder den Topos von den drei Gründen der Bekehrung noch eine eigens herausgearbeitete *voluntas non otiosa* formuliert. Nach Klang und Atem gewinnt die Entfaltung des schwierigen Sachverhalts in den *Heubtartikeln* eine entschieden wärmere, kerygmatisch schlüssigere Aura als der lateinische Text der *loci theologici praecipui*. Das führt auf die Frage, ob das Bild vom trockenen Melanchthon gegenüber dem authentischen und impulsiven Luther nicht auch dadurch mitbedingt ist, dass Melanchthons Texte in der Hauptsache lateinisch geschrieben sind und entsprechend auch lateinisch gelesen werden. Der Charme der in den deutschen Texten aufklingenden frühneuhochdeutschen Sprache bleibt damit weithin außerhalb der Melanchthon-Rezeption.

Bekehrung *nicht müßig*.⁷⁷ So hat Melanchthon das bereits in der zweiten Bearbeitung seiner *Loci* (1535) formuliert.⁷⁸ Dabei unterstreicht er seine Position in dieser Frage unter Hinweis auf (Pseudo-)Basilius und Chrysostomus mit Väterzitaten, die durchaus im Sinne der als semipelagianisch denunzierten franziskanischen Gnadenlehre missverstanden werden konnten.⁷⁹ Das wurde in der Zeit der Krise virulent. Nicht nur bei den Vertretern der gnesiolutherischen Sicht, sondern auch bei den allenthalben eher auf Entschärfung der Konfliktlinien zielenden Autoren der FC stieß er damit auf deutlichen Widerspruch.⁸⁰ Die FC verwirft Melanchthons Drei-causae-Lehre als der scholastischen und römischen Lehre konform und insoweit als *der Form gesunder Lehr nicht ähnlich, sunder derselben zuwider, und demnach, wann von der Bekehrung zu Gott geredt, billich zu meiden*.⁸¹ In dem vergleichsweise sanften Hinweis, dass nach seiner durch Wort und Geist gewirkten Bekehrung *des menschen widergeborner wille nicht müssig gehe, sondern in allem wircken des heiligen Geistes, die er durch uns thut, auch mitwirke*⁸², signalisiert Jacob Andreae in seiner Zusammenfassung der FC allerdings deutlich eine in Richtung auf melanchthonisches Denken hin ausgestreckte Hand.

Nur ist freilich die Bedeutung der *ratio* für die Entfaltung theologischer Lehre bei Melanchthon damit noch keineswegs hinreichend erfasst. Kern und Spitzenpunkt seiner Lehrbildung werden erst sichtbar, wenn man ihre Bedeutung als Prinzip der theologischen Lehrentwicklung vor Augen nimmt. Es geht hier um die Frage der wissenschaftlichen Rationalität und damit zugleich um die Frage der Kommunikabilität theologischer Aussagen. Einer Interpretation, nach welcher sich in der Inanspruchnahme des Gewissheitsbegriffs der empirischen Wissenschaften für die Frage der Wissenschaftlichkeit der Theologie „der wunde Punkt der Argumentation Melanchthons" zu erkennen gebe,⁸³ ist durchaus nicht zuzustimmen. Gewiss sind die in der Philosophie gebräuchlichen axiomatischen und empirischen Gewissheitsgründe im Bereich von Empirie und Prinzipienlehre auch in der und für die Kirche gültig.⁸⁴ Aber das Gewissheitskonstitutive der Theologie – und damit die bis in das Eschaton der menschlichen Existenz hineinragende Dimension von Gewissheit, also: Heilsgewissheit – liegt für Melanchthon in keiner wie auch immer gearteten rationalen Evi-

---

[77] *Voluntas non est otiosa*. MSA 2, 1, 271 Z. 5 und Komm. z. St.

[78] MSA 2, 1, 270 Anm. zu Z. 18; Zur Entwicklung von Melanchthons Drei-causae-Lehre, vgl. Fr. H. R. Frank, Die Theologie der Concordienformel historisch-dogmatisch entwickelt und beleuchtet, Bd. 1, Erlangen 1858, 130ff.

[79] *Veteres dixerunt: Praecedente gratia, comitante voluntate bona opera fieri* (unter vorlaufender Gnadenwirkung und mit einhergehender Willenstat geschieht das gute Werk). MSA 2, 1, 271 Z. 6f.

[80] Selnecker, Recitationes (wie Anm. 32), 271.

[81] BSLK 909; BSELK 1384 Z. 23f. Noch fast dreihundert Jahre später urteilt Frank (wie Anm. 78), 134, Melanchthon stehe mit dieser Sicht „im römischen Lager".

[82] BSELK 1232 Z. 31ff.; BSLK 780f.

[83] Oswald Bayer, Melanchthons Theologiebegriff, in: Frank, Der Theologe Melanchthon (wie Anm. 49), 25–47, hier 42 unter Bezug auf *loci praecipui* 1559, CR 21, 604; CR 13, 650. Ebenso Oswald Bayer, „Die Kirche braucht liberale Erudition". Das Theologieverständnis Melanchthons, in: KuD 36 (1990), 218–243, hier 238.

[84] In seiner 1547 in dritter Bearbeitungsstufe erschienenen Dialektik resümiert Melanchthon seine Erörterung der empirischen und philosophischen Gewissheitsgründe mit der Bemerkung: *Nos autem in Ecclesia Dei praeter causas, quas recitavi, et hanc tenemus, scilicet patefactionem divinam*. CR 13, 650

denz der biblisch bezeugten Offenbarungstatsachen.[85] Sie liegt vielmehr im Wort.[86] Sie liegt in der *doctrina evangelii*. Sie liegt in der *patefactio Dei sui ipsius,* sie liegt in der als vorbehaltlose Selbstoffenbarung Gottes begriffenen biblischen Geschichte, niedergelegt in den Schriften der Propheten und Apostel und in bruchloser Kontinuität in den Symbolen der Kirche zusammengefasst. Sie liegt im Ergehen und Hören des Wortes. Sie liegt in der Botschaft, durch welche der heilige Geist die *fides* als das Vertrauen in Gottes Verheißungen ins Werk setzt.[87] Selbstoffenbarung Gottes und Gabe des Glaubens ereignen sich als pneumatisches Sprachgeschehen, dessen Inhalt und Kern die eine, sich selbst immer gleiche und identische *patefactio Dei sui ipsius,* die Selbstoffenbarung Gottes ist und die aber dieses eine, sich immer gleiche und identische Offenbarungshandeln ist, indem sie als das nämliche Sprachgeschehen fortgesprochen und weitergegeben wird. An dieser Stelle sind *doctrina Evangelii* und *theologia* zu unterscheiden.[88] Auf Grundlage der mit der *doctrina* ergriffenen Heilsgewissheit ist es Aufgabe der letzteren, den Inhalt der *doctrina Ecclesiae* kunstgerecht, d. h. nach den Prinzipien rationaler Wissenschaft zu ordnen und weiter zu vermitteln.[89] Jene, sc. die *doctrina evangelii*, verdankt sich ganz und gar der Offenbarung Gottes. Diese dagegen, sc. die Theologie, bildet die unerlässliche Dienstfunktion an der Weitergabe ihres Inhalts. Ihre Instrumente sind allererst die Kenntnis der alten Sprachen, Kenntnis der Bibel, Beherrschung von Rhetorik, Logik und Dialektik, dazu Kenntnisse in Geschichte, besonders der Antike und ihrer wichtigsten Schriftsteller, der altkirchlichen Auseinandersetzungen und Streitigkeiten sowie gute Kenntnis der Kirchenväter.[90] Weitergabe, *traditio* der *patefactio Dei sui ipsius* ist ein sprachlicher Vorgang. Bevorzugt hat Gott dafür die griechische Sprache erwählt.[91]

---

[85] CR 23, 749; vgl. CR 2, 29–32.

[86] *Doctrina Ecclesiae non ex demonstrationibus sumitur, sed ex dictis, quae Deus certis et illustribus testimoniis tradidit generi humano*; MSA 2, 1 [1978], Z. 11f.; CR 21, 604.

[87] *voce Evangelii Spiritus sanctus […] flectit mentem ad adsentiendum, et mens ohtemperat Spiritui sancto, amplectitur vocem Evangelii, et repugnat dubitationi. Et haec adsensio quae amplectitur sententias a Deo patefactas, dicitur Fides.* CR 13, 151. Der etwas kalte Ton der nach den Regeln der Dialektik formulierten Definition von *fides* gewinnt Wärme und existenzielle Relevanz, sobald der Sachgehalt im Genus der persönlichen seelsorglichen Zusprache wirksam wird. In einem Trostbrief an einen von eschatologischen Ängsten gequälten unbekannten Empfänger schreibt Melanchthon im Mai 1546: *Du sprichst […]: ich höre solches alles* [sc. das Wort von der Gnade Gottes, die *viel reicher und größer denn die Sünde* ist] *und bleibt dennoch gleichwohl Angst und Furcht. Antwort: das heißt glauben, daß man wider solche Angst strebe, und sich mit der Verheißung tröste, und wisse, daß Gott mit uns in der Verheißung rede, und soellen nicht andere weitere Zeichen und Erscheinungen haben wollen, sondern sollen am Wort hangen bleiben. Und ist wahr, dieser Kampf wird einem Menschen schwer; aber in diesem Kampf lernet man, was glauben heißt.* CR 6, 140–142, zit. 141. MBW 4268. Bayer 1990, 150.

[88] Analog *Ecclesia* und *Academia*; CR 11, 612. Es bleibt bemerkenswert, dass Melanchthon im Gegensatz zu seiner sonst bevorzugten Bereitschaft, klare Begriffe zu definieren, für *theologia*, soweit ich sehe, keine operable Definition anbietet. Lediglich in *De studiis theologicis* aus dem Jahr 1521 bietet hierzu eine eher flüchtig hingeworfene Notiz: *Scriptura […] sancta, quam a Patriarchis, Prophetis et Apostolis accepimus, […] totum hoc doctrinae genus (quod Theologiam vocamus) complectitur.* CR 11, 42. Das erinnert an die Definition des von Melanchthon geschätzten *Bonaventura: sacra scriptura est theologia.* Bonaventura, Breviloquium, Opera omnia, Bd. 5, 201.

[89] Vorrede zu *loci praecipui* 1559 CR 21, 603f.; MSA 2, 1 [1978], 190 Z. 1–14.

[90] CR 11, 612.

[91] *voluit Deus hanc linguam eius doctrinae potissimum nuntiam et ministram esse*; CR 11, 858; MSA 3, 139 Z. 26f.

Es ist nicht auszuschließen, dass Luthers Bewunderung für Melanchthons 1521 mit den *loci communes*[92] vorgelegten Geniestreich[93] im Verlauf der weiteren Ausarbeitung der *loci praecipui* und insbesondere im Zuge des sich zwischen beiden ausdifferenzierenden Abendmahlsverständnisses einer zunehmenden, weithin unausgesprochenen Skepsis gewichen ist. Luthers Grobheiten vom 27. Juni 1530 signalisieren einen grundsätzlichen Vorbehalt. In der Wurzel richtet sich dieser Vorbehalt gegen die von Melanchthon entwickelte Methode der rationalen Organisation von Theologie. Für Luther ist das vor jeder denkbaren Vernünftigkeit unmittelbar geistgewirkte Vertrauen in die durch das Wort der heiligen Schrift verbürgte Gnadengegenwart Gottes in Christus das entscheidende Moment der unvertretbar personalen Existenz des einzelnen Menschen *coram Deo*. Für Melanchthon bleibt in deutlicher Akzentverschiebung der Glaube bei aller existenziellen Zuspitzung entschieden auf den sprachlichen und intellektuellen *Ordo*[94] seiner Weitergabe verwiesen. Die *doctrina indubitabilis Christiana* wird durch die Kirche in Verantwortung der Lehrenden an Zeitgenossen und Nachkommen weitergegeben. Dabei kann es in der Erläuterung der Schrift zu Missverständnissen und Irrtümern kommen. Deshalb ist es *erforderlich, die von den weltlichen Wissenschaften bereit gehaltenen Hilfsmittel hinzu zu ziehen, als da sind Definitionen, Gliederungen, Querverweise, logische Ableitungen und andere Kernelemente der weltlichen Wissenschaften. Diese sind dann gleichsam Behältnisse für die darin enthaltene Wahrheit.*[95] Es soll, kurzum, wer in Kirche oder Schule das Lehramt ausübt, sich nicht anstellen *wie ein Esel an der Laute.*[96]

Es ist dieses Vertrauen in die Kraft diskursiver Rationalität, das Melanchthon instand setzt, gewissermaßen als Diplomat der lutherischen Reformation zu fungieren.[97] In Wahrnehmung seiner Aufgaben sah er sich von Naturell, aber auch durch seine Eingebundenheit in den politischen und wissenschaftlichen Diskurs des anbrechenden konfessionellen Zeitalters in weit schärferem Maße als Luther der fordernden Ratio ausgesetzt. Das führte letztendlich sein in den *loci communes* formuliertes Programm der vernunftüberhobenen Anbetung der göttlichen Majestät und des auf die Erkenntnis der *beneficia Christi* zurückgenommenen Glaubens[98] methodisch ins Scheitern. Im Spiegel seiner Kritiker und Gegner kann Melanchthon dem Verlangen nach der

---

[92] Melanchthons erste Ausarbeitung der für die Reformation wichtigsten biblischen Grundbegriffe firmiert 1521 unter dem Titel *loci communes rerum theologicarum* (Grundbegriffe der Theologie). Er hat diese Schrift den reformatorischen Entwicklungen entsprechend mehrfach überarbeitet. In ihrer Reifegestalt tragen sie die Überschrift *loci praecipui theologici*, in der von Melanchthon autorisierten späten deutschen Ausgabe *Heubtartikel Christlicher Lere*. Jenett/Schilling, Heubtartikel (wie Anm. 70).

[93] Luthers Bewunderung WA 18, 601.

[94] CR 7, 577. Der Grundhaltung nach weist dieses Verfahren auf Schleiermachers Neubestimmung der christlichen Dogmatik voraus; vgl. Der christliche Glaube² §§ 16.17. Ed. M. Redeker, 7. Aufl. Bd. 1, 1960, 107ff.

[95] *utendum est et artium adminiculis, definitionibus, divisionibus, collatione, ratiocinatione, et aliis artium nervis, qui sunt velut metae, quibus inclusa veritas conservanda est.* CR 7, 577.

[96] Ebd.

[97] *Ego tamen optarim theologos non negligere philosophiam, qui nonnulli vituperant alias artes, cum non norint; qui si nossent, pluris facerent. Sed hic magnopere opus est cavere, ne inepte confundatur doctrina christiana et philosophia.* CR 2, 460f.

[98] MSA 2, 1 (1978)19 Z. 30f.; 20 Z. 27f.

Diskursivität der *ratio* nicht entkommen. Die will erkennen, wissen und verstehen.[99] Die berühmten Zeilen, die er wenige Tage vor seinem Ableben niederschrieb, bezeugen neben der trostreichen Hoffnung auf endzeitliche Erlösung den Schmerz der überforderten Vernunft: […] *Du wirst alle Geheimnisse Gottes erfahren, die Du in diesem Leben nicht zu durchdringen vermochtest: warum wir so geschaffen wurden, wie wir erschaffen sind; und wie die Verbindung der beiden Naturen in Christus, der göttlichen und der menschlichen, zu verstehen ist.*[100] Pointiert formuliert: Unter der klaren Prävalenz der *fides* – und das bedeutet: um willen der *pura Evangelii doctrina* – weiß sich Melanchthon dem Glauben wie dem Denken in gleich hohem Maße verpflichtet; und in der nämlichen Weise sieht er sich in unhintergehbarer Bindung an das der *Ecclesia* aufgetragene Amt gleichermaßen der Kirche wie dem Gemeinwesen verpflichtet. In dieser Perspektive kann der geistliche Ernst seiner reformatorischen Positionierung in seiner Verbindung mit umfassender humanistischer Bildung und hoher politischer und sozialethischer Verantwortungsbereitschaft von heute her bei aller Differenz der Zeitumstände und der je eigenen Singularität historischer Konstellationen dem denkerischen Ansatz nach und strukturell dem Wurzelboden jener Konzeptionen zugerechnet werden, welche *in dieser unserer Zeit*[101] der Kirche die Aufgabe zuweisen, als gesellschaftlicher Akteur und Teilnehmerin am öffentlichen Diskurs Anliegen und Gewicht der *doctrina christiana* unter den Bedingungen einer modernen, plural ausdifferenzierten Gesellschaft zur Geltung zu bringen. So gesehen verknüpfen sich im Reformationsgeschehen mit den Namen Luther und Melanchthon zwei keineswegs konträre, aber unterschiedlich fokussierte Rationalitäten,[102] deren erste ich unter Rückgriff auf Karl Holl[103] und die von ihm geprägte Lutherrezeption des 20. Jahrhunderts als Rationalität der existenziellen Ergriffenheit bezeichnen möchte,[104] während die Konzeption Melanchthons sich im Blick auf Wissenschaftlichkeit und Dialogizität, hierin den Grundanliegen Schleiermachers nicht unähnlich,[105] eher der Rationalität der kommunikativen Vernunft verpflichtet weiß. Beide stehen in fruchtbarer

---

[99] Vgl. hierzu die subtilen Distinktionen, mit denen Melanchthon 1559 in seiner Erklärung zu Kol 3,1 1559 die Frage der leiblichen Ubiquität des erhöhten Christus erörtert (CR 1271f.) Im Ergebnis steht die korporale Präsenz des Erhöhten (- nicht in den materialen Gaben der Mahlfeier, sondern -) *in praedicatione Evangelii et sanctis*, […] *ut agnoscamus Dominum nostrum Iesum Christum adesse Ecclesia, et esse caput omnia in omnibus perficiens.* CR 15, 1272. Entsprechend äußert sich das für Kurfürst Friedrich III. im Vorfeld des Übergangs der Kurpfalz in das Reformiertentum erstellte Gutachten zur Abendmahlsfrage für Kurfürst Friedrich III. aus dem Jahr 1560. CR 9, 960–963; MSA 6, 483–486.

[100] *Disces illa mira arcana, quae in hac vita intelligere non potuisti. Cur sic simus conditi.Qualis sit copulatio duarum naturarum in Christo.* CR 9, 1098.

[101] BSLEK 1216 Z. 31f.; BSLK 768.

[102] Lohse 1998, 73.

[103] Holl 1932, 57ff.

[104] Beispielhaft Peter Brunners Dictum aus dem Jahr 1968: „Gott und ich, ich und Gott, diese Relation ist die letzte Wirklichkeit." Peter Brunner, Die Reformation Martin Luthers als kritische Frage an die Zukunft der Christenheit, in: Bemühungen um die einigende Wahrheit. Aufsätze, Göttingen 1977, 34–57, hier 43.

[105] S. o. Anm. 94. Bezeichnend ist eine statistische Beobachtung zur Gewichtung Melanchthons in den bedeutendsten Dogmatiken der vergangenen beiden Jahrhunderte. Während Schleiermacher in seiner Glaubenslehre (ed. M. Redeker, 1960) lt. Index in annähernd gleicher Häufigkeit sowohl auf Luther wie auch auf Melanchthon Bezug nimmt, verringern sich im 20. Jahrhundert – offenbar im Zuge der Lutherrenaissance des ausgehenden 19. Jahrhunderts – die Bezugnahmen auf das Werk und die Person Melanchthons bis nachgerade zum Verschwinden. Konrad Fischer, Satis est. Theologische

Spannung zu einander[106], beide verbürgen in dieser Spannung sowohl Identität als auch Anschlussfähigkeit des lutherischen Bekenntnisses.

5. Symbol, Kirche und Konfession

Die Bekenntnis des Glaubens, auff dem Reichstag zu Augsburg Anno M.D.XXX. dem […] Keyser […] ubergeben: nunmehr ein gemein Symbolum und bekentnis […] unserer Kirchen – so beginnt David Chytraeus aus Menzingen, als Gelehrter und Reformator in Rostock zu hohen Ehren gekommen und seit 1568 Mitarbeiter am Konkordienwerk, seine 1576 in Rostock erstmalig erschienene Geschichte der Augsburgischen Konfession.[107] Es war nicht Melanchthons Gedanke, den Text, den er im Frühjahr 1530 als apologetische Reichstagsvorlage[108] über die in Sachsen vorgenommenen Kirchenreformen entworfen hatte, als ein oder gar sein Symbol zu bezeichnen. Dem stand sein Verständnis von Kirche entgegen. Der Symbol-Begriff blieb ihm für die drei altkirchlichen Bekenntnisse reserviert, die er als zutreffende Summarien der Schrift und damit als authentisches Zeugnis der der Alten Kirche von Gott anvertrauten *vera doctrina*[109] begriff[110]. Auf dieser Grundlage nahm er in seiner Auseinandersetzung mit der römischen Kirche für sich wie für alle Ecclesien der Reformation in Anspruch, Glied der *Ecclesia catholica* zu sein,[111] eine Inanspruchnahme, die er unter den verschärften Konflikten des ausgehenden Reformationszeitalters mit Hinweis auf die im Glauben empfangene, aber im Tridentinum verweigerte Vergebungsgewissheit[112] in ihrer Unbezweifelbarkeit als klaren Angriff auf die ekklesiale Legitimität und Dignität der Papstkirche[113] formuliert.

Was bedeutet Symbol? Melanchthons Antwort: *Heisset nicht so viel als glaube. Significat ein Kennzeichen […] Feldtzeichen. […] Eine lose* [Losung]*, da das Kriegsvolck sich by kennet.*[114] Die Überzeugung von der catholischen[115] Legitimität und Dignität der Reformation durchzieht das gesamte Lebenswerk Melanchthons. Das

---

Perspektiven zum Projekt Europäische Melanchthon-Akademie, Bretten 2005, 4; http://www.konrad-fischer.de (Abruf 15.09.2017). Hierzu auch Gestrich, Luther und Melanchthon (wie Anm. 56) in toto.

[106] Die Würdigung dieses Sachverhalts Gestrich, Luther und Melanchthon (wie Anm. 56), 49f.
[107] David Chytraeus, Historia der Augspurgischen Confeßsion, Rostock 1576, Fol. A 1r.
[108] Gottfried Seebaß, „Apologia" und „Confessio". Ein Beitrag zum Selbstverständnis des Augsburgischen Bekenntnisses, in: Martin Brecht und Reinhard Schwarz (Hgg.), Bekenntnis und Einheit der Kirche. Studien zum Konkordienbuch, Stuttgart 1980, 9–21.
[109] CR 24, 367.
[110] CR 24, 386: *Tu quando audis Evangelium, et dicis te amplecti seu credere symbola, iam es vocatus, id est, es membrum coetus Ecclesiae.*
[111] MSA 6, 291: *unitas Catholicae Ecclesiae est consensus in fundamento, videlicet in articulis Fidei et mandatis divinis.* Vgl. Mel. dt. 4, 199.
[112] *Tridentina Synodus decretum fecit: Hominem semper debere dubitare, an sit in gratia.* MSA 6, 293 Z. 19f.
[113] Carl Stange, Das Problem der dogmatischen Autorität im Augsburger Bekenntnis, in: Zeitschrift für Systematische Theologie 10 (1933), 613–641, hier 614 Anm. 1.
[114] CR 24, 393f.
[115] Die von mir gewählte Schreibweise *catholisch* signalisiert die Differenz zum römisch-katholischen Selbstverständnis.

bis zum Art. 21 der CA Vorgetragene sei, schreibt er 1530, *in heiliger Schrift klar gegrundet und darzu gemeiner christlichen, ja auch romischer kirchen, so viel aus der Väter schriften zu vermerken, nicht zuwider noch entgegen.*[116] Wobei man freilich die Einschränkung, mit der er diese Feststellung versieht (*so viel aus der Väter Schrifften zu vermerken*), nicht übergehen darf. Wilhelm Maurer hat in einem 1969 vorgelegten Aufsatz[117] den diesbezüglichen Sachverhalt erhellend interpretiert, indem er den ekklesiologischen Bezugsrahmen von Melanchthons Beitrag zur evangelischen Bekenntnisbildung analysierte. Es werde darin „ersichtlich, daß Melanchthons Interesse auf die theologische Entwicklung der gesamten Christenheit […] gerichtet ist. Er erstrebt das gesamtkirchliche Bekenntnis und ist überzeugt, daß es gerade als solches die Erkenntnisse der Reformation in sich enthält."[118] Frühzeitig hat sich Melanchthon damit beschäftigt, aus der Schrift diejenigen Fundamentalaussagen zusammenzustellen und zu systematisieren, durch welche Luthers reformatorische Erkenntnisse lehrmäßig erfasst und dargestellt werden konnten. Das erste Zeugnis dieser Arbeit liegt mit seiner Römerbrief-Vorlesung von 1520 vor. In ihr sind die Grundbegriffe eruiert, deren Anordnung das innere Gefälle seiner Theologie von da an durchgehend bestimmen wird. In einem Brief vom 27. April 1520 nennt er *Gesetz, Sünde, Gnade, Sakramente und andere Geheimnisse*,[119] die er sich zunächst zur Selbstverständigung erarbeiten möchte. Dabei war ihm die Verbindung mit dem Zeugnis der Alten Kirche fundamental wichtig. Welche Bedeutung er dem zumaß, lässt sich an seinem hermeneutischen Regularium ablesen. Zwar ist grundsätzlich jedes Glied der Kirche berechtigt und befähigt, unmittelbar selbst die Schrift auszulegen. Denn Schriftauslegung *ist eine Gabe des heiligen Geistes, nicht gebunden an Bischove oder andere besondere Stende.*[120] Aber sie geschieht sachgemäß als Lebenselement der ekklesialen Verbundenheit. Wer die Schrift auslegt, soll auf die Kirche hören.[121] *Ecclesia doctrix, Verbum iudex*[122]. Über zutreffende Auslegung entscheiden nicht Ämter oder Mehrheiten, sondern allein das Wort der Schrift.[123] Dabei kommt dem *ad-fontes*-Prinzip entsprechend der reinen, noch unverfälschten Lehre der Alten Kirche besondere Autorität zu. Aus der unmittelbaren apostolischen Quelle entspringen die in den drei altkirchlichen Symbolen summarisch gefassten Lehrtopoi, ihresteils als *articuli fidei* bezeichnet, auf die wiederum sich die großen Lehrer der Alten Kirche beziehen. Deren Strahlkraft lässt zunehmend nach; das Licht der reinen Lehre wird schwächer. Fest aber steht die Ver-

---

[116] *nihil inesse, quod discrepet a scrituris vel ab ecclesia catholica vel ab ecclesia Romana, quatenus ex scriptoribus nobis nota est.* BSLK 83c.d; BSELK 130 Z. 14ff.
[117] Wilhelm Maurer, Motive der evangelischen Bekenntnisbildung bei Luther und Melanchthon, in: Martin Greschat/J.F. Gerhard Goeters (Hgg.): Reformation und Humanismus. FS R. Stupperich, Witten 1969, 9–43.
[118] Ebd., 24–43. Zit. 36.
[119] CR 1, 158; MBW 84.
[120] CR 22, 535.
[121] Vgl. auch *De ecclesia et de autoritate Verbi* [1539], MSA 1, 336 Z. 27ff: *Evangelium praecipit audire Ecclesiam; Ecclesia audienda, sed Ecclesia non condit articulos fidei, tantum docet et admonet.* – Das Prinzip *ecclesia audienda* spiegelt sich in seiner Wucht im Selbstzeugnis Luthers, mit dem er rückblickend (1538) feststellt: *Ich kam endlich, durch die Gnade Christi, mit der größten Schwierigkeit und Angst nur mit Mühe über dies eine hinweg, nämlich, dass man die Kirche hören müsse.* Kurt Aland (Hg.): Luther deutsch. Bd. 1. Göttingen ²1983, 342.
[122] MSA 2, 2, 481f
[123] Heubtartikel (wie Anm. 70), 391 Z. 11; CR 22, 535.

heißung Gottes, mit der er sich auch in dunkler Zeit immer eine Schar sammelt, in der der Funke der reinen Lehre neuerlich zündet.[124] So dass also den Jetzt-Lebenden eben diese Aufgabe zufällt, das Licht des Evangeliums in Reinheit der *posteritas* / Nachkommenschaft zu überliefern.[125]

Man kann diese melanchthonische Gesamtschau als ein Modell bezeichnen, in welchem der Gedanke der episkopalen Sukzession durch eine melanchthonische *successio ministerii* abgelöst wird.[126] Das stellt die Aufgabe, die Spur des reinen Gotteswortes in seiner Geschichte nachzuweisen und kenntlich zu machen. Was dem Konkordienbuch von 1580 als *Catalogus Testimoniorum / Vorzeichnüs der Zeugnissen*[127] beigegeben ist, wurzelt in einem Vorhaben Melanchthons, von dem er Mitte 1529 in einem Brief berichtet. Er plant ein *Enchiridion*, ein Handbuch, um dem beklagenswerten Mangel an Kenntnis der altkirchlichen Lehrentwicklung abzuhelfen. *An vielen wichtigen Punkten können wir kaum ahnen, was die Alten gedacht haben*, schreibt er am 24. Juli 1529 an seinen Freund Camerarius.[128]

Es ist schlüssig, dass in diesem Gesamtbild der Sichtbarkeit der Kirche zentrale Bedeutung zukommt, und das keineswegs zuerst aus institutionell-organisatorischen, als vielmehr allererst aus theologischen Gründen. *Ich habe mit gutem Grund an der Sichtbarkeit der Kirche festgehalten, und allerdings gerade damit in ein Wespennest gestochen*, notiert er in der lateinischen Vorrede zum *Corpus Doctrinae Christianae* vom 16. Februar 1560.[129] Zur Kirche gehört rein äußerlich die *sichtbare Versammlung, in welcher diese Zeichen gefunden werden, die [...] mit ohren und augen zu mercken sind, Nemlich, reine lere des Evangelii, rechter brauch der Sakrament und der gehorsam gegen dem Ministerio in göttlichen geboten*.[130] Die Anfänge der Kirche reichen zurück bis in die Ursituation des von Gott begnadeten Menschen, bis zum Protevangelium[131] mit seiner Verheißung der *remissio peccatorum*, für Melanchthon Fundament und Angelpunkt des Evangeliums.[132] Dort, noch im Garten Eden, erging [d]*ie erste Predigt im Paradis, die der Son Gottes selb gethan hat [...]. Da die sünd angeklagt ist mit diesen tieffen worten, Warumb hastu das gethan? Da sind sie beide in großen schrecken und in tod gefallen, wie wir selb in angst fallen, die nicht auszu-*

---

[124] Vgl. dazu summarisch MBW 4277 § 19ff.
[125] CR 1, 1091.
[126] Vgl. Melanchthons Auslegung von Mt 16, 17ff.; 18, 18ff. CR 14, 529ff. sowie BSLK 479, 25ff. BSELK 808, 6ff.
[127] BSLK 1101.
[128] 24. Juli 1529 an Camerarius. MBW 807; MSA 7.2, 92–98; CR 1, 1082–1084; Maurer, Motive (wie Anm. 117), 35 Anm. 111.
[129] In der Tat ist Melanchthon für sein auf Institutionalisierung angelegtes Kirchenverständnis kritisiert worden. Dass nun gerade aber an dieser Stelle für die FC ein Klärungsbedarf nicht bestand, muss wohl so interpretiert werden, dass im Gegenteil sein Kirchenbegriff der Intention der politischen und theologischen Triebkräfte im Konkordienprozess entgegenkam.
[130] MSA 6, 212 Z. 7.30–35; vgl. dazu CR 24, 367, wo Melanchthon die *reverentia ministerii seu obedientia debita ministerio* ausdrücklich als ein drittes, von ihm selbst definiertes Merkzeichen (*nota*) der Kirche kennzeichnet.
[131] Diese Konstruktion lässt sich bis in die jüngste Vergangenheit nachweisen. Wer sich z. B. über das für neuzeitliches Bewusstsein nachgerade anachronistische Beharren Peter Brunners auf der geschichtlichen Sachhaltigkeit der biblisch bezeugten Prota kundig machen möchte (Peter Brunner: Adam, wer bist du? Methodische Erwägungen zur Lehre von dem im Ursprung erschaffenen Menschen, in: KuD 12 (1966), 267–291), wird bei Melanchthon den Schlüssel finden.
[132] Gen 3, 15: Er soll dir den Kopf zertreten, und du wirst ihn in die Ferse stechen.

reden ist, wenn wir Gottes zorn fülen ... Darnach haben Adam vnd Heua auch leben, trost vnd freude an Gott gefület vnd sind widerumb aus dem tod vnd aus der hell gerissen, da sie diese wort gehört haben, Des Weibes Samen wird der Schlangen den kopff zertretten. Vnd diese Predigt ist fur vnd fur in Gottes kirchen gewesen. Vnd ist der Son Gottes dadurch krefftig vnd samlet jm also ein ewige Kirchen.[133]

In diesem Zitat fällt sofort [d]*er gehorsam gegen dem Ministerio* auf. Vermutlich hatte diese Wendung nicht selten als Beleg für ein ministerialbürokratisch verknöchertes Luthertum herzuhalten. Gemeint ist allerdings das exakte Gegenteil. Gegenüber den beiden in CA Art. 7 mit seiner berühmten *Satis*-Formel ausdrücklich genannten Merkmalen: reine Predigt des Evangeliums und evangeliumsgemäße Darreichung der Sakramente, war Melanchthon [d]*er gehorsam gegen dem Ministerio* als drittes Merkmal für sein Verständnis sichtbarer Kirche von signifikanter Bedeutung.[134] Eindrücklich hat der Genfer Reformationshistoriker Peter Fraenkel in einer Studie mit dem Titel *Revelation and Tradition*[135] unter dem Stichwort *Verbal nouns* (Verbalnomina) den Prozesscharakter entscheidender Signalworte in der Theologie Melanchthon herausgearbeitet. Das bedeutet: In den Nomina, mit denen Melanchthon das kirchliche Amt, die kirchliche Aufgabe und den kirchlichen Dienst beschreibt, wie auch in denjenigen Begriffen, mit denen er das göttliche Handeln zur Sprache bringt, beschreibt das Nomen (der Begriff) den Akt und Vollzug des jetzt sich ereignenden Geschehens. Insofern ist die Kirche eine *congregatio*, ein Sich-Sammeln und Zusammenlaufen, in welchem das *ministerium*, das Predigtamt, sich als Ereignung von Predigt entfaltet.[136] In diesem Akt, in dieser Sprachereignung ist Gott selber am Werk.[137] Wo das Wort ergeht, geschieht die *patefactio Dei sui ipsius*, es offenbart sich nicht ein Was, eine *res*, ein Gegenstand welcher Art auch immer, es konstituiert sich im ergehenden Wort die gesamte Wirklichkeit Gottes; und wo die *promissio* verkündet wird, die Verheißung der Vergebung der Sünden, da wird nicht Etwas verheißen, das gewissermaßen als Verheißenes jenseits des Verheißens läge, sondern in der Verheißung, im Ergreifen derselben vollzieht sich das Verheißene selbst: die Vergebung der Sünden. Womit gesagt sein soll: Für Melanchthon ist die Kirche von Uranfang an ein Wortgeschehen, ist ergehendes Gotteswort und im Vollzug desselben schöpferisches, stiftendes, in Zustimmung (*agnitio*), Gottesdienst (*invocatio*) und Bekenntnis (*confessio*) Antwort wirkendes Wort.

Die Worthaftigkeit und Wortgebundenheit der Kirche findet sich verdichtet in der Metapher von der Kirche als Grammatik des Gotteswortes[138], die zu studieren und zu lehren Gott Gelehrte und Pastoren eingesetzt hat. Deren Aufgabe ist es, im Falle von Verdunkelungen und Streit Zeugnisse aus dem Wort Gottes zusammenzustellen, um Verfälschungen desselben zu korrigieren. Dabei greifen sie auf die Hilfe derer zurück, die in apostolischer und nachapostolischer Zeit *treue Wächter der Lehre*[139] gewesen

---

[133] MSA 6, 212 (wie Anm. 129).
[134] CR 24, 367.
[135] Peter Fraenkel, Revelation and Tradition. Notes on Some Aspects of Doctrinal Continuity in the Theology of Philip Melanchthon, in: Studia Theologica 13 (1959), bes. 113–118.
[136] Vgl. MSA 2, 2, 474ff. *De Ecclesia* in toto, bes. 475 Z. 1ff.; 481 Z. 24ff.
[137] MSA 2, 2, 477 Z. 24f.: *in quo coetu Deus per ministerium Evangelii est efficax.*
[138] *Ecclesia est velut grammatica sermonis divini.* CR 5, 348. 396. 576.
[139] *qui fideles doctrinae custodes fuerunt initio post Apostolos.* CR 5 ebd.

sind. Sie haben die Quellen aufgesucht und ein Bekenntnis erstellt, eine *Confessio*, mit der sie sich an die göttliche Offenbarung halten.[140]

Was Melanchthon hier im Jahr 1549 in einer Vorrede zur Schrift des Flacius Illyricus mit dem Titel *Wort und Sache des Glaubens*[141] niederschreibt, ist eine Erinnerung an seine Arbeit im Jahr 1530. Am 11. Mai 1530 schreibt er von Augsburg aus an Luther auf der Coburg: *Hier schicke ich dir unsere Verteidigungsschrift. In Wahrheit ist es eher ein Bekenntnis. Ich habe darin nahezu alle Artikel des Glaubens aufgeführt; denn Eck hat teuflischste Teufeleien gegen uns in Umlauf gebracht.*[142] Wenige Tage später erwähnt er seine Arbeit an der *apologia vel potius ἐξομολογήσει / Apologie oder vielmehr Bekenntnis*.[143] Es ist wenig wahrscheinlich, dass ihm die vielfältigen Konnotationen, die sich mit dem lateinisch-griechischen Begriffspaar *confessio / Exhomologia* bzw. *confiteri / ex-homologein* verbinden, nicht bewusst gewesen wären. Er kannte Luthers Deutung von *confessio* in Röm 10, 10[144]; und er kannte Luthers Interpretation von *confessio* in der doppelten Dimension von Sündenbekenntnis und Doxologie.[145] Auch Luthers hoch persönliches und in eschatologischer Dimension existenziell zugespitztes Bekenntnis aus dem Jahr 1528 war ihm nicht unbekannt.[146] Und nahe liegt es, den Unterricht der Visitatoren, von Luther in seiner Vorrede als *zeugnis und bekendnis unsers glaubens* bezeichnet[147], als gewissermaßen Vorentwurf zu dem zu verstehen, was dann für Melanchthon ab dem 11. Mai 1530 *confessio* heißt. Unter der von Eck in 404 Thesen erhobenen Anklage der Häresie qualifiziert der Begriff *confessio* den Akt ihrer Verlesung als Dienst der Kirche im Angesicht des Eschaton. Er bezeugt, dass die von Irrlehre bedrohte und vor Gericht beklagte *Ecclesia* in der Bezeugung der *doctrina evangelii* konfessorisch und doxologisch Gott die Ehre gibt. „Es geht im Bekenntnis um die Aufrichtung der Ehre Christi wie um die gewisse Tröstung der Gewissen. Wo diese Vorgänge anbrechen, da geht es um letztgültige Entscheidungen, da ist Gott auf dem Plan, sein endzeitliches Werk auszurichten. Bekenntnis ist Verkündigung des Wortes Gottes und damit das Ereignis der Herrschaftsergreifung Christi selbst."[148]

Nostra confessio. Unser Bekenntnis. Der Begriff verfestigt sich. *Heute endlich*, schreibt Melanchthon unter dem 25. Juni 1530 aus Augsburg an Luther auf der Coburg,

---

[140] CR 5 ebd.; Mel. dt. 4, 180.

[141] CR 7, 345–349; MBW 5466 (mit wichtigen Hinweisen zur Textgeschichte); Mel. dt. 4, 176–184. 180.

[142] *Mittitur tibi apologia nostra, quanquam verius confessio est [...] Hoc consilio omnes fere articulos fidei complexus sum, quia Eckius edidit διαβολικωτάτας διαβολὰς contra nos.* CR 2, 45. MBW 906. MSA 7, 2, 179.

[143] 26. Mai 1530 an den Wittenberger Ratsherrn Kilian Goldstein; CR 2, 69; MBW 916; MSA 7, 2, 161: *sic satis occupatus eram in apparanda apologia, vel potius ἐξομολογήσει.*

[144] *fides [...] non pervenit ad [...] salutem, si non pervenit ad confessionem. Confessio enim est opus fidei precipuum, qua homo negat se et confitetur Deum [...] Moritur enim in Confessione Dei et abnegatione sui.* Zit. nach: Martin Luther, Vorlesung über den Römerbrief 1515/1516, 2 Bände, hrsg. von Martin Hofmann, Darmstadt 1960, Bd. 2, 206.

[145] Das *confitebor* von Ps 110 Vg (=111 Luther) erläutert Luther in der frühen Psalmenvorlesung wie folgt: *Confitebor, scilicet duplici confessione laudis et peccati.* WA 4, 238 Z. 14. Zum *confessio*-Begriff beim jungen Luther vgl. Erich Vogelsang, Der confessio-Begriff des jungen Luther (1513–1522), in: Lutherjahrbuch 12 (1930), 91–108. Zum biblischen Wortgebrauch vgl. ThWNT Bd. 5 (s. o. Anm. 12).

[146] WA 26, 499ff.

[147] MSA 1, 219 Z. 27;

[148] Ratschow, Der angefochtene Glaube (wie Anm. 21), 219f.

werden die Artikel unseres Bekenntnisses [dem Kaiser] *vorgetragen werden.* [...] *Der Landgraf stimmt zu und hat unsere confessio unterschrieben.*[149] Am Tag drauf, wieder Melanchthon, dieses Mal an Veit Dietrich, der sich zu dieser Zeit bei Luther auf der Coburg aufhält: *Unser Bekenntnis / confessio nostra ist dem Kaiser vorgetragen worden. Er hat die Drucklegung verboten.*[150] Begriff und Wortgebrauch werden schnell geläufig. Auch Kanzler Brück macht in seiner Vorrede davon Gebrauch.[151] In seinen Studien zu einer Hermeneutik der Konfessionen stellt Gerhard Ebeling fest: Die „Reformation [hat] mit dem Begriff *confessio* einen neuen Leitbegriff für das Wesen fixierter kirchlicher Lehre gewonnen. *Confessio* in diesem Sinne ist eine terminologische Neuprägung der Reformation. *Confessio* [entsteht] als antwortendes Bekennen, als ὁμολογεῖν und [kann] nur in diesem Sinn aufgenommen werden."[152]

Fazit:

Als dieser zeit unserm Symbolo[153] erweist die Konkordienformel der *ungeenderte*[n] *Augspurgische*[n] *Confeßion* in direktem Anschluss an die drei Symbola der Alten Kirche ihre Reverenz, auf diese Weise, der zwiefachen Rationalität des Luthertums entsprechend, sie würdigend als *Kennzeichen* [...] *Feldtzeichen lose* [Losung]*, da das Kriegsvolck sich by kennet,*[154] wie auch als Zeugnis der *doctrina Evangelii*, die ihre Kraft und Anschlussfähigkeit unter den je sich ändernden historischen Bedingungen im Vertrauen auf die Macht des Wortes zu bewähren weiß. *Confessio* ist ein spezifischer Begriff. Er stand im Zentrum des von Luther einer radikalen Neuinterpretation unterzogenen Bußsakraments. Er steht jetzt als Gattungsbegriff über dem Grunddokument der lutherischen Kirche. Nimmt man es scharf und streng, hat ihr Melanchthon auf diese Weise die Lehre von der Buße mitten ins Herz geschrieben.

---

[149] WAB 5, 387 Z. 14f. 24.
[150] WAB 5, 396.
[151] Unsers Glaubens Bekenntnus / *nostram confessionem* BSLK 45 Z. 31f. BSLEK 88 Z. 15; ebenso an weiteren sechs Stellen der Vorrede. – Melanchthon geht lediglich in seinem Brief an Luther vom 26. Juni 1530 noch einmal hinter den damit gesetzten Anspruch zurück. WA 5, 397 Z. 14: *Caesari est exhibita defensio nostra.*
[152] Gerhard Ebeling, Wort Gottes und Tradition. Studien zu einer Hermeneutik der Konfessionen, Göttingen ²1969, 169.
[153] BSLEK 1216 Z. 31f.; BSLK 768. Die FC nimmt damit eine Formel auf, die bereits im Zerbster Abschied vorgeprägt war (s. o. Anm. 52). Vgl. auch die Sprachführung bei Chytraeus; s. o. bei Anm. 106.
[154] CR 24, 393f.

Die Bekenntnisfrage in der badischen Kirche (1821–1958)

Johannes Ehmann

Klaus Engelhardt zum 85. Geburtstag

Unser Gesamtthema ist so vielschichtig, dass es sinnvoll erschien, die einzelnen Aspekte der Bekenntnisfrage unter unterschiedlichen Perspektiven abzuhandeln. Zwei Aspekte sind mir wichtig: Ich möchte meinen Beitrag verstehen allein als historische und theologiegeschichtliche Erinnerungsarbeit zweier Jahrhunderte. Vieles davon ist bekannt, manches vielleicht nicht; ein Mehrwert wird also am ehesten darin bestehen, die Bekenntnisfrage im Zusammenhang dargestellt wahrzunehmen. Dass diese in ständiger Wechselwirkung zur Geschichte einerseits und zur Frage der Bekenntnisverpflichtung, also der Rechtsfrage, andererseits steht, muss auch hier vorausgeschickt werden. Ich beschränke mich aber auf die Übersicht und versuche dabei, alle Wertungen zu unterdrücken.

1. Die Bekenntnisfrage und die Union

In gleich zweifacher, ja vielleicht dreifacher Hinsicht ist unsere badische Union des Jahres 1821 von Belang. Die Union bewahrte zum einen die Bekenntnisse ihrer Herkunftskirchen, zum andern schuf sie mit der Abendmahlskonkordie ein neues Dokument mit Bekenntnisrang. Auf beides ist im Folgenden einzugehen. Der dritte angedeutete Punkt ist gar kein Punkt, sondern eine Bewegung, eine Beziehung und bietet den Leitfaden der Bekenntnisentwicklung in Baden und ihr Motiv: nämlich die Dialektik von Bekenntnisbindung der badischen Kirche; dies wieder verstanden als Bindung der *Unions*kirche an das evangelische und zugleich geschichtliche Bekenntnis im Konzert der protestantischen Bekenntnisse, und zugleich verstanden als Freiheit von diesen Bekenntnissen als von Dokumenten nur geschichtlicher Bedeutung. Kriterium war das Schriftprinzip in der Fassung der Aufklärung als Recht zur freien Forschung, d. h. dogmenfreien Forschung im Sinne auch einer zu behaupteten Perfektibilität, also Möglich- und Notwendigkeit zur Vervollkommnung des Bekenntnisses, die sogar seine Auflösung umfassen mochte.

a) Die Bekenntnistradition

Der bedeutende und gleichwohl kaum mehr bekannte, seit 1847 in Heidelberg wirkende Theologe Karl Bernhard Hundeshagen (1810–72)[1], ist der einzige, der sich in historischer, systematischer und rechtlicher Perspektive mit der Bekenntnisfrage in Baden befasst hat. „Die Bekenntnißgrundlage der vereinigten evangelischen Kirche im Großherzogtum Baden" stellt eine unglaublich gründliche Monographie dar, welche auf dem Höhepunkt der Schaffensperiode Hundeshagens 1851 in Frankfurt a. M. erschien. Auf sie bzw. ihn sei zum Eingang hingewiesen und mit wenigen Strichen das heute Nötige skizziert: Die altbadische Kirche war eine lutherische. In ihrer Entstehungszeit 1556 neigte sie zweifellos zu einem vermittelnden Luthertum, das Markgraf Karl II. 1556 den Einfluss gnesiolutherischer Visitatoren (Stössel, Max. Mörlin) aus dem Herzogtum Sachsen hintertreiben und den württembergischer und kurpfälzischer Theologen zum Zuge kommen ließ. 1558 leistete der Markgraf die Unterschrift unter den ganz philippistischen Frankfurter Rezess, ein Lehrdokument, das den innerprotestantischen Streit nach dem Wormser Gespräch von 1557 schlichten sollte. Es kann aber auch kein (zuweilen gehegter) Zweifel daran herrschen, dass nicht zuletzt unter dem Einfluss der aus Württemberg stammenden leitenden Geistlichen die kleine Markgrafschaft Baden-Durlach dem sich nach 1564 allmählich sammelnden orthodoxen Luthertum, also dem Luthertum des Konkordienbuches anschloss. Im und nach dem Dreißigjährigen Krieg ist dies nochmals bekräftigt worden.

Für die Union[2], also unter historisch und geistesgeschichtlich völlig anderen Voraussetzungen, haben die Kirchenräte, wohl Nikolaus Sander (1750–1824), diese Grundlagen konzentriert bzw. auch reduziert. Leider scheinen die Quellen zu den einschlägigen Beratungen nicht mehr vorhanden zu sein. Aber im Ergebnis der sog Karlsruher Konferenz (November 1819) wird klar, dass von den altbadischen Bekenntnistraditionen allein nur noch die CA (in einer historischen interessanten Zuspitzung) und der Kleine Katechismus Luthers genannt werden.

Dagegen wird man kaum überrascht sein, dass die reformiert-pfälzischen Neubadener als einzig in Frage kommende Grundlage den Heidelberger Katechismus ansahen. Weitere Lehrgrundlagen normativen Charakters hatte es ja in der Kurpfalz nicht gegeben.

Es entzieht sich ganz der Kenntnis, wie tief die Liebe der Kirchenräte und zugezogenen Theologen zu den überkommenen Bekenntnisgrundlagen reichte. Waren die Bekenntnisse überhaupt noch im Gedächtnis und/oder die Benennung der CA nur der staatskirchenrechtlichen Absicherung geschuldet, auf deren Notwendigkeit – damals noch im Alten Reich – vor allem der für die badischen Kirchenfragen so wichtige Jurist Friedrich Brauer (1754–1813) ständig hingewiesen hatte?[3]

---

[1] Vgl. aber: Thomas Nipperdey, Geschichtsschreibung, Theologie und Politik im Vormärz: Carl Bernhard Hundeshagen; in: Ders., Gesellschaft, Kultur, Theorie. Ges. Aufsätze (Kritische Studien zur Geschichtswissenschaft 18), Göttingen 1976, 228–258; Eike Wolgast, Art. Hundeshagen, Karl Bernhard, TRE 15 (1986), 701–703.

[2] Vgl. dazu: Johannes Ehmann, Union und Konstitution. Die Anfänge des kirchlichen Liberalismus in Baden im Zusammenhang der Unionsgeschichte (1787–1834) (VVKGB 50), Karlsruhe 1994.

[3] Vor allem in seinen *Gedanken über einen Religionsverein beeder protestantischen Religionsparthien*, Carlsruhe 1803. S. dazu auch Ehmann, Union und Konstitution(wie Anm. 2), 92–102.

Keinen Anhalt gibt es auch dafür, dass evtl. die Frage, *welche* CA gemeint sei, bzw. ob die CA in der Fassung von 1540 irgendeine Rolle spielte, wie dies 30 Jahre später in der Pfalz, also der jetzt *bairischen* Pfalz der Fall war.[4]

b) Abendmahlskonkordie

Für uns ist – nebenbei auch wohl allein für die Gemeinden damals – die Abendmahlsfrage relevant. Näher können wir darauf nicht eingehen. Nur so viel: Die Abenmahlskonkordie ist nach meiner Einschätzung ein Gebilde aus Erkenntnissen Martin Bucers (1492–1552) und Melanchthons (1497–1560), kurzgefasst der Wittenberger Konkordie in überarbeiteter Sprache. Das nun hätte einen Bezug auf die CA variata von 1540 gar nicht unwahrscheinlich gemacht. Vielleicht wollte man aber diesen Reibungspunkt vermeiden. Die Vorlage stammte von den Karlsruher Kirchenräten, dürfte aber von dem Heidelberger Theologen Friedrich Heinrich Christian Schwarz (1766–1837) gesichtet (überarbeitet?) worden sein.

Für uns ist dabei wesentlich, dass so gewollt wie gekonnt eben diese höchst gelungene Abendmahlskonkordie, die bis in den jüngsten Katechismus (1928/29) hinein ja zu den volksnahen Lehrbeständen der badischen Unionskirche gehört, den Anspruch erheben konnte und sollte, innerhalb der Unionsurkunde eben das zu leisten, was die Dialektik von Bekenntnisbindung und Freiheit der Schriftforschung aus sich heraussetzt: nämlich (1) neue Lehre (2) in Verantwortung vor den Bekenntnissen (3) im Hören auf die Heilige Schrift. Das war nicht (nur) fromme Bekenntnishermeneutik, das vielleicht auch, sondern Anwendung des neu gewonnenen protestantischen Bekenntnisprinzips der Union.

Die nun schon mehrfach angedeutete Dialektik von Bindung und Freiheit ist also eine gewollte, indem die normativen Bekenntnisschriften auch historisch auf das Schriftprinzip bezogen werden, und zwar mit den Begriffen „gefordert, behauptet und angewendet". Das dahinter stehende historische und theologische Urteil mag man durchaus anfechten, zumal die Katechismen Luthers ja älter sind als die CA. Freilich ist 1821 die Architektur des § 2 der Unionsurkunde ganz von dem Gedanken geprägt, den Ausgang von der historischen Bekenntnisbildung zu suchen und das sachliche Ziel in der (damals in Brauers 1797 erlassenen und 1804 erneuerten Kirchenratsinstruktion erst 24 Jahre zuvor kodifizierten) Freiheit und Pflicht der Schriftforschung zu finden. Ein Exempel bildet die Union als wesentlich biblisch gewonnene alte und zugleich neue Lehrbildung, wie sie in der Abendmahlskonkordie zutage trat. Der Clou bestand darin: Es handelte sich um ein gemeinsames Zeugnis bisher getrennter Kirchen, die sich freilich beiderseits und jeweils immer schon auch auf das Schriftprinzip berufen hatten.

Freilich hat das Schriftprinzip als Prinzip freien Forschens auch seine Tücken: Schulbildung im Schriftverständnis kann zur Kirchenbildung führen, wie nicht zuletzt die Reformation zeigt. Und verfasste Kirche kann Pluralitäten erzeugen, die Kirchen

---

[4] Vgl. dazu: Johannes Ehmann, Zwischen Konfession und Union. Zur Diskussion über die Vereinbarkeit von Heidelberger Katechismus und Augsburger Bekenntnis, in: Evangelische Theologie 6 (2012), 457–465. Für die Diskussionslage dort vgl.: Eberhard Cherdron, „… erkennt keinen anderen Glaubensgrund noch Lehrnorm als allein die heilige Schrift". Die pfälzische Unionskirche und ihr Bekenntnis, Speyer 2017.

im *jeweiligen* Verständnis der Schrift an den Rand der Spaltung führen. Das war schon immer so (bis heute); es prägt aber vor allem die Geschichte der badischen Kirche im 19. Jahrhundert. Hundeshagen hat dies meisterlich auf den Punkt gebracht.

> § 2 UU: *Diese vereinigte evangelisch protestantische Kirche legt den Bekenntnißschriften, welche späterhin mit dem Namen symbolischer Bücher bezeichnet wurden, und noch vor der wirklichen Trennung in der evangelischen Kirche erschienen sind, und unter diesen namentlich und ausdrücklich der* **Augsburgischen Konfession** *im Allgemeinen, sowie den besonderen Bekenntnißschriften der beiden bisherigen Kirchen im Großh. Baden, dem* **Katechismus Luthers** *und dem* **Heidelberger Katechismus**, *das ihnen bisher zuerkannte* normative Ansehen *auch ferner mit voller Anerkenntniß desselben* in so fern und in so weit *bei, als durch jenes erstere [CA] muthige Bekenntniß vor Kaiser und Reich das zu Verlust gegangene Prinzip und Recht der freien Forschung in der heiligen Schrift, als der einzig sicheren Quelle des christlichen Glaubens und Wissens, wieder laut gefordert und behauptet, in diesen beiden [Kleiner Kat. und Heidelberger Kat.] Bekennt[nis]schriften aber faktisch angewendet worden, demnach in denselben die reine Grundlage des evangelischen Protestantismus zu suchen und zu finden ist.* [Hervorhebung J.E.]

Hundeshagen erläuterte das so:

> *Gleichwie andere hinreichend deutliche Festsetzungen ähnlicher Art, so ist auch dieser § dem Schicksal nicht entgangen, daß sich über seine Auslegung zwei wesentlich von einander abweichende Ansichten gebildet haben. Die eine findet in dem selben die fortdauernde Geltung der symbolischen Bücher sehr bestimmt ausgesprochen; die andere erklärt die Bestimmungen des § 2. über diesen Gegenstand für völlig illusorisch. Die erstere ist daher der Meinung, daß die vereinigte evangelische Kirche Badens eine feste Bekenntnißgrundlage besitzt; die andere meint, daß sie einer solchen entbehre. Die Anhänger der letztern Meinung spalten sich dann wieder in zwei sehr entgegengesetzte Fraktionen, von denen die eine das vermeintliche Absehn von bestimmten Bekenntnissen als einen hohen Vorzug der badischen Union erklärt, um dessen Willen nicht am Wenigsten die Union streng festzuhalten sei; während von der andern die Bekenntnißlosigkeit als der Grundmangel der Union, ja hin und wieder so bezeichnet wird, welcher dem gläubigen Christen die Pflicht auferlege, die Union, also die Landeskirche [!] entschieden zu bekämpfen.*[5]

---

[5] Karl Bernhard Hundeshagen, Die Bekenntnißgrundlage der vereinigten evangelischen Kirche im Großherzogtum Baden, Frankfurt 1851, 2.

Diese Beschreibung ist so komplex, dass sie veranschaulicht werden sollte:

Bekenntnis- und Lehrtradition Baden: FC (mit CA, KK) KRI 1797/1804 freie Schriftforsch. Kurpfalz: Heidelberger Kat.	*Union* normatives Ans. CA KK HK freie Schriftforsch.	Gemeinsamer und doppelter Liberalismus = *faktisches Ende* (zu begrüßen) Vormärz und 1860ff	doch Ausgang „Positive" *der Bekenntnisse* (zu beklagen) Reaktion 1855–1859

2. Die Bekenntnisfrage im Vormärz

Das 19. Jahrhundert ist aus kirchengeschichtlicher Sicht das vielleicht kirchenpolitischste gewesen: Nationalismus, Liberalismus und Sozialismus waren die politischen Triebkräfte mit vielen Spielarten und Vermittlungen. Im Bereich der evangelischen Kirche geht es um Union, Spätaufklärung, Bekenntnis und Kirchenverfassung – und ganz wesentlich: um Erweckung.

a) Das Augustana-Jubiläum als Geburtsstunde der Erweckung

Als Geburtsstunde der badischen Erweckung muss das Augustanajubiläum betrachtet werden. Dies hat zwar schon seine eigene Geschichte. Aber das Augustanajubiläum bzw. die dazu von erweckten Theologen im Umkreis Aloys Henhöfers gehaltenen Predigten entdecken jetzt den Normbegriff des Bekenntnisses neu. Die CA ist Kirchenkonstitution, womit man den Anschluss an das konstitutionelle Zeitalter gewinnt. Das klingt relativ harmlos, aber eben das Jahr 1830 markiert das verspätete Erscheinen des ersten badischen Unionskatechismus,[6] der zweifellos ein Produkt der Spätaufklärung ist. Somit gewinnt die Erweckungsbewegung sehr rasch auch einen kirchenpolitischen Kristallisationspunkt im Widerstand gegen ein ungeliebtes Dokument. Ganz sprechend ist der Titel einer gedruckten Schrift aus der Feder des Henhöferkreises: *Der neue Landes-Katechismus der evangelischen Kirche des Großherzogthums Baden, geprüft nach der heil. Schrift und den symbolischen Büchern*, eine Schrift, die im Ausland, nämlich in Speyer gedruckt wurde. Schrift und Bekenntnis traten hier einhellig nebeneinander, das Bekenntnis wurde konstatiert und nicht relativiert, die Glaubenslehre des Katechismus als heterodox erwiesen. Erweckte Pfarrer unterrichteten noch und weiter nach dem Katechismus Luthers, womit wahrscheinlich gar nicht der Kleine Katechismus, sondern der alte Eisenlohrsche Katechismus von 1708

---

[6] Vgl. dazu: Johannes Ehmann, Die badischen Unionskatechismen. Vorgeschichte und Geschichte vom 16. bis 20. Jahrhundert (VBKRG 3), Stuttgart 2013.

gemeint ist, der wiederum ein Dokument der Spätorthodoxie darstellt und noch 1805 offiziell nachgedruckt wurde.

Zu beachten ist, dass mit dem Jahr 1830 aber auch das Zeitalter des Vormärz eingekehrt ist: Die Pariser Julirevolution verunsichert das politische System des Reichs nach Maßgabe des Wiener Kongresses; der neue Großherzog Leopold vermag die Hoffnungen nicht zu erfüllen. Die wirtschaftliche Lage trübt sich ein. Früher nannte man das „gesellschaftliche Gährungen", die 1848 das Fass zum Überlaufen bringen. Die Erweckung ist schon früh dadurch ausgezeichnet, dass sie persönliche Glaubensgewissheit mit Bekenntnisklarheit und politischem Konservativismus in Verbindung bringt. Der Großherzog und nicht mehr die Kirchenleitung sind finaler Zielpunkt der Petitionen gegen den Katechismus. Die soziale Antwort der Erweckung auf gesellschaftliche Nöte darf nicht verschwiegen werden: die Gründung des Evangelischen Vereins für innere Mission Augsburgischen Bekenntnisses am 24. Januar 1849 in Durlach. Die CA, ein Bekenntnis, ein symbolisches Buch, war Glaubensregel und auch Motor des ethisch-sozialpolitischen Handelns.

b) Spätrationalismus und die Erneuerung des schleiermacherschen Bekenntnisbegriffs bei Karl Zittel

Dem gegenüber ist festzuhalten, dass der theologische und kirchenpolitische Mainstream bis zur Revolution zweifellos – allein schon von den Alterskohorten – dem Spätrationalismus zuzuordnen ist. Historisch ist das leicht zu belegen, schwieriger ist die Bewertung. 1830, überarbeitet 1834, erscheint ein aufgeklärter Katechismus, 1836 ein eher flaches Gesangbuch aus den Händen des Kirchenrats Sonntag, das ist das eine. Das andere ist der stark obrigkeitliche Zug des damaligen Kirchenregiments. Nicht sind die Erweckten also allesamt „rechts" und die Aufgeklärten irgendwie „links", sondern diese Klassifizierung versagt.

Musterbeispiel ist das kirchenpolitische Dokument des politisch Liberalen (auch Abgeordneten) Karl Zittel (1802–71), dessen *Zustände der evangelisch protestantischen Kirche* (1843) neben manchen erheiternden Frechheiten nicht nur eine ganz moderne soziologische Analyse vorlegen, sondern in Kritik der Erweckung, aber auch implizit des bürokratischen Spätrationalismus, von einer neuen Sprache geprägt sind, die wohl auf intensive Lektüre Schleiermachers schließen lassen. Für Zittel wurde die Union einerseits zur Selbstverständlichkeit, andererseits zum Kampfbegriff, wenn er die Demokratisierung bzw. die Generalsynode als wesentliche Errungenschaft von 1821 bezeichnete. Sein Unionsverständnis reduzierte den Anspruch der Bekenntnisse, sie wurden aber nicht mehr als unwesentlich bekämpft. Die hegelsche Dialektik einer *Aufhebung* nun hinsichtlich der Bekenntnisse, als Bewahrung, Relativierung und Fortschreibung durch das religiöse Bewusstsein, wie sie sich faktisch bei Schleiermacher findet, dürfte auch für Zittel gelten. Für Schleiermacher hat das der frühere westfälische Ausbildungsreferent Martin Stiewe wunderbar zusammengefasst:

„Die Glaubenslehre Schleiermachers ist […] nicht in dem Sinn eine Unionsdogmatik, daß die spezifisch reformierten und lutherischen Lehraussagen als nunmehr belanglos abgetan würden. Sie gewinnen im Gegenteil ihre verpflichtende Geltung zurück, die sie in der Theologie der Aufklärung längst verloren hatten. Die Glaubenslehre ist vielmehr eine Unionsdogmatik durch die Voraussetzung eines individuellen protestantischen Bewußtseins, das sich urkundlich in allen reformierten und lutherischen Bekenntnisschriften feststellen läßt und zugleich das gegenwärtige Grundgefühl in beiden protestantischen Bekenntnissen ist. Die Glaubenslehre brauchte die Union nicht mehr zu begründen, weil die Union dem übereinstimmenden Gefühl entsprach, das von der historischen Bekenntnisbildung an kontinuierlich bis in die Gegenwart das konfessionelle Selbstbewußtsein innerhalb der protestantischen Kirchen geprägt hatte. Solange sich dieses Bewußtsein nicht änderte und eine neue Individuation an die Stelle des Protestantismus trat, mußte die Glaubenslehre dieser Wirklichkeit entsprechen. Die Union besaß deshalb den apriorischen Rang des der Reflexion vorgegebenen Bewußtseins."[7]

Freilich muss Zittel auch und gerade nach diesem Zitat als der schleiermacherschen Linken angehörig angesehen werden. Als Frucht seiner Überlegungen zu Union und Bekenntnis formulierte der Bahlinger Pfarrer 1842 zusammenfassend und zustimmend:

So ermangelt denn unsre Kirche in der That eines eigentlichen Symboles und einer Lehrnorm im strengeren Sinn des Wortes, und es bleibt nichts übrig, als, indem sie die Einigkeit des Glaubens dem christlichen Sinne, der Gewissenhaftigkeit und dem seelsorgerlichen Takte der Geistlichen anvertraut, mit der Ueberzeugung sich zu beruhigen, daß der lebendige Geist Gottes die wahre Einheit des christlichen Glaubens und Lebens sicherer wahren werde, als eine Reihe von Sätzen und Formeln.[8]

Es bedarf somit kaum der Diskussion, dass eine rechtliche Bewehrung des Bekenntnisses für Zittel nicht in Frage kam. Kern war und blieb hinsichtlich einer Verpflichtung der Pfarrer die Freiheit der Forschung in der Heiligen Schrift samt deren rechtlicher Begründung in Brauers Kirchenratsinstruktion.

3. Die Bekenntnisfrage im positiven Kirchenregiment

Nun hat der politisch außerordentlich hellsichtige Zittel ein Psychogramm seiner Kirche entworfen, das in der Tat prophetisch den weiteren Weg der badischen Kirche erkennen lässt:

Die Zahl der Symbolfreunde hat, wie überall, in der evangelischen Kirche in Baden sich vermehrt. Viele gehören zu ihnen aus wirklicher Ueberzeugung oder wenigstens Vorliebe für die alten Symbole, Andere aber aus einer Art Desperation über die gegenwärtige dogmatische Zerrissenheit in der protestantischen Kirche Deutschlands. Sie berufen sich auf die theologischen Lehrstühle, von denen den künftigen Religionslehrern [Pfarrern] morgen [im Studium] genommen würde, was ihnen gestern gegeben wurde [rel. Erziehung], so daß es diesen unmöglich würde, eine religiöse Ueberzeugung zu gewinnen. Sie weisen auf die Kanzeln, wo

---

[7] Martin Stiewe, Das Unionsverständnis Friedrich Schleiermachers. Der Protestantismus als Konfession in der Glaubenslehre (Unio und confessio 4), Witten 1969, 163.
[8] Karl Zittel, Zustände der evangelisch protestantischen Kirche in Baden, Karlsruhe 1843, 167.

man bei jedem neuen Gesichte auf eine neue Lehre gefaßt seyn müsse. [...] Sie [kirchliche Literatur, Hader] beklagen den Zerfall des christlichen Lebens unter diesem bunten Gemisch von Meinungen, Ansichten und Parteiungen. Daher komme die völlige Erschlaffung und Wirkungslosigkeit der protestantischen Kirche.[9]

Als Gespenst steht hier quasi ein protestantischer Integralismus und (so Zittel) in Ängsten begründeter Antipluralismus, der historisch eben mit dem Kirchenregiment Carl Ullmanns (1796–1865) ins Leben trat. Wir müssen dem nicht zustimmen; es geht um die Sichtung von Mentalitäten.

a) Ein Blick auf Karl Bernhard Hundeshagen

Karl Bernhard Hundeshagen ist eine merkwürdige, vielleicht tragische Erscheinung, ein Mann zwischen allen Stühlen, der sich schließlich mit Ullmann, den Liberalen und auch mit der Theologischen Fakultät in Heidelberg überworfen hat, an der er bis 1860 lehrte, bevor er nach sechsjähriger innerer Immigration und pensioniert noch einmal nach Bonn wechselte.

Politisch war er ein Liberaler, man könnte seine Vorstellung von Partizipation in der Kirche als Neubelebung des Protestantismus beinahe Karl Zittel zurechnen. Sehr modern war er hinsichtlich einer blitzgescheiten Protestantismustheorie, die er in einem dicken Band veröf-fentlichte, das Wesentliche noch vor 1848 (zumindest verfasst).[10] Seine analytische Brillanz zeigt das Zitat, das ich eingangs präsentiert habe.

Außerordentlich kritisch, ähnlich Ullmann und hier beide den Liberalen verwandt, sah er die Staatseinflüsse auf die Kirche. Deutlich unterschieden von den Liberalen war freilich seine Unionsvorstellung, die man wieder dem Gedanken einer positiven Union zuordnen kann. D. h. eine Kirchengesellschaft war nicht rein geistig zu begründen, sondern die Unionskirche brauchte eine „positive" und verbindliche Darstellung ihres Lehrbegriffs. Hierin zeigte sich Verwandtschaft zu Friedrich Schwarz.

Es dürften die politischen und kirchenpolitischen Umstände sein, die Hundeshagen verstummen ließen. Die politische Neue Ära seit 1859, der Sturz Ullmanns führten zur Isolation Hundeshagens in Heidelberg.

Ihn wollte ich genannt haben, weil er ohne sachliche Not gescheitert ist. Gegen die neue Agende der Positiven zusammen mit Richard Rothe kämpfend, ist über ihn der Liberalismus der 60er Jahre in zu großer Freiheit hinweggetrampelt. Er ist in Baden nicht gehört worden.

b) Carl Ullmann

Über Carl Ullmann ist viel geschrieben worden, weswegen ich mich kurz fassen kann. Höhepunkt seines Regiments war die Generalsynode von 1855, in der der anfangs zitierte § 2 einer authentischen Interpretation unterzogen wurde, eine Bestimmung,

---

[9] Ebd., 168.
[10] Karl Bernhard Hundeshagen (zunächst anonym!), Der deutsche Protestantismus, seine Vergangenheit und seine heutigen Lebensfragen im Zusammenhang der gesammten Nationalentwicklung beleuchtet von einem deutschen Theologen, (1846, 1847) 3. Aufl. Frankfurt am Main 1850.

die bis heute in Geltung ist. Historisch gesehen war also das eingetreten, was Zittel befürchtet hatte, denn damit waren die symbolischen Bücher der Union nun aus dem engsten Zusammenhang der Behauptung und Anwendung der freien Schriftforschung gelöst und material-normativ in Geltung gesetzt. Zittel hatte gemeint, der § 2 sei „auf Schrauben" gestellt, also nolens volens unklar, und hatte die Dialektik von Normbindung und Schriftfreiheit zugunsten der Forschung aufgelöst. Nun war Analoges geschehen oder schien Analoges nach der anderen Seite geschehen zu sein, indem mit der Norm unter der Hand eine Infallibilität der Bekenntnisse festgestellt wurde.

Jeder Freund Ullmanns wird freilich diese Deutung, die ich hier vollziehe, als unangemessen empfinden. Denn es war ja Ullmann, der seinerseits die Union nicht mehr nur als historischen Ausgleich zweier Konfessionen, sondern als Vermittlung von Glaube und Wissenschaft ansah – ein Programm, das sich ja auch auf Schleiermacher berief, sozusagen auf der Rechten.

Kirchenpolitisch, auch bekenntnistheologisch war hier einerseits der Weg beschritten, den man in Preußen die „positive Union" genannt hat, pastoraltheologisch war damit klar, dass man nun (um wieder mit Zittel zu reden) dem christlichen Sinn, der Gewissenhaftigkeit und dem seelsorgerlichen Takt der Pfarrer nicht oder nicht mehr zutraute, die innere Einheit der Kirche zu bewahren.

Wie sieht nun die authentische Erläuterung zum § 2 aus? Der Text, den ich gekürzt biete, zeigt, dass die Dialektik von Bindung und Freiheit, Bekenntnis und Forschung, d. h. ja Norma normata und norma normans, keineswegs aufgehoben wurde; aber es fand eine wesentliche Entflechtung statt. Im Grunde ist es der Entscheidung eines jeden unter uns überlassen, ob wir dies als faktische Aufhebung oder als Klärung der Dialektik empfinden.

Die […] Kirche […] gründet sich auf die heilige Schrift alten und neuen Testaments als die alleinige Quelle und oberste Richtschnur ihres Glaubens, ihrer Lehre und ihres Lebens, und hält unter voller Anerkennung ihrer Geltung fest an den Bekenntnissen, welche sie ihrer Vereinigung zugrunde gelegt hat.
Diese in Geltung stehenden Bekenntnisse sind […] die Augsburgische Konfession als das gemeinsame Grundbekenntnis der beiden früher getrennten Konfessionen des Ghzgt.s, der Katechismus Luthers und der Heidelberger Katechismus in ihrer übereinstimmenden Bezeugung der Grundlehren heiliger Schrift und des in den allgemeinen Bekenntnissen der ganzen Christenheit ausgesprochen Glaubens.
Indem bei dieser Bestimmung des Bekenntnisstandes der evangelischen Landeskirche die heilige Schrift als alleinige Quelle und oberste Richtschnur des Glaubens, der Lehre und des Lebens vorangestellt ist, wird eben dadurch zugleich in Einklang mit der ganzen evangelischen Kirche das Recht des freien Gebrauchs der heiligen Schrift sowie der im heiligen Geist gewissenhaften zu übenden Erforschung derselben anerkannt und für alle Glieder der Kirche, insbesondere aber für ihre mit dem Lehramt betrauten Diener die Pflicht ausgesprochen, sich solcher Schriftforschung unausgesetzt zu befleißigen.[11]

---

[11] Zittel, Zustände (wie Anm. 8), 168.

Schematisch dargestellt bedeutet das folgendes:

Geltung der Bekenntnisse ohne ihren historischen Bezug Bezeugung	Einklang von Bekenntnis und freier Schriftforschung	Gemeinsames Bekenntnis der Kirche in Deutschland	Allgemeine Bekenntnisse der *ganzen Christenheit* altkirchliche Bekenntnisse!
norma normata	*norma normans*		

4. Die Bekenntnisfrage im Liberalismus

Manche von Ihnen werden befürchten, dass jetzt das Entscheidende kommt, aber es wird im Folgenden eher dürftiger, was unserem Zeitbudget entgegenkommt. Ich kann mich auf die Präsentation von zwei Zitaten beschränken. Nach wie vor geht es um die Bekenntnisfrage, nicht um allgemeine Kirchengeschichte, auch nicht um die Katechismuskämpfe, die die Bekenntnisfrage natürlich berühren.

a) „Protestantisches"

Nicht eben bescheiden hatte Daniel Schenkel 1865 in seinem Buch „Die protestantische Freiheit" von 1865 das Ende des Ullmannschen Kirchenregiments als *Kampf und Sieg der evangelisch freien Richtung* bezeichnet.[12]

Was nun dies hinsichtlich des Bekenntnisses der oder in der Unionskirche bedeuten sollte, hat Schenkel dann beim Zweiten deutschen Protestantentag im September 1867 in Neustadt entwickelt:

> *1) Die Union ist der thatsächliche und rechtliche Ausdruck für das moderne protestantische christliche Bewußtsein, daß der Schwerpunkt des Christenthums nicht auf dem kirchlichen Dogma, sondern auf der christlichen Lebensgemeinschaft beruht.*
>
> *2) Dadurch, daß die Union die Lehrunterschiede der beiden protestantischen Hauptconfessionen für kein Hinderniß der kirchlichen Verfassungs- und Lebensgemeinschaft erklärt hat, ist die Lehrbewegung innerhalb der protestantischen Kirche überhaupt von den herkömmlichen dogmatischen Schranken befreit worden.*
>
> *3) Ueberall da, wo die Union innerhalb des Protestantismus zu ihrem vollen Rechte und ihrer durchgreifenden Verwirklichung gelangt ist, ist die kirchen-*

---

[12] Daniel Schenkel, Die protestantische Freiheit in ihrem gegenwärtigen Kampfe mit der kirchlichen Reaktion. Eine Schutzschrift, Wiesbaden 1865, 53.

> *gesetzliche Gebundenheit an die Autorität der Bekenntnißschriften fernerhin zu einer Unmöglichkeit geworden.*
> 4) *Innerhalb der Unionskirchen können die Bekenntnißschriften nur noch insofern dauernde Geltung beanspruchen, als in ihnen die Grundsätze enthalten sind, aus welchen die christlich-sittliche Lebensgemeinschaft der Protestanten ihren Ursprung genommen hat und von welchen sie fortwährend getragen ist.*[13]

Das Zitat spricht für sich. Nicht nur ist der Positiven Union hier gewissermaßen das Programm einer Negativen Union (ohne Bekenntnisse) entgegengestellt, sondern nun, wie ich meine, in radikaler Abkehr von der uns bekannten Dialektik Schrift und Bekenntnis nun ausgerechnet der wechselseitige Bezug von Schrift und Bekenntnis bei Schenkel gänzlich ausgefallen und durch das christliche Bewusstsein ersetzt. Woran dieses sich nun zu orientieren habe, bleibt offen. An deren Stelle tritt die Beziehung christliches Bewußtsein – Lebensgemeinschaft. Wird damit die Lebensgemeinschaft zum Kriterium? Oder die christliche Sitte in ihr? Und wie sieht das dann konkret aus? Hier war die später weit offene Flanke zum nationalistischen Denken im Liberalismus.

b) „Synodalprotestantisches"

Wie das konkret aussehen konnte, soll ein weiteres Zitat belegen, das des Synodalen Eduard Moll in der Generalsynode des Jahres 1867: Hier wurde die Schrift als *norma normans* nun wohl doch gänzlich aus dem Blick verloren, wenn Moll in seinem Kampfantrag gegen den positiven Katechismus Ullmanns öffentlich formulierte:

> *Außer der Offenbarung im Evangelium gibt es noch andere Offenbarungen, denen wir neben demselben Geltung einräumen müssen; es sind dies die Offenbarungen in der Geschichte, in der Natur und im Menschenherzen.*[14]

Ich habe bisher versucht, mich aller Wertung zu enthalten, aber ist hier neben der *norma normata*, die man im Katechismus bekämpfte, nicht tatsächlich auch die *norma normans* faktisch an die Seite geschoben – und zwar an die Seite der überwältigenden geschichtlichen Erfahrungen, nicht viel später, der deutschen Nation? Schenkel hat diesem Votum ausdrücklich zugestimmt; war das die neue Offenbarung, jenseits von Schrift und Bekenntnis?

---

[13] Daniel Schenkel, (III. Die Constituierung der Versammlung.) Die [10] Thesen über das Prinzip der Union von Kirchenrath Dr. Schenkel; in: Der zweite Deutsche Protestantentag, gehalten zu Neustadt a.d. Haardt am 26. und 27. September 1867, Elberfeld 1867, 17f.

[14] Verhandlungen der General-Synode der evangelisch-protestantischen Landeskirche Badens vom Jahre 1867, Karlsruhe 1867, 177.

5. Die Bekenntnisfrage im Kirchenkampf

Bis zum Kirchenkampf scheint die Bekenntnisfrage erloschen; vielleicht auch offenbarungstheologisch überwältigt von den geschichtlichen Erfahrungen (s. o.). Der hochgelobte und viel-geschmähte Karl Barth hat dies gespürt und dagegen seine Wort-Gottes-Theologie gestellt.

Es entzieht sich bisher meiner Kenntnis, ob intern in Baden die Frage der Offenbarungskriterien während des Kirchenkampfes erörtert wurden. Wahrscheinlicher scheint mir eine allgemeine Orientierung der Positiven, die den Kirchenkampf mit wenigen Ausnahmen führten, an der sog. jungreformatorischen Bewegung.

a) Barmen

Nichtsdestotrotz ist Barmen mit seinen wenigen Abgeordneten zur Bekenntnissynode als Markstein auch der badischen Bekenntnisentwicklung zu nennen, die freilich erst spät – und das keineswegs unumstritten – die Kirchenverfassungsfrage und somit das Bekenntnis in Baden bestimmte. Aber das war lange nach dem Krieg. Und in den 50er Jahren kam man nicht auf den Gedanken, etwa „Barmen" als neue authentische Interpretation des § 2 der Urkunde zu verstehen.

b) Neuluthertum

So kann auch der gebotenen Kürze wegen nur darauf verwiesen werden, dass wesentliche Kräfte der Nachkriegszeit – unter ihnen Landesbischof Julius Bender (1893–1966) und Oberkirchenrat Otto Friedrich – der badischen Bekenntnisnot ohne näher erkennbaren Zugriff auf die Union durch Rückgriff auf die lutherische Bekenntnisbildung abhelfen wollten: also die CA und Luthers Katechismus, den man als wesentliche Lehrentwicklung ansah: kirchengründend und konfessorisch, nicht aber konfessionell verstanden.

Der freilich erkennbare Widerstand v. a. des Freiburger Juristen Erik Wolf (1902–77), der reformiertem Erbe verpflichtet war und in heftiger Fehde mit Otto Friedrich stand, gegen eine solche Bekenntnishermeneutik dürfte die damalige Kirchenleitung ermutigt oder gedrängt haben, ein offizielles Gutachten zum Bekenntnisstand der badischen Kirche nach Maßgabe eines präzisen Aufgabenkatalogs einzuholen, das von der Heidelberger Theologischen Fakultät erbeten wurde.

6. Die Bekenntnisfrage in den 1950er Jahren

a) Das Gutachten der Heidelberger Fakultät

Diese Bitte erging von Seiten des synodalen Verfassungsausschusses, der die Grundlagen der noch nicht erstellten Grundordnung erarbeiten sollte, an den Dekan der Theologischen Fakultät, Peter Brunner – und zwar am 12. Januar 1951. Das Gutachten der Fakultät wurde am 22. Juni 1953 vom damaligen Dekan Gerhard von Rad der Landeskirche offiziell übergeben. Es zu würdigen, würde einen ganzen Vortrag beanspruchen. Wir müssen es dabei belassen, dass die Klärungen des Gutachtens, das faktisch in den Händen Brunners lag, in der Zuordnung der wesentlichen Bekenntnisfragen zum lutherischen Bekenntnisbegriff bestanden. Es war eine systematisch-theologische und keine dogmengeschichtliche Arbeit, die ihren sachlichen Mittelpunkt in der CA fand, darin also den Erweckten des 19. Jhs. verwandt. So wundert auch nicht, dass als Katechismus der Kleine Katechismus Luthers unter Beigabe von einzelnen Stücken des Heidelberger Katechismus empfohlen wurde.

b) Der Protest der Theologischen Sozietät

In Absprache mit der Theologischen Sozietät Baden hat kein geringerer als der Göttinger Theologe Ernst Wolf, ein „dialektischer" Lutheraner, sich gegen diese Interpretation des Bekenntnisses und die evtl. Folgen für die Neubearbeitung des Katechismus gewandt.

> [D]ie Klärung des ‚Bekenntnisstandes' der Badischen Union [...] kann nach dem Ansatz dieser Union nicht durch eine lehrgesetzliche neue Zuordnung der anerkannten reformationszeitlichen [!] Bekenntnisse im Sinn des Vorschlags des Gutachtens [...] erfolgen, sondern nur durch eine theologische Reform des Landeskatechismus auf der durch § 2 Unionsurkunde angegebenen Linie unter der durch die Badische Union charakteristischen und unaufgebbaren Betonung der Heiligen Schrift als alleiniger Lehrnorm.[15]

Auch das spricht für sich. Wesentlich ist mir nur, im Rahmen dieses Vortrags darauf hinzuweisen, dass Wolf – alles andere als ein liberaler Theologe – nicht nur die Schrift in den Mittelpunkt stellte, sondern einen explizit historischen Bekenntnisbegriff formulierte, dem er die Union als historische und gegebene Norm eben als Hinweis auf die Schrift zuordnete. Das brachte ihn in die Nähe eines Zittel, freilich ohne jeden Überbau eines christlichen Selbstbewusstseins, das er jedenfalls nicht ungebrochen hätte übernehmen können. –

Als faktisches Ergebnis der Suche nach den Bekenntnisgrundlagen unserer Kirche erfolgte nun deren bekannte Abstufung, wie sie die Grundordnung von 1958 bis zu den heutigen Formulierungen des Vorspruchs zur Grundordnung kennt. Ob das ein inadäquater Kompromiss ist oder die heute einzig mögliche Weise, Bekenntnisartiges quasi kumulatorisch festzuhalten, das mag ich hier und jetzt nicht beurteilen.

---

[15] KiZ 8 (1954), Beilage unter dem Titel: Revision oder Entfaltung?

7. Resümee

Das Resümee ist somit ein offenes. Ich rekapituliere nicht, sondern ende nur mit meiner Suche nach Suchbewegungen in der Bekenntnisfrage unserer badischen Kirche. Mir scheint freilich die Frage als solche unabweisbar und der stärkste Feind ihrer Vernachlässigung eben die Vernachlässigung selbst. Noch einmal soll deshalb K. B. Hundeshagen zu Wort kommen, der 1850 in seiner Analyse des deutschen Protestantismus zu folgender kritischer Wahrnehmung durchdrang und zweifellos eine Aufgabe beschrieb:

> *Wenn irgend einer der großen Streitgegenstände neuerer Zeit für unsere Behauptung den Beweis geliefert hat, daß uns neueren Deutschen, über unserer großen Fertigkeit in aller Art von Theorie und künstlichem System, in Dialektik und Worterfindung, nicht bloß der sichere Instinkt des Handelns, sondern oft die einfachste Ansicht der Dinge abhanden gekommen, daß ferner […] in der Auffassung der simpelsten Verhältnisse eine grenzenlose Verwirrung eingerissen ist: so ist es besonders der Symbolstreit. Hier vor allem dürfte es nöthig sein, an die Grundform der ganzen Frage zu erinnern.*
> *Eine Kirche ist der allgemeinsten formellen Umschreibung ihres Begriffes nach eine Gemeinschaft des Glaubens. Als solche muß sie wissen, was sie glaubt und vermögend* [in der Lage], *es auszusprechen […] Durch Zusammenstellung des Geglaubten und ausdrückliche oder stillschweigende Abgrenzung desselben vom Nichtgeglaubten kommt ein Bekenntnis, ein Symbol zu Stande.*[16]

Welche Räume zwischen Tradition und Schrift, Lehre und Predigt damit eröffnet und welche vielleicht verschlossen sind, darüber wird wohl jede Generation neu zu befinden haben. Erledigt ist die Aufgabe in Baden nicht.

---

[16] Hundeshagen, Der deutsche Protestantismus (wie Anm. 10), 297f.

Bekenntnis und Bekenntnisrecht[1]

Georg Gottfried Gerner-Wolfhard

Das Thema – Bekenntnis und Bekenntnisrecht – wirkt spröde. Darum beginne ich anekdotisch: Immer wieder einmal kommt aus Stuttgart die Zumutung – und sie kommt immer *nur* aus Stuttgart: Die beiden Evangelischen Landeskirchen im Bundesland Baden-Württemberg sollten fusionieren. Schließlich „lebten wir im 21. Jahrhundert" – und was die üblichen Parolen so sind.

Dazu hat der frühere Landesbischof Ulrich Fischer einmal bemerkt: Die Fusion mit den Schwaben wird kommen, aber erst am Jüngsten Tag – und auch dann erst am Abend!

Eine weniger launige Antwort auf die besagte Zumutung wurde schon im Sommer 1945 gegeben – nach dem Ende der Nazi-Herrschaft und des „Kirchenkampfes": Am 1. August 1945 kamen in Freiburg im Breisgau ca. 30 Pfarrer und Laien zur so genannten Oberländer Synodalen Tagung der Badischen Bekenntnisgemeinschaft zusammen, darunter aus Karlsruhe auch die beiden Oberkirchenräte der Rumpf-Kirchenleitung, Dr. iur. Otto Friedrich und Gustav Rost.

„Das richtungsweisende Referat, ,das durch spezielle Ausführungen von OKR Rost ergänzt wurde' […], hielt [Prof. Erik] Wolf."[2] Sein Thema lautete: *Die legitime Neuordnung der Kirchenleitung in Baden.* Die Klarheit seiner damaligen Ausführungen wirkt in unserer heutigen verwirrten Lage erfrischend und tröstlich:

Die Frage, wie wir zu einer rechtmäßigen Neuordnung unserer leitenden Ämter kommen können, ist eine Rechtsfrage, aber eben eine kirchliche Rechtsfrage. Sie darf nur in einem kirchlichen Geist, der an Schrift, Bekenntnis und Gewissen gebunden ist, gestellt und nur in diesem Geist beantwortet werden. […] Eine Kirchenordnung kann juristisch intakt und dabei doch rechtlich unrichtig sein, ja geistlich Not leiden. […] Darum ist alles Ringen um die rechtlich richtige Ordnung und Leitung der Kirche im innersten Grunde ein geistliches Anliegen." Soweit zum Grundsätzlichen, welches wichtig ist für alles Folgende.

---

[1] Vortrag beim Studientag „Wir glauben UND BEKENNEN? – Zur Frage der Bekenntnisbildung und Bekenntnisverpflichtung in Baden" in der Europäischen Melanchthon-Akademie Bretten am 20. Mai 2017 – ohne die damals verwendeten Illustrationen, jedoch auf Grund hilfreicher Anregungen und Korrekturen der Freunde und Kollegen Klaus Baschang, Hans Maaß, Jochen Mack und Dieter Oloff überarbeitet und erweitert.
Wer an den hier aufgeworfenen Fragen weitergehend interessiert ist, kommt nicht vorbei an der Dissertation von Hendrik Stössel, Kirchenleitung nach Barmen – Das Modell der Evangelischen Landeskirche in Baden, Tübingen 1999.

[2] Geschichte der badischen evangelischen Kirche seit der Union 1821 in Quellen, hrsg. vom Vorstand des Vereins für Kirchengeschichte in der Evangelischen Landeskirche in Baden zum Kirchenjubiläum 1996 (VVKGB 53), Karlsruhe 1996, Nr. 247, S. 418

Unter anderem hatte sich Erik Wolf, damals im August 1945, auch auseinanderzusetzen mit Fragen des Kirchengebiets, weil ja die alte innerstaatliche Gliederung des zusammengebrochenen und besiegten Deutschen Reiches durch die Alliierten Siegermächte des Zweiten Weltkriegs zerschlagen und durch Besatzungszonen ersetzt war: Nordbaden mit Mannheim – Heidelberg – Karlsruhe lag in der US-amerikanischen, Südbaden mit Offenburg – Freiburg – Konstanz in der französischen Besatzungszone.

Reisen von Zone zu Zone waren anfangs verboten bzw. schwierig. Darauf bezieht sich die folgende Erwägung im Grundsatzreferat von Professor Erik Wolf:

Unsere Vereinigte Evangelisch-Protestantische Landeskirche *bleibt ein* ungeteiltes Ganzes*. Zu einer Trennung sind wir durch die Zoneneinteilung nicht gezwungen, und zum Anschluß im ganzen oder einzelner Kirchenbezirke an eine andere, z. B. die württembergische Landeskirche, besteht kein Anlaß. Die damit verbundene Auflösung der Union von 1821 würde politisch mißverstanden werden können und eine Beunruhigung der Gewissen in die Gemeinden tragen. Die Einführung des lutherischen Katechismus wird für die Zukunft angestrebt; es muß aber eine so ernste, den Bekenntnisstand der Kirche in neuer Weise klärende Entscheidung auf das sorgsamste in dafür gebildeten Arbeitskreisen vorbereitet und in der Landessynode beschlossen werden.*[3]

Soweit lautet aus dem langen Grundsatzreferat von Prof. Erik Wolf von 1945 die für unser Thema erhebliche Passage.

Man weiß nicht, ob man vor Glück oder aus Trauer darüber weinen soll, dass es vor noch nicht allzu ferner Zeit in der Badischen Landeskirche einen Gelehrten vom Rang eines Erik Wolf gab, der sich vor einer so wichtigen Versammlung wie der Oberländer Synodalen Tagung der Badischen Bekenntnisgemeinschaft darum sorgte: dass keine „Beunruhigung der Gewissen in die Gemeinden" getragen würde; dass unsere Verfassung als Unionskirche eine Frage des Bekenntnisses und dass in Bekenntnisfragen „auf das sorgsamste" vorzugehen ist.

Vermutlich haben die Veranstalter unseres Studientages aus genau solchem Empfinden heraus und aus genau diesem Grund das Thema *so* formuliert, *wie* sie es formuliert haben: „Wir glauben UND BEKENNEN?" mit den beiden Besonderheiten: „BEKENNEN" in Majuskeln und mit einem „?" am Ende: *Bekennen* „wir"? – und wenn ja: Was? Und wie konkret, *wie verbindlich* „bekennen wir"? Bekenntnis und Bekenntnis*recht*: Welche rechtlichen Konsequenzen hat „Bekenntnis"?[4]

---

[3] Ebd., Nr. 247, 420f. – Wie recht Erik Wolf hatte, zeigte sich in den Folgejahren bei der Debatte um den sog. Bekenntnisstand der Badischen Unionskirche und in der heftigen Kontroverse zwischen Oberkirchenrat Otto Friedrich (Heidelberg/Karlsruhe) und Prof. Ernst Wolf (Göttingen). Dieser war mit Hilfe eines von der Theologischen Fakultät der Universität Heidelberg erbetenen und auch gelieferten Gutachtens der Protagonist einer von Prof. Erik Wolf (Freiburg) befürchteten „kalten Lutheranisierung" der Badischen Unionskirche; jener riet eindrucksvoll und mit guten Argumenten dazu, den badischen „Bekenntnisstand" nach der Vorgabe des § 5 der Unionsurkunde in der Weise zu „aktualisieren", dass die Barmer Theologische Erklärung (BTE) *die Grundlinie für die Überarbeitung des (im § 5 Uu mehrfach apostrophierten) ,Lehrbuchs' von heute vorzeichnen* könnte (S. 7 des „Offenen Briefes" an „Herrn OKR D. Dr. O. Friedrich" vom 15. Mai 1954).

[4] Das eigene Erwägen und der Blick in einschlägige Lexika zeigen, dass der „Bekenntnis"-Begriff komplex und unscharf ist – sowohl im Deutschen (das Bekennen, das Bekenntnis …) wie im Lateinischen (Credo, Confessio, Professio, Consensus, Concordia, Symbolum, Regula fidei, Doctrina …),

Damals, 1945, nach dem Zusammenbruch hatte dies bis ins Räumliche, ins Territoriale hinein Konsequenzen: Unser Kirchengebiet – „Baden" – ist auch (nicht nur, aber auch) gekoppelt an ein Bekenntnis: eben an das Bekenntnis, eine Unierte Kirche, ein Unionskirche, *die Badische Unionskirche* zu sein.

Im weiteren Verlauf unserer speziellen badischen Kirchengeschichte und Kirchenpolitik blieb das Thema höchst virulent. Es ehrt unsere damaligen Vorgänger, dass sie jahrelang Bekenntnisfragen intensiv erörtert und es sich damit nicht leicht gemacht haben, und das in einer Zeit, in welcher man – weiß Gott! – auch hätte sagen können: *Gibt es denn nichts Wichtigeres zu tun?!* Wiederaufbau, Heimatvertriebene, noch Hunderttausende Kriegsgefangene und „Vermisste", Währungsreform und … und …

Das war in der Tat sehr wichtig und es wurde ja auch alles angepackt von der damaligen Generation – und wir zehren bis heute davon.

Aber das Materielle, so drängend es war, blieb nicht alles: Das Geistige und das Geistliche waren genau so wichtig – wie überall im Nachkriegs-Deutschland, so auch bei uns in Baden: eine neue Gottesdienstliturgie[5] (welche Aufregung erzeugte z. B. vieler Orts die Einführung des gesungenen Kyrie eleison!); ein neues Kirchengesangbuch, das E*K*G: das Evangelische *K*irchengesangbuch; das kam einer stillen religiösen Revolution gleich, weil viel reformatorisches Liedgut wieder „eingeführt" wurde in den Gemeinden; neue, bislang ungewohnte Singweisen … „gregorianisch" …[6] usw.

Und im Zuge dessen, was von Manchen als pure Restauration, als Rückwärtswendung bezeichnet wurde, nun auch noch die „Bekenntnisfrage", bzw. das Ringen um den Bekenntnis-„Stand".[7]

Ein Auslöser dieses „Ringens" war ein nicht-badischer, nämlich das Werden der EKiD, der Evangelischen Kirche in Deutschland, nach dem sog. Kirchenkampf innerhalb der DEK, der Deutschen Evangelischen Kirche, und der „BK", der Bekennenden Kirche gegen die „DC", die Deutschen Christen.

Es sollte einen Neuanfang geben im „Land der Reformation", und es sollte nach dem Willen einiger „Kirchenführer" (man sagte das damals tatsächlich noch so), zum Beispiel des württembergischen Landesbischofs und ersten Ratsvorsitzenden der EKiD, Theophil Wurm, *eine einheitliche deutsche evangelische Kirche […] mit vorwiegend lutherischem Gepräge* sein.

---

persönlich, gemeinschaftlich. – Mein Vortrag kam über dieses ‚Schillern' nicht hinaus, aber in den „Vorläufigen Erkenntnissen" (s. u.) bemühe ich mich jeweils um Konkretion.

5 Es handelte sich dabei praktisch um die – für das „großherzoglich"-unierte Baden ungewohnte und sehr gewöhnungsbedürftige – Preußische Gottesdienstliturgie, was quasi als ein Akt der Nächstenliebe an den (meist lutherischen) Heimatvertriebenen gepriesen wurde: *Sie haben ihre Heimat verloren, sie sollen nicht auch noch ihren Gottesdienst verlieren!*

Der – religiöse! – Widerstand bei den Alteingesessenen konnte freilich hartnäckig (und charaktervoll!) sein: So stehe für manch Anderen das Beispiel eines Mannes aus dem alt-badischen Oberland, der nie im (Haupt-)Gottesdienst zu sehen war, dafür aber bei jeder Beerdigung im Dorf. Vom Pfarrer darauf angesprochen, erklärte er frank und frei, dass er nicht in den „katholischen" Gottesdienst gehe, aber irgendwann müsse er doch „unter Gottes Wort". So war er Dauerteilnehmer der Bestattungs-Gottesdienste *ohne* „Kyrie …" etc.

6 Allerdings waren gerade die „reformatorischen" Lieder mit ihren originalen, noch nicht romantischen (vulgo: „schmalzigen") Singweisen nicht (mehr) völlig ungewohnt; sie waren zuvor schon im CVJM-Liederbuch *Der helle Ton* (sogar teilweise mehrstimmig) enthalten.

7 Vgl. den Beitrag von Johannes Ehmann, Die Bekenntnisfrage in der badischen Kirche (1821–1958) in diesem Jahrbuch.

Man erinnere sich (was heute gar nicht mehr fassbar ist!), dass es damals zwischen den evangelischen Landeskirchen in Deutschland keine Abendmahlsgemeinschaft gab, so dass es z. B. Theologiestudenten aus Baden oder aus der Pfalz passieren konnte, dass sie im Universitätsgottesdienst im fränkisch-bayerischen, evangelisch-lutherischen Erlangen nicht zum Abendmahl zugelassen waren.[8]

Solche – für uns Badener geradezu abartigen – Zustände schrien förmlich nach dem „Licht aus Baden", nach Erleuchtung, nach dem Geist *ächter* [sic] *evangelisch-protestantischer Aufklärung* – um an die Sprache unserer „Unionsväter" von 1821 zu erinnern.

„Baden vor!" – das „ächt" christliche Baden war gefordert und es bestand die Probe: Der badische EKD-Synodale und spätere Präses der EKD-Synode (1955–1961), Prof. Constantin von Dietze aus Freiburg, ein Nationalökonom und Mitglied des sog. Freiburger Kreises, der mit Dietrich Bonhoeffer und Carl Goerdeler Kontakt gehabt hatte, auch in Gestapohaft genommen worden war – Dietze berichtete auf der Badischen Landessynode am 28. September 1948 von dem harten Ringen unter den deutschen Landeskirchen wegen der Abendmahls-Bekenntnis-Frage, woraufhin die Badische Landessynode lapidar und eindeutig feststellte:

In unserer Landeskirche werden die Angehörigen aller in der EKiD geltenden Bekenntnisse zum Abendmahl zugelassen.

Und OKR Gustav Rost ergänzte:

Wir haben erklärt, daß die Evang[elisch]*-prot*[estantische] *Landeskirche Badens niemals hinter das Jahr 1821 zurück wolle, daß sie Gott dankbar ist, daß er der Kirche den Tag und das Bekenntnis von Barmen geschenkt hat, und daß wir das als* die *Grundlage ansehen, die wir uns selber zu eigen machen und auf der wir in klarer Erkenntnis* […] *der Zeitlage stehen, und daß wir nur den* einen *herzlichen Wunsch haben, Gott möge den andern Kirchen eine Tür auftun, damit das* […] *Gespräch über die verschiedenen Abendmahlsauffassungen* […] *zu einer Einigung gebracht werde.*[9]

Dieser „herzliche Wunsch" hat neun Jahre später mit den „Arnoldshainer Abendmahlsthesen" im Jahr 1957 *begonnen*, in Erfüllung zu gehen; wirklich in Erfüllung *gegangen* ist er erst ein Vierteljahrhundert später: mit der Leuenberger Konkordie Reformatorischer Kirchen in Europa im Jahr 1973 – was nebenbei auch bedeutet, dass dieser jahrhundertelange Zwist um das Verständnis des Abendmahls von den Kirchen im Lande Luthers alleine nicht beigelegt werden konnte; sie bedurften gesamt-europäischen Beistandes.

---

[8] Umgekehrt (Mitteilung von Hans Maaß) sollen bayerische Theologiestudenten in Heidelberg von ihrem Landesbischof (immerhin EKD-Ratsvorsitzender Dietzfelbinger!) den Rat erhalten haben: in den „kleinen Ferien" (Weihnachten, Pfingsten) in ihrer bayrischen Heimat zum Abendmahl zu gehen; wenn sie aber in Heidelberg das Bedürfnis hätten, dann sollten sie kommunizieren, wenn einer der beiden notorisch „lutherischen" Professoren – Peter Brunner oder Edmund Schlink – als Liturg amtierte.

[9] Alle Zitate in: Geschichte der badischen evangelischen Kirche seit der Union (wie Anm. 2), 430–432.

Doch noch einmal zurück zu OKR Gustav Rost und zur Badischen Landessynode 1948; unmittelbar an das vorige Zitat anschließend fuhr er fort:

Wir glauben also, innerhalb unserer L[andes]K[irche] in keinem Fall etwas Starres, in sich Abgeschlossenes darzustellen und sind bereit, alle Wege zu gehen, die Gott seiner Kirche weist.[10]

Damit können wir vorläufig zwei Erkenntnisse für unser Thema „Bekenntnis und Bekenntnisrecht" festhalten:

1. Bekenntnis – in diesem Fall: *unser Badisches Unionsbekenntnis* – grenzt nicht (nur) ab, sondern öffnet (auch), *lädt Andere ein* zu diesem Bekenntnis.[11]
Einladen kann, wer durch (sein) Bekennen bestimmt ist. Wer seine Bestimmung hat, sollte sie auch Andern anbieten; sollte Raum geben.[12]
2. Die Badische Landeskirche hat (damals) Andern Recht gegeben, Recht eingeräumt – in diesem Fall: das Recht, im Gottesdienst der Badischen Landeskirche zum „Tisch des Herrn zu gehen" und das Abendmahl zu empfangen, auch wenn diese Andern nicht Glieder der badischen Landeskirche waren.[13]

Eigenes Recht, unser Badisches Unions-Bekenntnis-Recht, stellte (einladend) Andern Recht zu; das war *eine Recht-Zustellung* – so wie die Post-Zustellung durch den Post-Zusteller.

Nun war nach dieser wirklich wegweisenden Klärung und Erklärung der Badischen Landessynode im Jahr 1948 freilich noch nicht alles „in trockenen Tüchern".

---

[10] Ebd., 432.

[11] Karl Barth, Kirchliche Dogmatik (KD) III/4, 80: „Bekenntnis ist […] das Lautwerden, die *Weitergabe* einer Erkenntnis." (Hervorhebung: GGG-W).
„In ihren Bekenntnissen bezeugt die Kirche ihren gemeinsamen Glauben. Er umfasst die Glaubenserkenntnisse der einzelnen und ist größer als diese. […] Die Bekenntnisse der Kirche [schützen] den Glauben der einzelnen […] vor Einseitigkeiten und machen seine Unvollkommenheit erträglich" (Klaus Baschang, in: Bekenntnisschriften der Evangelischen Landeskirche in Baden, 9., neu bearbeitete und erweiterte Auflage, Karlsruhe 1995, 15.

[12] Es geht komplett an der Sache vorbei, wenn heutzutage im gesellschaftlichen Diskurs mitunter das (religiöse oder weltanschauliche) Bekenntnis attackiert wird: es „diskriminiere" Andere – nämlich diejenigen, welche nicht das gleiche Bekenntnis teilen. Das Gegenteil ist richtig. Wahres – „echtes" – Bekenntnis *lädt* ein.
Dazu Karl Barth, KD III/4, 85: „In dem Maß, als man mit seinem Bekenntnis […] nur ein eigenes Bedürfnis befriedigen wollte, wäre man […] faktisch gerade kein Bekenner. Man wäre es aber auch in dem Maß nicht, als man mit seinem Bekennen Andere belehren, unterrichten, beeindrucken, überzeugen, gewinnen wollte. […] Viel […] Bekennen scheitert daran, daß es […] viel zu sehr *Lehr*bekenntnis, Instruktion, Polemik oder Apologetik [ist]. An denselben Zweckhaftigkeiten kranken […] die meisten kirchlichen Bekenntnisse alter und neuer Zeit."

[13] Die großartige und einzigartige, aber niemandem unerschwingliche Möglichkeit dazu gibt die Abendmahlskonkordie der Unionsurkunde von 1821 (§ 5 „Lehre"), die in acht (quasi „wasserdichte") Katechismus-Fragen-und-Antworten gefasst ist: Sie zitiert im entscheidenden Punkt zwar ‚nur', aber eben völlig hinreichend die Bibel (1 Kor 10,16), „ohne in Hinsicht der besonderen Vorstellungen" von der Gegenwart Christi beim und im Abendmahl „die Gewissen binden zu wollen".
Im Grunde, im Kern und im strengen Sinne des Wortes ist eigentlich nur diese Abendmahlskonkordie (§ 5 Uu) das „Bekenntnis" der Badischen Evangelischen Kirche: Diese Konkordie über-holt im wahrsten Sinne des Wortes den unsäglichen, unseligen Streit darüber, ob die CA *invariata* oder die *Variata* gelte; ob nach dem „Kleinen Luther" oder dem „Heidelberger" zu glauben sei.

Allzu viel war ja seit 1821 geschehen hinsichtlich des Bekennens: vor allem der „Kirchenkampf" in der Zeit der NS-Herrschaft und dabei vor allem die I. Bekenntnis-Synode der „DEK", welche vom 29. bis 31. Mai 1934 in der Gemarker Kirche in Wuppertal-Barmen mit 139 Teilnehmern aus 25 deutschen Landeskirchen stattgefunden und die bedeutsame Barmer Theologische Erklärung (BTE) in sechs Artikeln abgegeben hatte.

Diese „Erklärung" konstituierte faktisch – nicht unbedingt *de iure*, aber auf jeden Fall *de facto* – die „Bekennende Kirche" (BK) und sie wurde im Lauf der Jahre mehr und mehr als ein Bekenntnis *in ihrer* und *für ihre* Zeit erachtet. Nach dem Ende des „Dritten Reiches" stand sie als ein theologischer „Fels in der Brandung", was allerdings auch bedeutete, dass sie umstritten war. Sehr – sehr! – kurz gesagt: hauptsächlich deshalb, weil ihr Text zum größten Teil aus der Feder von Karl Barth geflossen war, des Schweizer reformierten Theologieprofessors, der damals an der Universität Bonn lehrte. Das machte parteiisch, und manche „Lutheraner" hatten Schwierigkeiten damit.

In dieser Situation war es bedeutsam und sehr wichtig, dass der neue badische Landesbischof Julius Bender (1893–1966; LB von 1946 bis 1964) – nicht *obwohl*, sondern vermutlich gerade *weil* er sich selbst als einen „Lutheraner" (innerhalb der Badischen Unionskirche) verstand – dafür eintrat: die Barmer Theologische Erklärung in unser Kirchen-Rechts-System zu „implementieren", wie man heute sagen würde.

Vor einem eigens von ihm einberufenen Arbeitskreis von sieben Theologen[14] („Theologisches Amt" genannt), der ihm und der Kirchenleitung helfen sollte, *daß ihre Wege, ihre Entscheidungen dem Worte Gottes und dem Bekenntnisstand der Landeskirche gemäß sind*, führte er am 14. April 1947 aus:

Warum ist neben die Bekenntnisse der Landeskirche – laut der Unionsurkunde waren dies damals: die Augsburgische Konfession (Confessio Augustana [CA]), von Bender als maßgebend tituliert, *in allen ihren Artikeln, zusammengefaßt im IV. Artikel* (dem Artikel *Von der Rechtfertigung*), der Kleine Katechismus Luthers (*vor allem in der Erklärung zum 2. Glaubensartikel*) und der Heidelberger Katechismus (*vor allem in der Frage 1* – „Was ist dein einziger Trost im Leben und im Sterben? – Daß ich im […] Leben und im Sterben nicht mein, sondern meines getreuen Heilandes Jesu Christi eigen bin") – ... warum also, fragte der Landesbischof, *ist neben die Bekenntnisse der Landeskirche noch die Theologische Erklärung von Barmen gestellt?*

Die Landessynode hatte nämlich beschlossen, die demnächst zu wählenden Kirchenältesten *auch* auf Barmen zu verpflichten. Warum also diese Neuerung in der damals 126 Jahre währenden Geschichte der Badischen Unionskirche?

Die Antwort des Landesbischofs Bender darauf lautete: [N]*icht deshalb, weil in dieser Erklärung eine neue, in den reformatorischen Bekenntnissen nicht enthaltene Schriftwahrheit ans Licht gekommen ist, sondern weil in einem entscheidenden Augenblick der Kirchengeschichte deutlich geworden ist, daß uns die Offenbarung*

---

[14] Dabei auch sein späterer Nachfolger im Amt des Landesbischofs: Dr. Hans-Wolfgang Heidland; ferner der Freiburger Kreisdekan und spätere Oberkirchenrat Otto Hof und der Heidelberger Theologieprofessor Edmund Schlink (Geschichte der badischen evangelischen Kirche seit der Union, Nr. 254, 433).

Gottes [...] nicht nur als Gegenstand der Erkenntnis gegeben ist, sondern dazu, daß sie von Herzen geglaubt und mit dem Munde bekannt wird (Röm 10,10).[15]

Wir haben in diesem Zitat also schon das Thema unseres Studientages:

Wir glauben (von Herzen)
und bekennen (mit dem Munde).

Weiter im Text des damaligen Landesbischofs:

Barmen *war ein Bekenntnis zu Gottes Wort angesichts von Pseudoerkenntnissen [...] Die Theologische Erklärung von Barmen wurde abgegeben in dem Augenblick, als falsche Predigt die Kirche zu verführen drohte [...] Darum mahnt uns die Theologische Erklärung von Barmen [...] Ad fontes!*[16]

Soweit im Jahr 1947 der damalige badische Landesbischof Julius Bender. Das führt uns zu drei weiteren „Vorläufigen Erkenntnissen" – den Nummern 3 bis 5:

3. Ein Bekenntnis – in dem Sinne, in dem wir hier davon sprechen – ein christliches Bekenntnis ist „keine Sammlung von mehr oder weniger wichtigen Lehrsätzen über Gott"[17], auch kein Bekenntnis zu dem oder jenem mehr oder weniger schönen, „richtigen", nützlichen Ideal oder Standpunkt, sondern einzig und allein zum Wort Gottes.
4. Ein Bekenntnis – in dem Sinne, in dem wir hier davon sprechen – hat einen Augenblick, einen „Kairos" (καιρος), einen „Moment", ein *Momentum* in des Wortes ursprünglicher (lateinischer) Bedeutung*: Kraft in der Bewegung*!

Nicht alles, was emphatisch verlautbart wird, hat Kraft. Bekenntnis ist Bewegung in Kraft und Kraft in Bewegung. **„*Das Wort bewegt!*"** – lautete das Generalmotto unseres (dreiwöchigen) Badischen Beitrags auf der sog. **Weltausstellung** *Reformation* 2017 in Wittenberg, der vorrangig Philipp Melanchthon, den Autor des ersten evangelisch-protestantischen Bekenntnisses 1530 in Augsburg, zum „Ausstellungs"-Objekt und zum geistig-geistlichen Patron hatte.

Ein Bekenntnis – im hier gemeinten Sinne – gibt immer auch Kunde von einem einschneidenden Ereignis zur Zeit oder nahe vor der Zeit seiner Entstehung, von einer „Tat Gottes" – aus der Sicht des Glaubens. Wenn Gott „nix tut"[18] oder wenn der Glaube „nix sieht"[19], dann gibt's auch kein Bekenntnis.

5. Ein Bekenntnis – im hier gemeinten Sinne – führt „*Ad fontes!*" – will heißen: zum Ur-Sprung; nicht gekettet an die Vergangenheit, sondern um (wie bei einem

---

[15] Ebd., 436.
[16] Ebd., 435.
[17] Baschang (wie Anm. 11), 16.
[18] „Den Bekenntnissen der Kirche gehen [...] die Heilstaten Gottes voraus" (ebd).
[19] „Zu der Situation, in der es [...] zum Bekennen kommt, gehört [...] auch das, daß der Mensch ihrer [...] gewahr wird: daß er ihrer gewahr werden *will* [...] Daß er sie also nicht verschlafe, nicht versäume, nicht umdeute, nicht verharmlose [...] daß er den faktisch eingetretenen *status confessionis* [...] nicht leugne [...] nicht verschiebe [...] auf eine noch ernstere Situation" (Karl Barth, KD III/4, 86f.).

Trampolin:) federnde Kraft für einen weiteren – jetzt not-wendigen! – Sprung zu schöpfen.

Bisher haben wir uns ausschließlich im Raum des religiösen, christlichen, kirchlichen, evangelisch-protestantischen Nachdenkens und Argumentierens bewegt. Der „Bekenntnis"-Begriff hat aber auch eine erhebliche Bedeutung und Wirkung im Raum „weltlichen" Erlebens, des gesellschaftlichen Diskurses und des staatlichen Handelns.

In der Zeit nach dem Zweiten Weltkrieg war ja auch dieses – das staatliche Handeln – auf den Trümmern des zusammengebrochenen Unrechts-und-Terror-Staats-Apparats in einer rechtlich geordneten Weise neu zu gestalten und auf ein sittlich legitimes Fundament zu stellen.

Die Verfassung unseres Bundeslandes Baden-Württemberg von 1953 geht mit dem Bekenntnis-Begriff sparsam um; nur wenige Male – aber gewichtig – gebraucht sie ihn:

a) *Das Volk von Baden-Württemberg* hat sich die Verfassung *in feierlichem Bekenntnis zu den unverletzlichen und unveräußerlichen Menschenrechten und den Grundrechten der Deutschen* […] *gegeben* (Vorspruch). Das ist ein quasi-religiöses, rechtlich außerordentlich stark bindendes „Bekenntnis" – beruhend auf zwei vorangegangenen Texten: der Allgemeinen Erklärung der Menschenrechte vom Dezember 1948 und dem Grundrechte-Katalog des Grundgesetzes der Bundesrepublik Deutschland, die freilich selbst wieder zurückgehen auf Vorläufer in der Europäischen Aufklärung bzw. in der Abendländischen (Rechts-)Philosophie überhaupt. Das ist eine sehr respektable Verwendung des Bekenntnisbegriffs.
b) Die zweite Bezugnahme leistet sich unsere Landesverfassung hinsichtlich eines Feiertags: Der 1. Mai als gesetzlicher Feiertag *gilt dem Bekenntnis zu sozialer Gerechtigkeit, Frieden, Freiheit und Völkerverständigung.*
Das ist eine schöne, bürgerliche Absichtserklärung, aber in unserm Studienzusammenhang von eher untergeordneter Bedeutung.
c) Erheblich ist die dritte Verwendung des Bekenntnisbegriffs in Artikel XVI Absatz 2 [1]: *Bei der Bestellung der Lehrer an den Volksschulen ist auf das religiöse* […] *Bekenntnis der Schüler nach Möglichkeit Rücksicht zu nehmen.* [2] *Bekenntnismäßig nicht gebundene Lehrer dürfen jedoch nicht benachteiligt werden.*

Das – noch ältere, aber nach wie vor gültige – Reichsgesetz, jetzt ein Bundesgesetz *über die religiöse Kindererziehung* (vom 15. Juli 1921 [!]) in der Fassung vom 17. Dezember 2008 legt fest, dass *während bestehender Ehe von keinem Elternteil ohne die Zustimmung des andern bestimmt werden* [kann], *dass das Kind in* […] *einem andern Bekenntnis als bisher erzogen oder* […] *vom Religionsunterricht abgemeldet werden soll* (§ 2 Abs. 2). Weiter (§ 5): *[1]Nach Vollendung des 14. Lebensjahres steht dem Kinde die Entscheidung darüber zu, zu welchem religiösen Bekenntnis es sich halten will. [2]Hat das Kind das zwölfte Lebensjahr vollendet, so kann es nicht gegen seinen Willen in einem andern Bekenntnis als bisher erzogen werden.*

Schließlich noch ein Beleg aus dem („weltlichen") Recht: Das Strafgesetzbuch (§ 166 Abs. 1) bedroht denjenigen, der öffentlich(keitswirksam) und *den öffentlichen Frieden* störend *den Inhalt des religiösen* […] *Bekenntnisses anderer* […] *beschimpft*, mit einer *Freiheitsstrafe bis zu drei Jahren oder mit Geldstrafe.*

Was diese wenigen Hinweise aus dem säkularen Bereich, die allesamt in unserm Zusammenhang nicht mehr sein können als Andeutungen, bezwecken sollen, ist die Feststellung: dass die ur-religiöse, zutiefst theologische[20] Kategorie des „Bekenntnisses" auch in die Sphäre des gesellschaftlichen Diskurses eingewandert ist und von daher erhebliche Bedeutung im staatlichen Recht erlangt hat, wobei (im strikten Sinne des Wortes:) jegliche *Konfessionalisierung* des öffentlichen Lebens im freiheitlich-demokratischen Rechtsstaat zu unterbleiben hat – und nicht im Sinne einer evangelisch-reformatorisch wachen Kirche sein darf!

Das führt zu den weiteren „Vorläufigen Einsichten" (Nrr. 6 und 7):

6. Es ist keineswegs selbstverständlich, dafür aber umso bedeutsamer: dass die religiöse Kategorie des „Bekenntnisses" auch im staatlichen Recht ihren Platz hat. Sie kommt in diesem Kontext sparsam, aber mit großer Reichweite zum Tragen.
7. Das staatliche Recht – darin dem Bekenntnis nicht unähnlich – „räumt ein", und zwar in zweifacher Hinsicht:
   - es „räumt" die Sachverhalte in die Tatbestände „ein", es sortiert[21], es ordnet;
   - es räumt dem „Privaten" eine Existenz im „Öffentlichen" ein und schützt es!

All' das geht letzten Endes zurück auf einen ganz großen Text in der Geschichte der Staatskunst, der uns freilich meistens nur noch als Schulwissen geläufig, aber weniger oder gar nicht in seiner immensen humanen Bedeutung bewusst ist; ich meine den Augsburger Religionsfrieden von 1555.

Damals haben Kaiser und Reichsstände sich gegenseitig verpflichtet: *keinen Stand des Reichs von wegen der Augspurgischen Confession und derselbigen Lehr, Religion und Glaubens halb mit der That gewaltiger Weis* [zu] *überziehen, beschädigen, vergewaltigen oder* anderweitig *zu beschweren,* sondern *ruhiglich und friedlich bleiben* [zu] *lassen* (§ 15).

Das heißt: Die römisch-katholischen und die evangelisch-lutherischen Obrigkeiten haben sich gegenseitig Religions(-Bekenntnis)-Freiheit garantiert.

Entsprechend galt für die Untertanen wenigstens ein bisschen Bekenntnisfreiheit:
Wo [...] *unsere Unterthanen* [entweder] *der alten Religion oder Augspurgischen anhängig, von solcher ihrer Religion wegen aus Unseren Landen* [...] *mit ihren Weib und Kindern an andere Orte ziehen und sich nieder thun wollen, denen soll solcher Ab-und-Zu-Zug* [...] *unverhindert männiglichs zugelassen und bewilligt* [...] *seyn* (§ 24). Das heißt: Jeweils andersgläubige Einwohner durften auswandern, sie wurden nicht zur Konversion gezwungen oder gar getötet.

Vor dem Hintergrund der modernen Religions*freiheit*, derer wir uns heute erfreuen dürfen (Art. IV GG), die von staatlicher Verleihung unabhängig und kein Privileg nur für Christen, sondern eines der vornehmsten vorstaatlichen Allgemeinen Menschenrechte ist – vor diesem Hintergrund mag uns der Religions*frieden* von 1555 kümmer-

---

[20] Dass Angehörige des Menschengeschlechts – „humane" Wesen also mit Menschenwürde – sich mit „Bekenner"-Schreiben zu ihren feigen Terrorattacken gegen andere humane, unschuldige und wehrlose Wesen „bekennen" (und dass dies von „den Medien" und der „Öffentlichkeit" auch noch erwartet wird) ist in des Wortes Urbedeutung – per-vers. Und zutiefst – satanisch!

[21] Mit (großer!) Vorsicht könnte man etwas Ähnliches auch vom **Bekenntnis** sagen: Es „räumt" die divergierenden (und – in wenigen Fällen – auch widersprüchlichen) Schrift-„Aussagen" in die Glaubens-„Wahrheiten", in die *Theologumena,* „ein" – *und schützt sie* (so)!

lich vorkommen, aber wir sollten bedenken, welch eine *humane* Errungenschaft er im Römischen Reich Deutscher Nation gewesen ist – in einer Zeit, in welcher (zum Beispiel:) 17 Jahre später quasi „nebenan", im Königreich Frankreich, etwas so Entsetzliches möglich gewesen ist wie das Gemetzel der sogenannten Bartholomäusnacht in Paris und darüber hinaus: im August 1572!

Der Augsburger Religionsfrieden hat über ein halbes Jahrhundert lang gehalten, zwei Menschengenerationen lang Reichsfrieden gewährt, bis zum Dreißigjährigen Krieg. Und als *diese* Tragödie für Deutschland endlich überwunden war, da wurde er in erweiterter und verbesserter Form durch die *Instrumenta Pacis* (Münster & Osnabrück), den Westfälischen Frieden (1648) verlängert und hat gehalten bis zum Ende des Alten Reiches (1806) – und im Grunde bis heute.

Wir führen keine Kriege des Bekenntnisses wegen, wir genießen Religions-und-Bekenntnis-Freiheit – eine Errungenschaft nicht des Klerus in den Religionen, sondern der „Laien"; nicht der Theologie, sondern der Jurisprudenz und der Diplomatie! Das muss man – leider – so konstatieren, obwohl doch (s. o.) das Bekenntnis eine ur-religiöse, eine zutiefst theologische Kategorie ist.

Warum sage ich das? Ganz einfach deshalb, weil der Ursprung des Bekenntnisses in der Beichte liegt, im Bekennen der Schuld, meiner Schuld – vor Gott!

Confiteor: ich bekenne, dass ich gesündigt habe in Gedanken, Worten und Werken [...] – *confessio,* Konfession, Bekenntnis.

Wenige Wochen nach der Oberländer Tagung vom 1. August 1945 ist das „Stuttgarter Schuldbekenntnis" am 18./19. Oktober 1945 vom Rat der neuen EKiD formuliert und an eine Delegation aus der Oekumenischen Bewegung – einen „Weltrat der Kirchen" (Oekumenischen Rat [ÖRK/WCC]) gab es noch nicht – abgegeben worden: *Durch uns ist unendliches Leid über viele Völker gebracht worden* [...] *Wir klagen uns an* [...] usw.

Die *individuelle* und auf Eingeständnis bezogene Bedeutung von „Bekenntnis" wird hier *kollektiv* und stellvertretend laut und schafft – wieder haben wir's: *schafft Raum*. Denn auf Grund dieser sog. Stuttgarter Schulderklärung war es den nach Württemberg angereisten Gästen aus der Oekumenischen Bewegung möglich, dem niedergeschlagenen Deutschland wieder einen vorsichtigen Türspalt zur zivilisierten Völkergemeinschaft hinaus zu öffnen.

Der Zusammenhang von Bekenntnis und Recht und Raum kann hier eindrucksvoll bemerkt und studiert werden. Deshalb die letzte vorläufige Einsicht:

8. Nun aber bleiben: Bekenntnis, Recht und (Frei-)Raum.
   Diese drei gehören zusammen.

Hier schließt sich der Kreis, und ich komme mit meinem Kaleidoskop – mehr ist es nicht – zum *Thema* „Bekenntnis und Bekenntnisrecht" zum Anfang zurück, zum Neu-Anfang des Protestantismus in Baden, der gelungen ist und der in einem ungefähr ein Jahrzehnt lang andauernden, über die „evangelischen Wahrheiten" von „Barmen" und die „Bekenntnisstands"-Debatte[22] führenden Prozess zum Resultat unserer „Grundordnung" (GO) von 1958 gelangte:

---

[22] Siehe dazu auch Ehmann, Bekenntnisfrage (wie Anm. 7)

Unsere Badische Unionskirche *glaubt und bekennt Jesus Christus* (Vorspruch GO) – und jetzt weiche ich nur im Wortlaut, aber (hoffentlich!) nicht dem Sinne nach, von der badischen Kirchenverfassungs-Präambel ab und „switche" zu „Barmen I": ... *bekennt Jesus Christus, wie er uns in der Heiligen Schrift bezeugt wird.*[23] Nur da! – und eben nicht in anderen „Ereignissen und Mächten, Gestalten und Wahrheiten"!

Die Gefahr solchen Abwegs freilich ist (wieder) nicht (mehr) auszuschließen. Dass ihr gesteuert werde – *das walte Gott!*

---

[23] Die Gemeinde […] und die Bekenner ihres Glaubens (im Unterschied zu allem Privatglauben) wird man immer daran erkennen, daß sie die *heilige Schrift*, und zwar die ganze Schrift und diese zwecks besserer Belehrung […] zu sich reden lassen" (Karl Barth, KD III/4, 91).

Kirchenorganisation im Kraichgau in vorreformatorischer Zeit

Kurt Andermann

Der frühneuzeitliche Kanton Kraichgau der freien Reichsritterschaft war Teil des schwäbischen Ritterkreises,[1] und die wohl nicht zuletzt daher rührende Vorstellung, der Kraichgau sei eine schwäbische Landschaft, ist weit verbreitet.[2] Tatsächlich aber ist der Kraichgau eine fränkische Landschaft.[3] Das alte fränkische Stammesgebiet umfasst sogar nicht allein den Kraichgau, sondern reicht im Süden über das Zabergäu und den Enzgau hinaus bis in den Glemsgau und in den Würmgau. Die Grenze zwischen dem früh- und hochmittelalterlichen Franken und Schwaben verläuft zwischen Weil der Stadt und Böblingen beziehungsweise zwischen Calw und Herrenberg; die Landschaften südlich dieser Linie sind altes schwäbisches Stammesgebiet, die Landschaften nördlich davon – und mithin auch der Kraichgau – gehören zum Gebiet des alten Franken.[4] Davon zeugt nicht zuletzt die hierzulande noch heute verbreitete südrheinfränkische Mundart.[5] Unser Wissen um die alten Stammesgrenzen beruht indes keineswegs primär auf dialektgeographischen Beobachtungen, die naturgemäß einem ständigen Wandel unterliegen, sondern in allererster Linie beruht es auf uralten kirchlichen Grenzen, nämlich auf den bis in die napoleonische Zeit bestehenden alten Diözesangrenzen.[6] Würmgau, Enzgau, Glemsgau, Zabergau und Murrgau mit Weil der Stadt und Hirsau gehörten demnach zur alten – fränkischen – Diözese Speyer, ebenso wie die südwestliche Hälfte des Kraichgaus. Die nordöstliche Hälfte des Kraichgaus war in älterer Zeit Teil der selbstverständlich ebenfalls fränkischen Diözese Worms.

---

[1] Volker Press, Die Ritterschaft im Kraichgau zwischen Reich und Territorium 1500 bis 1623, in: Zeitschrift für die Geschichte des Oberrheins 122 (1974), 35–98; Kurt Andermann, Der Reichsritterkanton Kraichgau. Grundlinien seines Bestands und seiner Verfassung, in: Zeitschrift für die Geschichte des Oberrheins 160 (2012), 291–338.

[2] Klaus Graf, Der Kraichgau. Bemerkungen zur historischen Identität einer Region, in: Stefan Rhein (Hg.), Die Kraichgauer Ritterschaft in der frühen Neuzeit (Melanchthon-Schriften der Stadt Bretten 3), Sigmaringen 1993, 9–46.

[3] Kurt Andermann, Der Kraichgau – eine Landschaft dazwischen, in: Kurt Andermann und Christian Wieland (Hgg.), Der Kraichgau. Facetten der Geschichte einer Landschaft (Kraichtaler Kolloquien 6), Epfendorf 2008, 11–25.

[4] Albert Bauer und Hans Jänichen, Karte der Bezirksnamen des 8. bis 12. Jahrhunderts, in: Historischer Atlas von Baden-Württemberg, hrsg. von der Kommission für geschichtliche Landeskunde in Baden-Württemberg in Verbindung mit dem Landesvermessungsamt Baden-Württemberg, hier Karte und Erläuterungen IV,3, Stuttgart 1972.

[5] Hugo Steger und Karlheinz Jakob, Raumgliederung der Mundarten. Vorstudien zur Sprachkontinuität im deutschen Südwesten (Arbeiten zum Historischen Atlas von Südwestdeutschland 7), Stuttgart 1983, 15.

[6] Meinrad Schaab, Kirchliche Gliederung um 1500, in: Historischer Atlas von Baden-Württemberg (wie Anm. 4), Karte und Erläuterungen VIII,5, Stuttgart 1972–1975; Hans Ammerich, Bistum und Hochstift Speyer um 1500, in: Erwin Gatz und Rainald Becker (Hgg.), Atlas zur Kirche in Geschichte und Gegenwart, Regensburg 2009, 132; Erwin Gatz und Burkard Keilmann, Bistum und Hochstift Worms um 1500, in: ebenda, 142.

Von den Bischofssitzen Worms und Speyer aus erfolgte im frühen Mittelalter die Christianisierung des Kraichgaus[7] wie auch der Landschaften östlich des Neckars, und im Rahmen der alten Diözesen Worms und Speyer entfaltete sich hier im Lauf des Mittelalters die bis ins Zeitalter der Konfessionalisierung geltende, flächendeckende Kirchen- und Pfarreiorganisation. Freilich ging die älteste Kirchenorganisation in dem altbesiedelten Kraichgau weniger von zentralen bischöflichen Taufkirchen mit ihrem Netz von Filialkirchen aus, als vielmehr von herrschaftlichen Eigenkirchen,[8] die in den zahlreichen, schon seit längerem existierenden Siedlungen entstanden waren[9] und die erst in einem zweiten Schritt der bischöflichen Botmäßigkeit unterworfen wurden.

Träger der geistlichen Kirchenorganisation waren seit dem 7. und 8. Jahrhundert namentlich die Klöster Weißenburg[10] und Lorsch[11], die im Gebiet des Kraichgaus reich begütert waren. Das bedeutende Weißenburg war in älterer Zeit aufs engste mit der Speyrer Bischofskirche verbunden. An das einstige Weißenburger Engagement erinnert noch heute nicht zuletzt das Peters-Patrozinium der Bruchsaler Kirche,[12] und von der Lorscher missionarischen Tätigkeit zeugt das markante Nazarius-Patrozinium der Kirche in Menzingen.[13] Hinzu kamen als Eigenkirchenherren natürlich auch noch zahlreiche weltliche Grundherren, unter denen hier vor allem die Kraichgaugrafen Zeisolf-Wolfram[14] sowie die Grafen von Lauffen[15] hervorgehoben seien; die einen gründeten das Kloster in Sinsheim, die anderen jenes in Odenheim.

---

[7] Elke Goez, Der Kraichgau – eine geistliche Landschaft?, in: Andermann/Wieland, Kraichgau (wie Anm. 3), 127–153.

[8] Ulrich Stutz, Die Eigenkirche als Element des mittelalterlichen germanischen Kirchenrechts (1895/1913) (Libelli 28), Darmstadt 1955; Adalbert Erler, Eigenkirche, in: Religion in Geschichte und Gegenwart, Bd. 2, Tübingen ³1958, Sp. 356f.; Peter Landau, Eigenkirchenwesen, in: Theologische Realenzyklopädie, Bd. 9, Berlin und New York 1982, 399–404; Rudolf Schieffer, Eigenkirche, -nwesen, in: Lexikon des Mittelalters, Bd. 3, München und Zürich 1984–1986, Sp. 1705–1708; Louis Carlen, Eigenkirchenwesen, in: Lexikon für Theologie und Kirche, Bd. 3, Freiburg i. Br. ³1995, Sp. 527 f.; Paul Oberholzer, Vom Eigenkirchenwesen zum Patronatsrecht. Leutkirchen des Klosters St. Gallen im Früh- und Hochmittelalter (St. Galler Kultur und Geschichte 33), St. Gallen 2002; Enno Bünz, Eigenkirche, in: Handwörterbuch zur deutschen Rechtsgeschichte, Bd. 1, Berlin ²2008, Sp. 1267–1269.

[9] Alois Seiler, Studien zu den Anfängen der Pfarrei- und Landdekanatsorganisation in den rechtsrheinischen Archidiakonaten des Bistums Speyer (Veröffentlichungen der Kommission für geschichtliche Landeskunde in Baden-Württemberg B 10), Stuttgart 1959, 110–124.

[10] Ludwig Anton Doll, Der Besitz des Klosters Weißenburg, in: Pfalzatlas, hrsg. von Willi Alter, Speyer 1963–1994, hier Karten Nr. 174f. und Textbd. 4, 2204–2236 (1994), hier v. a. 2233f.

[11] Meinrad Schaab, Der Kraichgau und der Pfinzgau, in: Friedrich Knöpp (Hg.), Die Reichsabtei Lorsch. Festschrift zum Gedenken an ihre Stiftung 764, 2 Bde., Darmstadt 1973–1977, hier Bd. 1, 589–604; Meinrad Schaab, Der Elsenzgau, in: Knöpp (wie eben), 605–616.

[12] Seiler, Studien (wie Anm. 9), 242.

[13] Ebd., 244.

[14] Ludwig H. Hildebrandt, Die Grafschaften des Elsenz- und Kraichgaus im hohen Mittelalter, ihre Grafen und deren Burgensitze mit spezieller Berücksichtigung von Bretten, in: Brettener Jahrbuch für Kultur und Geschichte NF 5 (2008), 55–85.

[15] Hansmartin Schwarzmaier, Aus der Welt der Grafen von Lauffen. Geschichtsbilder aus Urkunden, in: Christhard Schrenk und Peter Wanner (Hgg.), Heilbronnica 5. Beiträge zur Stadt- und Regionalgeschichte (Quellen und Forschungen zur Geschichte der Stadt Heilbronn 20 – Jahrbuch für schwäbisch-fränkische Geschichte 37), Heilbronn 2013, 51–78; Christian Burkhart und Jörg Kreutz (Hgg.), Die Grafen von Lauffen am mittleren und unteren Neckar (Heidelberger Veröffentlichungen zur Landesgeschichte und Landeskunde 18), Heidelberg 2015.

Die alten, bis in den Beginn des 19. Jahrhunderts bestehenden Diözesen von Worms[16] und Speyer[17] lagen von jeher quer zum Rhein. Ausgehend von ihren linksrheinischen Kathedralstädten, deren kirchliche Wurzeln in die Spätantike zurückreichen, griffen die Wormser und die Speyrer Bischöfe seit dem frühen Mittelalter in die Landschaften rechts des Stroms aus. Während ihre Sprengel links des Rheins gegenüber Mainz, Metz und Straßburg schon beizeiten fest umgrenzt waren, konnten sie rechtsrheinisch, nach Osten hin, zunächst nahezu ungehindert expandieren; im Norden und Süden freilich mussten sie sich ebenfalls mit ihren Amtsbrüdern von Mainz und Straßburg beziehungsweise Konstanz arrangieren.

Der sehr kleine Sprengel des Wormser Bischofs legte sich im Norden sichelförmig um die Speyrer Diözese, von Landstuhl im Westen bis nach Kirchheim am Neckar im Osten. Die Grenze zwischen Worms und Speyer verlief diagonal durch den Kraichgau, ungefähr entlang der heutigen Autobahn. Schwetzingen, Waibstadt, Güglingen im Zabergäu und Kirchheim am Neckar waren wormsisch, Ketsch, Sinsheim, Eppingen und Bönnigheim gehörten zu Speyer. Allerdings war Sinsheim ursprünglich ebenfalls Teil des Wormser Sprengels und gelangte erst 1099 im Tausch gegen Kirchheim am Neckar unter den Speyrer Bischofsstab.[18] Das Wormser Gebiet reichte im Osten anfangs noch weit über den Neckar hinaus, jedoch musste die dortige Zuständigkeit nach der Gründung des Bistums Würzburg im Jahr 742 zum allergrößten Teil an die neue ostfränkische Diözese abgetreten werden.[19] Der Speyrer Sprengel war ebenfalls nicht sehr groß, aber doch deutlich größer als der Wormser. Rechts des Rheins grenzte er im Süden an die schwäbischen Diözesen Straßburg und Konstanz, umschloss im Südosten Hirsau und Weil der Stadt, und mit einer schmalen, weit nach Osten vorgeschobenen Zunge stieß er zwischen Backnang und Lorch im Remstal auf die schwäbische Diözese Augsburg.

Nur der Vollständigkeit halber sei noch vermerkt, dass nicht allein die Diözesen, die geistlichen Jurisdiktionsbezirke, der Bischöfe von Worms und Speyer beiderseits des Rheins lagen, sondern ebenso deren Hochstifte, das heißt ihre weltlichen Herrschaftsgebiete,[20] denn seit ottonisch-salischer Zeit waren die Bischöfe ja nicht zuletzt Träger weltlicher Herrschaft, in Spätmittelalter und Frühneuzeit im Rang von

---

[16] Johann Friedrich Schannat, Historia episcopatus Wormatiensis, 2 Bde., Frankfurt a. M. 1734; Hildegard Eberhardt, Die Diözese Worms am Ende des 15. Jahrhunderts. Nach den Erhebungslisten des „Gemeinen Pfennigs" und dem Wormser Synodale von 1496 (Vorreformationsgeschichtliche Forschungen 9), Münster i. W. 1919; Meinrad Schaab, Die Diözese Worms im Mittelalter, in: Freiburger Diözesan-Archiv 86 (1966) 94–219; Friedhelm Jürgensmeier (Hg.), Das Bistum Worms. Von der Römerzeit bis zur Auflösung 1801 (Beiträge zur Mainzer Kirchengeschichte 5), Würzburg 1997.

[17] Franz Xaver Remling, Geschichte der Bischöfe von Speyer, 2 Bde., Mainz 1852–1854; Ludwig Stamer, Kirchengeschichte der Pfalz, 4 Bde. in 5, Speyer 1936–1964; Seiler, Studien (wie Anm. 9); Ludwig Anton Doll (Hg.), Palatia Sacra. Kirchen- und Pfründenbeschreibung der Pfalz in vorreformatorischer Zeit (Quellen und Abhandlungen zur mittelrheinischen Kirchengeschichte 61), bisher 5 Bde. in 6, Mainz 1988–2009.

[18] Seiler, Studien (wie Anm. 9), 121.

[19] Peter Paul Albert, Das Bistum Würzburg und die Gaugrafschaft Wingarteiba, in: Julius Döpfner (Hg.), Herbipolis Jubilans. 1200 Jahre Bistum Würzburg. Festschrift zur Säkularfeier der Erhebung der Kiliansreliquien, Würzburg 1952, 123–146.

[20] Meinrad Schaab, Territoriale Entwicklung der Hochstifte Speyer und Worms, in: Pfalzatlas, (wie Anm. 10), Karte Nr. 61 und Textbd. 2, 760–780 (1972).

Reichsfürsten.[21] Indes hatten die Wormser Oberhirten ihre im hohen Mittelalter sehr bedeutenden Herrschaftsrechte im nördlichen und östlichen Kraichgau sowie am unteren Neckar seit der Stauferzeit nahezu ganz eingebüßt – zunächst an die Staufer, dann an die Pfalzgrafen –, während die Speyrer Bischöfe sich im westlichen Kraichgau, am Bruhrain und in der Rheinebene mit einem zwar nicht sehr großen, aber doch weitgehend geschlossenen Territorium bis zum Ende des Alten Reiches behaupten konnten.

Zurück zur Kirchenorganisation: Diese war vom Pfarrer bis hinauf zum Bischof im Ganzen vierstufig aufgebaut. Die Basis bildete die Pfarrei, gegebenenfalls mit Filialkirchen respektive -kapellen. Auf der zweiten Stufe waren die Pfarreien in Land- oder Ruralkapiteln beziehungsweise in Landdekanaten zusammengefasst, die Landdekanate ihrerseits in Archidiakonaten, der dritten Stufe, und darüber stand schließlich auf der vierten Stufe der Bischof als Diözesan. Die fünfte kirchliche Hierarchiestufe braucht hier nicht weiter zu interessieren; es handelt sich um die Kirchenprovinz, an deren Spitze ein Erzbischof steht. Hierzulande war das in der Vormoderne sowohl für Worms als auch für Speyer der Metropolit in Mainz. In diesem Zusammenhang sei aber auch noch daran erinnert, dass die heutige, 1817/21 wiederbegründete Diözese Speyer zur neubayerischen Kirchenprovinz Bamberg gehört.[22] Das Bistum Worms existiert bekanntlich gar nicht mehr; es ging mit dem Alten Reich unter, und im 19. Jahrhundert wurden seine Gebiete, soweit sie zum Großherzogtum Hessen-Darmstadt gehörten, dem neuzugeschnittenen Bistum Mainz zugeschlagen.

Die Untergliederung der Diözesen, so auch der von Worms und Speyer, in Archidiakonate erfolgte, wie man allgemein annimmt, im 10. Jahrhundert. Das Wormser Gebiet im nördlichen und östlichen Kraichgau gehörte demnach fast ganz zum Archidiakonat des Stiftspropsts von St. Peter zu Wimpfen im Tal, nur Leimen, Nußloch und Wiesloch, südlich von Heidelberg, waren dem Archidiakonat des Propsts von St. Cyriacus in Neuhausen bei Worms zugeteilt. Speyrischerseits war als Archidiakon für beinahe den ganzen Kraichgau der Stiftspropst von St. Guido und Johannes in Speyer zuständig; allein die südwestlichste Ecke mit Weingarten, Jöhlingen und Wössingen gehörte zum Archidiakonat des Stiftspropsts von St. German vor Speyer.[23] Auch in anderen Bistümern war die Funktion des Archidiakons Stiftspröpsten als den nächst dem Bischof ranghöchsten Prälaten einer Diözese anvertraut. Der Archidiakon[24] war im frühen Mittelalter ein Helfer des Bischofs in ganz verschiedenen Bereichen. Seit dem 10. Jahrhundert verselbständigte sich das Amt mit eigenen Kompetenzen und ordentlicher Jurisdiktion beziehungsweise eigenem Offizialat, und schließlich visitierte der Archidiakon praktisch eigenständig „die Kirchen seines Sprengels, investierte die Pfarrer, verlieh ihnen die cura animarum und hielt Sendgericht."[25]

---

[21] Kurt Andermann, Die geistlichen Staaten am Ende des Alten Reiches, in: Historische Zeitschrift 271 (2000), 593–619.

[22] Handbuch des Bistums Speyer. Bischöfliches Ordinariat, hrsg. vom Bischöflichen Ordinariat Speyer, Speyer 1991; Hans Ammerich, Die Wiedererrichtung des Bistums Speyer 1817/21, in: Archiv für mittelrheinische Kirchengeschichte 68 (2016), 141–163.

[23] Schaab, Kirchliche Gliederung (wie Anm. 6).

[24] Manfred Groten, Archidiakon, in: Lexikon für Theologie und Kirche, Bd. 1, Freiburg i. Br. ³1993, Sp. 947f.; Jörg Müller, Diakon, in: Handwörterbuch zur deutschen Rechtsgeschichte, Bd. 1, Berlin ²2008, Sp. 1031f.

[25] Groten, Archidiakon (wie Anm. 24), Sp. 947.

Die Investitur war die gewissermaßen kirchenamtliche Übertragung einer Pfarr- oder Kaplaneistelle. Dabei ist zu unterscheiden zwischen der Verleihung der Pfründe als Gesamtheit des dem Lebensunterhalt dienenden materiellen Substrats durch den jeweiligen Patronatsherrn, der geistlich oder weltlich sein konnte, und der kirchenrechtlichen Einweisung (*investitura*) in das geistliche Amt, die eben durch den Archidiakon geschah. Ihr ging korrekterweise ein Aufgebotsverfahren voraus, um eventuell bestehende sonstige Ansprüche gebührend berücksichtigen zu können. Anlässlich der schließlich rechtsförmlich vorgenommenen Investitur erhielt der neu bestellte Pfarrer die Kirchenschlüssel, das Altartuch und das Glockenseil, wurde zum Taufstein, in den Beichtstuhl und auf die Kanzel geführt und damit buchstäblich in sein Amt eingeführt und eingesetzt.[26] Zu diesem Amt gehörte dann auch die cura animarum, das eigentliche geistliche Geschäft des Pfarrers, die Seelsorge.

Das Sendgericht (von lat. *synodus*) war – ganz entsprechend dem herrschaftlichen und kommunalen Rüggericht – das kirchliche Sittengericht, das periodisch durch die Diözese beziehungsweise durch den Sprengel des Archidiakons zog und in den einzelnen Pfarreien allfällige Verstöße gegen Zucht und Sitte mit geistlichen Strafen ahndete. Zu den dabei verfolgten Delikten gehörten beispielsweise Aberglaube, Unzucht, Ehebruch, Meineid, Mord oder die Missachtung von Sonn- und Feiertagen. Mit zunehmender Verdichtung und Verrechtlichung der weltlichen Herrschaft im Übergang vom Mittelalter zur Neuzeit kam es dabei immer öfter zu Kompetenzkonflikten zwischen geistlicher und weltlich-herrschaftlicher Gerichtsbarkeit, so dass nach der Reformation auch die römische Kirche auf die Sendgerichtsbarkeit schließlich ganz verzichtete.[27]

Die Visitation – um auch noch die dritte Aufgabe des Archidiakons zu charakterisieren – war die periodisch vorgenommene Überprüfung von Personen und Institutionen hinsichtlich der Verkündigungspraxis, der Sakramentenspende, der Lebensführung des Klerus sowie des Zustands von Kirchengebäuden und Kirchenvermögen. In derartigen Visitationen hat man übrigens auch die Anfänge der bereits erwähnten Sendgerichtsbarkeit zu suchen. Die Ergebnisse von Visitationen wurden gewöhnlich protokolliert, und wo derartige Visitationsprotokolle überliefert sind, geben sie perspektivenreiche Einblicke nicht allein ins kirchliche Leben, sondern darüber hinaus in den Alltag vormoderner Kirchen- und Dorfgemeinden.[28]

Solche beinahe umfassende Wahrnehmung kirchenleitender Aufgaben seitens der Archidiakone konkurrierte naturgemäß in vieler Hinsicht mit den Obliegenheiten der Bischöfe und wurde daher im späteren 16. Jahrhundert durch das Konzil von Trient stark eingeschränkt.

---

[26] Hans-Jürgen Becker, Investitur, in: Handwörterbuch zur deutschen Rechtsgeschichte, Bd. 2, Berlin ²2012, Sp. 1285–1290.

[27] Hans Erich Feine, Kirchliche Rechtsgeschichte. Katholische Kirche, Köln und Wien ⁵1972, 216f.; Hans-Jürgen Becker, Send, Sendgericht, in: Handwörterbuch zur deutschen Rechtsgeschichte, Bd. 4, Berlin 1990, Sp. 1630f.

[28] Hans-Jürgen Becker, Visitation, in: Handwörterbuch zur deutschen Rechtsgeschichte, Bd. 5, Berlin 1998, Sp. 927f.; Peter Thaddäus Lang, Die Erforschung der frühneuzeitlichen Kirchenvisitationen. Neuere Veröffentlichungen in Deutschland, in: Rottenburger Jahrbuch für Kirchengeschichte 16 (1997), 185–194.

Der bereits erwähnte Stiftspropst von St. Peter zu Wimpfen im Tal war als Archidiakon zuständig für den ganzen südöstlichen Teil der alten Wormser Diözese, für den Neckarsteinacher und den Hirschhorner Odenwald, für den nordöstlichen Kraichgau und für das Zabergäu sowie – auch nach 742 noch den Neckar überschreitend – für das Wimpfen unmittelbar benachbarte Kochendorf. Unter den Wormser Archidiakonen war er der einzige, der seinen Sitz nicht innerhalb oder doch wenigstens nahe bei der Kathedralstadt hatte, sondern weit ab, an der äußersten östlichen Grenze des Wormser Sprengels. Diese „Auslagerung" des Archidiakons mag sich zum einen aus den ehedem weit ausgreifenden Wormser Ambitionen erklären, zum anderen aber ganz gewiss aus der historischen Bedeutung Wimpfens, deren Relikte geradezu einluden, sie weiter zu nutzen und von ihnen zu profitieren: In Wimpfen am Neckar, wo die Römer am Ende des ersten nachchristlichen Jahrhunderts ein zum Neckar-Limes gehöriges Kastell angelegt und im Zuge der Vorverlegung des Limes nach Osten auch noch eine feste Brücke über den Fluss gebaut hatten, entstand bereits in der Spätantike eine sehr ausgedehnte zivile Stadt mit wirtschaftlichen Zentralfunktionen für die Region. Die solcherart entstandene Infrastruktur und zumal die feste Brücke bewirkten aber auch über die Römerzeit hinaus ein hohes Maß an Zentralität, die sich zunächst die Wormser Bischöfe für die Erfüllung ihres geistlichen Auftrags und für die Ausübung ihrer weltlichen Herrschaft zunutze machten, und dann auch die Staufer, als sie über dem Neckar ihre Königspfalz bauten, die größte im deutschen Sprachraum, und ihr Reichsgut im weiteren Umland organisierten. Zwar wurde die Wimpfner Brücke um die Wende des 13. Jahrhunderts durch Eisgang zerstört und nicht wieder hergestellt, aber ihre prägende Wirkung auf den Fernverkehr überdauerte im Geleitswesen schließlich das ganze Mittelalter.

So war es nur folgerichtig, wenn die Wormser Bischöfe der klösterlichen Gemeinschaft, die sich im 7., spätestens aber im frühen 8. Jahrhundert in der einstigen Römerstadt, unmittelbar bei der Brücke ansiedelte, wohl von Anfang an eine besondere Bedeutung beimaßen[29] und diese bereits vor dem Jahr 965 in ein Säkularkanonikerstift umwandelten, in das später sogenannte Ritterstift St. Peter,[30] bezeichnenderweise mit dem Patrozinium der Bischofskirche. Auch angesichts der Tatsache, dass die Gebiete rechts des Neckars für die Wormser Kirche längst verloren waren, mussten dieses Stift und sein Propst prädestiniert erscheinen für die Übernahme kirchenorganisatorischer Aufgaben, in diesem Fall eben eines Archidiakonats.

In die Zuständigkeit des Wimpfner Stiftspropsts als Archidiakon der Diözese Worms fielen so die beiden ausgedehnten Landkapitel Waibstadt und Schwaigern.[31] Der Waibstadter Landdekanat umfasste den ganzen nördlichen Kraichgau und war mit

---

[29] Heinrich Büttner, Das Bistum Worms und der Neckarraum während des Früh- und Hochmittelalters, in: Archiv für mittelrheinische Kirchengeschichte 10 (1958), 9–38, hier v. a. 13.

[30] Schannat, Historia episcopatus Wormatiensis (wie Anm. 16), Bd. 1, 115–120; Georg Schäfer, Kunstdenkmäler im Großherzogthum Hessen, Provinz Starkenburg, ehemaliger Kreis Wimpfen, Darmstadt 1898, 196–290; Das Ritterstift St. Peter zu Wimpfen im Tal, in: Hans Ulrich Rudolf (Hg.), Alte Klöster, neue Herren. Die Säkularisation im deutschen Südwesten 1803, 2 Bde. in 3, Ostfildern 2003, hier Bd. 2,1, 560–562; Der Landkreis Heilbronn (Baden-Württemberg – Das Land in seinen Kreisen), bearb. von der Abteilung Fachprogramme und Bildungsarbeit des Landesarchivs Baden-Württemberg, hrsg. vom Landesarchiv Baden-Württemberg in Verbindung mit dem Landkreis Heilbronn, 2 Bde., Ostfildern 2010, hier Bd. 1, 339.

[31] Schannat, Historia episcopatus Wormatiensis (wie Anm. 16), Bd. 1, 115; Friedrich von Weech, Das Wormser Synodale von 1496, in: Zeitschrift für die Geschichte des Oberrheins 27 (1875), 227–326

einer Fläche von knapp siebenhundert Quadratkilometern sowie 49 Pfarreien der bei weitem größte Dekanat der ganzen Wormser Diözese.[32] Für den südöstlichen Kraichgau war der Dekanat Schwaigern zuständig; er folgte mit 44 Pfarreien dicht auf den Waibstadter und wurde mit einer Flächenausdehnung von knapp 450 Quadratkilometern nur noch von den wormsischen Dekanaten Landstuhl und Weinheim übertroffen.[33] Nicht weil er zu groß gewesen wäre, sondern weil die Grafen, dann Herzöge von Württemberg für das zu ihrem Territorium gehörige Zabergäu partout einen eigenen Dekanat haben wollten, wurde das Landkapitel Schwaigern 1476 in ein Kapitel mit Sitz in Schwaigern und ein davon separiertes Kapitel mit Sitz in Brackenheim aufgeteilt;[34] aber selbstverständlich gehörte das Brackenheimer Teilkapitel weiterhin zur Diözese Worms und zum Archidiakonat des Propsts von St. Peter zu Wimpfen.

Zum Archidiakonat des Speyrer Stiftspropsts von St. Gudio, dem ausgedehntesten in der Speyrer Diözese rechts des Rheins, gehörten die Dekanate Bruchsal, Bretten, Marbach, Pforzheim und Bönnigheim. Die Zuständigkeit für den Kraichgau verteilte sich dabei auf die beiden Landdekanate Bruchsal und Bretten.[35] Allerdings umfassten die Sprengel dieser Dekanate auch Gebiete außerhalb des Kraichgaus; so gehörte zum Bruchsaler Dekanat mit rund vierzig Pfarreien der ganze Nordwesten der Speyrer Diözese rechts des Rheins, von Ketsch im Norden über Lußheim und Hockenheim sowie den Bruhrain bis nach Staffort und Untergrombach im Süden, im Osten über Sinsheim und Waldangelloch bis nach Landshausen. Demnach umschloss der Landdekanat Bruchsal nahezu das ganze Gebiet der heutigen Stadt Kraichtal, mit Ausnahme von Bahnbrücken, das zum Brettener Landdekanat gehörte.[36] Der etwas kleinere, dafür aber kompaktere Dekanat Bretten schloss sich mit rund zwanzig Pfarreien im Süden an. Er reichte von Dürrenbüchig im Westen über Gondelsheim, Neibsheim, Bauerbach, Flehingen, Sickingen und Zaisenhausen bis nach Eppingen, Ochsenburg und Leonbronn im Osten und griff über den Stromberg bis nach Ölbronn, Maulbronn und Diefenbach nach Süden aus.

Herausgebildet hat sich die Dekanatsverfassung in der Diözese Speyer um die Mitte des 11. Jahrhunderts, und in der Nachbardiözese Worms wohl ganz entsprechend.[37] Aufgrund bischöflicher Delegation übten die später so genannten Landdekane die niedere geistliche Banngewalt aus, das heißt, sie waren aufsichts- und weisungsbefugt gegenüber Pfarrern und sonstigen Geistlichen der untersten kirchlichen Hierarchiestufe.

Die in den Quellen am häufigsten vorkommenden Bezeichnungen für die Landdekanatssprengel sind *decanatus*, *capitulum* und *sedes*. Zwar werden diese Begriffe gewöhnlich synonym verwendet, aber schon wenn man sie ganz wörtlich nimmt, werden die rechtlichen Unterschiede evident, bezieht sich doch *decanatus* eindeutig auf

---

und 385–454, hier 398–442; Eberhardt, Die Diözese Worms (wie Anm. 16), 11 und 148–150; Schaab, Die Diözese Worms (wie Anm. 15), 94–219, hier 134–142.

[32] Eberhardt, Die Diözese Worms (wie Anm. 16), S. 72–75 und 79.
[33] Ebd., 76–79.
[34] Ebd., 76–79; Landkreis Heilbronn (wie Anm. 30), Bd. 1, 196 f.
[35] Franz Xaver Glasschröder, Die Speierer Bistums-Matrikel des Bischofs Mathias Ramung, in: Mitteilungen des Historischen Vereins der Pfalz 28 (1907), 75–126, hier 101–103 und 116; Seiler, Studien (wie Anm. 9), 172–193.
[36] Ebd., 173.
[37] Ebd., 165–228.

das Amt respektive auf die Person des Landdekans als bischöflichen Beauftragten, und die *sedes* bezeichnet dessen Amtssitz, zugleich aber auch seinen Amtssprengel. Hingegen ist das *capitulum*, das Kapitel, eine Gemeinschaft, eine Korporation, die von der Seelsorgegeistlichkeit des Dekanatsbezirks gebildet wird. Aber nicht jeder Kleriker im Dekanatssprengel war auch automatisch Mitglied des Kapitels; vielmehr musste ein „Landkapitular" ordnungsgemäß auf einer Pfründe im Bezirk investiert sein, und er musste förmlich in das Kapitel aufgenommen sein. Weil solcherart die räumlich-personale Zusammensetzung des Kapitels und die Grenzen des Dekanats einander entsprachen, war es also nur folgerichtig, die Bezeichnungen Landdekanat und Landkapitel synonym zu verwenden.[38]

An der Spitze des Landkapitels stand der Landdekan. Dieses Amt war allerdings nicht wie das eines Dom- oder Stiftsdekans mit einer Pfründe verbunden, es war „kein Beneficium, [auch] kein ordiniertes Kirchenamt, sondern ein widerruflicher Auftrag, ein Mandat des Bischofs. Es erscheint stets in Verbindung mit einem anderen kirchlichen Amt, in der Regel [mit] dem Pfarramt."[39] Auch war die Würde des Landdekans in der Diözese Speyer mit keiner bestimmten Pfarrei verbunden, vielmehr wurde der Dekan von Fall zu Fall durch die Kapitelsversammlung aus dem Kreis der Kapitelsgeistlichkeit gewählt und anschließend vom Bischof beziehungsweise dem zuständigen Archidiakon bestätigt und beauftragt. Wählbar waren dabei alle ordentlichen Pfarrer oder deren bepfründete Stellvertreter.[40] Alois Seiler, aus dessen Feder die maßgebliche Untersuchung zur Pfarrei- und Landdekanatsorganisation in den rechtsrheinischen Teilen der alten Diözese Speyer stammt und auf dessen Ausführungen ich mich hier im wesentlichen stütze, beschreibt die Rechte und Pflichten des Landdekans wie folgt: „Er stellte einerseits die Verbindung zwischen der bischöflichen Kurie und dem Seelsorgeklerus dar, andererseits aber auch zwischen der kirchlichen Hierarchie und dem christlichen Volk." Er stand in Abhängigkeit von seinen Oberen und war ein Mann ihres Vertrauens. „In ihrem Namen überwacht[e] er den Klerus seines Sprengels. Zugleich [... stand] er auch den Geistlichen vor, die sich als Korporation, als Landkapitel organisiert [... hatten]. Er [... war] ihr Vertreter nach außen und ihr Leiter. Zuletzt [... war] er noch das Haupt der mit dem Landkapitel verbundenen Bruderschaft, der Pfarrer und Seelenhirte seiner Untergebenen."[41] Er vermittelte Beschlüsse der Metropolitan- und Diözesansynoden an den Seelsorgeklerus weiter, beaufsichtigte die Geistlichkeit seines Sprengels, wirkte an Pfründbesetzungen mit, erhob durch seinen Kämmerer die dem Bischof zustehenden Abgaben und stand dem Landkapitel als primus inter pares vor.

Diesem Land- oder Ruralkapitel – von lateinisch *rus*, das Land – gehörten als vollberechtigte Mitglieder die Inhaber der Pfarrpfründen an, gleichgültig ob sie wohlbestallte Pfarrer (Pfarrherren) oder als deren Beauftragte Plebane (Leutpriester) beziehungsweise *vicarii perpetui* (ständige Vertreter) waren. Sie leisteten dem Dekan den Obödienzeid, hatten ihm zu gehorchen und waren verpflichtet, bei den ordentlichen

---

[38] Ebd., 187.
[39] Ebd., 199; vgl. auch Walter Göbell, Dekan, Dechant, in: Religion in Geschichte und Gegenwart, Bd. 2, Tübingen ³1958, Sp. 71f.; Feine, Kirchliche Rechtsgeschichte, 427f.; Franz Pototschnig, Dekan II, Kirchlicher Bereich, in: Lexikon des Mittelalters, Bd. 3, München und Zürich 1986, Sp. 652f.; Peter Krämer, Dekan, in: Lexikon für Theologie und Kirche, Bd. 3, Freiburg i. Br. ³1995, Sp. 68f.
[40] Seiler, Studien (wie Anm. 9), 200.
[41] Ebd., 198–210, Zitate 201f.

und außerordentlichen Kapitelsversammlungen zu erscheinen und mitzuwirken. In der Regel traten die Landkapitel alle halbe Jahre zusammen, in den Dekanaten Bruchsal und Bretten hingegen versammelte sich das Landkapitel dreimal im Jahr. Die Landkapitel fungierten indes nicht allein als Verwaltungs- und Beratungsgremien zur Erledigung diözesaner Geschäfte auf unterer Ebene, sondern waren zugleich geistliche Bruderschaften zur gemeinschaftlichen Pflege der Frömmigkeit, nicht zuletzt des liturgischen Totengedenkens für verstorbene Mitkapitulare.[42]

Schließlich bleibt von der Pfarrei zu sprechen.[43] Seit dem 9. Jahrhundert in der schriftlichen Überlieferung zu fassen, also im Übergang vom frühen zum hohen Mittelalter entstanden, war sie die Basis aller Kirchenorganisation und namentlich aller Seelsorge. Enno Bünz nennt die Pfarrei die „vielleicht […] langlebigste und effektivste Institution, die das Mittelalter erfunden hat und die letztlich bis heute funktioniert."[44] Ihre Geschichte und ihre Phänomenologie sind indes von derart großer Vielfalt, dass hier nur ein paar wenige Streiflichter darauf geworfen werden können. Zunächst ist festzuhalten, dass Pfarrei und Dorf respektive Siedlungsgemeinschaft keineswegs immer deckungsgleich sein mussten.[45] Im altbesiedelten Kraichgau fielen Pfarrei und Dorf zwar meist in eins, aber in weniger dicht besiedelten beziehungsweise erst spät erschlossenen Landschaften wie etwa dem Odenwald[46] oder dem Schwarzwald[47] konnte ein Kirchspiel – eine *parochia* oder Pfarrei – mitunter mehrere Teil- beziehungsweise Filialgemeinden umfassen, die im übrigen rechtlich und herrschaftlich voneinander ganz unabhängig waren. Am östlichen Rand des Kraichgaus beispielsweise bestand ein derartiges Filialverhältnis zwischen dem bereits seit dem frühen Mittelalter existierenden Heinsheim am Neckar und dem im Übergang vom hohen zum späten Mittelalter als Burgweiler zu Guttenberg entstandenen (Neckar-) Mühlbach; erst 1469 wurde Mühlbach auf Betreiben seiner ambitionierten ritterad-

---

[42] Feine, Kirchliche Rechtsgeschichte (wie Anm. 27), 427f.; Seiler, Studien (wie Anm. 9), 213–226.
[43] Gottfried Holtz, Pfarrei, geschichtlich, in: Religion in Geschichte und Gegenwart, Bd. 5, Tübingen ³1961, Sp. 273–280; Feine, Kirchliche Rechtsgeschichte (wie Anm. 27), 402–414; Hans Paarhammer, Pfarrei, römisch-katholisch, in: Theologische Realenzyklopädie, Bd. 26, Berlin u. a. 1996, 337–347; Ders., Pfarrei, Begriff und Geschichte, in: Lexikon für Theologie und Kirche, Bd. 8, Freiburg i. Br. 1999, Sp. 162–165; Nathalie Kruppa (Hg.), Pfarreien im Mittelalter. Deutschland, Polen, Tschechien und Ungarn im Vergleich (Veröffentlichungen des Max Planck-Instituts für Geschichte 238 – Studien zur Germania Sacra 32), Göttingen 2007; Enno Bünz, „Des Pfarrers Untertanen?". Die Bauern und ihre Kirche im späten Mittelalter (Kraichtaler Kolloquien 8), Epfendorf 2012, 153–191; Ders. und Gerhard Fouquet (Hgg.), Die Pfarrei im späten Mittelalter (Vorträge und Forschungen 77), Ostfildern 2013; darin insbesondere Arnd Reitemeier, Die Pfarrgemeinde im späten Mittelalter, 341–375, und Enno Bünz, Die Pfarrei im späten Mittelalter. Versuch einer Zusammenfassung, 401–424.
[44] Bünz, Pfarrers Untertanen (wie Anm. 43), 162.
[45] Ebd., 165 f.
[46] Eugen Reinhard, Landschaftliche Voraussetzungen und kulturgeographische Auswirkungen des klösterlichen Landesausbaus im Hinteren Odenwald, in: Hermann Ehmer (Hg.), Siedlungsentwicklung und Herrschaftsbildung im Hinteren Odenwald (Zwischen Neckar und Main 24), Buchen i. Odw. 1988, 9–28.
[47] Der Landkreis Rastatt (Kreisbeschreibungen des Landes Baden-Württemberg), bearb. von der Außenstelle Karlsruhe der Abteilung Landesforschung und Landesbeschreibung in der Landesarchivdirektion Baden-Württemberg, hrsg. von der Landesarchivdirektion Baden-Württemberg in Verbindung mit dem Landkreis Rastatt und dem Landesmedienzentrum Baden-Württemberg, 2 Bde., Stuttgart 2002, hier Bd. 1, 116–119.

ligen Herrschaft eigenständige Pfarrei mit eigener Kirchengemeinde.[48] Überall dort, wo Dorf- und Kirchengemeinde in eins fielen, war die Kirche nicht allein Ort des Gottesdienstes und des Sakramentenempfangs, sondern mit ihrem Turm und ihrer Glocke auch Ort öffentlicher Versammlungen und Bekanntmachungen, gewöhnlich im Anschluss an den Sonntagsgottesdienst, da ja bei dieser Gelegenheit die Gemeinde so gut wie vollständig versammelt war.[49]

Welche Aufgaben ein Pfarrer am Ende des Mittelalters wahrzunehmen hatte, beschreibt eine Quelle von 1518 aus dem südlichen Speyergau im einzelnen: *predigen, meßen singen oder lesen vor lebendigen und toden, sacrament ußzutheilen by tag oder nacht, krütter, wachß oder wyhewaßer, auch palmen und anders zu benediciren, nust ußgenomen.*[50] Allerdings erlebte die Kirchengemeinde ihren Pfarrer nicht allein als Seelsorger. Daneben begegnete sie dem geistlichen Herrn – und als Herren werden die geweihten Kleriker in den Quellen stets bezeichnet – auch als Inhaber seiner Pfründe,[51] das heißt er hatte Anspruch auf allerlei Abgaben aus der Gemeinde und gelegentlich auch darüber hinaus. Und außerdem war der Pfarrer auch noch Bauer, möglicherweise sogar „Grundherr", denn Teil seiner Pfründe war neben der Behausung, dem „Pfarrhaus", und den eben erwähnten Einkünften in der Regel auch das sogenannte Pfarrwittumgut,[52] das heißt ein bäuerlicher Betrieb. War dieses Wittumgut großzügig bemessen, konnte der Pfarrer es in Bestand vergeben und von dem daraus bezogenen Leihezins bequem leben; war es hingegen eher kärglich bemessen, musste er seine Äcker selbst bestellen und obendrein das gewöhnlich zum Wittumhof gehörige, der Gemeinde zu Diensten stehende Faselvieh selbst halten.

Neben den sprichwörtlich fetten Pfründen gab es auch sehr viele magere.[53] Deshalb wurden im Übergang vom Mittelalter zur Neuzeit nicht nur viele neue Pfründen gestiftet, sondern auch manche allzu bescheidenen Pfründen zusammengelegt. Überdies war keineswegs jeder Geistliche, der den Pfarrdienst vor Ort versah, deshalb auch zugleich Inhaber der entsprechenden Pfarrpfründe. War nämlich eine Pfarrei zur Anreicherung von deren Besitz einem Kloster oder einem Stift inkorporiert,[54] wie beispielsweise jene von Gochsheim dem Kollegiatstift in Baden(-Baden),[55] dann flossen die ganzen Pfründeinkünfte dieser geistlichen Gemeinschaft zu, die für die Besorgung

---

[48] Kurt Andermann, Nikolaus und Eucharius. Zur Geschichte der Burgkapelle von Guttenberg und Pfarrkirche von Neckarmühlbach, in: Freiburger Diözesan-Archiv 105 (1985), 47–66.

[49] Bünz, Pfarrers Untertanen (wie Anm. 43), 169f.; Werner Freitag, Dorfkirchhöfe in Westfalen im Spätmittelalter. Polyfunktionalität und Gemeindebildung, in: Bünz/Fouquet, Die Pfarrei im späten Mittelalter (wie Anm. 43), 377–400.

[50] Zitiert nach Bünz, Pfarrers Untertanen (wie Anm. 43), 168.

[51] Hans-Jürgen Becker, Pfründe, in: Handwörterbuch zur deutschen Rechtsgeschichte, Bd. 3, Berlin 1984, Sp. 1743–1745.

[52] Reiner Schulze, Wittum, in: Handwörterbuch zur deutschen Rechtsgeschichte, Bd. 5, Berlin 1998, Sp. 1469–1472.

[53] Zu den wirtschaftlichen Verhältnissen der Landgeistlichkeit in der Diözese Worms am Ende des Mittelalters vgl. Eberhardt, Die Diözese Worms (wie Anm. 16), 122–151.

[54] Heinrich de Wall, Inkorporation, in: Handwörterbuch zur deutschen Rechtsgeschichte, Bd. 2, Berlin ²2011, Sp. 1224f.

[55] Der Stadtkreis Baden-Baden (Kreisbeschreibungen des Landes Baden-Württemberg), bearb. von der Außenstelle Karlsruhe der Abteilung Landesforschung und Landesbeschreibung in der Landesarchivdirektion Baden-Württemberg, hg. von der Landesarchivdirektion Baden-Württemberg in Verbindung mit der Stadt Baden-Baden, Stuttgart 1995, 121; Heinrich Witte (Bearb.), Regesten der Markgrafen von Baden und Hachberg, Bd. 3, Innsbruck 1907, Nr. 7494.

der örtlichen Seelsorge einen Vikar respektive Leutpriester bestellte und besoldete, aber selbstverständlich nicht in Höhe des regulären Pfründeinkommens, sondern nur mit der unbedingt nötigen Alimentierung. Außerdem kam es zumal bei wohldotierten, einträglichen Pfründen vor, dass diese – Stichwort: Pfründenhäufung – im Besitz adliger Pfründenjäger oder sogar weltlicher Personen waren, die dann ihrerseits geweihte Kleriker bestellen und finanzieren mussten, um die geistlichen Aufgaben an den jeweiligen Kirchen wahrzunehmen.[56] In der Neuzeit wurden solche Vertreter des „wahren Hirten" in Anlehnung an Luthers Übersetzung von Johannes 10,12 mitunter abschätzig als Mietlinge bezeichnet,[57] und natürlich war auch deren Entlohnung bescheiden.

Damit sind wir bei der Vielfalt des geistlichen Personals, das den Pfarrer in der Erfüllung seiner Aufgaben unterstützte oder eigenen liturgischen Pflichten nachkam, zumeist mit der Feier der allenthalben zahllos gestifteten Jahrgedächtnisse für Verstorbene.[58] Mancherorts, so vor allem, aber mitnichten allein an Rittersitzen, gab es aufgrund von mehr oder minder vielen und reichen Seelgerettestiftungen neben der Pfarrpfründe auch noch besondere Altar- und Kaplaneipfründen. In Menzingen beispielsweise bestand eine eigene St. Georgen-Kaplanei, im helmstattischen Oberöwisheim bestanden gleich zwei Kaplaneien am Altar der heiligen Katharina, in Unteröwisheim eine Heilig-Kreuz-Kaplanei, in Gochsheim je eine Katharinen- und eine Johannes-der-Täufer-Pfründe oder in Zeutern eine Kaplanei in der separaten Marien-Kapelle.[59] In der Kirche zu Schwaigern existierten besonders viele Nebenaltäre und entsprechend viele eigens bepfründete Vikare, Kapläne und Altaristen.[60] Übrigens haben in Schwaigern dank der bewahrenden Kraft des Luthertums[61] mehrere dieser Altäre die Reformation überdauert und sind dort noch heute zu bewundern.[62]

Sehr weit verbreitet waren im späten Mittelalter die Frühmessen, die *primissariae* oder einfach verkürzt *primariae*; in Menzingen gab es sogar deren zwei, die eine zu Ehren der Muttergottes, die andere zu Ehren der heiligen Katharina.[63] Im Unterschied zu anderen Messpriestern hatte der Frühmesser oder *primissarius*, der unter die Hilfsgeistlichen zu rechnen ist, „die Aufgabe, täglich zu zelebrieren, und zwar bald nach Tagesanbruch."[64] Diese erste Messe am Tag war, wie Enno Bünz vermutet, wohl deshalb so beliebt, weil man nach ihr sein Tagewerk buchstäblich mit dem Segen des Herrn aufnehmen konnte. Nicht selten wurden Frühmessen deshalb von Dorfgemeinden gestiftet, und häufig bildeten sie die Vorstufe für eine spätere Pfarreierhebung.

---

[56] Feine, Kirchliche Rechtsgeschichte (wie Anm. 27), 205–207; Adalbert Erler, Kirchenrecht. Ein Studienbuch (Juristische Kurzlehrbücher), Wien ⁴1975, 22–26.

[57] Deutsches Wörterbuch von Jakob und Wilhelm Grimm, Bd. 12, Leipzig 1885, Sp. 2181f.; https://www.bibelkommentare.de/index.php?page=qa&answer_id=253 (Zugriff am 06. 01. 2017).

[58] Walter Dürig, Anniversar, in: Lexikon des Mittelalters, Bd. 1, München und Zürich 1980, Sp. 665f.; Peter-Johannes Schuler, Das Anniversar. Zu Mentalität und Familienbewußtsein im Spätmittelalter, in: Peter-Johannes Schuler (Hg.), Die Familie als sozialer und historischer Verband. Untersuchungen zum Spätmittelalter und zur frühen Neuzeit, Sigmaringen 1987, 67–117.

[59] Glasschröder, Speierer Bistums-Matrikel (wie Anm. 35), 101f.

[60] Landkreis Heilbronn (wie Anm. 30), Bd. 2, 384f.

[61] Johann Michael Fritz (Hg.), Die bewahrende Kraft des Luthertums. Mittelalterliche Kunstwerke in evangelischen Kirchen, Regensburg 1997.

[62] Landkreis Heilbronn (wie Anm. 30), Bd. 2, 384f.

[63] Glasschröder, Speierer Bistums-Matrikel (wie Anm. 35), 101 und passim.

[64] Bünz, Pfarrers Untertanen (wie Anm. 43), 180f.

Eine Pfründe ganz besonderer Art gab es an der Kirche des Dorfs Gemmingen. Dort nämlich stiftete der Ortsherr Blicker von Gemmingen 1512/14, also noch vor der Reformation, eine Prädikaturpfründe.[65] Prädikaturen waren ansonsten vor allem in Städten verbreitet, wo eine zumindest rudimentär gebildete Bürgerschaft auf theologisch fundierte Predigten größeren Wert legte als der gemeine Mann auf dem Land und wo deshalb neben den üblichen Pfarr-, Kaplanei- und Vikariatspfründen bisweilen auch noch Pfründen ganz speziell für die Wortverkündigung erforderlich waren,[66] übrigens mit ein Grund für die Ausbreitung der frühen Reformation vor allem in den Reichsstädten! Demnach wollte also auch die damals außergewöhnlich fromme und ambitionierte Herrschaft Gemmingen ihren Untertanen einen besonders anspruchsvollen Gottesdienst zuteil werden lassen. Und insofern ist es nur folgerichtig, wenn als Inhaber der Gemminger Prädikaturpfründe bald namhafte Humanisten und frühe Vertreter der Reformation in Erscheinung treten, und schließlich ging aus dieser Prädikatur, der einzigen weit und breit, die Gemminger Lateinschule hervor, eine Kaderschmiede der frühen Reformation im Kraichgau und weit darüber hinaus.[67]

Hinsichtlich der Bildungs- und Ausbildungsvoraussetzungen der überaus zahlreichen vorreformatorischen Landgeistlichkeit wird man sich keinen Illusionen hingeben dürfen;[68] ein theologisches Universitätsstudium hatten gewiss die allerwenigsten der vielen Pfarrer, Leutpriester, Frühmesser, Kapläne und Vikare absolviert. Daher dürfte es auch zu verstehen sein, wenn Luther 1526 schimpfte, ein jeder mache im Gottesdienst, was er wolle und predige, statt das Evangelium auszulegen, über blaue Enten.[69]

Seine Pfründe erlangte ein Geistlicher in der Regel, indem er von einem Patronatsherrn[70] dafür vorgeschlagen wurde. Die Prüfung, ob ein solcherart präsentierter Kandidat für die damit verbundenen Aufgaben geeignet und hinreichend qualifiziert war, oblag sodann den jeweils vorgesetzten kirchlichen Stellen, und schließlich erfolgte seitens des Archidiakons beziehungsweise eines von diesem beauftragten Geistlichen die bereits angesprochene Investitur. Die zur Präsentation berechtigten Patronatsherren konnten geistliche und weltliche Personen aller Ränge sein, aber auch Institutionen wie Stiftskapitel, städtische Ratsgremien und dergleichen mehr. Erworben wurde das aus dem früh- und hochmittelalterlichen Eigenkirchenrecht hervorgegangene Patronatsrecht durch Stiftung einer Kirche, Kapelle oder geistlichen Pfründe, durch Erbschaft oder Kauf, und verbunden war es dem entsprechend mit Bau-, Instandhal-

---

[65] Kurt Andermann, Die Urkunden der Freiherrlich von Gemmingen'schen Archive aus Gemmingen und Fürfeld (Heimatverein Kraichgau, Sonderveröffentlichung 37), Ubstadt-Weiher 2011, Nr. 48–56; Landkreis Heilbronn (wie Anm. 30), Bd. 1, 514–518.

[66] Bünz, Pfarrers Untertanen (wie Anm. 43), 177f.; Bernhard Neidiger, Wortgottesdienst vor der Reformation. Die Stiftung eigener Predigtpfründen für Weltkleriker im späten Mittelalter, in: Rheinische Vierteljahrsblätter 66 (2002), 142–189.

[67] Hermann Ehmer, Ländliches Schulwesen in Südwestdeutschland während der frühen Neuzeit, in: Ulrich Andermann und Kurt Andermann (Hgg.), Regionale Aspekte des frühen Schulwesens (Kraichtaler Kolloquien 2), Tübingen 2000, 75–106, hier 76.

[68] Markus Wriedt, Bildung, in: Volker Leppin und Gury Schneider-Ludorff unter Mitarbeit von Ingo Klitzsch, Das Luther-Lexikon, Regensburg 2014, 115–117; Heinz Schilling, Martin Luther. Rebell in einer Zeit des Umbruchs, München ⁴2016, 369–380.

[69] D. Martin Luthers Werke. Kritische Gesammtausgabe, Bd. 19, Weimar 1897, 95.

[70] Kurt Andermann, Zum Patronatsrecht in vorreformatorischer Zeit, in: Jahrbuch für badische Kirchen- und Religionsgeschichte 6 (2012), 91–99.

tungs- und Unterhaltspflichten gegenüber Gebäuden und Personen. So war es ein ganz normales, nicht zuletzt prestigeträchtiges Herrschaftsrecht, das wie andere herrschaftliche Gerechtsame vererbt, verschenkt, verlehnt oder verkauft werden konnte. Dem Patronatsherrn stand in der Kirche ein besonderer, gewöhnlich mit seinem Wappen geschmückter Herrschaftsstuhl zu, und vor allem hatten er und seine Familie über die Reformation hinaus das Recht, sich in ihrer Patronatskirche begraben zu lassen. Im Kraichgau waren die Patronatsrechte an Kirchen, Pfarr- und Altarpfründen nicht selten im Besitz von Angehörigen der hierzulande so zahlreichen Ritterschaft.

Ein letzter organisatorischer Aspekt von Pfarrei sowie Kirchen- und Dorfgemeinde muss hier zumindest noch kurz angesprochen werden: die Kirchenfabrik beziehungsweise der Heiligenfonds.[71] Diese Institution gab es praktisch bei allen Kirchen, seien sie Pfarrkirchen oder auch nur Kapellen gewesen. Die Kirchenfabrik war respektive verwaltete das Kirchenvermögen, das heißt die Güter und Einkünfte, die unabhängig vom Pfründvermögen des Pfarrers oder Kaplans für die bauliche Instandhaltung des Gotteshauses, für die allfällige Beschaffung von Kirchengerät und für sonstige Bedürfnisse des Gottesdiensts bestimmt waren. Dieses mitunter sehr beträchtliche Gotteshausvermögen speiste sich aus vielfältigen frommen Stiftungen, wurde in der Regel von zwei Laien aus der Dorfgemeinde, den so genannten Kirchenpflegern oder Heiligenmeistern, verwaltet und mittels jährlicher Rechnungslegung verantwortet, und es diente, da das angesammelte Geld schließlich „arbeiten" musste, aber auch weil es Banken und Sparkassen in der Vormoderne noch nicht gab, vielfach zugleich als zuverlässiges und notfalls auch nachsichtiges Kreditinstitut zum Nutzen der bäuerlichen Bevölkerung.

Kirchenorganisation im Kraichgau in vorreformatorischer Zeit: Der grundlegende Wandel, den die Reformation auf dem Gebiet der Kirchenorganisation bewirkte, wird nicht zuletzt augenfällig an den Grabplatten zweier Pfarrer, die sich in der Kirche von Blankenloch erhalten haben.[72] Der eine Grabstein datiert von 1516 und seine Inschrift vermeldet in gotischer Minuskel, hier sei der *venerabilis dominus*, der ehrwürdige Herr Jodocus Knoder bestattet, Pfarrer zu Blankenloch und Dekan des Landkapitels in Graben.[73] Aus urkundlichen Quellen weiß man, dass Knoder in Blankenloch mehr als ein halbes Jahrhundert lang als Pfarrer wirkte[74] und folglich sehr alt geworden sein muss. Sein überaus stattlicher, sorgfältig gearbeiteter, mit Kelch und Hostie gezierter Grabstein misst 207 auf 114 Zentimeter und hat mithin einen Flächeninhalt von beinahe zweieinhalb Quadratmetern. Dass der Glanz dieses Denkmals heute nicht mehr ganz so hell strahlt wie vor fünfhundert Jahren, liegt daran, dass er von ungezählten Kirchenbesuchern buchstäblich abgetreten wurde. Der andere Stein datiert von 1571

---

[71] Sebastian Schröcker, Die Kirchenpflegschaft. Die Verwaltung des Niederkirchenvermögens durch Laien seit dem ausgehenden Mittelalter (Görres-Gesellschaft zur Pflege der Wissenschaft im katholischen Deutschland, Veröffentlichungen der Sektion für Rechts- und Staatswissenschaft 67), Paderborn 1934; Enno Bünz, Kredit bei den Heiligen. Die Dorfkirche als Geldinstitut in Spätmittelalter und Frühneuzeit, in: Kurt Andermann und Gerhard Fouquet (Hgg.), Zins und Gült. Strukturen des ländlichen Kreditwesens in Spätmittelalter und Frühneuzeit (Kraichtaler Kolloquien 10), Epfendorf a. N. 2016, 41–67.
[72] Kurt Andermann, Die Michaeliskirche in Blankenloch, Stutensee-Blankenloch 2010, 28–30.
[73] Anneliese Seeliger-Zeiss, Die Inschriften des Großkreises Karlsruhe (Die Deutschen Inschriften 20, Heidelberger Reihe 7), München 1981, Nr. 143.
[74] Generallandesarchiv Karlsruhe 38 Nr. 273 (1464).

und erinnert an den von mindestens 1540 bis zu seinem Tod, also ebenfalls mehr als dreißig Jahre in Blankenloch wirkenden Pfarrer Johann Ludwig Brasler.[75] Auch dieser Stein zeigt im Mittelfeld einen Kelch als Zeichen der geistlichen Würde. Allerdings ist dieser Stein nur ein Drittel so groß wie der Knoders, und gearbeitet ist er ausgesprochen kunstlos, ja unbeholfen.

Was hat das mit der Reformation zu tun? Als 1516 Jodocus Knoder starb, war die Welt der alten Kirche noch nicht erschüttert. Der Blankenlocher Geistliche lebte von einer, wie es scheint, recht einträglichen Pfründe, die es ihm ganz offensichtlich erlaubte, auch Rücklagen zu bilden für ein seinem Stand gemäßes Grabdenkmal. 1571 hingegen, als Johann Ludwig Brasler starb, waren infolge der Reformation die Pfründgüter von den Patronatsherren, in Blankenloch dem Markgrafen von Baden-Durlach, bereits eingezogen, und der Pfarrer lebte nicht mehr von einer Pfründe, sondern von landesherrlichem Sold, und da er obendrein vermutlich auch noch Frau und Kinder zu ernähren hatte, blieb am Ende für ein Grabdenkmal nicht mehr viel übrig. Aber der Mensch, zumal der freie Christenmensch, lebt bekanntlich nicht vom Brot allein. Auch Pfarrer haben Anteil am Mehrwert der Reformation: sola gratia, sola fide, sola scriptura!

---

[75] Seeliger-Zeiss, Inschriften (wie Anm. 73), Nr. 252.

Die Reformation im Kraichgau[1]

Thomas Fuchs

Auf den ersten Blick stellt sich die Frage dieses Beitrages sehr einfach, nämlich nach der Geschichte der Reformation im Kraichgau. Wie in vielen anderen Bereichen auch ist in der Geschichte meist das Einfache besonders schwierig zu enträtseln. Ein Titel wie die „Reformation im Kraichgau" beinhaltet bei genauerem Hinsehen zwei Anachronismen, d. h. Tatsachenaussagen über die Vergangenheit, die, von welcher Referenzfolie auch immer aus betrachtet, moderne Vorstellungen in die Vergangenheit projizieren, in diesem Falle zum einen die siegreiche Geschichte der lutherischen Reformation, zum anderen die Heimatideologie des 19. Jahrhunderts.

Zunächst zum Begriff der Reformation: Die eine Reformation hat es nie gegeben, sondern nur eine Vielzahl von reformatorischen Bewegungen, die sich teilweise erbittert und unversöhnlich gegenüberstanden. Um aber nicht gleichsam in einem Meer von historischen Entitäten zu ertrinken, bietet sich das Mittel der Idealtypenbildung an, um in der Singularität historischer Ereignisse einen strukturellen Kern zu finden.

Bezogen auf ihre theologischen Aussagen können wir vier reformatorische Richtungen unterscheiden, die unterschiedlich erfolgreich die Reformationsgeschichte des Kraichgaus bestimmten: Eine Vorreiterrolle nahm die lutherische Richtung der Reformation ein, die von Sachsen ausgehend sich in weiten Gebieten des Reiches durchsetzen konnte. Zunächst auf den südwestdeutschen Raum beschränkt blieb die zwinglische Richtung der Reformation. Völlig ausgerottet wurde von den Obrigkeiten die sogenannte radikale Reformation, deren bekanntester Protagonist Thomas Müntzer war, während die vierte reformatorische Großrichtung, die täuferische Bewegung und weitere sektierische Gruppen wie die Schwenckfeldianer, als Untergrundkirchen und in den europäischen Randgebieten überleben konnten, bevor sie in Amerika Großgemeinschaften bildeten.

Blicken wir hingegen auf die Reformation nicht als ein theologisches Ereignis, sondern als ein politisches und soziales Phänomen, so sollten wir unter typologischen Gesichtspunkten zwischen einer Fürstenreformation, einschließlich der städtischen Obrigkeiten, einer Reformatorenreformation und einer Gemeindereformation unterscheiden, je nachdem, wer die entscheidenden Personengruppen bei der Durchsetzung der Reformation waren, die Fürsten und Stadträte, die Pfarrer oder die Gemeinden.

Aber nicht nur der Begriff der einen Reformation ist anachronistisch, auch der Begriff des Kraichgaus ist es bis zu einem gewissen Grad. Wir benutzen den Begriff Kraichgau als Kunstbegriff. Eine solche Definitionsmöglichkeit besaßen die Menschen des 16. Jahrhunderts nicht. Demnach war der Kraichgau im engeren, naturräumlichen Sinne die Landschaft um die Kraich, so wie wir von der Rheinebene

---

[1] Mit Anmerkungen versehener Vortrag anlässlich des Studientages „Die Kraichgau und die Reformation" am 18.02.2017 im Evang. Gemeindehaus in Kraichtal-Münzesheim.

sprechen, als historischer Begriff ist er aus der Grafschaftsverfassung des Karolingereiches oder als soziogeographischer Begriff zur Beschreibung des Siedlungsraumes eines ethnischen Verbandes hervorgegangen.² Deshalb versuchte sich David Chytraeus in der Mitte des 16. Jahrhunderts an der These, dass der Kraichgauer Adel von den Griechen abstamme und eine ethnische Einheit darstelle, der Kraichgau somit aus einer Siedlungs- und Abstammungsgemeinschaft abzuleiten sei.³

Im Spätmittelalter hingegen war der Kraichgau in der Auffassung der Ritterschaft der Personenverband des Kraichgauer Adels im Sinne der regionalen Untergliederung des Reiches.⁴ Kraichgau war also überall dort, wo diese Adligen die Grundherrschaft ausübten. Erst im 19. Jahrhundert wurde aus dem adligen Personenverband ein geographisch definierter Kulturraum, wie wir es in Meyers Konversationslexikon von 1895 nachlesen können: „Nach ihm [dem Fluss Kraich] benannt ist der durch seine Naturschönheiten ausgezeichnete Kraichgau, die etwa 50 km lange und 40 km breite Gegend zwischen dem Neckar im Norden und Osten, der Enz und der Eisenbahnlinie Durlach-Pforzheim im Süden und der Eisenbahnlinie Main-Neckarbahn im Westen, und das Kraichgauer Bergland [...], welches die nördliche Fortsetzung des Schwarzwaldes bildet."⁵

Der Einfachheit halber sprechen wir zwar vom Kraichgau in unserem modernen Sinne, aber die ‚Nichtexistenz' des Kraichgaus als politische oder geographische Einheit führt dazu, dass wir nicht in der Weise von einer Reformation im Kraichgau sprechen können wie wir von einer Reformation in Sachsen, Württemberg oder Preußen sprechen.

Ursächlicher Grund hierfür war die Herrschaftszersplitterung im Kraichgau. Drei Gruppen von Herrschaftsträgern übten ihre Rechte bis zur Grundherrschaft über die bäuerlichen Gemeinden aus. An erster Stelle standen die beiden großen Territorialmächte der Region, die Kurpfalz und das Herzogtum Württemberg. Beide Territorialmächte befanden sich in den 1520er Jahren in einer tiefen Krise, die Kurpfalz aufgrund des verlorenen pfälzischen Erbfolgekrieges, in dessen Folge alle Besitzung südlich des Kraichgaus an Württemberg verloren gingen, Württemberg aufgrund der Reichsacht über Herzog Ulrich, der erst 1534 durch Landgraf Philipp von Hessen in seine Herrschaft wieder eingesetzt wurde. Die Schwäche der fürstlichen Vorherrschaft in den 1520 und 1530er Jahren war die alles entscheidende Voraussetzung für die Konstituierung der Kraichgauer Ritter als reichsunmittelbarer Ritterkanton. Die Stärke der Schwachen ist auch in diesem Fall nur die Schwäche der Starken.

Womit wir bei der zweiten Gruppe von Herrschaftsträgern, den Reichsrittern, angekommen sind. 1599 hat der Ritterort Kraichgau 75 Mitglieder mit 72 Gütern.⁶ Auf

---

2   Klaus Graf, Der Kraichgau: Bemerkungen zur historischen Identität einer Region, in: Die Kraichgauer Ritterschaft in der Frühen Neuzeit, hrsg. von Stefan Rhein (Melanchthon-Schriften der Stadt Bretten 3), Sigmaringen 1993, 9–46, hier 15ff.

3   David Chytraeus, Kraichgau. De Creichgoia. Faks. der Ausg. Wittenberg, 1561, mit Übers. und Nachw. zum Chytraeus-Jahr 2000 im Auftr. des Heimatvereins Kraichgau e.V. und der Stadt Kraichtal hrsg. und neu übers. von Reinhard Düchting und Boris Körkel, Ubstadt-Weiher 1999.

4   Graf, Kraichgau (wie Anm. 2), 26.

5   Meyers Konversationslexikon. Ein Nachschlagewerk des allgemeinen Wissens, 5., gänzlich neubearb. Aufl., 10. Bd.: Kaustik bis Langenau, Leipzig/Wien 1895, 619.

6   Kurt Andermann, Der Reichsritterkanton Kraichgau, Grundlinien seines Bestands und seiner Verfassung, in: Zeitschrift für die Geschichte des Oberrheins 160 (2012), 291–338.

Kosten ihrer Landsässigkeit gegenüber der Kurpfalz konstituierten sie sich als reichsunmittelbarer Ritterkanton mit einer eigenen Matrikel und ordneten ihren Kanton in die schwäbische Ritterschaft ein, vornehmlich aus zwei Gründen: um der neuen Vormacht Württemberg, aber auch dem Kaiser nah zu sein.[7]

Der Anschluss an den schwäbischen Adel bedeutete eine politische Neuorientierung der Kraichgauer Ritter von Heidelberg nach Stuttgart. Insbesondere nach dem Schmalkaldischen Krieg 1548 suchten sie zur Absicherung ihrer politischen Position die Integration in die schwäbische Ritterschaft. Für die Reformation wurde dieser Weg entscheidend, denn dadurch folgten die Rittergebiete der strengen orthodox-lutherischen Reformation Württembergs und nicht der calvinistischen Reformation der Kurpfalz. Der Augsburger Religionsfrieden von 1555, der nur das römische und das Augsburger Bekenntnis unter den Schutz des Reichsrechts stellte, zementierte diese konfessionelle Grundentscheidung.

Zu den weltlichen Herrschaftsträgern aus Adel und Fürsten gesellte sich im vormodernen Staat die Kirche. Dies war eine Besonderheit der deutschen Reichskirchenverfassung. Die Kirche nördlich der Alpen war nicht nur geistliche Gewalt, sondern auch weltlicher Herrschaftsträger.

Mehrere kirchliche Institutionen übten im Kraichgau grundherrliche Rechte aus. An erster Stelle stand das Bistum Speyer, zu dessen Diözese der Süden und Westen des Kraichgaus gehörte, während das Bistum Worms keine grundherrschaftlichen Rechte ausübte. In seiner Diözese lag der Norden und Osten des Kraichgaus. Beide Bistümer standen in der Verfügungsgewalt der Kurpfalz, während die Domkapitel von ritterschaftlichen Familien dominiert wurden. Mit der Hinwendung der Kurpfalz zur Reformation verloren die beiden Bistümer ihren wichtigsten politischen Rückhalt, so dass sie auf die kirchliche Entwicklung im Kraichgau nur noch eingeschränkt Einfluss nehmen konnten.

Neben dem Bistum Speyer waren die beiden Ritterstifte Sinsheim und Odenheim Grundherren, ebenso die Zisterzienserklöster Maulbronn und Herrenalb, die nach 1534 vom Herzogtum Württemberg säkularisiert wurden und damit als Herrschaftsträger im Kraichgau ausschieden. Geistliche Rechte übten viele weitere kirchliche Institutionen aus, an erster Stelle der Deutsche Orden. Im Gegensatz zu vielen anderen Gebieten des Reiches war die kirchliche Herrschaftsausübung im Kraichgau nur sehr schwach entwickelt.

Die beiden Ritterstifte in Odenheim und Sinsheim waren Ende des 15. Jahrhunderts aus zwei Benediktinerklöstern gebildet worden, die sich in einer tiefen Krise befunden hatten. Das Stift Odenheim wurde gar 1507 nach Bruchsal verlegt, so dass in Odenheim nur eine Amtsherrschaft des Stifts zurückblieb, ein Schritt, der nachhaltige Bedeutung insbesondere für die Wirtschaftsstruktur besaß, da Odenheim dadurch von einem zentralen Marktort zu einem Dorf unter anderen Dörfern herabsank.

Durch die Umwandlung der Klöster in Ritterstifte wurden die Stifte gleichsam in die Verfügungsgewalt der Fürsten und des Adels gegeben. Das Schicksal des Ritterstifts Sinsheim, das von den Kurfürsten von der Pfalz 1565 endgültig liquidiert wurde, zeigt die Wehrlosigkeit der Stifter gegenüber den weltlichen Herrschaftsträgern.[8] In

---

[7] Volker Press, Die Ritterschaft im Kraichgau zwischen Reich und Territorium 1500–1623, in: Zeitschrift für die Geschichte des Oberrheins 122 (1974), 35–98.

[8] Gustav Rommel, Sinsheim (Elsenz). Ein geschichtlicher Überblick, Karlsruhe 1954.

den Gebieten hingegen, in denen das Bistum Speyer die Grundherrschaft ausübte, konnte die reformatorische Bewegung erfolgreich zurückgedrängt werden, weshalb sich entlang der Kraichgaugrenze im Westen eine scharfe konfessionelle Grenze zu den benachbarten Hardtdörfern von Bruchsal aus Richtung Norden bilden konnte.

Nur die Schwäche der Herrschaftsinstitution Kirche im Kraichgau lässt klar werden, warum sich die reformatorische Bewegung so unproblematisch durchsetzen konnte. Um der Vielgestaltigkeit der historischen Phänomene noch ein verstehbares Ganzes abzuringen, bietet es sich an, die reformatorischen Prozesse vor dem Hintergrund der Typologisierung der Herrschaftsverhältnisse und reformatorischen Bewegungen zu betrachten.

David Chytraeus beschrieb in seiner Kraichgaurede den Kraichgau als evangelische Musterlandschaft, in der eine rechtgläubige Obrigkeit ihre frommen Untertanen zu Ideallutheranern erzog.[9] Tatsächlich setzte sich die Reformation im Kraichgau unter verschiedenen Formen durch. Von entscheidender Bedeutung, um dies vorauszuschicken, war die Frage, wer die Herrschaft in den einzelnen Dörfern und Städten ausübte.

Auf die Gesamtheit des Kraichgaus betrachtet können wir drei Verlaufsformen der Einführung der Reformation beobachten. Die Reformation in den Ritterorten, die Reformation in den Herrschaftsbereichen der Territorialmächte Württemberg und Kurpfalz und die Reformation in den Stiftsdörfern.

Der Kraichgau war ein Ort der Fürstenreformation im Sinne einer Reformation der Herrschaftsträger. Sie bestellten die Prediger, die die Reformation durchsetzten. Demgegenüber spielte die Gemeindereformation nur in den Städten, in Bretten und in Eppingen, eine wenn auch nur marginale Rolle. Auch im Bauernkrieg, zumindest im Kraichgau, spielte die Gemeindereformation nur eine Nebenrolle.[10] Hier ging es um Rechts- und Herrschaftsfragen. Einflüsse der radikalen Reformation à la Müntzer in Thüringen lassen sich an keiner Stelle nachweisen.

Vor diesem Hintergrund sollen an einigen Beispielen die verschiedenen Reformationsformen im Kraichgau vorgestellt werden.

Am einfachsten verhielt es sich mit der Reformation in den Dörfern, in denen Württemberg oder Kurpfalz die Grundherrschaft ausübten. Herzog Ulrich setzte die Reformation in den zu Württemberg gehörenden Dörfern ohne Wenn und Aber durch. Tatsächlich übte Württemberg die Grundherrschaft über Dörfer aus, die mit der Säkularisierung der württembergischen Klöster an das Herzogtum gefallen waren: zum einen Dörfer des Zisterzienserklosters Maulbronn wie Oberderdingen und Unteröwisheim, zum anderen Dörfer des Zisterzienserklosters Herrenalb wie Bahnbrücken und Oberacker.

In den Dörfern unter württembergischem Einfluss wurde die Reformation nach dem Augsburger Religionsfrieden rechtlich abgesichert, der das Reformationsrecht der Fürsten festgelegt hatte. Das Beispiel von Unteröwisheim zeigt aber, wie schon sehr früh die reformatorische Bewegung an Boden gewann, wenn dem Hochstift Speyer der Rückhalt der weltlichen Herrschaftsträger fehlte.[11]

---

[9] Graf, Kraichgau (wie Anm. 2), 40.
[10] Bernd Röcker, Der Bauernkrieg in Kraichgau und Hardt, Ubstadt-Weiher 2000.
[11] Ludwig Vögely, Unteröwisheim im Wandel der Jahrhunderte, [Hoffenheim 1954].

Das Dorf gehörte zur Grundherrschaft des Klosters Maulbronn, weswegen die Kurpfälzer die Vogtei- und Schirmrechte beanspruchten. Die Patronatsrechte an Pfarrei und Pfründen, auch an der Jakobskapelle im Pfleghof des Klosters, lagen beim Bistum Speyer und nicht beim Kloster.

Schon in den späten 1520er Jahren fasste die Reformation Fuß im Dorf. Mit Urkunde vom 27. Juli 1531 legte der Speyerer Generalvikar die Pfründen des Altars Unserer lieben Frauen und des heiligen Jakobus an der Pfarrkirche zusammen, denen durch die Reformation großer Schaden zugefügt worden sei, d. h. die Ortsbewohner spendeten nicht mehr ausreichend in diese Pfründen und ließen keine Seelmessen mehr lesen. Mit der Einführung der Reformation in Württemberg vollzog der Pfarrer Georg Jung den offiziellen Übergang zum evangelischen Bekenntnis.

Hierfür gibt es zwei eindeutige Quellenbelege. 1536 wurde ein Hans Scheuermann aus Ubstadt aus dem Bistum Speyer ausgewiesen, weil er zum evangelischen Abendmahl nach Unteröwisheim ging. Am 16. Juni 1536 wurde der Bamberger Priester Wolfgang Wortwin zum Pfarrer in Unteröwisheim eingesetzt und sein Vorgänger Georg Jung seines Amtes enthoben, da dieser geheiratet hatte und der lutherischen Häresie verfallen sei. Wegen seiner Heirat befand er sich schon seit einem Jahr im Kirchenbann, hatte also im Frühjahr 1535 die Ehe geschlossen. Die zeitliche Nähe zur Einführung der Reformation in Württemberg zeigt, dass Jung für den folgenschweren Schritt der Heirat auf Rückendeckung aus dem Herzogtum gewartet hatte. Der Herzog ließ ihn auch nicht im Regen stehen und verhinderte die Übergabe der Pfarrei an den Bamberger Priester. Zugleich mit dem offiziellen Übertritt zum Luthertum verfasste Jung eine Kirchenordnung für das Dorf.

Auch in den württembergischen Kondominatsorten, das waren Dörfer, die herrschaftsrechtlich geteilt waren, vertraten die Württemberger eine entschieden reformatorische Politik. Das Beispiel des Dorfes Kürnbach und seiner Filialen Leonbronn und Ochsenberg im Osten des Kraichgaus zeigt dies paradigmatisch.[12] Das Dorf war ein Kondominat von Württemberg und den Herren von Sternenfels. Wahrscheinlich besaß Württemberg ein Drittel und von Sternenfels zwei Drittel des Ortes. Die kirchlichen Rechte übte der Deutsche Orden aus. Die adligen Anteile waren über die Grafen von Katzenelnbogen ein hessisches Lehen. In Kürnbach predigte schon 1525 Wendel Ziegler evangelisch, er war wohl Deutschordenspriester.

Nach der Niederschlagung des Bauernkrieges wurden in Kürnbach wieder altgläubige Priester eingesetzt. 1533 oder 1534 kam ein Pfarrer Emerich nach Kürnbach, der wohl nicht mehr eindeutig katholisch war. Trotz der Einsetzung eines altgläubigen Priesters konnten die evangelischen Neigungen nicht mehr unterdrückt werden. In einem Verhörprotokoll des Täufers Michael Jungmann aus Kürnbach von 1553 erfahren wir, dass die Leute zur evangelischen Predigt nach Sulzfeld, Gemmingen und Flehingen gingen.

Mit der Rückführung Herzog Ulrichs wurde auch in Kürnbach die Reformation etabliert. Der Herzog berief gegen das Recht des Deutschen Ordens einen Prediger nach Kürnbach. In der herzoglichen Kanzlei wurde dies damit begründet, dass die Untertanen aus Eifer für das Wort Gottes in die Nachbarorte gingen und zu befürchten sei, dass sie sich mit der Zeit zu Winkelpredigern halten und zu Täufern würden.

---

[12] Gustav Bossert, Die Reformation in Kürnbach bei Eppingen, in: Zeitschrift für die Geschichte des Oberrheins 51 (1897), 83–107.

Württemberg setzte sich mit Wilhelm von Sternenfels ins Benehmen. In Bretten trafen sich der Vogt Ulrich Winzelhäuser von Güglingen und Wilhelm von Sternenfels und einigten sich. Am 8. September 1535 kündigte Wilhelm von Sternenfels dem Deutschmeister an, dass Herzog Ulrich und er einen evangelischen Prädikanten nach Kürnbach bestellen würden. Es war Johann Eisenmenger, der sich in Stuttgart examinieren lassen musste und von Wilhelm von Sternenfels vorgeschlagen worden war. Eisenmenger war vorher Pfarrer bei den Göler von Ravensburg gewesen. 1544 wurde Eisenmenger Pfarrer in Bretten.

Komplizierter gestaltete sich die Situation in den kurpfälzischen Einflussgebieten, da die Kurfürsten bis zur Mitte der 1540er Jahre eine Politik des entschiedenen Sowohl als Auch betrieben. Auf der einen Seite setzten sie die kaiserlichen Gesetze in der Kurpfalz in Kraft, auf der anderen Seite setzten sie diese nicht entschieden durch. Erst seit 1546 begann Kurfürst Friedrich II. sein Territorium zu reformieren. Aufgrund des Rückschlags durch den Schmalkaldischen Krieg wurde die Reformation erst 1556 offiziell eingeführt. Insbesondere in den am Rande der kurpfälzischen Einflusssphäre liegenden Kraichgauorten führte diese Politik zu unklaren Verhältnissen. Die unentschiedene Politik des Heidelberger Hofes ließ Raum für eigenständige Entwicklungen.

In Bretten wurde seit 1541 das Abendmahl unter beiderlei Gestalt gereicht.[13] Aber schon einige Jahre früher weigerten sich Teile der Bevölkerung, den althergebrachten Abendmahlsritus zu vollziehen. In den Protokollen des Speyerer Domkapitels ist eine Eingabe des Nachbarortes Bauerbach von 1528 dokumentiert mit der Bitte um Erlaubnis, nach Flehingen und anderen Orten gehen zu dürfen, um dort lutherische Prediger zu hören. Ähnlich verlief die Entwicklung in allen pfälzischen Dörfern und Städten. Spätestens 1556 wurde in Rinklingen, Diedelsheim, Gölshausen, Sprantal, Ölbronn und Weingarten und in den Städten Bretten, Heidelsheim, Eppingen, Hilsbach und Sinsheim evangelisch gepredigt.

Konfliktträchtiger verlief hingegen die Einführung der Reformation in den Dörfern der Ritterstifte. Das Ritterstift Odenheim besaß im 16. Jahrhundert die Dörfer Eichelberg, Landshausen, Odenheim, Rohrbach am Gießhübel (gehört heute zu Eppingen) und Tiefenbach.[14] 1546 wurde das Dorf Rettigheim verkauft. In diesen Dörfern hatte das Stift die volle, in den Dörfern Großgartach und Waldangelloch nur Anteile an der Ortsherrschaft. Großgartach war ein Kondominatsort mit Württemberg, das dort 1535 die Reformation einführte, ohne die Rechte des Stifts zu respektieren. In Waldangelloch führte die Ortsherrschaft die Reformation ein. Der nichtstiftische Anteil war als Lehen der Ebersteiner an die Herren von Angelloch gekommen, die die Reformation etablierten. Aber auch in Odenheim und Tiefenbach setzte sich die evangelische Predigt allmählich durch, da die Ritterherren sich wenig für Religionsfragen interessierten und seit 1548 in einem langwierigen Rechtsstreit vor dem Reichskammergericht mit den Odenheimer Untertanen um die Abgaben und Frondienste lagen, den sie auf keinen Fall, spätestens aber nach 1555, mit einem religiö-

---

[13] Alfons Schäfer, Geschichte der Stadt Bretten von den Anfängen bis zur Zerstörung im Jahre 1689 (Brettener stadtgeschichtliche Veröffentlichungen 2), Bretten 1977.

[14] Grundlegend zum Ritterstift Odenheim: Ralf Fetzer, Untertanenkonflikte im Ritterstift Odenheim vom ausgehenden Mittelalter bis zum Ende des Alten Reiches (Veröffentlichungen der Kommission für geschichtliche Landeskunde in Baden-Württemberg. Reihe B: Forschungen 150), Stuttgart 2002.

sen Konflikt aufladen wollten. Erst seit den 1580er Jahren begannen die Stiftsherren mit gegenreformatorischen Maßnahmen in ihrem Herrschaftsgebiet, die 1615 mit der Huldigung und 1616 mit einer Übereinkunft zwischen Untertanen und Stiftsherrschaft zum Abschluss kamen, in denen die römisch-katholische Konfessionszugehörigkeit festgeschrieben wurde.

Oftmals unentschieden blieben die konfessionellen Verhältnisse in den Dörfern, in denen das Bistum Speyer zusammen mit Ritterfamilien die Grundherrschaft ausübte. Bei ihren evangelischen Bestrebungen standen die kleinen Familien vor einer Zwickmühle, wenn das Bistum Speyer Herrschaftsrechte in den Dörfern besaß. Eine wirklich aggressive Politik gegen die Rechte des Bistums bedurfte des Rückhalts der Kurpfälzer oder des Machtspruchs der Württemberger. Die Rückbindung an die großen Territorialherren barg aber die Gefahr in sich, zu sehr in das Machtgefüge der Territorien hineingezogen zu werden.

Oberöwisheim ist ein gutes Beispiel für diese defensive Reformationspolitik des Ritteradels gegenüber dem Hochstift Speyer.[15] Die verworrenen und teilweise auch umstrittenen Herrschaftsrechte im Dorf wurden nach 1540 durch kurpfälzische Belehnungen geklärt. 1540 wurde Hans von Helmstatt von den Kurfürsten von der Pfalz mit zwei Sechsteln von Burg und Dorf Oberöwisheim belehnt, während jeweils ein Drittel den Herren von Massenbach und dem Hochstift Speyer gehörte. Schon in den frühen 1520er Jahren wurde im Dorf unter dem Schutz der Reichsritter evangelisch gepredigt. Die beiden Ritterfamilien führten bei ihren Ortsuntertanen das evangelische Bekenntnis ein, während die Speyerer Untertanen beim katholischen Glauben blieben. Die Kirche des Ortes wurde als Simultaneum genutzt.

In Dörfern wie Oberöwisheim wurde der Konfessionsstand erst mit dem Westfälischen Frieden 1648 definiert. Dörfer wie Neuenbürg wurden katholisch, während in Oberöwisheim eine paritätische Dorfverfassung im Sinne des Religionsfriedens etabliert wurde.

Eine entschieden durchsetzungsstarke Reformationspolitik verfolgten die großen Ritterfamilien und die Familien, die nicht durch konkurrierende Herrschaftsrechte der Kirche eingeengt wurden. Eine Anzahl Kraichgauer Ritter gehörten zu den frühesten Anhängern der Lehre Luthers. Zu nennen sind die Göler von Ravensburg, die von Gemmingen und die von Mentzingen. Stellvertretend für viele ritterschaftliche Dörfer soll kurz auf die Einführung der Reformation in Gemmingen hingewiesen werden.

In Gemmingen gab es vor der Reformation eine Pfarrstelle mit sechs Altaristen.[16] Das Präsentations- und Patronatsrecht lag beim Bischof von Speyer. Bei den sechs Altaristen waren die Patronatsrechte gemäß dem Stifterwillen verteilt. Ein Frühmesskaplan wurde vom Speyerer Domkapitel berufen, zwei Altarpründen, darunter die Prädikatur, wurden von der Ortsherrschaft von Gemmingen verwaltet, die übrigen drei Altäre von den Stiftern oder deren Nachkommen aus anderen Zweigen der Familie Gemmingen. Die genannte Prädikatur in der Verfügung der von Gemmingen wurde 1513 eingerichtet und mit Bernhard Griebler besetzt, der 1507 in Heidelberg

---

[15] Heinz Erich Walter (Hg.), 1200 Jahre Oberöwisheim. Jetzt Stadtteil von Kraichtal (Kreis Karlsruhe); das Ortsbuch von Oberöwisheim 771–1971, Ludwigsburg 1973.

[16] Gerhard Kiesow, Von Rittern und Predigern: Die Herren von Gemmingen und die Reformation im Kraichgau, Ubstadt-Weiher 1997.

den Magister erworben hatte. Seit 1521 oder 1522 predigte Griebler im lutherischen Sinne.

Sofort kam es zu Konflikten mit dem Pfarrer Dietelm, der sich beim Domkapitel in Speyer beschwerte, *wes ime begegent in seiner kirchen mit predigen und teutsch taufen der Kinder*[17]. Februar 1525 kam die Angelegenheit wieder an das Domkapitel, da ein Teil des dem Pfarrer zustehenden Kirchenzehnten für die Besoldung des Predigers genutzt wurde, was in der Logik des evangelischen Denkens begründet lag, das Seelenstiftungen nicht mehr akzeptierte. Wolf von Gemmingen hatte die Pfründe des Altaristen, der durch von Gemmingen berufen wurde, der Prädikatur zugeschlagen.

Das Domkapitel bestimmte daraufhin eine Kommission, die mit von Gemmingen darüber verhandeln sollte. Der Bauernkrieg sorgte dafür, dass das Problem nicht gelöst wurde, denn im August 1527 war die causa Gemmingen wieder Gegenstand im Domkapitel. 1527 oder kurz zuvor hatte Wolf von Gemmingen dem Kapitel die Zusage gegeben, für den Unterhalt des Pfarrers zu sorgen. Deutlich wird an dem Vorgehen des Ritters das Ziel, die Gesamtverantwortung für die Kirche zu übernehmen und die alten Rechtsüberschneidungen und Kompetenzen zu ihren Gunsten abzulösen.

Im Protokoll des Speyerer Domkapitels vom 5. November 1527 heißt es, dass Wolf den altgläubigen Pfarrer vertrieben und einen evangelischen eingesetzt habe, für den er die Einkünfte der Kirche verwendete. Wahrscheinlich aber erst 1531 oder 1532 verließ der katholische Priester endgültig seine Pfarrstelle und wurde durch den evangelischen Pfarrer Wolfgang Buss von Gernsbach ersetzt. Wahrscheinlich wurde Buss schon 1527 berufen und war zunächst Lehrer an der Lateinschule, da der altgläubige Pfarrer nach seiner ersten Vertreibung nochmals zurückkehren konnte.

In einer größeren Perspektive verhielten sich die Kraichgauer Ritter in Fragen der kirchlichen Ausrichtung ihrer Besitzungen nicht anders als die Mitglieder anderer Rittervereinigungen. Die Reichsritterschaft war in drei Reichskreisen organisiert: Zum schwäbischen Ritterkreis gehörten fünf Kantone, darunter der Kraichgau. Die fränkische Ritterschaft war in sechs Kantonen organisiert und die rheinische in drei.

Die Reformation konnte der Selbstorganisation des reichsunmittelbaren Adels keinen Schaden zufügen.[18] Die schwäbischen Ritterkantone Donau und Hegau-Allgäu-Bodensee blieben nahezu geschlossen bei der alten Kirche. Die Kantone Neckar-Schwarzwald, Kocher, Unterelsass, Ober- und Mittelrhein sowie die sechs fränkischen Orte waren konfessionell gemischt. Ganz evangelisch wurde um die Mitte des 16. Jahrhunderts nur der Kanton Kraichgau. Dass es heute im Kraichgau eine nennenswerte Anzahl katholischer Dörfer gibt, liegt zum einen an der Gegenreformation seit dem späten 16. Jahrhundert und zum anderen an der Rückkehr vieler adliger Familien oder einzelner Familienmitglieder zum römischen Glauben aus Rücksicht auf die Erfordernisse des Pfründenerwerbs in der Reichskirche. Die Vorteile der Aneignung des Kirchengutes und der kirchlichen Herrschaftsrechte konnten in keiner Weise die Verluste für die Adelsfamilien kompensieren, die diese durch den Verzicht auf kirchliche Pfründen erlitten. Für alle Adelsfamilien stellte sich dadurch nämlich das drängende Problem der Versorgung der nachgeborenen Kinder.

---

[17] Ebd., 57.
[18] Kurt Andermann, Reichsritterschaft, publiziert am 09.05.2011, in: Historisches Lexikon Bayerns, URL: <http://www.historisches-lexikon-bayerns.de/Lexikon/Reichsritterschaft> (19.07.2017).

Zusammenfassend lassen sich für die Reformation im Kraichgau bei allen jeweils unterschiedlichen örtlichen Reformationsgeschichten einige Grundmerkmale konstatieren:

Im Kraichgau herrschte im Vergleich zu anderen ritterschaftlichen Gebieten im Reich aufgrund der Schwäche der führenden Territorialmächte und der Schwäche der kirchlichen Herrschaftsträger eine einmalig günstige Situation für die Einführung der Reformation. Nachdem das Herzogtum Württemberg nach der Rückführung Herzog Ulrichs und der Einführung der Reformation zur Führungsmacht in der Region aufgestiegen war, setzte sich im Kraichgau die zuvor punktuell in einigen Ritterdörfern etablierte evangelische Bewegung flächendeckend durch. Das Hochstift Speyer konnte zu keiner Zeit dem Herrschaftsanspruch der Württemberger Paroli bieten. Nach dem Übergang der Kurpfalz zur Reformation wurde auch in den kurpfälzischen Besitzungen die Reformation eingeführt.

Über die Frage, ob ein Dorf evangelisch wurde oder nicht, entschieden die Grundherren. Die Religionsfrage war in den Rittergebieten, in denen kleine Herrschaftsträger ihre Herrschaft unmittelbar über eine dörfliche Bevölkerung ausübten, in einem sehr viel stärkerem Maße ein Herrschaftsakt als in den großen Territorien oder gar den Reichsstädten. Die Ortsadligen entschieden personalpolitisch über das konfessionelle Schicksal in ihrem Besitz. Über die Einführung der Reformation entschied, wer die Pfarrstellen besetzen konnte.

Die Vorrangstellung Württembergs führte die Reformation im Kraichgau in württembergisches Fahrwasser. Selbst die kurpfälzischen Orte blieben beim Luthertum. Im Randgebiet der kurpfälzischen Herrschaft konnten sich die Dörfer und Städte viel einfacher der Einführung des Calvinismus entziehen als im Kernland der Kurpfalz. Personalpolitisch rekrutierte sich die evangelische Geistlichkeit des Kraichgaus aus der württembergischen Pfarrerschaft, d. h. auch die Pfarrer der Ritterorte wurden in Stuttgart ordiniert. Die ersten evangelischen Pfarrer des Kraichgaus stammten aus dem Umkreis von Johannes Brenz, der die Reformation in Schwaben wesentlich gestaltete.

Die Anfänge der Reformation zwischen Neckar, Odenwald und Bauland*

Albrecht Ernst

Nur wenige Monate, nachdem Martin Luther am 31. Oktober 1517 seine 95 Thesen – geradezu legendär – an die Türen der Schlosskirche zu Wittenberg geheftet und damit seine Kritik an der Praxis des Ablasshandels zum Ausdruck gebracht hatte, begab sich der gelehrte Augustinermönch auf eine anstrengende Reise. Zu Fuß machte er sich am 9. April 1518 auf den über 500 Kilometer weiten Weg, der ihn von Wittenberg über Leipzig, Coburg und Würzburg nach Heidelberg führen sollte.[1] In Würzburg bezog er für zwei Nächte im dortigen Augustinerkloster Quartier und wurde von dem ihm wohlgesinnten Bischof Lorenz von Bibra empfangen, ehe er am 19. April 1518 im Wagen seiner Ordensbrüder die Reise fortsetzte. Die weitere Strecke folgte der alten Geleitstraße, die durch das Tauber- und Umpfertal nach Boxberg zog, um dann auf der Wasserscheide zwischen Kirnau und Kessach, südlich vorbei an Osterburken, Adelsheim zu erreichen. Von dort ging es durch den Waidachswald und über Oberschefflenz auf dem alten Höhenweg unmittelbar nach Mosbach.[2] Es darf vermutet werden, dass Luther und seine Würzburger Gefährten die Nacht vom 20. auf den 21. April 1518 in Mosbach verbrachten. Die Kunde von den provokanten und aufrüttelnden Thesen des Wittenberger Professors hatte wohl auch in der kurpfälzischen Amtsstadt aufmerksames Gehör gefunden. Doch dürften weder die Kanoniker des St. Julianastifts noch die Bürgerschaft bemerkt haben, wen sie hinter ihren Mauern beherbergten. Denn aus Sicherheitsgründen reiste Luther auf weiten Strecken inkognito; auch drängte die Zeit. Bereits am nächsten Morgen brachen die Ordensleute zu ihrer letzten Etappe über Neckarelz, Obrigheim und Aglasterhausen nach Heidelberg auf, wo am 25. April das in dreijährigem Turnus an wechselnden Orten stattfindende Generalkapitel der Reformkongregation der deutschen Augustiner-Eremiten abgehalten wurde. Als Vikar des sächsisch-thüringischen Ordensdistrikts hatte Luther von Amts wegen an der von seinem Mentor Johann von Staupitz einberufenen Zusammenkunft teilzunehmen.[3]

Im Anschluss an die Ordensberatungen war für den 26. April eine Disputation im Hörsaal der Heidelberger Artistenfakultät anberaumt, die von Luther geleitet werden sollte. Geschickt nutzte der 34-jährige Theologe diese Chance, indem er nicht – wie von den Zuhörern erwartet – auf die Ablassproblematik zu sprechen kam, sondern in 28 theologischen und 12 philosophischen Thesen eine knappe und äußerst poin-

---

*   Festvortrag anlässlich des Neujahrsempfangs des Evangelischen Kirchenbezirks Mosbach zum Reformationsgedenken am 21. Januar 2017 auf Burg Guttenberg bei Neckarmühlbach.
[1] Harald Pfeiffer, Martin Luthers Reise zur Heidelberger Disputation 1518, Heidelberg 2016, 22–46.
[2] Der Neckar-Odenwald-Kreis, hrsg. v. d. Landesarchivdirektion Baden-Württemberg, Sigmaringen 1992, Bd. 1, 157f.
[3] Heinz Scheible, Die Universität Heidelberg und Luthers Disputation, in: ZGO 131 (1983) 309–329, hier: 312f.

tierte Zusammenfassung seiner aus dem Römerbrief gewonnenen reformatorischen Erkenntnis bot. In strikter Abgrenzung von der aristotelisch geprägten Theologie der Scholastik sprach er dem Menschen die Fähigkeit ab, sein Heil aus eigener Kraft erlangen zu können. Jeglicher Form der Werkgerechtigkeit erteilte er eine Absage und betonte die Abhängigkeit des Menschen von der Gnade Gottes. *Gerecht* werde man nur, wenn man – *ohne des Gesetzes Werke* – an den gekreuzigten Christus glaube.[4]

Rückblickend berichtete Luther seinem Freund Georg Spalatin, die Disputation habe in einer respektvollen Atmosphäre stattgefunden. Doch konnte er nicht verschweigen, dass die versammelten Gelehrten der Universität und des Augustinerordens wenig Sympathie für seine unerhörte Botschaft aufbrachten. Sie empfanden Luthers Rechtfertigungslehre als fremd und absonderlich. Ganz anders fiel die Bewertung durch die jüngeren Zuhörer aus. Zuversichtlich vermerkte Luther in seinem Brief an Spalatin, *die wahre Theologie, verworfen von den eigensinnigen Alten, wird sich der Jugend zuwenden.*[5] Zu den jungen, akademisch gebildeten Männern, die sich von seinen Gedanken faszinieren ließen, gehörten der aus dem elsässischen Schlettstadt stammende Dominikanerstudent Martin Bucer und der im schwäbischen Weil der Stadt geborene Johannes Brenz, der kurz vor seinem Magisterexamen stand. Beide waren von Luthers Argumentation so angetan, dass sie ihn gemeinsam zu einer persönlichen Aussprache aufsuchten und fortan Kontakt mit ihm pflegten. Auch für etliche andere, so etwa für Erhard Schnepf aus Heilbronn, für Martin Frecht aus Ulm, für den späteren kurpfälzischen Kanzler Hartmannus Hartmanni, den nachmaligen Schwiegervater des aus Mosbach stammenden Juristen Nicolaus Kistner, wurde die Heidelberger Disputation zu einem Initialerlebnis.[6] Sie alle trugen den geistigen Funken, den sie aus Luthers Thesen empfangen hatten, weiter und wurden zu Multiplikatoren der reformatorischen Erkenntnis. Nach Kräften förderten sie die Ausbreitung der neuen Lehre und wurden selbst zu Reformatoren namhafter süddeutscher Reichsstädte und Territorien.

Mit Blick in die Zukunft konnte Luther eine durchaus positive Bilanz seiner Heidelberg-Reise ziehen. Dankbar erinnerte er sich an den ehrenvollen Empfang, den ihm Pfalzgraf Wolfgang, der Bruder des Kurfürsten, auf dem Schloss bereitet hatte. Luther war dem 23-jährigen Gastgeber, der in Wittenberg studiert und 1515 das Amt des dortigen Universitätsrektors bekleidet hatte, persönlich bekannt.[7] So kam er zusammen mit Staupitz in den Genuss, das Schloss, die kurfürstlichen Kunstsammlungen und die Befestigungsanlagen in Augenschein zu nehmen.[8]

In den ersten Maitagen des Jahres 1518 verließ Luther die kurpfälzische Residenzstadt und kehrte auf der eingangs skizzierten Strecke nach Wittenberg zurück. Bis

---

[4] Scheible, Disputation (Anm. 3), 313–316. – Joachim Conrad, „Luther ist in der Stadt". Die Heidelberger Disputation und ihre Bedeutung für den südwestdeutschen Raum, in: Bernhard H. Bonkhoff (Hg.), Die Anfänge der Reformation in der Pfalz. Beiträge zum 500. Jubiläum des Thesenanschlags, St. Ingbert 2016, 3–40, hier 13–18.

[5] D. Martin Luthers Werke. Kritische Gesamtausgabe (Weimarer Ausgabe), Abt. 4: Briefwechsel, Bd. 1, Weimar 1930, 172f. (18. Mai 1518). – Scheible, Disputation (Anm. 3), 329. – Conrad, Luther in der Stadt (Anm. 4), 16f. – Pfeiffer, Luthers Reise (Anm. 1), 70.

[6] Martin Brecht und Hermann Ehmer, Südwestdeutsche Reformationsgeschichte, Stuttgart 1984, 53–55. – Conrad (Anm. 4), 19–40.

[7] Karl Eduard Förstemann, Album academiae Viterbergensis, Bd. 1, Leipzig 1841, 53 u. 56. – Conrad, Luther in der Stadt (Anm. 4), 9–13.

[8] D. Martin Luthers Werke (Anm. 5), 172f.

kurz vor Würzburg nutzte er die Mitfahrgelegenheit, die ihm die Nürnberger Ordensbrüder boten, dann bestieg er das Fuhrwerk der Erfurter und schließlich der Eislebener Augustiner-Eremiten.[9] Noch einmal, im Frühjahr 1521, kam Luther in den deutschen Südwesten. Auf dem Reichstag zu Worms unternahm er den letztlich aussichtslosen Versuch, seine theologischen Positionen vor Kaiser und Reich darzulegen und zu verteidigen. Als Ketzer gebrandmarkt, verfiel er mit der Verkündung des Wormser Edikts der Reichsacht. Dass seine Kritik an den kirchlichen Missständen, sein Wirken als Erneuerer der Kirche kein abruptes Ende fand, hatte er allein der Protektion des sächsischen Kurfürsten zu danken.

Das Schicksal der Reformation sollte sich nicht auf Reichs-, sondern auf Territorialebene entscheiden. Nicht die kaiserliche Zentralgewalt, sondern einzelne Fürsten, Grafen und Reichsritter, Reichsstädte und Bürger verhalfen – ungeachtet des Risikos reichsrechtlicher Sanktionen – der neuen Lehre zum Durchbruch. Von daher lohnt es sich, die Anfänge der evangelischen Bewegung im regionalen Kontext zu untersuchen. Die Geschichte des Evangelischen Kirchenbezirks Mosbach, dessen Gemeinden sich von Mudau im Norden bis Neckarmühlbach und Hüffenhardt im Süden, von Zwingenberg und Asbach im Westen bis Großeicholzheim und Schefflenz im Osten erstrecken, bietet interessantes Anschauungsmaterial für die Ausformung einer konfessionell diversifizierten Landschaft. Die Einführung der Reformation im Raum zwischen Kraichgau und Bauland, Neckartal und Odenwald vollzog sich in einem Prozess, der über mehrere Jahrzehnte andauerte. Es ist nicht die große Reformationsgeschichte, die uns hier begegnet, sondern es sind kleine Reformationsgeschichten, die in den Territorien der geistlichen und weltlichen Fürsten, in den Gebieten der Reichsritterschaft, in ihren Städten und Dörfern greifbar werden. Die nur spärlich überlieferten Quellen halten die Erinnerung wach an Sympathisanten der religiösen Neuerung, aber auch an Altgläubige, die an den katholischen Traditionen festzuhalten wünschten.

Zweifellos war die Zeit um 1500 eine Epoche des Umbruchs. Die Erfindung des Buchdrucks mit beweglichen Lettern durch Johannes Gutenberg revolutionierte die Wissensvermittlung. Die Eroberung Konstantinopels durch die islamischen Osmanen wurde von der abendländischen Christenheit als existentielle Bedrohung wahrgenommen. Die Flucht byzantinischer Gelehrter, die wertvolle antike Handschriften in den Westen brachten, gab den Anstoß zur Renaissance, die weite Teile Europas kulturell prägen sollte. Auf der Suche nach einem kürzeren Seeweg nach Indien stieß Kolumbus auf einen neuen Kontinent, den man später Amerika nannte.

In politischer Hinsicht vollzog sich in dem zu betrachtenden Zeitraum der Aufbau einer frühmodernen Staatlichkeit. Die Territorialfürsten zielten darauf ab, eine funktionsfähige, möglichst alle Lebensbereiche erfassende Verwaltung zu schaffen und die hergebrachten Rechte der ländlichen Bevölkerung zu schmälern. Es war dies einer von mehreren Auslösern, die zum Bauernkrieg von 1525 führten. Auch die Autorität und das wirtschaftliche Gebaren der Kirche sowie die moralische Glaubwürdigkeit des Klerus standen in der Kritik. Ungeachtet dessen erlebten Frömmigkeit und Kirchlichkeit in den Jahrzehnten vor der Reformation eine nie da gewesene Intensität. Die in großer Zahl erhalten gebliebenen spätmittelalterlichen Bildwerke sind wertvolle Zeugnisse einer Religiosität, die auf das Schicksal der Menschen nach dem Tode

---

[9] Pfeiffer, Luthers Reise (Anm. 1), 78f.

ausgerichtet war. Inständig hofften die Stifter von Altären und Seelenmessen auf die persönliche Hilfe der von ihnen verehrten Heiligen. Die Verknüpfung von Todesschicksal und guten Werken, die Sehnsucht nach individueller Heilsgewissheit waren kennzeichnend für die geistliche Welt, in der auch Martin Luther aufgewachsen war.[10]

Falls man gelebte Religiosität am Neubau und an der Erweiterung von Gotteshäusern ablesen kann, dann finden sich im Raum Mosbach mehrere Kirchen und sakrale Bauelemente aus der Zeit um 1500, die diese Vermutung stützen könnten. Entsprechende Baumaßnahmen lassen sich für die Kirchen in Hochhausen, Lohrbach, Neckarelz und Neckarmühlbach nachweisen.[11] Von besonderer Aussagekraft sind die Motive der oft nur fragmentarisch überlieferten Wandmalereien. Sie thematisieren die Passion Christi, zeigen eine Vielzahl von Heiligen und führen in drastischer Weise Szenen des Jüngsten Gerichts vor Augen.[12]

Wie sehr die Menschen darauf bedacht waren, vor dem Richterstuhl Christi bestehen zu können, lässt sich an den Grabdenkmälern jener Zeit ablesen, die sich in größerer Zahl in den Kirchen in Mosbach und Hochhausen erhalten haben.[13] Welche Erwartungen sich daran knüpften, in einem Sakralbau – in unmittelbarer Nähe der an den Altären verehrten Heiligen – beigesetzt zu werden, lässt das 1473 verfasste Testament der Barbara von Neudeck erahnen.[14] Während die Witwe krank zu Bette liegt und einem herbeigerufenen Notar ihren letzten Willen erklärt, ist sie erfüllt von Gedanken an den Tod und an das Jenseits. Sie empfiehlt ihre Seele in die Hände des allmächtigen Gottes, der Himmelskönigin Maria und aller himmlischen Heere und bittet inständig, dass sie hinzugefügt werde zur *Sammlung und Schar aller Auserwählten*. Um dieses Ziel zu erreichen, verfügt Barbara von Neudeck, in der heiligen Erde des würdigen Julianastifts in Mosbach beigesetzt zu werden. Detailliert legt sie fest, dass ihres Todes mit einer Vielzahl von Seelenvespern, Vigilien und gesungenen Messen gedacht werde. Dabei solle man, so ihr ausdrücklicher Wunsch, mit Kreuz und Weihrauch sowie unter dem Gesang von Bußpsalmen über das Grab gehen und dort brennende Kerzen aufstellen. Während des gesamten Jahres nach ihrem Tod sollten reihum alle Priester, Kanoniker und Vikare des Stifts verpflichtet sein, täglich eine Messe am St. Elisabethaltar zu lesen. Ein ganzes Jahr lang sollte auch Tag und Nacht eine Kerze vor dem Sakramentshaus brennen. Gegen ein Legat von 100 Gulden sollten Schultheiß und Rat der Stadt Mosbach vier Mal im Jahr zu vorgegebenen Zeiten so lange Messen lesen lassen, bis das eingesetzte Geld aufgebraucht war. Sodann sollte aus der Vermögensmasse zu ewigen Zeiten an Mariä Himmelfahrt ein Jahrtag gehalten werden. Und schließlich sollte, gleichfalls zu ewigen Zeiten, das Salve im Stift dergestalt gesungen

---

[10] Martin Luther und die Reformation in Deutschland. Ausstellung zum 500. Geburtstag Martin Luthers, veranstaltet vom Germanischen Nationalmuseum Nürnberg, Frankfurt am Main 1983, 41–62.
[11] Der Neckar-Odenwald-Kreis (Anm. 2), Bd. 1, 866f., Bd. 2, 97 u. 100. – Emil Lacroix u. Heinrich Niester, Kunstwanderungen in Baden, Stuttgart 1959, 379–397. – Vgl. auch Wolfgang Müller, Die mittelalterlichen Dorfkirchen im badischen Frankenland, in: Freiburger Diözesan-Archiv 98 (1978), 5–103.
[12] So etwa in Binau (Märtyrertod an der Laibung des Chorbogens) und Lohrbach (Passionszyklus, Seelenwaage).
[13] Heinrich Köllenberger/Ernst Cucuel (Bearb.), Die Inschriften der Landkreise Mosbach, Buchen und Miltenberg (Die Deutschen Inschriften Bd. 8), Stuttgart 1964, 51–180.
[14] Mosbacher Urkundenbuch. Stadt und Stift im Mittelalter, bearb. von Konrad Krimm, Elztal-Dallau 1986, 320–323.

werden, dass, während man das Ave Maria läutete, zwei Schüler drei Mal den Vers *Ave Maria gracia plena dominus tecum* sangen.

Diese letztwillige Verfügung wirft ein helles Licht auf das spirituelle Leben, auf die Memorialkultur am Mosbacher Julianastift. Unablässig lasen die Kanoniker, die sich von bis zu 16 Vikaren vertreten ließen,[15] an den Altären der Stiftskirche ewige Seelenmessen, die noch am Vorabend der Reformation von den Gläubigen der kaum 1.500 Einwohner zählenden Stadt gestiftet wurden.

Von der Religiosität der Bürger zeugen Bruderschaften, die unter kirchlicher Aufsicht Gottesdienste hielten und karitativ wirkten. Noch 1510 gründete der Mosbacher Vogt Anselm von Eicholzheim gemeinsam mit Schultheiß, Bürgermeister und Ratsherren eine der heiligen Anna gewidmete Bruderschaft. Auch Prozessionen mit Kreuz, Lichtern und Kerzen, die um die Stadt und auf die Felder führten, werden in den Quellen genannt. Ebenso wie Wallfahrten, die etwa die Mosbacher Rossknechte zur St. Gangolfskapelle bei Neudenau unternahmen, um ihre Pferde segnen zu lassen.[16]

Ein weiteres, regional bedeutsames Ziel für Pilger waren die Einsiedlerhöhle und das Grab der heiligen Notburga, der sagenhaften Tochter des Frankenkönigs Dagobert, die in Hochhausen am Neckar verehrt wurde. An die Wallfahrt erinnert Notburgas eindrucksvolles Grabdenkmal, die künstlerisch wertvolle Ausstattung der Kirche und die in Wandbildern festgehaltene Legende der Heiligen aus der Zeit um 1500.[17]

Von einem mittelalterlichen Marienwunder, das fromme Pilger anlockte, kündet nicht zuletzt die Burgkapelle in Neckarmühlbach. Die beiden bemerkenswerten Ziborienaltäre, die den Triumphbogen flankieren, entstanden um das Jahr 1520, als Luthers Lehre gerade anfing, in der Herrschaft des Dietrich von Gemmingen Fuß zu fassen. Sie bargen zwei Kostbarkeiten, die mittlerweile ins Burgmuseum verbracht wurden: ein zu Beginn des 16. Jahrhunderts entstandenes Kruzifix, das dem Heilbronner Bildhauer Hans Seyffer zugeschrieben wird, und eine kunstvoll geschnitzte, in Gold gefasste Schutzmantelmadonna, die einst von den Wallfahrern verehrt wurde. Zu ihren Füßen, unter ihrem weiten, von zwei Engeln gehaltenen Mantel haben sich Menschen unterschiedlichen Standes, unter ihnen auch Papst und Kaiser, anbetend niedergekniet.[18] Dieses Kunstwerk versinnbildlicht in eindrücklicher Weise die Sehnsucht der Gläubigen nach dem Schutz und der Fürsprache durch die Heiligen. In ihm spiegelt sich noch einmal die spätmittelalterliche Frömmigkeit, die von der Angst vor dem Tod und der ewigen Verdammnis bestimmt war. Es ist der Pietät der gemmingenschen Patronatsherrschaft zu danken, dass diese kostbare, von den altgläubigen Vorfahren gestiftete Skulptur die Zeiten überdauert hat. Denn die skizzierten Formen traditioneller Religiosität, auch ihre nicht zu unterschätzende wirtschaftliche Bedeutung fanden mit der Durchsetzung der Reformation ein teils abruptes, teils schleichendes Ende.

---

[15] Oskar Friedlein, Beiträge zur Geschichte des Julianastiftes in Mosbach, in: Freiburger Diözesan-Archiv 91 (1971), 106–175, hier 116.

[16] Jakob Renz, Vorträge über die Geschichte der Stadt Mosbach, Mosbach 1930, 193.

[17] Peter Assion, Rudolf Lehr u. Paul Schick (Hgg.), Das pfälzisch-fränkische Sagenbuch, Karlsruhe 1983, 138f. – Emil Lacroix, Zeugen reicher Vergangenheit, in: Land der Burgen und Wälder. Mosbach und die Kleine Pfalz, bearb. v. Georg Richter, Karlsruhe 1960, 55–61, hier 60. – Hans Huth, Die Geschichte des Altares in der evangelischen Kirche zu Hochhausen am Neckar, in: Nachrichtenblatt der Denkmalpflege in Baden-Württemberg 5 (1962), 30–35. Ute Fessmann, Notburga. Die Kraichgauheilige und ihr Wandmalereizyklus in Hochhausen am Neckar, in: Klaus Gereon Beuckers (Hg.), Die mittelalterlichen Wandmalereien zwischen Rhein, Neckar und Enz, Ubstadt-Weiher 2011, 251–280.

[18] Lacroix, Zeugen (Anm. 17), 60f.

Bis zur Einführung der Reformation lag die geistliche Aufsicht über die Gemeinden, die den heutigen Kirchenbezirk Mosbach bilden, bei den Bistümern Worms und Würzburg. Die Grenze zwischen den beiden Diözesen markierte der Neckar. Wesentlich komplizierter waren die weltlichen Herrschaftsverhältnisse. Rund ein Drittel der Dörfer befand sich im Besitz ritterschaftlicher Familien, darunter die Bödigheim in Binau, die Gemmingen in Hüffenhardt, Neckarmühlbach und partiell in Kälbertshausen, die Berlichingen in Neckarzimmern, die Hirschhorn in Zwingenberg und Strümpfelbrunn sowie die Habern in Asbach und Guttenbach, wo sie pfälzische Lehenträger waren. Die führende Territorialmacht mit rund der Hälfte der Ortschaften war indes die Kurpfalz. Überdies gehörten ihr gemeinsam mit Kurmainz die drei Schefflenzdörfer. In Auerbach, Dallau und Rittersbach teilte die Kurpfalz mit dem Deutschen Orden die Ortsherrschaft. Und schließlich verfügte das Erzstift Mainz über die hoheitlichen Rechte in Billigheim, Limbach und Mudau.[19]

So vielfältig wie die Eigentümer der Herrschaftsrechte, so unterschiedlich waren die Rahmenbedingungen, unter denen die Reformation in unserem Kirchenbezirk eingeführt wurde. An zwei Entwicklungslinien, die eine aus der Ritterschaft, die andere aus der Kurpfalz, möchte ich dieses Phänomen näher beleuchten.

Schon zu Beginn der 1520er Jahre brachten mehrere Angehörige der Kraichgauer Ritterschaft den Mut auf, ihre Pfarreien mit evangelisch gesinnten Predigern zu besetzen. Zu den frühen Anhängern Luthers gehörte Dietrich von Gemmingen, dem 1518 die Burg Guttenberg aus dem väterlichen Erbe zugefallen war. Ebenso wie seine beiden Brüder Philipp und Wolf, die in Fürfeld und Gemmingen saßen, bot er der Reformation politischen Rückhalt.[20] Als sich die habsburgische Regierung Württembergs anschickte, sämtliche evangelischen Prediger aus dem Herzogtum zu vertreiben, musste im Sommer 1522 auch Erhard Schnepf aus der Stadt Weinsberg weichen. Der junge Theologe, der uns schon eingangs als Zuhörer der Heidelberger Disputation begegnete, fand Zuflucht auf Burg Guttenberg. Hier hielt er die ersten reformatorischen Predigten in unserem Kirchenbezirk, wohl sogar auf dem Gebiet der heutigen badischen Landeskirche. Rund ein Jahr blieb der gebürtige Heilbronner, der seit 1509 in Erfurt und Heidelberg studiert hatte, in gemmingenschen Diensten, ehe er Prediger in der Reichsstadt Wimpfen wurde. Als ihm und seiner Frau Margarethe, der Tochter des Wimpfener Bürgermeisters, 1525 ein Sohn geboren wurde, ließen sie ihn auf den Namen Dietrich taufen. Zweifellos brachte Schnepf damit die Verbundenheit mit seinem adeligen Schutzherrn zum Ausdruck. Nach der Rückeroberung Württembergs durch Herzog Ulrich übernahm er die Aufgaben eines Reformators und Organisators der neuen Landeskirche. In späteren Jahren wirkte Schnepf als Theologieprofessor in Tübingen und Jena.[21]

---

[19] Vgl. Der Neckar-Odenwald-Kreis (Anm. 2) unter den jeweiligen Ortschaften.

[20] Karl Friedrich Vierordt, Geschichte der evangelischen Kirche in dem Großherzogthum Baden, Bd. 1, Karlsruhe 1847, 148f. – C. W. F. L. Stocker, Familien-Chronik der Freiherren von Gemmingen, Heilbronn 1895, 55–58. – Martin Brecht, Die Bedeutung der Herren von Gemmingen für die Reformation im pfälzisch-fränkischen Bereich, in: Württembergisch Franken 58 (1974), 109–119. – Bernd Röcker, Reichsritterschaft und Reformation – die Bedeutung der Herren von Gemmingen für die Ausbreitung der Reformation im Kraichgau, in: Kraichgau. Beiträge zur Landschafts- und Heimatforschung 8 (1983), 89–106.

[21] Julius Hartmann, Erhard Schnepff, der Reformator in Schwaben, Nassau, Hessen und Thüringen, Tübingen 1870, 1–11, 146–148. – Adolf Brecher, Schnepff, Erhard, in: ADB 32, 1891, 168–172. –

Doch kehren wir zurück nach Neckarmühlbach. Schnepf war nicht der einzige Theologe, dem man auf Burg Guttenberg Aufnahme gewährte. Unter den illustren Persönlichkeiten ist allen voran Kaspar Gräter zu nennen.[22] Der Sohn des Obrigheimer Schultheißen und vormaligen gemmingenschen Bediensteten Jakob Gräter, war um 1501 in Gundelsheim geboren worden. Nach dem Studium in Heidelberg, das er 1522 mit dem akademischen Grad eines Baccalaureus abschloss,[23] kam Gräter als Hauslehrer zu Dietrich von Gemmingen. Humanistisch gebildet und in den klassischen Sprachen erfahren, unterrichtete er auf der Burg Hebräisch als Grundlage für die Auslegung des Alten Testamentes. Als der Rat der Reichsstadt Heilbronn 1527 einen *frummen, gelerten und in sprachen erfarnen gesellen* für die dortige Lateinschule suchte, wurde Gräter auf Empfehlung von Wolf und Philipp von Gemmingen mit der Aufgabe des lateinischen Schulmeisters betraut.[24] Zugleich wirkte er als überzeugter Anhänger des neuen Glaubens. Bereits 1528 brachte er den Heilbronner Katechismus heraus, der nach dem Haller Katechismus von Johannes Brenz der zweitälteste Katechismus der evangelischen Kirche ist.[25] Erst im Folgejahr 1529 sollten der Große und der Kleine Katechismus von Martin Luther erscheinen und für die weitere Entwicklung der reformatorischen Glaubensunterweisung prägend werden. Nach wenigen Jahren verließ Gräter Heilbronn und trat später in den württembergischen Kirchendienst. Als Hofprediger gelangte er in die unmittelbare Umgebung des Herzogs Ulrich, bekam aber auch dessen ungestümen Jähzorn zu spüren. Wegen einer umstrittenen Predigt musste er Württemberg im Frühjahr 1542 fluchtartig verlassen. Erneut fand er die wohlwollende Unterstützung der Herren von Gemmingen und nahm seinen vorübergehenden Aufenthalt auf Burg Guttenberg.[26] Schon bald gelang es Gräter, das Vertrauen Herzog Ulrichs zurückzugewinnen. Auch unter dessen Nachfolger Herzog Christoph blieb er einer der führenden Theologen des Landes, der an allen kirchlichen Entscheidungen beteiligt war und maßgeblichen Einfluss auf die organisatorische und bekenntnismäßige Festigung der württembergischen Landeskirche ausübte.

Dass auf Burg Guttenberg – mehr als wir heute ahnen – Reformationsgeschichte geschrieben wurde, lässt sich an der geradezu freundschaftlichen Verbundenheit zwischen dem Schwäbisch Haller Reformator Johannes Brenz und Dietrich von Gemmingen erkennen.[27] Im Jahr 1525, unmittelbar nachdem der Aufstand der Bauern von den Fürsten niedergeschlagen worden war, plädierte Brenz in seiner an den Adel gerichteten Schrift „Von der Milterung der Fürsten gegen den auffrurischen Bauren" für einen nachsichtigen Umgang mit den Besiegten. Im Unterschied zu Luther, der „wider die räuberischen und mörderischen Rotten der Bauern" eiferte, riet Brenz der Obrigkeit, die Bestrafung nicht zu weit zu treiben und aus Dankbarkeit gegen Gott Gnade vor Recht ergehen zu lassen. Es spricht für ein besonderes Vertrauensverhältnis, dass

---

Hermann Ehmer, Schnepf(f), Erhard, in: NDB 23, 2007, 320f.
[22] Gustav Bossert, Gräter, Kaspar, in: Realencyklopädie für protestantische Theologie und Kirche, 3. Aufl., Bd. 7, 1899, 58–60. – Heinrich Fausel, Gräter (Gret[t]er, Greth), Kaspar, in: NDB 6, 1964, 717f.
[23] Gustav Toepke (Hg.): Die Matrikel der Universität Heidelberg, Bd. 1, Heidelberg 1884, 523. Vgl. auch Bd. 2, Heidelberg 1886, 449 u. 482.
[24] Urkundenbuch der Stadt Heilbronn, bearb. v. Moriz von Rauch. Bd. 4, Stuttgart 1922, 354–357.
[25] 450 Jahre Reformation in Heilbronn. Ursachen, Anfänge, Verlauf (bis 1555), bearb. v. Helmut Schmolz u. Hubert Weckbach, Heilbronn 1980, 197–200.
[26] Bossert, Gräter (wie Anm. 22), 59.
[27] Brecht, Bedeutung der Herren von Gemmingen (wie Anm. 20), 113f.

Brenz diese bedenkenswerte, in Augsburg gedruckte Schrift Dietrich von Gemmingen widmen ließ. Offenbar hielt man ihn für den richtigen Mann, der seinen adeligen Nachbarn bei der zügellosen Verfolgung der Aufständischen Einhalt gebieten würde.[28]

Zum betrüblichsten und folgenschwersten innerprotestantischen Konflikt sollte sich der Streit um das Abendmahl entwickeln. Während Luther die Auffassung vertrat, Christi Leib und Blut würden mit Brot und Wein wirklich empfangen, verstand der Zürcher Reformator Ulrich Zwingli das Abendmahl als bloße Erinnerung, als Zeichen des Todes Christi für den Empfangenden. Demnach begegnet Gott nicht in den irdischen Elementen von Brot und Wein, sondern im Geist. Im Kern ging es um die Frage, wie die Einsetzungsworte zu interpretieren seien. Zwingli deutete die Aussage „Das ist mein Leib" als „Das bedeutet meinen Leib". Für Luther war dies eine inakzeptable Verkehrung des eigentlichen Schriftsinnes. Durch die geographische Lage standen die süddeutschen Evangelischen zwischen den Fronten und wurden von beiden Parteien umworben.[29] Im Herbst 1525 entspann sich eine Korrespondenz zwischen den Straßburger Theologen um Martin Bucer, die dem schweizerischen Abendmahlsverständnis zuneigten, und Johannes Brenz, der sich mit mehreren fränkischen Predigern für Luthers Sicht aussprach. In den Briefwechsel waren auch Dietrich, Wolf und Philipp von Gemmingen einbezogen. Angesichts der geradezu unüberbrückbaren Gegensätze waren sie es, die zum ersten Mal ein Verständigungsgespräch im Abendmahlsstreit anregten, um den zerstrittenen Protestantismus wieder zu einigen. Tatsächlich sollte das Gespräch um Weihnachten 1525 auf Burg Guttenberg stattfinden. Da die Straßburger dem Treffen fernblieben, vertrat der Heidelberger Humanist und Theologe Simon Grynaeus ihren Standpunkt, ohne freilich eine Annäherung zu erreichen. So scheiterte das Gespräch.[30] Erst vier Jahre später, 1529, sollte es mit dem Marburger Religionsgespräch eine Neuauflage erfahren, an dem auf höchster Ebene Luther und Melanchthon sowie Zwingli und Oekolampad teilnahmen. Auch dieser Zusammenkunft blieb – wie noch vielen weiteren – der Erfolg versagt.

Zu diesem Zeitpunkt weilte Dietrich von Gemmingen nicht mehr unter den Lebenden. Ende Dezember 1526 ist er gestorben. Es ist zu vermuten, dass seinem Tod eine längere Krankheit vorausging. Denn es dürfte kein Zufall sein, dass Brenz ihm seine erste gedruckte Bibelerklärung widmete, die das Buch Hiob zum Gegenstand hat. Darin kommt der Reformator – ebenso wie Luther in der Heidelberger Disputation – zu dem Schluss, dass gerade das Leiden in die Gemeinschaft mit Christus führe. Brenz war es auch, der Dietrich von Gemmingen in der Leichenpredigt als vorbildlichen Christen charakterisierte, der ein Herz für die Not der Untertanen hatte und dessen Sterben von der Ewigkeitshoffnung überstrahlt war.[31]

Von Dietrichs tiefverwurzelter reformatorischer Überzeugung erzählt das große Wandgrabmal an der Nordseite der Neckarmühlbacher Kirche, das sein Sohn Philipp 1550 errichten ließ. Dort wird er als *ein frommer, erlibender, gotz forchtiger man, ein libhaber gotlichs wortz und fürderer ewangelischer cristlicher ler* beschrieben. Und es ist nicht zu vergessen, auch von seiner Gemahlin Ursula von Nippenburg heißt es,

---

[28] Johannes Brenz, Frühschriften, Teil 1, hrsg. v. Martin Brecht u. a., Tübingen 1970, 180–187.
[29] Brecht, Bedeutung der Herren von Gemmingen (wie Anm. 20), 114–116.
[30] Johannes Brenz: Frühschriften, Teil 2, hrsg. v. Martin Brecht u. a., Tübingen 1974, 367–393.
[31] Brenz, Frühschriften 2 (wie Anm. 30), 108–118.

Abb. 15:
Großes Wandgrabmal an der Nordseite der Burgkapelle in Neckarmühlbach, das Philipp von Gemmingen 1550 zu Ehren seiner Eltern, Dietrich von Gemmingen († 1526) und Ursula von Nippenburg († 1533), und seiner früh verstorbenen Geschwister errichten ließ. Auf der Schrifttafel unten links wird Dietrich von Gemmingen als Förderer der Reformation charakterisiert (Foto: Christoph Ernst, Mosbach-Lohrbach)

sie sei ihm *in ern, zucht und gots forcht* [...] *gantz gleichformich* gewesen.[32] Mit der Darstellung des auferstandenen Christus und mehreren in den Stein eingemeißelten Bibelversen macht das Epitaph mit der evangelischen Auferstehungshoffnung vertraut.

Ähnlich früh wie die Herren von Gemmingen, wenn auch weniger konsequent entschied sich Götz von Berlichingen für die Reformation. Im Jahr 1517 hatte der rastlose Fehdeführer Burg Hornberg und das zugehörige Dorf Neckarzimmern erworben,[33] war aber schon 1519 auf Betreiben des Schwäbischen Bundes in Heilbronn inhaftiert worden.[34] Als Gefangener nutzte er die einzige Möglichkeit des sonntäglichen Ausgangs, indem er den Gottesdienst in der Kilianskirche besuchte und dort die Predigten des Reformators Johann Lachmann hörte. Als er nach drei Jahren freikam und nach Neckarzimmern zurückkehrte, gewann er rasch den Eindruck, dass der bisherige Pfarrer, den er als völlig ungeeigneten Mann bezeichnete, für die Gemeinde nicht mehr tragbar war.[35] Die Sache war deshalb pikant, da nicht er, sondern der Dekan des Mosbacher Julianastifts als Patronatsherr für die Besetzung der Pfarrstelle zuständig war. Ohne lange zu zögern, wandte sich der Ritter „mit der eisernen Hand" am 9. Oktober 1522 an den Würzburger Bischof und an den Mosbacher Dekan. Er erklärte, dass er als Christ und Inhaber der örtlichen Vogtei auch geistliche Verantwortung trage und die bestehenden Verhältnisse nicht länger dulden könne. Und tatsächlich hatte er auch gleich einen Ersatzkandidaten parat, dessen Gelehrsamkeit und Predigt er lobend hervorhob.[36] Noch gegen Ende 1522 zog Jörg Amerbacher, der aus Würzburg stammte und in Basel studiert hatte, als neuer Pfarrer in Neckarzimmern auf, wo er fortan in reformatorischem Geiste predigte.[37]

Dass er dies nicht ganz unangefochten tat, belegt folgende Episode: Am 28. Januar 1525 tauchte in Neckarzimmern Hans Jörg von Wildenfels auf, ein Barfüßermönch aus Heilbronn. Er trat vor die Leute und beschuldigte Pfarrer Amerbacher falscher Predigt, indem er die Zuhörer verführe, betrüge und von Gott abwende. Durch diese Aussagen, die ihm zugetragen wurden, fühlte sich Götz persönlich angegriffen. Er, der sich selbst gerne als einen *cristlichen vom adell* verstand, stellte den Ordensmann, dem er eine Bibel vorlegte, zur Rede und verpflichtete ihn – offenbar nicht ohne Zwang – zu einer öffentlichen Disputation mit seinem Pfarrer, die am 6. Februar vor der Kirche in Neckarzimmern ausgetragen werden sollte. Als Schiedsrichter sollten Johann Lachmann aus Heilbronn und der Mosbacher Stiftsprediger Wendel Kretz zugegen sein. Doch der Barfüßermönch, der sich aus Furcht vor dem gewalttätigen Ritter ans Reichsregiment wandte und Schutz erbat, verspürte wenig Neigung, erneut nach Neckarzimmern zu kommen. Erbost ließ Götz in Heilbronn einen Maueranschlag anbringen, auf dem er den Barfüßermönch der Feigheit bezichtigte und vor ihm warnte.[38]

---

[32] Köllenberger/Cucuel, Inschriften (wie Anm. 13), 90–92.
[33] Hanns Obert, 1200 Jahre Neckarzimmern 773–1973, Neckarzimmern 1973, 59ff.
[34] Helgard Ulmschneider, Götz von Berlichingen. Ein adeliges Leben der deutschen Renaissance, Sigmaringen 1974, 106ff.
[35] Ebd., 221f.
[36] Ebd., 282f.
[37] Max-Adolf Cramer (Bearb.), Baden-Württembergisches Pfarrerbuch, Bd. I: Kraichgau-Odenwald, Teil 2, Karlsruhe 1988, 9.
[38] Urkundenbuch der Stadt Heilbronn (Anm. 24), 9–14. – Vgl. Ulmschneider (Anm. 34), 223.

Nur wenige Wochen später wurde Götz von den aufständischen Bauern zur Führung des Odenwälder Haufens gezwungen.[39] Mit dessen Niederlage war auch die Durchsetzung der Reformation in Neckarzimmern gefährdet. Georg Amerbacher wurde noch 1525 durch den pfälzischen Amtmann von Mosbach vertrieben. Sein Weg führte ihn in die Markgrafschaft Brandenburg-Ansbach, wo er lutherischer Pfarrer in Blaufelden wurde und in engem Kontakt mit Johannes Brenz stand. Und auch in Neckarzimmern sollte das lutherische Bekenntnis nach kurzer Unterbrechung weiterhin Bestand haben.[40]

War die Reformation in Hüffenhardt[41] und Hochhausen[42] schon in den 1520er Jahren durch die Gemmingen und die Horneck von Hornberg durchgeführt worden, so blieben die kirchlichen Verhältnisse in den ritterschaftlichen Dörfern Asbach,[43] Binau,[44] Großeicholzheim,[45] Guttenbach[46] und Strümpfelbrunn[47] bis in die 1540er und 50er Jahre in der Schwebe.

Ebenso ungeklärt war die konfessionelle Ausrichtung der Kurpfalz, die über eine Generation hinweg zwischen Beharrung und Erneuerung schwankte. Ludwig V., der von 1508 bis 1544 als pfälzischer Kurfürst regierte, galt in der öffentlichen Meinung der frühen 1520er Jahre als lutherfreundlich. Doch blieb seine Haltung zwiespältig. Einerseits verzichtete er darauf, das gegen Luther gerichtete Wormser Edikt in seinem Territorium zu publizieren, und hielt eine Kirchenreform für dringend erforderlich. Andererseits blieb er aber im Landesinteresse vorsichtig genug, es weder mit der Römischen Kirche noch mit dem Kaiser zu verderben. Die Kurpfalz beschritt unter Ludwig V. einen Mittelweg zwischen den Religionsparteien. Er selbst blieb bis zu seinem Tod beim alten Glauben, doch ließ er die Pfarrer, die sich der neuen Lehre geöffnet hatten und das Abendmahl an Stelle der Messe feierten, weitgehend gewähren.[48]

Dieser Schwebezustand lässt sich, sofern die spärlich überlieferten Quellen überhaupt Einblicke gewähren, auch für die pfälzische Amtsstadt Mosbach konstatieren.

Nach allem, was wir heute wissen, gelangte reformatorisches Gedankengut schon früh über die Person des Stiftspredigers Wendel Kretz in die Stadt und fand unter der Bevölkerung Gehör. Der gebürtige Heilbronner, der seit 1512 in Heidelberg studiert und dort den Magistergrad erworben hatte, war 1521 in Würzburg zum Diakon geweiht worden. Von 1522–1523 war er Frühprediger in seiner Heimatstadt, ehe er die Stelle des Stiftspredigers an St. Juliana in Mosbach einnahm. Er scheint eine theologisch führende Rolle unter den Chorherren gespielt zu haben, weshalb Götz von Berlichingen gerade ihn zur geforderten Disputation nach Neckarzimmern einlud. Doch

---

[39] Ulmschneider, Götz von Berlichingen (Anm. 34), 143ff.
[40] Cramer, Pfarrerbuch (Anm. 37), 9f. – Brenz, Frühschriften 2 (Anm. 30), 24f.
[41] Hans Luckhaupt, 900 Jahre Hüffenhardt 1083–1983, Hüffenhardt 1983, 34–39.
[42] Max-Adolf Cramer (Bearb.), Baden-Württembergisches Pfarrerbuch, Bd. I: Kraichgau-Odenwald, Teil 1, Karlsruhe 1979, 147.
[43] Günter Wittmann, Skizzen zur Geschichte von Asbach, Buchen-Walldürn 1995, 45–48.
[44] Ernst Brauch, Binau – Kleinod am Neckar, Binau 1969, 159f.
[45] Karl Martin Schmitt, Geschichte des Pfarrdorfes Großeicholzheim, Buchen 1957, 82–84.
[46] Fritz Liebig, 1000 Jahre Neckargerach, 1200 Jahre Guttenbach, Neckargerach 1976, 107ff.
[47] Ludwig Braun, Chronik des Evangelischen Kirchspiels Strümpfelbrunn, der Pfarr uff dem Winterraw, Karlsruhe 1897, 19–21.
[48] Volker Press, Calvinismus und Territorialstaat. Regierung und Zentralbehörden in der Kurpfalz 1559–1619, Stuttgart 1970, 170–180. – Meinrad Schaab, Geschichte der Kurpfalz, Bd. 2: Neuzeit, Stuttgart 1992, 16–20.

bereits im folgenden Jahr (1526) musste sich Kretz – zusammen mit zwei Mosbacher Mitkanonikern – einer bischöflich-richterlichen Untersuchung in Würzburg stellen. Unumwunden erklärte er, es gebe *allein 3 Sakramente, die Meß sei kein Opfer, auch die Ohrenbeicht sei nichts*. Er verwarf die heilige Ölung und behauptete, die Heiligen seien nicht anzurufen. Er hielt kein Fasten und sagte, *die Meß komme allein den Lebendigen und nicht den Dothen zustatten*.[49] Damit hatte er radikal mit den Traditionen seines Stifts und dessen jahrhundertelangem spirituell-ökonomischem Erfolgsrezept gebrochen.

Doch war sich Magister Kretz seiner Sache wirklich sicher? Konnte er sich dem Druck des bischöflichen Offizials entziehen? Wohl kaum. Denn gerade ein Jahr später (1527) leistete er in Würzburg feierlich und öffentlich Widerruf. *Er bekennt aus den Schriften des verurteilten Ketzers Martin Luther und seiner Anhänger zahlreiche Irrlehren in sich aufgenommen und verbreitet zu haben. Durch die Theologen aus der Heiligen Schrift belehrt, sehe er seine Irrtümer ein und nehme sie hiemit öffentlich zurück.* Kretz verwirft Luthers irrgläubige Schriften; er bekennt sich zum Zölibat. Des Weiteren bereut er seine zuvor vertretenen Ansichten und erklärt, er wolle bei der katholischen Kirche bis an sein Lebensende bleiben und werde sich der über ihn verhängten Strafe bereitwillig unterziehen.[50] Auf dieser Grundlage blieb er bis 1532 Stiftsprediger in Mosbach, kehrte dann aber – wohlgemerkt – mit Frau und Kindern in seine evangelische Vaterstadt Heilbronn zurück, wo er sich erfolgreich um eine Predigerstelle bewarb.[51]

Der Fall des Wendel Kretz lässt unschwer erkennen, welchem personellen und wirtschaftlichen Erosionsprozess das Mosbacher Stift unterworfen war. Als Kurfürst Friedrich II. 1544 seinem Bruder Ludwig nachfolgte, stellte er die Weichen, die Pfalz behutsam zu einem lutherischen Territorium umzubauen, musste das Rad aber infolge des vom Kaiser verkündeten Augsburger Interims noch einmal zurückdrehen.[52] Nur vereinzelt lassen sich reformatorische Spuren aus dieser Zeit im Oberamt Mosbach entdecken, so etwa die Lebenswege von Moritz Beckenhaub und Martin Reuter, die ihre Pfarrstellen in Neckarelz und Mosbach infolge des Interims 1548 aufgeben mussten.[53]

Der Augsburger Religionsfrieden von 1555 gab den Landesherren schließlich das Recht, die Religionszugehörigkeit ihres Territoriums und ihrer Untertanen zu bestimmen. Auf dieser Grundlage war es dem kunstsinnigen Kurfürsten Ottheinrich, einem glühenden Anhänger der Lehre Luthers, vorbehalten, die Reformation 1556 offiziell in der Kurpfalz einzuführen.[54] Um die Verwirklichung zu überwachen und sich einen Überblick über die kirchliche Lage in den einzelnen Gemeinden zu verschaffen, berief er eine Kommission aus Theologen und Regierungsbeamten, die das Land zu

---

[49] Friedlein, Beiträge zur Geschichte des Julianastiftes in Mosbach (wie Anm. 15), 153–159, bes. 156 Anm. 142.
[50] Karl Schottenloher, Beiträge zur Geschichte der Reformationsbewegung im Fürstbistum Würzburg 1526–1527, in: Zeitschrift für bayerische Landesgeschichte 12 (1939), 164f. und 170–172 (Abdruck des lateinischen Widerrufs).
[51] Cramer, Pfarrerbuch, Bd. I, 2 (wie Anm. 37) 479.
[52] Press, Calvinismus (wie Anm. 48), 181–199. – Schaab, Kurpfalz (wie Anm. 48), 23–29.
[53] Heinrich Neu (Bearb.), Pfarrerbuch der evangelischen Kirche Badens von der Reformation bis zur Gegenwart, Bd. 2, Lahr 1939, 46 und 484.
[54] Press, Calvinismus (wie Anm. 48), 204–220.

einer gründlichen Visitation bereisen sollten. Ihr Abschlussbericht zeichnete ein düsteres Bild der kirchlichen Verhältnisse: Es wurde über den schlechten Kirchenbesuch, die Geringschätzung der Sakramente, den mangelnden Katechismusunterricht und den schlechten baulichen Zustand der Kirchen geklagt. Kritik erhob sich an den vielfach noch vorhandenen Heiligenbildern, dem verbreiteten Aberglauben und an der unzureichenden Bildung der Pfarrer.[55]

Unter allen pfälzischen Städten wird Mosbach das beste Zeugnis ausgestellt: *Zu Mosbach haben wirs besser funden, hat inn der Stat drei feiner gelerter Männer, die miteinander fridlich und ainig leben, können wol predigen, seind dem Volckh anmuetig und ist wa[h]r, daß wir in der gantzen Pfaltz keine Kirch, in dern es ordnlicher alls inn dißer zuegangen, befunden haben. Das Volckh geet gern zu Kirchen, so schickt man die Jugent fleißig zum Catechismo.* – Dem Mosbacher Oberamtmann Philipp von Bettendorf sprach die Kommission das Verdienst zu, die Bevölkerung dazu anzuhalten, *mit Fleiß die Predigen götlichs Worts inn der Kirchen zu hören.*[56]

Mit ausgesprochenem Rigorismus ging die pfälzische Obrigkeit gegen die *schändliche und schädliche Abgötterei* der Heiligenbilder und Altäre in den Kirchen vor. Sie sollten schleunigst abgeschafft werden, um „Schwachgläubige" vor den Gefahren solcher Bildnisse zu bewahren.[57] Im Unterschied zu den ritterschaftlichen Orten, die ihr kulturelles Erbe bewahren konnten, gingen in der Kurpfalz unzählige Zeugnisse religiöser Kunst nach der Einführung der Reformation und der baldigen Hinwendung zum Calvinismus zugrunde.

Wie die Untertanen auf solch radikale Eingriffe, ja auf die weitgehende Umgestaltung ihrer kirchlichen Lebenswelt reagierten, lässt sich kaum mehr ergründen. Weder aus der Amtsstadt Mosbach noch aus den umliegenden Dörfern sind Schriftzeugnisse überliefert, die Aufschluss geben könnten. Ganz offensichtlich wurde die Einführung der Reformation nicht von Protesten begleitet, sondern mit – wenn auch vielleicht wenig begeisterter – Akzeptanz hingenommen. Immerhin unterhielten die führenden Familien Mosbachs enge freund- und verwandtschaftliche Beziehungen zu großen Reformatoren. Schon 1522 hatte die Mosbacher Bürgertochter Elisabeth Silbereisen, die in jungen Jahren ins Kloster Lobenfeld eingetreten war, die Klausur verlassen und Martin Bucer geheiratet.[58] Und Nicolaus Kistner, dessen Onkel der erste evangelische Pfarrer in Lohrbach gewesen war,[59] wusste sich Philipp Melanchthon freundschaftlich verbunden.[60] Die fortschreitende Durchdringung der städtischen Bevölkerung mit reformatorischem Gedankengut lässt sich an einem steinernen Türsturz aus dem Jahr 1551 ablesen, der einst an einem Mosbacher Gasthaus angebracht war und heute im

---

[55] Georg Biundo, Bericht und Bedenken über die erste kurpfälzische Kirchenvisitation im Jahre 1556, in: Jahrbuch der hessischen kirchengeschichtlichen Vereinigung 10 (1959), 1–41.
[56] Ebd., 15.
[57] Emil Sehling (Hrsg.): Die evangelischen Kirchenordnungen des XVI. Jahrhunderts, Bd. 14: Kurpfalz, bearb. v. J. F. Gerhard Goeters, Tübingen 1969, 255.
[58] Doris Ebert, Elisabeth Silbereisen. Bürgertochter, Klosterfrau, Ehefrau des Reformators Martin Bucer – Familie und Lebensstationen, 2000.
[59] Christian Gottlieb Buder, Vitae clarissimorum iure consultorum, Jena 1722. Darin: Vita Nicolai Cisneri annotata a Quirino Reutero in Academia Heidelbergensi Professore (1611), 307–338, hier: 311. – Albrecht Ernst, Aspekte kurpfälzischer Konfessionspolitik von den Anfängen der Reformation bis zum Erlöschen des Hauses Pfalz-Simmern. Dargestellt am Beispiel des einstigen Kellereiortes Lohrbach, Heidelberg (masch.) 1982, 13.
[60] Press, Calvinismus (wie Anm. 48), 259 Anm. 139.

Hospitalhof zu sehen ist. Er trägt die Inschrift *Verbum domini manet in eternum*.[61] Fraglos wurde ein solcher Hauseingang als Bekenntnis zur bibelorientierten Lehre Luthers gesehen und verstanden.

Wenn wir auf 500 Jahre Reformation zurückblicken, so erfüllt uns dieses Jubiläum mit Dankbarkeit. Bis heute hält dieses epochale Geschehen unermessliche Gaben bereit: Sprache und Musik, Rechtfertigung und Freiheit. Es ruft aber auch nachdenkliche Assoziationen hervor. So könnten wir fragen: Ist das bis ins 20. Jahrhundert bestehende Bündnis von Thron und Altar nicht eine unglückliche Folge der Reformation? Warfen die Reformatoren die geistlichen Ämter und Autoritäten nicht allzu leichtfertig über Bord, um sich dann umso willfähriger an Fürsten zu binden? Resultierte aus der Entdeckung der Freiheit des Evangeliums nicht ein gnadenloser Kampf um die Wahrheit, der fernab jeglicher Toleranz geführt wurde? Wurden Glaubenskonflikte anstatt mit dem Wort nicht allzu oft mit dem Schwert ausgetragen? Zogen Reformation und Gegenreformation nicht unüberwindliche Grenzlinien, die am Neckar, im Odenwald und im Bauland in schmerzlicher Weise spürbar waren? War es wirklich unumgänglich, Mauern zwischen den Konfessionen zu errichten und Andersdenkende auszugrenzen?

Eine Fülle von Beispielen aus dem Kirchenbezirk Mosbach könnte diese Schattenseiten der Reformation illustrieren. Ich denke an Hans Eisenmenger, den Pächter des Stockbrunner Hofes, den man 1559 in Haft nahm, nur weil er Wiedertäufer war.[62] Ich denke an die Frau des Roberner Schultheißen Moritz Feil, die 1574 bei einem bewaffneten Tumult zu Tode kam, nur weil eine reformierte Synode in Mosbach beschlossen hatte, die Dörfer Trienz, Krumbach, Robern, Balsbach und Wagenschwend, die bis dahin zur katholischen Pfarrei im kurmainzischen Limbach gehört hatten, *von dieser Abgötterey* abzuwenden und zum *reinen Wortt Gottes* nach Fahrenbach zu ziehen.[63] Ich denke an den reformierten Theologen Tobias Fabricius, der die Inspektion Mosbach leitete und 1609 mit Überlegungen an die Öffentlichkeit trat, *welcher gestalt einmal das langwierige Kirchengezänck füglich beygelegt und ein rechter Friedt und Einigkeit in Religions Sachen getroffen […] werden möge*.[64]

In der Tat begleiteten die innerprotestantischen Spannungen, die sich schon 1525 beim Abendmahlsgespräch auf Burg Guttenberg angekündigt hatten, auf lange Zeit das kirchliche Leben in den Gemeinden des heutigen Kirchenbezirks Mosbach. Während die ritterschaftlichen Dörfer am Luthertum festhielten, wandte sich die Kurpfalz dem reformierten Bekenntnis zu. Nach langen, unerbittlich geführten theologischen Auseinandersetzungen um das rechte Verständnis des Abendmahls hatte sich Kurfürst Friedrich III. für die reformierte Form des Protestantismus entschieden, die sich mit dem Namen des Genfer Reformators Johannes Calvin verbindet. Am 15. November 1563, während in Heidelberg die Pest grassierte, unterzeichnete der Landesherr in Mosbach das Einführungsdekret einer neuen pfälzischen Kirchenordnung.[65] Damit leitete er eine „zweite Reformation" ein, die das religiöse Leben, die Werte der bürgerlichen Gesellschaft und die Ausrichtung der territorialen Politik nachhaltig beeinflussen sollte.

---

[61] Köllenberger/Cucuel, Inschriften (wie Anm. 13), 19.
[62] Ulmschneider, Götz von Berlichingen (wie Anm. 34), 224f.1
[63] Staatsarchiv Würzburg, MRA – Kurpfalz Nr. 35/1 und Nr. 201/1. – Ernst, Lohrbach (wie Anm. 59), 40–43.
[64] Tobias Fabricius: Kirchenfriedt / Das ist: Ein Christlich und friedtfertig Bedencken und Rathschlag eines friedliebenden Gottseligen Manns, Mannheim 1609.
[65] Sehling, Kirchenordnungen XIV (wie Anm. 57), 47 und 335.

Pfarrerschicksal zwischen „gestufter Aristokratie" und bikonfessioneller Herrschaft.
Die Ganerbschaft Schüpf als Mosaikstein in der dezentralisierten Struktur des Alten Reiches

Helmut Neumaier

Am 10. Oktober 1661 (nach altem Kalender) starb Johann Balthas(ar) Fleiner, den der Historiograph des Schüpfergrundes Jakob Ernst Leutwein (1684–1763)[1] in seiner 1761 beendeten Schüpfer Kirchengeschichte[2] den *zwölften Kaplan und siebten Pfarrer*[3] nannte. Auf den ersten Blick mag der Tod des Geistlichen in einem der „vielherrigen Dörfer"[4] Frankens keine besondere Aufmerksamkeit seitens der Geschichtsforschung beanspruchen, doch angesichts der herrschaftlichen Struktur ist diese Bewertung zu überprüfen. Der Schüpfergrund[5] mit dem Hauptort Unterschüpf war Ganerbschaft[6] und zugleich Beispiel für die „gestufte Aristokratie" im alten Reich: Die Dienheim zu Angeltürn und die Ega sowie Stetten zu Kocherstetten waren der fränkischen Reichsritterschaft Ort Odenwald immatrikuliert, während die Hatzfeldt zwar gräflichen Standes waren, doch nicht dem fränkischen Reichsgrafenkollegium angehörten.[7] Die konfessionelle Zugehörigkeit – Ega und Stetten zu Kocherstetten der Confessio Augustana, Dienheim zu Angeltürn und Hatzfeldt der Alten Kirche zugehörig – schuf darüber hinaus eine Situation, die Auseinandersetzungen um Macht und Status geradezu unausweichlich machte. Dieser Mikrokosmos bildete einen Schauplatz, den Johann Ludwig von Morstein in einem Brief an Graf Johann Friedrich von Hohenlohe am 4. März 1660 so charakterisierte, dass trotz des zurückliegenden

---

[1] Zu ihm Helmut Neumaier, Jakob Ernst Leutwein (1684–1763), Pfarrer und Historiograph des Schüpfergrundes, in: Zeitschrift des Historischen Vereins für Württembergisch Franken 99 (2015) 65–92.

[2] Zu ihm Max-Adolf Cramer (Bearb.), Baden-Württembergisches Pfarrerbuch, Bd. I/2, Karlsruhe 1988, 188f.; Otto Haug (Bearb.), Pfarrerbuch Württembergisch Franken, Bd. II/2, Stuttgart 1981, 103.

[3] Leutwein, Des zweyten Theils der Schüpfer Historie Drittes Buch, Cap. VII, S. 23; zu Fleiners Diakonat S. 23–28, zur Zeit als Pfarrer S. 28–43. Die Angaben zum Diakonat beruhen ausschließlich auf Leutwein.

[4] Dietmar Willoweit, Stichwort Kondominat, in: Handwörterbuch zur deutschen Rechtsgeschichte, Bd. 2, Berlin 2014, 212–214, hier 213.

[5] Zum Schüpfergrund vgl. Ernst Schmidt, Bauland, Tauberland, in: Emil Meynen/Josef Schmitthüsen (Hgg.), Handbuch der naturräumlichen Gliederung Deutschlands. 2. Lief., Remagen 1955, 207–211.

[6] Obwohl der Schüpfergrund keine Ganerbschaft im strengen Wortsinn war, wird der Begriff hier beibehalten. Zu diesem Problemkreis zuletzt Alexander Jendorff, Condominium (Veröffentlichungen der Historischen Kommission für Hessen 72), Marburg 2010.

[7] Zu dessen Mitgliedern Ernst Böhme, Das fränkische Reichsgrafenkollegium im 16. und 17. Jahrhundert (Veröffentlichungen des Instituts für Europäische Geschichte Mainz 132), Stuttgart 1989.

Kriegsendes *einige Turbation nicht vergangen* sei.[8] Der Tod Fleiners markiert den – vorläufigen – Abschluss von geradezu permanenten Dissensen zwischen den Ortsherren.

Der „vielherrige" Schüpfergrund

Um ermessen zu können, in welch schwieriges Umfeld sich Fleiner gestellt sah oder genauer: sich hinein begab, ist der Blick auf die Herrschaftsverhältnisse des Baulands und insbesondere des Schüpfergrunds unerlässlich. Die unverwechselbare Physiognomie dieser Geschichtslandschaft in der Frühneuzeit macht die Gemengelage von Vogteiorten des Erzstifts Mainz und der Reichsritterschaft aus, wobei sich die Besitzungen beider fast die Waage hielten. Ein weiteres Merkmal ist die konfessionelle Verteilung, wobei die Reichsritterschaft bis gegen Ende des 16. Jahrhunderts einen homogenen Verband der Confessio Augustana bildete.[9] Beim Durchreisen des Baulandes hätte man gleichsam von einer Gemarkungsgrenze zur anderen auch die Konfessionsgrenze überschritten.

Geht man von einem ‚Normalbild' der Adelsherrschaft aus, so bestand sie aus einem, zwei, bestenfalls drei Vogteiorten, die oft nicht einmal angrenzten. Eine Ausnahme bildete die Herrschaft Schüpf des berühmten Albrecht von Rosenberg, die geradezu ein Kleinterritorium ausmachte. Er hatte es verstanden, aus einer ganzen Reihe von Dörfern eine geschlossene Flächenherrschaft zu formen, die beim Reichsritteradel geradezu als Unikat gelten darf.[10] Ganz offensichtlich gut durchorganisiert, haftete ihr dennoch der Schwachpunkt der allermeisten Adelsherrschaften an, nämlich die Lehnbindung. Zum ganz überwiegenden Teil ging die Herrschaft Schüpf vom Lehnhof des Erzstifts Mainz aus, daneben trug der Ritter noch Lehen des Hochstifts Würzburg, der Grafschaft Hohenlohe, der Kurpfalz, des Markgraftums Brandenburg, der Grafschaft Wertheim und der Herrschaft Limpurg. Demgegenüber trat der allodiale Besitz weit zurück.

Mit seinem Tod am 17. Mai 1572 war der Weg zur Vielherrigkeit gebahnt.[11] Die Erblehen fielen an die Cognaten, von denen die Stetten zu Kocherstetten ihren Besitzanteil bis 1674 innehatten.[12] Schwieriger sind die Verhältnisse beim zweiten Erble-

---

[8] Hohenlohe-Zentralarchiv Neuenstein (im Folgenden HZAN) Gemeinschaftliches Lehenarchiv GA 20 Schublade LXX Nr. 23.

[9] Gunther Franz (Bearb.), Historischer Atlas von Baden-Württemberg, hrsg. von der Kommission für geschichtliche Landeskunde in Baden-Württemberg, Karte VIII/7 mit Beiwort: Reformation und Gegenreformation im Gebiet des heutigen Landes Baden-Württemberg, Stuttgart 1979.

[10] Helmut Neumaier, Albrecht von Rosenberg. Ein außergewöhnliches Adelsleben unter drei habsburgischen Kaisern, Münster 2011.

[11] Zur Herrschaftsgeschichte des Schüpfergrundes Carl Wilhelm Friedrich Ludwig Stocker, Der Schüpfergrund und seine Besitzer, in: Freiburger Diözesanarchiv 25 (1896), 151–193, weitgehend auf Leutwein fußend.

[12] Eugenie von Stetten, Die Reichsfreiherren von Stetten. Die Chronik über 900 Jahre einer ritterschaftlichen Familie (1098), Stetten-Künzelsau 1998; Wolfgang von Stetten, Die Reichsritterschaft – Stützen von Kaiser und Reich über drei Jahrhunderte, in: Peter Schiffer (Hg.), Aufbruch in die Neuzeit.

hensinhaber gelagert, den von Leyen aus rheinischer Familie. Ohne auf genealogische Einzelheiten einzugehen, sei so viel gesagt, dass dieser Anteil im Jahre 1577 an Ägidius Reinhard von Dienheim fiel, als er Ruf(f)ina von Leyen heiratete. Die Schüpfer Linie der Dienheim[13] spaltete sich wiederum in zwei Zweige auf, von denen der eine sich in Oberschüpf einen Ansitz erbaute, der andere das Schlösschen in Unterschüpf bewohnte. Von den Söhnen des Ägidius Reinhard zu Oberschüpf (gest. 23. Dezember 1589) und der Ruf(f)ina blieb nur Hans Reinhard im weltlichen Stand. Mit seinem Tod am 3. Juni 1640 erlosch dieser Zweig.

Der wirtschaftlich alles andere als auf Rosen gebettete Unterschüpfer Zweig sah sich 1610 zum Verkauf des Unterschüpfer Schlösschens an die Herren von Rosenberg gezwungen, die den noch heute bestehenden Schlossbau errichteten. Noch einige Jahre bewohnten sie aber das Unterschüpfer Schloss. Der Verkaufserlös ermöglichte 1617 die Fertigstellung eines bescheidenen Ansitzes in dem ca. 15 Kilometer entfernten Dörfchen Angeltürn, doch ohne dass sich an der wirtschaftlichen Situation Johann Philipps des Jüngeren und seines jüngeren Bruders Heinrich Albrecht etwas grundlegend gebessert hätte. Die Brüder sahen sich schließlich zum Verkauf Angeltürns gezwungen und ihren Wohnsitz in Merchingen bei einem Schwiegersohn zu nehmen. Am 13. April 1679 beurkundeten sie die ihnen von Hohenlohe eingeräumte Erlaubnis, alle Güter, Gefälle und Zehnten zu veräußern.[14] Dies geschah mit der Einschränkung, dass der Schüpfer Patronat an die Grafschaft zurückfällt. Bei jeder Vakanz hat Hohenlohe das Recht *zu beruffen, zu examiniren, zu confirmiren, zu installiren, zu visitiren und zu cassiren*.

Zurück nach Oberschüpf. Die Witwe des Ägidius Reinhard von Dienheim heiratete 1594 den aus Vorarlberg stammenden Wolf Heinrich von Ega (gest. vor 1630), wobei die Frage, wie diese Heiratsverbindung zustande kam, nicht zu beantworten ist.[15] Der überlebende Sohn aus dieser Verbindung, Philipp Ludwig, heiratete 1635 Sibylla Truchseß von Höfingen und starb drei Jahre später den Soldatentod. Er hinterließ zwei Töchter, Maria Philippina und Anna Veronika, die unter der Tutela des Burkhard Dietrich von Weiler zu Maienfels und des Dr. Johann Jakob Frisch, Syndikus der Stadt Heilbronn, standen. Erstere, offenbar behindert, wurde in die Obhut des Klosters St. Katharinental bei Diessenhofen (Kanton Thurgau, Schweiz) gegeben. Damals war wohl noch nicht abzusehen, dass die andere Tochter 1661 eine Eheverbindung mit dem katholischen Adolf Butler von Lobenbach eingeht.[16] Doch das führt schon über das Thema hinaus.

Die Mannlehen des Albrecht von Rosenberg kamen auf dem Erbweg seinen Vettern zu, deren Dominanz im Schüpfergrund nicht zu übersehen ist. Mit dem Erlöschen des Hauses Rosenberg im Jahre 1632 ergab sich die zweite grundlegende Veränderung der

---

Das nördliche Württemberg im 16. Jahrhundert (Forschungen aus Württembergisch Franken 53), Ostfildern 2012, 121–127.
[13] Zu ihnen bisher nur Wigbert G. Faber, Aus der Geschichte von Dienheim, Bd. 3: Die Ritter und Reichsfreiherren von Dienheim, Museum am Siliusstein 2012; der Schüpfer Zweig wird nur wenig angesprochen.
[14] HZAN GA 20 Schublade LXXI Nr. 33 Akten
[15] Neumaier, Der Reichsritter Wolf Heinrich von Ega. Ungelöste Fragen zwischen Vorarlberg und Schüpfergrund, in: Württembergisch Franken 100 (2016), 45–72.
[16] Der erste Hinweis findet sich in einem Schreiben Fleiners vom 6. September 1659 an den Lehensekretär Lutz, wo aber von beiden Töchtern die Rede ist.

Herrschaftsverhältnisse. Konnten sich zunächst die Nachkommen der Schwestern des Albrecht Christoph von Rosenberg noch Hoffnung auf Belehnung machen, zerschlug sie sich angesichts der damaligen Machtverhältnisse im Dreißigjährigen Krieg. Der Würzburger Bischof Franz von Hatzfeldt-Crottorf-Gleichen betrieb gezielt und mit Erfolg die Belehnung seiner Brüder, des Feldmarschalls Graf Melchior (1593–1658) und des Grafen Hermann (1603–1673).[17] Am 25. Mai 1636 empfingen sie von Würzburg die Belehnung mit den hochstiftischen Lehen der Rosenberg, am 30. Januar 1638 die Belehnung durch Mainz. Als die Rosenbergischen Eigenerben im Jahre 1640 die Allodien und das Unterschüpfer Schloss verkauften, hatten die dominanten Hatzfeldt endgültig den Platz der einst dominanten Rosenberg eingenommen. Die Verwaltung der fränkischen Besitzungen oblag dem Kaiserlichen Obrist zu Pferd und zu Fuß Graf Hermann, der seinen Sitz auf Haltenbergstetten (Niederstetten), Laudenbach, zeitweise auch in Rothenburg ob der Tauber nahm und der nach dem Tod des Feldmarschalls dessen Erbe wurde.[18]

Die ständische Gleichheit der Schüpfer Ganerben war durch die erst 1635 in den Grafenstand erhobenen Hatzfeldt-Crottorf-Gleichen aufgehoben.[19] Ganz konsequent suchten diese das Konnubium mit altgräflichen Häusern, wie denn Graf Hermann seine Töchter in das Haus Hohenlohe-Waldenburg-Schillingsfürst verheiratete.[20] Es blieb jedoch ein schaler Nachgeschmack eines Prozesses vor dem Reichskammergericht wegen nicht ausbezahltem Heiratsgut, mangelhafter Ausstattung mit Aussteuer und dem Vorwurf nichtstandesgemäßer Hochzeitsfeierlichkeiten in Haltenbergstetten.[21]

Ökonomisch waren sie – so sieht es wenigstens auf den ersten Blick aus – den anderen Ganerben weit überlegen, denn neben ihrem umfangreichen Altbesitz zählten sie u. a. durch den Erwerb der Herrschaft Trachenberg in Schlesien und die Belehnung mit den Rosenbergischen Besitzungen sowie der Standeserhöhung zu den Kriegsgewinnlern. Dieses Potential sagt jedoch nicht unbedingt etwas zu den realen finanziellen Verhältnissen aus.

Dafür blieben sie doch mit Ort Odenwald der Fränkischen Reichsritterschaft verbunden. Aufgrund des von der Ritterschaft am 11. April 1608 erlangten Privilegium de non aliendo[22] hatten sie für die Rosenbergischen Besitzungen Kontribution in die Ritterkasse zu leisten. Grundsätzlich erkannte Hatzfeldt diese Verpflichtung an, doch

---

[17] Jens Friedhoff, Die Familie von Hatzfeld. Adelige Wohnkultur und Lebensführung zwischen Renaissance und Barock, Düsseldorf 2004, 103–103; Neumaier, *Als sterblicher Mensch dem Todt unterworffen*. Das Testament des Albrecht Christoph von Rosenberg aus dem Jahre 1630, in: Wertheimer Jahrbuch 1991/92 (1992), 81–95, hier 94.
[18] Friedhoff, Hatzfeld (wie Anm. 17) 23f., 101, 104, 109, 196–203, 559f.
[19] Ebd., 101.
[20] Adolf Fischer, Geschichte des Hauses Hohenlohe, II. Theil, Zweite Hälfte, 1871, Christian (geb. 1627 Waldenburg-Bartenstein) heir. Lucie, Ludwig Gustav (geb. 1634; Stammvater Waldenburg-Schillingsfürst) heir. Marie; beide 18. Februar 1658 zu Haltenbergstetten; Norbert Schoch, Eine Gegenreformation in Hohenlohe, in: Württembergisch Franken 50 (1966) (FS Karl Schumm), 304–333, hier: 304f.: 18. Februar 1658 Heirat Christian und Ludwig Gustav von Hohenlohe-Waldenburg-Schillingsfürst und Lucia und Maria von Hatzfeldt.
[21] Alexander Brunotte/Raimund J. Weber (Bearb.), Akten des Reichskammergerichts im Hauptstaatsarchiv Stuttgart H (Veröffentlichungen der Staatlichen Archivverwaltung Baden-Württemberg 46/3), Stuttgart 1999, 129f. Nr. 1670.
[22] Johann Christian Lünig, Das Teutsche Reichs-Archiv 12, pars. Specialis continuatio III, Leipzig 1713, S. 50f. Nr. XIII.

über die Höhe gingen die Ansichten auseinander. Ein Vergleich vom 18. Dezember 1642 legte die Differenzen bei[23] – vorerst.

Damit haben wir die Kräfte vor uns, die das Geschick Fleiners bestimmten: Graf Hermann von Hatzfeldt, die Dienheim zu Angeltürn, Johann Albrecht von Gemmingen (1624–1685)[24] als Vormund der Stetten zu Kocherstettenschen Kinder, Burkhard Dietrich von Weiler als Vormund der Egaischen Töchter und Graf Johann Friedrich von Hohenlohe-Öhringen (1617–1702). Nicht zu vergessen die „Beamten", wie Leutwein sie nennt, denn keiner der Ortsherren wohnte in Unterschüpf, sondern sie ließen sich durch Vögte vertreten.

Vielherrig und bikonfessionell

Diese Akteure waren nicht nur weltliche Obrigkeiten, ihnen kamen ebenso kirchliche Rechte zu. Um anzudeuten, wie kompliziert damit die Herrschaftsverhältnisse in Schüpf tatsächlich waren, sei ein Wort Leutweins an die Adresse Johann Philipps des Jüngeren von Dienheim vorangestellt: *Jedoch ist Fleinern so gar nicht zu verdenken, daß er den Unterschied zwischen dem Jure nominandi, vocandi, praesentandi, conferendi, confirmandi und installandi nicht gewust; dem Herrn von Dienheim ists ebenfalß zu gute zu halten, indem solches ihme böhmische Dörfer gewesen.*[25] Allein schon diese Termini lassen erahnen, wieviel Streitpotential hier lauerte und welch gefährliches Pflaster Schüpf für einen Pfarrer und Diakon damals im Schüpfergrund war. Die Belehrung Leutweins hätte aber auch an die Adresse der anderen Ganerben gehen müssen, die sich damit ähnlich schwer taten. Das gilt selbst für Hohenlohe. Mit sicherem Blick hat Leutwein gesehen, dass keinem der Beteiligten – am ehesten noch dem Grafen Hermann – die Rechtslage so richtig klar war; doch dazu später.

Der Patronat der Schüpfer Pfarrkirche und derjenige der Frühmesse kamen der Grafschaft Hohenlohe zu,[26] von der Albrecht von Rosenberg sie zu Lehen nahm. Das Frühmessbeneficium war damals schon nicht mehr besetzt. Als der Ritter dem Plan einer Lateinschule in Unterschüpf näher trat, legte er die Frühmesskompetenz mit derjenigen von Oberschüpf und der unter anderem von seinen Vorfahren in Sachsenflur gestifteten zur Besoldung eines Diakons oder Kaplans zusammen, der den Latein-, daneben auch den Griechischunterricht übernehmen sollte.[27] Obwohl sich das Projekt zerschlug, blieb das Amt erhalten. Neben dem Pfarrer amtierte seitdem ein Diakon,

---

[23] HZAN Ni 10 Bü 37.
[24] Stocker, Der Schüpfergrund (wie Anm. 11), 187f.
[25] Leutwein, Historie (wie Anm. 3), Cap. VIII, 30.
[26] Neumaier, Territorium und ius circa sacra. Die spätmittelalterlichen Priestereide in der Grafschaft Hohenlohe, in: Blätter für württembergische Kirchengeschichte 82 (1982), 5–37.
[27] Helmut Neumaier, Ritteradlige Herrschaftsbildung im Schüpfergrund. Das Briefbuch des Albrecht von Rosenberg (gest. 1572) (Veröffentlichungen der Gesellschaft für fränkische Geschichte, Reihe III, Bd. 10), Würzburg 2006, Regest 57, 90–92; ein zweites Exemplar im HZAN Schublade LXXI Nr. 23.

auch Kaplan genannter Geistlicher,[28] dem offenbar der Gottesdienst an Werktagen und die Versehung der Filialkirchen oblag.

Die Rosenberg und die anderen Ganerben gingen fest davon aus, dass die Collatur – dieser Begriff löste den des Patronats ab – des Diakons nur ihnen zukomme und Hohenlohe nichts damit zu tun habe. Wie aus einem Schreiben des Lehensekretärs Johann Peter Lutz an den Neuensteinischen Superintendenten und Hofprediger M. Jakob Müller vom 9. April 1659 im Zusammenhang der Fleinerschen Angelegenheit hervorgeht, sei zwar die Pfarrcollatur hohenlohisch, doch sei unsicher, wie es sich mit der Besetzung des Diakonats verhalte; diesbezügliche Akten, wären, *wie es zu gehen pflegt*, nicht aufzufinden bzw. nicht greifbar. Selbst Graf Johann Friedrich von Hohenlohe (1617–1702) mochte Fahrlässigkeit früherer Lehensadministrationen nicht ausschließen, so dass man hinsichtlich des Diakonats keine Sicherheit besitze, doch das Jus nominandi der Pfarrei komme unbezweifelbar der Grafschaft zu. Ein Schlaglicht auf die Archivsituation der Grafschaft[29] nach dem Dreißigjährigen Krieg wirft das Schreiben des M. Jakob Müller an den Lehensekretär vom 15. April 1659.[30] Es wundere ihn, dass es bei Waldenburg und Langenburg keine Lehenakten gebe, wo doch die Angelegenheit keine Partikular-, sondern eine gemeinschaftliche Sache sei. Nachzuschauen wäre noch bei der Weikersheimischen Kanzlei, da die Grafen Wolfgang (1546–1610) und Georg Friedrich (1569–1645) auch gemeinschaftliche Lehen *administrirt* haben. Zudem empfahl Müller dem Lehensekretär einen Ritt nach Schüpf, um dort Erkundungen einzuziehen.

Die Besetzung der Pfarrstelle und des Diakonats gerieten zum Streitobjekt zwischen den Ganerben. Hierzu seien drei Stellungnahmen angeführt: Am 14. November 1659 schrieb Graf Johann Friedrich von Hohenlohe an Burkhard Dietrich von Weiler, das Jus patronatus der Pfarrei Schüpf sei 1564 Albrecht von Rosenberg verliehen worden, der es am 28. Juli 1578 an Dienheim verkauft habe.[31] Am 14. März 1584 äußerte sich Albrecht der Ältere von Dienheim gegenüber dem Grafen, er *trage die geystlich Colatur, so von Herr Albrecht vonn Rosenburgk selig[en] alß Lehen dragen, die Geystlichkeyt allhir alleinn mitt Pfarrhern, Capplan und geystlich Dienern bestellt worden, Kirchenpfleger, Rechnungk allein verorthet*: Die Rosenberg setzten sich mit Schreiben an Graf Wolfgang vom 30. März 1584 zur Wehr: Keineswegs bestreiten sie, dass Dienheim das Pfarrlehen zukomme und ihm deshalb das Jus praesentandi gebühre. Daraus könne Dienheim jedoch nicht ableiten, dass ihm auch die Bestellung des Diakons zustehe, noch viel weniger die Kirchenpfleger in Pflicht zu nehmen oder die Rechnung abzuhören. Dienheim verfügt nur über das *einzige Beneficium parochiali oder Pfarr Lehen*. Das Diakonat hat – hierin ist ihnen Recht zu geben – seinen Ursprung nicht in der Frühmesse.

Dann fügen sie etwas hinzu, das zeigt, wie komplex die Erbgeschichte der Rosenberg ist und wie wenig man davon weiß. Die Wolfskehl hätten einst dieses Beneficium als „Patroni" innegehabt.

---

[28] Um Verwechslungen vorzubeugen, wird im Folgenden der Terminus Diakon bzw. Diakonat beibehalten.
[29] Peter Schiffer/Wilfried Beutter (Bearb.), Hohenlohe-Zentralarchiv Neuenstein. Gesamtübersicht der Bestände (Werkhefte der Staatlichen Archivverwaltung Baden-Württemberg, H. 1), Stuttgart 2002.
[30] HZAN GA Schublade LXXI Nr. 23.
[31] HZAN Gem. Lehenarchiv Schublade LXX Nr. 23.

Das macht einen Zeitsprung zurück notwendig. Philipp Jakob von Rosenberg, mit dem 1580 die dortige Linie erlosch, vererbte die Lehen seinen Schwägern Bartholomäus, Jakob und Hans Wolfskehl zu Rotenbauer. Die Klage der zu Haltenbergstetten gesessenen Linie vor dem Würzburger Ritterlehengericht blieb erfolglos, so dass nichts übrigblieb, als sie 1582 zurückzukaufen.[32] Viel später behaupteten die Dienheim, am 23. Juli 1578 sei der Patronat mit lehnherrlicher Bewilligung von Albrecht von Rosenberg an Albrecht von Dienheim den Älteren veräußert worden. Abgesehen davon, dass Ritter Albrecht damals längst verstorben war, findet dieses Datum keine Stütze. Auf welchem Weg der Pfarrpatronat an die Dienheim gekommen war, ist jedenfalls mit einem Fragezeichen zu versehen.

Nach diesem Exkurs wieder ins Jahr 1613. Nach dem Tod des seinerzeitigen Pfarrers eskalierte der Streit um die Neubesetzung. Am Ende dieser Dissense stand die Situation, die letztlich das Schicksal Fleiners bestimmte. Wolf Heinrich von Ega als Träger der Oberschüpfer Dienheim beabsichtigte unter Berufung auf das Dienheimsche Patronatsrecht, die vakante Pfarrei neu zu besetzen, was den Einspruch des Albrecht Christoph und Georg Sigmund von Rosenberg hervorrief.[33] In einem Notariatsinstrument legten sie ihre Rechtsauffassung dar: Sie bestreiten nicht die Collatur oder den Patronat der Dienheim, denen damit aber lediglich das Ius nominandi, vocandi und praesentandi ad Examen zukomme. Den Dienheim stehe aber nicht zu, das Ius examinandi, instituendi und destituendi zu beanspruchen. Gemäß dem Religionsfrieden gebühren diese Rechte als Jura episcopalia der weltlichen Obrigkeit und somit der Gemeinschaft der Ortsherren. Hier finden sich die Rechtstermini, die oben Leutwein schon angesprochen hat. Mit aller Wahrscheinlichkeit beriefen sich die Rosenberg auf die Episkopallehre des Greifswalder Kirchenjuristen Joachim Stephani[34], die sie allerdings recht großzügig auslegten. Sie setzten sich durch, Stetten und Dienheim arrangierten sich notgedrungen mit diesem System. Dienheim unternahm zwar Anstrengungen, es zu unterlaufen, doch solange die Rosenberg Mitdorfherren waren, blieb der Erfolg aus.

Hinzu kommt etwas, das bislang unbekannt war: Johann Philipp von Dienheim der Jüngere zu Angeltürn gehörte der katholischen Konfession an. Ob die Zugehörigkeit zur Alten Kirche schon beim Fußfassen dieses Zweiges der Dienheim in Franken gegeben war, weiß man nicht; es ist aber mehr als fraglich. Ob Albrecht von Rosenberg Altgläubige in seinem Testament bedacht hätte, scheint zweifelhaft. Hohenlohe jedenfalls wusste von der konfessionellen Zugehörigkeit der Dienheim nichts; hätte man es gewusst, hätte Hohenlohe wohl kaum die Dienheim mit der Collatur belehnt. Wie es aussieht, ging die Conversio eben auf Johann Philipps gleichnamigen Vater zurück,[35] doch ist ein Fragezeichen dazu zu denken.

---

[32] Evang. Pfarramt Rosenberg, Befehlbuch, S. 70. Es handelt sich um eine Sammlung von Akten im Zusammenhang des Streites Würzburg versus Eigenerben; der Name leitet sich vom ersten Wort der Sammlung ab; vgl. Neumaier, *Als sterblicher Mensch* (wie Anm. 17), S. 84.

[33] Helmut Neumaier, Iura episcopalia evangelischer Reichsritter? Die Ganerbschaft Schüpf als Fallstudie; in: JBKGB 7 (2013), 232–252, hier 245f.

[34] Martin Heckel, Staat und Kirche nach den Lehren der evangelischen Juristen Deutschlands in der ersten Hälfte des 17. Jahrhunderts (Jus ecclesiasticum 6), München 1968.

[35] Die Unterschüpf/Angeltürner Dienheim könnten den Schritt infolge des Machtumschwungs nach der Nördlinger Schlacht unternommen haben, wie es beispielsweise für die Walderdorff zu Eubigheim nachgewiesen ist.

Ein ganz entscheidender Bruch in der herrschaftlichen Struktur des Schüpfergrunds erfolgte mit dem Erlöschen der Rosenberg und der Übernahme ihrer Herrschaft durch die Hatzfeldt. Dieser Einschnitt manifestierte sich zugleich im kirchlichen Bereich, als sie das Rosenbergische Kirchenwesen übernahmen. Das bedeutete, dass sie nun Herr über nicht weniger als dreizehn Pfarreien waren, wo sie wie ihre Vorgänger, die Rosenberg, sich mittels des Jus episcopale Anteil an der Kirchenherrschaft zu sichern wussten. Dabei gestanden die Hatzfeldt den Inhabern der Pfarrcollatur, den Dienheim zu Angeltürn, lediglich das Nominationsrecht zu.

Das kam ebenso ihrem Verständnis von Herrschaft entgegen wie die Übernahme der Rosenbergischen Kirchenorganisation. Dazu gehörten der Pfarrsynodus und das Konsistorium. Letzteres fungierte als Ehe- und Zuchtgericht, doch vor allem entschied es über die Besetzung der Pfarrstellen.[36] Seine Zusammensetzung ist leider erst 1678 belegt. Es setzte sich aus dem Kanzleidirektor mit dem hochtönenden Titel Konsistorialpräsident, zwei bis drei weiteren Beamten und wohl dem Dekan zusammen.

An die Spitze seiner Geistlichkeit berief Graf Hermann in der Nachfolge des Rosenbergischen Superintendenten den Pfarrer an der Hauptkirche von Rothenburg ob der Tauber Johann Heinrich Riß (1596–1669). Er, Poeta laureatus, der seinen Sitz in Niederstetten nahm, hatte eine besondere Vertrauensstellung inne.[37] Leider ist die Überlieferung sehr lückenhaft, so dass über die normalen Amtspflichten des Dekans hinaus kaum etwas bekannt ist. Im Namen des Grafen Hermann verordnete er mit Mandat vom 21. August 1663 der ihm unterstellten Geistlichkeit die Verkündung zur Abhaltung von Bußtagen,[38] eines Türkengebets[39] sowie am 27. Januar 1657 (adressiert an die Pfarrer von Rosenberg, Bofsheim, Uiffingen und Schüpf) die Abhaltung von Trauergottesdiensten für den am 8. Oktober 1656 verstorbenen Kurfürsten Johann Georg I. von Sachsen.[40] Die beiden letzteren sowie die Abhaltung von Synoden werden uns noch zu beschäftigen haben.

Vorspiel

Das Fußfassen der Grafen von Hatzfeldt bedeutete, wie schon erwähnt, für den Schüpfergrund eine tiefgreifende Zäsur, und zwar in zweifacher Hinsicht: Die Ganerbschaft war nun keine reine Edelmannsherrschaft mehr. An die Stelle der dominanten Herren von Rosenberg traten die mindestens ebenso dominanten altgläubigen Hatzfeldt. Das erste Zusammenprallen ereignete sich im benachbarten Uiffingen, während in Unterschüpf nichts dergleichen überliefert wird. Das erklärt sich mit der Amtszeit des noch

---

[36] Helmut Neumaier, Katholische Obrigkeit und evangelische Untertanen. Zur Kirchenorganisation der Grafen von Hatzfeldt nach dem Westfälischen Friedensschluss, in: Blätter für württembergische Kirchengeschichte 105 (2005), 163–180, hier 176f.
[37] Zu Riß ebda., 166–169.
[38] Text bei Neumaier, Katholische Obrigkeit (wie Anm. 36), 170–172.
[39] Ebd., S. 172–175; HZAN Ni 5 Bü 238.
[40] HZAN Gemeinschaftliches Lehenarchiv 20 Schublade LXXI 23; Text als Anhang.

aus Rosenbergischer Zeit stammenden Pfarrers Johann Knapp (seit 1619), der das Amt bis zu seinem Tod am 5. September 1648 bekleidete.[41] Besetzungsstreitigkeiten entfielen demnach. Neben ihm amtierte seit 1639 der Diakon Markus Hollenbach[42], in dem man wohl den ersten Schüpfer Geistlichen zu sehen hat, an dessen Einführung Hatzfeldt beteiligt war und der dann die Nachfolge Knapps antrat.

Bei der Neubesetzung des Diakonats wird nun eine Übereinkunft der Ganerben erkennbar.[43] Anscheinend hatte man sich bei der Nomination des Diakons auf einen Turnus geeinigt, bei welchem diesmal Stetten zu Kocherstetten an der Reihe war. Ob dieses Verfahren noch auf die Rosenbergische Zeit zurückgeht, weiß man ebenso wenig wie ob es auf vertraglicher Vereinbarung basierte. Der Gewünschte war ein gewisser Johann Georg Wolf[44], zuvor Präzeptor in Künzelsau.

Zu seiner Ordination erwähnt Leutwein etwas Aufschlussreiches: Im Beisein anderer Geistlicher und der „Beamten" stellvertretend für ihre Herrschaften legte Wolf auf dem Rathaus die Probepredigt und das Examen vor Dekan Riß ab, der ihn am 3. Dezember (a. St.) 1648 dann in der Kirche ordinierte. Hier klingt schon an, was zu Fleiners Unglück beitrug. Ob dies damals im Zusammenspiel mit den Edelleuten oder zumindest mit deren Einverständnis geschah, ist nicht zu beantworten. Denkbar wäre auch, dass die Edelleute unter den Kriegseinwirkungen so litten, dass sie dem Grafen keinen Widerstand entgegenzusetzen vermochten. Leutwein sagt jedenfalls hierzu nichts. Sicher ist jedenfalls, dass Graf Hermann seine kirchliche Superioritas wenigstens vorerst durchgesetzt hatte.

Geht man von einem reibungslosen Zusammenspiel aus, war dies von kurzer Dauer. Schon 1650 verließ Wolf den Schüpfergrund. Die Nomination kam diesmal Graf Hermann zu, der – so Leutwein – einen Kandidaten präsentierte, und das ohne Absprache mit den Edelleuten. Als diese wegen der Pfarrei Uiffingen beim in Nürnberg zur Erledigung der Negotia remissa tagenden Exekutionsausschuss vorstellig wurden, beinhaltete ihre Klage, Hatzfeld wollte in Schüpf das *Jus compatronatus disputirlich machen*, indem sie „heimlich" einen Diakon installiert hätten. Man einigte sich auf einen gewissen Georg Samuel Merz.[45]

Kaplan Fleiner

Wolfs Wegzug im Jahre 1655 als Pfarrer nach Bofsheim warf das Problem der Nachfolge von neuem auf.[46] Der Bewerber um die Kaplanei hieß Fleiner, der nach dem Studium in Tübingen sein erstes kirchliches Amt anstrebte. In einem Schreiben an

---

[41] Zu ihm Cramer, Pfarrerbuch (wie Anm. 2), 442.
[42] Ebd., S. 360.
[43] Leutwein, Historie (wie Anm. 3), Cap. VI, S. 21–22 *Von Marx Hollenbach, 9ter Caplan und 6ter Pfarrer*.
[44] Cramer, Pfarrerbuch (wie Anm. 2), 942f.; Haug, Pfarrerbuch (wie Anm. 2), 513f.
[45] Haug, Pfarrerbuch (wie Anm. 2), 559.
[46] Leutwein, Historie (wie Anm. 3), Cap, VII, 23–48 *Von denen Zwistigkeiten unter Fleiners Diaconat. Johann Balthas Fleiner 12ter Caplan und 7ter Pfarrer*. Die archivalischen Quellen setzen erst mit den Strittigkeiten um das Pfarramt ein.

Johann Albrecht von Gemmingen als Vormund der Stetten und vom 21. Februar 1655 an Dr. Frisch – das Schreiben lag Leutwein noch vor – als Mitvormund der Egaischen Töchter, an denen in dem Turnus die Reihe war, wies Fleiner angesichts der Größe der Pfarrei und des Alters des Pfarrers auf die Notwendigkeit einer Neubesetzung der Kaplanei hin. Wahrscheinlich richtete er ein solches Schreiben auch an Dienheim; belegt ist es an Graf Hermann. Dieser verlangte Testimonia studiorum was noch keine taktische Ablehnung bedeuten musste; der Wunsch, sich ein Bild von dem Bewerber zu verschaffen, war ja nicht unbegründet. Der Egaische Vormundschaftsvogt Landbeck begab sich nach Laudenbach zu Graf Hermann. Seine Aufgabe war eine zweifache, denn zum einen führte er Klage gegen den Oberschultheißen Kaspar Ehmann, mit dem sich dann auch Fleiner herumzuschlagen hatte, und zum andern sondierte er die Berufung des Kandidaten.

Graf Hermann war der Kandidat *nicht anständig*; er lehnte ihn ab, angeblich weil Fleiner aus Hohenlohe sei. Er akzeptiere jeden, aber keinen aus der Grafschaft Hohenlohe. Was hinter dieser Begründung steckte, ist nicht ersichtlich. Landbeck wandte ein, Fleiner sei zwar in Hohenlohe (Forchtenberg) geboren, doch lebten seine Eltern nicht dort (der Vater war schon 1634 als Pfarrer von Niedernhall verstorben) und er selbst habe auch nie in hohenlohischen Diensten gestanden. Ferner bezweifelte Graf Hermann die Notwendigkeit eines Diakons. Gegen dieses Argument wandte Landbeck ein, der Diakon habe auch pfälzische Dörfer (Dainbach, Sachsenflur) zu versehen; seien diese zu lange vakant, bestehe die Gefahr, dass Kurpfalz die Gefälle einziehe. Darauf entgegnete Graf Hermann, er habe dies – angeblich – nicht gewusst. In Gottes Namen möge Fleiner *praesentiret* werden.

Am 6. März schrieb Landbeck an den Syndikus Frisch, seiner Meinung nach sei es notwendig, dass die Egaischen und Stettenschen Vormünder den Grafen Hermann zum Examen Fleiners einladen und ihn um *Mitconfirmation* bitten, *damit der Sachen dermaleins abgeholfen würde*. Hier macht sich eine empfindliche Quellenlücke bemerkbar, so dass hier einiges im Unklaren bleibt. Anscheinend traten zwischen dem Grafen Hermann und den Edelleuten bzw. ihren Vormündern – die Rolle der Dienheim bleibt im Ungewissen – erneut Spannungen auf. Geht man von dem genannten Schreiben aus, ließe sich schließen, dass es bei den Vormündern Überlegungen gab, die Installation Fleiners ohne Graf Hermann ins Werk zu setzen. Man solle denken, die Angelegenheit sei geklärt, wenn es auf einen einzigen Brief ankomme, kommentierte Leutwein. Ob man sich dann doch zu einem Einladungsschreiben an Graf Hermann durchrang, weiß man nicht. Aber selbst wenn es ihn erreicht hätte, muss es nicht unbedingt auf Zustimmung gestoßen sein. Gleichgültig für welche Version man sich entscheidet, es ändert nichts an der Tatsache, dass die Besetzung des Diakonats über Jahre hinweg – rechtlich gesehen, nicht faktisch – ins Stocken geraten war. Fleiner übte das Amt des Diakons aus, doch als *Unordinirter* und *Nichtconfirmirter*; als *Non-ordinatus*, wie Leutwein zutreffend diese paradoxe Situation nannte.

Weshalb Graf Hermann nicht offen intervenierte, unterliegt der Spekulation. Möglicherweise – so sein Kalkül – würde sich die Angelegenheit von selbst lösen. Die Besetzung des Diakonats war dennoch zum Machtkampf zwischen den Edelleuten auf der einen und Graf Hermann auf der anderen Seite geworden, in welchem Fleiner sich in der Gefahr befand, zerrieben zu werden. Er war sich dieser Situation durchaus bewusst, doch orientierungslos. *Fleiner wurde die Zeit lang,* bemerkte Leutwein.

Offensichtlich zweifelte er an einer Einigung der Ganerben, weshalb er sich an das hohenlohische Konsistorium wandte, das ihm angeblich auch eine Pfarrstelle in der Grafschaft in Aussicht stellte. Vielleicht suchte er mit diesem Schritt Druck auf die Ganerben auszuüben, vielleicht beabsichtigte er, sich damit eine zweite Option zu verschaffen, denn gleichzeitig brachte sich die Gemeinde, bei der er offensichtlich beliebt war, ins Spiel. Sie hätte ihm *die Ohren gekitzelt,* wenn Pfarrer Hollenbach sterbe, wünsche sie Fleiner als Nachfolger. Leutwein kommentierte, die Gemeinde hätte nicht bedacht, *wie ihm dies Süße zu bitterem Wermuth werden könne.*

Stand die Gemeinde – mehrheitlich wenigstens – auf seiner Seite, hatte er auch Gegner, unter denen man den gräflichen Verwalter vermuten darf. Nach drei Jahren des nichtordinierten Diakonats geschah etwas, bei dem man sich wundert, dass es erst jetzt dazu kam. Es gab Gerüchte um die Beziehung zu einem *Weibsbild.* Dieses wurde in des *Schulzen* Haus, also wohl des Oberschultheißen Ehmann, verhört. Fleiner wies in einer Verteidigungsschrift die Beschuldigungen zurück, die von seinen Feinden in die Welt gesetzt worden wären. Tatsächlich erwiesen sich die Anschuldigungen als haltlos.

Wie hilflos sich Fleiner aber fühlte, geht aus seinem Bittschreiben an Burkhard Dietrich von Weiler hervor. Dieser möge sich beim hohenlohischen Konsistorium für ihn verwenden, dass er sein Amt behalte. Dass die Kirchenbehörde sich selbst nicht im Klaren war, ob ihr die Nomination eines Diakons überhaupt zukomme, konnte Fleiner allerdings nicht wissen. Weiler teilte ihm denn auch mit, er könne in dieser Sache nichts für ihn tun. Fleiner sei dem Grafen nicht *anständig,* weil er Hohenloher sei und er die Schwester des früheren hatzfeldtischen Beamten Wölffing geheiratet habe. Gerade die letzte Bemerkung könnte den Eindruck erwecken, hier sei es weniger um eine politische Auseinandersetzung als um persönliche Animositäten gegangen. Weiler hatte recht, denn es ging auch um einen Antagonismus, dessen Dynamik allerdings erst einige Jahre später zum Ausbruch gelangte. Wölffing stand zunächst im Dienst der Rosenberg, ehe er in hatzfeldtische Dienste wechselte. Er muss im Unfrieden ausgeschieden sein, ohne dass dazu etwas bekannt ist. Zwischen ihm und Graf Hermann blieb latente Feindschaft. Es muss Wölffing eine tiefe Genugtuung gewesen sein, als er im Jahre 1666 als Sekretär und Kassier des Ritterkantons die Exekution gegen Hatzfeldt wegen nicht bezahlter Rittersteuer leitete.[47]

Pfarrer im Ungewissen

Am 28. September 1658 verstarb Marx Hollenbach[48], wodurch Fleiner sich den Aufstieg vom Diakonat zum Pfarramt erhoffte. Sein weiteres Schicksal als präsumtiver Nachfolger vollzog sich vor einem Hintergrund höchsten konfessionellen Misstrauens, das seit dem Fußfassen der Hatzfeldt schwelte, doch jetzt offen zum Ausbruch kam. Am 28. Juli 1659 wandten sich die Vormünder der Stetten und der Egaischen

---

[47] Dazu bereitet Verf. eine Untersuchung vor.
[48] Leutwein, Historie (wie Anm. 3), Cap. VIII, 28–43.

Töchter an Graf Johann Friedrich von Hohenlohe, es sei ihnen berichtet worden, Graf Hermann habe sich geäußert, in der Schüpfer Kirche Messe lesen lassen zu wollen. Das scheine ihnen glaublich, weil vor Jahren in Uiffingen die Kirchentür zu diesem Zweck aufgebrochen worden war. Kommenden Sonntag sei etwas im Gange, und Hatzfeldt gebrauche ja immer Gewalt. Dienheim als Collator halten sie für wenig fähig, dem gegenzusteuern, denn er sei ein *einfältiger Mann* und zudem katholisch. Ihre Hoffnung setzen sie auf Graf Johann Friedrich als Inhaber des Jus nominandi. „Ob morae periculum"; Eile ist geboten! Am 14. September wiederholten die Vormünder ihre Befürchtung. Die Ängste bewahrheiteten sich allerdings nicht.

Inwieweit hier wirklich Pläne des Grafen Hermann sichtbar werden, wird abschließend noch erörtert. Jedenfalls waren die Fronten verhärtet.

Nach dem Tod Hollenbachs trat der Dissens um Fleiner in ein neues Stadium, zumal jetzt die Grafschaft Hohenlohe als Inhaber des Jus nominandi ins Spiel kam.[49] Fleiner zeigte sich überzeugt, der Tod des Pfarrers würde ihm selbst die Tür zum Pastorat öffnen. Zwar erkannte Graf Hermann ihn nicht als Diakon an, war weder bei seinem Examen noch bei der Installation anwesend gewesen, wenn diese Actus überhaupt stattgefunden hatten, *allein – so Leutwein – die Augen waren ihme gehalten, daß er die Wetterwolken, welche sich aufzogen, nicht gewahr worden*. Die Anzeichen erkannte er auch deshalb nicht, weil er sich des Rückhalts zumindest des größeren Teils der Gemeinde sicher sein konnte. Voller Genugtuung teilte er seinem Schwager, dem schon genannten Wölffing, damals hohenlohischer Amtskeller in Künzelsau, am 16. April 1659 mit, er habe bislang *guten Frieden und Ruhe* gehabt; ja die Gemeinde steuerte an die 199 fl. zur Renovierung des Pfarrhauses zu seiner besseren Bequemlichkeit bei. Es erstaunt denn auch nicht, dass die Gemeinde am 3./13. Oktober 1658 bei Dienheim als Collator supplizierte, Fleiner zur Pfarrstelle zu verhelfen. Dieser habe Hollenbach während dessen schwerer Erkrankung vertreten. Es sei unumgänglich, den Verstorbenen durch *eine daugliche und gelährte Person*, eben Fleiner, zu ersetzen.

Die Dinge hatten inzwischen eine gewisse Eigengesetzlichkeit erlangt. Jetzt brachte sich Graf Hermann wieder ins Spiel. Er seinerseits schlug einen gewissen Georg Günzel vor, später Pfarrer zu Schrozberg[50], den aber Dienheim ablehnte. Bei diesem Vorgang macht sich die Lückenhaftigkeit der Quellen wiederum unangenehm bemerkbar. So wissen wir nicht, ob er seinen Aspiranten Hohenlohe anzeigte und ob Dienheim sich bei Graf Johann Friedrich rückversicherte. In aller Stille, wie Leutwein sagte, ließ Johann Philipp von Dienheim Fleiner *installiren*, was schlechterdings nicht ohne Rückendeckung Hohenlohes geschehen sein kann. Jedenfalls teilte Fleiner der Egaschen und Stettenschen Vormundschaft mit, der Dienheim hat ihn zu der erledigten Pfarrstelle *vociret, nominiret und gestrigen Sonntag* durch erbetene Geistliche *confirmiret*. Durch die Pfarrer Johann Philipp Heyland von Edelfingen[51] und Johann Konrad Donner von Neunkirchen[52] sei er ordiniert und tags darauf der Gemeinde als neuer Pfarrer vorgestellt worden.

---

[49] HZAN Gemeinschaftliches Lehenarchiv Schublade LXX Nr. 23. Diese Akten zog auch Leutwein heran, dem zudem noch weitere Quellen zur Verfügung standen, doch ohne Referenzen zu nennen.
[50] Haug, Pfarrerbuch (wie Anm. 2), 140.
[51] Cramer, Pfarrerbuch (wie Anm. 2), 304.
[52] Ebd., 124.

Das spricht dafür, dass Dienheim die Vormundschaften der beiden anderen Adelsfamilien nicht informiert, also sozusagen einen Alleingang unternommen hatte. Bissig fügte Leutwein hinzu, Fleiner sei der irrigen Meinung gewesen, es habe seine Richtigkeit, wenn ihn allein der Dienheim installierte. An dessen Adresse richtete er das bereits zitierte Wort, die Begriffe Jus nominandi, vocandi, praesentandi, conferendi, confirmandi und installandi seien für den Dienheim böhmische Dörfer gewesen.

Schwierig zu beurteilen ist es, ob dem Dienheim selbst der Durchblick in dieser rechtlichen Situation abging. Hier bieten sich zwei Erklärungsmöglichkeiten an: Was Leutwein nicht wissen konnte, er aus den Vorgängen aber schloss, ist der Blick auf die geistigen Gaben des Dienheim. Später bezeichneten ihn die Vormünder des Stetten und der Egaischen Töchter an Graf Hermann als *einfältigen Mann*. Andererseits jedoch könnte er die Gelegenheit genutzt haben, ohne Absprache mit den beiden Vormundschaften und schon gar nicht mit Hatzfeldt bei Rückendeckung durch Hohenlohe im Alleingang Fleiner ins Amt zu bringen. Denen blieb der Vorgang keineswegs verborgen. Es kann Fleiners Brief gewesen sein, doch hätte es dieses Briefes nicht bedurft, denn die „Beamten" haben ihre Herrschaften gewiss unverzüglich informiert. Es bleibt die Frage nach der Rolle Hohenlohes. Wie später Dekan Riß dem hohenlohischen Hofprediger und Superintendenten Müller schrieb, habe Fleiner behauptet, er sei in Neuenstein examiniert worden. Dies habe fünf Stunden (!) gedauert, doch könne er keinen diesbezüglichen Schein vorweisen. Diese Behauptung Fleiners kann durchaus der Realität entsprechen, wenn er sich auf Hohenlohe als Inhaber des Jus nominandi bezog und sich hier Rückhalt zu verschaffen suchte. Selbstredend legten die Vormünder Protest wegen fehlenden „Consensus" ein, doch verhallte er wirkungslos. So minderte sich – wie Leutwein formulierte – ihre „Gnade" gegen Fleiner, doch scheinen sie letztlich den fait accompli akzeptiert zu haben.

Fleiners Düncken nach hienge der Him[m]*el nunmehr voller Geigen*, vermerkte Leutwein. Wirkliche Gefahr drohte ihm nur von Hatzfeldt. Sie wurde in dem Augenblick virulent, als die Besetzung des Diakonats anstand, die mit Fleiners „Promotion" zum Pfarramt ja vakant geworden war. Die Nomination lag diesmal bei Graf Hermann, der den Edelleuten den *jungen Studiosus* Johann Jakob Hollenbach, den Sohn des früheren Pfarrers[53], präsentierte. Um Dispute zu vermeiden, so die Edelleute bzw. die Vormünder, stimmten sie zu.

Mit der der Installation des jungen Hollerbach nahm Fleiners Unglück seinen Anfang. Über den Vorgang der Ordination des Diakons unterrichtet das Schreiben des Dekans Riß an den hohenlohischen Superintendenten M. Jakob Müller[54] vom 22. Mai 1659. Selbstverständlich wird der Vorgang aus hatzfeldtischer Sicht dargestellt, doch werden die Fakten wohl korrekt wiedergegeben. Von der ganzen Mitherrschaft – so jedenfalls Riß – wurde der Kandidat auf Sonntag Jubilate, den 4. Mai, nach Schüpf beschrieben. Dazu lud Hatzfeldt mehrere Geistliche ein: August Reisch von Adelsheim[55], M. Samuel Fischer von Widdern[56] und Kaspar Werner zu Uiffingen[57]. Wenn von Seiten Hatzfeldts mehrere Geistliche hinzugezogen wurden, geschah das zwei-

---

[53] Ebd., 359; Haug, Pfarrerbuch (wie Anm. 2), 190.
[54] Haug, Pfarrerbuch (wie Anm. 2), 306f.
[55] Cramer, Pfarrerbuch (wie Anm. 2), 666.
[56] Ebd., 184.
[57] Ebd., 320.

felsohne in der Absicht, das Gewicht dieses Vorgangs herauszustellen. Weshalb aber gerade diese drei Pfarrer geladen wurden, findet keine Erklärung. Weder Widdern noch Adelsheim hatten Beziehungen zu Hatzfeldt. Nach Beurteilung der Probepredigt, die *ziemblich* verlief, und dem theologischen Examen waren sich die Geistlichen sowie die Vögte und Beamten als Vertreter ihrer Herrschaft einig, dem jungen Hollenbach das Amt zu übertragen. Die Ordination sah man für Sonntag Oculi vor.

Konnte das Diakonat als wieder besetzt gelten, stand jetzt das Problem des Pfarramts im Raum. Den Wunsch Fleiners, als Pfarrer an der Ordination des jungen Hollenbachs mitzuwirken, lehnte Riß mit der Begründung rundweg ab, er wäre zwar von drei (!) – tatsächlich aber nur zwei – Geistlichen der Gemeinde als Diakon vorgestellt worden, doch nicht ordiniert; er wäre also „Coordinantem". Dann machte er ihm unmittelbar vor der Probepredigt des jungen Hollenbach einen Vorschlag zur Güte. Da die beiden Actus Ordination und Präsentation des Diakons ja noch nicht erfolgt seien, wäre dies eine günstige Gelegenheit, Diakon und Pfarrer gemeinsam zu ordinieren. Die Absicht ist nicht misszuverstehen, die ihm angebotene Ordination sollte unter dem Vorzeichen Hatzfeldts und Ausschalten Hohenlohes erfolgen.

Die Tatsache – so Riß und die drei Pfarrer –, dass er nur präsentiert, doch nicht ordiniert wäre, führe in der Gemeinde zu ärgerlichem Gerede. Er möge ihren guten Rat befolgen, die Gelegenheit zu nützen und sich ordinieren zu lassen. Wenn er dies nicht gemeinsam mit dem Diakon in Unterschüpf wolle, könne es auch in Niederstetten und Rothenburg ob der Tauber geschehen. Die Absicht ist klar: Beide Orte standen unter dem Einfluss des Grafen Hermann; ersterer lag unterhalb seines Ansitzes Haltenbergstetten, der andere war ehemaliger Wohnort des Dekans Riß. In jedem Falle hätte dies Hohenlohe ausgeschaltet. Gleichzeitig suchte Riß jeden Eindruck zu vermeiden, hier seien persönliche Animositäten im Spiel, denn er versicherte Fleiner, er schätze ihn wegen seines Vaters[58] sehr. Fleiner selbst, wie er an seinen Schwager Wölffing schrieb, meinte denn auch, Riß habe aus *Verhetzung* gehandelt.

Vom Angebot des Dekans zeigte sich Fleiner *sehr gravirt*, wie Riß es ausdrückte. In seiner Verantwortungsschrift vom 7. September 1659 fügte Fleiner noch einige bemerkenswerte Details hinzu. Man wollte nämlich von ihm wissen, wer ihn zum Pfarrer verordnete, zu wem er gehöre und wer sein Dekan und Superintendent wäre. Zutreffend meinte Leutwein, damit hoffte man ihm eine Falle zu stellen, und tatsächlich verstrickte er sich. Er gab zur Antwort, der Grafschaft Hohenlohe komme das Jus episcopale allein zu, die ihn über ihren Vasallen Dienheim hier eingesetzt hat. Graf Johann Friedrichs Hofprediger als Dekan habe ihn *veneriret und cognosciret*. Leutwein kommentierte: *Hier hatten die Hatzfeldici nun waß sie wolten, da war Feuer auf dem Dach.*

Fleiner zeigte sich nicht gewillt, ohne weiteres klein beizugeben. Er verteidigte sich, er habe keinen Befehl von seinem Collator Dienheim und sei seinerzeit von den Pfarrern Heyland und Donner ordiniert und der Gemeinde präsentiert, zudem in Neuenstein examiniert worden. Er schob dann ein boshaftes Argument nach, es gehe den drei jetzt anwesenden Geistlichen nur ums Geld, d. h. die ihnen bei solchem Anlass zukommenden Gebühren. Das war in der Sache zwar vielleicht richtig, schwächte seine Position jedoch noch mehr.

---

[58] Johann Konrad Fleiner, Pf. Forchtenberg; vgl. Haug Pfarrerbuch (wie Anm. 2), 103.

Riß hatte sich bei der Installation des jungen Hollenbach vernehmen lassen, er werde eine Kirchenvisitation vornehmen, Bußtage anordnen und Fleiner zur Synode laden. Gesichert ist nur der Bußtag, ob die anderen Anordnungen geschahen, konnte Leutwein nicht ermitteln. Jedenfalls wusste Fleiner nicht, ob er dem Befehl, beim Synodus zu erscheinen, Folge leisten oder das Ansinnen zurückweisen sollte. Rat erbat er sich vom hohenlohischen Lehensekretär Lutz. Was ihm geraten wurde, weiß man nicht. Jedenfalls: Er *wusste nirgends wo hinaus*, meinte Leutwein.

Sonntag Oculi, der Tag von Hollenbachs Ordination, war gekommen. Unmittelbar vor der Frühpredigt ließ Fleiner den Hans Christoph Knapp, Vogt zu Sachsenflur, eine Erklärung abgeben: Da behauptet werde, er sei nur präsentiert und nicht ordiniert, sei er bereit, sich gemeinsam mit dem jungen Hollenbach ordinieren zu lassen, aber unter der Bedingung, man möge ihm schriftlich versichern, dass es ihm nicht zum Nachteil gereiche. Die anwesenden Geistlichen entgegneten, dieser Wunsch sei despektierlich und zudem nicht praktikabel. Entweder sei er ordiniert oder nicht. Sie könnten keinem die Hand auflegen, von dem man nicht wisse, ob dessen *Orthodoxium in doctrine et religione* gesichert sei. Da die Ganerben sie nicht instruierten, seien sie nur willens, dasjenige zu tun, was ihres Auftrags ist.

Johann Philipp von Dienheim sah sich in seinem Recht als Collator verletzt, weshalb er sich an Graf Johann Friedrich wandte. Da das nur aus einem Schreiben Fleiners hervorgeht, kennt man keine Einzelheiten. Nur so viel ist zu entnehmen, dass Hohenlohe dem Dienheim mittels Darlegung der Rechtsverhältnisse den Rücken zu stärken suchte: Riß hat *dem Herkom(m)en e diametro zugegenlaufende Neuerungen und Praejudicia* eingeführt. Die Collatur steht Dienheim zu. Zuvor gehörte sie den erloschenen Rosenberg, die aber nie einen „Eintrag" gemacht haben wie jetzt Hatzfeld. Jedenfalls besitzt die Collatur keine andere Qualität als zur Zeit der Rosenberg. Riß' *unzeitiges Benehmen* ist stets und sofort der Lehenkanzlei mitzuteilen, damit Einhalt geboten wird.

Wirklich gedient war dem Dienheim damit nicht, weshalb er die Initiative ergriff. Er beauftragte seinen Bruder Heinrich Albrecht, bei Riß in Niederstetten vorzusprechen. Der Dekan erklärte, die Angelegenheit sei nicht von *geringer Portanz*, womit er Recht hatte. Wie er es verstehe, liegt das Jus episcopale bei Hohenlohe: Wie der junge Hollenbach soll auch Fleiner zum Predigtamt zugelassen werden. Ob der jüngere Dienheim das richtig verstanden hat?

Längst hatte sich Fleiner der Anschuldigungen seitens der hatzfeldtischen Beamten zu erwehren. Der Oberschultheiß Kaspar Hermann bezichtigte ihn, viel zu predigen, doch wenig zu halten; er hätte ihn fluchen und sakramentieren hören. Der Beschuldigte verteidigte sich, er trage die Geheimnisse Gottes in irdischen Gefäßen. Er komme aus Adams Stamm; Fehler hätten auch andere gemacht: Aaron mit Abgötterei, David mit Ehebruch, Paulus mit Verfolgung. Er räumte aber ein, *aus Schwachheit des Fleisches* einen Fluch getan zu haben. Riß behauptet, er sei saumselig in seinem Amt und gehe gerne spazieren. Fleiner wehrte sich, der Dekan könne das nur von Feinden und hier besonders dem jungen Hollenbach gehört haben.

Die Vormünder stellten sich hinter Fleiner. Offenbar sahen sie die Sache grundsätzlich, nämlich als Versuch, das evangelische Kirchenwesen zugunsten des katholischen Bekenntnisses zu unterdrücken. Als Hauptverantwortliche verdächtigten sie die hatzfeldtischen Beamten. Auf ihr Beschwerdeschreiben an Graf Hermann antwortete dieser am 23. Juli 1659, er habe die Beschwerden der Edelleute seinen Beamten zur Stellungnahme zukommen lassen. Im Gegenzug möchten die Vormünder aber ihre Beamten befragen. Seinen Beamten sei es darum gegangen, Fleiners Verhalten zu korrigieren. Um künftig Streit zu vermeiden, sollten alle Beamten so handeln, wie es den Rechten ihrer Herrschaft zukomme.

Die Dinge überschlugen sich nun, denn jetzt zeigte sich Hohenlohe entschlossen, die Dinge in die Hand zu nehmen. Vom 4. August datiert das Konzept des gräflichen Schreibens an Fleiner, er möge am 28. August in Weikersheim, wo der Graf sich aufhalte, im Beisein des Pfarrers Heiland von Edelfingen Probepredigt halten und diese am 2. September wiederholen. Hier bieten sich – der Sachverhalt ist nicht eindeutig – zwei Erklärungsmöglichkeiten an: Leutwein ging davon aus, die Probepredigt hätte mit Fleiners Bewerbung um eine hohenlohische Pfarrstelle zu tun, wobei er diesen Schritt begrüßte. Wahrscheinlicher jedoch wollte Graf Johann Friedrich über sein Jus nominandi hinaus in die Pfarrbesetzung eingreifen. Für Letzteres spricht auch, dass die Gemeinde am 23. August eine Petition an Hohenlohe und den Dienheim richtete. Die Sache zerschlug sich, denn – wie Leutwein wohl richtig urteilte – der Plan wurde bekannt. Die Probepredigt in Weikersheim war auf Sonntag angesetzt. Fleiner oblag in Schüpf die Sonntagspredigt, während der Diakon die Predigt an Feiertagen zu halten hatte. Fleiner und der junge Hollenbach tauschten. Leutwein vermutete, Fleiner hätte dem Diakon „bona fide" den Grund des Tauschs mitgeteilt, der den hatzfeldischen Beamten oder Graf Hermann dies berichtet. Dafür gibt es keinen Beleg; so wie die Hatzfeldtischen Fleiner beobachteten, könnten sie selbst dahinter gekommen sein.

Seitens Hatzfeldts erfolgte prompt die Reaktion. Am Tag vor der Weikersheimer Probepredigt erschien der hatzfeldtische Verwalter in Begleitung eines Notarius publicus namens Konrad von Brunn, Schultheiß zu Eiershausen: Sie erklärten Fleiner, falls er in Weikersheim predige, möge er sich von Hohenlohe auch zu essen geben lassen. „Pariere" er nicht, drohe ihm der Verlust des Amtes; das Seinige, Weib und Kinder werde man ihm dann nachschicken.

Erneut sah Hohenlohe sich zum Handeln gezwungen und richtete eine Demarche wegen des Vorgefallenen an den hatzfeldtischen Hofmeister und die gräflichen Räte in Haltenbergstetten. Zunächst wurde das hohenlohische Vorgehen begründet: Mit der Predigt zu Weikersheim führte Graf Johann Friedrich keineswegs eine Neuerung ein, sondern befolgte nur althergebrachtes Recht, denn Hohenlohe stehe das Jus episcopale zu. Hier bestätigt sich die eingangs zitierte Kritik Leutweins an der juristischen Unklarheit aller Parteien. Was früher – so das Schreiben – die Herren von Rosenberg in dieser Pfarrei *exerciret* – gemeint ist die Kirchenorganisation – taten sie keineswegs aus eigener Machtvollkommenheit, sondern aus *gnädiger Concession* laut der Reversalien und Originaldokumente. Hier muss angemerkt werden, dass dies in dieser Form nicht zutrifft. Die Dienheim kauften von den Rosenberg die Collatur, die sie nun wie zuvor die Rosenberg innehaben. Die anderen Ganerben haben das auch nie bestritten. Folglich bestehe kein Grund für Proteste oder gar die Hinzuziehung eines Notars.

Das vom 28. August an Hohenlohe gerichtete Memorial Fleiners beleuchtet seine Situation. Spätestens jetzt muss ihm klar geworden sein, dass er zwischen die Fronten geraten war. Das elf Punkte umfassende Schreiben lässt seine Hilflosigkeit erkennen: (1.) Er bittet, ihn als hohenlohisches Landeskind in Schutz zu nehmen, (2.) angesichts seines gefährlichen Amtes *unter lauter Religionsfeinden* – hier wird das von ihm Gemeinte völlig unklar. (3.) Er sucht um ein Pfarramt in Hohenlohe nach. (4.) Er bittet um Konfirmation seiner Bestallung durch Dienheim. (5.) Er fragt, wie er sich verhalten solle, wenn Riß ihn zum Synodus zitierte? (6.) Ob er dem Dekan Riß eine Predigt in der Schüpfer Kirche gestatten solle? (7.) Wie solle er sich verhalten, wenn Riß Gebote übersendet? (8.) Wie soll er sich in Fragen der Kirchendisziplin und Anhängendem verhalten? (9.) Wie soll er vorgehen, wenn ungehorsame Pfarrkinder sich von der vogteilichen Obrigkeit nicht bestrafen lassen wollen? (10.) Soll er Vorkommnisse Hohenlohe und Dienheim berichten? (11.) Wie soll er sich in der Schule verhalten, wenn Hatzfeldt etwas unternimmt? Die vorauszusetzende Antwort ist leider nicht erhalten.

Gleichzeitig wuchs der von Hatzfeldt ausgehende Druck. In der Gemeinde bildeten sich zwei Parteien. Zumindest die Mehrheit stand weiterhin auf Fleiners Seite, wie eine Petition der Orte Schüpf, Dainbach, Sachsenflur und Lengenrieden vom 23. September 1659 an Dienheim bezeugt, während – vielleicht ein kleinerer Teil – sich um den hatzfeldtischen Verwalter gruppierte. Hilfesuchend wandte Fleiner sich an seinen Schwager Wölffing, dieser möge sich an den Lehensekretär Lutz wenden, denn er werde *unbillig perturbirt*. Seinerseits teilte er am 6. September diesem mit, er müsse sich täglich spöttische Reden anhören. Erst gestern hätte der „Pfaff" von Kupprichhausen im Beisein des Stettenschen Vogts geäußert, er werde doch noch in der Unterschüpfer Kirche Messe lesen. Da die Egaischen Töchter katholisch heiraten würden, verlöre Hohenlohe ohnehin sein Recht. Er müsse sich dann entscheiden, ob er hohenlohisch oder hatzfeldtisch sein wolle. Fleiner befürchtete sogar, man werde ihm die Bezüge sperren, davon hat er zumindest gehört. Darüber hinaus schloss er tätliche Angriffe auf seine Person durch hatzfeldtische Beamte nicht aus. Das hält er schon deshalb für möglich, da die Zent (Königshofen) mainzisch ist, er also eine Kungelei der katholischen Amtsträger nicht ausschloss.

Nicht nur Fleiner befürchtete eine Rekatholisierung, auch Graf Johann Friedrich und die Vormünder dachten so. Nachdem sie schon am 28. Juli einen diesbezüglichen Brief, Hatzfeldt wolle in Schüpf Messe lesen lassen, an den Grafen gerichtet hatten, antwortete dieser am 14. September. Nochmals betonte er sein Recht des Jus nominandi. Was den von Riß anberaumten Synodus angeht, ist dieser den Rosenberg nur mit Hohenlohischer *Permission und Vergünstigung* erlaubt worden. Hier muss gesagt werden, dass die Rosenberg den Synodus kraft eigener Macht abhalten ließen und durchaus keine Erlaubnis einholten. Was leider offen bleibt, ob Fleiner an einer solchen Versammlung teilgenommen hat. Am 14. November wies Hohenlohe wieder auf die Rechtslage hin. Nochmals wird betont, man habe den Rosenberg die Kirchenorganisation aus gnädiger Ansehung und Begünstung gestattet, doch – hier gebraucht Graf Johann Friedrich ein Bild – statt des gnädig bewilligten Fingers ergreift Hatzfeldt die ganze Hand. Man erteilte Fleiner strikten Befehl, beim alten Herkommen zu bleiben, die Jura ecclesiastica zu beachten, keine abweichenden Zeremonien hinzunehmen, Gebete zu verhindern und unter keinen Umständen dem Rosenbergischen, jetzt Hatzfeldtischen Synodus beizuwohnen.

Fleiner selbst wurde sich seiner Situation jetzt in ganzer Tragweite bewusst. Das letzte Aktenstück ist ein Schreiben Fleiners an den Lehensekretär Lutz vom 6. August 1660. Daraus spricht die schiere Verzweiflung. Hatzfeldt betreibt seine Entfernung. Von Hohenlohe hat er keine Hilfe zu erwarten, denn Graf Johann Friedrich hat ihm erklärt, er ist zwar Patronus, doch ist die Collatur Dienheim verliehen. Wenn er sagt, ihn betrübe der Papisten heimliches und vielfältiges Werk, spricht daraus der Verdacht, Hatzfeldt und Dienheim als Glaubensverwandte hätten sich zusammengetan. Für den Fall des Verlusts der Pfarrei Schüpf bitte er Lutz, ihn bei der Suche nach einer hohenlohischen Pfarrei zu unterstützen. In Betracht kämen Forchtenberg, Michelbach und Ohrnberg. Die dortigen Geistlichen sollen zu einem Wechsel bewogen werden. Dann folgt etwas, das seine ganze Not zeigt. Wenn dies Lutz nicht gelingt, bleibt nur noch ein Ausweg. Lutz möge sich als Fürsprecher an Graf Hermann wenden, um ihn wegen seiner *allzu viel beschuldigten Hitzigkeit optime* zu entschuldigen. Geht man von diesen Worten aus, scheint Fleiner kein ganz reines Gewissen gehabt zu haben hinsichtlich verbaler Angriffe auf den Grafen Hermann. Misslingt dies, möge Lutz für Fleiner um eine Audienz bitten; er hege keine Bedenken, auf alle Fragen antworten zu können, um *mehr Gnadt als Ungnadt* zu erlangen.

Ob Lutz der Bitte nachkam? Mit aller Wahrscheinlichkeit nicht, und selbst wenn, dann blieb sie erfolglos. Graf Hermann hatte sich inzwischen zu einer Lösung entschlossen. In seinen Herrschaftsrechten beeinträchtigt, richtete er ein Schreiben an Graf Johann Friedrich. Für Fleiner gebe es nur die Alternative *Cassation oder Translocation*. Fleiner sah nur noch den Ausweg, sich um eine Pfarrei in der Grafschaft zu bewerben, was er am 6. August auch tat. Ob er eine Zusage erhielt, geht aus den Akten nicht hervor, ist aber auch unwahrscheinlich. Tatsächlich hatte er Schüpf schon abgeschrieben. Er möchte gerne sehen, schrieb er, dass der hatzfeldtische Pfarrer von Bofsheim die hiesige Diakonsstelle erhält, denn der sei ein Musikus und habe zu Kindern eine *große Affection*.

Sein Leidensweg zog sich noch eine Zeitlang hin. Am 30. Oktober 1661 starb Johann Balthasar Fleiner – *vor Bekümmernis*, wie Leutwein kommentierte.

Ausklang

Vor Fleiner war am 10. Mai 1660 der junge Diakon Hollenbach verstorben,[59] womit sich das Problem der Besetzung gleich zweifach stellte. Was die Besetzung des Diakonats anging, lag das Vorschlagsrecht diesmal bei Stetten und Ega. Deren Vormünder wollten einen gewissen M. Jakob Then von Augsburg nominieren, nach ihm Johann Peter Vock von Wachbach. Beide fanden anscheinend nicht die Zustimmung des Grafen Hermann. Dieser schlug einen Johann Kilian Kübel vor, den General Kolb, der Stiefvater der Ega-Kinder empfohlen hatte. Gegenüber dem Grafen beharrten die Vormünder auf ihrem Recht; innerhalb von 14 Tagen wollten sie einen eigenen Kandidaten nominieren. Am 8. Februar 1661 traf die eigene Antwort Hatzfeldts ein, um des lieben Friedens und der Einigkeit willen sei er einverstanden. Allerdings betonte er in einem Nachsatz, den Vormündern käme die Nomination so unstrittig nicht zu, vor allem den Egaischen. Man einigte sich im Herbst 1661 auf Georg Scheller, später Pfarrer zu Bofsheim und Brehmen.[60]

---

[59] Leutwein, Historie (wie Anm. 3), Cap. VIII, 49–50.
[60] Cramer, Pfarrerbuch (wie Anm. 2), 734.

Schwieriger gestaltete sich die Besetzung der Pfarrei, da die Dissense um Fleiner offenbar doch tiefere Wunden hinterlassen hatten. Zugleich wird hier ein Grundproblem offenbar, nämlich die Zahl der Pfarrkandidaten, die diejenigen der Pfarrstellen bei weitem überstieg.[61]

Wie sah die Nachfolge Fleiners aus? Nur vier Tage nach dessen Tod schrieb die hohenlohische Lehenadministration an Dienheim, da die Pfarrei diesmal mit einem tauglichen Subjekt zu versehen sei, möge man Hohenlohe allein die Besetzung überlassen. Dienheim lehnte dies zu recht als Verletzung seines Collaturrechts ab. Zunächst kam es zu einer Reihe von Vorschlägen. Riß benannte seinen Schwiegersohn, Pfarrer Günzel von Schrozberg, die Gräfin zu Pfedelbach den Sennfelder Pfarrer, Sohn ihres Kanzleidirektors. Vorgeschlagen wurden ferner der Adelsheimer Pfarrer August Reisch und Friedrich Wilhelm Binz, Pfarrer zu Olnhausen. Obwohl Dienheim dem Reisch das erste Wort gegeben hatte, nominierte Hohenlohe den Binz. Leutwein kommentierte, Lehenrat Lutz hätte sich nicht ausgekannt und den Akten entnommen, die anderen Ganerben seien mit Dienheim unzufrieden, weil diese seinerzeit die Präsentation Fleiners nicht abgesprochen hätten; *so setzte er den Fleck just neben das Loch.* Die Schuld sprach er Lutz zu: *Wer hatte dann den Karren so tieff in den Morast hineingeschoben? Warlich die Dienheimer dißmalen nicht [...]. Er war es selbsten, so das gantze Werck verdorben. Hätte er selbsten die Praesentation an die Ganherrschaft gethan oder die Dienheimer angewiesen, daß sie solches auf diese Arth verrichten mögten, so wäre Bintzius mit allseitigem Vergnügen installiert worden.*

Endlich am 21. Februar erfolgte seine Installation, und zwar nahm Riß den Akt vor, *welcher so gar in der Kirche Binzii Vocationem ad illegitimam durchgezogen, weilen sie ohne Consens eines Consistorii geschehen sey.*

Der Fall Fleiner in der Verfasstheit des Römisch-Deutschen Reiches

„Das Reich wölbte sich über große Quader und viele kleine."[62] Dieser plastischen Formulierung Axel Gotthards möchte man hinzufügen: auch sehr kleine. Um auf die eingangs getroffene Feststellung zurückzukommen, wonach der Tod eines Pfarrers in einer solchen Herrschaftsgemeinschaft keine sonderlich lokale oder gar regionale historische Relevanz beanspruchen könne, zumal es sich bei dem „vielherrigen" Schüpf um ein so komplexes Gebilde handelte, zu dem es wohl nur wenige Parallelen gibt. Schwerlich ist ein größerer Gegensatz vorstellbar als der zwischen Flächenterritorien wie Sachsen, Brandenburg oder Bayern und einer adligen und zudem bikonfessionellen Ganerbschaft.[63] Gerade vor dem Hintergrund der Territorialstaaten lässt sich – wie

---

[61] Hartmut Titze, Überfüllung und Mangel im evangelischen Pfarramt seit dem ausgehenden 18. Jahrhundert, in: Luise Schorn-Schütte/Walter Sparn (Hgg.), Evangelische Pfarrer. Zur sozialen und politischen Rolle einer bürgerlichen Gruppe in der deutschen Gesellschaft des 18./20. Jahrhunderts (Konfession und Gesellschaft 12), Stuttgart/Berlin/Köln 1997, 56–76.
[62] Axel Gotthard, Das Alte Reich 1495–1806 (Geschichte kompakt), Darmstadt 22005, 16.
[63] Grundsätzlich dazu Jendorff, Condominium (wie Anm. 6).

Anton Schindling sie genannt hat[64] – die eine oder andere der „Hauptentwicklungslinien" des Heiligen Römischen Reiches nach dem Westfälischen Frieden ablesen oder ein geradezu beharrender Status der Verfasstheit konstatieren. Folgt man der Feststellung von Wolfgang Reinhard, wonach erfolgreiche Staatsbildung im vormodernen Europa nur in Monarchien (zu ergänzen: auch in reichsstädtischen Gebieten) stattgefunden hat,[65] ist dem nicht zu widersprechen.

Die Zeit, in der sich die Geschehnisse um Fleiner und die Konfessionspolitik des Grafen Hermann bewegt, wird bekanntlich mit den Begriffen Absolutismus und Barock gekennzeichnet. Hier musste das Zusammenprallen von zwei Stufen der Aristokratie, des Ritteradels und der in den Grafenstand erhobenen Hatzfeldt, geradezu unvermeidlich sein, ganz abgesehen von dem spannungsgeladenen Verhältnis von Hatzfeldt und dem Ritterkanton Odenwald. Selbstverständlich kann bei den Hatzfeldt nicht von Absolutismus gesprochen werden. Für eine absolutistische Herrschaft fehlte allein schon das Territorium als Grundvoraussetzung. Was man ihnen aber zusprechen darf, ist ein absolutistisches Herrschaftsverständnis, das sich auf mehreren Feldern manifestierte:

Da ist zum einen das Bestreben, eine, wenn auch eingeschränkte, Kirchenherrschaft aufzurichten. Was Graf Hermanns kirchenpolitische Zielsetzung angeht, sei zuerst ein Vorgang angeführt, mit dem man sich dem Problem nähern kann. Unter den von den Rosenberg übernommenen Pfarrpatronaten befand sich auch derjenige der von Schüpf und anderen fränkischen Besitzungen weitab gelegenen Bronnbacher Pfarrei Uissigheim (Main-Tauber-Kreis), den sie 1664 gegen denjenigen des Klosters Bronnbach zu Kupprichhausen tauschten.[66] Die Absicht ist nicht misszuverstehen: Sie hatten ihren kirchlichen Einfluss im fränkischen Kerngebiet arrondiert.

Weltliche Herrschaftsarrondierung war nicht möglich, doch dafür kirchliche. Soweit sich überblicken lässt, befand sich im ganzen Herrschaftsgebiet der Hatzfeldt vor 1640 nur eine einzige evangelische Kirche, nämlich die von Morsbach (Oberbergischer Kreis, Nordrhein-Westfalen). Durch die Belehnung mit den Rosenbergischen Besitzungen gewannen sie die Herrschaft über eine nicht unbeträchtliche Zahl von Collaturen, wie der Patronat nun hieß: Rosenberg, Bofsheim, Buch am Ahorn mit Brehmen, Edelfingen, Uissigheim, Waldmannshofen, Niederstetten, Münster, Neubronn, Rinderfeld, Wermutshausen, Neubronn, Rinderfeld.[67] Hinzu kamen Uiffingen und Schüpf, wo sie sich die Jura episcopalia mit den Edelleuten zu teilen hatten. Mit Osterburken hatten sie sich das Präsentationsrecht auf eine katholische Pfarrei erworben.

---

[64] Anton Schindling, Die Perpetuierung des Immerwährenden Reichstags in Regensburg und das Heilige Römische Reich um 1670, in: Joseph S. Freedman (Hg.), Die Zeit um 1670. Eine Wende in der europäischen Geschichte und Kultur? (Wolfenbütteler Forschungen 142), Wiesbaden 2016, 181–212, hier 184.

[65] Wolfgang Reinhard, Geschichte der Staatsgewalt. Eine vergleichende Verfassungsgeschichte Europas von den Anfängen bis zur Gegenwart, München 1999, 31.

[66] Helmut Lauf/Otto Uihlein, Uissigheim im Spiegel seiner 1200jährigen Geschichte, Uissigheim 1966, 272–274.

[67] Neumaier, Katholische Obrigkeit und evangelische Untertanen. Zur Kirchenorganisation der Grafen von Hatzfeldt in Franken nach dem Westfälischen Friedensschluß, in: Blätter für württembergische Kirchengeschichte 105 (2005), 163–180, hier 175.

Neben der Herrschaftsarrondierung durch den Erwerb von kirchlichen Rechten bleibt aber die Frage, ob sich darin die kirchenpolitischen Zielsetzungen erschöpften. Im Vorfeld seiner Huldigung – nach dem Tod seines Bruders Melchior am 9. Januar 1658 war Graf Hermann alleiniger Inhaber der Herrschaft Hatzfeldt – trugen die Untertanen ihre Beschwerden sowie in Bitten verpackte Forderungen vor.[68] Einen zentralen Raum nahm der Punkt ein, sie *bey der evangelischen Religion, die aus den prophetischen und apostolischen Schriften der Augspurgischen Confession beygethon, unfehlbar verpleiben zu lassen.* Lapidar entgegnete Graf Hermann, ihm sei von einem solchen Versprechen nichts bekannt. Es sei vielmehr sein Wille, die Rosenberger Kirche *dem Friedensschluß gemeß […] nach unserer Gewonheit zu Gottes Ehren nebens eurer Confession zu gebrauchen.* Dem Sinne des Friedensschlusses entsprach ein solches Simultaneum crudum allerdings nicht. Hier macht sich wieder einmal die Lückenhaftigkeit in den Quellen unangenehm bemerkbar. Viel später behauptete die evangelische Seite, der 8. September 1658, der Tag der Huldigung, sei mit der Einführung des Coexercitiums nach Aufbrechen der Kirchentüre verbunden gewesen. Sollte es sich wirklich so verhalten haben, dürfte es sich um einen symbolischen Akt als Machtdemonstration gehandelt haben. Noch lange versah der Priester des benachbarten Osterburken die kleine katholische Gemeinde im Schloss. Erst 1672 führte Graf Heinrich, der älteste Sohn des Grafen Hermann, via factis das Simultaneum crudum ein. Dabei kann Graf Hermann eine gewisse irenische Haltung nicht abgesprochen werden; ein konfessioneller Hardliner war er jedenfalls nicht. Ungeachtet seiner katholischen Rechtgläubigkeit kam ihm die Herrschaft über evangelische Kirchen gut gelegen. Hier war er alleiniger und wirklicher Kirchenherr, während das Präsentationsrecht auf katholische Pfarreien wie Osterburken und Uissigheim bzw. Kupprichhausen die Abhängigkeit vom Diözesanbischof aufzeigte.

Die Beibehaltung des von den Rosenberg ‚ererbten' Kirchensystems entsprach eben dieser absolutistischen Auffassung von Herrschaft. Konsistorium, Synodus und Dekan/Superintendent bildeten Verwaltungseinrichtungen, wie sie dem protestantischen Staat entsprachen.[69] Daneben bot dieses Kirchensystem die Gewähr der Dominanz in den Ganerbenkirchen Uiffingen und Schüpf und ließ sich auch gegen die Edelleute instrumentalisieren. Es öffnete damit die Tür für Zuständigkeits-, Status- und Machtfragen. Die Verhältnisse in „vielherrigen" Orten, insbesondere bei gemischtkonfessioneller Obrigkeit, trugen dazu bei, vom „ruhelosen Reich" zu sprechen.[70]

Das Herrschaftsverständnis des Grafen äußerte sich aber auch in offiziellen Formulierungen. Das auf Anordnung seines gräflichen Herrn erfolgte Ausschreiben des Dekans Riß an die evangelische Pfarrerschaft zum Trauergottesdienst für den Kurfürsten von Sachsen atmet in all seinen Formulierungen, insbesondere im Gebrauch

---

[68] HZAN B 13.
[69] Grundsätzlich Martin Heckel, Religionsbann und landesherrliches Kirchenregiment, in: Hans-Christoph Rublack (Hg.), Die lutherische Konfessionalisierung in Deutschland (Schriften des Vereins für Reformationsgeschichte 197), Gütersloh 1992, 130–162; als Beispiel nur Hans Schneider, „Das heißt eine neue Kirche bauen". Die Formierung einer evangelischen Landeskirche in Hessen, in: Inge Auerbach (Hg.), Reformation und Landesherrschaft (Quellen und Darstellungen zur Geschichte des Landgrafen Philipp des Großmütigen 24), Marburg 2005, 73–99.
[70] Jürgen Luh, Unheiliges Römisches Reich. Der konfessionelle Gegensatz 1648 bis 1806, Potsdam 1995.

des Wortes „hoch" als Standesbezeichnung,[71] absolutistischen Geist. Ein weiteres Merkmal ist symbolischer Natur, bildet aber so etwas wie einen Schlusspunkt der Herrschaftsfestigung. Graf Hermann ließ nämlich beim Schloss Unterschüpf so etwas wie einen botanischen Garten mit Blumen, *fremden Gewächsen* unter anderem aus Italien anlegen.[72] (Beim Anblick des heutigen Geländes mag man das kaum glauben.) Die Anlage war auch als Demonstration absolutistisch gefühlter Herrschaft und barocker Repräsentation gedacht.[73]

Was das Schicksal des Pfarrers Fleiner über das Örtliche oder Regionale hinaus ferner bemerkenswert macht, ist der Blick auf eine weitere Leitlinie, nämlich die zunehmende Verrechtlichung des Reiches, die man als „Prozess der institutionellen Verdichtung und juristischen Regulierung, als generelle Juridifizierung" beschrieben hat.[74] Gerade an den vielherrigen Gebilden lässt sich aufzeigen, wie verzögert dieser Prozess ablaufen konnte; die Schüpfer Vorgänge um die Person Fleiners sind dafür ein Paradebeispiel. Sah sich doch jede Pfarr- und Diakonsbesetzung auch noch lange nach Fleiner von Zuständigkeits- und Statusstreitigkeiten begleitet. Erst um die Mitte des 18. Jahrhunderts trat hier eine Änderung ein. Unübersehbar durch die Aufklärung beeinflusst, fanden die damaligen Träger von Herrschaft und auch die Hatzfeldt den Weg zur Juridifizierung, zum „rechtlichen Krieg"[75]. Machen wir ein Gedankenspiel. Wie hätte denn eine Klärung der kirchlichen Verhältnisse in Schüpf aussehen können, legt man die juristische Literatur des späten 18. Jahrhunderts zugrunde? Johann Jakob Moser hätte wahrscheinlich so geurteilt:[76] *Wo aber das Land, Gebiet, oder Ort, welches gemeinschaftlich regiert wird, von beeden Religionen gemischt ist; so hat allerdings das Parthien-Recht unter denen ebenfalls verschiedenen Religionen beypflichtenden Mitherren statt; nur nicht zum Nachtheil derer im Religions- und Westphälischen Frieden vestgestellten Grundsätze.* Dem armen Fleiner wäre viel erspart geblieben.

---

[71] Robert Schuh, Anspruch und Inhalt des Prädikats ‚hoch' in der politischen und Verwaltungssprache des Absolutismus, in: Erwin Riedenauer (Hg.), Landeshoheit (Studien zur bayerischen Verfassungs- und Sozialgeschichte XVI), München 1994, 11–38.
[72] Fürstlich-HatzfeldtischeWildenburgsches Archiv Schloss Schönstein Urkunde Nr. 2671.
[73] Ana-Stanca Tabarasi, Der Landschaftsgarten als Lebensmodell. Zur Symbolik der „Gartenrevolution" in Europa, Würzburg 2007, 25; Stefan Schweizer, Barockgärten, in: Alfred Wieczorek/Christoph Lind/Uta Coburger (Hgg.), Barock. Nur schöner Schein? (Publikationen der Reiss-Engelhorn-Museen 71), Regensburg 2016, 178–181.
[74] Schindling, Perpetuierung (wie Anm. 64), 184.
[75] Anton Schindling, Gerechte Kriege im Zeitalter der Glaubenskämpfe? Krieg und Religion im Heiligen Römischen Reich deutscher Nation im 16. und 17. Jahrhundert, in: Plus Ultra. Die Welt der Neuzeit. Festschrift für Alfred Kohler, Münster 2008, 191–210, hier 203.
[76] Johann Jakob Moser, Neues Teutsches Staatsrecht, Bd. 15, Frankfurt/Leipzig 1773, ND Osnabrück 1967, 25.

Anlage: Zirkular des Dekans Riß vom 27. Januar 1657 zur Abhaltung von Trauergottesdiensten für Kurfürst Johann Georg I. Von Sachsen

Ehrwürdige, Achtbare und Wolgelahrte, sonders günstige Herrn Pfarrer, und in Christo geliebte Brüeder.

Aus gnädigem Befelch, des Hoch- und Wolgebornen Grafen und Herrn, Herrn MELCHIOR von Hatzfeldt, Grafens zu Gleichen [Gleichen, Kr. Gotha] *und Drachenberg* [Trachenberg, Polen, Kr. Militsch-Trachenberg]*, Herrn zu Planckenhayn* [Blankenberg, Rhein-Sieg-Kreis] *und Cranichfeldt* [Kranichfeld, Kreis Weimarer Land]*, Wildenburg* [Wildenburg, Kreis Altenkirchen]*, Schönstein* [Schönstein, Kreis Altenkirchen]*, Krudorff* [Crottorf, Kreis Altenkirchen]*, Rosenberg und Haldenbergstetten: der Römisch*[en] *Kayserl*[ichen] *Majest*[at] *Camerer, geheimbten Kriegsrath, und General Feldt Marschallen, auch Obristen zu Roß und Fuess.*

Wie nit weniger dess Hoch- und Wolgebornen Grafens und Herrns: Herrns Heermans von Hatzfeldt, Grafens zu Gleich[en] *und Drachenberg, Herrn zu Planckenhayn und Cranichfeldt, Wildenburg, Schönstein, Krudorff, Rosenberg und Haldenbergstetten: der Römisch*[en] *Kayserl*[ichen] *Majest*[at] *Geheimbten Reichshofraths, und Obristens, beiderseits unserer Gnädigst*[en] *und Gnädig*[en] *Grafen und Herrn: füege ich denselb*[en] *zu wissen:*

Was gestallt der Durchleuchtigste Fürst und Herr, Herr Johann Georg, der andere, Herzog zu Sachsen, Jülch, Cleve und Berck, dess H[eiligen] *Römisch*[en] *Reichs Erz Marschall und Churfürst, Landtgraf in Thüringen, Marggraf zu Meissen, auch Ober und Nider Laussitz, Burggraf zu Magdeburg, Graf in der Marckh und Ravensperg, Herr zu Ravenstein s., Dero ansehlichen Chur- und Fürstlichen Sächsisch*[en] *Hennebergisch*[en] *verordnet*[en] *Statthalter, Cantzler und Räthen, gnädigst zu vernemen gegeben: Wie Ihre Churfürstliche Durchleucht entschlossen, mit göttlicher Verleihung, dess weilandt auch durchleuchtigsten Fürsten und Herrn: Herrn Johanns Geörg*[en]*, deß Ersten, Herzogens zu Sachsen, Jülch, Cleve und Bergk, dess H*[eiligen] *Römisch*[en] *Reichs Ertz Marschalls und Churfürstens, Landtgrafens in Thüringen, Marggrafens zu Meissen, auch Ober und Nider Laussitz, Burckgrafens zu Magdeburg, Grafens in der Marckh und Ravenspergk, Herrn zu Ravenstein s., Ihres Hochgeehrten Herrn Vatters, christlöblichst, höchst seligen Andenckens, Leichbegängnuss, nach christlichem und churfürstlichem Herkom*[m]*en, auf den 2 February, dess eingetrettenen 1657 Jahrs, in Dero churfürstlichen Reidenzstatt zu halten; folgenden Tags, den churfürstlichen Leichnam, mit ansehnlichem Comitat, nacher Freybergk*[77] *zu beglaitten, und den 4t erst bedeutteten Monats, stylo veteri in seiner Churfürstlich*[en] *Durchl*[aucht] *Ruhebettlein daselbsten zu bestatten. Welches dan Ihrer Churfürstl*[ichen] *Durchleucht hochansehnliche Rhät, an Ihre Hochgräfl*[liche] *Excellenz und Hochgräfl*[iche] *Gnad*[en]*, umbständtlich und mit mehrem bericht*[en] *woll*[en]*.*

Als haben zu mehr höchst und seligst Gemeldter Ihrer Churfürstl[ichen] *Durchleucht, zu schuldigst*[en] *Ehren, und wie bey so hochbetrübtem Trauerfall sich geziemet, Ihr Hochgräfl*[liche] *Excellenz und Hochgräfl*[liche] *Gnaden, unsere beide*

---

[77] Zur Grablege der Albertiner im Dom zu Freiberg vgl. Inga Brinkmann, Grabdenkmäler, Grablegen und Begräbniswesen des lutherischen Adels, Berlin/München 2010, 144–155.

gnädige Grafen und Herrn. nit allein Iren Pfarrer zu Mossebach [Morsbach, Oberbergischer Kreis] *mit gleiser*[!] *Instruction und gemessenem Befelch, im Nahmen Ihrer Churfürstl*[ichen] *Durchl*[eucht] *williglich versehen: sondern darneben auch, zur wirckl*[ichen] *Bezeugung geg*[en] *dem Churfürstl*[ichen] *Haus Sachs*[e]*n herzliche Condolenz, allen anderen, Ihren, der ungeänderten Augspurgischen Confession zugethanen Pfarrern und Kyrchendienern, Ihres herrschafftlichen Gebiets, hiemit gnädig anbefellen lassen, den 6t Tag ermeldt*[en] *Monats, aller Dero Angehörigen Evangelisch*[en] *Orten, ein christliches Trauerbegängnuss, so gut es nach Glegenheit anzustellen müglich, zu halten: darbey nichts, was höchstselig gedachte Ihrer Churfürstl*[ichen] *Durchl*[eucht] *underthänigst*[en] *Ehren und Respect bezeuget werden kan, underlassen werden möge.*

Und damit bey angestelltem Trauertag Junge und Alte, Grosse und Kleine, desto eiffriger und häuffiger in der Kyrch[en] *erschein*[en]*, der Predigt göttlichen Worts und dem christeifrig*[en] *Gebeth beywohnen, werden die H*[erren] *Geistliche, Sonntags zudem, einer ganz*[en] *christlich*[en] *Gemein anzudeuten wissen.*

Es hat auch ein Ehrw[ürdiges] *Consistorium allhie für gut angesehen: zum Leichargument, entweder cap. 31 v. 14 Deuteron*[onmium] *oder 1 Chron. c. 30 v 26, et 28 zu erwöhlen.*

Darnach sich die Herrn Fratres wissen zu richt[en]*.*

Zum Überfluss, hab ich folgende Puncten annectieren woll[en] [Es folgen einige Lebensdaten]

Er war ein Hochedle Grundsäul dess Römisch[en] *Reichs, der Römisch*[en] *Kayserl*[ichen] *Majestat allezeit getreu, so fern es die Reichs Constitutiones et leges Pragmatici hab*[en] *leid*[en] *mög*[en]*: der Teutsch*[en] *Freyheit gewaltigster Beschützer, darmal*[en] *ein heroisch*[er] *und eifriger Verfechter der ungeänderten Augsp*[urgischen] *Confession: welches under anderm bezeug*[en] *die underschidliche Evangelische Jubelfest, so Ihre Churfürstl*[iche] *Durchleucht hab*[en] *ausschreib*[en] *lass*[en]*, als gescheh*[en]*: a*[nn]*o 1617, a*[nn]*o 1630.*[78] *Darzu noch der Leipsische Schluss komen,*[79] *et a*[nn]*o 1655. Ihrer Churf*[ürstlichen] *Durchleucht heroisch*[en] *Eifer bezeugt under anderm die Hauptverteidigung deß Augapfels Augsp*[urgischer] *Confession, item die gnädigste Aufnemung der Exulanten,*[80] *welch*[en] *er zum bessten eine besondere Statt gebauet s.*

---

[78] Wolfgang Flügel, Konfession und Jubiläum. Zur Instrumentalisierung der lutherischen Gedenkkultur in Sachsen 1617–1830, Leipzig 2005.
[79] Gemeint ist der Leipziger Konvent vom 28. März – 4. April 1631 der evangelischen Reichsstände als Protest gegen das Restitutionsedikt; Michael Frisch, Das Restitutionsedikt Kaiser Ferdinands II. Vom 6. März 1629 (Jus ecclesiasticum 44), Tübingen, 160f.
[80] Gemeint ist die 1654 gegründete Johanngeorgenstadt.

Simon Sulzer (1508–1585)
Basler Antistes und Generalsuperintendent in Südbaden[1]

Daniel Abendschein

Als Professor Ehmann sich vor gut sechs Jahren zum ersten Mal mit mir über die möglichen Themen für mein Promotionsprojekt unterhielt, rauchte er noch Pfeife. Es glich daher einem antiken Orakel, als seine Stimme wie aus der Wolke zu mir sprach: „Schauen Sie sich mal diesen Simon Sulzer an. Der könnte was für Sie sein." Von Simon Sulzer hatte ich bis dahin zugegebenermaßen nicht viel gehört. Die einschlägigen Lexikonartikel wie auch der Titel des heutigen Vortragsabends verraten immerhin, dass Simon Sulzer, geboren 1508, Basler Antistes und Generalsuperintendent in Südbaden war; Basler Antistes seit 1553 und Generalsuperintendent in Südbaden, genauer im Markgräfler Land, seit der badischen Reformation 1556. Wer tiefer gräbt, findet schnell heraus, dass Sulzer seit Anfang 1554 versuchte, den badischen Markgrafen zur Reformation zu bewegen, dass er 1556 möglicherweise an der Beratung der badischen Kirchenordnung beteiligt war,[2] und dass er anschließend die oberländischen Herrschaften der Markgrafschaft Baden-Durlach (also Rötteln, Badenweiler, Hachberg und Sausenberg) mit Pfarrern und Vikaren aus Basel versorgte. Von zuvor 66 katholischen Geistlichen waren 1556 nur neun zur Reformation übergetreten. Von den 57 vakanten Stellen konnte Sulzer mindestens 32 mit Basler Absolventen besetzen. Nicht zuletzt deshalb bezeichnete und verehrte ein Großteil der ersten Generati-

---

[1] Leicht überarbeitete Fassung des am 23. Mai 2017 vor der Oberrheinischen Sozietät der Theologischen Fakultät der Universität Heidelberg gehaltenen gleichnamigen Vortrags über die Ergebnisse meiner Inauguraldissertation. Diese wurde im Jahr 2017 unter dem Titel „Simon Sulzer (1508–1585). Herkunft, Prägung und Profil des Basler Antistes und Reformators in Baden-Durlach" von der Theologischen Fakultät angenommen und soll in absehbarer Zeit in den Veröffentlichungen zur badischen Kirchen- und Religionsgeschichte erscheinen. Für die Anregung, Betreuung und wertvolle Beratung sowie die Erstbegutachtung der Dissertation danke ich meinem Doktorvater Prof. Dr. Johannes Ehmann. Für seine wohlwollende Unterstützung und die Zweitbegutachtung danke ich außerdem Prof. Dr. Christoph Strohm.

[2] Dieser ohne Quellenangabe in der älteren Literatur gelegentlich zu findenden und anhand der einschlägigen Reformationsakten tatsächlich nicht belegbaren Behauptung widersprechen Rudolf Burger, Die Reformation im Markgräflerland, Schopfheim ²1985, S. 55–57 und Armin Kohnle, Die Einführung der Reformation in der Markgrafschaft Baden. Eine Bestandsaufnahme nach 450 Jahren, in: Udo Wennemuth (Hg.), 450 Jahre Reformation in Baden und Kurpfalz (VBKRG 1), Stuttgart 2009, 45–74, hier: 64. Allerdings bezog schon die ältere Literatur diese Ansicht höchst wahrscheinlich von Adam Henricpetri, der immerhin noch zu Sulzers Lebzeiten und unter seinem Antistitium in Basel schrieb und drucken ließ, dass Sulzer zusammen mit Jakob Andreä, Jakob Heerbrand und Maximilian Mörlin *eyn schöne Kirchē Ordnung geschrifftlich verfaßt* habe (Adam Henricpetri, General Historien Der aller Namhafftigsten vnnd Fürnembsten Geschichten, Thaten vnd Handlungen, so sich bey vbergebung vnd ende des Großmechtigsten Keyser Carols des Fünfften, vnd anfange Ferdinanden seines Bruders Regierung […] zugetragen vnnd verhandelt worden, Basel 1577, 60).

on evangelischer Pfarrer im Markgräfler Land Simon Sulzer als ihren *preceptor* und *Vatter*.³

Die Zahlen deuten an, warum die Beschäftigung mit Simon Sulzer einem Professor für badische Kirchengeschichte relevant erscheinen sein könnte, und hoffentlich auch einer „Oberrheinischen Sozietät" relevant erscheint. Den Verfasser, der von Hause aus ein unierter Rheinländer ist, begann außerdem ein konfessionskundliches Rätsel zu interessieren, das sich von jeher an Sulzers baslerisch-badische Doppelfunktion knüpft: Wie konnte jemand oberster Pfarrherr in einer gemeinhin als „reformiert" geltenden, schweizerischen Stadtkirche sein und zugleich eine Art Regionalbischof in einem formal „lutherischen" Territorium im Reich? Wie konnte das gehen – theologisch und praktisch – noch dazu bis so spät in die zweite Hälfte des 16. Jahrhunderts hinein? Sulzer lebte und amtierte immerhin bis 1585.

Diesem Rätsel – und damit auch der Biographie Simon Sulzers – wollen wir im Folgenden auf die Spur kommen. Dazu soll 1. die Problematik der in der Forschung immer noch vorherrschenden Charakterisierung Simon Sulzers angedeutet werden, bevor 2. die neuere Einordnung Sulzers bei der Historikerin Amy Nelson Burnett vorgestellt wird. 3. wird auf die Herkunft und Schulbildung Simon Sulzers einzugehen sein, 4. soll seine theologische Prägung beleuchtet und 5. einige Konsequenzen dieser Prägung umrissen werden.

1. Die vorherrschende Charakterisierung Simon Sulzers in der Forschung

Selbst noch der neueste RGG-Artikel von Thomas K. Kuhn[4] tradiert ein Bild Simon Sulzers, das zweischneidig ist und das auf eine bald 130 Jahre alte Monographie zurückgeht. Diese bislang einzige Monographie über Simon Sulzer wurde im Jahr 1890 von dem Schweizer Pfarrer Gottlieb Linder verfasst und seiner königlichen Hoheit Großherzog Friedrich von Baden gewidmet.[5] Im Vorwort verspricht Linder eine Biographie „[…] unter Beiseitelassung […] alles dessen, was als rein theologische Gelehrsamkeit und Dogmatik bloß einen theologischen Leserkreis angeht."[6] Er setzt voraus, dass wir „[…] in Sulzers kirchenpolitischem Auftreten ein lehrreiches Paradigma der Unionsbestrebungen haben, welche die zweite Hälfte des 16. Jahrhunderts characterisiren [!]."[7] Außerdem hofft Linder, seine Biographie möge, „[…] Belehrung

---

[3] Heinrich Pantaleon, Teutscher Nation Heldenbuch […]. Der dritte vnd letste Theil, Basel 1570, 438: *Es nimet sich Sultzerus noch auff heutigē tag der Margreffischen kirchē an / ermanet die prediger jres ampt / vnd haltet mit grosser bescheidenheit freündtlich an / damit alles daselben ordenlich in den Synodis angerichtet / also das er von der mertheil jr preceptor / von anderen jr Vatter gennenet vnd verehret.*
[4] Vgl. Thomas K. Kuhn, Art. Sulzer, Simon, in: RGG⁴ 7 (2004), Sp. 1864f.
[5] Gottlieb Linder, Simon Sulzer und sein Antheil an der Reformation in Baden, sowie an den Unionsbestrebungen, Heidelberg 1890.
[6] Ebd., 1.
[7] Ebd.

und Erbauung bietend zu einer herzlichen Gemeinschaft der beiden Zweige der protestantischen Kirche beitragen!"[8]

Das Unterfangen, in der zweiten Hälfte des 16. Jahrhunderts ein Exempel für die Aussöhnung der evangelischen Lager zu finden, lässt aufhorchen. Gleichwohl kann dieses Unterfangen – man ahnt es – „unter Beiseitelassung […] alles dessen, was als rein theologische Gelehrsamkeit und Dogmatik bloß einen theologischen Leserkreis angeht" kaum gelingen. Hervorzuheben ist aber zunächst, dass Linder erstmals die Primärquellen, vor allem die Briefe von, an und über Simon Sulzer in größerem Umfang erfasst und für seine Lebensbeschreibung herangezogen hat. Seine gegenüber der meisten älteren Literatur neue Behauptung, in Sulzer einen Unionsbefürworter präsentieren zu können, verdankt sich nicht zuletzt dieser erweiterten Quellenbasis. Beim Versuch, das unionistische Handeln Sulzers theologisch zu grundieren, wagt Linder es aber kaum, den in der älteren Sekundärliteratur geäußerten Ansichten über Sulzer zu widersprechen. Diese wiederum sind hoch konfessionalistisch aufgeladen, so dass sie mit dem Bild eines Unionstheologen kaum zu vereinbaren sind.

Bevor wir uns dieser Problematik widmen, ist noch auf den Quellenbestand einzugehen: Da Gottlieb Linder nur einen geringen Teil seiner Primär- und Sekundärquellen im Text kennzeichnet, bestand ein erster wesentlicher Teil meiner Forschungsarbeit darin zu verstehen, woher Linder welche Informationen bezieht und wie er zu seinen Ansichten kommt. Bezüglich seiner Primärquellen konnte ich davon profitieren, dass Gottlieb Linders Nachlass in der Universitätsbibliothek Basel ein handschriftliches Verzeichnis der ihm bekannten Briefe von, an und über Simon Sulzer sowie anderer Schriftstücke enthält.[9] Linder hat hier (auch noch über die Fertigstellung seiner Monographie hinaus) alle relevanten Primärquellen verzeichnet, die ihm in Archiven oder Editionen untergekommen sind. Dieses Verzeichnis hat ca. 740 Einträge.

Über die Entschlüsselung und Erfassung dieser Einträge hinaus habe ich mich um die Fortführung des Verzeichnisses bemüht. Dabei kam mir neben eigenen Archivreisen die Vielzahl der in den letzten ca. 100 Jahren entstandenen Quelleneditionen zugute sowie die große Hilfsbereitschaft anderer Forscher.[10] Im Ergebnis konnte ich

---

[8] Ebd., 2.

[9] Gottlieb Linder, Chronologisches Register der Correspondenz von, mit und über Simon Sulcer, 1528–1585, UB Basel, NL 205, 1, Verzeichnis II. Als „Verzeichnis I" findet sich im selben Bestand ein Exzerpt des von seinem Onkel Johann Rudolf Linder in einem Manuskript über Simon Sulzer verwendeten Schriftstücke. Dieses Manuskript ist verschollen, was umso bedauerlicher ist, als Johann Rudolf Linder, Lebensabriss von Simon Sulzer, gewesenem Antistes zu Basel (1553–1585), in: Zeitschrift für die gesammte [sic!] lutherische Theologie und Kirche 30 (1869), 666–689, noch nicht annähernd die Fülle der in „Verzeichnis I" aufgeführten Quellen behandelt und doch eine größere Sensibilität bei der konfessionellen Einordnung Simon Sulzers erkennen lässt, als sie sein Neffe zwei Jahrzehnte später walten ließ. Eine kleine Auswahl bis dahin nicht edierter Briefe veröffentlichte Gottlieb Linder, Sulcerana Badensia, Heidelberg 1886 zur Fünfhundertjahrfeier der Heidelberger Universität, an der er zeitweilig studiert hatte.

[10] Allen voran sind hier die Mitarbeiter der damaligen Bucer-Forschungsstelle an der Heidelberger Akademie der Wissenschaften um Prof. Dr. Thomas Wilhelmi und Dr. Stephen Buckwalter zu nennen, die parallel zu meiner Arbeit bereits mit den Vorbereitungen zum neuen Editionsprojekt „Theologenbriefwechsel im Südwesten des Reichs in der Frühen Neuzeit (1550–1620)" beschäftigt waren und mich mit der freundlichen Genehmigung von Prof. Dr. Christoph Strohm während ihrer Recherchen an allen für mich relevanten Entdeckungen teilhaben ließen. Erwähnt sei aber auch Herr lic. theol. Rainer Henrich aus Basel, der in diesen Tagen seine Myconius-Regesten veröffentlicht hat, und ganz

Linders Verzeichnis der Korrespondenz und anderer Quellen auf gut 1.500 Einträge erweitern und meiner Dissertation als Anhang beigeben.

Parallel zur Erfassung der Primärquellen habe ich in meiner Dissertation versucht, den verschiedenen Traditionssträngen der Charakterisierung und theologischen Beurteilung Simon Sulzers auf die Spur zu kommen, die in Linders Sulzer-Biographie recht unkritisch zusammenfließen. Dabei zeigte sich, dass bereits zeitgenössische Historiographen höchst unterschiedlich über Sulzer urteilten. Innerhalb Basels entstand zunächst ein sehr wohlwollender Abriss über das Leben Simon Sulzers in Heinrich Pantaleons Heldenbuch Teutscher Nation.[11] Sulzer wird darin für seine gute Kirchenleitung in Basel und Baden gelobt. Der Autor war selbst an einer guten Nachbarschaft Basels mit den angrenzenden Reichsständen interessiert und darf als „Vertreter baslerischer Reichs- und Kaisertreue"[12] gelten. Er steht damit stellvertretend für das zeitgenössische Milieu der Drucker und Humanisten in Basel. Tradiert wurde sein wohlwollendes Sulzer-Bild aber zunächst ausschließlich im Reich, zum einen ohne konfessionalistische Zusätze bei dem reformierten Heidelberger Ireniker Melchior Adam[13] und zum anderen mit solchen Zusätzen bei Lucas Osiander d.Ä.[14], also im württembergischen Konkordienluthertum. Von Osiander stammt insbesondere die bis heute mancherorts verbreitete Behauptung, Sulzer habe einst sogar bei Martin Luther studiert, auf die noch einzugehen sein wird.

Der zweite in Basel entstandene Traditionsstrang geht auf den Basler Chronisten Christian Wurstisen zurück. Wurstisen betrieb mit seiner Geschichtsschreibung ganz bewusst Identitätsbildung, und zwar im Sinne einer festen Zugehörigkeit der zum Reich hin exponierten Grenzstadt Basel zur schweizerischen Eidgenossenschaft. Der 1544 geborene Wurstisen war mit der Erfahrung einer wachsenden Isolation Basels innerhalb der Eidgenossenschaft aufgewachsen. Im Jahr 1566 war Basel schließlich nicht der Confessio Helvetica posterior beigetreten und hatte damit die Kirchen in Zürich, Bern und Genf düpiert. Wenngleich heutige Untersuchungen zeigen, dass die Wahrung konfessioneller Unabhängigkeit Teil der Basler Ratsdoktrin und die Ablehnung der Helvetica posterior auch und zuvorderst eine Ratsentscheidung gewesen ist,[15] so gehörte Christian Wurstisen doch zu der wachsenden Partei insbesondere jüngerer Basler, die Simon Sulzer für die Trennung Basels von Zürich, Genf und Bern verantwortlich machten. Wurstisen zeichnet Sulzer daher als Verführer und Sonder-

---

besonders Frau Prof. Dr. Amy Nelson Burnett aus Lincoln (Nebraska), die mich an ihrer privaten Quellendatenbank teilhaben ließ und von der gleich noch die Rede sein wird.

[11] Vgl. Heinrich Pantaleon, Prosopographiae Herovm Atqve Illvstrivm Virorvm Totivs Germaniae. Pars Tertia […] A Maximiliano primo Caesare, atque anno post Christi natiuitatem 1566 millesimo quingentesimo, ad Maximilianum eius nominis secundum Caesarem, ipsumque annum praesentem millesimum quingentesimum sexagesimum sextum usque, Basel 1566, 448f. bzw. Pantaleon, Teutscher Nation Heldenbuch (wie Anm. 3), 437f.

[12] Thomas Maissen, Zum politischen Selbstverständnis der Basler Eliten, 1501–1798, in: Basler Zeitschrift für Geschichte und Altertumskunde (BZGAK) 100 (2000), 19–40, hier: 22.

[13] Vgl. Melchior Adam, Vitae Germanorum theologorum, Qvi Superiori Seculo Ecclesiam Christi Voce Scriptisque Propagarunt Et Propugnarunt, Heidelberg 1620, 568–571, URL: <http://www.uni-mannheim.de/mateo/camenaref/adam/adam4.html> (19.03.2015).

[14] Vgl. Lukas Osiander, Epitomes historiae ecclesiasticae Centuriae decimae sextae, Pars Altera, Tübingen 1603, 971.

[15] Vgl. Hans Berner, Basel und das Zweite Helvetische Bekenntnis, in: Zwingliana 15, H. 1 (1979), 8–39, und Julia Gauss, Basels politisches Dilemma in der Reformationszeit, in: Zwingliana 15, H. 7 (1982), 509–548.

ling von fragwürdigem Ruf und hinterlistiger Gesinnung: *Von deß thun, lassen, lehr, leben καὶ δολοφροσύνη, besiehe die historiam vitae eius, so wirst darinn ein wunderlich exempel finden.*[16]

Spätere Tradenten brachten noch zahlreiche weitere charakterliche Diskreditierungen in ihre Sulzer-Beschreibungen mit ein, die sich häufig auf eine wachsende Kenntnis des Briefwechsels seiner Gegner zurückführen lassen. Diese späteren Tradenten, darunter einige Nachfolger Sulzers im Basler Antistitium, einte der Wille, Basel in den reformierten Schweizer Kirchenverbund zu reintegrieren.[17] Sie projizierten ihre eigene, eindeutig zwinglianische Position zurück auf die Anfänge der Basler Reformation und nahmen Sulzers Amtsvorgänger Johannes Oekolampad und Oswald Myconius für sich in Anspruch. So konnten sie die einstige Sonderstellung Basels allein Simon Sulzer anlasten. Schon allein deshalb lässt sich festhalten, dass die in der älteren und bisweilen auch jüngeren Literatur zu findende Ansicht, Sulzer sei ein notorischer Lutheraner gewesen, konfessionalistischen Interessen folgt. Sie ist das Produkt einer rückblickenden Selbstintegration der Basler Kirche in das wachsende Konstrukt einer (reformierten) schweizerischen Eidgenossenschaft als einer historischen Willensnation.[18]

Bis heute wird versucht, Linders Befund, dass Sulzer ein „Unionstheologe" sei, in das konfessionalistisch aufgeladene Bild Sulzers als eines strengen Lutheraners zu integrieren oder sein Luthertum zeitlich oder thematisch auf die weniger erforschten Momente seiner Biographie zu fixieren. Symptomatisch dafür ist das Fazit, das Armin Kohnle zum 450. Jubiläum der badischen Reformation unter Sulzers Wirken zog: „Zeigte [Sulzer] sich in [der Abendmahlsfrage; DA] als strenger Lutheraner, scheint er auf anderen Feldern eine eher vermittelnde Haltung eingenommen zu haben, um bei der Durchsetzung der Konkordienformel in Baden noch einmal als entschiedener Wahrer lutherischer Positionen aufzutreten."[19] Kohnle versucht hier freilich nur eine Synthese der älteren Forschungsbeiträge. Ein analytischer Durchgang durch die Forschungsgeschichte zeigt allerdings, dass die Zahl der Lebensabschnitte, in denen Sulzer noch als entschiedener Lutheraner bezeichnet wird, regelmäßig umgekehrt proportional schrumpft zur Zahl der verwendeten Quellen. Quellenbasierte Untersuchungen insbesondere zur Abendmahlsauffassung Simon Sulzers hat es in der deutschen Literatur allerdings seit Gottlieb Linder nicht mehr gegeben.

---

[16] Christian Wurstisen, Beschreibung des Basler Münsters und seiner Umgebung, hrsg. von Rudolf Wackernagel (Beiträge zur vaterländischen Geschichte 12), Basel 1888, 487. Das Wort δολοφροσύνη findet sich im Thesaurus Linguae Graecae (http://www.tlg.uci.edu/) nur 24 Mal. Am prominentesten ist wohl der Gebrauch durch Homer in der Ilias (Hom.Il. 19,97.112), wo δολοφροσύνη Heras Hinterlist gegenüber Zeus beschreibt, mit der sie das Wort des Göttervaters missbraucht, um die Geschicke Mykenes auf von ihm nicht intendierte Bahnen zu lenken (Eurystheus wird König von Mykene an Stelle von Herakles). Wurstisens Gebrauch des Wortes bringt den Vorwurf, dass Sulzer Gottes Wort verdreht und die Stadt Basel von ihrem gottgewollten Weg abgebracht habe, auf den Punkt.

[17] So Sulzers Nachnachfolger im Antistitium, Theodor Zwinger, Erklärung und Rettung der reinen Lehr von dem H. Abendmahl unsers Herren Jesu Christi, Basel 1655, S. 74–76, und dessen Amtsnachfolger und Schwiegersohn Lukas Gernler in einigen handschriftlichen Notizen. Ansicht und Absicht beider Männer wird in meiner Dissertation dargestellt.

[18] Vgl. Andreas Suter, Protonationalismus – Konstrukt und gesellschaftlich-politische Wirklichkeit, in: Marco Bellabarba/Reinhard Stauber (Hg.), Identità territoriali e cultura politica nella prima età moderna, Bologna u.a. 1998 (Jahrbuch historisches Institut in Trient. Beiträge 9), 301–322, hier: 302.

[19] Kohnle, Einführung der Reformation (wie Anm. 2), 54.

2. Amy Nelson Burnett: Simon Sulzer als „Bucers letzter Jünger"

Unbemerkt von der badischen Kirchengeschichte hat sich in den letzten 25 Jahren die bereits erwähnte amerikanische Historikerin Amy Nelson Burnett wiederholt mit Simon Sulzer beschäftigt. Genauer: Sie hat die Behauptung, in der Schweiz habe es eine lutheranisierende Partei gegeben, an zeitlich begrenzten Fallbeispielen untersucht, die zumeist auch die Biographie Simon Sulzers tangierten. Beispielsweise war Simon Sulzer, bevor er Theologieprofessor und Pfarrer, später Antistes, in Basel wurde, von 1538 bis 1548 als Pfarrer und Lehrer an der Hohen Schule in Bern aktiv. Die bis heute einflussreichste Darstellung der Berner Kirchengeschichte in diesen Jahren wurde 1842 von Karl Bernhard Hundeshagen verfasst.[20] Hundeshagen beschrieb die Zeit zwischen 1538 und 1548 als Jahrzehnt des anhaltenden Streites zwischen einer zwinglianischen und einer lutherischen Partei in Bern. Er verankerte damit die Annahme, in der Schweiz habe es eine aktive lutherische Zelle gegeben, nachhaltig in der Schweizer Kirchengeschichtsschreibung. Demgegenüber führt Amy Burnett ins Feld, dass die Berner Reformation von vornherein konservativer bei der Änderung kirchlich-liturgischer Bräuche vorgegangen sei als die Zürcher.[21] Statt für die Einführung lutherischer sieht sie die sogenannten Berner „Lutheraner" lediglich für den Erhalt spezifisch bernischer Bräuche eintreten. Während an Zürich orientierte Pfarrer versuchten, in Bern ein Staatskirchentum aufzubauen, sieht Burnett die Partei um Sulzer in Fragen der Kirchenleitung weniger mit Luther als mit Johannes Calvin einig.[22] Als Erklärung für diese inhaltliche Nähe der fast gleichaltrigen Theologen Calvin und Sulzer bringt Burnett die Möglichkeit ins Spiel, dass Sulzer – wie bekanntlich Calvin – von Martin Bucer beeinflusst sei, diesem in Detailfragen sicherlich treuer nachfolgte als Calvin, keinesfalls aber ein Anhänger Luthers sei.[23] Immerhin beschimpften selbst die zeitgenössischen Gegner Sulzer und seine Verbündeten in Briefen wesentlich öfter als „Buceraner" denn als „Lutheraner".[24]

Auch Hundeshagens Behauptung intensiver Kontakte Sulzers und seiner engsten Verbündeten nach Wittenberg und zu Luther entlarvt Burnett als gegenstandslos: Sebastian Meyer und Beat Gerung hatten gar keine Kontakte nach Wittenberg. Peter Kunz unterhielt eine ebenso gute Verbindung nach Zürich.[25] Auch was Sulzers persönliche Begegnung mit Luther betrifft, meldet Burnett erstmals Zweifel an: Hundes-

---

[20] Vgl. Karl Bernhard Hundeshagen, Die Conflikte des Zwinglianismus, Lutherthums und Calvinismus in der bernischen Landeskirche von 1532–1558, Bern 1842, 59–214.
[21] Vgl. Amy Nelson Burnett, The Myth of the Swiss Lutherans. Martin Bucer and the Eucharistic Controversy in Bern, in: Zwingliana 32 (2005), 45–70, hier: 54.
[22] Vgl. ebd., 54f.
[23] Vgl. ebd., 55.
[24] Vgl. ebd., 53f.
[25] Vgl. ebd., 56: „Although it is a staple of any discussion of Kunz that he studied at Wittenberg, his most recent biographer could find no proof that he had ever been there. He concluded that if Kunz had spent time at Wittenberg, it could only have been before 1517 – in other words, before the outbreak of the Reformation, let alone the development of the eucharistic controversy. It is therefore hard to attribute Kunz' eucharistic theology to Luther's personal influence, particularly since Kunz became an ardent partisan of Zwingli after meeting the Zurich reformer in 1526. [...] Kunz' correspondence with Jodocus Neobolus [... and ...] Kunz's letters to Bullinger, written at the same time, show that he was just as eager to cultivate good relations with Zurich as he was with Wittenberg."

hagen behauptete nämlich, dass es sich dabei um ein „Studium" Sulzers in Wittenberg gehandelt habe, während Burnett darauf keine Hinweise findet.[26] Stattdessen analysiert sie verschiedene theologische Stellungnahmen der sogenannten Lutheraner in Bern und entdeckt darin eine anhaltende Loyalität der Berner Gruppe zur vermittelnden Theologie Martin Bucers. Statt als bipolare Auseinandersetzung zwischen „Lutheranern" und „Reformierten" sieht sie Sulzers Anliegen in Bern als Kampf um die Behauptung eines – zumindest für eine Einigung mit Calvin und den Genfern offenen – dritten Weges in der Schweiz. So lange Sulzer in Bern amtierte, bestand demnach die Möglichkeit, einen auf der Theologie Martin Bucers fußenden und für die Wittenberger Konkordie von 1536 offenen Konsensraum von Straßburg über Basel und Bern bis nach Genf zu schaffen. Die Zürcher hingegen hatten sich der Wittenberger Konkordie nachhaltig verschlossen und drohten, isoliert zu werden. Über ihre Berner Verbündeten betrieben die Zürcher daher aktiv die Absetzung Simon Sulzers und kamen 1548 zum Ziel. Amy Burnetts These ist nun, dass Calvin erst durch die Absetzung Simon Sulzers in Bern zur Verbesserung seiner Beziehungen mit Zürich genötigt war. Das Resultat war ein Jahr später der Consensus Tigurinus von 1549.[27] Erst durch den Consensus Tigurinus wurde jene Einheit von Zwinglianern und Calvinisten erreicht, die Hundeshagen in seiner Darstellung der Berner Streitigkeiten schon für die Jahre davor voraussetzt. Erst durch den Consensus Tigurinus war von Zürich bis Genf eine Christologie verbindlich, die Christus der menschlichen Natur nach zur Rechten Gottes verortete, und die einen Kompromiss mit den Lutheranern langfristig ausschloss.

Isoliert war nun nicht mehr Zürich, sondern in zunehmendem Maße Basel. Nicht erst in der bereits angedeuteten Frage des Beitritts zur Confessio Helvetica posterior von 1566 lehnten die Basler nämlich die zwinglianische Christologie ab. Vielmehr blieb man schon unter Sulzers Amtsvorgänger Oswald Myconius 1549 dem Consensus Tigurinus fern. In weiteren Aufsätzen gelingt es Amy Burnett, auch die Basler Sonderstellung auf den nachhaltigen Einfluss der bucerisch-oberdeutschen Theologie zurückzuführen.[28] In einem zusammenfassenden Aufsatz von 2007 kommt sie schließlich dazu, Simon Sulzer als „Bucers letzten Jünger" zu bezeichnen.[29] Im Hinblick auf eine Gesamtbiographie Simon Sulzers decken die einzelnen Forschungsbeiträge Amy Burnetts sein Wirken in Bern von 1538 bis 1548 und die ersten gut zwanzig Jahre seines Wirkens in Basel von 1548 bis etwa 1570 ab.[30] In meiner Dissertation habe

---

[26] Vgl. ebd., 56f. Allerdings war Hundeshagen nicht „the first historian to blow Sulzer's brief visit with Luther entirely out of proportion" (ebd., 57, Anm. 30), da diese Behauptung schon bei Lucas Osiander angelegt ist (s. o.).

[27] Vgl. ebd., 67–69. Als äußere Faktoren, die zum Consensus Tigurinus führten, wären hier sicherlich noch stärker in Anschlag zu bringen: das Wiedererstarken des Katholizismus infolge des Schmalkaldischen Krieges (1546/47) und des Augsburger Interims (1548) sowie die Hoffnung, dass ein zu jener Zeit möglich erscheinendes, französisch-eidgenössisches Militärbündnis unter der Bedingung einer zwinglisch-calvinischen Einigung auch den Geschwistern in Frankreich Duldung verschaffen könnte. Vgl. Emidio Campi, Consensus Tigurinus: Werden, Wertung und Wirkung, in: Ders./Ruedi Reich (Hgg.), Consensus Tigurinus (1549). Die Einigung zwischen Heinrich Bullinger und Johannes Calvin über das Abendmahl, Werden – Wertung – Bedeutung, Zürich 2009, 9–41, hier: 17–19.

[28] Vgl. v. a. Amy Nelson Burnett, Basel and the Wittenberg Concord, in: Archiv für Reformationsgeschichte (ARG) 96 (2005), 33–56.

[29] Vgl. Dies., Bucers letzter Jünger. Simon Sulzer und Basels konfessionelle Identität zwischen 1550 und 1570, in: BZGAK 107 (2007), 132–172.

[30] Zu nennen sind in diesem Zusammenhang auch die Monographie von Dies., Teaching the Reformation. Ministers and Their Message in Basel, 1529–1629, New York 2006, als umfassende Darstel-

ich daher zunächst Sulzers Biographie vor 1538 in den Blick genommen, um so den Ursprüngen des von Amy Burnett dargestellten Einflusses Martin Bucers auf die Spur zu kommen und ihre These gleichsam zu überprüfen.

3. Herkunft und frühe Bildung Simon Sulzers

Der frühen Lebensgeschichte Simon Sulzers bis 1538 räumt Gottlieb Linder nicht ganz sieben Quartseiten ein.[31] Die Zahl seiner Quellen für diese Zeit ist sehr überschaubar, zumal Sulzer selbst noch kaum als Briefschreiber oder -empfänger in Erscheinung tritt und Zeugnisse „über" ihn in Briefen anderer nur per Zufallsfund oder mit Hilfe des Registers einer Briefedition auszumachen sind. Insofern profitiert die Sulzer-Biographie hier vielleicht am meisten von den großen Editionsprojekten des letzten Jahrhunderts und von der Tatsache, dass ein Großteil dieser Editionen den entsprechenden Zeitraum der Biographie Simon Sulzers bereits abdeckt. Dennoch bleibt die Zahl der für Sulzer relevanten Primärquellen für den Zeitabschnitt 1508–1538 auf gut 100 Stücke beschränkt, die sich in Gänze auswerten ließen. So entstand folgendes Bild:

Simon Sulzer wurde 1508 als Sohn des Propstes der Interlakener Augustiner-Chorherren Beat Sulzer und seiner Konkubine Margaretha Bärtli geboren. Diese illegitime Abstammung sollte 55 Jahre später dazu führen, dass Heinrich Bullinger und einige zürichtreue Basler Theologen versuchten, das kanonische Recht gegen Sulzer in Anschlag zu bringen und die Universität Basel daran zu hindern, Sulzer zum Doktor der Theologie zu ernennen.[32] Sulzer wiederum wurde durch diese ehrschädigenden Vorgänge dazu genötigt, im Jahr 1563 seine Heimat zu bereisen.[33] Es gelang ihm, Zeugen aufzutreiben, die bestätigten, dass sein Vater bereits als Propst der Reformation zugetan gewesen war, und dass er seine Konkubine Margaretha Bärtli sogar heimlich geehelicht hatte.[34] Das Ganze muss bereits vor 1522/23 der Fall gewesen sein. Im

---

lung der Entwicklung der evangelischen Theologenausbildung in Basel sowie diverse andere, Sulzers Biographie tangierenden Aufsätze, z. B. Dies., Generational Conflict in the Late Reformation: The Basel Paroxysm, in: Journal of Interdisciplinary History 32, H. 2 (2001), 217–242 und Dies., Simon Sulzer and the Consequences of the 1563 Strasbourg Consensus in Switzerland, in: ARG 83 (1992), 154–179. Der letztere Aufsatz profitiert allerdings noch nicht von Burnetts späterer Einsicht in Sulzers bucerische Prägung.

[31] Vgl. Linder, Simon Sulzer (wie Anm. 5), 11–17.
[32] Zu den Hintergründen vgl. Burnett, Consequences (wie Anm. 30), 69f.
[33] Einen Reisebericht liefert als studentischer Begleiter ausgerechnet Christian Wurstisen, dessen Vater bereits damals verschiedentlich im Konflikt mit Simon Sulzer stand. Vgl. Rudolf Luginbühl, Diarium des Christian Wurstisen 1557–1581, in: BZGAK 1 (1902), 53–145, hier: 87.
[34] Das geht aus dem Protokoll des Universitätsnotarius über die Beilegung des Rechtsstreits in der Matrikel der Theologischen Fakultät Basel hervor: UB Basel, AN II 6, fol. 47r. Zusammen mit der Aufzeichnung der Doktorpromotion Simon Sulzers (ebd., fol 45v) ist dieses Aktenstück im Anhang meiner Dissertation ediert.

März 1522 verliert sich nämlich die Spur Beat Sulzers.[35] Am 1. Dezember 1523 gilt er bereits als verstorben.[36]

Sein inzwischen vierzehnjähriger Sohn Simon hatte bis dahin eine sehr gute Schulbildung genossen. In der regionalgeschichtlichen Literatur des Berner Oberlandes findet sich vereinzelt die Behauptung, sein Bildungsweg habe in der Schule des väterlichen Klosters begonnen.[37] Ein Beleg dafür wird nirgends geliefert. Es sind aber durchaus ähnliche Konstellationen in der Nachbarschaft bekannt.[38]

Als sicher kann gelten, dass Simon Sulzer (wohl etwa ab 1516[39]) die Berner Lateinschule besuchte, die bis 1520 von Michael Rubellus aus Rottweil geleitet wurde.[40] Als Schulmeister legte Rubellus nicht allein Wert auf einen gewandten Umgang mit der lateinischen Sprache, sondern auch auf die musikalische Ausbildung seiner Schützlinge. Sein Schulhelfer war der spätere Berner Dekan Berchtold Haller, dem Sulzer auf seinem weiteren Lebensweg eng verbunden bleiben sollte. Haller war u.a. in Pforzheim zur Schule gegangen, wo er ein Mitschüler Philipp Melanchthons und Caspar Hedios war.[41] Als weiteren Schulhelfer erlebte Sulzer in Bern wahrscheinlich auch Melchior Volmar, der später in Orléans und Bourges Beza und Calvin in der griechischen Sprache unterrichtete.[42]

Etwa im Jahr 1520, vielleicht schon 1519, wechselte Sulzer nach Luzern. Dort lehrte seit 1519 Oswald Myconius, der zum gleichen Orden gehörte wie Simon Sulzers Vater. Myconius hatte sich 1518 in Zürich für die Berufung Huldrich Zwinglis eingesetzt. In Luzern wurde ihm nun vorgeworfen, Luthers Schriften im Unterricht zu verwenden. Bereits 1522 wurde er deshalb wieder aus Luzerner Diensten entlassen. Wenn nicht schon über seinen Vater, so kam Simon Sulzer ganz sicher bei Myconius inhaltlich mit der Reformation in Kontakt. Allerdings mit einer humanistisch geprägten Reformation: Myconius hatte bereits früher in Basel enge Bande mit dem Hu-

---

[35] Am 1. März 1522 tritt er zuletzt durch die Besiegelung einer Urkunde in Erscheinung. Vgl. StA Bern, Urkunden C I a, F Frutigen, sub dato.

[36] Vgl. StA Bern, A V 1354 (UP Bd. 5.1: Oberhasli u.a.), Nr. 9.

[37] Als Vermutung bei Hermann Hartmann, Interlaken und seine Klosterschule, in: Blätter für bernische Geschichte, Kunst und Altertumskunde 5 (1909), 203–216, hier: 215, als Tatsachenbehauptung bei Gottlieb Kurz/ Christian Lerch, Geschichte der Landschaft Hasli, hrsg. von Andreas Würgler, Meiringen 1979, 91, und sogar bei Kurt Guggisberg, Bernische Kirchengeschichte, Bern 1958, 207.

[38] Laut Lukas Vischer, Ökumenische Kirchengeschichte der Schweiz, Freiburg (CH) u.a. 1994, 93 ließ „[d]er Abt von Montheron VD […] seinen Sohn im Kloster erziehen und hielt sich in Lausanne eine Konkubine."

[39] Mit Hans Rudolf Lavater, Kurzbiographien, V. Simon Sulzer (Sultzaerus/Sultzerus), in: Gottfried Wilhelm Locher (Hg.), Der Berner Synodus von 1532. Edition und Abhandlungen zum Jubiläumsjahr 1982, Bd. 2: Studien und Abhandlungen, Neukirchen-Vluyn 1988, 380–387, hier: 384.

[40] Vgl. Pantaleon, Teutscher Nation Heldenbuch (wie Anm. 3), 437; Franz-Dieter Sauerborn, Michael Rubellus von Rottweil als Lehrer von Glarean und anderen Humanisten. Zur Entstehungsgeschichte von Glareans Dodekachordon, in: Zeitschrift für württembergische Landesgeschichte 54 (1995), 62–69.

[41] Vgl. Heinz Scheible, Melanchthons Pforzheimer Schulzeit. Studien zur humanistischen Bildungselite [EA 1989], in: Heinz Scheible (Hg.), Beiträge zur Kirchengeschichte Südwestdeutschlands (VBKRG 2), Stuttgart 2012, 223–267.

[42] Vgl. Adolf Fluri, Die bernische Stadtschule und ihre Vorsteher bis zur Reformation. Ein Beitrag zur bernischen Schulgeschichte, in: Berner Taschenbuch 42/43 (1893/1894), 51–112, hier: 104–108.

manistenkreis um Beatus Rhenanus, Erasmus von Rotterdam und Heinrich Glarean geschmiedet.[43]

In der Privatschule, die Heinrich Glarean in seinem Haus in Basel führte, setzte Sulzer seine Ausbildung fort[44] – wohl, nachdem Myconius 1522 in Luzern entlassen worden war. Sulzers Fächerkanon entsprach hier bereits den Artes liberales, so dass von einer Ausbildung auf akademischem Niveau auszugehen ist.[45] Auch bei Glarean besaß die Musik wieder einen hohen Stellenwert.[46] Außerdem war Glarean den Gedanken Luthers gegenüber aufgeschlossen bzw. blieb es länger als beispielsweise Erasmus.[47] Glarean stand darüber sogar mit Zwingli und Myconius in Austausch. Allerdings verabscheute er übermäßige Provokationen und empfahl bald dem Basler Rat, den Druck reformatorischer Schriften um des inneren Friedens willen zu zensieren – ein Mittel, das auch Sulzer im Alter zur Eindämmung von Konflikten befürworten sollte.

Dennoch dürfte Simon Sulzer auch in Basel reformatorisches Gedankengut mitbekommen haben: Glareans Nachbar war der Drucker Andreas Cratander, bei dem etwa zur selben Zeit Johannes Oekolampad Unterschlupf und Beschäftigung fand. Oekolampad führte bekanntlich die Basler Reformation im Jahr 1529 zum Durchbruch. Sulzers vormaliger Lehrer Oswald Myconius sollte Oekolampad 1531 als Basler Antistes beerben und dafür sorgen, dass Sulzer nach seiner Vertreibung aus Bern 1548 in der Basler Kirche eine neue Heimat fand, bevor er selbst Myconius 1553 im Amt des Antistes nachfolgte. Überhaupt ist Oswald Myconius der Dreh- und Angelpunkt im Beziehungsgeflecht der frühen Lehrer Simon Sulzers. Und er ist einer von nur zwei Lehrern, als deren *filius* sich Sulzer später bezeichnen sollte.[48]

Man sieht an diesem frühen Bildungsweg exemplarisch, wie Simon Sulzer als Mitglied der ersten nachreformatorischen Generation in den Protestantismus hineinwächst. Einflüsse sowohl von Zwingli als auch von Luther deuten sich ebenso an wie eine humanistische Bildung und humanistisch-irenische Gedanken. Was Sulzers Ausbildung bei Rubellus, Myconius und Glarean aber darüber hinaus noch kennzeichnet, ist der große Stellenwert, den alle drei Lehrer der Musik gaben. Wenn reformierte Historiker[49] Sulzers „Luthertum" später damit zu beweisen suchten, dass unter Sulzer mehrstimmige Gesänge und Orgelspiel im Gottesdienst erlaubt waren, dann dürfte

---

[43] Vgl. Markus Ries, Oswald Myconius in Luzern, in: Christian Moser/Peter Opitz (Hg.), Bewegung und Beharrung. Aspekte des reformierten Protestantismus, 1520–1650, FS Emidio Campi, Leiden 2009, 1–20.

[44] Vgl. Pantaleon, Prosopographiae Herovm (wie Anm. 11), S. 448: [*Sulcerus*] *Glareanum domesticum præceptorem habuit.*

[45] Vgl. Pantaleon, Teutscher Nation Heldenbuch (wie Anm. 3), 437 und Berchtold Haller an Heinrich Bullinger, 23. Dezember 1533, in: Heinrich Bullinger, Werke. Zweite Abteilung: Briefwechsel, hrsg. von Fritz Büsser [HBBW], Zürich 1973ff., Bd. 3, Nr. 307, 270–272.

[46] Vgl. Christine Christ-von Wedel, Basel und die Versprachlichung der Musik, in: Sven Grosse u.a. (Hgg.), Basel als Zentrum des geistigen Austauschs in der frühen Reformationszeit (Spätmittelalter, Humanismus, Reformation 81), Tübingen 2014, 127–134, hier: 130f.

[47] Vgl. Barbara Mahlmann-Bauer, Glarean und die Reformation – Eine Neubewertung, in: Nicole Schwindt (Hg.), Heinrich Glarean oder: Die Rettung der Musik aus dem Geist der Antike? (Trossinger Jahrbuch für Renaissancemusik 5), Kassel u.a. 2005, 25–57.

[48] Simon Sulzer an Oswald Myconius, 21. Juli 1546, in: ZB Zürich, Ms. F 82, 151.

[49] Erstmals bei Christian Wurstisen. Vgl. Luginbühl, Diarium des Christian Wurstisen (wie Anm. 33), 118.

dies unter Umständen weniger seiner konfessionellen Prägung als seiner Schulzeit bei ebendiesen Lehrern zuzuschreiben sein.

4. Die theologisch prägenden Jahre von 1530–1538

Simon Sulzers Bildungsweg verliert sich um 1522/23, also mit dem Tod seines Vaters. Erst als in Bern die Reformation eingeführt war und man 1529 fähige Lehrer und Pfarrer brauchte, erinnerte man sich seiner und ließ ihn suchen.[50] Fündig wurde man im Frühjahr 1530: Sulzer befand sich nun in Straßburg bei Martin Bucer.[51] Wie kam er dorthin? Meine Vermutung ist, dass Sulzer auf der Walz als Handwerksbursche nach Straßburg kam. Solche Gesellenwanderungen entlang des Oberrheins sind durchaus dokumentiert,[52] und wir erfahren aus den Quellen, dass Sulzer sich acht Jahre lang in Badstuben verdingte[53] und schließlich im April 1530 als *junger gsell, schärers handwercks*[54] in Straßburg war, ja dort zugleich *studirt un ouch ein schärer ist*[55]. Sulzer hatte also eine Art „Nebenjob" als Bader und Barbier, um sich selbstständig ein Studium zu finanzieren. Noch Jahrzehnte später gibt er seinen Korrespondenten medizinische Ratschläge und versendet Heilkräuter.[56]

Sulzers Ziel war aber ganz offenbar die Fortsetzung seiner Studien. Dass daher ausgerechnet Straßburg das Ziel seiner Gesellenwanderung war, ist kaum verwunderlich. An der einzigen Universität der Schweiz – in Basel – gab es infolge der Bas-

---

[50] Vgl. Berner Rat an den XVer und den Ammann von Hasli, 16. Dezember 1529, in: Rudolf Steck/Gustav Tobler (Hgg.), Aktensammlung zur Geschichte der Berner Reformation 1521–1532, Bd. 2, Bern 1923, Nr. 2664, 1198.

[51] Vgl. Berner Rat an Bucer und Wolfgang Capito, 3. April 1530, in: Martini Buceri Opera Omnia, Series 3: Briefwechsel – Correspondance hrsg. von Jean Rott u.a. [BucerCorr], Leiden u.a. 1979ff, Bd. 4, Nr. 281, 69f.

[52] Aus Landau in der Pfalz ist z. B. ein Scherergeselle belegt, der sich auf seiner Wanderschaft bei vierzehn Meistern übte, und dabei das gesamte Oberrheingebiet bereiste. Vgl. Herta Beutter/Armin Panter (Hgg.), Ärzte, Bader und Barbiere. Die medizinische Versorgung vom Mittelalter bis zum Ende des alten Reichs, Katalog anlässlich der Ausstellung „Ärzte Bader und Barbiere. Die Medizinische Versorgung vom Mittelalter bis zum Ende des Alten Reichs" 14. Mai bis 18. September 2011 im Hällisch-Fränkischen Museum Schwäbisch Hall, 8. Oktober 2011 bis 22. Januar 2012 im Heimatmuseum der Stadt Tuttlingen, Schwäbisch Hall 2011, 202.

[53] Vgl. Haller an Bullinger, 23. Dezember 1533, in: HBBW (wie Anm. 45), 270f, Z. 13–18: *Mea enim apud senatum interpellatione admodum tribus annis promovit, ut miraculo sit omnibus illum audientibus. Vivente patre grammaticam didicerat latinam a Glareano, mortuo autem parente barbitonsor factus octo annis studia reliquerat. Nunc vero tam faeliciter etiam senatus nostri impensis Argentinae apud Bedrottum et apud Gryneum Basileae profecit. Hunc urgeo, ut greca doceat.* – Ob der Tod des Vaters Beat Sulzer 1522 oder 1523 anzusetzen ist, hängt auch von der offenen Frage ab, ob sein Todesjahr und das Jahr 1530 als Zeitpunkt der Wiederentdeckung Simon Sulzers in Straßburg als eigenständige Jahre in den Zeitraum der Bartscherertätigkeit mit eingerechnet werden müssen.

[54] Wie Anm. 51.

[55] Berner Ratsmanual, Eintrag vom 3. April 1530, in: Steck/Tobler, Aktensammlung, Bd. 2 (wie Anm. 50), Nr. 2784, 1253.

[56] Vgl. in den Jahren 1556/57 Sulzers Briefe an Johannes Kessler, in: Johannes Kessler, Sabbata mit kleineren Schriften und Briefen, hrsg. von Emil Egli und Rudolf Schoch, St. Gallen 1902, 654f, Nr. 48–50 & 52.

ler Reformation zwischen 1529 und 1532 keinen offiziellen Lehrbetrieb. Außerdem bestanden langjährige Kontakte zwischen Sulzers bisherigen Lehrern, insbesondere Berchtold Haller und Oswald Myconius, und seinen neuen Lehrern in Straßburg. Wolfgang Capito zum Beispiel hatte maßgeblichen Anteil an der Durchführung der Reformation in Sulzers Heimatstadt Bern gehabt. Als die Berner dann nach Sulzer suchen ließen, antwortete Capito ihnen zusammen mit Martin Bucer. Gemeinsam legten sie den Bernern dar, wie vorteilhaft es wäre, wenn sie Sulzers Studium mit einem Stipendium unterstützen und ihm so eine bestmögliche Ausbildung für seinen späteren Dienst in der Berner Kirche ermöglichen würden.[57]

Es ist dieser, von Sulzer später vor allem Martin Bucer zugutegehaltene, persönliche Einsatz der Straßburger, der Sulzer aus prekärer Lage zurück in die oberste Liga der oberdeutschen Gelehrtennetzwerke beförderte. In einem Brief an Bucers Sekretär Konrad Hubert schreibt er später:

[…G]laube mir, ich will lieber den Verlust aller Dinge in Kauf nehmen, als das Wohlwollen dieses Mannes zu missen, das mir zu größter Ehre und größtem Nutzen gereicht hat, und, so hoffe ich, auch ferner wird […]. Es ist an dir, mein Conrad, auf alle Arten dafür zu sorgen, dass ich die Gnade dieses Mannes nicht verliere, den ich, so lange ich leben werde, anstelle eines Vaters verehren will.[58]

Das ist nichts anderes als ein Treueschwur auf Lebenszeit. Und es offenbart, wer neben Oswald Myconius zum zweiten Ersatzvater Simon Sulzers wurde: Martin Bucer.

Wir wissen nicht, wie lange Simon Sulzer bei seiner Wiederentdeckung durch die Berner im Frühjahr 1530 schon in Straßburg war. Womöglich hatte er bereits im Oktober 1529 miterlebt, wie Martin Bucer und Caspar Hedio enttäuscht vom Marburger Religionsgespräch heimkehrten. Ganz sicher bekam er nun mit, wie Bucer als Reaktion auf das Marburger Religionsgespräch seinen Synoptikerkommentar und seinen Johanneskommentar in einem gemeinsamen Band neu herausbrachte. Der Druck fällt in den April 1530, den Monat, in dem die Berner Bucer erstmals Geld für Sulzer zusandten. Bucers Vorwort zu diesem Evangelienkommentar fasst exemplarisch eine der theologischen Weichenstellungen zusammen, die auch Simon Sulzer nachhaltig prägten. Bezugnehmend auf den Streit zwischen Zwingli und Luther schreibt Bucer hier:

Wenn man sofort denjenigen als vom Geist Christi verlassen verurteilen will, der nicht ganz genau so urteilt, wie man selbst, und sogleich bereit ist, gegen den als Feind der Wahrheit anzugehen, der vielleicht etwas Falsches für richtig hält: wen, frage ich, kann man denn dann noch als Bruder ansehen? Ich habe jedenfalls noch

---

[57] Das geht aus dem Antwortschreiben der Berner vom 3. April 1530 (wie Anm. 51) und aus dem an den Berner Rat adressierten Brief Simon Sulzers vom 20. Juni 1530 hervor, in dem er für den Erhalt des Stipendiums dankt: StA Bern, A V 1366 (UP Bd. 14.2: Partikularsachen), 29 – Edition des Briefes im Anhang meiner Dissertation.

[58] Sulzer an Konrad Hubert, 4. August 1531, in: SUB Hamburg, Sup.ep. 12, fol. 171v-173r, hier: fol. 173r: *Nam mihi crede omnium malim rerum jacturam facere, quam hujus Viri carere benevolentia, quæ mihi maximo et honori et usui fuit, speroq[ue] etiam porro fore […]. Tuum est mi Conrade curare omnibus modis, ne gratia hujus Viri excidam, quem ego parentis loco, dum vixero, sum observaturus.* – Übersetzung DA. Edition des Briefes im Anhang meiner Dissertation.

nie zwei Menschen gesehen, von denen jeder genau dasselbe denkt. Und das gilt auch in der Theologie.[59]

Bucer ordnet der Ekklesiologie, genauer: der Einheit der Kirche, alle theologischen Detailfragen unter. Erst in dem Maße, in dem die Abendmahlsfrage zum ekklesiologischen Problem wird, wird Bucer zum Abendmahlstheologen. Dies ist ausgerechnet ab 1530 der Fall. Das heißt: In das Jahr, in dem wir Sulzer sicher im Umfeld Martin Bucers in Straßburg wissen, fällt auch der Beginn der jahrelangen Vermittlungsbemühungen Bucers im innerevangelischen Abendmahlsstreit.

Für die folgenden Jahre lässt sich anhand des Briefwechsels relativ detailliert nachvollziehen, wie Bucer parallel zu seinen Bemühungen um eine Konkordie zwischen Wittenberg und Zürich Simon Sulzer zu einem Exponenten seiner Theologie in der Schweiz „aufbaute". Zunächst setzte Sulzer sein Studium 1531/32 in Basel fort. Hier konnte er im inoffiziellen Lehrbetrieb der eigentlich noch geschlossenen Universität sein Artes-Studium bei Simon Grynäus abschließen. Als Meisterstück lieferte Sulzer 1532 dem Berner Rat eine lateinische Übersetzung des maßgeblich von Wolfgang Capito verfassten Berner Synodus ab.[60] Dabei rückte er manch spiritualistische Tendenz der deutschen Fassung Capitos[61] zurecht – und zwar bezeichnenderweise ganz im Sinne Martin Bucers. Auch danach kam kein Engagement Simon Sulzers zustande, ohne dass Bucer Sulzer für die entsprechenden Stellungen ins Spiel gebracht hätte: Weder Sulzers bis heute unterschätzte Rolle bei der Wiedereröffnung der Basler Universität 1532, noch seine Verdienste bei der Errichtung des bernischen Schulsystems in den Jahren bis 1536, noch die Unterstützung, die er dem alternden Berner Dekan Berchtold Haller bei der Leitung der Berner Kirche zukommen ließ. Immer hatte Bucer seine Finger im Spiel.[62]

Nach Hallers Tod 1536 scheint Simon Sulzer einen Großteil der Außenfunktionen des Berner Dekans übernommen zu haben, obwohl er keine Pfarrstelle innehatte. So erscheint Sulzer Anfang Juni 1536 als Ko-Vorsitzender der Synode von Yverdon, auf der die kirchliche Organisation des von Bern neu eroberten Waadtlandes besprochen wurde.[63] Ende Juni 1536 stattete er dann noch einmal den Straßburgern einen Besuch ab. Es ist sehr wahrscheinlich, dass dieser bislang unbeachtete Straßburgaufenthalt sich folgenreicher auf Sulzers Biographie auswirkte als sein vielfach hervorgehobener Besuch bei Martin Luther zwei Jahre später. Sulzer nahm nämlich in Straßburg an keiner geringeren Versammlung teil als an der offiziellen Erläuterung der Wittenberger Konkordie vor der Straßburger Geistlichkeit und weiteren oberdeutschen Gästen.[64] Bucer schaffte es auf diesem Konvent, die Anwesenden völlig für die in der Witten-

---

[59] Zitiert nach Martin Greschat, Martin Bucer. Ein Reformator und seine Zeit (1491–1551), Münster ²2009, 113.
[60] Vgl. Gottfried Wilhelm Locher (Hg.), Der Berner Synodus von 1532. Edition und Abhandlungen zum Jubiläumsjahr 1982, Bd. 1: Edition, Neukirchen-Vluyn 1984.
[61] Vgl. Ernst Saxer, Capito und der Berner Synodus, in: Locher (Hg.), Der Berner Synodus, Bd. 2 (wie Anm. 39), 150–166, hier: 159.
[62] Für eine detailliertere Darstellung sei auf meine Dissertation verwiesen.
[63] Vgl. HBBW 6, Nr. 837 & 839 sowie Aimé-Louis Herminjard (Hg.), Correspondance des réformateurs dans les pays de langue française. Recueillie et publiée avec d'autres lettres relatives à la réforme et des notes historiques et biographiques, 9 Bde., Genf 1866–1897, Bd. 4, Nr. 562, 61–65.
[64] Vgl. das Protokoll über die Annahme der Wittenberger Konkordie in Straßburg (29. Juni 1536), in: Jacques Vincent Pollet (Hg.), Martin Bucer. Études sur la correspondance avec de nombreux textes

berger Konkordie gefundene Einigung im Abendmahlsstreit mit Luther zu vereinnahmen.[65] Auch Simon Sulzers Abendmahlsbekenntnisse sollten fortan immer (!) in einer sprachlichen und inhaltlichen Kontinuität zur Wittenberger Konkordie stehen.[66]

Im Anschluss an den Straßburger Konvent baten Bucer und Capito den Berner Rat, seinen Schulmeister Simon Sulzer noch einmal studieren zu lassen, um ihn so für das Pfarramt zu qualifizieren.[67] Die einzige in Frage kommende Universität war weiterhin Basel. Von dort kamen am 17. Juli 1536 die beiden führenden Theologen, Andreas Bodenstein von Karlstadt und Simon Grynäus, nach Straßburg, um sich über die Wittenberger Konkordie unterrichten zu lassen. Beide kehrten in Folge einer „Erlüterung" Bucers und der Straßburger als Befürworter der Konkordie und einer Einigung mit Luther nach Basel zurück.[68] Simon Grynäus und Oswald Myconius beraumten dann für den 24. September 1536 ein Treffen der evangelischen Schweizer mit Bucer und Capito an, das einen geschlossenen Beitritt der Eidgenossen zur Wittenberger Konkordie zum Ziel hatte. Die Stadt am Rheinknie stand also bereits geschlossen auf der Seite Bucers und der Konkordie, als Simon Sulzer drei Tage nach der Zusammenkunft der Eidgenossen nach Basel übersiedelte.[69] Allein das Vorhaben, diese Front auf die anderen evangelischen Orte der Schweiz auszuweiten, hatte sich nicht verwirklichen lassen. Das Basler Treffen war gescheitert. In der Folge wurde Sulzer während seiner erneuten Basler Studienzeit zu einem wichtigen Informanten Bucers und sandte von Basel aus Dokumente zur Lage am Rheinknie und in Bern nach Straßburg.[70]

Auch Sulzers Reise nach Wittenberg, die seit Lukas Osiander mancherorts zu einem Studium bei Luther[71] oder wenigstens zu einer Hinwendung zu dessen Abendmahlslehre[72] gemacht wird, gehört in den Bereich der von den Straßburgern initiierten Fortbildungsmaßnahmen für Simon Sulzer. Sulzer sollte auf seiner Reise in

---

inédits, 2 Bde., Paris 1958–1962, S. Bd. 1, Nr. XIX, 164, Z. 12: *Hiebeÿ sind auch gewesen D. Johann Zwick, prediger von Costentz vnnd h. Simon Sultzer von Bern.*

[65] Vgl. die *Ermahnung M. Buceri an seine Gesellen, das sie sich der Formulae Concordiae A[nno] 1536 vnderschreiben sollen [...] und Erklarung der Articul Concordiaẹ [...]*, in: Martini Buceri Opera Omnia, Series 1: Deutsche Schriften, hrsg. von Robert Stupperich u.a. [BDS], Bd. 1–19, Gütersloh u.a. 1962–2016, hier: Bd. 6,1, 178–201.

[66] Vgl. Burnett, Generational Conflict (wie Anm. 30). Weiteres in meiner Dissertation.

[67] Vgl. Bucer und Capito an den Berner Rat, 6. Juli 1536, in: StA Bern, A V 1421 (UP Bd. 56: Straßburg), 21.

[68] Die Straßburger *Erlüterung der Witembergischen Artickeln durch die predicanten von Straßburg gegeben* (UB Basel, A VI 54a, Bl. 1–12; Edition: BDS 6,1, 217–226), die in Basel auch unter der Überschrift *Was Doctor Andreas Carolstad, vnnd M. Simon Grynaeus, bey den Herren Predicanten zu Straßburg gehandlet, vnd schriftlich mit sich gebracht haben, die Artickel, so zu Wittenberg wegen gemeiner Concordy gestellet* überliefert ist (UB Basel, Ms KiAr 23a, Bl. 156f; Edition: Hermann Barge, Andreas Bodenstein von Karlstadt, 2. Teil: Karlstadt als Vorkämpfer des laienchristlichen Puritanismus, Leipzig 1905, Anlage Nr. 50, 603–606), wurde von Simon Sulzer noch im Basler Abendmahlsstreit von 1570/71 als Einigungsgrundlage herangezogen. Vgl. Burnett, Generational Conflict (wie Anm. 30), 232ff.

[69] Am 27. September 1536 stellt das Berner Ratsmanual Sulzer für seine Reise zollfrei. Vgl. StA Bern, A II 128 (RM Bd. 257), 7a.

[70] Vgl. BDS 6,1, 278, Anm. j), wonach Sulzer für die Straßburger einen Brief Luthers an den Basler Bürgermeister Jakob Meyer zum Hirzen beschaffen sollte. Vgl. auch den Brief Bucers an Capito, 26. August 1537, UB Basel, FrGr II 9, Nr. 76, Bl. 1r: *Deinde et literas consulis primas et postremas Dominis XIII una cum propositione totius causae et eorum, quae Sulcerus attulit, offeras [...]*.

[71] Vgl. Linder, Simon Sulzer (wie Anm. 5), 14.

[72] Vgl. Karl Rudolf Hagenbach, Kritische Geschichte der Entstehung und der Schicksale der ersten Baslerkonfession und der auf sie gegründeten Kirchenlehre (Kirchliche Denkwürdigkeiten zur Ge-

Hessen, Thüringen und Sachsen und auf dem Rückweg in Franken und Schwaben[73] als kommendes Oberhaupt der Berner Kirche bekannt gemacht werden und in diesem Rahmen in Wittenberg mit Luther und vor allem mit Philipp Melanchthon zusammentreffen. Nur weil Melanchthon sich bei Sulzers Ankunft in Braunschweig aufhielt,[74] wurde Sulzers Reise vor allem ein Besuch bei Luther.

Da sich Sulzers Wittenbergaufenthalt anhand der Korrespondenz zeitlich auf die Karwoche und die Ostertage vom 15.–23. April 1538 eingrenzen ließ, konnte ich in meiner Dissertation erstmals Luthers Tischreden und seine Predigten aus diesen Tagen auf Sulzers Besuch hin auswerten. Tatsächlich finden sich in den Tischreden Gesprächsausschnitte Luthers mit einem *Magister Simon, Heluetiorum Bernensis superattendens.*[75] Und tatsächlich geht es in den betreffenden Predigten[76] gelegentlich um die Abendmahlslehre. Jedoch gibt Sulzer sich bei Tisch deutlich als Kenner und Vertrauter Martin Bucers zu erkennen und Luther, der noch kurz zuvor gegen die Zürcher und deren Abendmahlslehre geschossen hatte, ist in den Predigten dieser Tage betont zurückhaltend. Anhaltspunkte für einen im konfessionellen Sinne prägenden Studienaufenthalt Sulzers in Wittenberg gibt es keine. Beeindruckt zeigte sich Sulzer allerdings im Anschluss an seine Reise und noch bis ins hohe Alter von der Milde und Gesprächsbereitschaft, die er an Luther kennenlernte. Luther vermied während dieser ganzen Woche alle abendmahlstheologischen Zuspitzungen. Außerdem lehnte er rationalistische Engführungen in der Theologie als Produkte von Spekulation und Streitsucht ab. Wenn überhaupt, dann war es Luthers Ärger über die „Sophisterei", den Sulzer von dem Wittenberger übernahm und der ihn später zunehmend in einen Gegensatz zu den reformierten Verfechtern der aristotelischen Dialektik[77] bringen sollte. Dass Sulzer während seines Besuches in Wittenberg auch am Abendmahl teilnahm, war hingegen kein Zeichen der Abkehr Sulzers von seinen schweizerischen Wurzeln. Vielmehr approbierte Sulzer auf diese Weise stellvertretend für die Oberdeutschen Luthers Lehre als der Konkordie entsprechend und demonstrierte im Vollzug der Mahlgemeinschaft, dass es auch in der Schweiz Rückhalt für die Konkordie und Hoffnung für eine Einigung gab. Dass Luther Sulzer überhaupt zum Abendmahl zuließ, war ein starkes Signal in Richtung der Oberdeutschen und der Schweizer.

Mit diesem Signal machte sich Sulzer am 23. April 1538, dem Dienstag nach Ostern, auf den Weg zurück in die Schweiz. Während Sulzer noch auf der Rückreise war, versuchte Bucer am 28. April 1538 auf einer Synode in Zürich die Schweizer von Luthers Einigungsbereitschaft zu überzeugen. Sulzers Bericht wäre ihm dabei

---

schichte Basels seit der Reformation 1), Basel 1827, 91; Hundeshagen, Conflikte des Zwinglianismus, Lutherthums und Calvinismus (wie Anm. 20), 106.

[73] So die Aufzählung Martin Frechts gegenüber Ambrosius Blarer, Brief vom 14. Mai 1538, in: Traugott Schiess (Hg.), Briefwechsel der Brüder Ambrosius und Thomas Blaurer (1509–1567) [Blarer BW], 3 Bde., Freiburg 1908–1912, hier: Bd. 1, Nr. 810, 876f.

[74] Vgl. Philipp Melanchthon, Briefwechsel. Kritische und kommentierte Gesamtausgabe, Bd. 2: Regesten 1110–2335 (1531–1539), bearb. von Heinz Scheible, Stuttgart-Bad Cannstatt 1978, hier: Nr. 2019–2022, 363–365.

[75] WA Tischreden 3, Nr. 3840, 651, Z. 18f.

[76] WA 46, Nr. 24–33, 256–354.

[77] Vgl. Amy Nelson Burnett, The Educational Roots of Reformed Scholasticism. Dialectic and Scriptural Exegesis in the Sixteenth Century, in: Dutch Review of Church History 84 (2004), 299–317, hier: 313f.

zupassgekommen. Doch weigerten sich die Zürcher, bei der Gegenwart Christi im Abendmahl Zugeständnisse zu machen, und Sulzer kam zu spät.[78]

Diese tragische Parallelität der Ereignisse dürfte das eigentlich prägende Moment von Sulzers Reise gewesen sein. Sulzer blieb ein Leben lang überzeugt, dass die Abendmahlskonkordie nicht an Luther, sondern am Rationalismus der Zwinglianer gescheitert war.[79] So kann man Sulzer – beginnend mit der Reise nach Wittenberg und durch viele persönliche Enttäuschungen im Umgang mit den Zürchern hindurch – sicherlich mit Kaspar von Greyerz einen gewissen „Antizwinglianismus" unterstellen.[80] Sein eigenes, bucerisch geprägtes Abendmahlsverständnis hingegen änderte Sulzer in Wittenberg nicht.

Abb. 16:
Simon Sulzer (Foto: Landeskirchliche Bibliothek)

---

[78] Vgl. Capito an Justus Menius, 19. Mai 1538, in: Walter Friedensburg, Aus dem Briefarchiv des Justus Menius. IV., in: ARG 30 (1933), 101–112, hier: Nr. 3, 105: *Sultzerus hic fuit, antequam a Tiguro redissimus, ubi gravis concertatio nos excepit propter paucissima ingenia morosa, qui concordię ac disciplinę ecclesiasticę, item justo exercitio clavium obstinatissime repugnarent* […].

[79] So z. B. am 31. Januar 1540 gegenüber Joachim Vadian, in: Emil Arbenz/Hermann Wartmann (Hgg.), Die Vadianische Briefsammlung der Stadtbibliothek St. Gallen (Mitteilungen zur vaterländischen Geschichte 24–30a), 7 Bde., St. Gallen 1890–1913, hier: Bd. 5, Nr. 1098, 606–608, und auch noch in seinem großen Abendmahlsbekenntnis vom 2./4. August 1578, UB Basel, Ms KiAr 218, fol. 4r-35r, hier: fol 7r/v. Edition des Bekenntnisses im Anhang meiner Dissertation.

[80] Vgl. Kaspar von Greyerz, Reformation, Humanismus und offene Konfessionspolitik, in: Georg Kreis/Beat von Wartburg (Hg.), Basel – Geschichte einer städtischen Gesellschaft, Basel 2000, 80–109, hier: 103.

5. Weitere Spuren und Konsequenzen der bucerischen Prägung Simon Sulzers

Die von Amy Burnett vorgebrachte These einer Bucerschen Prägung Simon Sulzers lässt sich nach der näheren Betrachtung seiner ersten dreißig Lebensjahre untermauern. Im letzten Hauptteil meiner Dissertation habe ich versucht, Frau Burnetts Einschätzungen, die sich wohlgemerkt auf den Zeitraum von 1538–1570/71 bezogen, theologisch besser zu qualifizieren und über den genannten Zeitraum hinaus auch in die letzten Lebensjahre Simon Sulzers vorzudringen. Ereignisgeschichtliche Details seiner Biographie habe ich dabei den theologischen Charakteristika so zugeordnet, dass insbesondere die von Gottlieb Linder nur unzureichend in das Persönlichkeitsbild Simon Sulzers integrierten Momente der Biographie aus seiner Theologie heraus verständlich werden. Ich beschränke mich hier auf diejenigen Ausführungen zur Ekklesiologie und zum Abendmahl, die für das oberrheinische Wirken Sulzers als Basler Antistes und badischer Generalsuperintendent nach 1556 besonders relevant sind.

Die früheste erhaltene Mitschrift einer Vorlesung Simon Sulzers stammt noch aus seiner Berner Zeit, genauer aus dem Jahr 1541.[81] Ihr Gegenstand ist der Epheserbrief. Schon allein das ist bemerkenswert, da der Epheserbrief 1527 bereits Gegenstand eines der frühesten exegetischen Kommentarwerke Martin Bucers war,[82] und da Sulzer sich in seiner Auslegung explizit auf Martin Bucer bezieht.[83]

Bucer sah den einzelnen Christen mit Eph 4 nicht als Individuum, sondern organisch verbunden mit der Gemeinschaft aller Christen als Glied an dem einen Leib, dessen Haupt Christus ist. Von ihrer Verbindung mit diesem Haupt her wachsen alle Glieder am Leib Christi ganz natürlich im Glauben und in der Heiligung. Genauso organisch denkt Bucer die Gemeinschaft der Christen untereinander. Im Sinne der Gemeinschaft dürfen die Glieder nicht für sich selbst, sondern müssen für das Ganze der Kirche leben. Spaltungen bedrohen nicht nur die Institution Kirche, sie verletzen den Leib Christi selbst.[84]

In demselben Sinn legt auch Simon Sulzer den Epheserbrief aus. Beispielsweise fordert in Sulzers Augen der Aufruf aus Eph 4,3, *Seid darauf bedacht, zu wahren die Einigkeit im Geist durch das Band des Friedens,* mehr als eine bloße Verständigung über Sachfragen:

> *Mit diesen Worten drückt er* [Paulus] *es noch etwas herrlicher aus: Zwar würden wohl Duldungen (tolerantiae) und die übrigen Tugenden […] Einverständnis hervorbringen, dennoch fordert der Apostel, indem er auf dieser gleichsam notwendigen Sache so sehr beharrt, gegenseitigen Frieden von den Ephesern und Eifer,*

---

[81] In D. Apostoli Pauli Ad Ephesios Epistolam Commentaria et pia et erudita D.M.S Simonis Sulceri pro colloquio publico tractata sed per Jacobum Fabritium descripta, in: BB Bern, Cod. 536.
[82] Vgl. Greschat, Martin Bucer (wie Anm. 59), 100.
[83] Angefangen schon bei der Auslegung des ersten Teilverses. Vgl. BB Bern, Cod. 536, fol. 6v.
[84] Vgl. Gottfied Hammann, Martin Bucer, 1491–1551. Zwischen Volkskirche und Bekenntnisgemeinschaft (Veröffentlichungen des Instituts für Europäische Geschichte 139), Stuttgart 1989, 113, 127–131.

dass nicht durch das Drängen des Satans zuerst ein Teil [aus ihr] *herausgelöst, und sie dann in viele zerrissen würde: Die Einheit.*[85]

Gut 20 Jahre später wird deutlich, dass Sulzer nicht der Illusion anhing, die Einheit der Kirche könne durch eine völlige Meinungsgleichheit aller erreicht werden. Zusammen mit dem württembergischen Theologen Jakob Andreä war Sulzer im März 1563 nach Straßburg geladen worden, um im Prädestinationsstreit zwischen Hieronymus Zanchi und Johannes Marbach zu vermitteln. Nach erfolgter Einigung sollte ein Gottesdienst in St. Thomas die Straßburger Kirche wieder befrieden. Sulzer hielt bei dieser Gelegenheit eine Predigt über das hohepriesterliche Gebet aus Joh 17.[86] Darin bittet Jesus u. a. um die Einheit seiner Jünger. Auf diese Bitte, das *ut unum sint*, das ja zu einem Motto der ökumenischen Bewegung im 20. Jahrhundert werden sollte, geht Sulzer ganz besonders ein. Dabei kommt er zu durchaus modern anmutenden Gedanken. Zum Beispiel verweist er auf den Widerstreit der Elemente in der Natur, der zugleich der Erhaltung der einen Welt diene. Es gebe also so etwas wie eine *zwieträchtige* Eintracht der Dinge – mit Horaz: *Discors concordia rerum*. Sulzer vertritt also einen Konkordienbegriff, der eine Einheit in Vielfalt nicht nur ermöglicht, sondern gar für natürlich hält. Das ist insofern bemerkenswert, als der lutherischen Konkordienformel später von dem reformierten Theologen Rudolph Hospinian ebendies vorgeworfen wurde, dass sie nämlich nur eine *Concordia discors* (1607) produziert habe, während der Lutheraner Leonhard Hutter bemüht war, sie als eine *Concordia concors* (1614) zu verteidigen.[87] Sulzer hingegen präsentiert die *Concordia discors* als einzig mögliche Konkordie. Für die Einheit der Kirche setzt er dabei einerseits voraus, was in der Frühneuzeitforschung heute so oft gesucht wird, nämlich die Fähigkeit zur Ambiguitätstoleranz. Andererseits fordert er den Einzelnen auf, sich im Sinne des großen Ganzen zurückzunehmen und die eigene Überzeugung der Einheit unterzuordnen.

Reichweite und Grenzen dieser Auffassung Simon Sulzers lassen sich nun exemplarisch an seiner Biographie nachvollziehen. Als „Kirche" betrachtete Sulzer fraglos nur die evangelische: Zugeständnisse an die Altgläubigen schloss er rigider aus als zum Beispiel sein Zürcher Amtskollege Heinrich Bullinger.[88] Innerhalb des evangelischen Lagers plädierte er hingegen dafür, Widersprüche argumentativ zu lösen. Das zeigt sich nicht zuletzt an der Basler Offenheit für dogmatische Abweichler[89] und in

---

[85] BB Bern, Cod. 536, fol. 66v: *Amplius q[ui]dpiam his verbis exprimit: quanq[uam] enim tolerantiæ reliquæq[ue] virtutes ia[m] com[m]emora[n]te consensionem pariant, mutua[m]q[ue] pace[m] req[ui]rit tamen Ap[os]t[olu]s ei[us] rei tam p[er]stantis ac necessariæ et[iam] studiu[m] ab Ephesijs, ne qua parte convvlsa Sathanæ instantib[us] in multa dissolueret: Vnitas.* Übersetzung DA.

[86] Sulzers Straßburger Predigt vom 21. März 1563 findet sich in AVCU Straßburg, 1 AST 180, Nr. 54, fol. 639r-650r und ediert im Anhang meiner Dissertation.

[87] Vgl. Irene Dingel, Concordia controversa. Die öffentlichen Diskussionen um das lutherische Konkordienwerk am Ende des 16. Jahrhunderts (Quellen und Forschungen zur Reformationsgeschichte 63), Gütersloh 1996, 21; Werner-Ulrich Deetjen, Concordia Concors – Concordia Discors. Zum Ringen um das Konkordienwerk im Süden und mittleren Westen Deutschlands, in: Martin Brecht/Reinhard Schwarz (Hgg.), Bekenntnis und Einheit der Kirche. Studien zum Konkordienbuch, Stuttgart 1980, 303–349, hier: 311.

[88] Vgl. z. B. im Jahr 1555 die schon von Linder, Simon Sulzer (wie Anm. 5), 40f. geschilderte Kontroverse, ob die Erneuerung des eidgenössischen Bundschwurs „bei Gott und seinen Heiligen" erfolgen dürfe.

[89] Vgl. schon ebd., 36f.

dem persönlichen Einsatz Sulzers für reformierte Glaubensflüchtlinge aus Westeuropa.[90] Als Zensor gestattete er den Druck andernorts verbotener Schriften wie des hebräischen Talmuds (1579)[91] oder der selbst in Zürich und Bern indizierten Apokalypsepredigten Heinrich Bullingers (1557).[92] Zugleich war Sulzer als Mitglied der Basler Zensur aber am Verbot solcher Schriften beteiligt, deren dogmatischen Rigorismus er als maßlos empfand. Das waren in der schweizerischen Druckerstadt Basel naturgemäß eher Schriften aus dem reformierten Raum, z. B. auch Pierre Boquins Heidelberger Thesen gegen Tilemann Heshusius.[93] Allerdings erfolgten diese Verbote in erster Linie auf Geheiß des um Frieden bemühten Basler Rates.[94] Sulzers konfessionelle Gesinnung kann hier also nur begrenzt verantwortlich gemacht werden. Eher scheint ihm sein Streben nach Frieden die Unterstützung der Zensur Boquins erleichtert zu haben. Aus derselben Motivation heraus konnte Sulzer sich in seiner Korrespondenz außerdem ebenso ablehnend über die Maßlosigkeit Heshusens äußern.[95] Gleiches gilt für Joachim Westphal, den führenden Lutheraner im Zweiten Abendmahlsstreit, und für Johannes Brenz, der den Abendmahlsstreit 1561 mit seiner Ubiquitätslehre zusätzlich befeuerte.[96] Selbst Sulzers Freundschaft zu Johann Marbach in Straßburg erwies sich als eine durchaus kritische: Als Marbach sich infolge des Maulbronner Gesprächs von 1564 in den Abendmahlsstreit einmischte, mahnte Sulzer auch ihn zur Mäßigung.[97]

Von den Fürsten im Südwesten wurde Sulzers Bemühen um Mäßigung auf allen Seiten durchaus zur Kenntnis genommen. Dabei darf nicht vergessen werden, dass im Südwesten vor dem Naumburger Fürstentag von 1561 die von Melanchthon überarbeitete und an die Wittenberger Konkordie angepasste *Confessio Augustana variata* von 1540 den *textus receptus* des Augsburger Bekenntnisses darstellte. Da Sulzer sich selbst auf die Wittenberger Konkordie berief und die ganze Basler Bekenntnistradition auf Martin Bucer zurückführte,[98] konnte man den Baslern im Südwesten einigermaßen vertrauensvoll begegnen.

Bereits Anfang 1554 durfte Sulzer in Sulzburg im Markgräflerland evangelisch predigen und der badischen Markgräfinwitwe und einer ihrer Töchter das Abendmahl

---

[90] Vgl. insbesondere auch Sulzers Einsatz für die Aufnahme englischer Flüchtlinge unabhängig von ihrem Stand; vgl. Marc Sieber, Die Universität Basel im 16. Jahrhundert und ihre englischen Besucher, in: BZGAK 55 (1956), 75–112, hier: 89ff.

[91] Das geht aus diversen Briefen der Jahre 1577–79 hervor. Vgl. dazu die Dissertation.

[92] Vgl. Alban Norbert Lüber, Die Basler Zensurpolitik in der zweiten Hälfte des 16. Jahrhunderts, in: BZGAK 97 (1997), 77–141, hier: 102.

[93] Vgl. Martin Steinmann, Johannes Oporinus. Ein Basler Buchdrucker um die Mitte des 16. Jahrhunderts (Basler Beiträge zur Geschichtswissenschaft 105), Basel u. a. 1967, 102.

[94] Vgl. Lüber, Die Basler Zensurpolitik (wie Anm. 92), 103.

[95] Sulzer an Johannes Marbach, 12. März 1571, in: Johann Fecht (Hg.), Historiae Ecclesiasticae Seculi A.N.C. XVI. Supplementum. Plurimorum et celeberrimorum ex illo aevo theologorum epistolis, ad Joannem, Erasmum et Philippum, Marbachios, Frankfurt a. M. u.a. 1684, pars IV, Nr. XXXVI, 351–353, hier: 352.

[96] Vgl. Linder, Simon Sulzer (wie Anm. 5), 119f. unter Verwendung der Briefe Sulzers an Marbach, 17. Oktober 1558, in: Fecht, Supplementum (wie Anm. 95), pars II, Nr. LXIII, S. 81f und Sulzers an Bullinger, 5. Mai 1562, in: StA Zürich, E II 336, 476.

[97] Vgl. Linder, Simon Sulzer (wie Anm. 5), 120f.

[98] Sulzer hielt schon die Erste Basler Konfession für ein Werk Bucers. Vgl. Sulzer an Marbach, 12. März 1571, in: Fecht, Supplementum (wie Anm. 95), pars IV, Nr. XXXVI, 351–353, hier: 352. Genauso fasste sein Widersacher Johann Haller d. J. die Konfession auf. Vgl. Johann Haller an Heinrich Bullinger, 9. Juni 1557, in: CR 44, Nr. 2645, Sp. 509. Über die Erste Basler Konfession ausführlich in meiner Dissertation.

unter beiderlei Gestalt reichen.⁹⁹ Auf Sulzers Bitten setzte sich im selben Jahr Graf Georg von Württemberg bei Markgraf Karl II. für eine Reformation in Baden-Durlach ein.¹⁰⁰ Er selbst hatte Sulzer bereits 1543 als Streitschlichter in seiner Herrschaft Mömpelgard kennengelernt.¹⁰¹ 1554 gestatteten außerdem die Herren von Rappoltsweiler, dass Sulzer in ihrer Hauptstadt Rappoltstein erste evangelische Predigten hielt.¹⁰² 1555 unterrichtete Kurfürst Ottheinrich von der Pfalz Sulzer persönlich über den Augsburger Religionsfrieden und fragte um evangelische Pfarrer aus Basel an.¹⁰³ 1556 entsandten die Basler auf eigene Faust einen evangelischen Pfarrer nach Lörrach, wo sie über das ehemalige Kloster St. Alban Kollaturrechte hatten.¹⁰⁴ Anschließend forderte Sulzer den Markgrafen noch einmal persönlich zur Einführung der Reformation auf, in die er dann miteinbezogen wurde.¹⁰⁵

Auch nach dem Durchbruch der Reformation im Südwesten blieb Sulzer wegen seiner Mittelstellung gefragt. Im Vorfeld des Wormser Religionsgespräches wollte Graf Georg von Württemberg Sulzer 1557 als Vertreter für Horburg-Reichenweiher zu einem Konvent nach Frankfurt schicken. Er musste sich aber dem Einspruch seines Neffen, des Herzogs Christoph fügen.¹⁰⁶ Als dann das Wormser Religionsgespräch an der Uneinigkeit von Philippisten und Gnesiolutheranern scheiterte, ergriff Johannes Calvin die Initiative für eine gesamtevangelische Einigungssynode. Sulzer unterstützte die Genfer mit Empfehlungsschreiben, so dass diese beim Kurfürsten Ottheinrich und bei den Straßburgern vorstellig werden konnten.¹⁰⁷ Einen ähnlichen,

---

⁹⁹ Vgl. Linder, Simon Sulzer (wie Anm. 5), 62–64.

¹⁰⁰ Vgl. Sulzer an Graf Georg von Württemberg-Mömpelgard, 5. Oktober 1554, British Library London, WM Egerton MS 2189, ff. 2,3.

¹⁰¹ Vgl. Hundeshagen, Conflikte des Zwinglianismus, Lutherthums und Calvinismus (wie Anm. 20), 180f; Burnett, The Myth of the Swiss Lutherans (wie Anm. 21), 55; zu den Vorgängen insgesamt Franz Brendle, Dynastie, Reich und Reformation. Die württembergischen Herzöge Ulrich und Christoph, die Habsburger und Frankreich (Veröffentlichungen der Kommission für geschichtliche Landeskunde in Baden-Württemberg B 141), Stuttgart 1998, 277–300.

¹⁰² Sulzer an Graf Georg am 5. Oktober 1554 (wie Anm. 100) und am 17. Oktober 1554 an Heinrich Bullinger, in: Linder, Sulcerana Badensia (wie Anm. 9), 10; vgl. Linder, Simon Sulzer (wie Anm. 5), 64.

¹⁰³ Vgl. ebd., 70 unter Verwendung der Briefe Sulzers an Bullinger, 22. Juli 1555, in: Linder, Sulcerana Badensia (wie Anm. 9), 11 und an Blarer, 24. April 1556, in: Schiess, Blarer BW (wie Anm. 73), Bd. 3, Nr. 2058, 362–364.

¹⁰⁴ Dieses Vorgehen ist ohne Unterstützung des Antistes nicht denkbar. Die Quelle aber, aus der Linder in Bezug auf Sulzers konkrete Mitwirkung schließt, dass „[…] in seinem Auftrag […] Pfarrer Ulrich Koch (Coccius) aus Basel, Sulzers Schwager, die erste evangelische Predigt in Lörrach am 21. Januar 1556 […]" hielt (Linder, Simon Sulzer [wie Anm. 5], S. 66), ist nicht ersichtlich. Weder Sulzers Brief an den Markgrafen (s. u.) noch das Schreiben der Klosterpfleger an den Markgrafen vom 26. Februar 1556 (GLA Karlsruhe, Best. 212, Fasz. 315, Nr. 4) erwähnen den aus der Stadt entsandten Prediger namentlich. Gleiches gilt für den Bericht des Landvogts von Rötteln, der bereits am 27. Januar 1556 alarmiert an den Markgrafen schrieb, sich wundernd, ob dieser sein Einverständnis zu den Lörracher Vorgängen gegeben habe (GLA Karlsruhe, Best. 212, Fasz. 315, Nr. 2).

¹⁰⁵ Sulzer an Markgraf Karl II., 28. Februar 1556, in: Linder, Sulcerana Badensia (wie Anm. 9), 15. Linder übernahm diesen Brief aus einer schon zu seiner Zeit „selten gewordenen", gedruckten „Festpredigt" des Pfarrers Waltz in Lörrach. Das Original findet sich in GLA Karlsruhe, Best. 212, Fasz. 315, Nr. 7 und stimmt mit Linders Edition überein.

¹⁰⁶ Herzog Christoph an Graf Georg, 8. Juni 1557, vgl. Viktor Ernst (Hg.), Briefwechsel des Herzogs Christoph von Wirtemberg 1556–1559, Bd. 4: 1556–1559, Stuttgart 1907, 369, Anm. 6.

¹⁰⁷ Vgl. Sulzer an Marbach, 30. April 1557, in: Fecht, Supplementum (wie Anm. 95), pars II, Nr. XLVI, 65f. Der Hinweis auf Sulzers Empfehlung Bezas und Farels an Kurfürst Ottheinrich (27. September 1557), die heute im HStA Stuttgart, Best. A 115 (Frankreich), Bü. 16 aufbewahrt wird, findet

bislang weitgehend unbeachteten deutsch-schweizerischen Einigungsversuch machte im Jahr 1559 Kurfürst Friedrich III. von der Pfalz.[108] Er warb bei Herzog Christoph für die [...] *abhaltung und befurderung eines conventus etlicher furnemer, schidlicher und fridliebender theologorum und das in etlichen strittigen articulis unserer wahren christlichen religion, furnemblichen auch die concordia und ainigkeit in dem articulo coenae dominicae gesuecht und derwegen auch die Helveticae und Gallicae ecclesiae und ministri ersuecht möchten werden [...]*.[109] In Stuttgart findet sich eine eigenhändige Notiz Friedrichs, auf der er die „friedliebenden" Theologen aufführte, die ihm vorschwebten, darunter: Simon Sulzer.[110] Auch diese Einigungsinitiative scheiterte allerdings an Christoph von Württemberg, der die Kooperation mit den Schweizern fürchtete und um den Zusammenhalt mit den Sachsen bemüht war.

Die Liste der Vermittlungseinsätze Sulzers im Südwesten des Reiches lässt sich fortführen: 1561 soll Sulzer bei der Beilegung eines Abendmahlsstreites in Rappoltstein geholfen haben,[111] wo er 1554 erste evangelische Predigten gehalten hatte.[112] 1563 sehen wir ihn (wie bereits erwähnt) beim Straßburger Prädestinationsstreit. Mehrfach war Sulzer außerdem in Mömpelgard vermittelnd aktiv (1543, 1560, von Basel aus auch 1571).[113] 1575 löste er einen reformiert-lutherischen Streit in Colmar durch die Vermittlung seines Schülers Christian Serinus nach Colmar. Serinus war bis dahin Pfarrer in Eichstätten im Markgräflerland gewesen und stand der lutherischen Konkordienformel später kritisch gegenüber. Seine Vermittlung nach Colmar ist von Seiten Sulzers als „[...] successful attempt not to commit Colmar's new church to the confessionalism of the churches of Württemberg an Strasbourg [...]"[114] zu sehen. Auch als der neue pfälzische Kurfürst Ludwig VI. Sulzer 1578 um Hilfe bei den konfessionellen Umwälzungen in der Pfalz bat und Sulzers Schweizer Gegner vor Wut über Sulzers Reise nach Heidelberg schäumten, galt Sulzers Einsatz vor Ort nicht der Stärkung der neuerdings dominierenden Lutheraner, sondern ihrer Mäßigung und dem Schutz der Reformierten.[115]

---

sich außerdem bei Ernst, Briefwechsel, Bd. 4 (wie Anm. 106), Nr. 346, 434, Anm. 5. Die anderen dort aufgeführten Empfehlungsschreiben lassen darauf schließen, dass Beza und Farel nicht nur beim Straßburger Rat, sondern auch beim badischen Markgrafen Karl II. vorsprachen, bevor sie Kurfürst Ottheinrich und Herzog Christoph aufsuchten. Dass ausgerechnet der badische Generalsuperintendent Simon Sulzer, dessen Empfehlungen die Zwischenstationen in Straßburg und Heidelberg ermöglichen halfen, nicht auch das Treffen mit dem Markgrafen durch ein Schreiben befördert haben sollte, erscheint unwahrscheinlich. Ein solches Schreiben Sulzers ist allerdings nicht aufzufinden.

[108] Kurfürst Friedrich an Herzog Christoph, 30. September 1559, HStA Stuttgart, Best. A 63 (Religionssachen 1559–1560), Bü. 26/1, fol. 273–275.

[109] Zusammenfassung des Anliegens durch Herzog Christoph in seinem Antwortschreiben an die Pfälzer Räte, 4. Oktober 1559, in: Ernst, Briefwechsel, Bd. 4 (wie Anm.106), Nr. 607, 700–702, hier: 700f.

[110] Kurfürst Friedrich an Herzog Christoph (wie Anm. 108), hier: fol. 274.

[111] Vgl. Linder, Simon Sulzer (wie Anm.5), S. 57f. Linders Quellen bleiben verborgen.

[112] Siehe oben bei Anm. 102.

[113] Vgl. John Viénot, Histoire de la réforme dans le pays de Montbéliard. Depuis les origins jusqu'à la mort de P. Toussain, 1524–1573, Tome 1, Paris 1900, 325 und 332, sowie Toussain an die Mömpelgarder Regierung, 24. Januar 1572, ebd., Tome 2: Pièces justificatives et suppléments, Paris 1900, No. 151bis, 280–284, hier: 283.

[114] Vgl. Kaspar von Greyerz, The Late City Reformation in Germany. The Case of Colmar, 1522–1628 (Veröffentlichungen des Instituts für Europäische Geschichte 98), Wiesbaden 1980, 124–127, hier: 126.

[115] Hierzu sei auf die ausführliche Darstellung in meiner Dissertation verwiesen.

Die Basis all dieser Vermittlungsversuche war direkt oder indirekt die Wittenberger Konkordie von 1536. Direkt im Falle Ludwigs VI., der in Heidelberg mit kompromisslosen Lutheranern genauso zu kämpfen hatte wie mit den von seinem Vater favorisierten Reformierten. Indirekt überall dort, wo die württembergische Kirchenordnung von 1553 oder eine der ihr verwandten Kirchenordnungen galt bzw. zur Grundlage der jeweiligen Streitschlichtung gemacht wurde – in Rappoltstein und Mömpelgard genauso wie natürlich in Baden, wo man sich 1556 die württembergische Kirchenordnung zu eigen machte. Ihr Abendmahlsartikel lautete schlicht, *das in dem nachtmal Christi der leib vnd das blūt Christi warhafftigklich vnd gegenwirtigklich mit brodt vnd wein außgeteilt, empfangen vnd genossen werde.*[116] Sie war somit kompatibel mit der Wittenberger Konkordie, die ja auch lehrte, *das mit dem brot vnd wein warhafftig vnd wesentlich zu gegen sey vnd dargereicht vnd empfangen werde der leib vnd das blut Christi.*[117]

Die weiteren Ausführungen der Wittenberger Konkordie mit ihrer Unterscheidung zwischen himmlischem und irdischem Sakramentsinhalt, der Formulierung der sakramentlichen Einheit von beiden und der Lehre von der *manducatio indignorum* freilich fehlen in den Kirchenordnungen. Ohne noch einen Durchgang durch die Abendmahlsstellungnahmen Simon Sulzers machen zu können, sei aber gesagt, dass Sulzer selbst auch im Detail an der Konkordie festhielt. Im August 1578, am Vorabend der Annahme der Konkordienformel im Markgräflerland, stellte Sulzer ein 35 Folioseiten umfassendes Abendmahlsbekenntnis auf, das ich für den Anhang meiner Dissertation ediert und analysiert habe.[118] Darin zeigt sich, dass Sulzer auch noch unter den Bedingungen der endgültigen Spaltung darum ringt, an der Wittenberger Konkordie und den theologischen Weichenstellungen Martin Bucers festhalten zu können. Wo Bucer allein nicht mehr ausreicht, sind auch Anklänge an Philipp Melanchthon und Johannes Calvin festzustellen. Sie entstammen aber durchweg dem theologischen Spektrum der melanchthonisch-calvinischen Annäherung in den späten 1550er Jahren.

Fragt man nun nach Sulzers Rolle bei der Durchsetzung der Konkordienformel im Markgräflerland, so wird ein entscheidender Hinweis bei Gottlieb Linder schnell überlesen, der erst vor dem Hintergrund des Abendmahlsbekenntnisses von 1578 richtig verstanden werden kann: „[N]och im Jahr 1581 mußte Sulzer von Paulus Cherler, der ihn Oberbischof der Markgrafschaft und seinen verehrten Lehrer und alten lieben Gastfreund nennt, vernehmen, daß man im Markgrafenland sage, Sulzer denke anders über die Person Christi und die Prädestination als die Concordie."[119] In der Tat bleibt Sulzer in seinem Abendmahlsbekenntnis weit hinter den konfessionellen Zuspitzungen der Konkordienformel zurück. Dazu passt, dass bei genauerem Hinsehen Gottlieb Linders Bericht über die Einführung der Konkordienformel Sulzers nordbadischen Amtskollegen Ruprecht Dürr als den deutlich entschiedeneren Verfechter der Konkordie zeichnet, während Sulzers Rolle oft genug unklar bleibt. Warum und in welchem Maße Sulzer also für die Einführung der Konkordienformel in der Markgrafschaft

---

[116] Fritz Hauss/Hans Georg Zier (Hgg.), Die Kirchenordnungen von 1556 in Kurpfalz und in der Markgrafschaft Baden-Durlach (VVKGB 16), Karlsruhe 1956, 55.
[117] Vgl. die *Formula Concordiae Lutherj at Bucerj* (28. Mai 1536), in: BDS 6,1, 114–134.
[118] Wie Anm. 79.
[119] Linder, Simon Sulzer (wie Anm. 5), 110. Die von Linder nicht kenntlich gemachte Quelle ist der Brief Paul Cherler an Simon Sulzer, 8. Februar 1581, UB Basel G II 3, 613a/b.

eintrat, bedarf auf der Basis dieser Beobachtungen einer neuen Untersuchung, die ich aber im Rahmen meiner Dissertation nicht mehr leisten konnte. Meine Einschätzung geht weniger in die Richtung einer scharfen theologischen Begründung für Sulzers Engagement als in den Bereich der faktischen Sachzwänge und persönlicher Sympathien: Zu den Sachzwängen gehörte, dass die Einführung der Konkordienformel durch die badische Vormundschaftsregierung schlichtweg vorgeschrieben worden war und dass eine Weigerung des Basler Antistes nicht im Sinne der zu jener Zeit in Basel noch vorherrschenden, konfessionell offenen und gutnachbarschaftlichen Ratsdoktrin gewesen wäre. Persönliche Sympathien hegte Sulzer darüber hinaus für die innerlutherischen Konkordienbemühungen Jakob Andreäs. Immerhin machte hier noch einmal einer den Versuch, unter den Bedingungen einer inzwischen dreifachen, gnesiolutherisch-philippistisch-reformierten Spaltung eine Konkordie im Rahmen des Möglichen herbeizuführen – ein Bestreben, das Sulzer auf schweizerischer Seite nirgendwo mehr entdecken konnte und das ihn den Zürchern und der wachsenden Zahl ihrer Parteigänger in Basel entfremdet hatte. Dennoch zeigt sein Abendmahlsbekenntnis von 1578, dass er sich auch im persönlichen Umgang mit den Protagonisten dieser lutherischen Konkordie nicht von seinem bucerischen Standpunkt entfremden ließ.

Den Spätgeborenen war freilich die Sensibilität für die bucerischen Einflüsse in der Theologie Simon Sulzers verloren gegangen. Paul Cherler, Jahrgang 1540, besang Sulzer nach der Veröffentlichung des Abendmahlsbekenntnisses als „zweiten Melanchthon in der Schweiz" – freilich nicht, weil er Sulzer nun dem Luthertum zuordnete, sondern explizit, weil er ihm jene konfessionelle Mittelstellung zuerkannte, für die einst Martin Bucer gestanden hatte und die man mittlerweile zuerst mit dem Namen Philipp Melanchthon verband. Den zeitgenössischen Gnesiolutheranern muss Sulzer also wie Melanchthon als Kryptocalvinist erschienen sein, während er den schweizerischen Erben Bullingers und Calvins als wendiger Fuchs mit gespaltener Zunge und als lutherischer Verräter galt.[120] In weiten Teilen der offen konfessionalistischen oder schlichtweg undifferenzierten Historiographie der nächsten Jahrhunderte fand die letztere Sichtweise lediglich das größere Echo.

Schluss

Betrachtet man die zahlreichen Simon Sulzer betreffenden Fußnoten im Apparat der Heinrich Bullinger-Briefwechseledition, so fällt auf, dass auch hier bis vor nicht allzu langer Zeit die Zuordnung Sulzers zum Luthertum unter Verweis auf die Ergebnisse Amy Burnetts als „fragwürdig" eingestuft wurde.[121] Seit aber die Editionsleitung von Rainer Henrich auf Reinhard Bodenmann übergegangen ist, kehrt das Attribut „lutherisch" in Form einer „bucerisch-lutherischen" Charakterisierung Simon Sulzers

---

[120] Der Polemik gegen Sulzer im Briefwechsel seiner Gegner, der zahlreiche spätere Sulzer-Darstellungen im Wortlaut folgen, ist in meiner Dissertation ein eigenes Kapitel gewidmet.
[121] Zuletzt in HBBW 14, 107, Anm. 3.

und unter Verweise auf Karl Bernhard Hundeshagen wieder in die aktuelle Forschung zurück.[122] In Bezug auf Sulzers Verbündete ist nicht mehr von „Buceranern" die Rede, sondern von „Lutheranern". Das Argument, dass für Sulzer Christus, wenn nicht in und unter Brot und Wein, so doch in jedem Fall *mit* Brot und Wein im Abendmahl gegenwärtig gewesen sei und dass er damit als Lutheraner gesehen werden müsse, erschließt sich aber nur in der Übernahme jener Sichtweisen, die seit Heinrich Bullinger in der Zürcher Kirche des 16. Jahrhunderts um sich griffen. Im Hinblick auf die konfessionsgeschichtliche Bedeutung Basels für die Zusammenhänge der oberdeutschen Reformation und auf die Wechselwirkungen der einzelnen Reformationen im Südwesten ist ein Erkenntnisgewinn jedoch nur zu erwarten, wenn der Blick für die theologischen Zwischentöne gewahrt bleibt. Das „Mit" ohne „In" und „Unter" verfolgt konfessionspolitisch eben keine lutheranisierende Agenda. Vielmehr strebt es danach, den Freiraum für jene Zwischentöne zu erhalten, von denen sich einst Martin Bucer die Einigung des evangelischen Lagers erhoffte. Bucers so begonnenes und in alle oberdeutschen Reformationen hineinwirkendes Einigungsvorhaben hatte im Südwesten ein in seiner Länge noch immer viel zu wenig beachtetes Nachleben in der Person Simon Sulzers.

---

[122] Seit HBBW 15, 79, Anm. 3.

„Nicht bloß barmherzige Mitschwester, [...] sondern [...] Theologin, weiblicher Pfarrer"[1] – Elsbeth Oberbeck (1871–1944): Leben und Wirken der ersten badischen Theologin[2]

Sarah Banhardt

Mit tiefem Dank und großem Respekt Hilde Bitz (1929–2017) gewidmet.

1. Einleitung

Wer heute Veranstaltungen an einer evangelisch theologischen Fakultät besucht, wird mit großer Wahrscheinlichkeit viele Frauen antreffen. Immer wieder heißt es, das Pfarramt „verweibliche".[3] Was heute als Alltag an den theologischen Fakultäten und in unseren Kirchengemeinden betrachtet werden kann, war lange Zeit nicht nur außergewöhnlich, sondern gänzlich unmöglich. Bereits seit mehr als 100 Jahren können zwar Frauen in Deutschland Theologie studieren,[4] aber es ist nicht einmal 50 Jahre her, dass Männer und Frauen in unserer badischen Landeskirche gleichberechtigt als Pfarrerinnen und Pfarrer arbeiten können.[5]

Und doch nahm vor 100 Jahren, im August 1917, die erste badische Theologin, Elsbeth Oberbeck, ihren Dienst in der Heidelberger Heiliggeistgemeinde auf.

---

[1] Brief Schlier an den Evangelischen Oberkirchenrat Karlsruhe (EOK) vom 27. April 1919 in LKA PA 485 (Elsbeth Oberbeck).

[2] Dieser Artikel wurde im Januar 2017 im Rahmen der Feierlichkeiten zum Reformationsjubiläum der Evangelischen Kirche Heidelberg bereits vorgetragen und ist die gekürzte Version einer Hauptseminararbeit, die ich bei Professor Dr. Johannes Ehmann, Universität Heidelberg, verfasst habe. Ich danke Herrn Professor Ehmann für seine Unterstützung. Mein besonderer Dank gilt auch Dr. Hans-Georg Ulrichs, der sowohl die Vorstellung meiner Arbeit ermöglicht, als auch mich zur Publikation ermutigt hat.

[3] Im Jahr 2008 waren 33% der aktiven Theologen und -innen im Dienst der EKD Frauen. Unter den Theologiestudierenden scheint der Frauenanteil weiter zu steigen. Christian Grethlein konstatiert eine „*Feminisierung des Pfarrberufs*" (Christian Grethlein, Praktische Theologie, Berlin 2012, 473.)

[4] Im Jahr 1900 öffnete Baden als erstes Land in Deutschland seine beiden Landesuniversitäten Freiburg und Heidelberg für Frauen, die das nötige Reifezeugnis vorlegen konnten. Frauen konnten sich somit zum Wintersemester 1899/1900 nachträglich immatrikulieren lassen und ab dem Sommersemester 1900 regulär einschreiben. Vgl. Marco Birn, Bildung und Gleichberechtigung. Die Anfänge des Frauenstudiums an der Universität Heidelberg (1869–1918), Heidelberg 2012, 35.

[5] Erst 1971 wurden alle Unterschiede mit dem denkwürdigen Satz *Pfarrer im Sinne der Grundordnung ist auch die Pfarrerin* aufgehoben; vgl. Verhandlungen der Landessynode der Evangelischen Landeskirche in Baden, Ordentliche Tagung vom April 1971 (11. Tagung der 1965 gewählten. Landessynode), Karlsruhe 1971, 42.

Im Folgenden wird der Blick zunächst auf zwei grundlegende Voraussetzungen gerichtet – das Frauenstudium und die Berufschancen für Frauen innerhalb der evangelischen Kirche –, bevor Leben und Wirken Elsbeth Oberbecks dargestellt werden.

2. Frauenstudium

2.1 Feindliches Klima

Was gegenwärtig im universitären Kontext ganz gewöhnlich ist – das Miteinander von weiblichen und männlichen Studierenden –, war Anfang des 20. Jahrhunderts (nicht nur in der Theologie) völlig neu und keineswegs selbstverständlich und problemlos. Frauen konnten sich zwar immatrikulieren, doch das Klima an den Universitäten war rau. Vor allem die männlichen Kommilitonen taten sich schwer mit den Studentinnen und machten keinen Hehl daraus, dass sie „die Frau" nicht für studierfähig hielten. Zahlreiche böse Karikaturen über Studentinnen, die zwar hübsch, aber nicht schlau seien, über hässliche alte Jungfern an der Universität oder über Frauen, die doch nur die Kommilitonen und Professoren zu verführen und einen Ehemann zu finden suchten, zeugen davon.[6]

Anschaulich wird das feindliche Klima gegenüber den Studentinnen auch in einer kurzen Notiz aus dem Satiremagazin „Kladderadatsch" aus dem Jahr 1904: *Auf der Heidelberger Universität ist am 30. April die erste Studentin der Theologie immatrikuliert worden. Andere werden ihr folgen, und so ist denn Aussicht dazu vorhanden, dass den Gardinenpredigten der Zukunft eine wissenschaftliche Grundlage nicht fehlen wird.*[7]

Mir scheinen an dieser kurzen Notiz folgende Dinge bemerkenswert:

1. Die Immatrikulation einer Heidelberger Studentin – namentlich Adelheid Thönes[8] – an der theologischen Fakultät scheint derart außergewöhnlich, dass sie Erwähnung in einem deutschlandweit erscheinenden, gerade bei Akademikern und Studenten beliebten Magazin findet.
2. Von der ersten offiziellen Zulassung von Studentinnen in Heidelberg im Frühjahr 1900 dauert es noch 4 Jahre, bis sich eine Frau ordentlich in der Theologie einschreibt.[9]
3. Es wird deutlich, welche Erwartungen „die Männerwelt" an weibliche Theologiestudierende hatte: Mehr als Gardinenpredigten waren ihrer Ansicht nach von einer

---

[6] Vgl. Birn, Bildung und Gleichberechtigung (wie Anm. 4), 47.
[7] Kladderadatsch: humoristisch-satirisches Wochenblatt, Berlin 57.1904, 74.
[8] Vgl. Birn, Bildung und Gleichberechtigung (wie Anm. 4), 56, 125.
[9] Im selben Jahr – 1904 – vergab die Theologische Fakultät Heidelberg auch erstmals in Deutschland die theologische Ehrendoktorwürde an Frauen. Sie kam den englischen Zwillingsschwestern Agnes Smith Lewis und Margaret Dunlop Gibson für den Fund und die Herausgabe syrischer Evangeliumshandschriften zu. (Vgl. Birn, Bildung und Gleichberechtigung [wie Anm. 4], 130f.).

„Theologin" nicht zu erwarten. Das Ergreifen eines theologischen Berufes oder gar einer akademischen Berufslaufbahn scheint fern jeder Vorstellung.

2.2 Frauenstudium in Deutschland

Die deutschen Universitäten öffneten sich verhältnismäßig spät für Frauen.[10] Bereits im 18. Jahrhundert gab es zwar die ersten Frauen an deutschen Universitäten, doch galten sie als Ausnahmeerscheinungen, wie beispielsweise Christiane Erxleben, die 1754 als erste Frau den Doktor der Medizin erlangte. Sie wandte sich in ihrer Schrift „Gründliche Untersuchung der Ursachen, die das weibliche Geschlecht vom Studieren abhalten" vehement gegen die vielen Vorurteile gegenüber dem Frauenstudium.[11] Aber es bedurfte erst der Veränderungen des 19. Jahrhunderts, dass Bildung und Ausbildung von Frauen und Mädchen breit diskutiert wurden.

Die Industrialisierung bedingte einen gesellschaftlichen Wandel von der Produktions- zur Konsumgemeinschaft und bewirkte nicht nur die Auslagerung der Arbeit von der Familie zum Betrieb und den Wertverlust körperlicher Arbeit, sondern sie begrenzte auch das Betätigungsfeld von Frauen zunächst auf Haushalt und Familie. Gleichzeitig nahm der Anteil unverheirateter Frauen stetig zu. Gerade im Bürgertum stellte sich für viele Familien das Problem der Versorgung und der Wahrung des sozialen Standes ihrer unverheirateten Töchter. Bürgerliche Frauen konnten sich bis dahin als Erzieherin, Lehrerin oder Gouvernante im häuslich-familiären Umfeld betätigen. Bildung und die Möglichkeit, einen angemessenen Beruf zu ergreifen, schienen die Lösung. So forderte vor allem die Mittel- und Oberschicht nach der Revolution von 1848 gleiche Bildungschancen, damit auch Frauen der Zugang zu akademischen Berufen ermöglicht würde. Lebensunterhalt und sozialer Stand sollten somit auch ohne Ehemann gesichert sein. In der Frauenbewegung organisierten sich darum viele Frauen des Bürgertums und forderten gleiche Bildungschancen und neue Berufsperspektiven. Die 1849 von Louise Otto-Peters gegründete „Frauen-Zeitung" war eines ihrer Sprachrohre. Im Laufe der Zeit gründeten sich immer mehr Frauenvereine, die die Zulassung von Frauen zu den Hochschulen forderten – besonders aktiv waren der 1865 gegründete Allgemeine Deutsche Frauenverein und der 1888 gegründete Frauenverein-Reform. 1869 und 1871 wurden erste kleine Erfolge sichtbar: Heidelberg und Leipzig ließen erstmals Hörerinnen zu – natürlich nur sofern der dozierende Professor bereit war, sie zu tolerieren.[12]

Der gemäßigte Flügel der Frauenbewegung machte dabei eines deutlich: Die Forderung nach dem Zugang zu Berufen entsprang nicht dem Wunsch nach Autonomie, sondern dem Bedarf der Gesellschaft[13] – vor allem nach Lehrern und Ärzten. Gemäß

---

[10] In vielen europäischen Nachbarstaaten war es Frauen bereits ab Mitte der 1860er Jahre möglich, die Universitäten zu besuchen.

[11] Vgl. Kristine von Soden, Zur Geschichte des Frauenstudiums, in: Kristine von Soden und Gaby Zipfel (Hgg.), 70 Jahre Frauenstudium. Frauen in der Wissenschaft, Köln 1979, 9f.

[12] Vgl. von Soden, Frauenstudium (wie Anm. 11), 10–12; Birn, Bildung und Gleichberechtigung (wie Anm. 4), 22.26; Dagmar Henze, Die Anfänge des Frauenstudiums in Deutschland, in: Gerhard Besier u.a. (Hgg.), „Darum wagt es Schwestern…". Frauenforschungsprojekt zur Geschichte der Theologinnen (Historisch-Theologische Studien zum 19. und 20. Jahrhundert 7), Neukirchen-Vluyn 1994, 19–40.

[13] Diese Argumentationslinie nahmen später auch viele Theologinnen auf.

der „Politik der organisierten Mütterlichkeit"[14] galt diesen Berufen das vorrangige Interesse.

Voraussetzung aller universitären Bildung war jedoch ein Schulabschluss, der zur Zulassung zu einer Hochschule berechtigte. So war die Schulbildung die erste Hürde, die Frauen auf dem Weg zu einem Hochschulabschluss und dem Ergreifen eines akademischen Berufes überwinden mussten.

1889 gründete Helene Lange zu diesem Zweck in Berlin ihre Realkurse für Frauen. Der Lehrplan bot auch Naturwissenschaften und Latein an und bereitete somit auf das Abitur vor. Obwohl die Kurse von der männlichen Lehrerschaft verspottet wurden, wandelte Lange die Kurse 1893 in Gymnasialkurse um. Drei Jahre später, am 28. März 1896, legten die ersten sechs Absolventinnen am königlichen Luisengymnasium in Berlin das Abitur erfolgreich ab.[15]

Trotz mehrerer Anfragen und Diskussionen im Reichstag in den 1890er Jahren blieb das Frauenstudium aber Länderthema und eine einheitliche, deutschlandweite Regelung konnte nicht getroffen werden. 1900 ließ Baden als erstes Land Frauen „versuchs- und probeweise"[16] zur Immatrikulation zu. Erst 1908 war es Frauen in ganz Deutschland möglich, zu studieren.

Die Universitäten waren allerdings weder auf die Studentinnen vorbereitet – so gab es häufig keine separaten sanitären Anlagen für sie –, noch empfingen sie sie mit offenen Türen. Oft musste die Nutzung der universitären Einrichtungen, wie z. B. der Bibliotheken, extra beantragt werden. Frauen erhielten in der Regel kein akademisches Bürgerrecht und konnten sich somit nicht in legaler Weise zusammenschließen. Und vor allem waren sie dem Spott der männlichen Kommilitonen und Professoren ausgesetzt; in den Blättern der Burschenschaften wurden sie böse karikiert.[17]

Vor allem ab dem Ersten Weltkrieg aber ergriffen immer mehr Frauen ein Studium – am beliebtesten war Medizin. Dennoch war der Abschluss eines Studiums kein Garant für eine Stelle im gewünschten Beruf. In einigen Bereichen wurden Prozentklauseln eingeführt, die den Anteil von Frauen festlegten – so durften beispielsweise max. 5% der Ärzteschaft Frauen sein. In der Regel mussten Frauen zudem grundsätzlich besser qualifiziert sein als männliche Bewerber.[18]

Bereits kurz nach dem Ersten Weltkrieg wurden Frauen im Kontext der Inflation und der wachsenden Arbeitslosigkeit zunehmend diskriminiert. Obgleich die Weimarer Verfassung in Artikel 109 die Gleichberechtigung aller Bürger festlegte, mussten Frauen, deren Männer ebenfalls arbeiteten, im Zuge der Demobilmachungsverordnungen ihre Arbeitsplätze männlichen Kollegen überlassen. Diese Umstände wirkten sich auch auf die Zahlen der Studentinnen und Hochschulabsolventinnen negativ aus.[19] Obwohl Frauen ab 1918 die Habilitation und die Dozentur an Hochschulen offen stand, boten sich auch hier nur selten Karrierechancen. Viele Frauen schlossen ihr Studium mit einer Promotion ab, eine akademische Laufbahn im Universitätsbe-

---

[14] Henze, Anfänge des Frauenstudiums (wie Anm. 12), 26.
[15] Vgl. von Soden, Frauenstudium (wie Anm. 11), 12f.
[16] Ernst Theodor Nauck, Das Frauenstudium an der Universität Freiburg i. Br. (Beiträge zur Freiburger Wissenschafts- und Universitätsgeschichte 3), Freiburg i. Br. 1953, 21; zitiert nach: von Soden, Frauenstudium (wie Anm. 11), 17.
[17] Vgl. Birn, Bildung und Gleichberechtigung (wie Anm. 4), 47.
[18] Vgl. von Soden, Frauenstudium (wie Anm. 11), 23.
[19] Vgl. ebd., 18.

trieb blieb aber die absolute Ausnahme.[20] Die Gesellschaft hatte zwar begonnen, sich für gleichberechtigte Bildungschancen und das Studium von Frauen zu öffnen, mit der zunehmenden wirtschaftlichen und politischen Instabilität der Weimarer Republik aber gewannen auch Frauenbilder, die man bereits für überkommen gehalten hatte, an Popularität und verdrängten Frauen aus akademischen Berufen.[21]

Generell war nur privilegierten Frauen, vor allem aus dem Bürgertum und aus Akademikerfamilien, ein Studium möglich. Noch mehr als drei Jahrzehnte nach der Öffnung der Universitäten für Frauen in Deutschland mussten sie sich immer wieder aufs Neue gegen das Monopol der Männer auf akademische Bildung und Berufe durchsetzen.[22]

2.3 Frauenstudium in Baden bzw. Heidelberg

In Baden – an den Universitäten Freiburg und Heidelberg – waren Frauen ab 1900 zum ordentlichen Studium zugelassen. Damit übernahm Baden in dieser Hinsicht, wie auch im Bereich der Schulbildung von Mädchen, eine Vorreiterrolle. Denn schon 1893 – im selben Jahr, in dem in Berlin die Realkurse für Frauen bei Helene Lange begannen – wurde in Karlsruhe das erste badische Mädchengymnasium eröffnet. Träger waren die Stadt Karlsruhe und der Verein Frauenbildungsreform. Aufgenommen wurden Mädchen ab 12 Jahren – also nach dem Ende ihrer Schulpflicht –, die bereits eine höhere Töchterschule besucht hatten. 1899 legten die ersten vier Schülerinnen das Abitur ab und wurden im Wintersemester 1899/1900 rückwirkend an den Universitäten Heidelberg und Freiburg immatrikuliert.[23]

Bereits 1869 waren an der Universität Heidelberg die ersten Frauen als Gasthörerinnen zugelassen worden – sofern der Dozent keinen Widerspruch erhob. Vor allem in den Naturwissenschaften wurde diese Möglichkeit wahrgenommen. Der Großteil der Gasthörerinnen kam aus Russland. Als sich 1873 jedoch Widerstand innerhalb der Universität gegen diese Öffnung erhob, waren es insgesamt nur acht Frauen, denen der Besuch der Veranstaltungen zugestanden worden war. Im August 1873 schließlich wurde Frauen der Besuch von Vorlesungen wieder gänzlich untersagt.[24]

Einen Aufschwung erhielt das Frauenstudium in Heidelberg ab 1891. An der neu gegründeten mathematisch-naturwissenschaftlichen Fakultät fanden sich unter den Professoren viele Befürworter. Sie setzten sich gegen den Senat der Universität durch und ermöglichten in Kooperation mit dem Kultusministerium in Karlsruhe Frauen generell den Zugang als Hörerinnen zu den Veranstaltungen der Fakultät. Damit verbunden war allerdings, dass die Frauen weder Scheine noch einen Abschluss erwerben konnten. Ab 1894 jedoch ermöglichte die mathematisch-naturwissenschaftliche Fakultät ihren Hörerinnen, das Studium mit einer den Männern gleichwertigen Promotion abzuschließen. Nach und nach folgten andere Fakultäten diesem Beispiel, 1899

---

[20] Vgl. ebd., 23ff.
[21] Vgl. ebd., 25.
[22] Vgl. ebd., 33f.
[23] Vgl. Birn, Bildung und Gleichberechtigung (wie Anm. 4), 18f., 20f.
[24] Vgl. ebd., 22f., 37.

schließlich auch die theologische Fakultät, die damals eine Gasthörerin zugelassen hatte.[25]

Als erste ordentliche Studentin Heidelbergs schrieb sich Georgine Sexauer am 28. April 1900 ein.[26] In ihrem Matrikeleintrag schrieb sie jedoch ihren Vornamen nicht aus, sondern notierte „*Georg. Sexauer*"[27] Warum sie sich so entschied, ist nicht bekannt, aber ein Blick auf die anderen Matrikeleinträge jenes Tages lässt Überlegungen zu. Zum einen war Georgine Sexauer die erste und einzige Frau, die sich an diesem Tag einschrieb. Zum anderen war sie mit ihren 38 Jahren fast doppelt so alt wie die meisten Männer, die sich mit ihr immatrikulierten. Es ist zu vermuten, dass die jungen Studenten der älteren Studentin kritisch, wenn nicht sogar offen feindlich gegenüber traten. Georgine Sexauer wollte sicherlich kein großes Aufheben um ihre Immatrikulation machen und hoffte womöglich durch die Abkürzung ihres – in dieser Hinsicht sehr praktischen – Namens in der Masse unterzugehen.

Bis 1904 schrieben sich nur wenige Studentinnen ordentlich ein. Die Zahl der Gasthörerinnen sank zunächst langsam aber stetig, denn auch nach der Öffnung der Universitäten für Frauen mit Abitur durften Frauen ohne Reifezeugniss mit besonderer Erlaubnis Veranstaltungen besuchen. In den nächsten zehn Jahren stieg die Anzahl von Studentinnen kontinuierlich. Während des Ersten Weltkriegs – zur Zeit, in der auch Elsbeth Oberbeck in Heidelberg studierte – stieg der prozentuale Anteil der Frauen stark an. Waren im Sommersemester 1914 bei der Immatrikulation bereits 10% der Studierenden Frauen, so waren es vier Jahre später schon 17,7%. Kriegsbedingt machten die Frauen in der Realität jedoch einen viel größeren Anteil aus, da die männlichen Kommilitonen an der Front waren. So muss für das Sommersemester 1916 von einem realen Frauenanteil bei den Veranstaltungen von 43,8%, für das Sommersemester 1918 sogar von 54,9% ausgegangen werden. Der Altersdurchschnitt der Studentinnen für die Jahre 1900–1920 lag bei 22,5 Jahren. Etwa 50% der Frauen schlossen ihr Studium mit einer Promotion ab.[28]

In der Theologie war der Frauenanteil deutlich geringer. Zwischen 1904 und 1918 schrieben sich 19 Studentinnen ein, 16 davon zeitgleich auch an der philosophischen Fakultät. Damit hatte Heidelberg einen Frauenanteil von 1% und lag damit deutlich über dem deutschlandweiten Schnitt von 0,4%.[29] Größtes Problem der Theologinnen waren allerdings die schlechten Berufsaussichten und vor allem das Problem des Abschlusses. Da die evangelischen Landeskirchen die Examina abnahmen und keine Frauen dazu zuließen – bis 1919 Fakultätsexamina aufgrund des Artikels 109 der Weimarer Verfassung eingeführt wurden –, blieb als einzige Option die Promotion. Carola Barth legte am 14. Dezember 1907 als erste Frau in Deutschland erfolgreich das Promotionskolloquium an der theologischen Fakultät in Jena ab. In Heidelberg promovierte Maria Heinsius am 17. Juli 1917 als erste Theologin.[30]

---

[25] Vgl. ebd., 40f.
[26] Vgl. ebd., 20f.
[27] Matrikeleintrag von Georgine Sexauer, im Matrikelbuch der Universität Heidelberg abrufbar unter http://digi.ub.uni-heidelberg.de/diglit/matrikel1895/0210 (26. Januar 2017).
[28] Vgl. Birn, Bildung und Gleichberechtigung (wie Anm. 4), 13, 42, 62, .65f., 73–82.
[29] Vgl. ebd., 56, 125.
[30] Vgl. Henze, Anfänge des Frauenstudiums (wie Anm. 12), 33, 37.

3. Berufschancen für Frauen innerhalb der evangelischen Kirche – Diakonisse oder Gemeindehelferin

Neben dem Frauenstudium und der Frage des Studienabschlusses waren vor allem die ersten weiblichen Berufsbilder innerhalb der evangelischen Kirche prägend für die weitere Entwicklung.

In der evangelischen Kirche hatte sich zu Beginn des 19. Jahrhunderts das Diakonissenamt als kirchlicher Frauenberuf entwickelt. Der Schwerpunkt der Arbeit war vor allem Kindererziehung und Krankenpflege. Ganz dem Ideal der sozialen Mutterschaft folgend, nahmen die Frauen in begrenzter Öffentlichkeit Aufgaben wahr, die innerhalb der Familie traditionell Frauen zugeschrieben wurden. Dennoch bot der Beruf jungen Frauen eine gesellschaftlich anerkannte und gesicherte Existenz außerhalb der Ehe. In der Tradition Amalie Sievekings lebten die Frauen selbstverwaltet und weitgehend unabhängig von Männern und der Kirche. Theodor Fliedners Struktur der Mutterhäuser war dagegen patriarchalisch strukturiert. Fliedner selbst nahm in der Gemeinschaft die Rolle des Hausvaters ein, seine Frau die der Mutter, die Diakonissen waren ihre Töchter.[31]

Ende des 19. Jahrhunderts entschlossen sich jedoch immer weniger junge Frauen, einer Diakonissengemeinschaft beizutreten. Vertreter der Inneren Mission beklagten, dass den Frauen die Bereitschaft fehle, selbstlos Gott zu dienen. Die Frauenbewegung hingegen war der Ansicht, dass es vor allem die hierarchisch-patriarchalische Struktur der Mutterhäuser sei, die die jungen Frauen ablehnten.[32] Da jedoch immer mehr ledige Frauen in Folge der Veränderungen, die mit der Industrialisierung einher gegangen waren, aus dem sozialen Netz der Familie fielen und zu verarmen drohten, galt es Lösungen zu finden.

Die Frauenbewegung setzte sich als ein Ziel, jungen Frauen eine eheunabhängige Existenz zu ermöglichen. Bildung und Berufsperspektiven waren deshalb zentrale Forderungen. Die Diskussionen in den großen Vereinen der Frauenbewegung – zu denken ist hier u. a. an den Allgemeinen Deutschen Frauenverein und den Frauenverein-Reform – wurden auch in kirchlichen Kreisen und unter evangelischen Frauen thematisiert. Das Diakonissenamt, bis dahin der einzige kirchliche Frauenberuf, geriet in die Kritik.[33]

In der Zeitschrift „Die christliche Welt" nahmen Befürworter und Kritiker Stellung. Elisabeth Malo (1855–1930) sprach sich entschieden für eine Reform des Diakonissenberufes aus. Sie beklagte den geringen Verdienst und den Anspruch auf völlige Selbstlosigkeit und ständige Verfügbarkeit. Dem häufig vorgebrachten Argument, dass das Amt der Diakonisse besonders in der Nachfolge Jesu stünde, widersprach sie deutlich: Im Sinne des Priestertums aller Gläubigen folge jeder in seinem Beruf

---

[31] Vgl. Almut Witt, Zur Entwicklung kirchlicher Frauenberufe Ende des 19. Jahrhunderts, in: Gerhard Besier u.a. (Hrsg.), „Darum wagt es Schwestern…". Frauenforschungsprojekt zur Geschichte der Theologinnen (Historisch-Theologische Studien zum 19. und 20. Jahrhundert 7), Neukirchen-Vluyn 1994, 41–54, hier 42f.
[32] Vgl. ebd., 41.
[33] Vgl. ebd., 44.

gleichwertig Jesu nach. Deutlich machte sie auch, dass die Tätigkeiten von Diakonissen gebildeten Frauen nicht entsprächen.[34]

In Folge der Diskussionen kam es zum einen 1894 zur Gründung des Evangelischen Diakonievereins. Dieser ermöglichte eine Ausbildung, ließ die Frauen aber gesichert durch eine genossenschaftsähnliche Struktur selbstständig arbeiten.[35] Gleichzeitig wurde auch nach neuen Betätigungsmöglichkeiten für Frauen innerhalb der Kirche gesucht. So forderte z. B. der Deutsche Evangelische Frauenbund ab 1903 das Stimmrecht für Frauen innerhalb der Kirche. Die Frauen strebten nach mehr Einfluss – sowohl gesamtkirchlich als auch konkret auf die Stellung von Frauen bezogen. Erfüllt wurde ihr Wunsch allerdings erst 1918 durch die Weimarer Verfassung.[36]

Weiterhin boten die evangelische Frauenhilfe und die Frauenvereine in den Kirchengemeinden ein Betätigungsfeld. Diese Arbeit war jedoch zu Beginn ehrenamtlich. Ziel war es, ähnlich wie die Diakonissen, durch den eigenen Dienst soziale Missstände zu verbessern.[37]

Mit der Zulassung von Frauen zum Studium setzten auch in der universitären Theologie und in den Kirchenbehörden Anfang des 20. Jahrhunderts erste Diskurse über die Verwendung von Frauen ein. So sprach sich der liberale Theologe Rudolf Otto (1869–1937) für ein neues, eigenes Frauenamt in den Gemeinden aus. Die Aufgaben sollten zwar keine öffentliche Wortverkündigung, aber Seelsorge und private Andachten umfassen. Das Amt sollte dem der Geistlichen ebenbürtig sein und auch eine theologische Ausbildung voraussetzen. Ziel war es, die Arbeit von Frauen zu institutionalisieren und zu standardisieren. Diese frühe Position für ein eigenes theologisches Frauenamt, ein Amt sui generis, spielte auch in den späteren Diskussionen um das Amt der Theologinnen eine bedeutende Rolle.[38]

Doch bis zum Ersten Weltkrieg blieben die Beschäftigungsmöglichkeiten von Frauen auf den diakonischen Bereich beschränkt. Der Einsatz von Frauen in der Kirche war meist ehrenamtlich, denn außerhalb des Diakonissenamtes gab es keine klar umrissene Erwerbstätigkeit. Leitendes Ideal blieb die soziale Mutterschaft. Frauen wurden in Arbeitsfeldern eingesetzt, die denen der sorgenden Hausfrau und Mutter nahe standen. Über den diakonisch-pflegerischen Bereich konnten sich Frauen in den Frauenvereinen ehrenamtlich engagieren.[39]

Die Forderung nach Erwerbsmöglichkeiten von Frauen in der Kirche wurde aber dem eigenen Verständnis nach nicht um der Autonomie oder Gleichberechtigung willen gestellt, sondern weil man Bedarf in der Bevölkerung und die Notlage lediger Frauen sah.

Nach dem Ersten Weltkrieg eröffneten sich Frauen neue Möglichkeiten, denn mit dem Ende des landesherrlichen Summepiskopats setzten grundlegende Umwälzungen in der evangelischen Kirche ein. Bereits zuvor hatte es zu wenig Pfarrstellen gegeben und in den Gemeinden brauchte es dringend Unterstützung: Der Beruf der Gemeindehelferin entstand. Die Ausbildung dazu wurde in speziellen Schulen angeboten.

---

[34] Vgl. ebd., 45–49.
[35] Vgl. ebd., 49.
[36] Vgl. Heike Köhler, Kirchenpolitische Notwendigkeiten zur Einrichtung eines Theologinnenamtes, in: Besier u. a., „Darum wagt es Schwestern…" (wie Anm. 31), 55–68, hier: 57–59.
[37] Vgl. Witt, Entwicklung kirchlicher Frauenberufe (wie Anm. 31), 50f.
[38] Vgl. Köhler, Notwendigkeiten (wie Anm. 36), 56.
[39] Vgl. Witt, Entwicklung kirchlicher Frauenberufe (wie Anm. 31), 54.

So wurde beispielsweise in Freiburg am 1. Oktober 1918 die Evangelische Frauenberufsschule für kirchliche und soziale Arbeit, später die Evangelisch-soziale Frauenschule und Vorgängerin der heutigen Evangelischen Hochschule Freiburg, von Marie von Marschall gegründet. Frauen sollten durch die Ausbildung eigene berufliche Wege gehen können, aber auch in ihrer Arbeit mit Frauen, Mädchen und Kindern, durch Hilfe in der Verwaltung und durch Hausbesuche die Pfarrer entlasten.

Die Ausbildung ging über die von Diakonissen und Erzieherinnen hinaus. Somit standen die theologisch gebildeten Gemeindehelferinnen in Konkurrenz zu den männlichen Pfarrern und den ersten weiblichen Theologinnen. Ihre Arbeit, die zwar im diakonischen Bereich angesiedelt war und in Unterordnung zum Pfarramt stand, ebnete den Weg für einen Theologinnenberuf, denn die Gemeindehelferinnen erlangten durch ihren Dienst Akzeptanz in den Gemeinden. Da das Berufsbild aber an traditionellen Frauenbildern festhielt, blieb es für Theologinnen schwer, ihren Qualifikationen angemessene und gut bezahlte Stellen zu ergreifen.[40]

4. Elsbeth Oberbeck

Das Frauenstudium und das Vorhandensein weiblicher Berufsbilder innerhalb der Kirche waren zwei grundlegende Voraussetzungen dafür, dass sich der Lebensweg Elsbeth Oberbecks so entwickeln konnte, wie er es tat.

Elsbeth Oberbeck war die erste Frau, die ein Examen bei einer deutschen evangelischen Landeskirche ablegte – und dies in Baden. Sie war damit, so kann man sagen, die erste badische Theologin. Es ist leider nur wenig über sie bekannt. Fotos oder ein Nachlass existieren nicht. Ihre Personalakte im landeskirchlichen Archiv ermöglicht aber dennoch einige Einblicke in ihr Leben und Wirken.[41]

4.1 Biographie bis 1915[42]

Elsbeth Auguste Oberbeck wurde am 19. August 1871 in Breslau geboren. Ihr Vater Hermann Julius Albert Oberbeck arbeitete dort als Bauinspektor bei der Reichseisenbahn. Ihre Mutter Marie Alma war Tochter des geheimen Regierungsrates Schwedler und stammte aus Berlin. Neben Elsbeth hatten die Oberbecks eine weitere Tochter, über die Elsbeth Oberbeck selbst nichts weiter berichtet, als dass sie bereits vor dem Tod der Mutter im Jahre 1904 verheiratet war.[43]

Rund ein Jahr nach Elsbeth Oberbecks Geburt zog die Familie nach Berlin. Der Vater war im Reichsamt zur Verwaltung der Reichseisenbahnen als kaiserlicher geheimer Oberregierungsrat und vortragender Rat tätig. Bis 1881 ging Oberbeck auf

---

[40] Vgl. ebd., 53f., 59–61.
[41] Vgl. LKA PA 485 (wie Anm. 1).
[42] Die biographischen Angaben entstammen den Darstellungen Oberbecks in ihren Schreiben an den Prälaten Schmitthenner und den EOK in LKA PA 485.
[43] Vgl. Oberbeck an Prälat Schmitthenner vom 21. August 1915 in LKA PA 485.

die Privatschule von Emma Patge. Auf Anraten eines Arztes hin erhielt sie jedoch die folgenden Jahre Privatunterricht mit drei Altersgenossinnen. Anschließend widmete sie sich einer musisch-künstlerischen Ausbildung.

1887 wurde sie in der Dreifaltigkeitskirche in Berlin konfirmiert. Ihre Eltern hatten keinen engen Bezug zur Kirche. Im Lebenslauf, den sie mit der Bitte zur Zulassung zum zweiten Examen einreichte, schreibt sie, die Eltern seien gegen die *leisen pietistischen Neigungen* [ihrer] *Kindheit*[44] vorgegangen. Weiterhin berichtet sie davon, dass sie ab dem Konfirmandenunterricht Zweifel, innere Krämpfe und Zusammenbrüche geplagt hätten. Der Versuch, in philosophischen Schriften Trost zu finden, scheiterte. Den Weg zur Kirche und eine kirchliche Heimat habe sie aber erst Jahre später in Weimar gefunden.

1894 zog Oberbeck mit ihrer Mutter nach dem Tod des Vaters über kurze Zwischenstationen in Hannover, Berlin und Kassel – vermutlich bei Freunden und Verwandten – nach Weimar. Dort war sie – wie auch weiterhin in Kassel – in sozialen Einrichtungen und Vereinen ehrenamtlich tätig. Unter anderem kümmerte sie sich um die Buchführung des Jakobshäusel in Kassel und der Paulinenstiftung in Weimar.

Als die Mutter 1904 starb, war Oberbeck erstmals alleine und auf sich gestellt. Sie begann, ihre musisch-künstlerische Erfahrung beim Erteilen von Unterrichtsstunden in der Vortragskunst einzusetzen. Sicherlich auch durch ihr ehrenamtliches Engagement und die Verbindung zur Kirche wuchs der Wunsch, ihr Leben in den Dienst Gottes zu stellen. Da ihre Gesundheit, die ihr bereits beim Schulbesuch im Weg gestanden hatte, ihr nicht ermöglichte Diakonisse zu werden, fasste sie den Entschluss sich mit geistiger Arbeit einzubringen. Zudem sah sie, wie sehr es den Kirchen an Theologen mangelte. Sie wollte Theologie studieren und hoffte, in den Dienst der Kirche treten zu dürfen, um mit ihrem Einsatz deren Not zu lindern. So nahm sie Lateinstunden und begann mit 37 Jahren das Gymnasium zu besuchen.

Ob ihr dies in Weimar grundsätzlich nicht möglich war oder warum sie sich entschied nach Lahr zu ziehen, ist leider nicht zu klären. Da ihr allerdings aufgrund ihres hohen Alters in Baden die Zulassung zur Reifeprüfung nicht gewährt wurde, legte sie 1912 in Weilburg/Lahn das Abitur an einem humanistischen Gymnasium ab.[45]

Zum Wintersemester 1912/13 schrieb sie sich mit 41 Jahren in Jena für Theologie ein. Zu diesem Zeitpunkt war ihr Alter unter den Studentinnen verhältnismäßig hoch und ungewöhnlich. Frauen konnten bereits seit einigen Jahren studieren, so dass immer seltener ältere Frauen die Universität besuchten. Zum Sommersemester 1913 wechselte sie für zwei Semester nach Heidelberg, wo sie auch die Sprachprüfungen in Griechisch und Hebräisch an einem Gymnasium ablegte. Vom Sommersemester 1914 bis zum Sommersemester 1915 studierte sie weitere drei Semester in Jena. Zum Wintersemester immatrikulierte sie sich wieder in Heidelberg. Dort nahm sie unter anderem an Veranstaltungen von Hans von Schubert (1859–1931) und Ernst Troeltsch (1865–1923) teil.[46]

Im Sommer 1915 wandte sich Oberbeck erstmals mit der Bitte, zum Examen zugelassen zu werden, an Prälat Schmitthenner (1858–1932). Auffällig ist, wie ausführlich sie ihre Studienentscheidung in den anschließenden Schreiben an den EOK darlegt.

---

[44] Oberbeck an den EOK vom 12. März 1917 in LKA PA 485.
[45] Vgl. ebd.
[46] Vgl. Oberbeck an den EOK vom 12. März 1917 in LKA PA 485.

Dies wurde von männlichen Kandidaten vermutlich nicht erwartet. Oberbeck war sich jedoch ihrer besonderen Position bewusst und versuchte sicherlich, möglichst viele Bedenken, die man ihr gegenüber vorbringen konnte, bereits in ihren Schreiben aus dem Weg zu räumen.

So machte sie deutlich, dass sie nicht einfach studieren und arbeiten wollte, sondern sich zum Dienst für Gott berufen fühlte. Da ihr aus gesundheitlichen Gründen die Arbeit als Diakonisse nicht möglich gewesen war, hatte sie sich für den nächstmöglichen und aus ihrer Sicht sinnvollen Weg entschieden und wollte in den Dienst der Kirche treten. Mit dem Verweis, dass sie bereits ernste Glaubenskrisen erlebt und überwunden hatte, zeigte sie, dass sie den Herausforderungen des Studiums und der Arbeit als Theologin gewachsen war.

4.2 Ihr Weg zur Pfarrgehilfin

Bereits bevor Oberbeck sich schriftlich an Prälat Schmitthenner wandte, hatte sie Mitte August 1915 vergeblich versucht, ihn in Karlsruhe zu besuchen. Von ihrem Professor Hans von Schubert, der sich für sie eingesetzt hatte, hatte sie jedoch bereits erfahren, *dass [… der] hochverehrte […] Herr Prälat, dem Wunsche der deutschen Frau, an religiös–sozialer Arbeit nach theologischer Vorbereitung berufsmäßig teilzunehmen, freundlich gegenüberstehe.*[47] Ihrer Freude über diesen Umstand verlieh sie deutlich Ausdruck und dankte Schmitthenner herzlich. Denn auch wenn ihr bewusst war, dass dieser Umstand nicht bedeutete, dass alle zu bewältigenden Hindernisse bereits hinter ihr lägen, so war sie doch froh, im Prälaten eine bedeutende Persönlichkeit gefunden zu haben, dessen Billigung sie ermutigte.

In ihrem Schreiben stellte sich Oberbeck vor und schilderte ihr Anliegen. Dabei bat sie zwar einerseits demütig um einen Termin, um sich Schmitthenner persönlich vorstellen zu dürfen, gleichzeitig machte sie aber auch deutlich, dass sie nach der ersten Absage aus Weimar-Eisenach bereit war, im Notfall in Basel oder Zürich das Fakultätsexamen abzulegen. Denn *das Leben zu einem rechten Gottesdienst zu gestalten, war der […] Grundgedanke für meinen Entschluss.*[48]

Ende August fand das gewünschte Gespräch in Karlsruhe statt. Kurz darauf wurde Oberbeck mitgeteilt, dass sie an den im Frühjahr 1916 stattfindenden Prüfungen teilnehmen dürfe. Ihre Erleichterung und Freude darüber hielt sie nicht zurück und schrieb Schmitthenner:

Was für ein herrlicher Sonntagsgruß! Von Gottes Gnade sprach er zu mir, von hilfsbereiten, weitherzigen Menschen, und von Ihrer persönlichen Herzensfreundlichkeit, die umso mehr wohltat, je unmittelbarer sie zum Ausdruck kam! Eine tiefe Dankbarkeit hat ihr lieber Brief in mir erneuert und den lebhaften Wunsch, dass der Badische Oberkirchenrat seinen Entschluss nie zu bereuen haben möge, sondern ihn je länger je mehr als – menschlich gesprochen – ‚richtig', d. h. in der Sprache des Herzens als ‚gottgewollt' erkennen könne! Ich fühle, dass eine große Verantwortung auf mir ruht, sowohl denen gegenüber, denen ich voranzugehen habe auf einem neuen

---

[47] Oberbeck an Schmitthenner vom 21. August 1915 in LKA PA 485.
[48] Ebd.

Wege, als auch allen denen gegenüber, die mir mit beglückendem Vertrauen den Weg zu bahnen sich bemühen.[49]

Oberbeck war sicherlich bewusst, dass dies nicht nur für sie, sondern für alle deutschen Theologinnen ein bedeutender Schritt war. Auch wenn ihre Zulassung vom EOK als Einzelfallentscheidung und nicht als Präzedenzfall dargestellt wurde, so war damit den Theologinnen in Deutschland die Tür zum kirchlichen Dienst geöffnet worden. Ihr erstes Examen legte Oberbeck im Frühjahr 1916 mit der Gesamtnote „ziemlich gut bis gut" ab.

Ein in Oberbecks Personalakte abgehefteter Zeitungsausschnitt aus dem Frühjahr 1916 zeigt, dass dieser bedeutende Schritt positiv und auch über Baden hinaus wahrgenommen wurde:

Eine Theologie-Kandidatin. An dem dieser Tage abgehaltenen ersten theologischen Examen hat zum erstenmal in der evangelischen Landeskirche Badens, und wohl auch überhaupt in Deutschland, eine Theologie-Studentin, Frl. Overbeck, teilgenommen und wohl bestanden. Wenn damit zwar, wie man in der „Frkf. Ztg." schreibt, auch nach Lage der bestehenden Verfassung kein Recht auf Verwendung im badischen Kirchendienst, besonders auf Erlangung eines Pfarramtes verbunden ist, so hat die Zulassung einer Theologie-Studierenden zur Prüfung […] doch ihre bemerkenswerte grundsätzliche Bedeutung.[50]

Mit Elsbeth Oberbeck hatte erstmals eine deutsche evangelische Landeskirche eine Frau zu den Prüfungen zugelassen. Der evangelische Oberkirchenrat in Karlsruhe machte deutlich, dass es sich dabei um eine Ausnahme handelte. In den folgenden Jahren wurden aber auch weitere Frauen examiniert, selbstverständlich wurde dies indes erst Jahre später. Jeder Antrag wurde einzeln beraten und entschieden. Mit Margarete (Grete) Gillet legte 1919, drei Jahre nach Oberbeck, erst die zweite Theologin ihr Examen in Baden ab.

Nach dem 1. Examen besuchte Oberbeck das an der Universität Heidelberg angegliederte Praktisch-Theologische Seminar und trat im Frühjahr 1917 zur zweiten theologischen Dienstprüfung in Karlsruhe an.

Bis dahin hatte es keine besonderen Regelungen für sie gegeben. Ein Bestandteil des zweiten Examens war jedoch die Prüfungspredigt. Hieran lässt sich erkennen, wie ambivalent das Verhältnis der Kirche zu den ersten Theologinnen war. Denn einerseits bereitete Oberbeck ihre Examenspredigt zu 2 Tim 2,11–13 vor, reichte diese schriftlich bei der Prüfungskommission ein und wurde dafür bewertet. Halten durfte sie die Predigt *zu ihrem Schmerze*[51] aber nicht. Stattdessen hielt sie im Prüfungsraum eine kurze Ansprache, wie sie etwa in einer Bibelstunde hätte verwendet werden können. Dies schien den Prüfern für eine Frau angemessen.

Nach dem Examen erhielt Oberbeck gleich drei Stellenangebote. Schmitthenner, der dem Landesverein für Innere Mission vorsaß und Oberbeck persönlich sehr schätzte, bemühte sich darum, sie für den Landesverein zu gewinnen.[52] Aus Konstanz

---

[49] Oberbeck an Schmitthenner vom 6. September 1915 in LKA PA 485.
[50] Vgl. abgehefteter Zeitungsausschnitt in LKA PA 485.
[51] Schmitthenner an Paul Wurster vom 6. Januar 1918 in LKA GA 5906.
[52] So schrieb Schmitthenner an Wurster: *Anfangs wollte ich sie in den Dienst unseres Landesvereins für Innere Mission nehmen, sie zog dann aber mit meinem vollen Einverständnis vor, eins der verschiedenen Angebote aus Kirchengemeinden anzunehmen. […] Unser Landesherr und Landesbischof stand anfangs der Sache nicht wohlwollend gegenüber. Es wäre vielleicht nicht zur Examenszulassung ge-*

und Heidelberg meldeten sich zwei Kirchengemeinden, die sie in ihren Dienst nehmen wollten.

Bereits im Mai 1917 bat der Heidelberger Dekan Otto Schlier die Landeskirche darum, Oberbeck eine Anstellung aus landeskirchlichen Mitteln zu schaffen, um sie der Kirche nicht verloren gehen zu lassen.[53] Als dies abgelehnt wurde, entschied sich die Heidelberger Heiliggeistgemeinde, selbst eine Stelle zu finanzieren. Zum 1. August 1917 begann Oberbeck ihren Dienst in Heidelberg.

4.3 Ihr Dienst als Pfarrgehilfin

Als Pfarrgehilfin war Oberbeck Dekan Otto Schlier unterstellt und erhielt wohl rund 2000 RM als Gehalt, was dem eines Stadtvikars entsprach.[54] Ihr Dienst umfasste Religionsunterricht, Seelsorge für Frauen in Kliniken, Gefängnissen und anderen Anstalten, aber auch Bibelstunden, Besuche und Andachten. Gottesdienste durfte sie nicht halten und auch die Spendung der Sakramente war ihr zunächst nicht erlaubt.

Der Oberkirchenrat beharrte auf der Bezeichnung „Gemeindehelferin". Schlier setzte sich jedoch auch an dieser Stelle für Oberbeck ein. Für ihn war sie *Theologin, weiblicher Pfarrer.*[55] Deshalb forderte und verwendete er kontinuierlich den Titel „Pfarrgehilfin", *weil [...] damit ihre Stellung u. ihre Tätigkeit als eine der des Pfarrers ebenbürtigen, über der der untheologischen und akademisch nicht vorgebildeten Gemeindehelferinnen stehende, bezeichnet*[56] sei. Als solche schätzte Schlier Oberbeck so sehr, dass er sich wiederholt – wenn auch vergebens – darum bemühte, vom EOK die Erlaubnis zu erhalten, sie auch zu den Sitzungen des Kirchengemeinderates zuzulassen.

Beharrlich forderte er auch die Ordination Oberbecks. Bereits bei ihrer Anstellung wollte die Gemeinde Oberbeck offiziell einführen oder gar ordinieren.[57] Immer wieder ersuchte Schlier den EOK um die Ordination Oberbecks – jedoch ohne Erfolg. Er konnte aber erwirken, dass Oberbeck im Rahmen ihrer seelsorgerlichen Arbeit in den Kliniken und Anstalten die Sakramente spenden durfte.[58] Zwar freute sich Schlier über diesen Schritt, machte aber zugleich unmissverständlich klar, wie absurd er die Erlaubnis zur Sakramentsspendung und die zeitgleiche Verweigerung der Ordination empfand.[59]

Nach ihrem 65. Geburtstag schied Elsbeth Oberbeck zum 1. Oktober 1936 nach 19 Jahren aus dem Dienst. Obwohl 1923 mit Grete Gillet erstmals eine Theologin

---

kommen [...] Soweit wir unterrichtet sind, arbeitet Frl. Oberbeck in H[eidelberg] trefflich. Man wollte dort eine großartige Einführung in das Gemeindeamt mit einer Art Ordination vornehmen, wir haben zur Zurückhaltung und Einfachheit gemahnt. (Schmitthenner an Wurster vom 6. Januar 1918, Anm. 51).

[53] Vgl. Schlier an Schmitthenner vom 22. Mai 1917 in LKA PA 485.
[54] Vgl. Paul Wurster, Die Verwendung von akademisch gebildeten Theologinnen im kirchlichen Gemeindedienst, 165, in: Paul Wurster und Jakob Schoell (Hgg.), Monatschrift für Pastoraltheologie zur Vertiefung des gesamten pfarramtlichen Wirkens, XIV. Jahrgang (10.1917–09.1918), 163–170.
[55] Schlier an den EOK vom 27. April 1917 in LKA PA 485.
[56] Schlier an den EOK vom 19. Oktober 1920 in LKA PA 485.
[57] Vgl. Schlier an den EOK vom 2. August 1917 in LKA PA 485; s. auch Anm. 52.
[58] Vgl. Schmitthenner an den Evang. Kirchegemeinderat Heidelberg vom 5. Mai 1919 in PA 485.
[59] Vgl. Schlier an den EOK vom 21. Mai 1919 in LKA PA 485.

eine landeskirchliche Anstellung erhielt, forderte Elsbeth Oberbeck dies nie für sich ein. Sie hielt sich an die Verzichtserklärung bei ihrem 1. Examen, keine Ansprüche auf eine *spätere Anstellung im pfarramtlichen Dienste der badischen Landeskirche*[60] zu erheben.

4.4 Die Wahrnehmung ihres Dienstes

Der Dienstantritt Elsbeth Oberbecks wurde von der Öffentlichkeit mit positivem Interesse verfolgt. So meldete die Badische Landeszeitung in Berufung auf die Heidelberger Zeitung, dass Heidelberg *den ersten weiblichen Geistlichen in Baden besitzen*[61] werde. In mehreren Artikeln über die Frage nach dem Einsatz von Frauen in der Kirche, wurde über Oberbecks Arbeit berichtet.[62]

Oberbeck selbst äußerte sich in einem kurzen Beitrag in der „Christlichen Welt" zu ihren Erfahrungen.[63] Zum einen berichtet sie von ihren Aufgaben – Unterricht, Seelsorge, Andachten und Bibelstunden –, die sie zwar zeitlich sehr in Anspruch zu nehmen scheinen, aber ebenso erfüllend sind. Zum anderen nutzt sie die Gelegenheit, Frauen zum Theologiestudium zu ermutigen. Dabei verheimlicht sie nicht, dass Studium und Beruf herausfordernd sind und wirtschaftlich keine Sicherheit bringen. Sie erkennt an, dass das Berufsziel (derzeit) nicht das Pfarramt sein kann, benennt aber den Beruf der Pfarrgehilfin, die im Gegensatz zur Gemeindehelferin akademisch theologisch ausgebildet ist, als nützliche und wertvolle Ergänzung zum Pfarramt. Überzeugt ruft sie den Leserinnen zu: *Frauenarbeit! Nach dir wird gerufen! Wir haben ja kein Priestertum, das herrscht über die Menschen und darum nur Männeramt sein könnte, sondern wir haben ein Pfarramt, das dient, und das Recht zu dienen hat noch keine Zeit den Frauen versagt. […] Darum wagt es, Schwestern, den beschwerlichen, aber beseligenden Weg des theologischen Studiums zu beschreiten!*[64]

Neben Oberbecks eigenen Zeugnissen gibt vor allem ein Artikel des Tübinger Theologieprofessors Paul Wurster (1860–1923) Aufschluss über die Wahrnehmung des Dienstes von Elsbeth Oberbeck – in der eigenen Gemeinde und darüber hinaus.[65] Wurster war ein Freund Schmitthenners und hatte mit diesem bereits über die Zulassung Oberbecks zu den Examina korrespondiert.[66] Kurz nach ihrem Dienstantritt in Heidelberg berichtet er in der Monatsschrift für Pastoraltheologie über Oberbeck und fragt nach der Verwendung von akademisch gebildeten Theologinnen im kirchlichen Gemeindedienst.

Entscheidend sind für ihn dabei zwei Fragen: Werden akademisch gebildete Theologinnen gebraucht und sollen sie von den Landeskirchen angestellt werden?

---

[60] Oberbeck an den EOK vom 14. März 1916 in LKA PA 485.
[61] Abschrift aus der Badischen Landeszeitung vom 1. August 1917 in LKA PA 485.
[62] So z. B. im Gemeindeblatt der evangelischen Gemeinde Freiburg i.B. im Juni und Juli 1918 unter dem Titel „Die Theologin im evangelischen Gemeindedienst" – abgeheftet in LKA PA 485.
[63] Vgl. Elsbeth Oberbeck, Vom Theologie-Studium der Frauen. 2. Aus Baden, in: Die Christliche Welt. Evangelisches Gemeindeblatt für Gebildete aller Stände, 32. Jahrgang (1918), Sp. 298–300.
[64] Oberbeck, Vom Theologie-Studium der Frauen (wie Anm. 63), Sp. 299. Der kurze, prägnante Aufruf „*Darum wagt es, Schwestern* […]" wurde sogar zum Titel der Veröffentlichung des Frauenforschungsprojekts zur Geschichte der Theologinnen, Göttingen (vgl. Anm. 12, 31, 36).
[65] Vgl. Wurster, Verwendung von Theologinnen (wie Anm. 54).
[66] Vgl. Anm. 52.

Die erste Frage beantwortet Wurster eindeutig mit Ja. Am Beispiel Oberbecks wird für Wurster deutlich, dass eine studierte Theologin in einem Amt sui generis ein Gewinn für die Kirche ist und entscheidend dabei helfen kann, die anstehenden Aufgaben der Kirche zu bewältigen. Ihren Ort sieht er vor allem in Seelsorge und Religionsunterricht – hier könnten die Theologinnen als Pfarrgehilfinnen Pfarrer entlasten. Deutlich macht Wurster, dass er eine akademische theologische Ausbildung – gerade für die Seelsorge – für unabdingbar hält. Eine Ordination von Frauen hält er nicht für nötig, allerdings die Erlaubnis, im Rahmen der Seelsorge Sakramente spenden zu dürfen.[67]

Die Frage nach landeskirchlicher Anstellung verneint Wurster zunächst. Da der Bedarf an Pfarrgehilfinnen bald zunehmen werde, ist eine schnelle Anstellung notwendig. Diese erwartet er aber von den kirchlichen Behörden nicht. Er ermutigt die Gemeinden, das Problem selbst zu lösen und die Pfarrgehilfinnen direkt anzustellen.[68]

Neben diesen theoretischen Überlegungen gewährt Wursters Beitrag auch Einblick in die Wahrnehmung Oberbecks durch ihre Gemeindeglieder. Er schreibt, Oberbeck habe sich das Vertrauen der Gemeinde in kurzer Zeit erworben und werde von den Gemeindegliedern *besonders gern* als *Frl. Pfarrerin* bezeichnet und angesprochen.[69]

4.5 Ihre letzten Lebensjahre

Ihren Ruhestand verbrachte Elsbeth Oberbeck in Heidelberg. Da sie nur bei der Gemeinde angestellt gewesen war, erhielt sie lediglich eine geringe Rente. Zudem hatte sie mit gesundheitlichen Problemen zu kämpfen, die sie nach eigener Schilderung bereits seit der Kindheit eingeschränkt hatten. Ihre kleine Pension deckte die anfallenden Kosten nicht. Ihr ehemaliger Professor Georg Beer (1865–1946), der in Neckargemünd lebte und offenbar noch Kontakt zu seiner früheren Studentin hatte, machte sich zu ihrem Fürsprecher und ersuchte die Finanzabteilung des EOK erfolgreich um finanzielle Unterstützung und eine Erhöhung der Rente Oberbecks. Deutlich wird in seinen Briefen die hohe Wertschätzung, die er für Oberbeck und ihre Arbeit empfand. Seine Bitte an die Finanzabteilung begründete er mit Verweis auf die Leistungen Oberbecks: *Sie war 20 Jahre (1917–1937) im Pfarrdienst tätig. Sie war die erste Theologin im Ev. Pfarrdienst.*[70]

Am 25. Oktober 1944 verstarb Elsbeth Oberbeck in Heidelberg.

---

[67] Vgl. Wurster, Verwendung von Theologinnen (wie Anm. 54), 164, 166–168.
[68] Vgl. ebd., 169f.
[69] Ebd. 165. Pierre Aerne wies mich darauf hin, wie außergewöhnlich diese Bezeichnung der Gemeinde seiner Ansicht nach ist – in der Schweiz war um 1920 die Bezeichnung „Fräulein Pfarrer" oder nur „Pfarrerin" verbreitet.
[70] Beer an die Finanzabteilung beim EOK vom 31. Oktober 1939 in LKA PA 485.

5. Abschließende Betrachtungen

Elsbeth Oberbecks Leben und Wirken 100 Jahre nach ihrem Dienstbeginn in Heidelberg, im Jahr des Reformationsjubiläums, in Erinnerung zu rufen, lässt nicht nur diesen individuellen Lebensweg betrachten, sondern öffnet den Blick auch für den großen Bogen der Entwicklung der sog. Theologinnenfrage in der badischen Landeskirche. Im Jahr 1871 geboren, erlebte Elsbeth Oberbeck selbst, welche Möglichkeiten sich Frauen am Anfang des 20. Jahrhunderts endlich eröffneten. Ab 1900 konnten sie nun auch in Deutschland, zuerst in Baden, regulär studieren. Als Theologin war für Elsbeth Oberbeck sicher der bedeutendste Schritt, 1916 und 1917 erstmals als Frau bei einer deutschen evangelischen Landeskirche die theologischen Examina ablegen zu können. Der Dienstbeginn in der Heidelberger Heiliggeistgemeinde und ihr dortiges Wirken war der nächste Meilenstein, den sie erreichte. Den Quellen ist zu entnehmen, dass sie ihren Dienst gern tat und als erfüllend erlebte.

Elsbeth Oberbeck engagierte sich, soweit es bekannt ist, nicht mit den ihr nachfolgenden Theologinnen – zu denken ist hier insbesondere an Doris Faulhaber – im Kampf um das gleichberechtigte Pfarramt für Frauen.[71] Aber sie hat sicher die weiteren Entwicklungen mitverfolgt – auch nach dem Eintritt in den Ruhestand 1936. Zu erwähnen sind hier besonders die landeskirchliche Anstellung Grete Gillets 1923, die Bitte der Vikarinnen an die Landessynode ihre Anstellungsverhältnisse betreffend von 1930,[72] und die Einsegnung der ersten neun Vikarinnen im Januar 1944.[73]

Zwar erlebte Elsbeth Oberbeck die Entwicklung in den 1950er und 1960er Jahren selbst nicht mehr, aber es ist doch ein schöner Zufall, dass zu ihrem 100. Geburtstag – im Jahr 1971 – mit nur einem Satz alle Unterschiede zwischen Männern und Frauen im Pfarramt (zumindest in der evangelischen Landeskirche in Baden) aufgehoben wurden: *Pfarrer im Sinne der Grundordnung ist auch die Pfarrerin.*[74]

---

[71] Die Quellenlage lässt nicht darauf schließen, dass sich Oberbeck weiter engagierte. Es ist anzunehmen, dass sie sich an ihre Verpflichtung bei Dienstbeginn gebunden fühlte, keine weiteren Ansprüche zu erheben (vgl. Anm. 60). Auffällig ist zudem, dass Doris Faulhaber (1907–1991) Elsbeth Oberbeck nicht persönlich kannte (vgl. Doris Faulhaber, Die Pfarrerin in der evangelischen Landeskirche in Baden, in: Gerhard Wunderer (Hg.), 1892–1992. Die ersten hundert Jahre. Festschrift zum 100jährigen Jubiläum des Evangelischen Pfarrvereins in Baden e. V., Karlsruhe 1992, 69–75, hier: 70).

[72] Zu finden in LKA GA 5906 (wie Anm. 50). Oberbeck hat diese Bitte nicht unterzeichnet.

[73] Vgl. Faulhaber, Die Pfarrerin in der evangelischen Landeskirche in Baden (wie Anm. 71), 69.

[74] Verhandlungen (wie Anm. 5).

Der Karlsruher Kirchenmusikdirektor Wilhelm Rumpf

Almut Ochsmann

Die evangelische Stadtkirche in Karlsruhe wurde im Zweiten Weltkrieg bei einem Bombenangriff stark zerstört und musste nach Kriegsende wieder aufgebaut werden. Auch ihr Geläut wurde neu konzipiert, und es wurden neue Glocken gegossen. Jedes Mal, wenn diese Glocken läuten, erinnern sie auch an Wilhelm Rumpf (1900–1964), der von 1934 bis 1964 Orgel- und Glockensachverständiger der badischen Landeskirche war. Mit der Schlagtonmelodie $as - c' - es' - f' - as'$ vermachte Wilhelm Rumpf der evangelischen Stadtkirche den Anfang des kirchentonalen ‚Te deum laudamus'. Nach dem Krieg arbeitete er landesweit am *Aufbau der zerstörten Geläute und Orgeln*.[1]

In Karlsruhe hatte Rumpf von 1917 bis 1920 das Lehrerseminar besucht und zunächst als Volksschullehrer seine Karriere begonnen. Neben seiner Tätigkeit als Musiklehrer am Fichtegymnasium war er seit 1930 Organist an der Christuskirche, 1932 übernahm er den Bachverein, den er über dreißig Jahre lang leitete. Im Jahr 1933 wurde er zum Kirchenmusikdirektor ernannt. Er wechselte als Organist an die Stadtkirche und wirkte, als diese im Zweiten Weltkrieg zerstört wurde, vorübergehend bis 1959 auch an der Markuskirche. Am 10. Mai 1935 wurde Rumpf als *Landesobmann der evangelischen Kirchenmusiker für ein Jahr angestellt*, was er dann bis 1945 blieb. Damit verbunden war auch *die gesamte Leitung der vom evangelischen Verein der Weststadt Wichernbund gebildeten und unterhaltenen Madrigalvereinigung sowie des Knabenchores Wichernkurrende*. Die verschiedenen Verpflichtungen brachten es mit sich, dass Rumpf sich schwer tat, seinen Urlaub zu beantragen: *Durch die oft sehr schnell angesetzten Rundfunkfeiern, die Orgel- und Glockenfragen, die noch nicht festliegenden Freizeiten, die Organistenkurse und Orgelbereisung ist es dem Unterzeichneten unmöglich, sich auf einen Zeitpunkt und eine bestimmte Zeitdauer festzulegen.*[2]

Den Berichten von Karlheinz Schmidt zufolge war Wilhelm Rumpf ein „Vollblutmusiker",[3] dessen Herz für die Kirchenmusik schlug. Als nebenberuflicher Kirchenmusiker leitete Rumpf mehrere Chöre und war einer der bekanntesten Organisten in Baden. Rumpf war Schüler des damals berühmten Mannheimer Organisten Arno Landmann gewesen und besuchte Kurse bei Karl Straube in Leipzig, der eine enge Verbindung zum Komponisten Max Reger gehabt hatte. Es wundert nicht, dass Rumpf sich neben seinen vielfältigen Tätigkeiten *inzwischen auch einen Ruf als anerkannter Orgelvirtuose erworben hatte, [… und] es [ist] verständlich, dass er sich in einer Zeit,*

---

[1] Personalakte Wilhelm Rumpf im Landeskirchlichen Archiv Karlsruhe, LKA PA 2644.
[2] Wilhelm Rumpf an den Oberkirchenrat, Brief vom 21. Juni 1935, LKA PA 2644.
[3] Gespräch mit Karlheinz Schmidt am 7. Juli 2015. Schmidt war Rumpfs Schüler und Nachfolger als Kantor an der evangelischen Stadtkirche Karlsruhe.

in der das durchaus nicht so üblich war wie heute, zum Reger-Spezialisten entwickelte, der seinen Zuhörern schon in den frühen vierziger Jahren dessen Choralfantasien […] vorstellte. Daher wohl auch der Wunsch, die Orgeln in der Christuskirche als auch in der Stadtkirche, die technisch veraltet waren, umzubauen und zu erweitern.[4]
In der evangelischen Stadtkirche Karlsruhe spielte Rumpf auf einer Orgel, die ursprünglich von Johann Andreas und Johann Daniel Silbermann erbaut worden war. 1809 kam sie als „Säkularisationsgut" aus dem ehemaligen Benediktinerkloster in Villingen nach Karlsruhe.[5] Wie die Orgel umgebaut und erweitert wurde, hat Wilhelm Rumpf anlässlich ihrer großen Erweiterung im Jahr 1942 detailliert beschrieben. In seiner ausführlichen Geschichte der Orgel hat er auch die jeweils veränderten Dispositionen der fünf Zustände aufgelistet. Zum Schluss lobt er den Klang und die gute Arbeit der Orgelbaufirma Walcker aus Ludwigsburg und wünscht: *Möge die neue Orgel stets zum Lobe des Höchsten erklingen!*[6] Doch leider sollte das, den Fotografien nach, ausnehmend schöne und wertvolle Instrument nur zwei Jahre lang bestehen.

Am 27. Mai 1944, einem Tag, an dem drei Trauungen in der Stadtkirche stattfinden sollten, erlebte Rumpf einen Bombenangriff, von dem er mit ergreifenden Worten berichtete: Kurz vor der dritten Trauung wurde Hauptalarm gegeben. Einige Hochzeitsgäste und Rumpf versteckten sich im Heizungskeller der Kirche, bis der infernalische Angriff vorüber war. Undurchdringlicher Staub, Balken, Trümmer und Verwüstung waren in der gesamten Kirche, den schmerzvollsten Anblick aber bot die Orgel: *Ich darf versichern, dass ich das Bild der Zerstörung, das die Orgel bietet, nie mehr vergessen werde. Die Orgelempore selbst ist völlig zugeschüttet. […] Der große Spieltisch ist halb herumgeworfen und wohl völlig zerstört, das schöne Orgelgehäuse einfach nicht mehr vorhanden. Das Pfeifenwerk mit seinen 7000 Pfeifen […] wurde wie von einer Riesenfaust in die Höhe gehoben, mit unvorstellbarer Wucht zusammengepresst, aus allen Verbindungen gerissen und an die rückwärtige Mauer geworfen. Hier ist nichts mehr zu retten. Die Orgel ist bis in ihre kleinsten Teile eine Ruine.*[7]

Nicht nur als Orgelvirtuose trat Wilhelm Rumpf in Erscheinung, sondern auch als Orgellehrer. Er komponierte das „Karlsruher Orgelbuch", eine Sammlung von 15 kurzen Orgelstücken für den liturgischen Gebrauch, das 1938 erschien.[8] In seinem kurzen Vorwort schreibt er, das Buch sei *aus dem Bedürfnis nach gottesdienstlich brauchbarer, nicht choralgebundener Orgelmusik entstanden.*[9] Die Stücke sind überwiegend zweistimmig, teils kanonisch angelegt. In wenigen tritt ein notiertes Pedal hinzu, oft als liegender Orgelpunkt. Die Tonarten haben meist nicht mehr als drei Vorzeichen, so dass offensichtlich der pädagogische Zweck der Bände im Vordergrund steht: *Auf dynamische Bezeichnungen wurde meistens verzichtet, um eine vielseitige Darstel-*

---

[4] Ebd., 32.
[5] Wilhelm Rumpf: Die grosse Orgel der evangelischen Stadtkirche Karlsruhe und ihre Geschichte, Karlsruhe o.J., S. 1. Landeskirchliche Bibliothek Karlsruhe (LKB) D 2164. – In der Benediktinerkirche zu Villingen wurde die Silbermannorgel vor ca. 10 Jahren nach den Originalplänen Silbermanns (und evtl. unter Verwendung der Angaben Rumpfs) komplett neu von einer elsässischen Firma errichtet (freundlicher Hinweis von Hans Kratzert).
[6] Ebd., 13.
[7] Brief von Wilhelm Rumpf an den Evangelischen Oberkirchenrat am 30. Mai 1944.
[8] Wilhelm Rumpf: Karlsruher Orgelbuch, Karlsruhe, Fritz Müller 1938. Herrn Oberkirchenrat D. Karl Bender zugeeignet.
[9] Ebd., Vorwort.

lung der Stücke zu ermöglichen. Die Registrierung ergibt sich aus dem Charakter der einzelnen Komposition und wird sich den liturgischen Erfordernissen des jeweiligen Gottesdienstes anpassen. Möge die bescheidene Gabe vielen Organisten eine Hilfe in ihrem Amte sein.[10] Schon vorher hatte Rumpf 15 leicht ausführbare Choralvorspiele für Orgel veröffentlicht, die er dem Kirchenrat Franz Rohde, zuletzt Pfarrer an der Christuskirche in Karlsruhe, zugeeignet hatte.[11] Zu seinen Beiträgen zur praktischen Kirchenmusik zählt auch das 1953 erschienene Choralwerk: *Die vorliegende Sammlung von Vorspielen und Melodien des neuen Evangelischen Kirchengesangbuches (EKG) soll das früher erschienene ‚Choralwerk' Band I-II fortsetzen. Auch in den neuen Sätzen wurde darauf geachtet, dass die Vorspiele auf allen Tasteninstrumenten ausführbar sind, wenn auch in erster Linie an die Orgel gedacht ist und die Spielanweisungen dafür gelten. Auf eine in Tonart und Melodie mit dem Choralbuch übereinstimmende Fassung und die Vermeidung technischer Schwierigkeiten wurde besonders Wert gelegt. Die Vorspiele dürften auch als geistliche Hausmusik Freunde finden.*[12] Auch noch ein drittes Buch „Choralvorspiele für Orgel"[13] legte Rumpf vor.

Auch als Chorleiter hat Rumpf in Karlsruhe seine Spuren hinterlassen: Ab 1932 leitete er den Bachverein. Schon bald gab Rumpf den Status eines unabhängigen Vereins auf und band den Chor an die Badische Landeskirche, wo er bis heute als Bachchor existiert. Ob diese Entscheidung aus Angst vor der Gleichschaltung aller Vereine unter dem nationalsozialistischen Regime getroffen wurde oder aus anderen Gründen, ist nicht eindeutig. Dem Namen „Bachchor" fühlte Rumpf sich sehr verpflichtet: Mehrere Male führte er Bachs Matthäuspassion auf und reiste im Bachjahr 1950 mit dessen Johannespassion durch ganz Baden. Auch große geistliche Chorwerke anderer Komponisten standen auf dem Programm, auch in Zeiten des Kriegs, in denen oft nur wenige Männer zur Verfügung standen.

Neben dem Bachchor wollte Wilhelm Rumpf 1937 sogar noch den Kirchenchor an der Christuskirche übernehmen, der bis dahin von Musikdirektor Theodor Munz (1868–1947) geleitet wurde. Nach dessen Ausscheiden bat Rumpf den Evangelischen Oberkirchenrat, diesen Chor neu aufbauen zu dürfen.[14] Die Antwort fiel grundsätzlich positiv aus, allerdings machte man sich auch Sorgen darüber, ob es dadurch nicht *Reibungsflächen zwischen Madrigalvereinigung und Christuschor geben* werde. Außerdem fragte man Rumpf, wie es um seine Zeit bestellt sei und ob er dafür ein gesondertes Gehalt erwarte. Man setzte voraus, dass Rumpfs *Tätigkeit als Landesobmann der evangelischen Kirchenmusiker und als Inhaber des Orgelprüfungsamtes, die ja beide auch auswärtige Dienstgeschäfte in sich schließen, nicht darunter Not leiden werden.* Kurz darauf antwortete Rumpf, sein Anliegen sei hinfällig geworden, da die wenigen Sänger nun zur Madrigalvereinigung wechseln würden, die wiederum den Chordienst an der Christuskirche versehe.

---

[10] Ebd.
[11] Choralvorspiele für Orgel von Wilhelm Rumpf, Fritz Müller, Süddeutscher Musikverlag, Karlsruhe i. B. [1931].
[12] Wilhelm Rumpf: Choralwerk. Neue Folge nach Melodien des neuen Gesangbuches, Bd. I: Advent – Weihnachten – Jahreswende, Evangelischer Pressverband für Baden Karlsruhe 1952; Bd. II: Epiphanias – Passion (1953).
[13] Erschienen bei Fritz Müller, Süddeutscher Musikverlag, Karlsruhe i. B. [Karlsruhe]. 15 Choralvorspiele.
[14] Wilhelm Rumpf an den Evangelischen Oberkirchenrat vom 26. Juni 1937, LKA PA 2644.

1937 organisierte Wilhelm Rumpf in Karlsruhe ein großes musikalisches Fest zum 300. Geburtstag des Komponisten Dietrich Buxtehude. Er studierte mit den verschiedenen Vokal- und Instrumentalensembles ein umfangreiches und beeindruckendes Programm ein.[15] Doch auch für die noch lebenden Komponisten setzte er sich ein: *[…] die Gemeinden haben zugleich eine Verpflichtung gegenüber den jungen Komponisten, die in ihren Werken mit heißem Herzen der evangelische Kirche dienen und sich in seltenen Fällen in guten wirtschaftlichen Verhältnissen befinden. Sie sind auf die Lizenzeinnahmen der Stagma angewiesen. Darum stelle der vorliegende Vertrag gleichzeitig ein Geschenk an die Kirchenkomponisten dar: Es dürfte keine Gemeinde geben, die nicht in jedem Jahr wenigstens durch eine Veranstaltung mit Werken zeitgenössischer Kirchenmusik den jungen Komponisten die moralische und wirtschaftliche Unterstützung zuteil werden ließe, auf die sie Anspruch erheben können.*[16]

Während des Krieges ging Rumpf seinen musikalischen Tätigkeiten weiter nach. Am 25. Mai 1940 teilte Rumpf mit, dass ihm durch das Wehrmeldeamt Karlsruhe der Wehrpass zugestellt worden sei, in dem *beschränkt tauglich. Landwehr II* vermerkt war. Das Ergebnis der Musterung am 9. September 1940 lautete *Garnisondienstverwendungsfähig. Heimat (Büro)*. Eine weitere militärische Musterung am 23. September 1942 hatte den Ausmusterungsschein zur Folge, Rumpf schied aus dem Wehrpflichtverhältnis aus. Am 4. Oktober 1944 schrieb das Arbeitsamt an den evangelischen Oberkirchenrat, Rumpf sei nicht voll beschäftigt: *Nach einer kürzlich erfolgten Anordnung des Generalbevollmächtigten für den totalen Kriegseinsatz haben alle Behörden und Dienststellen dafür zu sorgen, dass ihre Beamten und Angestellten voll beschäftigt sind.* Der Oberkirchenrat stellte am 18. Oktober 1944 richtig: *Rumpf hat folgende Aufgaben: 1. Er ist Leiter des Orgel- und Glockenprüfungsamts der Badischen Landeskirche. Gerade in diesem Zweig seiner Dienstpflichten ist er jetzt und in der nächsten Zeit deshalb stark in Anspruch genommen, weil bekanntlich eine Beschlagnahme der Metallteile der Orgeln erfolgt ist.* Außerdem habe er *zum Zwecke der Durchführung dieser Beschlagnahme* die Orgeln in vier Klassen eingeteilt und dementsprechend sei die Ablieferung der Metallteile durchgeführt worden.[17] Rumpf musste mit ansehen, wie Metallteile von Orgeln und wie Glocken eingezogen wurden, um sie für Munition einzuschmelzen. 1946 reiste er zu Deutschlands größtem so genannten Glockenfriedhof in Hamburg-Veddel: *Dort gelang es ihm, unter den Zehntausenden eingezogener, aber noch nicht eingeschmolzener Glocken aus ganz Deutschland drei oder vier Glocken aus Karlsruhe zu finden und zu retten.*[18]

Es ist nicht genau zu ermitteln, welcher politischen Überzeugung Rumpf war. Sicherlich versuchte er im Kontakt mit dem Reichsverband und der Reichsmusikkammer, die Orgeln und Glocken, die unter seiner Obhut standen, weitestgehend vor dem Einschmelzen zu bewahren: *In den Monaten April und Mai 1940 musste zur Feststellung der in Deutschland vorhandenen Metallreserven eine Bestandsaufnahme*

---

[15] Programmheft in LKA PA 2644.
[16] Wilhelm Rumpf in Die evangelische Kirchenmusik in Baden 13 (1937), 45f., zitiert nach Hermann Erbacher, 100 Jahre Landesverband evangelischer Kirchenchöre in Baden, Karlsruhe 1980, Die Kirchenchorarbeit in der Zeit zwischen 1933 und 1945, 57.
[17] Alle Zitate aus LKA PA 2644.
[18] Gespräch mit Karlheinz Schmidt am 7. Juli 2015.

sämtlicher Kirchenglocken Badens durchgeführt werden, schrieb Wilhelm Rumpf.[19] Seine Glockenübersicht geht weit über eine nüchterne Darstellung der vorhandenen Instrumente hinaus. Überschwänglich beschreibt er die Kunst der alten Glockengießer vom 14. bis zum 17. Jahrhundert und beklagt das allgemeine mangelnde Bewusstsein dafür: *In vielen Kirchen ist die Glockenstube in einem verwahrlosten Zustand. Es sollte aber auch hier auf Reinlichkeit und Ordnung gesehen werden, denn auch die Glockenstube gehört zur Kirche.*[20]

Um den Verpflichtungen in der Stadt- und Landeskirche gerecht werden zu können und um die zahlreichen Dienstreisen bequemer erledigen zu können, stellte Rumpf nicht nur mehrere Anträge auf Beurlaubung vom Schuldienst, sondern am 8. September 1936 auch einen *Antrag auf Benützung des Privatwagens zu Dienstfahrten: Unterzeichneter bittet den Ev. Oberkirchenrat, seinen Kleinwagen (Anschaffungspreis 1.750,-RM) für Dienstfahrten zuzulassen. Der Wagen soll zur rascheren Erledigung der Geschäfte in mehreren Gemeinden (Dekanatsbereisungen oder ähnlich) und bei ungenügender, zeitraubender Bahnverbindung benützt werden.* Karlheinz Schmidt erzählt, dass der mit „Orgelbaukommissär" unterzeichnende Rumpf sehr gern Auto fuhr und schnelle Autos liebte.[21] Am 3. März 1938 bittet Rumpf den EOK *zur Beschaffung eines Kleinwagens um ein Darlehen in Höhe von 2.000 RM. Der Wagen wird zur Erledigung der außendienstlichen Verpflichtungen (Organistenkurse, Orgelkonzerte, Tagungen der ev. Kirchenmusiker) und des Orgel- und Glockenprüfungsamtes benötigt.* Am 20. Juli 1951 schrieb er: *Die ständig wachsende Inanspruchnahme meines Orgel- und Glockenprüfungsamtes durch die Gemeinden in Fragen der Geläute und Orgeln zwingt mich, an den Ev. Oberkirchenrat die Bitte um Gewährung eines Darlehens in Höhe von DM 3000 zur Beschaffung eines Kleinkraftwagens zu richten.* Die Reichweite seines Bezirks beschreibt er als *von Graben bis an den See*. Schon 1953 klagte er, die Bremsen des Autos seien schlecht und das sei auf den Fahrten durch den Schwarzwald mit ihrem oft starken Gefälle gefährlich. Deswegen habe er die Absicht, sich das *z. Zt. billigste Auto – einen Volkswagen Standard – zum Preis von 4.400 DM zu bestellen.* 1959 argumentierte Rumpf wieder mit den Dienstgeschäften seines Orgel- und Glockenprüfungsamtes, als er einen neuen PKW anschaffen wollte: *Der vor 6 Jahren gekaufte PKW ist jetzt über 90.000 km gefahren.*[22]

Nach dem Krieg, am 19. Januar 1946, beantragte Rumpf die Leitung des Badischen Konservatoriums und der Hochschule für Musik Karlsruhe, beides würde sich gut ergänzen, schrieb er. Der Antrag wurde genehmigt. Als Direktor des Konservatoriums und der Musikhochschule unterrichtete er das Hauptfach Orgel, hielt Vorlesungen über Orgelbau, Akustik und Instrumentenkunde und leitete das Collegium Musicum. Er war es, der 1955 die beiden Institutionen wieder trennte: „Während Rumpf Leiter des Konservatoriums blieb, wurde zunächst der Pianist Walter Rehberg (1955–1957), nach ihm der Dirigent und Musikhistoriker Gerhard Nestler Direktor der Musikhochschule, seit 1966 der Musikwissenschaftler Walter Kolneder."[23] Gleichzeitig arbeitete

---

[19] Wilhelm Rumpf, Die Glocken der evang.-prot. Landeskirche Badens, herausgegeben vom Landesverband evangelischer Kirchenmusiker in Baden, o.J., 3.
[20] Ebd., 16.
[21] Gespräch vom 7. Juli 2015.
[22] Zitate aus LKA PA 2644.
[23] Joachim Draheim, Karlsruher Musikgeschichte, Karlsruhe 2004, 45f.

Rumpf weiterhin nebenamtlich als Kirchenmusiker sowie als Orgel- und Glockensachverständiger für ganz Baden.

Am 25. Juni 1960 wandte sich der 59-jährige Wilhelm Rumpf an den Oberkirchenrat und an das Kultusministerium mit der Bitte, ihn zum Professor zu ernennen. Seine Verdienste beschrieb er selbst: *Mit dem Bachchor wurden seit 1933 jährlich etwa 2–3 große Chorwerke aufgeführt, zunächst in der Festhalle, dann aber immer in der Kirche, an der ich Organist war. So kam etwa 12 Mal die Matthäuspassion, 20 Mal die Johannespassion (davon im Bachjahr 1950 14 Aufführungen in Badischen Kirchen bis Konstanz) mehrere Aufführungen der hohen Messe, des Weihnachtsoratoriums von Bach, des Messias, der c-moll Messe und Te Deum von Mozart, Missa Solemnis von Beethoven, der f-moll Messe und Te Deum von Bruckner, „Vom Reiche Gottes" von Bach-Grischat, Deutsches Requiem von Brahms. Der jüngste Tag von Jochum und andere geistliche Chorwerke. Dazu viele Orgelweihungen und Orgelkonzerte im Lande, im Rundfunk und jetzt wieder die Orgelmotetten in der Stadtkirche Karlsruhe.*[24] Über vierzig Jahre lang hatte er sich unermüdlich für das Karlsruher Musikleben, insbesondere für die Kirchenmusik, eingesetzt und nun wünschte er sich eine gebührende Anerkennung. Vier Monate später lehnte das Ministerium ab.

Er sei ein sehr attraktiver Mann gewesen, eindrucksvoll in seinem Äußeren und in seiner menschlichen Art. Er sei ebenso herzlich wie schonungslos gewesen, habe stets gerade heraus seine Meinung gesagt, erzählt Karlheinz Schmidt: *Er war ein sehr liebenswürdiger, humorvoller Mensch, der auch den sinnlichen Genüssen des Lebens nicht abgeneigt war. Er hat gern gegessen und gern guten Wein getrunken. Seinen Spezialwein hat er aus Bischoffingen am Kaiserstuhl bezogen. Und wenn wir abends zu ihm eingeladen wurden, dann wurde mindestens eine Flasche Bischoffinger getrunken. Das musste man einkalkulieren für den Fall, dass man mit dem Auto, oder so wie ich damals, mit dem Motorroller unterwegs war.*

Im Juni 1964 starb Kirchenmusikdirektor Wilhelm Rumpf im Alter von 64 Jahren unerwartet an einem Herzinfarkt. Am Abend zuvor hatte er noch eine Probe für Bachs h-Moll-Messe geleitet, berichtet Karlheinz Schmidt. Die Trauerfeier fand am Montag, dem 29. Juni, statt. An verschiedenen Institutionen hinterließ er eine Lücke: *Schmerzlich wird das Badische Konservatorium seinen impulsiven und lebenskräftigen Direktor vermissen, und Trauer wird die Sängerinnen und Sänger des Bachchores und die Musiker des Collegium musicum Karlsruhe ergreifen, wenn sie das Dirigentenpult verwaist sehen.*[25] Was Wilhelm Rumpf für den Wiederaufbau des musikalischen Lebens in Karlsruhe nach dem Zweiten Weltkrieg für Stadt, Land und Kirche geleistet hat, ist kaum zu überschätzen.

---

[24] LKA PA 2644.
[25] Badische Neueste Nachrichten, Juni 1964.

Geschichte und Überlieferung der evangelischen Kirchenbücher Badens

Heinrich Löber

I. Allgemein

1. Kirchenbücher als Frucht der Reformation

a) Anfänge kirchlicher Register im Spätmittelalter
Im Mittelalter wurden von Klerus, Klöstern und Bruderschaften Mitgliederlisten geführt, die als Anfänge kirchlicher Register gelten können, wenngleich sie aus verschiedenen Motiven heraus entstanden sind. Die im 14. Jahrhundert in Frankreich und Italien erstellten Taufmatrikeln sind allerdings als Beginn einer Kirchenbuchführung anzusehen. Für den deutschen Sprachraum gelten die im späten 15. Jahrhundert angelegten Taufregister von St. Theodor in Basel (1490)[1], Annaberg in Sachsen (1498) und Augsburg (1504) als ein solcher vorreformatorischer Ansatz der Kirchenbuchführung. Ebenso bilden Memorial- und Totenbücher, die Verstorbene aufführen, eine Form von Kasualregistern, wie z. B. die seit der Mitte des 15. Jahrhunderts geführten Nürnberger Totengeläutbücher (von St. Sebald 1439–1572, St. Lorenz 1454–1515). Sie beruhen jedoch auf ortskirchlichem Recht, und ein geordnetes Kirchenbuchwesen kam trotz der Versuche mehrerer Teilsynoden nicht zu Stande.[2]

b) Entstehung eines evangelischen Kirchenbuchwesens durch die Reformation
Eine obrigkeitliche Regelung, die die Anlage von Kirchenbüchern festsetzte, wurde erst mit dem Einzug der Reformation geschaffen, die durch Kirchenordnungen und Visitationen für die einzelnen evangelisch gewordenen Territorien Geltung erhielt. Die Konstanzer Zuchtordnung (1531) und die Brandenburg-Nürnbergische Kirchenordnung (1533)[3] sind dabei als älteste Zeugnisse eines derartigen Landesgesetzes anzusehen. Diese Ordnungen waren einerseits notwendig geworden, um gegen die Bewegung der (Wieder-)Täufer den Nachweis der vollzogenen Kindertaufe zu erbringen, andererseits um gegen Konkubinat und zur Aufrechterhaltung der Kirchenzucht das Eingehen einer rechtmäßigen Ehe zu bezeugen. Zudem entsprachen sie dem Bedürfnis, eine straffere Erfassung der Mitglieder der reformatorischen Kirche(n) sowie

---

[1] Dieses vielgerühmte Taufbuch war zugleich ein *Eheverkündbuch* und enthält zudem ein Verzeichnis der Exkommunizierten. Vgl. Hermann Franz, Die Kirchenbücher in Baden (Inventare der nichtstaatlichen Archive in Baden-Württemberg 4), Karlsruhe ³1957, 2.
[2] Vgl. Helmut Baier, Art. Kirchenbücher, in: TRE 18 (1989), 528.
[3] Vgl. Walther Lampe: Art. Kirchenbücher, in: RGG³, Bd. 3, Tübingen 1959, Sp. 1413; Friedemann Merkel: Art. Kirchenbücher, in: RGG⁴, Bd. 4 (2001), Sp. 1161.

eine konfessionelle Identität zu schaffen. Bis zum Jahre 1588 wurden im deutschen Raum 15 evangelische Kirchenordnungen erlassen, welche die Ortspfarrer zur Führung von Kirchenbüchern verpflichteten.[4] Als älteste überlieferte Kirchenbücher gelten die Traubücher von Zwickau (1522)[5], Zürich (1523), St. Lorenz und St. Sebald Nürnberg (1524) sowie Straßburg (1525); als ältestes überliefertes Taufbuch ist Hinwyl bei Zürich (1525) zu nennen.[6]

c) Älteste Nachweise einer Kirchenbuchführung in Baden[7]
In Baden haben wir mit der oben genannten und per Stadtratsbeschluss vom 5. April 1531 erlassenen „Reformierten Zuchtordnung" der Stadt Konstanz[8] eines der frühesten Zeugnisse einer (weltlichen) Ordnung, in der die Führung von Tauf- und Ehebüchern festgeschrieben ist. Mit Beginn des Jahres 1528 wurde der evangelische Gottesdienst in der Stadt eingeführt, und damit galt Konstanz als evangelisch. Dem zwinglianisch gesinnten Stadtrat war es ein Anliegen, den Zerfall der Moral zu beseitigen und christliche Heiligung und Zucht einzuführen, nicht zuletzt auch, um eigene Befugnisse über den Klerus zu erweitern.[9] Damit maßregelte er auch kirchliche Belange: Durch die Zuchtordnung wird die Taufe den reformierten Geistlichen der Stadt zur Vorschrift; Abschriften der Tauf- und Ehebücher sind dem Stadtrat jährlich (als Abschrift) vorzulegen.[10] Im Stadtarchiv Konstanz sind so je ein Tauf- und Trauregister für die Zeit ab Mitte April 1531 bis November 1547 sowie ein Registerband jener Bände überliefert.[11] Sie sind als die ältesten Nachweise von Kirchenbucheinträgen in

---

[4] So z. B. die Kurbrandenburgische Visitationsordnung (1573). Vgl. Wolfgang Günther: Personenstandsüberlieferung in evangelischen Archiven, in: Aus evangelischen Archiven 45 (2005), 102–117, hier 103 f.

[5] Es handelt sich um das Proclamationsbuch St. Marien Zwickau 1522–1581 und das Traubuch St. Marien und St. Katharinen Zwickau 1522–1600. Zudem existiert für diese frühen Jahre ein Trau- und Aufgebotsregister St. Marien Zwickau 1522–1785 [Standort: Evang.-Luth. Nicolai-Kirchgemeinde Zwickau].

[6] Baier, Kirchenbücher (wie Anm. 2), 528; Waldemar Schupp, Abstammung und Verwandtschaft, in: Friedrich Beck/Eckart Henning (Hgg.), Die archivalischen Quellen. Mit einer Einführung in die Historischen Hilfswissenschaften, Köln u. a. ^{4}2004, 284.

[7] Wenn von „Baden" gesprochen wird, ist immer das heutige Gebiet der Evangelischen Landeskirche in Baden gemeint.

[8] Vgl. hierzu Wolfgang Dobras, Ratsregiment, Sittenpolizei und Kirchenzucht in der Reichsstadt Konstanz 1531–1548. Ein Beitrag zur Geschichte der oberdeutsch-schweizerischen Reformation (Quellen und Forschungen zur Reformationsgeschichte [QFRG] 59 und VVKGB 47), Gütersloh/Karlsruhe 1993.

[9] Friedrich Mono, Evangelische Kirche in Konstanz 1518–1970. Zur 150-Jahr-Feier der Evangelischen Kirchengemeinde Konstanz hrsg. vom Evangelischen Kirchengemeinderat Konstanz. Konstanz 1970, 13–15.

[10] Fritz Hauß, Zuchtordnung der Stadt Konstanz 1531 (VVKGB 5), Lahr 1931, 49 f.; Hans-Christoph Rublack, Die Einführung der Reformation in Konstanz von den Anfängen bis zum Abschluß 1531 (QFRG 40 und VVKGB, 27), Gütersloh/Karlsruhe 1970, 91.

[11] StadtA Konstanz, A VI Bd. 2: [Innentitel:] *Register darinn alle Kinder die syth uffgerichter und verkündter Zuchtordnung, zu Costantz getoufft sind, begriffen stonde* (= Taufbuch 13. Apr. 1531 bis 19. Nov. 1547); Bd. 3: [Innentitel:] *Register, darinn alle Een, die syth uffgerichter und verkündter Zuchtordnung, zu Costantz, in angesicht der Kirchen, behochzitlicher sind, begriffen stond* (= Ehebuch 18. Apr. 1531 bis 11. Jan. 1547); Bd. 1: Register über Taufen und Eheschließungen in den Pfarreien St. Stephan, St. Paul und Petershausen [30 Libelle, schmalfolio].
Daneben gibt es noch *Ain Register darinn die geteufften Kinder (in santt Stephans Kilchen gthüfft) mit Vatter und Muetter, ouch gfätrigen verzaichnet sind, angefangen im aprellen im 1531 jar – Item Me Ain Register darinn verzaichnet sind die personen so sich vereewett hand zu Sant Staphann Im*

Baden überhaupt erhalten. Mit der Gegenreformation, die Konstanz im Jahre 1548 erfasste und mit der die Stadt aufgrund ihrer Teilnahme am Schmalkaldischen Krieg (1546/47) unter österreichische Herrschaft kam, wurde die Stadt ‚rekatholisiert' und die Führung der evangelischen Kasualregister beendet (S. auch u. Kap. II.1.a).[12]

d) Entstehung des Kirchenbuchwesens auf katholischer Seite
Die katholische Kirche hat auf dem Tridentiner Konzil (1563) eine gesamtkirchliche Regelung mit der Einführung von Tauf- und Traumatrikeln beschlossen. 1614 folgte mit dem Rituale Romanum durch Papst Paul V. die Verordnung der Führung von Sterbebüchern. Ältere Nachweise von katholischen Tauf- und Trauregistern im deutschsprachigen Raum finden sich in Hildesheim (1539) und Augsburg (1548), von Beerdigungsbüchern in Wien (1553), Köln (1565) und Salzburg (1569) sowie einzelner Beicht- und Kommunikantenverzeichnisse und Familienbücher.

Das Kirchenbuchwesen der katholischen Kirche ist also universalkirchlich geregelt.[13] Insgesamt ging in den katholischen Territorien seine Einführung langsamer vonstatten. Teile der Habsburger Monarchie erhielten es erst im Jahre 1784.[14]

2. Interesse des Staates an den Kirchenbüchern

Dem Staat dienten die Kirchenbücher zur Festigung seines Steuer-, Gerichts- und Militärwesens. Daher unterlagen die Eintragungen in die Kirchenbücher seit dem 18. Jahrhundert gesetzlich verordneten, bindenden Formvorschriften, z. B. der Baden-Durlachischen Visitationsordnung (1739), den Verordnungen Friedrichs II. von Preußen (1758, 1766) oder dem Preußischen Allgemeinen Landrecht (1794). Die aus diesen Büchern erstellten Zeugnisse erhielten nun Beweiskraft öffentlicher Urkunden und die Pfarrer wurden damit zu öffentlichen Standesbeamten. Den Behörden mussten für Volkszählungen und Zeugniserstellung Zweitschriften ausgehändigt werden, die der Küster erstellte.[15]

Die Entkonfessionalisierung im 19. Jahrhundert hatte eine Trennung von Kirchenbuch- und Personenstandswesen zur Folge. Im Großherzogtum Baden fungierten die Pfarrer bereits seit dem Badischen Landrecht (1810) hinsichtlich der Kirchenbuchführung als „Beamte des bürgerlichen Standes"[16]. Die Frankfurter Verfassung (1849) drängte auf eine Trennung von Kirche und Staat und in der Konsequenz auf eine Füh-

---

aprellen, angefangen anno 1531 [= Tauf- und Traubuch 1531; 1 Libell, Quart] sowie *Getauffte Kinder und die sich in den Eelichen stand begeben* [Innentitel:] *Verzeichnung der Eelichen und uneelichen Kinder so zu Costanz bey Sant Paul sind toufft vom 40 Jar an* [= Tauf- und Traubuch; angelegt Dez. 1540, geführt bis Sept. 1543; 1 Libell, schmalfolio]. Stadtarchiv Konstanz, A VI Bde. 4 und 5.
Außerdem ist für jene Jahre ein *Register der getofften Kinder und verzognen Een* (1541–1543) [3 Libelle, Quart] überliefert. Stadtarchiv Konstanz, A VI Bd. 6.

12 Vgl. Franz, Kirchenbücher (wie Anm. 1), 3 f. Anm. 5; Hermann Erbacher (Bearb.), Evangelische Landeskirche in Baden. Die rechtliche Struktur und Pastoration der Gemeinden von der Reformation bis zur Gegenwart. Stand: 1. Januar 1992, Karlsruhe 1994, 143.
13 Codex Iuris Canonici, Can. 535.
14 Vgl. Baier, Kirchenbücher (wie Anm. 2), 529.
15 Vgl. Merkel, Kirchenbücher (wie Anm. 3), Sp. 1161.
16 Vgl. Großherzoglich-Badisches Regierungsblatt (1810), Nr. XVI vom 21. Apr., 111, wo es heißt, dass *die Pfarrer in aller Hinsicht Beamte des bürgerlichen Standes sind.* Vgl. auch Geschichte der badischen evangelischen Kirche seit der Union 1821 in Quellen, hrsg. vom Vorstand des Vereins für Kir-

rung der Kirchenbücher durch weltliche Behörden. Verwirklicht wurde dieses Bestreben zuerst in Baden (1. Februar 1870), dann in Preußen (1874). Durch die Personenstandsgesetzgebung liegt seit dem 1. Januar 1876 die Führung der Personenstandsregister mit öffentlich-rechtlicher Geltung vollständig in den Händen der Standesämter, von der Religionsdiener grundsätzlich ausgeschlossen sind.[17] Seitdem haben Kirchenbücher nur noch kirchenrechtsqualitativen Status (Nachweis von Amtshandlungen, Patenschaften, Wahlberechtigung). In der Zeit des Nationalsozialismus wurden die Kirchenbücher allerdings für den so genannten Ariernachweis missbraucht, indem der Staat – teilweise mit Gewalt – versuchte, die Kirchenbücher durch seine Reichssippenämter[18] einzuziehen.

3. Überlieferungsgeschichte der Kirchenbücher im Spiegel der Maßnahmen zu ihrer Erhaltung

Nur zum geringsten Teil sind Kirchenbücher aus der Zeit vor 1650 überliefert. Die katastrophalen Auswirkungen des Dreißigjährigen Krieges lassen sich auch an dieser Tatsache ablesen. Der Wiederaufbau hat in einzelnen deutschen Landesteilen teilweise Jahrzehnte beansprucht, so dass erst um die Jahrhundertwende vom 17. zum 18. Jahrhundert von einer „flächendeckenden" Tradierung von Kirchenbüchern die Rede sein kann.[19]

In jenen Jahrzehnten ist eine zunehmende Sorgfalt und Vereinheitlichung bei der Kirchenbuchführung zu beobachten. So wird zum Beispiel in der Markgrafschaft Baden-Durlach im Jahre 1739 durch den Geheimen Rat bestimmt, dass *auch die Oberbeamten […] selbst dergleichen Kirchenbücher von Zeit zu Zeit zu inspizieren* haben, und weist dabei die Speziale (Dekane) an, entsprechende Akribie bei den Kirchenvisitationen walten zu lassen, die auch vorschreiben, dass eine jährliche Vorlage der Kirchenbücher an das Konsistorium zu erfolgen habe.[20] Auch wurden von den Pfarrern ausführliche Quartalsberichte für die Rentkammern verlangt. Solche Quartalsberichte konnten sich zuweilen als über ihren eigentlichen Zweck hinausgehende wichtige Unterlagen herausstellen: So wurde das beim Pfarrhausbrand am 27. Oktober 1769 verbrannte Kirchenbuch der baden-durlachischen Gemeinde Langensteinbach aus den Quartalsberichten aszendierend bis zum Jahr 1752 rekonstruiert. Dem Kirchenbuch dieser Gemeinde 1752–1805 (angelegt 1769) ist ein Bericht des Ortspfarrers Christian Reinhard Grün (1733–1811) vorangestellt über den *schnell ausgebrochenen Brand,*

---

chengeschichte in der Evangelischen Landeskirche in Baden zum Kirchenjubiläum 1996 (VVKGB, 53), Karlsruhe 1996, 238.

[17] Vgl. Baier, Kirchenbücher (wie Anm. 2), 531.

[18] Vgl. Johann Peter Wurm, Kirchenbücher im Dienst der NS-Rassenpolitik. Pastor Edmund Albrecht und die Mecklenburgische Sippenkanzlei, in: Aus evangelischen Archiven 46 (2006), 33–60; Raimund Haas, „Insbesondere die evangelische Kirche bemüht sich nun darum, die Kirchenbuchfrage in der Auseinandersetzung zwischen Staat und Kirche zu benutzen, um gegen den Staat Stimmung zu machen". Kirchenarchivare im Spannungsfeld zwischen Kooperation und Enteignung 1933–1943, in: ebd., 61–91. S. auch u. Kap. I.3.

[19] Schupp, Abstammung (wie Anm. 6), 272. 285.

[20] Vgl. Franz, Kirchenbücher (wie Anm. 1), 8. Dort auch Zitat aus: Carl Friedrich Gerstlacher, Sammlung aller Baden-Durlachischen, das Kirchen- und Schulwesen […] betreffenden Anstalten und Verordnungen. 1. Band. Frankfurt und Leipzig 1773, 364 f.

bei dem *alle Kirchenbücher und Pfarr=Acten verlohren gegangen sind*, und über seine Bemühungen, *so viel* [wie] *möglich diesen mir und der gantzen Bürgerschaft so empfindlichen Verlust wieder zu ersezen. Ich bat mir zu dem Ende von Hochfürstl. RentCam[m]er die von Zeit zu Zeit dahin erstettete Quartal-Berichte supplicando aus, um aus denselben die gebohrenen, copulirten und Verstorbenen zu extrahiren, und wieder gehörig einzutragen.* Pfarrer Grün verlor bei diesem Brand auch sein gesamtes Hab und Gut.

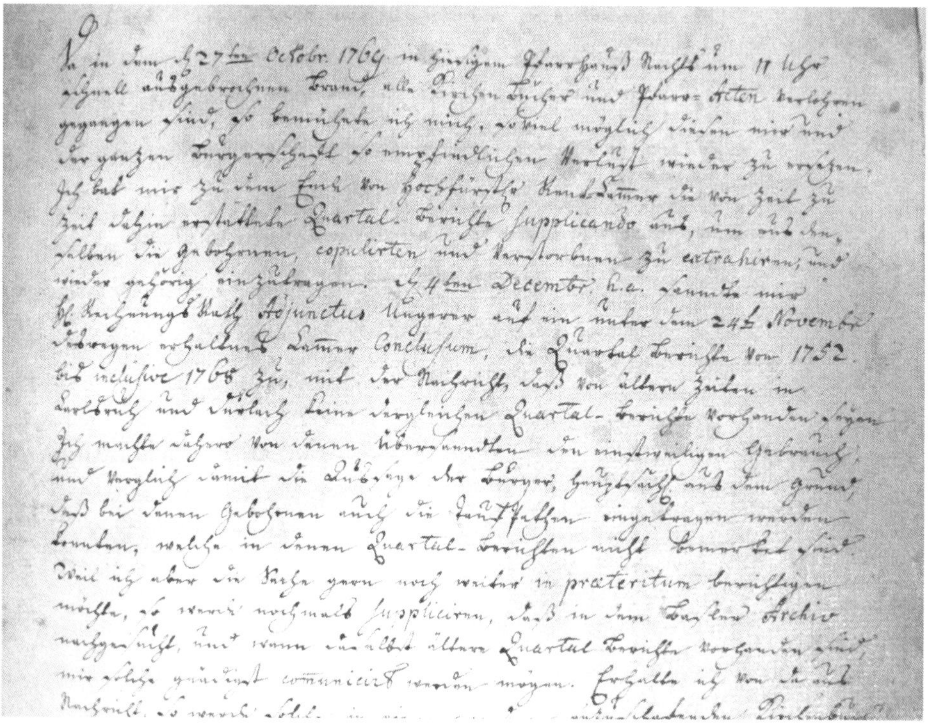

Abb. 17:
Aus dem lutherischen Kirchenbuch Langensteinbach 1752–1805, LKA 045.01. Kirchenbücher (Deposita) (Foto: LKA)

Ab der Mitte des 18. Jahrhunderts wurden die Angaben in den Kirchenbüchern genormter und in der Folge korrekter, was sich beispielsweise daran ablesen lässt, dass neben dem Tauf- und Beerdigungsdatum auch das Geburts- und Sterbedatum vermerkt wird. Insgesamt fungierten die Kirchenbücher nunmehr als amtliche Register mit Beweiskraft und besaßen somit bis zur offiziellen Einführung der staatlichen Personenstandsregister (1. Januar 1876) Rechtsqualität.[21]

Von Anfang an waren die Kirchen um die sichere Verwahrung ihrer Kirchenbücher besorgt. Als Beispiel dafür sei die Große Württembergische Kirchenordnung von 1559 genannt, die vorschreibt, dass die Taufbücher *alle zeit bey der Kirchen verwart behalten und pleiben soll*[en].[22] Besonders um den Brandschutz machte man sich im-

---

[21] Schupp, Abstammung (wie Anm. 6), 284.
[22] Württembergische Große Kirchenordnung 1559. Mit einem Vorwort von Landesbischof D. Hans von Keler. Unveränderter reprographischer Nachdruck der Erstausgabe Tübingen 1559. Stuttgart 1983,

mer wieder Gedanken. Auch in dieser Zeit hatte man eine Lösung parat, um die Kirchenbücher im Notfall zu retten. Die Kirchenbücher wurden im besten Fall in Kisten untergebracht, die in der Regel mit Henkeln an beiden Seiten ausgestattet waren. So konnten sie im Notfall ‚mit einem Griff' aus dem Pfarrhaus gerettet werden. Zugleich wurde nicht versäumt, eine ‚Notfallplanung' zu erstellen, die besagt, wie und wohin die Kisten den Ort verlassen sollten. So wurde etwa in der Balinger Feuerlöschordnung von 1823[23] genau festgelegt, wer im Brandfalle die Kirchenbücher, Tauf- und Abendmahlsgeräte zu evakuieren hatte.

Abb. 18:
Fluchtkiste der württembergischen Gemeinde Schopfloch, Dek. Kirchheim u. T. (Foto: Landeskirchliches Archiv Stuttgart, Inventarisierung)

Mitte der 1930er Jahre wurden die Kirchenbücher unter Schriftdenkmalschutz[24] gestellt und die Kirchen verpflichtet, sie zu inventarisieren sowie Benutzerordnungen zu erlassen. Nach Berechnungen des preußischen Staatsarchivs (1935) gab es in den 23.368 evangelischen und katholischen Pfarrämtern zusammen etwa 500.000 Kirchenbücher.[25] Allerdings brachten die beiden Weltkriege sowie die Ereignisse um Flucht und Vertreibung ab 1944 für den Kirchenbuchbestand der historisch deutschen Ostgebiete erhebliche Bestandsverluste mit sich. Heute fallen sie unter den Kulturgüterschutz der Vereinten Nationen,[26] der die Träger zu den erforderlichen Sicherungs- und Erhaltungsmaßnahmen verpflichtet.

---

ccxliv.

[23] Ein Auszug befindet sich im Archiv des Evangelischen Dekanatsamtes Balingen in der Akte ‚Renovierung der Stadtkirche. 1823, 1882–1902.' Landeskirchliches Archiv Stuttgart, Evang. Dekanatamt Balingen, Nr. A 1202.

[24] ‚Schriftdenkmalschutz' war die Abteilung III der Reichsstelle für Sippenforschung (RfS), die der Dienstaufsicht des Geschäftsbereichs der Abt. I des Reichsministeriums des Innern unterstellt war. Ende 1940 erhielt die RfS den Namen ‚Reichssippenamt'. Vgl. Diana Schulle, Das Reichssippenamt. Eine Institution nationalsozialistischer Rassenpolitik, Berlin 2001 [zugl. Diss. Greifswald 1999], 126–129; Haas, Kirchenarchivare (wie Anm. 18), 64f., 74.

[25] Vgl. Wurm, Kirchenbücher (wie Anm. 18), 33f. Zahlen bei Haas, Kirchenarchivare (wie Anm. 18), 70.

[26] Haager Konvention zum Schutz von Kulturgut bei bewaffneten Konflikten vom 14. Mai 1954.

Die Aufbewahrung der Originalkirchenbücher erfolgt zumeist in den Pfarrämtern. Im 20. Jahrhundert wurden dafür Stahlschränke und später feuerhemmende Schränke vorgeschrieben. Die Wirklichkeit sieht aber oftmals anders aus, so dass es etliche kirchliche Archive gibt, die die Kirchenbücher ihres Sprengels ganz oder teilweise als Deposita übernehmen. Eine solche Zentralisierung praktiziert das Evangelische Zentralarchiv in Berlin für die „geretteten" Kirchenbücher aus evangelischen Kirchengemeinden, die in den ehemaligen Ostprovinzen der Evangelischen Kirche der altpreußischen Union lagen. Diese Gebiete gehören heute zu Polen, Russland und Litauen, und die deutschen evangelischen Gemeinden existieren dort nicht mehr. Diese Tatsache bildete den Beweggrund für eine zentrale Aufbewahrung. Gleiches gilt für das Bischöfliche Zentralarchiv Regensburg auf katholischer Seite, wobei sich hier die Tendenz abzeichnet, immer mehr Kirchenbücher in ihre Ursprungsgemeinden zurückzugeben.

Mit Beginn der Herrschaft der Nationalsozialisten entstand ein außerordentliches Interesse des Staates an den Kirchenbüchern. Ihre Auswertung sollte dem fatalen Plan der Nationalsozialisten dienen, die „Rassezugehörigkeit" über Abstammungsnach-

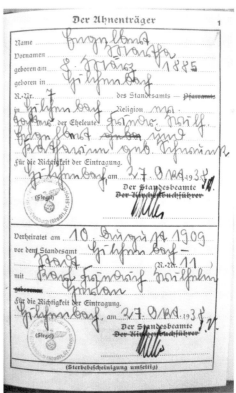

Abb. 19:
Deckel eines Ahnenpasses (Foto: LKA)

Abb. 20:
Am 27. Okt. 1938 ausgefüllter und durch einen Standesbeamten (nicht Kirchenbuchführer) in Hilchenbach i. W. beglaubigter Ahnenpass (Foto: LKA)

weise festzustellen, damit sich die *Volksgemeinschaft im nationalsozialistischen Staat konstituieren konnte*.[27]

Der Bedeutung der Kirchenbücher für diese Nachweise war man sich bewusst und man setzte nun alles daran, deren Auswertung im großen Stile umzusetzen. Im Herbst 1933 begann die eigens errichtete Dienststelle des ‚Sachverständigen für Rasseforschung' (SfR) mit der Verfilmung von berlin-brandenburgischen Kirchenbüchern. Die im März 1935 in ‚Reichsstelle für Sippenforschung' (RfS) umbenannte Dienststelle verfügte über sechs Aufnahmeapparate[28], die bei weitem nicht ausreichten, die geschätzten 500.000 Kirchenbücher mit etwa 200 Millionen Einzelaufnahmen zu erfassen, so dass man die Verfilmung in den Auftrag von Fremdfirmen[29] übergab. Bis Juli 1938 waren in Berlin, Schlesien, Ostpreußen, Schleswig-Holstein und Erfurt 7.185 Kirchenbücher und zusätzlich in anderen Provinzen 967 Bände ‚photokopiert' worden. Mit diesen 8.152 Büchern waren erst 1,6% der deutschen Kirchenbücher von der Verfilmungsaktion der RfS erfasst worden.[30] Zum 12. Dezember 1940 wurde die RfS in das ‚Reichssippenamt' umgewandelt, erhielt damit den Status einer Reichsbehörde und konnte nun den staatlichen Zugriff auf die Kirchenbücher schneller und leichter durchsetzen. Dieser Einfluss wurde bald im sog. Warthegau sichtbar: In diesem annektierten Gebiet begann die „Archivverwaltung schlagartig und ohne Unterscheidung, ob es sich um katholisch-polnische oder deutsche-evangelische Kirchenbücher handelte, diese einzuziehen. Für den nationalsozialistischen Modellfall des Warthegaus konnte" der Leiter des Referates für Schriftdenkmalschutz, zugleich SS-Untersturmbannführer und SD-Mitarbeiter, Gerhard Kayser „Ende 1941 feststellen, dass 14.000 Kirchenbücher aus 790 Pfarrämtern in der ehemaligen Martinskirche in Posen zusammengetragen worden waren."[31] Durch Einberufungen von Mitarbeitern zum Wehrdienst, wachsende Gefahr von Luftangriffen und heranrückende Fronten stagnierte der Zugriff des Reichssippenamtes auf die Kirchenbücher trotz verbesserter Amtsstrukturen. So konnten lediglich in 24 von 42 Gauen Gausippenämter eingerichtet werden.[32]

Die Verfilmungen und familiengeschichtlichen Sammlungen des Reichssippenamtes gelangten mit dem Ende des Krieges in die ‚Zentralstelle für Genealogie' nach Leipzig. Bei diesen Filmen handelt es sich um Kirchenbücher der östlichen Provinzen West- und Ostpreußen, Pommern, Posen und Schlesien und andere Teile des Reichsgebietes und damals deutsch-besiedelter Gebiete des Auslandes. In den 1950er Jahren wurden in den westlichen Gliedkirchen der EKD erneut Überlegungen angestellt, Kirchenbücher verfilmen zu lassen, was ab den 1960er Jahren in etlichen Landeskirchen umgesetzt wurde. In den Gliedkirchen der DDR begann man nach der politischen Wende 1989/90 mit den Sicherungsverfilmungen der Kirchenbücher. Dieser Prozess ist fortgeschritten, aber bis heute nicht abgeschlossen.

---

[27] Stephan Linck, Wie die Kirche die Judenverfolgung unterstützte – Die Altonaer Judenkartei, in: abgestaubt … aus den Archiven in der Nordkirche 4 (2016), 36–60, Zitat 36.
[28] Drei in den deutschen Grenzgebieten, einen für „Judenmatrikel" und nur zwei in der Dienststelle. Vgl. Haas, Kirchenarchivare (wie Anm. 18), 70.
[29] Im Rheinland beispielsweise an die Firma Gatermann in Duisburg-Hamborn. Ebd.
[30] Ebd., 71.
[31] Ebd., 74 (Zitat); Schulle, Reichssippenamt (wie Anm. 24), 286f.
[32] Haas, Kirchenarchivare (wie Anm. 18), 75.

Im Februar 2005 diskutierte die Leitung des Verbandes kirchlicher Archive die Reproduktionspraxis bei Kirchenbüchern. Angesichts der offensiven Aktivitäten auf dem genealogischen Online-Markt durch die Mormonen (FamilySearch) und Ancestry, deren Veröffentlichungen hauptsächlich auf der Auswertung von Kirchenbüchern basieren, wurde überlegt, *wie die kirchlichen Archive auch in Zukunft die Verfügungsgewalt über ihre Quellen behalten können.* In der Folge entstand die Idee einer *EKD-weite*[n] *Kirchenbuch-Internetlösung.*[33] Erste Hinweise auf eine Internetpräsenz eines ‚Kirchenbuchportals' finden sich im Jahre 2007. Der Finanzbeirat der EKD gab 2011/12 grünes Licht für ein Darlehen. Im Mai 2013 konnte die Kirchenbuchportal GmbH in Stuttgart mit elf Landeskirchen und der EKD als Gesellschafter gegründet werden. Seit März 2015 läuft das Kirchenbuchportal ‚Archion' im Echtbetrieb (www.archion.de) und mit Stand von September 2017 sind 15 Landeskirchen Gesellschafter dieser GmbH. Mehr als 70.000 Kirchenbücher mit über 20 Millionen Kirchenbuchseiten sind seither online gestellt. Das Angebot von Archion erfährt eine ständige Erweiterung und Ergänzung, indem täglich digitalisierte Kirchenbücher aus ganz Deutschland sowie den ehemals deutschen Ostgebieten eingestellt werden.[34]

Mit dieser Entwicklung haben sich – neben den Möglichkeiten der Recherche in den Kirchenbüchern – ganz neue Maßnahmen der Bestandserhaltung ergeben: Nun sind die Kirchenbücher nicht mehr nur verfilmt, sondern auch in digitaler Form benutzbar.

4. Kirchenbücher als herausragende Quellengattung

Kirchenbücher sind eine unerschöpfliche Quelle für historische Studien. Dabei spannt sich der Bogen von der personen-, familien-, orts-, landes- und kirchenhistorischen Forschung über genealogische und soziologische Untersuchungen, Fragen der Bevölkerungs- und Wirtschaftskunde bis hin zu Themen wie Gesundheit und Wetterphänomene. Aus diesem Grund sind die Kirchenbücher für die Kulturgeschichte insgesamt als ein nicht hoch genug zu wertendes Quellengut einzustufen. Weiterhin sind sie zur Klärung rechtlicher Fragen (Erbenermittlung) sowie für die kirchliche Praxis (Nachweis für die ordnungsgemäße Vornahme von kirchlichen Amtshandlungen, für Patenschaften und kirchliche Wahlberechtigung) unentbehrlich.[35]

Die Kirchenbücher liegen in den evangelischen Territorien in der Regel in deutscher Sprache, in katholischen Gebieten bis weit ins 19. Jahrhundert in lateinischer Sprache vor. In den evangelischen Exulantengemeinden (Hugenotten, Böhmische Brüder u. a.) sind sie in der Sprache der Herkunftsländer geführt.

In ihrer Führung sind die Kirchenbücher bis weit in das 19. Jahrhundert hinein sehr unterschiedlich. Inhaltlich wurde eine Trennung in die drei Hauptregister (Tauf-, Trauungs- und Beerdigungsregister) praktiziert. In den ersten beiden Jahrhunderten wurden diese drei Register parallel in einem Buch als so genannte ‚Mischbücher'

---

[33] Bettina Wischhöfer, Archion – Das Kirchenbuchportal geht online, in: AeA 55 (2015), 9–20, hier 15.
[34] Zahlen nach Auskunft der Kirchenbuchportal GmbH vom 12. September 2017. Vgl. auch Wischhöfer, Archion (wie Anm. 33), 16; Michael Bing/Andreas Butz (Hgg.), Evangelische Kirchenbücher in Württemberg. Eine Arbeitshilfe für die historische und familiengeschichtliche Forschung (Kleine Schriften des Vereins für württembergische Kirchengeschichte 3), Stuttgart ²2016, 27–29.
[35] Vgl. Baier , Kirchenbücher (wie Anm. 2), 529f.

geführt, später als einzelne Register. Mit der Einführung genormter Kirchenbücher Anfang des 19. Jahrhunderts wurden die Einträge laufend nummeriert, was einen schnellen Überblick über die Anzahl der Geburten, Trauungen und Beerdigungen eines Jahres in einem Pfarrsprengel ermöglicht.[36]

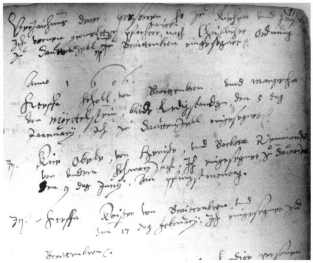

Abb. 21:
Einträge ohne Nummerierung (Traueinträge Daudenzell Jan./Febr. 1606), aus: Lutherisches Mischbuch Daudenzell 1603–1776; LKA, 045.01. Kirchenbücher (Deposita) (Foto: LKA)

Abb. 22:
Einträge mit Nummerierung (Taufeinträge Büchenbronn Juli 1804), aus: Lutherisches Mischbuch Büchenbronn 1786–1819; LKA, 045.01. Kirchenbücher (Deposita) (Foto: LKA)

---

[36] Vgl. Bing/Butz, Kirchenbücher in Württemberg (wie Anm. 34), 5f.

Seitdem wurden die Bücher tabellarisch und in zunehmender Weise in vorgedruckten Exemplaren geführt, um eine bessere Übersicht und Normung zu erreichen:

Abb. 23:
Einträge in einem vorgedruckten Beerdigungsbuch (Beerdigungseinträge Bötzingen Juli-Sept. 1888), aus: Beerdigungsbuch Bötzingen 1870–1928; LKA, 045.01. Kirchenbücher (Deposita) (Foto: LKA)

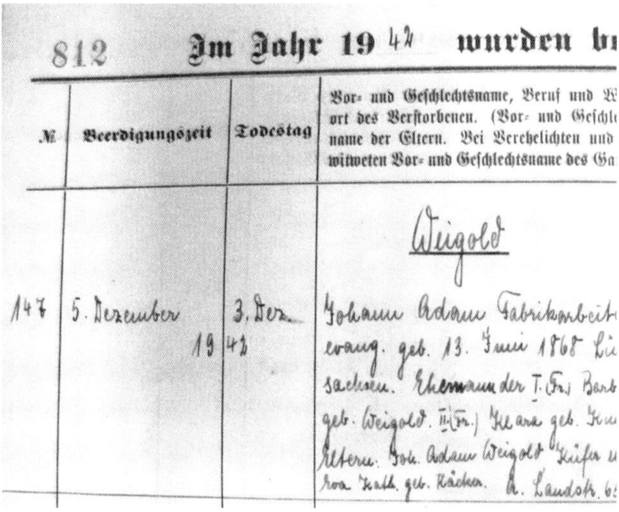

Abb. 24:
Einträge in einem vorgedruckten Beerdigungsbuch mit Angabe des Predigttextes (Beerdigungseinträge Altstadtpfarrei Weinheim Dez. 1942), aus: Beerdigungsbuch Altstadtpfarrei Weinheim 1913–1942; LKA, 045.01. Kirchenbücher (Deposita) (Foto: LKA)

Außerdem wurden spätestens mit Beginn des 19. Jahrhunderts Namensregister angelegt, was die Handhabung dieser Bücher in einem erheblichen Maße verbesserte. Mit diesen Namensregistern war ein schnellerer Zugriff auf einen gesuchten Eintrag oder der Nachweis einer Person in einer Gemeinde auf Anhieb möglich geworden. Das war wichtig, weil die Bevölkerung im 19. Jahrhundert enorm gestiegen war und damit einhergehend das Volumen dieser Bücher sowie die Gefahr der Unübersichtlichkeit zunahm. Für ältere Bücher wurden zuweilen Register nachträglich erstellt.

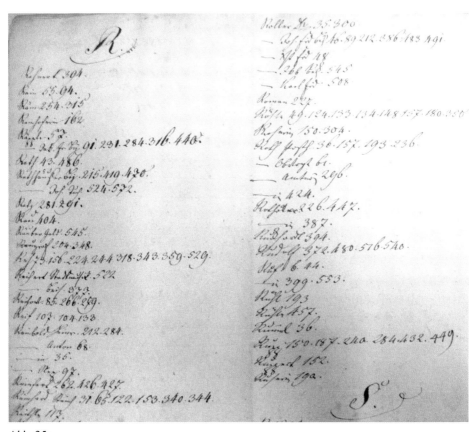

Abb. 25:
Eigens angelegtes Register am Ende eines Kirchenbuches (Registereinträge ‚R' des lutherischen Beerdigungsbuches Stadtpfarrei Pforzheim 1806–1826), aus: Beerdigungsbuch Stadtpfarrei Pforzheim (luth.) 1806–1826; LKA, 045.01. Kirchenbücher (Deposita) (Foto: LKA)

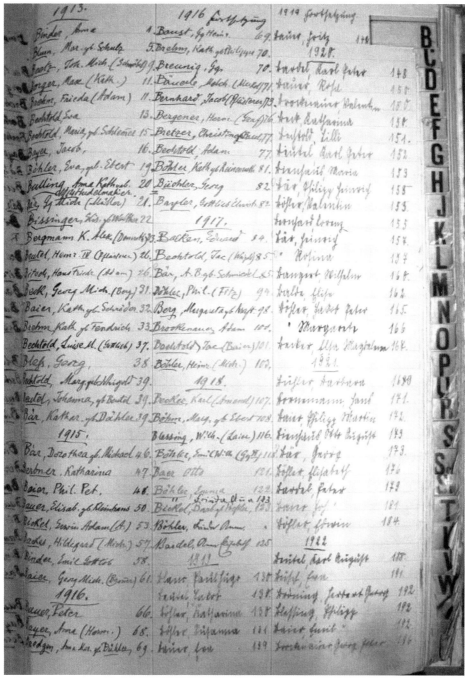

Abb. 26:
Registereinträge in einem vorgedruckten und mit Register angelegten Kirchenbuch (Registereinträge ‚B' des Beerdigungsbuches der Altstadtpfarrei Weinheim 1913–1942), aus: Beerdigungsbuch Altstadtpfarrei Weinheim 1913–1942; LKA, 045.01. Kirchenbücher (Deposita) (Foto: LKA)

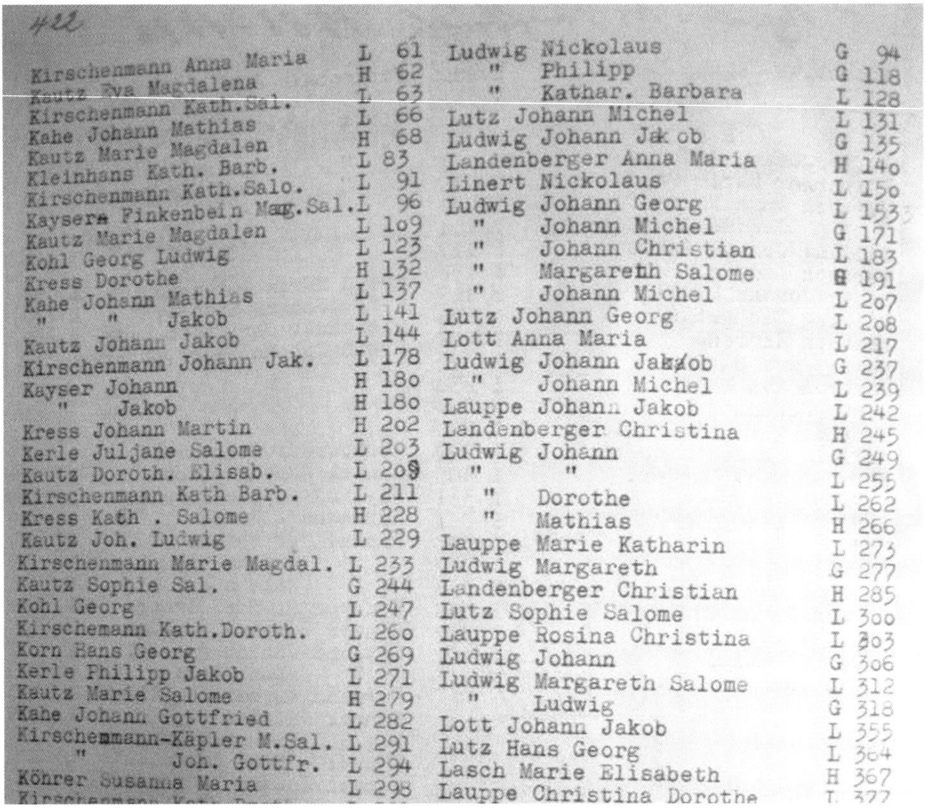

422

Kirschenmann Anna Maria	L	61	Ludwig Nickolaus	G	94
Kautz Eva Magdalena	H	62	" Philipp	G	118
Kirschenmann Kath.Sal.	L	63	" Kathar. Barbara	L	128
Kahe Johann Mathias	L	66	Lutz Johann Michel	L	131
Kautz Marie Magdalen	H	68	Ludwig Johann Jakob	G	135
Kleinhans Kath. Barb.	L	83	Landenberger Anna Maria	H	140
Kirschenmann Kath.Salo.	L	91	Linert Nickolaus	L	150
Kaysera Pinkenbein Mag.Sal.	L	96	Ludwig Johann Georg	L	153
Kautz Marie Magdalen	L	109	" Johann Michel	G	171
Kohl Georg Ludwig	L	123	" Johann Christian	L	183
Kress Dorothe	H	132	" Margareth Salome	G	191
Kahe Johann Mathias	L	137	" Johann Michel	L	207
" " Jakob	L	141	Lutz Johann Georg	L	208
Kautz Johann Jakob	L	144	Lott Anna Maria	L	217
Kirschenmann Johann Jak.	L	178	Ludwig Johann Jakob	G	237
Kayser Johann	H	180	" Johann Michel	L	239
" Jakob	H	180	Lauppe Johann Jakob	L	242
Kress Johann Martin	H	202	Landenberger Christina	H	245
Kerle Juljane Salome	L	203	Ludwig Johann	G	249
Kautz Doroth. Elisab.	L	208	" "	L	255
Kirschenmann Kath Barb.	L	211	" Dorothe	L	262
Kress Kath . Salome	H	228	" Mathias	H	266
Kautz Joh. Ludwig	L	229	Lauppe Marie Katharin	L	273
Kirschenmann Marie Magdal.	L	233	Ludwig Margareth	G	277
Kautz Sophie Sal.	G	244	Landenberger Christian	H	285
Kohl Georg	L	247	Lutz Sophie Salome	L	300
Kirschemann Kath.Doroth.	L	260	Lauppe Rosina Christina	L	303
Korn Hans Georg	G	269	Ludwig Johann	G	306
Kerle Philipp Jakob	L	271	Ludwig Margareth Salome	L	312
Kautz Marie Salome	H	279	" Ludwig	G	318
Kahe Johann Gottfried	L	282	Lott Johann Jakob	L	355
Kirschenmann-Käpler M.Sal.	L	291	Lutz Hans Georg	L	364
" Joh. Gottfr.	L	294	Lasch Marie Elisabeth	H	367
Köhrer Susanna Maria	L	298	Lauppe Christina Dorothe	L	377

Abb. 27:
In den 1920er Jahren durch den Pfarrer nachträglich erstelltes, maschinenschriftliches Register (Registereinträge ‚K-L' des lutherischen Taufbuches Lichtenau 1788–1794), aus: Taufbuch Lichtenau (luth.) 1788–1796; LKA, 045.01. Kirchenbücher (Deposita) (Foto: LKA)

Neben den bloßen Einträgen der Kasualien finden sich in zahlreichen Kirchenbüchern ausführliche Randglossen mit näheren Informationen zu Personen und erinnerungswürdigen lokalen Ereignissen. Diese gehen weit über die amtlich geforderten Niederschriften hinaus und verleihen manchen Kirchenbüchern einen durchaus chronikalen Charakter und weisen damit ihren herausragenden Quellenwert aus.[37] Dabei kann es sich um Aufzeichnungen besonderer Vorkommnisse (Memorabilia/Notabilia), Einwohnerverzeichnisse, Listen Auswärtiger und unehelicher Kinder, (Un-)Wetter- und Erntenachrichten, Orts- und Kirchenchroniken, Pfarr- und Kircheninventare, Pfarrkompetenzen, Series pastorum, Konfirmanden- und Kommunikantenverzeichnisse, Gefallenenlisten, Stammbäume, Kriegsereignisse, Turmknopfpredigten usf. handeln. Dass derartige Aufzeichnungen in den Kirchenbüchern überliefert sind, hat unterschiedliche Gründe. Zum einen gab es eine allgemeine Papierknappheit, entsprechend wertvoll war der Platz auf vorhandenem Papier. Zum anderen wurde es oftmals seitens des Patronats, das auf einer Ortsherrschaft – sei es des Niederadels oder von

[37] Stefan Dornheim, Der Pfarrer als Arbeiter am Gedächtnis. Lutherische Erinnerungskultur in der Frühen Neuzeit zwischen Religion und sozialer Kohäsion (Schriften zur sächsischen Geschichte und Volkskunde 40), Leipzig 2013, 145f.

Standesherren – das Aufsichtsrecht und die Schutzpflicht über eine Kirche innehatte, erwartet, dass der Pfarrer sich auch als Annalist der Kirchgemeinde und des Gemeinwesens vor Ort betätigt. Aber ein weiterer, für den Pfarrer selbst durchaus gewichtiger Grund war die mit der Verschriftlichung von Einkünften und Ausgaben, Rechten und Pflichten einer Pfarrstelle geschehene urkundliche Fixierung der Pfarrbeschreibung. Gerade „in jenen Pfarreien, wo sich keine direkte Familiennachfolge einstellte und dieses Wissen im Familiengedächtnis tradiert werden konnte, war dieser erhöhte Grad der Schriftlichkeit" von genuiner „Bedeutung, um zukünftige Amtsnachfolger über gewachsene Zustände zu informieren. So findet man in zahlloser Weise Eintragungen, die die Verdienste der Vorgänger an der Gemeinde ebenso behandeln [...] wie wichtige Begebenheiten im Ort."[38]

Durch diese Praxis wird auch ein „pastoralhistorischer" Aspekt offenkundig: Die Pfarrer verbanden die Gemeindeglieder zu einer „Kult- und Festgemeinschaft, leiteten das Bildungs- und Sozialwesen und sorgten belehrend, wachend und ermahnend für den Erhalt des inneren Friedens durch ritualisierte Verweise auf die Gottgegebenheit von Recht und Ordnung als absolute Werte des Gemeinwesens."[39] Mit diesem Hintergrund stellen die Kirchenbücher eine multifunktionale Quellengattung dar, in der Personenstandsdaten, Rechnungswesen und Chronistik nebeneinander stehen können. Somit sind sie für Historiker aller Couleur die Primärquelle für Forschungen zur (Frühen) Neuzeit schlechthin.

II. Auf dem Gebiet der Evangelischen Landeskirche in Baden

1. Überlieferung und Gestalt der badischen Kirchenbücher

a) Überlieferungsgeschichte

Die Überlieferung der Kirchenbücher der Evangelischen Kirche in Baden umfasst ca. 7.300 Bücher. Bis zur Kirchenunion, die am 28. Okt. 1821 in Kraft trat,[40] ist eine Unterscheidung in reformierte und lutherische Gemeinden sowohl der Bücher selber als auch innerhalb der Bücher von Bedeutung. Denn auch in ihnen wurde natürlich nach Konfessionen unterschieden, wie das Beispiel eines Traueintrages im reformierten Kirchenbuch Hilsbach mit der Angabe *luth. Rel.* beim Bräutigam und *ref. Rel.* bei der Braut zeigt. Hier ist der Eintrag noch erweitert um die Angabe *von dem luth. Geistl. dahier getrauet*, weil es in Hilsbach Gemeinden beider Konfessionen gab:

---

[38] Ebd., 146.
[39] Ebd., 12. Zum Gedächtnis der Orte vgl. Aleida Assmann, Erinnerungsräume. Formen und Wandlungen des kulturellen Gedächtnisses. München ³2006, 298–337.
[40] *Vollzug der Vereinigung und desfallsige Festanordnungen auf den 28. Oktober 1821 des Ministerium des Innern, evangel. Kirchensection, Carlsruhe, den 20. Sept. 1821*, in: Vereinigte Evangelische Landeskirche in Baden 1821–1971. Dokumente und Aufsätze, i. A. des Oberkirchenrates hrsg. von Hermann Erbacher, Karlsruhe 1971, 41–44.

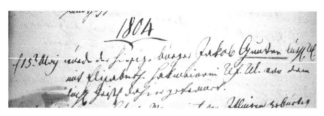

Abb. 28:
Traueintrag vom 15. Mai 1804 im reformierten Kirchenbuch Hilsbach 1731–1809, LKA, 045.01. Kirchenbücher (Deposita) (Foto: LKA)

Dass es Orte gibt, an denen beide Konfessionen eigene Gemeinden hatten, bildet aber die Ausnahme und betraf vor allem die kurpfälzischen Regionen in Nordbaden.[41] Diese reichlich 250 Jahre währende Unterscheidung ist außerordentlich wichtig für die Zuordnung von Personen unabhängig davon, ob es beide Gemeinden am Ort gab. Denn wenn jemand z. B. in einer reformierten Gemeinde lebte, aber lutherischer Konfession war, wurde er von der lutherischen Matergemeinde jenes Ortes ‚versorgt'. Wenn er also in den reformierten Kirchenbüchern nicht nachgewiesen ist, heißt das noch lange nicht, dass er dort nicht ansässig war, sondern er hat die Kasualhandlung(en) andernorts erfahren.

Auch in Baden setzt die eigentliche Überlieferung der Kirchenbücher in der zweiten Hälfte des 17. Jahrhunderts ein. Aus der Zeit vor 1648 sind Kirchenbücher nur spärlich erhalten und stellen eher einen Glücksfall als die Regel dar. Bestandsverluste und Überlieferungslücken sind für die 350 Jahre nach dem Dreißigjährigen Krieg nur wenige zu verzeichnen. Zu nennen wäre hier das Kirchenbuch der lutherischen Stadtpfarrei Pforzheim 1675–1709, das kriegsbedingt eine Lücke in den Taufeinträgen von Dez. 1688 bis Juli 1698 aufweist und in dem die Trau- und Beerdigungseinträge erst im Juli 1698 beginnen. Dort lesen wir die Nota des Pfarrers Matthias Kummer (1645–1709) vor dem (Wieder-)Beginn der Taufeinträge am 16. Juli 1698:
Hier hat der frantzösische Einfall, Belagerung, und Hinwegnehmung Philippburg und

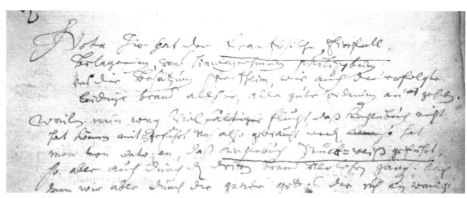

Abb. 29:
Aus dem lutherischen Kirchenbuch der Stadtpfarrei Pforzheim 1675–1709, LKA, 045.01. Kirchenbücher (Deposita) (Foto: LKA)

---

[41] Z. B. Adelsheim, Bretten, Dossenheim, Eppingen, Heidelberg, Heidelsheim, Hilsbach, Karlsruhe, Mannheim, Meckesheim, Mosbach, Sandhofen, Weinheim, Wiesloch.

die Besätzung Pfortzheim, wie auch der erfolgte leidige Brand allhier, alle gute ordnung auff gehob[en]. Weil nun weg Vielfältiger flucht daß Kirchenbuch nicht hat können mit=geführt und also gebraucht word so hat man von dato an, daß <u>Kirchenbuch Stück=weiß geführt</u>, so aber auch durch d. dritten Brand verlohren ganz.

Ein weiteres Verlustbeispiel ist das Kirchenbuch der lutherischen Gemeinde Langensteinbach, das beim Pfarrhausbrand am 27. Oktober 1769 Opfer der Flammen wurde (s. o. Kap. I. 3.).

Eine bemerkenswerte Ausnahme in der Überlieferung bildet die Stadt Konstanz, wo die Reformation sehr früh auf fruchtbaren Boden stieß. Dort wurde ab 1519 evangelischer Gottesdienst zwinglianischer Prägung gehalten, der ab 1523 von der Stadt mitgetragen wurde. Ab 1531 wurden nach erfolgtem Stadtratsbeschluss Kirchenbücher geführt. Aufgrund ihrer Teilnahme am Schmalkaldischen Krieg wurde Konstanz mit Reichsacht und Bann belegt, und unter der folgenden österreichischen Landeshoheit galt die Stadt ab 1548 wieder als „rein katholisch". Folgerichtig enden die Kasualregister mit dem Ende des Jahres 1547. Sie sind als Abschriften im Stadtarchiv überliefert (s. o. Kap. I.1.c). Erst 1786 entstand in Konstanz wieder eine reformierte Pfarrei, die zur Genfer Kolonie gehörte (Eglise réformée Suisse de Constance) und ab 1798 von Egelshofen (Schweiz) aus versehen wurde. Schließlich bildete sich 1820 in Konstanz eine selbständige evangelisch-reformierte Pfarrei.[42]

Bis in die zweite Hälfte des 19. Jahrhunderts hinein blieben in Baden ganze Landesteile, auch die Städte, konfessionell ungemischt. Katholisch war das gesamte Oberland bis auf das im Winkel des Rheins bei Basel gelegene, von katholischen Gebieten umschlossene baden-durlachische Markgräflerland: Es bestand von Lörrach bis Müllheim aus etwa 80 lutherischen Pfarreien und reichte in einzelnen Teilen bis vor Freiburg. Sonst waren im Oberland zerstreut im geschlossenen katholischen Gebiet nur noch zwei schweizerisch-lutherische Pfarreien (Büsingen und Kadelburg) und etwa ein Dutzend bis 1810 zum württembergischen Amt Hornberg gehörende lutherische Pfarreien im Schwarzwald. Katholisch waren auch (abgesehen von den evangelischen Gemeinde in Mahlberg und Hanau-Lichtenberg um Kehl) Mittelbaden, d. h. die ehemals österreichische und straßburgische Ortenau und die Markgrafschaft Baden-Baden, sowie der Hauptteil des Frankenlandes von Mosbach bis Wertheim.[43] Erst in den Jahrzehnten seit etwa 1810 formierten sich in diesen genuin katholischen Landesteilen auch selbständige evangelische Gemeinden. Diese waren klein, aber durch die Zuordnung etlicher Diaspora- und Nebenorte, also Orten, in denen nur einzelne wenige Evangelische lebten, doch groß genug, um Eigenständigkeit zu erlangen. Als Beispiel lässt sich die Gemeinde Donaueschingen aufführen, die 1870 pastorisiert wurde und seit 1877 eine eigenständige evangelische Kirchgemeinde mit über 60 Diasporaorten bildete.[44]

b) Aufbau und Gestalt badischer Kirchenbücher
Bis in das 18. Jahrhundert hinein gab es keine eindeutigen äußeren Vorgaben, in welcher Form die Kirchenbuchführung umzusetzen sei. Entsprechend vielgestaltig ist die Überlieferung jener Jahrzehnte. Offenbar missfiel diese willkürliche Buchführung der

---

[42] Vgl. Erbacher, Landeskirche (wie Anm. 12), 143, 339.
[43] Vgl. Franz, Kirchenbücher (wie Anm. 1), 16.
[44] Vgl. Erbacher, Landeskirche (wie Anm. 12), 49.

Obrigkeit der Markgrafschaft Baden-Durlach, die am 10. September 1738 eine Verordnung über eine einheitliche Kirchenbuchführung erließ. So kommt es, dass mit Ende November 1738 in den Kirchenbüchern baden-durlachischer Gemeinden eine Zäsur erkennbar ist, indem Kirchenbücher geschlossen und per 1. Dezember 1738 neue Bücher angelegt wurden. Diese beginnen in der Regel mit der Abschrift der markgräflichen Verordnung: *Nachdem unß mißfällig zu vernehmen vorgekommen, welcherley Unordnungen geraume zeithero bey einigen Unßerer geistlichen mit Führung ihrer Kirchenbücher vorgegangen, und Wie dahero selbige hier künfftig in einer bessern und uniformen Art in dem gantzen land eingerichtet wissen wollen* […].

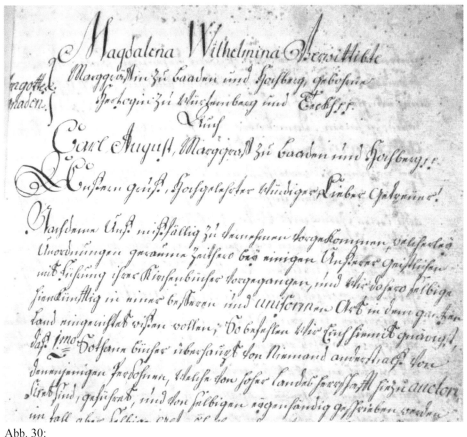

Abb. 30:
Voranstehende Abschrift der markgräflichen Verordnung über die Führung von Kirchenbüchern im lutherischen Kirchenbuch Binzen 1739–1774 (Foto: LKA)

Eine weitere Zäsur ist die Einführung der Union zum 28. Oktober 1821 (s. o. Kap. II.1.a). In allen Kirchenbüchern der Landeskirche ist mit diesem Stichtag zwar kein Anlegen neuer Bücher vorgesehen, aber standardisiert ein entsprechender Vermerk zu lesen wie dieser Eintrag *Für die vereinigte evangelisch protestantische Kirche* zwischen den Beerdigungseinträgen Sept./Nov. 1821 im lutherischen Kirchenbuch Gondelsheim 1816–1849:

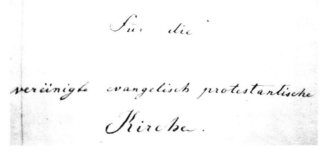

Abb. 31:
Aus dem lutherischen Kirchenbuch Gondelsheim 1816–1849, LKA, 045.01. Kirchenbücher (Deposita) (Foto: LKA)

Keine fünfzig Jahre später bildete die Arbeitsaufnahme der Standesämter im Großherzogtum Baden zum 1. Februar 1870 einen weiteren Einschnitt: Nach verschiedenen Kraftproben zwischen Kirchenbehörden und Staatsgewalt trat das „Gesetz über die Beurkundung des bürgerlichen Standes und über die Förmlichkeit bei Schließung der Ehe" in Kraft.[45] In der Kirchenbuchführung äußert sich das dadurch, dass (in der Regel) die Kirchenbücher mit 31. Januar 1870 geschlossen und zum 1. Februar 1870 neue Bände angelegt wurden, wie das Beispiel des Traubuches Aglasterhausen 1870–1969 zeigt:

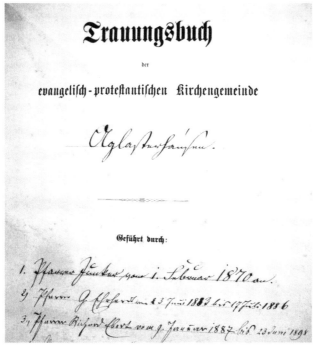

Abb. 32:
Aus dem Traubuch Aglasterhausen Febr. 1870–1969, LKA, 045.01. Kirchenbücher (Deposita) (Foto: LKA)

---

[45] Vgl. Franz, Kirchenbücher (wie Anm. 1), 10.

Ansonsten trat mit Beginn der Verwendung von vorgedruckten Kirchenbüchern im letzten Drittel des 19. Jahrhunderts eine Vereinheitlichung ein, die nur noch Unterschiede durch die Handschrift des Kirchenbuchführers erkennen lässt.

Zum 11. September 1999 sind die Richtlinien zur Kirchenbuchordnung der EKD in Kraft getreten, die eine einheitliche Führung in allen Gliedkirchen empfehlen. In die Kirchenbuchordnung der EKD vom 9. Dezember 2016, die diese Richtlinien ersetzte, sind auch Empfehlungen einer digitalen Kirchenbuchführung eingearbeitet worden.[46]

c) Maßnahmen zur Sicherung und Bestandserhaltung
Nachdem man kurz nach der Machtübernahme der Nationalsozialisten durch den ‚Sachverständigen für Rasseforschung' (SfR) begann (s. o. Kap. I.3.), großangelegte Sicherungsverfilmungen von Kirchenbüchern zu planen und umzusetzen, hat man sich auch seitens der Evangelischen Landeskirche in Baden Ende der 1930er Jahre mit diesem Vorhaben auseinandergesetzt. Aus den Akten des Evangelischen Oberkirchenrates Karlsruhe (EOK) geht hervor, dass zwar im Jahre 1938 eine Bestandsaufnahme aller Kirchenbücher der Landeskirche durchgeführt wurde[47], aber eine eigene Lichtbildstelle zum Zwecke einer ‚Photokopierung' *in Folge des Krieges […] durch die Beschränkung von Geldmitteln* nicht eingerichtet werden konnte. Auch sah man sich seitens der Finanzabteilung beim Evangelischen Oberkirchenrat außer Stande, *während des Krieges eine ausgebildete Kraft zur Photokopierung zu finden.*[48] Die Pläne der badischen Landeskirche im März/April 1940, eine Fotokopierung aller Kirchenbücher durch die Lichtbildstelle der Sippenkanzlei in Hannover sowie die vom Archivamt der Deutschen Evangelischen Kirche in Breslau vorgeschlagene Lichtbildstelle beim Gesamtverband der evangelischen Kirchengemeinden in Hagen i. W. durchführen zu lassen, zerschlugen sich. Anderthalb Jahre später wurde von anderer Seite das Vorhaben angegangen. Am 27. Oktober 1941 erreichte ein Schreiben des Generallandesarchivs Karlsruhe (GLA) den EOK: *Im Auftrag des Ministeriums des Kultus und Unterrichts haben wir begonnen, die badischen Kirchenbücher photokopieren zu lassen. Diese Arbeit soll im Lauf der kommenden Jahre, soweit Mittel zur Verfügung stehen, planmässig fortgesetzt werden. Wir wären daher zu Dank verpflichtet, wenn durch einen besonderen Erlass alle Pfarrämter hiervon in Kenntnis gesetzt und aufgefordert würden, den von uns gestellten Anträgen auf Übersendung von Kirchenbüchern zu entsprechen. Solange die Gefahr von Fliegerangriffen besteht, werden die Kirchenbücher bei Alarm in den Keller des Archivs gebracht, so daß eine Gefährdung nach menschlichem Ermessen nicht eintreten kann.*[49] Zu einer groß angelegten Sicherungsverfilmung kam es aber auch in diesem Falle nicht: Am 22. Februar 1943 teilt das GLA dem EOK auf Anfrage mit, dass *bisher nur die ältesten Karlsruher Bände,*

---

[46] §§ 7 und 13 der Ordnung für die Führung der Kirchenbücher (Kirchenbuchordnung) vom 9. Dez. 2016. In: Amtsblatt der EKD (2017), 4ff. Online: http://www.kirchenrecht-ekd.de/document/3126 [aufgerufen am 12.09.2017].
[47] LKA GA 7710–7712: ‚Verzeichnis der Kirchenbücher', 1938.
[48] LKA GA 7893: ‚Kirchenbuchverfilmung', Bd. I, 1938–1966. Schreiben des EOK vom 17. Febr. 1940 an die Kontophot-Kommanditgesellschaft Wedekind Berlin auf das Angebot vom 28. Sept. 1939 sowie vom 12. März 1940 an das Archivamt der Deutschen Evangelischen Kirchenkanzlei in Breslau.
[49] Ebd.

1688–1709, aufgenommen werden.[50] Im weiteren Verlauf beschränkte man sich seitens der Landeskirche auf eine Auslagerungen der Bücher an sichere Orte.[51]

Offenbar kam es dennoch vereinzelt zu Sicherungsverfilmungen von Kirchenbüchern der badischen Landeskirche. In den einschlägigen Akten ist das aber nicht nachweisbar. Es handelt sich hierbei um einzelne Kirchenbücher der Gemeinden Heiliggeist-, Providenz- und St. Peter zu Heidelberg. Diese Bücher wurden im Zweiten Weltkrieg in die *Kopiephot-Abtlg.* des *Evangelische[n] Zentralarchiv[s] für die Kirchenprovinz Schlesien* in Breslau ausgelagert und dort *auf Filmstreifen aufgenommen.* In diesen Heidelberger Kirchenbüchern[52] lassen sich im vorderen Vorsatzblatt folgende Eintragungen finden:

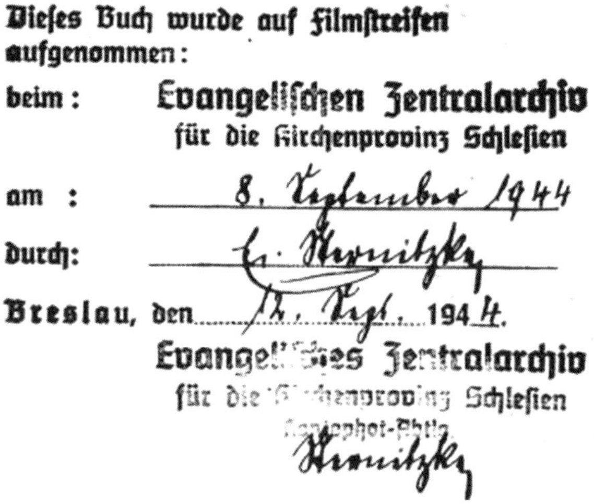
Dieses Buch wurde auf Filmstreifen aufgenommen:
beim: Evangelischen Zentralarchiv für die Kirchenprovinz Schlesien
am: 8. September 1944
durch:
Breslau, den 12. Sept. 1944.
Evangelisches Zentralarchiv für die Kirchenprovinz Schlesien
Kopiephot-Abtlg.

Abb. 33:
Vorderes Vorsatzblatt des reformierten Kirchenbuches Heiliggeist Heidelberg 1676–1691, LKA, 045.01. Kirchenbücher (Deposita) (Foto: LKA)

Wie Pfarrer sich zuweilen persönlich für den Erhalt ihrer Kirchenbücher eingesetzt haben, geht anschaulich aus dem Bericht des Pfarrers der Friedenspfarrei Kehl, Karl Friedrich Fessler (1900–1988), über die Räumung der Stadt am 23. November 1944 (S. auch unten Kap. II.2.d) hervor, der am Ende des Beerdigungsbuches Kehl-Stadt (ab 1917 Friedenspfarrei) 1870–1944 niedergeschrieben hat: *In der Hast des Aufbruchs konnte ich die Kirchenbücher nicht bergen. Nach dem schweren Fliegerangriff*

[50] Ebd.

[51] Vgl. ebd. Schreiben des Evang. Kirchengemeinderats Mannheim vom 30. Okt. 1943 betr. *Verwahrung der alten Kirchenbücher, kirchenbuchähnlichen Aufzeichnungen und Kirchenakten*, in dem der *Tresor der Filiale der Deutschen Bank Säckingen*, das *Evangelische[s] Pfarrhaus Epfenbach* sowie die evang. Pfarrämter Meckesheim, Tairnbach, Eichtersheim, Michelfeld, Eschelbach und Dühren als Verwahrorte genannt werden.

[52] Diese gelangten am Ende des Krieges mit weiteren Unterlagen der familiengeschichtlichen Sammlungen des früheren Reichssippenamtes in die ‚Zentralstelle für Genealogie' nach Leipzig. Es handelte sich um verfilmte Kirchenbücher des Reichssippenamtes, die seit 1934 in den östlichen Provinzen West- und Ostpreußen, Pommern, Posen und Schlesien und anderen Teilen des Reichsgebietes und damals deutsch-besiedelten Gebieten des Auslandes durchgeführt wurden (s. o. Kap. I.3). Dazu zählten auch Heidelberger Kirchenbücher, die erst im Jahre 1991 aus Leipzig wieder nach Baden zurückgekehrt sind.

vom 25.9.44 habe ich die Bücher aus der Zeit vor 1870, die bis dahin in der Dresdener Bank untergebracht waren, nach Ottenhöfen geschickt. Für die neuen Bücher erklärte der Kreisleiter keine Transportmöglichkeit zu haben. Erst am 11. Januar 1945 gelang es mir mit einem Lastwagen der Stadtverwaltung Kehl die Bücher zu mir nach Gutach zu holen.

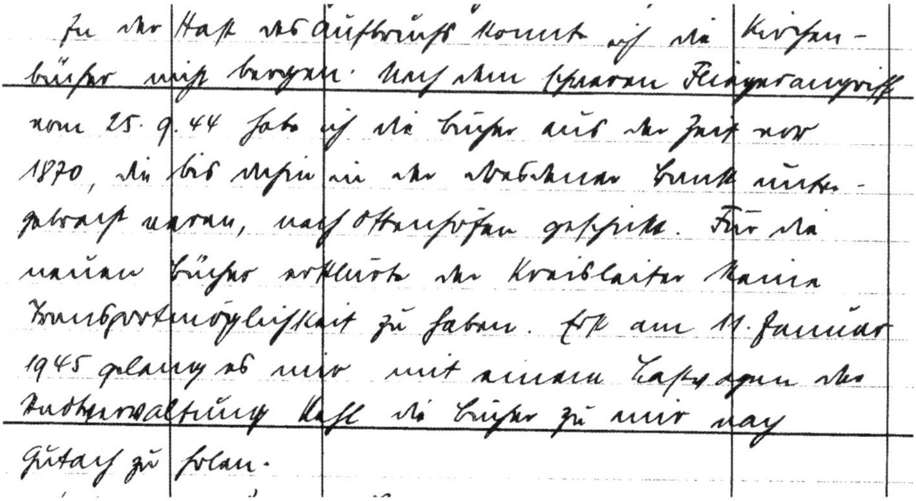

Abb. 34:
Aus dem Beerdigungsbuch Kehl-Stadt (ab 1917 Friedenspfarrei) 1870–1944 (Foto: LKA)

Mitte der 1950er Jahre gab es eine Bestandserhebung seitens des Archivamtes der EKD in Hannover in Bezug auf die Verfilmung von Kirchenbüchern. Aus dem Antwortschreiben des Evangelischen Oberkirchenrates Karlsruhe vom 1. August 1955 geht hervor, welche Kirchenbücher durch die von der Bildstelle im Badischen Generallandesarchiv ab 1942 durchgeführte Fotokopierung verfilmt vorlagen: die ältesten Kirchenbücher von Karlsruhe, Meißenheim, Mietersheim, Altenheim sowie die Hof- und Hofdienerbücher Durlach und Karlsruhe. Es handelte sich hierbei etwa um ein Dutzend der 7.000 Kirchenbücher und damit um einen äußerst geringen Teil des Gesamtbestandes (= 0,17%). Zudem sind *die Filme der Judenregister, die seinerzeit bei der Firma Gatermann zu Duisburg-Hamborn gemacht wurden und vom Evangelischen Oberkirchenrat im Jahre 1948 käuflich erworben worden waren* vorhanden. *Diese Filme sind insofern besonders wertvoll, weil die seinerzeit nur wider Willen ausgehändigten Originale nichtmehr erhalten sind. Sie waren bisher eine Hilfe bei der Wiedergutmachungsfrage.*[53]

Nach zahllosen Verhandlungen mit dem Archivamt in Hannover, Rücksprache mit Fachkollegen, Einholung etlicher Kostenvoranschläge für Verfilmung, Filmlesegeräte sowie Feuerschutzschränke fiel am 8. Januar 1963 die Entscheidung seitens des Evangelischen Oberkirchenrates, die Kirchenbücher durch die Firma Hans-Eckart Keller, Stuttgart, verfilmen zu lassen. Noch im selben Monat begann man mit der Arbeit, die kirchenbezirksweise durchgeführt wurde und im Oktober 1966 planmäßig ihren Abschluss fand.

---

[53] LKA GA 7893.

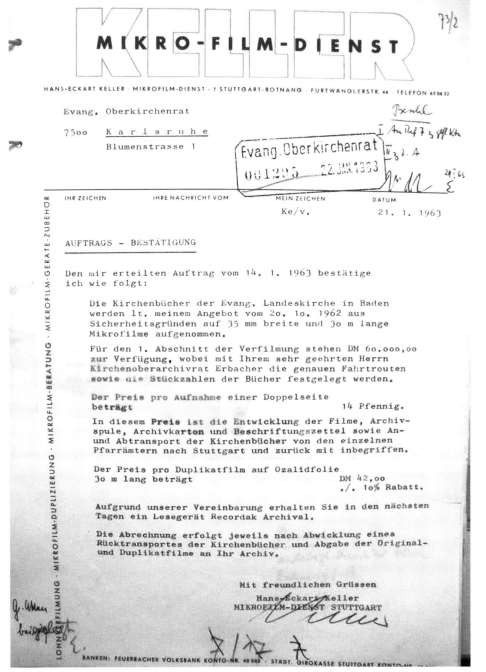

Abb. 35:
Auftragsbestätigung durch die Fa. Keller über die Verfilmung der Kirchenbücher vom 21. Jan. 1963, *wobei mit Ihrem sehr geehrten Herrn Kirchenarchivoberrat Erbacher die genauen Fahrtrouten sowie die Stückzahlen der Bücher festgelegt werden*, aus: LKA GA 7893 (Foto: LKA)

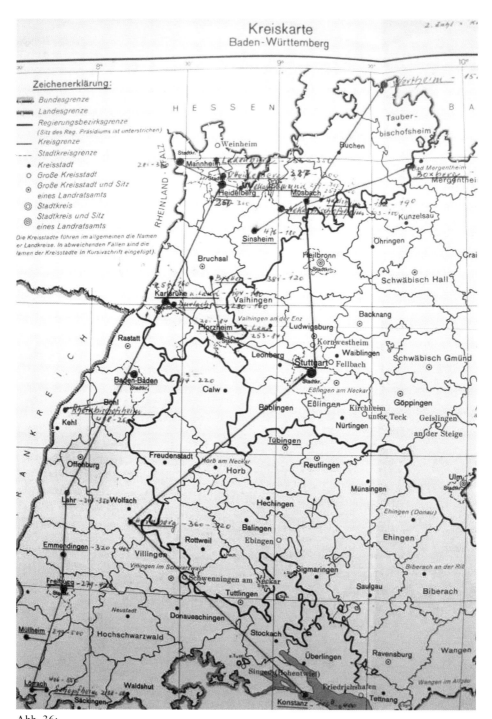

Abb. 36:
Kirchenbezirksweise Routenplanung von Hermann Erbacher mit Anzahl der Kirchenbücher und Kilometern von Stuttgart und zurück, aus: LKA GA 7893 (Foto: LKA)

In den Jahren 2009 bis 2016 wurden fehlende Kirchenbücher nachverfilmt und digitalisiert, die in den 1960er Jahren – aus welchen Gründen auch immer – nicht verfilmt wurden. Es handelte sich dabei um ca. 170 Kirchenbücher. Insgesamt liegen nun 1260 Filme mit ca. 7.300 Kirchenbüchern und jenen ca. 95 Standesbüchern Israelitischer Gemeinden vor, die im Jahre 1948 käuflich erworben wurden (s. o.). Die Verfilmung des Kirchenbuchbestandes diente als Grundlage für die Digitalisierungsmaßnahme der letzten Jahre, wobei je Kirchenbuch eine Datei erstellt wurde. Nach einer Prüfung und z. T. nötigen Nachbesserungen werden diese Dateien seit 2015 sukzessive an die Kirchenbuchportal GmbH zur Einstellung in Archion geliefert (s. o. Kap. I.3.). Zwei Drittel aller badischen Kirchenbücher (bis 31. Jan. 1870) sind dort bereits online recherchierbar. Dieser Prozess soll Anfang 2018 planmäßig zu einem Abschluss kommen. Des Weiteren werden im Moment die 365 Familienbücher, die als Deposita im Landeskirchlichen Archiv aufbewahrt werden, verfilmt und digitalisiert; sie ergänzen als Sekundärquellen den Bestand der Kirchenbücher in einem beträchtlichen Maße, nicht zuletzt, weil sie künftig auch im Kirchenbuchportal einsehbar sein werden.

Da das Landeskirchliche Archiv kein „Zentralarchiv" ist, sind die Kirchenbücher in der Regel in den Pfarrämtern der Gemeinden am Ort ihrer Entstehung untergebracht. Die Gemeinden haben aber die Möglichkeit, ihre Bücher als Deposita an das Archiv abzugeben, wenn eine fachgerechte Lagerung vor Ort nicht gewährleistet ist. Derzeit befinden sich 2.035 Kirchenbücher als Deposita im Landeskirchlichen Archiv, das entspricht 27,2% des Gesamtbestandes.

2. Beispiele besonderer Einträge in Kirchenbüchern der Evangelischen Landeskirche in Baden

a) Ältestes Kirchenbuch

Der älteste Kirchenbucheintrag ist dem reformierten Kirchenbuch Mosbach 1555–1625 zuzuordnen. Es handelt sich dabei um einen Taufeintrag vom 5. Juni 1555. Ihm folgt der nächste erst am 13. August 1560. Mit ihm liegt also ein einzelner Eintrag vor, der der Zeit vor der organisierten Einführung der Reformation in der Kurpfalz durch Kurfürst Ottheinrich mit dem Mandat vom 16. April 1556 zuzurechnen ist.[54]

---

[54] Vgl. Eike Wolgast, Die reformatorische Bewegung in der Kurpfalz bis zum Regierungsantritt Ottheinrichs 1556, in: Udo Wennemuth (Hg.), 450 Jahre Reformation in Baden und Kurpfalz (VBKRG 1), Stuttgart 2009, 25–44, hier 25. 43 f.

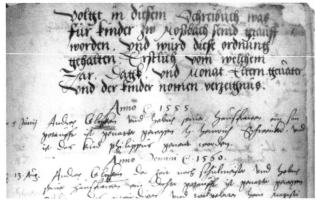

Abb. 37:
Ältester Kirchenbucheintrag in Baden vom 5. Juni 1555 im reformierten Kirchenbuch Mosbach 1555–1625, LKA, 045.01. Kirchenbücher (Deposita) (Foto: LKA)

b) Fremdsprachige Kirchenbücher

In französischer Sprache wurden die Kirchenbücher der reformierten Gemeinde Konstanz, der Wallonergemeinde Heidelberg, der als französische Kolonien gegründeten Gemeinden Palmbach, Welschneureut und Friedrichstal sowie der Französisch-reformierten Gemeinden Mannheim und Pforzheim bis in die erste Hälfte des 19. Jahrhunderts hinein geführt.

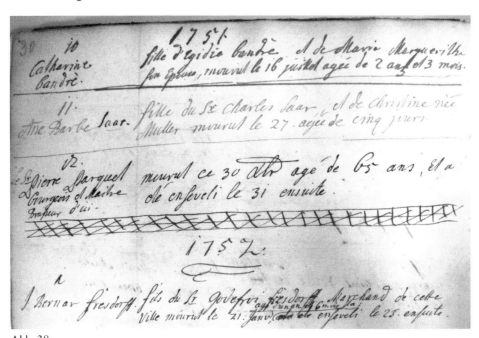

Abb. 38:
Auszug aus dem Beerdigungsbuch der Franz.-reformierten Gemeinde Mannheim 1725–1821 (1751/52), LKA, 045.01. Kirchenbücher (Deposita) (Foto: LKA)

Einträge in lateinischer Sprache finden sich nur im reformierten Traubuch Bretten 1565–1697 und zwar jahrgangsweise 1624 bis 1631 sowie 1636. Unvermittelt wechseln im November 1624 die Einträge vom Deutschen ins Lateinische. Das hat den einfachen Grund, dass die Stadt Bretten, in der 1534 der evangelische Gottesdienst Einzug hielt,[55] in den Kriegsjahren 1624 bis 1632 durch katholische Geistliche „versorgt" wurde, die offenbar das reformierte Kirchenbuch weitergeführt haben.[56]

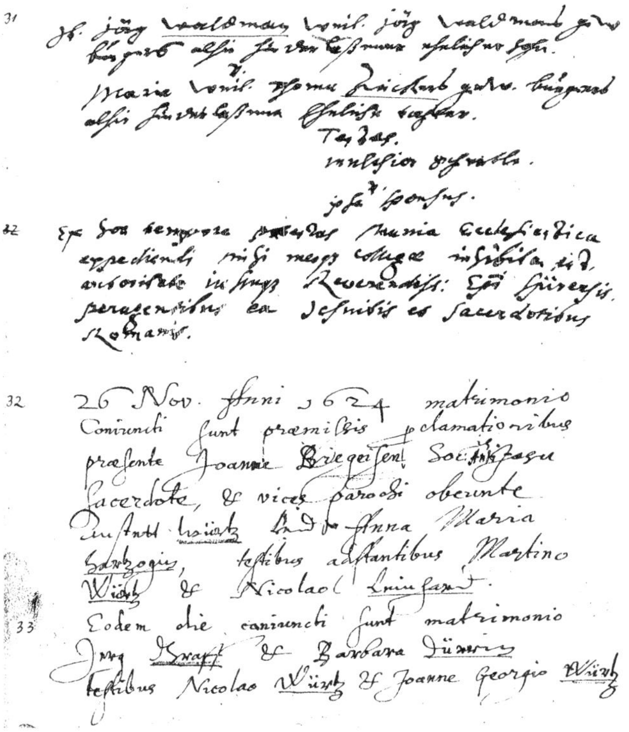

Abb. 39:
Aus dem reformierten Traubuch Bretten 1565–1697 (Foto: LKA)

c) (Un-)Wetternachrichten und Erdbeben
Nicht selten begegnet man (Un-)Wetternachrichten, denn das Wetter war für die Ernte und damit für das Leben der Bauern von großer Bedeutung. Im ältesten Kirchenbuch Kirchardt 1650–1786 liest man im vorderen Vorsatzblatt nach Glöckner- und Pfarrkompetenz sowie Mitteilungen über Zinserträge folgende Nachricht: *Ano 1735 d. 11ten Juny wurde zu Kirchart durch ein Hagelwetter die Früchte des Feldes gäntzl. zerschlagen. Daher Jährl. der 11te Junius als ein Bußtag mit einer Predigt geführet wir*[d]. Das Unwetter wurde also theologisch als ein Aufruf zur Umkehr gedeutet und der 11. Juni fortan als ein Bußtag begangen.

---

[55] So Erbacher, Landeskirche (wie Anm. 12), 34.
[56] Heinrich Neu, Pfarrerbuch der evangelischen Kirche Badens von der Reformation bis zur Gegenwart. Teil 1: Verzeichnis der Geistlichen, geordnet nach Gemeinden (= VVKGB 13), Lahr 1938, 32.

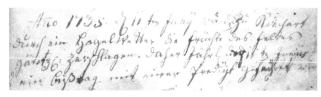

Abb. 40:
Aus dem reformierten Kirchenbuch Kirchardt 1650–1786, LKA, 045.01. Kirchenbücher (Deposita) (Foto: LKA)

Auch Nachrichten über Erdbeben sind vereinzelt in Kirchenbüchern vermerkt. In den im lutherischen Kirchenbuch Malterdingen 1729–1787 enthaltenen Memorabilia schildert der Ortspfarrer Samuel Brodhag (1710–1777) das Erdbeben vom 11. August 1771: *d. 11t. Aug. war Dom. XI* [nach Trinitatis] *früh nach dem 2ten läuten zwischen halb und 3. Viertel auf 9 Uhr ein Erd Beben, als ich eben an dem Tisch stund und Thee tranck. Die obere Tass war eingeschenckt und verschüttete in die untere Schaale. Über mir krachte es als ob das Hauß einfallen wollte. Ich suchte hinaus zu lauffen; als ich aber hinunter kam: war wieder alles ruhig. Andere sind wirckl. auf die Gaß geloffen und haben geschryen Ihr Haus wolle einfallen. Der Schuhl Candidat war in dem Kirch Thurn, die uhr zu richten, und Vermeynte aus dem Schwancken der Glocke als ob unten iemand an den Seileren zöge. Die Eulen verließen den Thurn und wurden von denen anderen Vögeln mit großem geschrey Verfolgt. Der Stoß war starck: Die Erschütterung aber dauerte kaum 2 minuten und lieff, Gott Lob! ohne schaden ab. Ich habe die Predigt darnach eingerichtet, und nach der Predigt eigen Gebet deswegen gesprochen.* Auch hier deutet der Pfarrer die Ereignisse theologisch und zieht Schlüsse für sein gottesdienstliches Handeln.

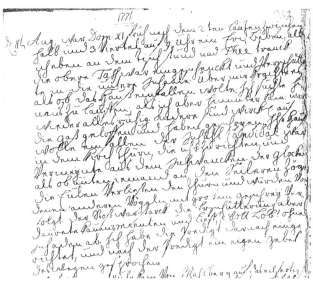

Abb. 41:
Aus dem lutherischen Kirchenbuch Malterdingen 1729–1787 (Foto: LKA)

d) Kriegsschicksale, tragische Ereignisse und Unglücksfälle

Im lutherischen Kirchenbuch Altenheim 1634–1726 liest man von der dreimaligen Vertreibung des Pfarrers Johann Heinrich Büttner (1589–1665), seiner Tätigkeit in mehreren verwaisten Gemeinden, seiner Misshandlung und Beraubung durch kaiserliche Räte, seinen häufigen Fluchten vor Krieg und Hunger in die Rheinauen und nach Straßburg, seinen Amtshandlungen auf den Rheinauen und die Überschwemmungen dort. Aus späterer Zeit ist von Hinrichtungen, Unwetter, Hochwasser und Wolfsaufkommen die Rede.[57] Pfarrer Büttner hat seine schicksalshaften Erlebnisse tagebuchartig in die laufenden Einträge eingefügt, wobei er offenbar das Kirchenbuch mit sich führte: *Mittwochs den 31. July [1639] bin ich Johann Henrich Büttner, Pfarrherr in Altenheim, in den Ichenheimer Schollen von einer keiserichen partey gefangen vnd beraubet worden, hab 12 R. an gelt, ein newen Hut, Messer vnd gabel mit Silber beschlagen, verlohren.*

Sontags den 18. Augusti Anno 1639. bin ich mit meinen zweyen kindern, Henrich vnd Anna, Vnd mit der Magd, Brigitta Schneiderin, auß der alten Awen gen Straßburg gezogen, weil ich keine Nahrungsmittel mehr hab können haben.

Pfarrer Büttner sah sich offenbar – ganz im pastoralen Sinne – als Hirte und Hüter der Gemeinde, indem er das eigene Erleben chronologisch in die Kasualeinträge einfügte und nicht separat am Ende oder Anfang des Buches. So sind diese Passagen wie eine Kirchengeschichte der lutherischen Gemeinde Altenheim zu lesen.

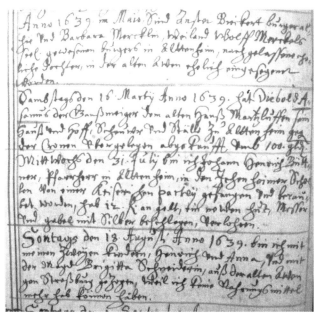

Abb. 42:
Aus dem lutherischen Kirchenbuch Altenheim 1634–1726, LKA, 045.01. Kirchenbücher (Deposita) (Foto: LKA)

---

57 Vgl. Benigna von Krusenstjern, Selbstzeugnisse der Zeit des Dreißigjährigen Krieges. Beschreibendes Verzeichnis (Selbstzeugnisse der Neuzeit 6), Berlin 1997, 60 f.

Das Gersbacher lutherische Kirchenbuch 1659–1739 berichtet von einem *Traurigem Fall* im Jahre 1672 in einer Randnotiz, nämlich wie ein „Eheversprechen" in einer (Feuer-)Katastrophe endete: *Hanß Blum, Hanß Blumen sel. von Gerspach Sohn ein mensch von 27 jahren hatte jene Hanß Georg wenigers deß nagelschmidt daselb Tochter zu der Ehe gehabt, weilen er* [der Schwiegervater Hans Georg Weniger] *aber solche seine dochter nicht ihm sondern einem anderen Christian Hanß müllers [...] Sohn geben wollen, als hat gedachter Hanß Blum den Teuffel sich soweit verleiten lassen der dem Hanß Müller sein neüerbawtes hauß leicht fertiger weis angesteckt und verbrandt weßwegen er den 9 Aug. zu Röttern verbrandt, doch vorher mit dem strang erwürget worden, hat ein willig und seelig end genomen.*

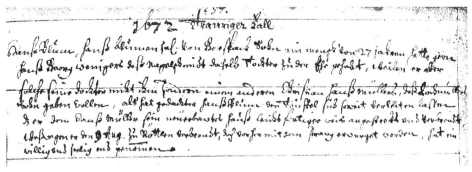

Abb. 43:
Aus dem lutherischen Kirchenbuch Gersbach 1659–1739 (Foto: LKA)

Ein Eintrag hebt sich in dem Beerdigungsbuch Zell im Wiesental 1886–1948 von den anderen ab: Es handelt sich hierbei um die sieben Mitglieder der Pfarrersfamilie Hugo Specht, für die am 19. Dezember 1943 um 14 Uhr in der Evangelischen Kirche Zell ein Gedächtnisgottesdienst abgehalten wurde. Hugo Specht stammte aus Zell i. W., wo er am 6. Oktober 1893 als Sohn des langjährigen Pfarrers und späteren Schopfheimer Dekans Hermann Specht (1862–1949) geboren wurde. Nach dem Theologiestudium in Heidelberg, Kiel und Marburg und Dienst als Kriegsfreiwilliger im Ersten Weltkrieg wurde er am 5. Oktober 1919 durch seinen Vater in Zell ordiniert. 1919 erfolgte die Rezeption, bevor er seinen Dienst als Vikar an der Ludwigspfarrei Freiburg antrat. Dort lernte er seine Frau, Hanna Auguste Mayer, kennen, die er am 5. Dezember 1922 ehelichte. 1924 wurde Specht ebenda Pfarrverwalter und im Jahre 1929 trat er als Pfarrer der Unteren Pfarrei Schopfheim seinen Dienst an. Acht Jahre später, 1937, schied Hugo Specht aus der Badischen Landeskirche aus und wurde Pfarrer an der Evangelisch-Reformierten Gemeinde Leipzig.[58] Eine schicksalshafte Entscheidung, denn bei dem schweren Bombenangriff auf Leipzig am 4. Dezember 1943 kam er mit seiner gesamten Familie und der Gemeindehelferin Hippe ums Leben. Diese Nachricht erschütterte auch die Gemeinde, die sich mit der Familie Specht sehr verbunden fühlte und wo man reichlich zwei Wochen später einen Gedächtnisgottesdienst abhielt. Ihn hielt der Dekan Kirchenrat Karl Müller (1880–1953) zusammen

---

[58] Heinrich Neu, Pfarrerbuch der evangelischen Kirche Badens von der Reformation bis zur Gegenwart. Teil 2: Das alphabetische Verzeichnis der Geistlichen mit biographischen Angaben (VVKGB 13), Lahr 1939, 579.

mit dem Zeller Pfarrer Karl Pöritz (1902–1975). Als Predigttexte dienten Joh 10,12 und Ps 73,25f. Dem Eintrag entnimmt man, dass alle fünf Kinder als Schüler starben:

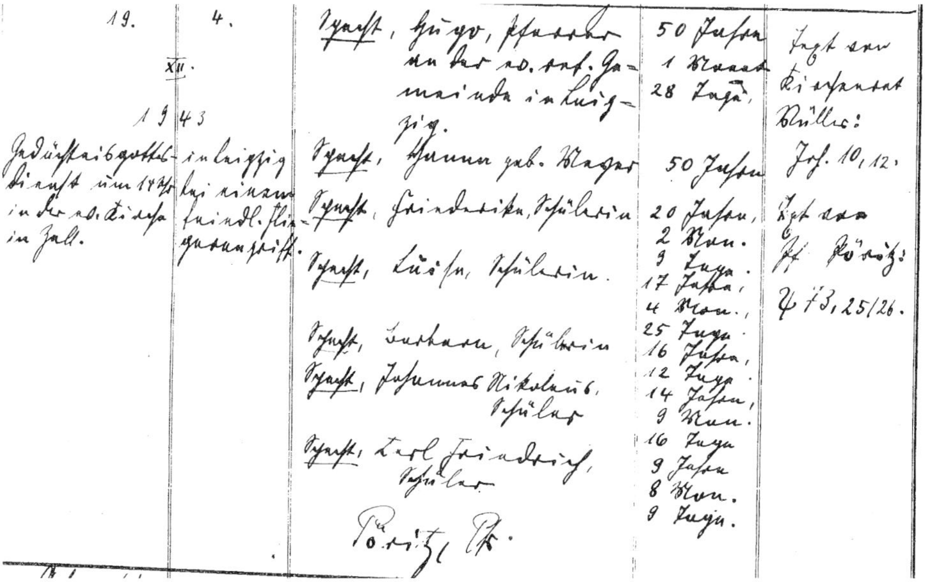

Abb. 44:
Aus dem Beerdigungsbuch Zell i. W. 1888–1948 (Foto: LKA)

Im Beerdigungsbuch Binzen 1898ff. wird von dem schweren Zugunglück bei Markdorf am 22. Dezember 1939 berichtet: Ein Sonderzug mit Evakuierten, die nach Binzen zurückbefördert wurden, stieß mit *dem fahrplanmäßigen Kohlenzug zusammen nachts gegen 10 Uhr. Im Personenzug fehlte der Schutzwagen. Der 2. Wagen schob sich in den 1. hinein. Auf diese Trümmer legte sich die Lokomotive des Kohlenzugs. Die Insassen des 1. Wagens waren fast alle tot. In der Hauptsache befanden sich in ihm Gemeindeglieder* […] *Von insgesamt 99 Toten hat Binzen 42 zu beklagen: 35 Gemeindeglieder, 6 Katholiken (Familie Spiegele) und 1 Adventisten.* In der Folge sind alle 35 Namen aufgeführt, die am 26. Dezember 1939 beerdigt wurden. Es müssen nach diesem tragischen Ereignis trostlose Weihnachtstage für den ganzen Ort gewesen sein.

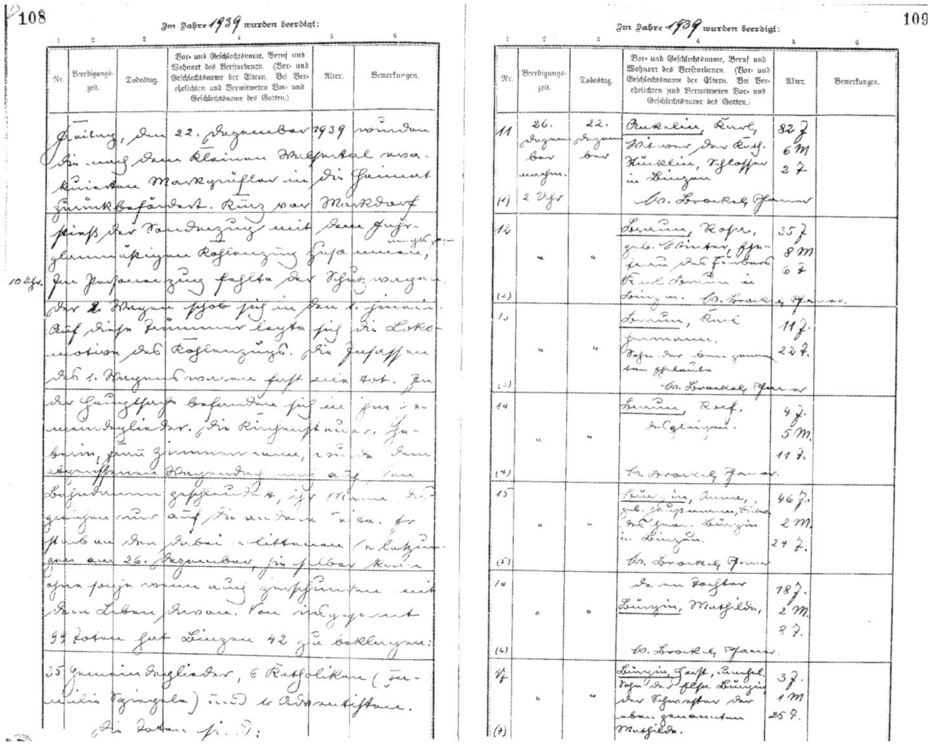

108 Im Jahre 1939 wurden beerdigt:

Nr.	Beerdigungszeit.	Todestag.	Vor- und Geschlechtsname, Beruf und Wohnort des Verstorbenen. (Vor- und Geschlechtsname der Eltern. Bei Verehelichten und Verwitweten Vor- und Geschlechtsname des Gatten.)	Alter.	Bemerkungen.

Im Jahre 1939 wurden beerdigt: 109

Nr.	Beerdigungszeit.	Todestag.	Vor- und Geschlechtsname, Beruf und Wohnort des Verstorbenen. (Vor- und Geschlechtsname der Eltern. Bei Verehelichten und Verwitweten Vor- und Geschlechtsname des Gatten.)	Alter.	Bemerkungen.

Abb. 45:
Aus dem Beerdigungsbuch Binzen 1898ff. (Foto: LKA)

Welche Auswirkungen und Einschnitte die Ereignisse des Zweiten Weltkrieges für die Bevölkerung und Stadtverwaltung in Kehl hatten, ist im Beerdigungsbuch Kehl-Stadt (ab 1917 Friedenspfarrei) 1870–1944 zu lesen. Nach den Beerdigungseinträgen der zahllosen Opfer des Fliegerangriffs auf die Stadt vom 25. September 1944 endet das Buch nach zwei Folgeeinträgen durch einen Bericht von Pfarrer Karl Friedrich Fessler (1900–1988): *Am 23. November morgens 9 Uhr war die letzte Beerdigung* […]*; schon waren die Schüsse von Panzern und Maschinengewehren aus Straßburg hörbar. Überraschend waren die Amerikaner in Straßburg eingedrungen. Unsere Behörden hatten vollkommen den Kopf verloren und standen der verschärften Kriegslage unvorbereitet gegenüber. Um 11 Uhr sagte man nur noch auf der Kreisleitung, es komme eine Räumung von Kehl nicht in Frage. Um 2 Uhr jedoch ging ein Schuss durch die Straße: in einer Stunde muß geräumt sein. Wohin? Wohin jeder wollte! Unter strömenden Regen bewegte sich der lange Elendszug aus den Straßen der Stadt hinaus.*[59]

[59] Zur Bergung der Kirchenbücher o. Kap. II.1.c. Abb. 18.

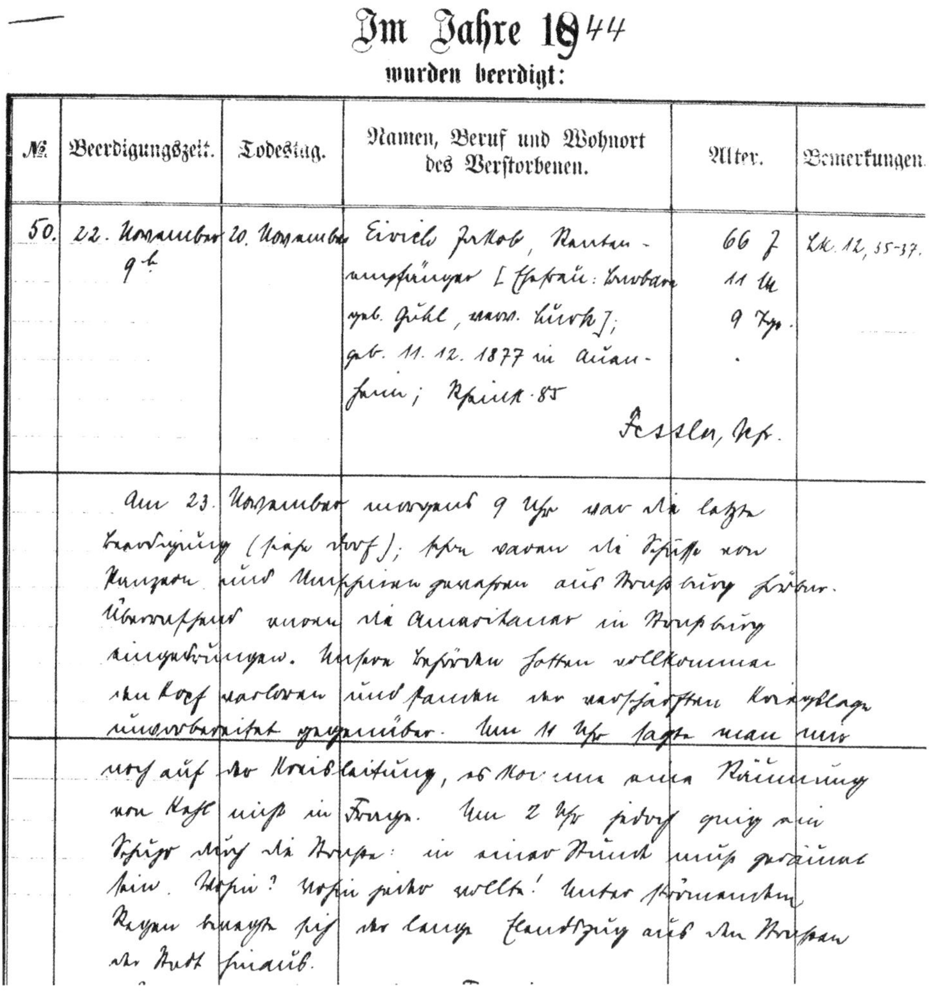

Abb. 46:
Aus dem Beerdigungsbuch Kehl-Stadt (ab 1917 Friedenspfarrei) 1870–1944 (Foto: LKA)

In fast allen Kirchenbüchern des 20. Jahrhunderts sind die Gefallenen der beiden Weltkriege aufgeführt, auch wenn sie nicht in der Heimat beerdigt wurden. Diese können in Listenform oder als Gedächtnisgottesdienst innerhalb der chronologischen Einträge vermerkt sein. Auch Listen von Zivilopfern der Fliegerangriffe des Zweiten Weltkriegs lassen das Grauen anschaulich werden. In Pforzheim, das besonders schweren Luftangriffen ausgesetzt war, gibt es in der Stadtpfarrei ein eigenes Buch, das eigentlich für Nachträge jener chaotischen Monate 1944/45 angelegt wurde, aber neben einem Register die Opfer der Fliegerangriffe 1945 und die Gefallenen 1943/44 aufführt. Ein Ausschnitt nach dem schwersten Angriff auf die Stadt vom 23. Februar 1945 – auch mit der Angabe *Massengrab* – lässt die Not jener Zeit erahnen:

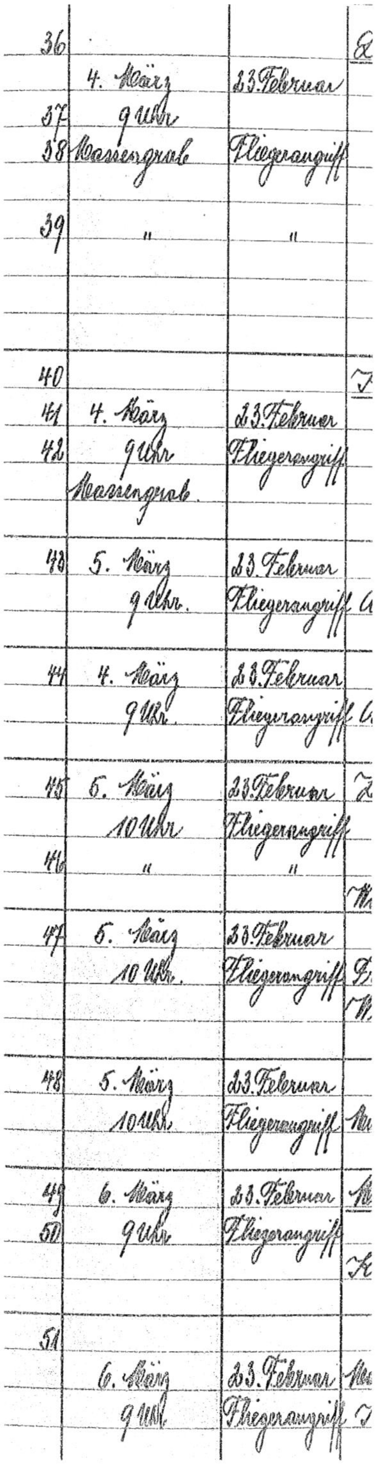

36		
37	4. März 9 Uhr	23. Februar
38	Massengrab	Fliegerangriff
39	"	"
40		
41	4. März	23. Februar
42	9 Uhr Massengrab.	Fliegerangriff
43	5. März 9 Uhr.	23. Februar Fliegerangriff
44	4. März 9 Uhr.	23. Februar Fliegerangriff
45	6. März 10 Uhr	23. Februar Fliegerangriff
46	"	"
47	5. März 10 Uhr.	23. Februar Fliegerangriff
48	5. März 10 Uhr	23. Februar Fliegerangriff
49	6. März	23. Februar
50	9 Uhr	Fliegerangriff
51	6. März 9 Uhr	23. Februar Fliegerangriff

Abb. 47:
Aus dem Kirchenbuch der Stadtpfarrei Pforzheim Febr. 1944 – Dez. 1945 mit Register (Nachträge), Opfern der Fliegerangriffe 1945, Gefallenen 1943–1944 (Foto: LKA)

e) Genealogien und Familiennachrichten, Register und Listen

Dass sich aus Kirchenbüchern Genealogien erstellen lassen, war schon immer im Bewusstsein. So liegt es nahe, dass die Bücher auch verwendet wurden, um Stammbäume aufzuzeichnen oder andere verwandtschaftliche Zusammenhänge festzuhalten. Als Beispiel eines in einem Kirchenbuch zu findenden Stammbaums sei die Genealogie ‚Heiss' genannt, die neben zahlreichen anderen Stammbäumen am Ende des Traubuches Daisbach 1859–1869 aufgezeichnet ist:

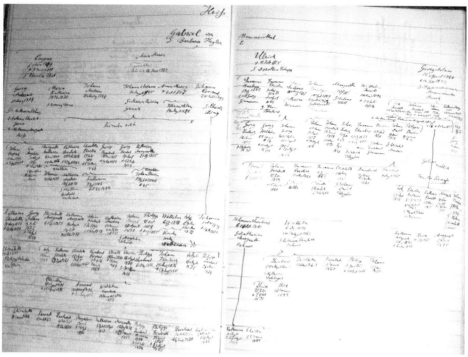

Abb. 48:
Aus dem Traubuch Daisbach 1859–1869, LKA, 045.01. Kirchenbücher (Deposita) (Foto: LKA)

Daneben finden sich immer wieder so genannte Seelenregister, Familienregister, aber auch eingebaute Familienbücher, die in ihrem Aussagegehalt sehr unterschiedlich sein können: Es kann sich bei ihnen um bloße Namensaufzählungen handeln, aber auch um die nach 1780 klassisch angelegten Familienbücher, wie dieser Auszug aus dem lutherischen Kirchenbuch Neuenweg 1783–1811, in dem neben Konfirmanden (1819–1821) und Memorabilia (1795–1853) ein klassisches Familienbuch eingefügt wurde.

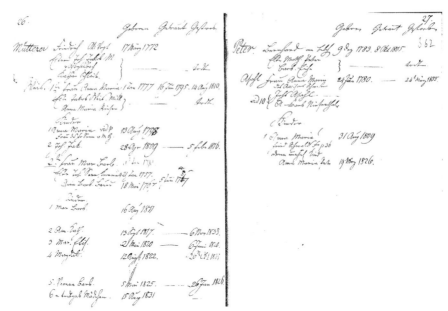

Abb. 49:
Einträge ‚Mütterer' und ‚Peter' im lutherischen Kirchenbuch Neuenweg 1783–1811
(Foto: LKA)

Nicht selten sind Katechumenen- und Kommunikantenlisten, zuweilen auch Konvertitenverzeichnisse in Kirchenbüchern überliefert. Diese können für genealogische Forschungen bedeutsam sein, weil sie den Nachweis eines Aufenthalts einer Familie oder Person an einem Ort erbringen können, auch wenn diese keine Kasualien und/oder dauerhaften Bindungen ebenda erfahren haben. Aber auch Statistiken sind immer wieder aufgeführt.

Eine Besonderheit bilden Kirchstuhlregister.[60] Als ein Beispiel sei hier ein Auszug aus dem Königschaffhausener Kirchstuhlregister (1698) aufgezeigt, das sich im ältesten Kirchenbuch (1642–1699) befindet:

Abb. 50:
Aus dem lutherischen Kirchenbuch Königschaffhausen 1642–1699 (Foto: LKA)

---

[60] Kirchstuhlregister geben Auskunft über die Anzahl und Verteilung sowie Stellung der einzelnen Familien und Haushalte in einer Gemeinde. Vgl. Berthold Greve, Das Bramstedter Kirchstuhlregister von 1637, in: Bramstedter Nachrichten vom 30.01.1937. Online unter: http://www.alt-bramstedt.de/greve-das-bramstedter-kirchstuhlregisters-von-1637 [aufgerufen am 29.08.2017].

f) Aufzeichnungen zu Baumaßnahmen, Karten und Pläne

Zu den chronikalischen Aufzeichnungen in Kirchenbüchern gehören immer wieder auch Nachrichten über Baumaßnahmen, die eine bedeutende kirchenbauhistorische Quelle darstellen können. Hier sollen stellvertretend zwei Beispiele aufgeführt werden: Zum einen die Mitteilungen über den Pfarrhausbau in Eisingen 1806/07 aus dem lutherischen Kirchenbuch Eisingen 1777–1824, zum anderen die 150 Jahre zuvor anzusiedelnden Kirchbaunachrichten (1659, 1730) aus dem lutherischen Kirchenbuch Laufen 1631–1798:

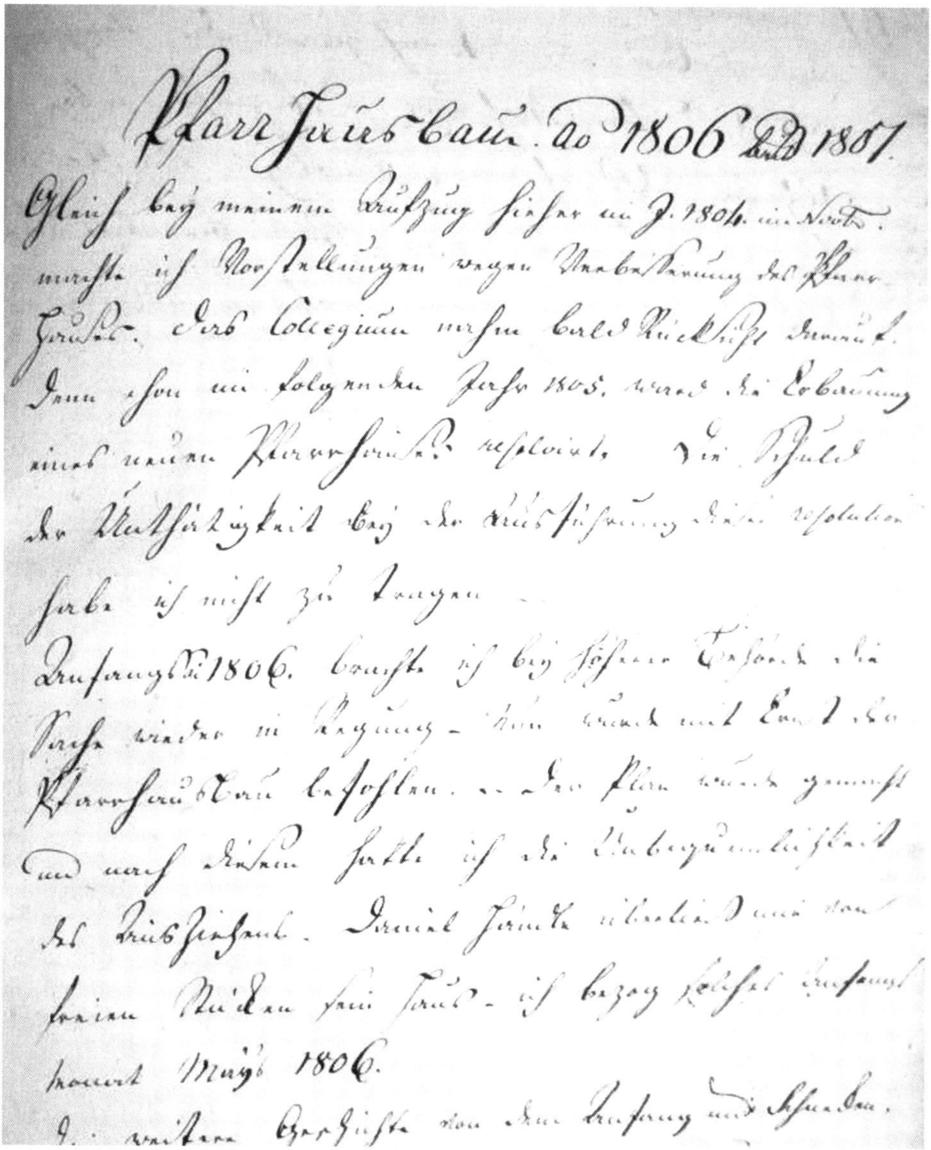

Abb. 51:
Aus dem lutherischen Kirchenbuch Eisingen 1777–1824, LKA, 045.01. Kirchenbücher (Deposita) (Foto: LKA)

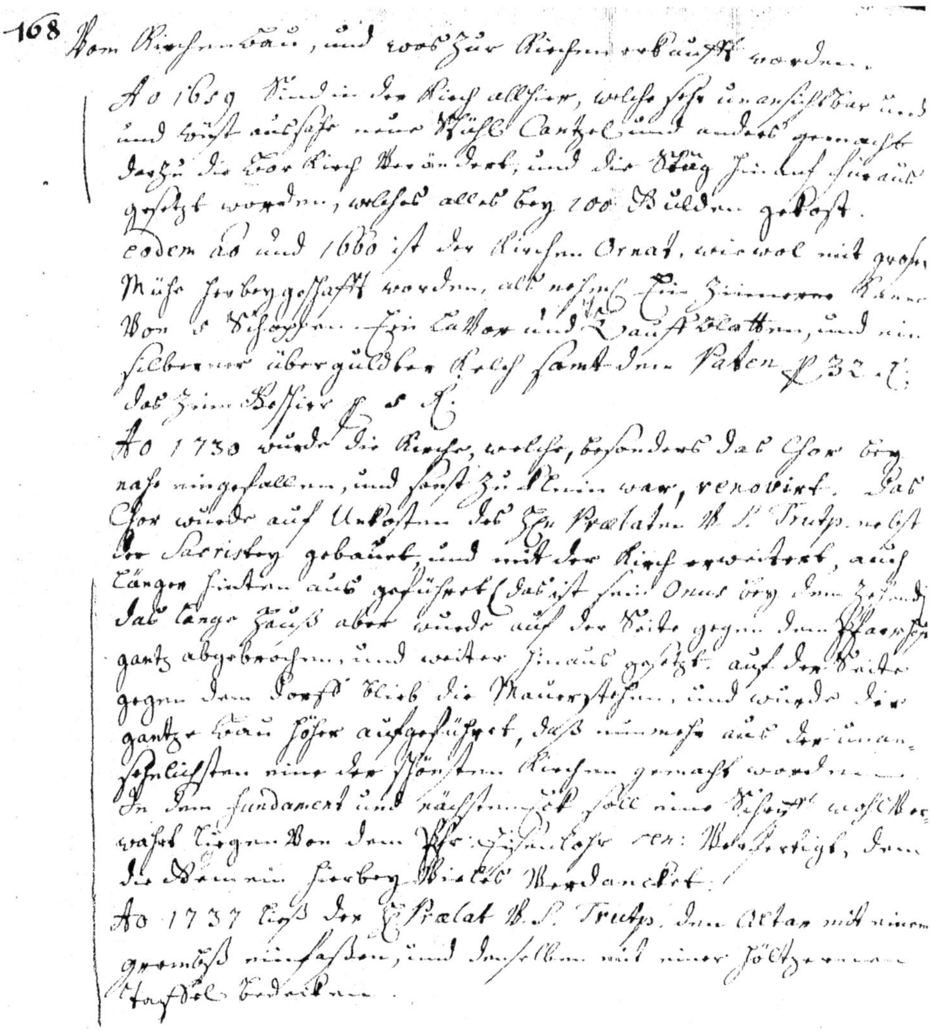

Abb. 52:
Aus dem lutherischen Kirchenbuch Laufen 1631–1798 (Foto: LKA)

Die ab 1801 verfasste Kirchengeschichte der Gemeinde Mühlbach von Pfarrer Philipp Nikolaus Müller (1752–1828), die einen eigenen Band füllt und nicht der Gattung Kirchenbuch zuzuordnen ist, kann in diesem Zusammenhang vergleichend aufgeführt werden. Denn sie wurde parallel zu den Kirchenbüchern vom Ortspfarrer verfasst und ist wegen ihres Gehalts für die ortskirchengeschichtliche Forschung außerordentlich bedeutsam. So findet man neben einem vom Pfarrer gezeichneten Grundriss des Klostergeländes auch einen Lageplan von Kirche und Pfarrhaus:

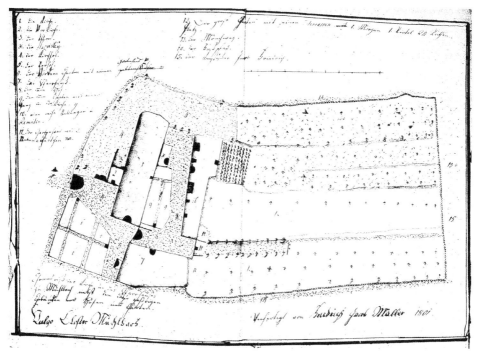

Abb. 53:
Aus der Kirchengeschichte Mühlbach von Pfarrer Philipp Nikolaus Müller (verfasst 1801ff.)
(Foto: LKA)

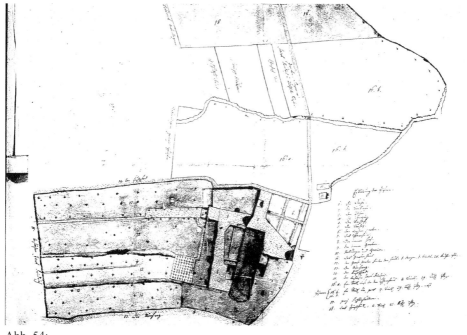

Abb. 54:
Aus der Kirchengeschichte Mühlbach von Pfarrer Philipp Nikolaus Müller (verfasst 1801ff.)
(Foto: LKA)

g) Series pastorum

Planmäßig sind auf dem Titelblatt eines Kirchenbuches die Namen der Pfarrer aufgezeichnet mit Angabe des Zeitraums, in denen sie die Kirchenbücher geführt haben, der gleichbedeutend mit dem ihrer Amtszeit an einer Gemeinde ist. Diese Angaben entsprachen kirchenrechtlicher, quasi standesbeamtlicher Vorgabe. Für die presbyterologische Forschung aber sind die über die Jahrhunderte hinweg weiter fortgeschriebenen Series pastorum von herausragender Bedeutung. Diese bieten auf einen Blick Angaben zu den Amtsinhabern einer Pfarrstelle. Im reformierten Kirchenbuch Neckarelz 1677–1764 findet sich im vorderen Vorsatzblatt die Reihe der Pfarrer von 1563 bis 1951, also über einen Zeitraum von vier Jahrhunderten. Wenngleich diese Angaben sehr kurzgehalten sind, bieten sie überblickartig eine verlässliche Auskunft über die Namen und Amtsjahre, die man sonst mühsam in anderen Quellen recherchieren müsste.

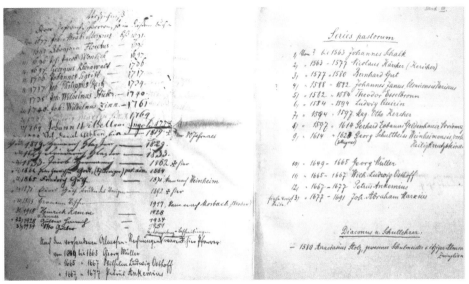

Abb. 55:
Aus dem reformierten Kirchenbuch Neckarelz 1677–1764. Series pastorum 1563–1951, wobei die Einträge 1563–1691 (Nrn. 1–13) im 20. Jahrhundert nachgetragen wurden, die Pfarrer der Jahre 1677–1769 (Nrn. 13–21) die zeitgenössischen Pfarrer sind und die Pfarrer bis 1951 (bis Nr. 33) sich ergänzend eingetragen haben, LKA, 045.01. Kirchenbücher (Deposita) (Foto: LKA)

Neben einer solchen kurzgehaltenen Auflistung finden sich auch Series pastorum, die in Form von Biogrammen verfasst sind und damit mehrere Seiten umfassen (können) und in der Regel wichtige Informationen zur Geschichte der Pfarrer vor Ort beinhalten: Angaben über die Herkunft, zur Amtszeit und zum Amtswechsel bzw. Ableben, zur Ehefrau und den Kindern usf. Das Beispiel aus dem lutherischen Kirchenbuch Holzen 1591–1739 ist eine derartige biogrammatische Series:

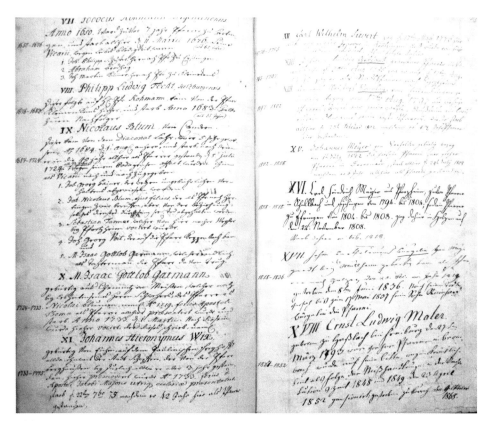

Abb. 56:
Auszug aus der Series pastorum 1591–1962 (hier 1650–1852) des lutherischen Kirchenbuches Holzen 1591–1739, LKA, 045.01. Kirchenbücher (Deposita) (Foto: LKA)

h) Zeichnungen, Kuriosa, Inventare, Bemerkenswertes
Im lutherischen Kirchenbuch Eisingen 1777–1824 ist auf dem Titelblatt auch eine (angebliche) Kinderzeichnung zu sehen, die der Ortspfarrer Christian August Reich (1769–1849), nachdem er 1804 sein Amt in dieser Pfarrei angetreten hat, mit einem Notabene versieht: *So traf ich dieses Kirchenbuch beschmiert, und von Kinderhänden besudelt an. davon man noch mitten im Buch Spuren findet!!* Nach diesem Ärgernis weltlicher Natur folgt das Bibelwort aus Lk 10,20 und lenkt den Blick wieder in geistliche Dimensionen: *Freuet euch, daß eure Name im Himel aufgeschrieben sind.*

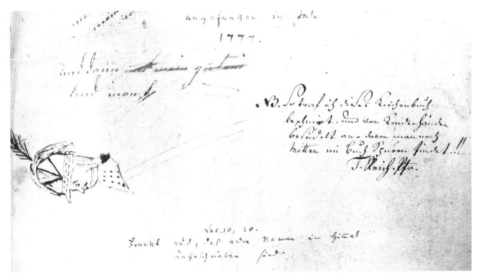

Abb. 57:
Aus dem lutherischen Kirchenbuch Eisingen 1777–1824, LKA, 045.01. Kirchenbücher (Deposita) (Foto: LKA)

Dass der Predigttext einer Kasualhandlung vermerkt ist, stellt insgesamt eine Ausnahme dar; erst im 20. Jahrhundert sind diese Angaben zunehmend anzutreffen. Für Nachfahren können sie aber eine schöne Entdeckung darstellen, denn mit diesen Angaben kann man einen Bezug eines Bibelwortes zu einer Person herstellen. Todesursachen oder nähere Umstände zum Ableben liest man im Dattinger Beerdigungsbuch 1870ff. ab den Jahren 1914.[61] Diese Angaben stellen hier zugleich ein Urteil des Pfarrers zum Lebenswandel des verstorbenen Gemeindegliedes dar. Als Beispiel sei hier ein Eintrag vom Oktober 1930 aufgeführt: *Jes. Sir. 25,8. Ein Original. Treu und fleissig, selbstlos. Bekannt unter dem Namen ‚Gotti'.*

3 Oktober	1. Oktob.	Kiefer Anna Maria, ledig, Tochter des † Landwirtes Andreas Kiefer und der † Margareta Barbara, geb. Eckerlin Keidel	25. Mai 1845 85/4/6	Jes. Sir 25. 8 Ein Original. Treu und fleissig, selbstlos. Bekannt unter dem Namen ‚Gotti'

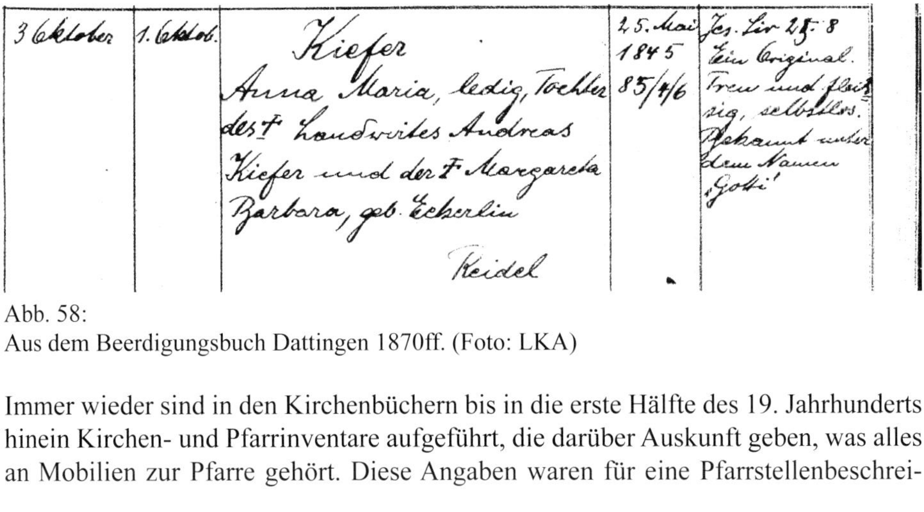

Abb. 58:
Aus dem Beerdigungsbuch Dattingen 1870ff. (Foto: LKA)

Immer wieder sind in den Kirchenbüchern bis in die erste Hälfte des 19. Jahrhunderts hinein Kirchen- und Pfarrinventare aufgeführt, die darüber Auskunft geben, was alles an Mobilien zur Pfarre gehört. Diese Angaben waren für eine Pfarrstellenbeschrei-

[61] Dass diese Angaben ausgerechnet 1914 einsetzen, ist wohl den in diesem Jahr einsetzenden Nachrichten über die zahllosen Gefallenen des Ersten Weltkrieges geschuldet.

bung und –besetzung eminent wichtig. Eher selten sind Vasa sacra und Kataloge der Pfarrbibliothek vermerkt. Ein Beispiel, das eine Gesamtschau zusammen mit den in der Pfarrei vorhandenen Ornamenta und Abschriften bietet, ist im ältesten Kirchenbuch Holzen 1591–1739 zu lesen:

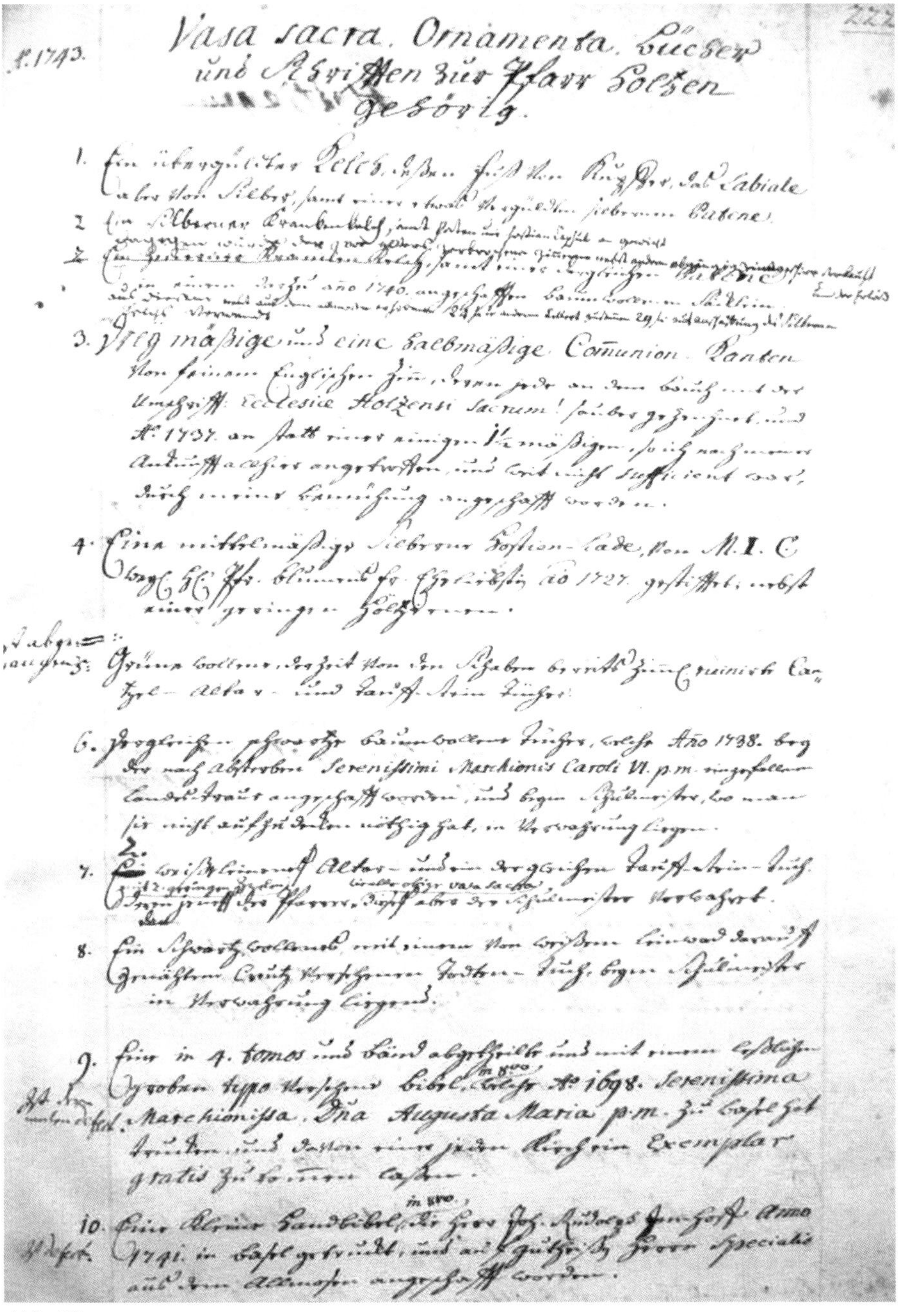

Abb. 59:
Aus dem lutherischen Kirchenbuch Holzen 1591–1739, LKA, 045.01. Kirchenbücher (Deposita) (Foto: LKA)

Mit Angaben über Scheidungen rechnet man in kirchlichen Standesbüchern nicht, doch es gibt sie vereinzelt in Kirchenbüchern ab der Einführung des Badischen Landrechts (1810), durch das Pfarrer hinsichtlich der Kirchenbuchführung als „Beamte des bürgerlichen Standes" galten. Diese zum Personenstandswesen gehörenden Nachweise sind folgerichtig nun auch in den Kirchenbüchern aufgeführt, enden aber mit der Arbeitsaufnahme der Standesämter im Großherzogtum Baden zum 1. Februar 1870 (s. o. Kap. 2). Eine Ausnahme bildet das lutherische Kirchenbuch Binzen 1775–1811, das Scheidungseinträge der Jahre 1791, 1793/94 aufweist. Meist erstrecken sind diese ‚Scheidbriefe' oder ‚Urteile' über eine ganze Seite und sind damit augenfällig. Im lutherischen Traubuch Lahr 1752–1814 sind auffallend viele ‚Scheidbriefe' überliefert wie dieser vom 11. Juni 1816, der eine am 3. Juni 1798 geschlossene Ehe scheidet:

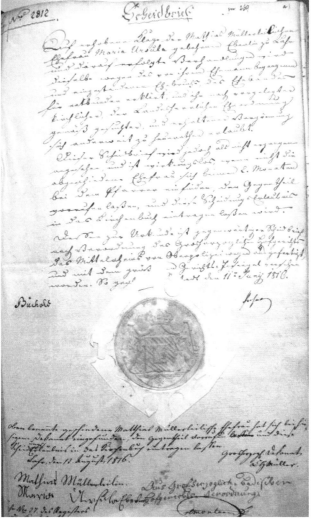

Abb. 60:
Aus dem lutherischen Traubuch Lahr 1752–1814, LKA, 045.01. Kirchenbücher (Deposita) (Foto: LKA)

Die Reihe ließe sich fortsetzen und wäre bei weitem nicht ausgeschöpft. Die hier aufgeführten Beispiele sollen vor Augen führen, dass die badischen Kirchenbücher eine multifunktionale Quelle darstellen, in der sich – neben den planmäßig aufgeführten Angaben zu den Kasualhandlungen – weit darüber hinaus gehende, zuweilen unerwartete Informationen verbergen können. Wie die Kirchenbücher anderer Landeskirchen bilden sie „einen Ort der Memoria […], der zur Kommunikation der Pfarrer mit ihren Amtsnachfolgern und der Nachwelt, für die eigene Erinnerungstexte und historische Niederschriften verfasst wurden, diente. Mit ihren annalistischen und vielfältigen anderen Eintragungen zeigen die Kirchenbücher, dass sie weniger den Charakter abgelegter Akten, sondern den eines dauerhaft gebrauchten Instrumentes lokaler Erinnerungsarbeit, eines schriftlichen Traditionsfundus mit hoher identifikatorischer Bedeutung für das zugehörige Gemeinwesen hatten."[62]

Der Zugang zu diesem Fundus ist durch die Onlinestellung der Findmittel und der Kirchenbücher selber in den letzten Jahren um ein vielfaches einfacher geworden. Eine Einsicht sollte also durch den aufmerksamen und gewissenhaften Forscher nicht nur in Betracht gezogen, sondern kann auch immer niedrigschwelliger vollzogen werden. Der Schatz ist da; er wartet auf seine Bergung. In hac significatione: Ad fontes!

---

[62] Dornheim, Der Pfarrer als Arbeiter am Gedächtnis (wie Anm. 37), 261.

Simultaneen. Skizze ihrer Entwicklung und Bedeutung mit besonderer Berücksichtigung Badens

Uwe Kai Jacobs

I. Einleitung

Als erstes sei ein Beispiel für ein Simultaneum (Simultankirche) gegeben: Die evangelisch/katholische Kapelle des Städtischen Klinikums in Karlsruhe, integriert in dessen historisches Verwaltungsgebäude an der Moltkestraße, das sogenannte Torhaus, das zwischen 1900 und 1909 erbaut wurde. Ein Architekturführer gibt das Wesentliche wieder:

„Der Eingang zum ‚Betsaal' – er muß ja beiden Konfessionen dienen – im Verwaltungsbau des Städtischen Klinikums ist recht aufwendig gestaltet; der bürgerlichen Einrichtung des Klinikums entsprechend selbst zu dieser Zeit noch im Formenvokabular der Renaissance. […] Das Thema des Reliefs [über dem Eingang, der Verf.] ist mit Bedacht dem Thema der gesamten Anlage entsprechend gewählt: der barmherzige Samariter, eine figurenreiche Szene, die als Galvanoplastik ausgeführt wurde."[1]

Der Andachtsraum „muss beiden Konfessionen dienen", wie es im Zitat lautet. Ihnen ist der Raum durch den Anstaltsträger zur gemeinsamen, simultanen Nutzung überlassen,[2] aber nicht zur gleichzeitigen, sondern zur alternierenden. Für nichtkonfessionelle Krankenhäuser ist das typisch, wie generell die sogenannte Anstaltskapelle den modernen Regelfall simultanen Gebrauchs von Kultusräumen darstellt. Und gar so modern ist diese Entwicklung nicht, wie das über einhundertjährige Karlsruher Beispiel des „Bürgerspitals" zeigt, aber auch die ursprüngliche Kapelle des Karlsruher Gefängnisbaus aus derselben Epoche (1894–97).[3]

Für die konkrete Nutzung einer solchen Kapelle bedarf es der Absprache, nicht selten dokumentiert durch einen Belegungsplan. Denn Simultaneen bezogen sich immer und beziehen sich noch heute auf die anteilige Nutzung eines Gebäudes bzw. Raumes und dessen liturgische Ausstattung. Dementsprechend drückt sich der Simultangebrauch in der Art der Ausstattung von „Ein-Raum-Simultaneen" aus, insbesondere mit Gesangbüchern beider Volkskirchen, aber auch mit religiösen Symbolen, mit denen sich die jeweilige Konfession identifiziert, oder mit überkonfessioneller Metaphorik wie dem barmherzigen Samariter im Karlsruher Beispielsfall aus der Stilepoche des Historismus.

---

[1] Georg S. Holzmann/Monika Bachmayer, Formen im Wandel. Architekturbilder aus Karlsruhe, Karlsruhe 1988, 160f.
[2] Heute: Kapelle (evang./kath.) im „Haus A", vgl. Günter Frank u. a. (Hgg.), Kirchen in Karlsruhe und die Synagoge, Ubstadt-Weiher u. a. 2015, 142.
[3] Frank, Kirchen (wie Anm. 2), 95.

Wie ist es rechtlich gesehen zu Simultaneen gekommen? Simultaneen können kraft staatlichen Gesetzes, sonstigen Hoheitsaktes bzw. öffentlich-rechtlicher Widmung, durch vertragliche Absprache unter den Konfessionen oder gewohnheitsrechtlich bestehen. Dies leitet zur Geschichte dieses Rechtsinstituts über.

II. Geschichte der Simultaneen

Simultaneen (älter: Simultanea) haben eine lange Geschichte, auch in Baden.[4] Der Beginn der Simultaneen liegt im 16./17. Jahrhundert. Sie gehören zur Geschichte des Staatskirchenrechts in Deutschland seit dem Augsburger Religionsfrieden (1555)[5] beziehungsweise des Friedens von Rijswijk (1697) und damit zu den Folgen von Reformation und Gegenreformation, also zu den Folgen eines konfessionellen und eines reichsrechtlichen Konfliktes. Geprägt hat das auch die Landschaft am Oberrhein, zumal der pfälzische Kurfürst Johann Wilhelm im Weinheimer Edikt von 1698 allen Konfessionen den gemeinsamen Gebrauch der Pfarrkirchen in seinem Territorium gestattete.[6] Die Reformierten empfanden dies als Affront, zumal mit dem gemeinschaftlichen Gebrauch der Kirchen auch der Mitbesitz am damit verbundenen Vermögen („an allen damit verbundenen Gefällen") einherging.[7]

Seltener als lutherisch-katholische oder reformiert-katholische Simultaneen waren Trimultaneen; sie betrafen alle seinerzeit reichsrechtlich anerkannten Bekenntnisse, also das katholische, das lutherische und das reformierte Bekenntnis (Abb. 1).[8] Auf diese drei bezieht sich das erwähnte Weinheimer Edikt. Der Wortbestandteil „simul" beziehungsweise „trimul" zielt also auf die (christliche) Bi- oder Trikonfessionalität der Nutzung eines Sakralraums (*simultaneum exercitium religionis*) und seinen entsprechenden Rechtsstatus. Eine vergleichbare Terminologie leuchtet im 19. Jahrhundert in Baden in der *christlichen Simultanschule* und in der Errichtung eines *simultanen*, das heißt für das gesamte damalige Schulwesen zuständigen, *Oberschulrats* im Jahr 1862 auf.[9] Aus dem allgemeinen Wortschatz ist das Adjektiv „simultan" mitt-

---

[4] Josef Schmitt, Simultankirchenrecht im Großherzogtum Baden (einschließlich des Altkatholikenrechts) unter der Herrschaft des bürgerlichen Gesetzbuchs. Ortsgeschichte, Rechtsgeschichte und systematischer Teil, Karlsruhe 1909.

[5] Vgl. Michael Frisch, Simultankirchen, in: Michael Germann u. a. (Hgg.), Handbuch des Staatskirchenrechts der Bundesrepublik Deutschland, 3. Aufl., im Erscheinen; bereits Wilhelm Kahl, Lehrsystem des Kirchenrechts und der Kirchenpolitik, Teil 1, Leipzig 1894, 405ff.; Schmitt, Simultankirchenrecht (wie Anm. 4).

[6] Otto Friedrich, Einführung in das Kirchenrecht, 2. Aufl., Göttingen 1978, 128.

[7] Georg Spohn, Kirchenrecht der Vereinigten evangelisch-protest. Kirche im Großherzogthum Baden. Erste Abtheilung: Kirchenvereinigung und Kirchenverfassung, Karlsruhe 1871, 45.

[8] Als Beispiel aus der Oberrheinregion sei Birlenbach im Niederelsass genannt (Trimultaneum von 1785–1899), vgl. Bernard Weigel, Le pays de Wissembourg, Strasbourg 2004, 21. Die Voraussetzungen für die Einrichtung eines Trimultaneums bestanden im Niederelsass aufgrund der konfessionellen Zusammensetzung der Bevölkerung gar nicht so selten, vgl. Raymond Hiebel u. a. (Hgg.), Schleithal. Le village plus long d'Alsace, Strasbourg 1999, 282.

[9] Geschichte der badischen evangelischen Kirche seit der Union 1821 in Quellen, hrsg. vom Vorstand des Vereins für Kirchengeschichte in der Evangelischen Landeskirche in Baden zum Kirchenjubiläum

lerweile verschwunden und durch „gemeinschaftlich" oder „multi"(-konfessionell) ersetzt worden. Gleichwohl bezeichnet nur das Wort „Simultaneum" einen religionsrechtlichen *terminus technicus*. Zuweilen wird er auch mit dem Begriff „paritätische Kirche" wiedergegeben.[10]

Abb. 61:
Ehem. Simultankirche Birlenbach im Elsass
(Foto: Uwe Kai Jacobs, 2014)

Simultaneen in der Nutzung der Parochialkirche waren – nicht zuletzt im deutschen Südwesten – nach dem Ende der Religionskriege verbreitet. Einige katholisch/altkatholische Simultaneen entstanden erst nach 1873.[11] Neben Preußen war es der badische Staat, der den Mitgebrauch von Kirchen durch die Altkatholiken per Gesetz regelte[12] und damit die altkatholische Kirche „freundlich unterstützte".[13] Doch war diesen Simultaneen keine lange Zukunft beschieden.[14] Daraus den Schluss zu ziehen, es hätte sich um eine kirchenhistorische Petitesse gehandelt, wäre trügerisch. Das Gegenteil ist historisch richtig. Gerade in Kurpfalz und Baden steht das Rechtsinstitut

---

1996 (Bearbeiter: Gerhard Schwinge), Karlsruhe 1996, 234f.

[10] Vgl. Gerhard Sommer, Ökumene in Reinkultur, in: Die Rheinpfalz [Ausgabe für die Südpfalz] vom 15.4.2017, o. S.

[11] Christoph Link, Staat und Kirche in der neueren Geschichte. Fünf Abhandlungen, Frankfurt am Main 2000, 92.

[12] Artikel 4 Bad. Ges. die Rechtsverhältnisse der Altkatholiken betreffend vom 15.6.1874, GVBl. für das Großherzogtum Baden Nr. XXIII/1874, 277f.

[13] Hans-Georg Wehling, Baden-Württemberg: Zur Geschichte eines jungen Bundeslandes, in: Reinhold Weber u. a. (Hgg.), Baden-Württemberg. Gesellschaft, Geschichte, Politik, Stuttgart 2006, 9–32, Zitat: 26.

[14] Kahl, Lehrsystem (wie Anm. 5), 407.

des Simultaneums für heftige staatliche Reaktionen auf religiöse Entwicklungen nach 1517 (konfessionelles Zeitalter) bzw. nach 1870 („ultramontaner" Katholizismus).

Einige evangelisch/katholische Simultanea haben sich bis in die Gegenwart erhalten, darunter in der Region bekannte Beispiele wie in Neustadt an der Weinstraße[15] oder in Mosbach (Nordbaden) und weniger bekannte Beispiele wie in Schutterzell in der Ortenau.[16] In der Melanchthonstadt Bretten wiederum ist das ehemalige Simultaneum noch an der heutigen Baugestalt von Kirche und Gemeindesaal ablesbar. Die Dimension, die das Rechtsinstitut des Simultaneums einst in Baden entfaltete, wird anhand dieser wenigen Beispiele aber nicht deutlich; betroffen waren – jedenfalls nach einer Mitteilung in der kirchenhistorischen Literatur – etwa zweihundertvierzig Kirchengebäude.[17] Angesichts der zersplitterten territorial-konfessionellen Landschaft Badens in der nachreformatorischen Zeit erscheint diese Zahl durchaus plausibel. Als Beispiele für frühere Simultaneen auf badischem Gebiet mögen Weingarten[18] nördlich von Karlsruhe und Sinsheim[19] im Kraichgau dienen. Sowohl das Mosbacher[20] als auch das Schutterzeller Simultaneum[21] sind gut dokumentiert, worauf an dieser Stelle verwiesen werden kann. Schutterzell ist das letzte verbliebene von sechs Simultaneen, die noch 1928 in der Ortenau gezählt wurden.[22]

Wie äußerte sich ein Simultaneum baulich? Bei Simultankirchen war, beziehungsweise ist meistens das Hauptschiff (Langhaus) der evangelischen, der Chor der katholischen Gemeinde vorbehalten. Beide Gebäudeteile können durch eine raumhohe Trennwand voneinander geschieden sein („Scheidewand"), so dass auch unterschiedliche Eingänge zu den Teilkirchen bestehen (müssen). Im Grunde handelt es sich um die Umnutzung eines historischen Kirchengebäudes zu zwei Kirchen unter einem First, bei getrenntem Eigentum oder Alleineigentum einer Konfession und Gebrauchsrecht der anderen Konfession.[23] Diese Konstruktion entsprang der Raumnot und keinem religiösen Programm seitens der Kirchen, wohl aber einem religions- und finanzpolitischen Programm des Staates im konfessionellen Zeitalter.

---

[15] Simultaneum seit 1708; vgl. Felix Mader (Hg.), Die Kunstdenkmäler in Bayern. Regierungsbezirk Pfalz; I. Stadt und Bezirksamt Neustadt A. H. (Bearbeiter: Anton Eckardt), München 1926 (Nachdr. 1979), 47.

[16] Helmuth Meerwein (Hg.), Gemeindebuch der Evangelischen Landeskirche in Baden, 4. Lfrg., Karlsruhe 1961, 430f. (Abb.); heute: Neuried-Schutterzell.

[17] Dieter Haas u. a., Unterwegs durch die Zeiten. Lesebuch zur badischen Kirchengeschichte, Karlsruhe 1996, 130.

[18] Georg Dehio, Handbuch der Deutschen Kunstdenkmäler: Baden-Württemberg I; Regierungsbezirke Stuttgart und Karlsruhe, München 1993, 839.

[19] Ebd., 720.

[20] Albrecht Ernst, Vom Stein des Anstoßes zum Zeichen der Ökumene. Die Trennmauer von 1708 in der Mosbacher Stiftskirche, in: JBKRG 3 (2009), 263–277 (Grundriss: 275); Jörg Widmaier, Nicht auf Glauben allein gebaut. Kulturdenkmale der Reformation in Baden-Württemberg, in: Denkmalpflege in Baden-Württemberg. Nachrichtenblatt der Landesdenkmalpflege 1/2017, 3–8 (Grundriss: 4); Evangelische Stiftsgemeinde/Katholische Kirchengemeinde, Mosbach (Hgg.), Offene Türen für die Ökumene. Eine Jubiläumsschrift zum ersten Jahrestag der Maueröffnung in der Stiftskirche St. Juliana in Mosbach, Mosbach 2009.

[21] Daniela Nußbaum-Jacob, Michaelskirche in Schutterzell: eine der letzten Simultankirchen in Baden, in: Geroldsecker Land 55 (2013), 123–131.

[22] U. Ludwig, Die Ortenau, in: Evang. Pfarrverein in Baden (Hg.), Kirche und Heimat. Ein Buch von der evangelischen Kirche in Baden. Festgabe zum Deutschen Evang. Pfarrertag in Karlsruhe 1928, Karlsruhe 1928, 78–95, hier: 93.

[23] Adalbert Erler, Kirchenrecht, 5. Aufl., München 1983, 159.

In Dorfkirchen war und ist eine andere Lösung als der „Mauerbau" zu beobachten: Zwei Altäre, ein katholischer und ein evangelischer, stehen im Kirchenschiff oder im Chorbereich. Die baulichen Lösungen dafür sind vielfältig: Teils stehen die Altäre hintereinander, der katholische Hochaltar in der Chorapsis, der evangelische Altar am Scheitelpunkt von Langhaus und Chor (Siebeldingen, Südpfalz),[24] teils war der evangelische Altar an die Seitenschiffswand gerückt und der katholische Hochaltar dominierte die Blickachse der Gemeinde nach Osten (Gleisweiler, Südpfalz).[25] *Zeitliche* Trennung der Religionsausübung statt *räumlicher* Trennung – so lässt sich der Unterschied zwischen Einraum-und Zweiraumsimultaneen auf den Punkt bringen. Übrigens finden sich in der Südpfalz noch heute einige Beispiele für praktizierte Simultaneen.[26] In der gesamten Pfalz sind es immerhin vierzehn.[27]

Und es gab noch eine andere Lösung für Einraumsimultaneen, nämlich den Altar auf Rollen! Das betraf nur den vergleichsweise leichten, meist hölzernen evangelischen Altar, nicht den katholischen Hochaltar, der nicht rollfähig war. Wurde die Heilige Messe gefeiert, wurde der evangelische Altar aus dem Blickfeld der katholischen Gläubigen an die Seite des Kirchenschiffs gerollt. Das mutet ein wenig wie ein billiger Kulissenwechsel an, aber eine Portion Pragmatismus wird zur hohen Kunst der Simultaneen gehört haben. Historische Altäre auf Rollen sind, bezogen auf unsere Region, in Landau in der Pfalz[28] und in Niederbronn-les-Bains im Nordelsass[29] sowie darüber hinaus[30] belegt.

III. Inhaltliche Aussagen

Eine inhaltliche Programmatik eignete nur ganz wenigen Simultaneen, die bewusst verschiedene Konfessionen – oder eine Konfession verschiedener Sprache und Herkunft – unter einem Dach im Rahmen eines Neubaus vereinigen wollten. So die Wallonisch-Niederländische reformierte Kirche in Hanau am Main (1600–08), die nach

---

[24] Abb. bei Uwe Kai Jacobs, Altarschranken und Altarumgang in protestantischen Kirchen der Pfalz, in: BPfKG 74 (2007), 205–218, Abb. 4.
[25] Historische Abb. ebd., Abb. 1.
[26] Vgl. den Abschnitt über Simultaneen bei Steffen Schramm (Hg.), Räume lesen. Streifzüge durch evangelische Kirchen der Pfalz, Speyer 2008, 115–123; Sommer, Ökumene (wie Anm. 10).
[27] Protestantischer Kirchenbezirk Bad Bergzabern u. a. (Hgg.), Chemins de la réconciliation; Wege der Versöhnung. Guide transfrontalier à la découverte des églises d'alsace du nord et du palatinat du sud; Grenzüberschreitender Kirchenführer durch Nordelsass und Südpfalz, Bad Bergzabern 2008, 39.
[28] Th.[…?] Gümbel, Denkschrift über die Stiftskirche und die protestantische Kirchengemeinde Landau, Landau 1915, 20; historische Abb. aus der Zeit des Simultaneums bei Uwe Kai Jacobs, Altarschranken im protestantischen Kirchenbau der Pfalz. Kirchenhistorische, liturgische und kirchenrechtliche Bemerkungen, BPfKG 69 (2002), 117–132, Abb. 7.
[29] Das geht aus Infotafeln im Inneren der Kirche St. Jean hervor (Simultaneum von 1691–1886).
[30] Bernhard Vogler, Simultaneum, in: TRE, Bd. 31, Berlin u. a. 2000, 280–283. Der evang. Altar auf Rollen erlebt zurzeit eine Renaissance; der restaurierte Altar von 1699 in der Kirche Sainte Aurélie, Strasbourg, wurde jüngst mit einer im Sockel versteckten Rollenmechanik ausgestattet, um ihn, etwa für Konzerte, zur Seite zu rollen, vgl. Dagmar Gilcher, 500 Jahre Reformation: Sainte Aurélie in Straßburg, „Die Rheinpfalz", Ausgabe [für die Südpfalz] vom 18.2.2017 (o. S.), mit Abb.

ihrer Zerstörung im Zweiten Weltkrieg nur teilweise wieder aufgebaut wurde. Das Programm der miteinander – wie zwei sich schneidende Kreise – verschränkten Teilbauten lässt sich aber noch heute an der Ruine und dem Teilwiederaufbau ablesen.[31]

Abb. 62:
Ehemalige Wallonisch-niederländische reformierte Kirche in Hanau (Foto: Uwe Kai Jakobs, 2012)

In diese Kategorie wird auch die Konkordienkirche in Mannheim einzuordnen sein, jedenfalls in ihrer ursprünglichen Form. Sie wurde bewusst – nach mehreren Anläufen, die auch die Idee eines Trimultaneums verfolgten – als Doppelkirche für die wallonisch-reformierte und für die deutsch-reformierte Gemeinde errichtet.[32] Der gemeinsame Turm stand zwischen beiden, nicht ganz symmetrisch ausgefallenen Kirchenhälften.[33]

Als Variante des Simultaneums können auch ökumenische Gemeindezentren angesprochen werden, sofern sie einen gemeinsamen Kirchensaal haben. Sie spiegeln die ökumenische Offenheit in Deutschland, vor allem auf der Gemeindeebene, wider. Ein badisches Beispiel liefert die Petrus-Paulus-Gemeinde in Freiburg: ein evangelisch-anglikanisch-tamilisches Trimultaneum kraft privatrechtlicher Vereinbarung.[34]

---

[31] Georg Dehio, Handbuch der Deutschen Kunstdenkmäler: Hessen, 2. Aufl., München/Berlin 1982, 388.
[32] Dehio, Baden-Württemberg I (wie Anm. 18), 501; Udo Wennemuth, Überlieferung und Erinnerungskultur der französisch-reformierten Gemeinde in Mannheim, in: JBKRG 2 (2008) 133–143.
[33] Abb. bei Wennemuth, Überlieferung (wie Anm. 32), 137.
[34] Yvonne Weik, Unter einem Dach: Im neuen Petrus-Paulus-Gemeindezentrum wohnen drei Gemeinden, Badische Zeitung vom 29.11.2014 (Onlineausgabe, aufgerufen am 13.3.2017).

IV. Auflösung von Simultaneen

Berichte über Streit in der Praxis der Simultaneen sind Legion und müssen hier nicht wiederholt werden.[35] In historischer wie aktueller Erinnerung sind überdies die Empfindlichkeiten, die das Nebeneinander der Konfessionen in der wohl berühmtesten Simultankirche der Christenheit auszulösen pflegt, nämlich der Grabeskirche zu Jerusalem, an der nicht weniger als sechs Religionsgemeinschaften[36] Besitzrechte ausüben.

Kontroversen, Empfindlichkeiten und die allgemeine Bevölkerungsentwicklung, aber auch die veränderte Wirtschaftskraft am Ende des 19. Jahrhunderts und in der Zeit des Nachkriegs-„Wirtschaftswunders" ab 1948 haben in Deutschland zur Auflösung vieler Simultaneen geführt. Bemühungen dazu gab es schon weitaus früher. Belegt ist dies für das erwähnte Landauer Simultaneum seit den 1830er Jahren.[37]

Ein historisches Beispiel für das mühevolle Ende eines Simultaneums in Baden bietet die Heiliggeistkirche in Heidelberg. Die Trennwand zwischen Chor und Hauptschiff wurde vorübergehend schon zweifach, endgültig aber erst 1936 niedergelegt, worum sich auf Seiten der Landeskirche kein Geringerer als der leitende Jurist Otto Friedrich gekümmert hatte. Die evangelische Gemeinde übernahm das gesamte Gebäude.[38] An der Ablösungsvereinbarung beteiligten sich neben der Stadt Heidelberg nicht weniger als sieben religiöse Organisationen dreier christlicher Konfessionen.[39] Die in der Barockzeit in die Umfassungsmauern des wieder katholisch gewordenen Chores[40] eingebrochenen Zugangstüren bestehen noch heute und lassen das frühere Simultaneum an der Baugestalt von außen wie innen deutlich werden, was auch für die jüngst erfolgte Kennzeichnung der Stelle der Trennwand im Kircheninneren gilt.[41] Das einst mühsam überwundene Simultaneum wird zum Erinnerungsort (Abb. 63).

---

[35] Vogler, Simultaneum (wie Anm. 30), 282f.
[36] Griechisch-orthodoxe, römisch-katholische, armenisch-apostolische Kirche und seit dem 19. Jh. zusätzlich die syrisch-orthodoxe, äthiopisch-orthodoxe und die koptische Kirche.
[37] Katholische Kirchenstiftung St. Maria/Landau (Hg.), 100 Jahre Marienkirche Landau 1911–2011, o. O. u. o. J., 14.
[38] Otto Friedrich, Der Erwerb der Heiliggeistchorkirche für die Evangelische Kirchengemeinde Heidelberg, in: Eberhard Zahn, Die Heiliggeistkirche zu Heidelberg. Geschichte und Gestalt, Karlsruhe 1960, 169–181.
[39] Text der Vereinbarung ebd., 178–181.
[40] Den Chor hatten die Katholiken erhalten, das Langhaus, den Turm und die Glocken die Reformierten, jedoch sollte die Benutzung des Turmes und der Glocken beiden Konfessionen gemeinsam sein, vgl. Zahn, Heiliggeistkirche (wie Anm. 38), 59. Nach 1874 wurde der Chor den Altkatholiken zur Nutzung übergeben.
[41] Werner Keller, Die Heiliggeistkirche zu Heidelberg und ihre Kirchenfenster, 5. Aufl., Heidelberg 2012, 14 (Abb.).

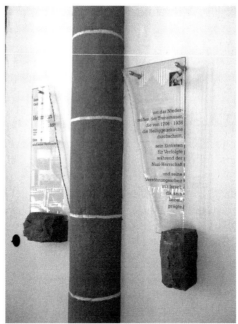

Abb. 63:
Erinnerungstafel an die Trennwand zur Heiliggeistchorkirche (Foto: Uwe Kai Jacobs, 2016)

Apropos Erinnerungsort: In gewisser Hinsicht gilt das auch für den im Jahr 2008 erfolgten Durchbruch der Trennwand zwischen dem evangelischen und dem katholischen Teil der ehemaligen Stiftskirche in Mosbach; die seit 1708, also über dreihundert Jahre lang, bestehende[42] bauliche Trennung ist durchbrochen, es gibt einen Durchgang, aber die Trennmauer ist geblieben. Der Mauerdurchbruch hat sich als Durchbruch für die Ökumene vor Ort ausgewirkt.[43]

Wie im Falle der Heiliggeistkirche in Heidelberg, so markieren die 1930er Jahre auch für die Stiftskirche in Bretten eine Zäsur: Das Simultaneum fand sein Ende, der bis dahin den Katholiken vorbehaltene Chor wurde evangelisches Gemeindehaus.[44]

Der Bauboom im deutschen Kirchenbau zwischen 1900 und 1960 wurde auch durch die Aufgabe Hunderter von Simultaneen und den entsprechenden Neubaubedarf (vgl. Stiftskirche Landau in der Pfalz 1893, Neubau von St. Maria ebd. 1910) gespeist. Das zeitgenössische katholische Kirchenrecht begünstigte diese Entwicklung. Denn der Codex Iuris Canonici (CIC) von 1917 missbilligte Simultaneen. Can. 823 § 1 CIC lautete: *Non licet Missam celebrare in templo haereticorum vel schismaticorum, etsi olim rite consecrato aut benedicto.*[45]

---

[42] Dehio, Baden-Württemberg I (wie Anm. 18), 543; Widmaier, Nicht auf Glauben allein gebaut (wie Anm. 20), 4 (simultan seit 1685, Trennmauer seit 1708).
[43] Ernst, Vom Stein des Anstoßes (wie Anm. 20), 264, 274.
[44] Dehio, Baden-Württemberg I (wie Anm. 18), 99.
[45] Codex Iuris Canonici Pii X Pontificis maximi iussu digestus Benedicti Papae XV auctoritate promulgatus, Vatikan 1948.

In einem Gotteshaus von – aus katholischer Sicht – Häretikern oder Schismatikern durfte die Heilige Messe nicht zelebriert werden, auch wenn das Gotteshaus früher ordnungsgemäß geweiht worden war. Das betraf alle vorreformatorischen Kirchen. Vielleicht war hierbei die (abspaltende) Gründung der altkatholischen Kirche mit im Blick. Die Kanonistik kommentierte seinerzeit can. 823 CIC mit den Worten: *Somit ist der Simultangebrauch von Kirchen grundsätzlich verworfen.*[46]

Geduldet war er nur bis zu dessen Ablösung.[47] Recht ähnlich dachte auch die badische Landeskirche.[48] Auch diese kirchenpolitische Haltung wird das Ende der Simultaneen vorangetrieben haben. Der geltende CIC 1983 enthält keine entsprechende Vorschrift mehr.

V. Ende der Geschichte?

Gehört seit der zweiten Hälfte des 20. Jahrhunderts das alte staatskirchenrechtliche Simultaneum – bis auf vergleichsweise geringe Reste – der Vergangenheit an, so gewinnt in jüngerer Zeit eine andere Form von „Simultaneen" an Schub: christlich/profan, und zwar in östlichen Gliedkirchen der EKD. Dort, wo eine historische Dorfkirche der (meist evangelischen) Kirchengemeinde zu groß geworden ist und sie die Last der Bauunterhaltung nicht mehr schultern kann, haben sich zuweilen Kooperationen mit der politischen Gemeinde ergeben. Beide Seiten nutzen das Kirchengebäude im Wechsel, mal als gottesdienstliches Gebäude, mal als profanen Veranstaltungsraum für Lesungen, Konzerte, Vorträge, die nicht von der Kirchengemeinde veranstaltet werden. Das wird als Gewinn für beide Partner beschrieben.[49] Und die Kirche bleibt sprichwörtlich im Dorf, ist nicht dem schleichenden baulichen Untergang geweiht.[50]

Auch so mancher Kirchengemeinde in den westlichen Bundesländern dürfte inzwischen der Mantel des Kirchenschiffs zu groß geworden sein. So ist manche kleine Kirchengemeinde durchaus dankbar, wenn sie sich in einer noch existenten Simultangemeinschaft befindet und die Unterhaltungskosten für Dach und Fach des Kirchengebäudes nicht alleine schultern muss.[51] Ob künftig neue Simultaneen, nun auf freiwilliger Basis, zu erwarten sind? Wendet sich quasi das Blatt? Das Zusammenrücken unter einem Dach kann eine gewisse Tradition für sich beanspruchen, zum Beispiel in der Kriegs- und Nachkriegszeit. Der Kirchenrechtler Adalbert Erler hat hierzu festgehalten: „Angesichts der vielen Verluste an Kirchen durch Bombenschäden gewähren

---

[46] Eduard Eichmann, Lehrbuch des Kirchenrechts auf Grund des Codex Iuris Canonici, Bd. I, 4. Aufl., Paderborn 1934, 405.
[47] Ebd.; vgl. ferner Heinrich J. F. Reinhardt, Simultaneum, in: LThK, Bd. 9, Freiburg u. a. 2000, 615f.
[48] Friedrich, Kirchenrecht (wie Anm. 6), 506.
[49] Dorothea Heintze, Ein ungewöhnlicher Vertrag rettet die Kirche, in: Stiftung KiBa aktuell, Ausgabe Herbst 2004, 4–6.
[50] Davon zu unterscheiden sind die ehemalige profane bzw. öffentliche Funktion und Teilnutzung des Kirchengebäudes, die sich – vor allem im Mittelalter – aus der damaligen Ungeschiedenheit von Staat (Obrigkeit) und Kirche erklären.
[51] Genau dies wird aus der Südpfalz berichtet, vgl. Sommer, Ökumene (wie Anm. 10).

sich die Konfessionen seit 1945 in großzügiger Weise Gastrecht. Hier tauchen Simultaneum und ‚communicatio in sacris' in neuen Formen auf."[52]

Rechtsdogmatisch kann allerdings in Zweifel gezogen werden, ob hierfür der Begriff des Simultaneums noch angemessen ist, wird doch vertreten, dass ein Simultaneum nicht zeitlich befristet, sondern dauerhaft angelegt sein müsse.[53] Ohne bestandssichernden Rechtsakt sei die Einräumung der Mitbenutzung kein Simultaneum.[54] Das dürfte aber einer Übertragung des Begriffes auf eine zumindest vergleichbare – und inzwischen ebenfalls historische – Praxis nicht entgegenstehen. Für die damalige Usance seien konkrete Beispiele genannt, und zwar zunächst der Wetzlarer Dom, seinerseits bereits eine Simultankirche. Als der den Katholiken überlassene Chor 1944 schwer beschädigt wurde, überließ die evangelische Gemeinde den ihr zustehenden Teil des Domes der katholischen Gemeinde.[55] Das zweite Beispiel führt wieder nach Karlsruhe: Die evangelisch-lutherische Simeonkirche wurde von 1948–53 „‚multikonfessionell' genutzt und diente vielen ausgebombten Kirchengemeinden als provisorische Gottesdienststätte."[56]

VI. Ausblick

Wie jeder Sakralbau, so spricht auch ein Simultangebäude die Formensprache seiner Entstehungs- oder Einrichtungszeit. Manche aktuellen Simultaneen sind formreduzierte, fast piktogrammatisch wirkende Räume in Verkehrs- und Besucherzentren, vor allem auf internationalen Flughäfen oder in Fußballstadien, mit reduzierter Sakralität, konzipiert für Menschen „unterwegs". *Form follows function.*

Das gilt auch für Simultaneen. Mag ihre ursprüngliche, vor Jahrhunderten von der Obrigkeit erzwungene Existenz ein Auslaufmodell sein, die Idee lebt fort, gewandelt in ökumenischer oder ökonomischer Einsicht. Mag der historische Terminus des Simultaneums aus der Zeit der religionsrechtlichen Parität seine eigene Aura haben und ambivalente Erinnerungen auslösen, der Sache nach lebt der Gedanke fort, dass sich Gemeinden – oder Menschen außerhalb parochialer Zusammenhänge – verschiedener, aber einander verbundener Konfession in *einem* Hause zu Gebet und Andacht versammeln können, wie dies bei kleineren christlichen Religionsgemeinschaften schon Pra-

---

[52] Erler, Kirchenrecht (wie Anm. 23), 159. Für Baden siehe Joachim Maier, Not lehrt Umdenken. Lehrjahre der Ökumene für die Badische Landeskirche und das Erzbistum Freiburg, in: Udo Wennemuth (Hg.), Unterdrückung – Anpassung – Bekenntnis. Die Evangelische Kirche in Baden im Dritten Reich und in der Nachkriegszeit (VVKGB 63), Karlsruhe 2009, 395–413 (hier: 398ff.: Simultangebrauch von Kirchen).

[53] Burghard Winkel, Kirchengebäude, in: Hans Michael Heinig/Hendrik Munsonius (Hgg.), 100 Begriffe aus dem Staatskirchenrecht, 2. Aufl., Tübingen 2015, 120. Zwingend erscheint diese Position nicht. Nach Frisch, Simultankirchen (wie Anm. 5), beschreibt „Simultaneum" eher einen Sachverhalt als ein Rechtsinstitut.

[54] Harm Klueting, Simultaneum, in: RGG, 4. Aufl., Bd. 7, Tübingen 2004, 1330.

[55] H. K. Zimmermann, Der Dom zu Wetzlar, Berlin 1948, 16.

[56] Frank, Kirchen (wie Anm. 2), 73.

xis ist.[57] Fast visionär mutet daher in der Rückschau an, was Albert Schweitzer im Jahr 1954 – in seiner Dankesrede für die Verleihung des Nobelpreises – über das Simultaneum in der elsässischen Pfarrkirche seiner Kindheit (Günsbach), also aus der Zeit des deutschen Kaiserreiches, bemerkte: *Noch eins habe ich aus der protestantischen und zugleich katholischen Kirche ins Leben hinausgenommen: religiöse Versöhnlichkeit. Die aus einer Herrscherlaune Ludwigs XIV. entstandene evangelisch-katholische Kirche ist mir mehr als eine merkwürdige geschichtliche Erscheinung; sie gilt mir als Symbol dafür, daß die konfessionellen Unterschiede etwas sind, das bestimmt ist, einmal zu verschwinden. […] Ich möchte wünschen, daß alle noch beiden Konfessionen gemeinschaftlichen Kirchen des Elsasses als solche erhalten bleiben, als eine Prophezeihung [!] und eine Mahnung auf die Zukunft der religiösen Eintracht, auf die wir den Sinn gerichtet halten müssen, wenn wir wahrhaft Christen sind.*[58]

Ut omnes in uno templo sint?

Das Thema bleibt also aktuell. Simultaneen können als innerkirchliche Mahnung verstanden werden („wenn wir wahrhaft Christen sind"). Simultaneen können in Erinnerung rufen, welche Auswirkungen es haben kann, wenn der Staat als religionspolitischer Akteur auftritt und Partei ergreift. Auch hierfür ist Schweitzers Rede einschlägig: „Herrscherlaune". Ob der moderne religiös-weltanschaulich neutrale Staat, in dem seit 1919 *keine Staatskirche besteht*[59], davor ganz gefeit ist? Heute scheint weniger Schweitzers Losung der „religiösen Versöhnlichkeit" Gehör zu finden als vielmehr der Ruf nach den Grenzen religiöser Toleranz. Das mag seine Berechtigung haben. Scheidemauern, seien sie aus Stein oder aus Gedanken, zwischen Konfessio-

---

[57] Vgl.: Altkatholiken/Selbständige Evangelisch-Lutherische Kirche (Katharinenkapelle, Landau in der Pfalz); Altkatholiken/Anglikaner (Altkatholische Christi-Auferstehungs-Kirche, Karlsruhe, jedenfalls in den 1990er Jahren). Als Kuriosum wird im Schrifttum ein Heidelberger Usus geschildert: „In der ehemaligen Chapel der US-Streitkräfte des Mark-Twain-Village befindet sich ein sogenannter Dreh-Heiliger. Diese Heiligenfigur ist zu einer Kreuzdarstellung wandelbar oder ganz abnehmbar, insoweit ist die Kapelle ‚religionsneutral'", Katrin Schütz, Editorial, in: Denkmalpflege in Baden-Württemberg. Nachrichtenblatt der Landesdenkmalpflege 1/2017, 2; Widmaier, Nicht auf Glauben allein gebaut (wie Anm. 20), 4 (Abb. 3).

[58] Zitiert nach: Matthias Schröder, Gott loben – Wand an Wand. Simultankirchen mit Trennmauern gestern und heute, in: Mathias Gaschott/Jochen Roth (Hg.), Vestigia II. Aufsätze zur Kirchen- und Landesgeschichte zwischen Rhein und Mosel. Gewidmet Berhard H. Bonkhoff, Regensburg 2013, 239–272, Zitat: 268).
Als weitere Beispiele neben Günsbach (frz. Gunsbach, Oberelsass) für elsässische Simultankirchen seien genannt:
a) Strasbourg, Saint-Pierre-le-Vieux (simultan ab 1683);
b) Soultz-sous-Forets (simultan 1696–1909), vgl. zu a) und b) Dominique Toursel-Harster u. a., Dictionnaire des monuments historiques d'Alsace, Strasbourg 1995, 431, 464;
c) Steinseltz (simultan 1729–1899), vgl. Weigel, Le pays de Wissembourg (wie Anm. 8), 40f.;
d) Birlenbach, vgl. ebd., 21;
e) Colmar, Saint-Matthieu (simultan 1715–1937), vgl. P. Fleck u. a., Routier des sites chrétiens: Alsace, Strasbourg 1999, 62;
f) Échery, Église simultanée de Saint-Pierre-sur-l'Hate, vgl. ebd., 78;
g) Reipertswiller, Église simultanée Saint-Jacques-le-Majeur, vgl. ebd., 180. Insgesamt soll es im Elsass noch fünfzig Simultankirchen geben, vgl. Kirchenbezirk Bad Bergzabern (wie Anm. 27), 39.

[59] Art. 137 Abs. 1 Deutsche Verfassung von 1919 (WRV).

nen und Religionen sagen daher viel aus über die Befindlichkeit der Gesellschaft, ihre Fähigkeit zur Offenheit und ihren Bedarf nach Abgrenzung.

Ut omnes unum sint?

„allemahl eine Herzstärkung":
Zwei bisher unbekannte Briefe Jung-Stillings

Annika Stello

Johann Heinrich Jung-Stilling, geboren 1740 in einem kleinen Dorf im Siegerland, ist in mancherlei Hinsicht eine der wohl eigenartigsten Persönlichkeiten seiner Zeit. Nicht nur sein Aufstieg aus kleinsten Verhältnissen vom Schneiderlehrling zum Universitätsprofessor in Marburg und schließlich zum geistlichen Berater des Markgrafen Karl Friedrich von Baden und geheimen Hofrat in Karlsruhe ist dabei bemerkenswert. Auch seine vielseitigen Tätigkeitsfelder lassen ihn äußerst interessant erscheinen: Nach der Schneiderei und einigen Jahren als Hauslehrer begann er vergleichsweise spät mit einem Medizinstudium in Straßburg und arbeitete zeitlebens nebenberuflich als Augenarzt, wobei er sich in erster Linie als Staroperateur einen Namen machte. Hauptberuflich lehrte er dann jedoch Kameralwissenschaften und Staatswirtschaft, begann daneben allerdings bereits kurz nach Ende seines Studiums 1772 mit einer umfangreichen schriftstellerischen Tätigkeit insbesondere zu religiösen Themen, die ihn als Vertreter des Pietismus berühmt machen sollte und ihm den Ruf eines „Patriarchen der Erweckung"[1] eintrug, der im Spannungsfeld von Aufklärung und religiös begründetem Antirationalismus seine Positionen suchte.[2]

---

[1] S. dazu u.a. Hans Schneider, Jung-Stilling aus der Sicht der Theologie, in: Hans-Günter Krüsselberg (Hg.), Jung-Stillings Welt. Das Lebenswerk eines Universalgelehrten in interdisziplinären Perspektiven, Krefeld 1992, 196–220, hier 196.

[2] Vgl. dazu z. B. Gerhard Schwinge, Johann Heinrich Jung-Stilling (1740–1817), „Patriarch der Erweckung". Beiträge aus 26 Jahren Jung-Stilling-Forschung, Ubstadt-Weiher 2014, 237ff., oder auch sehr knapp Udo Wennemuth, Johann Heinrich Jung-Stilling, Briefe. Ausgew. und hrsg. von Gerhard Schwinge, in: Zeitschrift für die Geschichte des Oberrheins 154 (2006), 572–575 mit Hinweis auf weitere Literatur. Hirzel spricht von einer „mehr und mehr […] radikal-pietistische[n] und antiaufklärerische[n] Haltung" (Martin Ernst Hirzel, Lebensgeschichte als Verkündigung. Johann Heinrich Jung-Stilling – Ami Bost – Johann Arnold Kanne (Arbeiten zur Geschichte des Pietismus 33), Göttingen 1998, 58); differenzierter urteilt dagegen Vinke: „Wenn die Aufklärung ihm Vorschläge bietet, wie die Dinge zu verbessern sind, so hat er keine Scheu, dies zu übernehmen. Die Herkunft interessiert ihn nicht, wenn die Vorstellung nur geeignet ist, den Zweck ihrer In-Dienst-Nahme zu erfüllen und wenn sie seiner religiösen Grundeinstellung nicht widerspricht." (Rainer Vinke, Jung-Stillings Verhältnis zur Aufklärung, in: Jung-Stilling. Arzt – Kameralist – Schriftsteller zwischen Aufklärung und Erweckung, Karlsruhe 1990, 48–70, hier: 67). S. auch Hans-Gerhard Winter/Markwart Michler, Jung-Stilling, Johann Heinrich, in: Neue Deutsche Biographie 10, 665–667.
Genaueres zu Jung-Stillings Biographie und seiner Bedeutung insbesondere für die Erweckungsbewegung ist hinlänglich bekannt und soll deswegen an dieser Stelle nicht weiter ausgeführt werden. Es sei verwiesen auf die einschlägigen Biographien, etwa Otto W. Hahn, „Selig sind, die das Heimweh haben" – Johann Heinrich Jung-Stilling, Patriarch der Erweckung, Gießen/Basel 1999; Ders., Johann Heinrich Jung-Stilling, Wuppertal/Zürich 1990; Wolfgang Lück, Johann Heinrich Jung-Stilling, 12. September 1740 – 2. April 1817: Wirtschaftswissenschaftler, Arzt und Schriftsteller. Lebensbilder und Werk des Siegerländer Gelehrten und Marburger Universitätsprofessors, Marburg 1990; Martin Völkel, Jung-Stilling: Ein Heimweh muß doch eine Heimat haben. Annäherungen an Leben und Werk

Seine zahlreichen Bekannt- und Freundschaften mit teils prominenten Persönlichkeiten der Zeit, darunter beispielsweise Johann Caspar Lavater oder Johann Wolfgang von Goethe, erscheinen vor diesem Hintergrund nur folgerichtig. Sie spiegeln sich in den wohl mehreren Zehntausend oft umfangreichen Briefen, die er im Verlauf seines Lebens schrieb.³ Allerdings ist nur ein Bruchteil davon erhalten geblieben, und auch Jung-Stilling selbst vernichtete vor seinem Umzug nach Karlsruhe 1807 große Teile seiner Korrespondenz.⁴ Die Briefe geben Aufschluss über den Seelsorger Jung-Stilling, über den Familienvater, Schriftsteller und viele weitere Facetten seiner Persönlichkeit. Nicht zuletzt aus diesem Grund existieren bereits mehrere Briefausgaben kleineren und größeren Umfangs.⁵ Die 2002 erschienene, von Gerhard Schwinge herausgegebene bisher umfangreichste Auswahledition liefert dankenswerterweise zusätzlich ein Verzeichnis aller nachweisbaren erhaltenen Briefe Jung-Stillings, auch der in dem Band nicht edierten.⁶ Wie nicht anders zu erwarten, tauchen aus der weitverzweigten und entsprechend verstreuten Korrespondenz Jung-Stillings jedoch immer wieder einmal Briefe im Antiquariatshandel auf, die sich in der Regel bis dahin in Privatbesitz befanden und deren Existenz und vor allem Inhalt daher bislang unbekannt waren. So konnte u. a. der auf Autographen spezialisierte Antiquar Eberhard Köstler 2015 zwei bisher nicht bekannte Briefe anbieten, die von der Badischen Landesbibliothek erworben wurden.⁷

1740–1817, Nordhausen 2008; Gerhard Merk, Jung-Stilling. Ein Umriß seines Lebens, Kreuztal 1989 oder sehr konzise Gerhard Schwinge, Jung-Stilling als Erbauungsschriftsteller der Erweckung. Eine literatur- und frömmigkeitsgeschichtliche Untersuchung seiner periodischen Schriften 1795–1816 und ihres Umfelds (Arbeiten zur Geschichte des Pietismus 32), Göttingen 1994, um nur einige zu nennen.

³ Schwinge schätzt, dass es mindestens 20.000 gewesen sein müssen (Johann Heinrich Jung-Stilling, Briefe, hrsg. von Gerhard Schwinge. Gießen/Basel 2002, 9).

⁴ S. ebd., 9. Dabei handelte es sich allerdings um die von ihm empfangenen Briefe; diejenigen, die er selbst schrieb, sind dank seiner vielen Korrespondenzpartner ausgesprochen weit verstreut und oftmals schwer zu finden. Wie in ähnlichen Fällen anderer „Vielschreiber" wird sich nicht Weniges sicherlich auch noch in Privathand befinden und der Forschung damit unbekannt und unzugänglich sein.

⁵ Beispielsweise Johann Heinrich Jung-Stilling, Briefe an seine Freunde, hrsg. von Alexander Vömel. Leipzig ²1924; Johann Heinrich Jung-Stilling, Wenn die Seele geadelt ist. Aus dem Briefwechsel Jung Stillings, hrsg. von Hermann Müller. Gießen 1967; Johann Heinrich Jung-Stilling, Briefe an Verwandte, Freunde und Fremde aus den Jahren 1787 bis 1816, hrsg. von Hans W. Panthel. Hildesheim 1978.

⁶ Wie Anm. 3, 13–55. Allerdings ist das Verzeichnis nicht völlig vollständig; so lassen sich über Kalliope, den Verbundkatalog für Autographen und Nachlässe, mittlerweile eine Reihe weiterer Briefe nachweisen, die vermutlich entweder später erworben oder mangels Nachweis von Schwinge seinerzeit nicht aufgespürt wurden, etwa in der Staats-, Landes- und Universitätsbibliothek Dresden, im Schweizerischen Literaturarchiv Bern, bei der Historical Society of Pennsylvania oder im Stadtgeschichtlichen Museum Leipzig, gelegentlich auch in von Schwinge ansonsten bereits berücksichtigten öffentlichen Institutionen.

⁷ Sie werden dort unter der Signatur Karlsruhe, Badische Landesbibliothek, K 3344 geführt. In den vergangenen Jahren kamen noch weitere Autographen Jung-Stillings in die BLB, nämlich ein Brief mit beiliegendem Manuskript *Antwort auf die Bemerkungen eines Ehrwürdigen und sehr schäzbaren Mannes, meine Lehrsätze, Visionen und Rechnungen, betreffend* an einen nicht identifizierten *theuerste[n] und innigst geliebte[n] brüderliche[n] Freund* vom 23. Februar 1808 (K 3299, digital verfügbar unter http://nbn-resolving.de/urn:nbn:de:bsz:31-40301 bzw. http://nbn-resolving.de/urn:nbn:de:bsz:31-40319) sowie ein Brief an die Ehefrau des blinden Instrumentenbauers Karl Heinz Käferle (1768–1834) in Ludwigsburg vom 7. Januar 1807 (K 3360, digital verfügbar unter http://nbn-resolving.de/urn:nbn:de:bsz:31-63682), für deren neugeborene Tochter Elise Jung-Stilling oder seine Frau offenbar die Patenschaft übernommen hatten.

Der eine, mit fast vier beschriebenen Seiten umfänglichere, ist an den späteren Fürsten Friedrich von Anhalt-Bernburg-Schaumburg-Hoym[8] in Homburg vor der Höhe gerichtet. Jung-Stilling hatte ihn 1796 in Marburg kennen gelernt; die Begegnung beschrieb er im fünften Teil seiner Lebensgeschichte: *Unter den vielen Flüchtlingen* [die vor den französischen Revolutionsarmeen aus der Rheingegend flohen] *wurden Stilling und seiner Familie zwei sehr verehrungswürdige Personen besonders wichtig: der Prinz Friedrich von Anhalt-Bernburg-Schaumburg, ein wahrer Christ im reinsten Sinne des Wortes, mietete sich in Marburg ein Haus; dann wohnte bei ihm, seine nächste Blutsverwandtin, die Gräfin Luise von Wittgenstein-Berlenburg zum Carlsberg. Beider Mütter waren leibliche Schwestern, nämlich Gräfinnen Henckel von Donnersmark und wahre Christinnen gewesen, die ihre Kinder vortrefflich und gottesfürchtig erzogen hatten. Diese beiden, in jedem Betracht edle Menschen, würdigten Stilling und Elise ihres vertrauten Umgangs, und sie waren beiden und ihrer Familie, die Zeit ihres fünfjährigen Aufenthaltes in Marburg in jeder Lage, und in jedem Betracht Engel des Trostes und der Hülfe. Dieser liebe Prinz und die huldvolle Gräfin wohnten da vom Sommer 1796 bis in den Herbst 1801.*[9] An besagte Gräfin Luise ist wohl der zweite Brief gerichtet, der aller Wahrscheinlichkeit nach im selben Kuvert versandt wurde. Datiert auf den 3. Juli 1809, sind die Briefe ein Zeichen für die fortdauernde Verbindung Jung-Stillings zu diesen beiden.

Der Brief an Prinz Friedrich (der erst kurz vor seinem Tod 1812 als Nachfolger seines Neffen Viktor den Fürstentitel übernahm) befasst sich überwiegend mit zwei Werken Jung-Stillings und den Reaktionen darauf, die Jung-Stilling kommentiert. Anschließend wendet er sich Bemerkungen allgemeinerer Art zur Lage der Welt und seiner Weltanschauung zu. Der Brief an Gräfin Louise dagegen beginnt mit seelsorgerlich-tröstenden Worten zu zwei Todesfällen im Haus Lippe, um dann in teils unterhaltsamen Smalltalk zu Neubauten in Karlsruhe und dem Befinden Jung-Stillings und seiner Familie überzugehen. Beide Briefe geben einen Einblick in Jung-Stillings recht vertrauten Umgang mit diesen Adligen, aber auch in seine persönliche Sicht der Welt und seines Lebens. Da von beiden Adressaten zudem bislang keine Korrespondenz mit Jung-Stilling bekannt, geschweige denn ediert ist, sei der durchaus interessante Inhalt der beiden Briefe im Folgenden vollständig wiedergegeben.[10]

Der Umschlag, in dem beide Briefe offenbar gemeinsam versandt wurden, ist von dritter Hand adressiert *A son Altesse Serenissime Monseigneur Frederic Prince d'Anhalt-Bernbourg-Schaumburg a Homburg*. Jung-Stilling ergänzte noch *vor der Höhe* und *fr. bis Franckfurth a/M*; sichtbar ist zudem ein roter Stempel *Carlsruhe* oben rechts. Auf der Rückseite wurde von anderer Hand vermerkt *erhalten d. 6ten Julii 1809. beantw. d. 1 Febr. 1810.*, darunter befinden sich eine Federprobe sowie ein intaktes, dunkelbraunes Siegel, dessen Motiv allerdings nicht erkennbar ist.

---

[8] Friedrich Ludwig Adolf von Anhalt-Bernburg-Schaumburg-Hoym (1741–1812) wurde 1812 Nachfolger seines Neffen Viktor II. als Fürst von Anhalt-Bernburg-Schaumburg. Mit ihm erlosch die Linie Schaumburg-Hoym.
[9] Johann Heinrich Jung-Stilling, Lebensgeschichte, Frankfurt 1983, 483.
[10] Orthographie und Unterstreichungen des Originals wurden beibehalten, die Seitenumbrüche mit | markiert. Das Original beider Briefe ist digital verfügbar unter http://nbn-resolving.de/urn:nbn:de:bsz:31-46384 bzw. http://nbn-resolving.de/urn:nbn:de:bsz:31-46390.

BLB, K 3344,1

Carlsruhe 3. Jul. 1809
Ew. Durchlaucht Briefe sind allemahl eine Herzstärkung für mich auf meinem dunkeln und mühvollen Pilgerwege. Der Herr seegne Sie dafür.
Meine Apologie[11] *hat allenthalben große Würkung gethan, Gott hat sie mit seinem Segen begleitet, indessen schweigen die baseler Herren mäusgenstill dazu, und auch ins Allgemeine läst das Toben nach*[12]*. Kürzlich schrieb mir ein großer, berühmter und so wohl als Philosoph als auch als wahrer Christ bekannter 80 jähriger Theologe, der Diakonus Uhrland in Gera*[13]*, viel Schönes über meine Geisterkunde, desgleichen auch ein Dänisch Holsteinischer frommer und gelehrter Prediger, der mir bezeugte daß dies Buch schon mehreren Zweiflern die Augen geöfnet, und sie zum Licht gebracht habe. Mir hat der ganze Hergang der Sache sehr zur Demüthigung und gänzliche* [sic] *Übergabe meines Würkens an die Göttliche Führung gedient; Sein Name werde gelobt und verherrlicht.* <u>*Sein*</u> *Reich komme zu uns, so wird auch sein Wille auf Erden geschehen, wie er im Himmel geschieht.* <u>*O wann kommt diese seelige Zeit!*</u> *--- meine müde Seele lechzt in der schwülen Luft, vor dem nahen schweren Gewitter, das allenthalben einschlagen wird.* |
Ich lese jetzt nach so vielen Jahren, meine Siegsgeschichte der Christlichen Religion[14] *noch einmal durch, und bin im Ganzen noch immer damit zufrieden. Der Laodikäische Zeitlauf ist in unseren Zeiten durchaus unverkennbar aber Gott lob und Dank der Philadelphische auch.*[15] *Wer nicht einen so weitschichtigen Briefwechsel über religiöse Gegenstände hat wie ich, der erfährt das so nicht. Der Herr hat ein Heer von Millionen wahrer Verehrer; was mir aber wehe thut ist, daß es noch immer nicht zur Einigkeit des Glaubens kommen, und das Sektenwesen aufhören will. Es ist da kein anderer Rath, das Feuer der Trübsal muß alle Seelen läutern, reinigen und fegen, wenn alles eine Heerde werden soll.*

---

[11] Apologie der Theorie der Geisterkunde, Nürnberg: Raw, 1809.
[12] Die Bemerkung bezieht sich auf die Debatte um Jung-Stillings im Jahr zuvor (1808) erschienene Theorie der Geisterkunde, die „in Württemberg wie in Basel verboten wird" (Jung-Stilling, Briefe [wie Anm. 3], 61).
[13] Karl Friedrich Uhrlandt (1729–1813), Diakon in Gera, verfasste selbst mehrere religiöse Schriften, betätigte sich aber auch als Übersetzer und Herausgeber vor allem englischsprachiger theologischer Werke.
[14] Das Werk erschien erstmals 1799 bei Raw in Nürnberg.
[15] Die Begriffe „laodizäisch" und „philadelphisch" beziehen sich auf zwei der sieben Sendschreiben aus der Offenbarung des Johannes, nämlich die an die Gemeinden in Philadelphia (Off 3, 7–13) und in Laodikeia (Off 3, 14–21). Jung-Stilling übertrug die Charakterisierungen dieser sieben frühchristlichen Gemeinden auf verschiedene Teile der Christenheit im Allgemeinen. Laodikeia stand dabei aus seiner Sicht für eine oberflächliche, weltlich orientierte und selbstzufriedene Religiosität, die er ablehnte; Philadelphia galt ihm dagegen als bestmögliche, reinste christliche Lebensweise. Jung-Stillings Beurteilung seiner Zeit mittels Vergleich mit den sieben in der Offenbarung adressierten Gemeinden erscheint in seinen Schriften recht häufig, etwa im „Grauen Mann" (S. z. B. Johann Heinrich Jung-Stilling, Der Graue Mann, Nordhausen 2007, 1325; 1664f; 1758). In seiner „Siegsgeschichte der christlichen Religion" (Reading: Sage, 1814, S. 96ff.) identifizierte er die Gemeinden noch expliziter mit bestimmten christlichen Gruppierungen, Philadelphia etwa mit der „wahren" Kirche, zu der er insbesondere auch die Brüdergemeine rechnete, und die Laodizäer mit den beiden großen protestantischen Kirchen, die ihr ursprüngliches Anliegen zu weit aufgegeben hätten. Vgl. auch Jung-Stilling, Der Graue Mann (wie Anm. 15), 141, Anm. 312.

Ew. Durchlaucht Urtheil über die Vernunft ist vollkommen wahr und richtig. Aber woher kommt wohl diese unbegreifliche Glaubensschwäche? – nach meinem Bedünken hat sie mehr als eine Quelle: Der Seelengrund ist so an sinnlichen und geistigen Luxus gewöhnt, daß sie jede auch die geringste Verläugnung scheut, die doch dem Christen durchaus unentbehrlich ist; daher sucht man sich durch Sophismen zu helfen. Der Zug zu allen Genüßen ist so stark, daß jeder Versuch zum Eingang in die enge Pforte mislingt, dazu kommt dann noch der elende Determinismus, dieser haucht der Seele ein: alles ist ja von Ewigkeit bestimmt, ich kann ja nicht anders handeln denken und reden, als es in meiner Natur gegründet ist, und damit schwimmt man mit dem Strom fort, und erwartet sein ewiges Schicksal mit | einer Art von stoischer Verzweiflung, dabey stellt man sich darin vor, Gott kenne ja die menschliche Schwäche und werde es so genau nicht nehmen. Dies ist so ganz genau die Denkart einer grosen Menge von der Mittelclasse der Laodizäer, es ist die Lauheit, die der Herr an ihnen rügt, und das Ausspeyen verursacht. Die Hauptpersonen oder Matadoren aber, gehen einen Schritt weiter, und demonstrieren nun, daß der Mensch seiner Natur gemäß leben und handeln müße*, und setzen dies als Grundsaz vest, worauf dann ungeheure Schlüße entstehen, diese sind dann die Jämmerlichen, Blinde und blose, die sich für reiche und hellsehende halten.*

Allerdings ist es mir beruhigend, Gnädigster Herr! wenn Sie und andere Freunde und Verehrer Jesu Christi mich für einen Zeugen der Warheit halten, dem Er seinen Geist gegeben hat; dies kann mich unmöglich stolz, sondern es muß mich demüthig machen: denn wenn ich auf mein ganzes Leben von der Wiegen an bis dahin, zurückblicke, und so auf einer Seite meinen Lebensgang und Aufführung, und auf der Andren die unbegreifliche Langmuth und Barmherzigkeit Gottes in meiner Führung überdenke, so finde ich in mein Nichts zurück, und wundere mich nur wie es möglich ist, daß ich noch so weit zurück bin. Ja es kommt mir vor, als ob ~~ich~~ *alles was ich in der Welt gethan und gewürkt habe, blos und allein Gottes Werk sey, wobey ich ein blos leydendes Instrument wäre, das weder Theil daran, noch Belohnung zu gewarten hat; ich werde daher dereinst kommen und sagen: | Vater! ich bin nicht werth daß ich dein Sohn heiße mache mich als einen deiner Taglöhner.*

Wer den Laodizäischen Staar nicht hat, der muß jetzt einsehen, daß die Weissagungen in Erfüllung gehen, und dies muß uns Muth machen und die Hofnung stärken, daß auf die Angusta auch die Augusta kommen werden. Aber, Ach Herr wie so lange! – und wie schwer! und doch ist das Alles nur der Noth Anfang.

Der Herr sey Ew. Durchlaucht innig nahe. Ich und alle die Meinigen grüssen Ehrfurchtsvoll. Ich verharre mit Verehrung
Ew. Durchlaucht
unterthänigster
Jung Stilling

[in anderer Tinte geschrieben] *An Ihre Erlaucht die Frau Gräfin Louise*[16]
Es freut mich von Herzen, Erlauchte Gräfin und Freundin! wenn Ihnen und unserer Durchlauchtigsten Prinzessin meine armen Briefe etwas sind. Gott sey Dank dafür! Die Verehrungswürdige Fürstin zu Lippe[17] *schrieb mir den Heimgang Ihres Herrn Bruders*[18]*, und was sie dabey empfunden hat. Jetzt ist nun auch Ihr Sohn, der Prinz Casimir*[19] *gestorben. Ich fand es in der Zeitung; von ihr selbst hab ich seitdem noch keinen Brief erhalten. Der gute Prinz war sehr gebrechlich, Gott hat ihm wohl gethan daß er ihn zu sich genommen hat. Bey solchen Fällen muß man jetzt denken: die Gerechten werden weggerafft für dem Unglück etc. Denn warlich! während unserer Lebenszeit wird es schwerlich besser, wohl aber viel schlimmer werden: denn der überhandnehmende Luxus verbunden mit der Abnahme der Erwerbkräfte, und mit dem Wachsthum der zügellosesten Unsittlichkeit, kann nicht anders als zum gänzlichen Ruin, zur Auflösung aller Bande der Menschlichen Verhältnisse führen, und dahin muß es eben kommen: weil wir uns durch Güte nicht wollen ziehen laßen, so muß es durch Schärfe geschehen. Erst dann wenn die Menschheit von allen unverbesserlichen Gliedern befreyt oder gereinigt ist, dann ist die Gemeinde des Herrn fähig, daß der Herr | sein Reich hienieden durch sie gründen kann. Schrecklich ist freylich der Gedanke, daß in der grosen Versuchungs Stunde niemand übrig bleiben soll, als wer zum Reich Gottes geschickt* <u>*ist*</u>*, oder noch* <u>*werden kann*</u>*; aber es ist doch nicht anders; wie viele Menschen rafft der Krieg hinweg, und Gott verhüte nur daß die hin und wieder gährende Insurrection nicht zu Stand kommt, jezt würde der Grausamkeit und des Blutvergiessens kein Ende wenn dann noch Hunger und Seuchen hinzu kommen, so wird freylich die Zahl der Menschen dünne werden. Unsre Vorfahren ordneten Fast, Buß, und Bättage in schweren göttlichen Gerichten an, wir hingegen Bälle, Conzerte, Schauspiele, Opern, Ballets, Cassino's, u.d.g. Hier werden jetzt zwo prächtige* <u>*weltausdauernde*</u> *Kirchen gebaut*[20] *– Nun ja* <u>*dazu*</u> *würden hölzerne, und noch dazu von Tannenholz hinreichend seyn; so denke* <u>*ich*</u> *wenn ich vorbey gehe.*

---

[16] Dieser Brief lag vermutlich dem Schreiben an Friedrich bei. Louise war wohl Friedrichs Cousine ersten Grades, ihre Mütter waren beide Töchter von Wenzel Ludwig Henckel von Donnersmarck (1680–1734), vgl. Schwinge (wie Anm. 3), 483. Wahrscheinlich handelt es sich bei Louise also um eine der Töchter von Karl Wilhelm zu Sayn-Wittgenstein-Berleburg (1693–1749), der in zweiter Ehe mit Charlotte Louise Henckel von Donnersmarck (1709–1784) verheiratet war. Köstler identifiziert sie in seiner Beschreibung des Briefes (Eberhard Köstler, „Hymnus an das Leben". Katalog zur Stuttgarter Antiquariatsmesse 2015, Tutzing 2015, 47 (digital verfügbar unter https://www.ilab.org/catalog_view/2040/2040_EK%202015%201.pdf [10.08.2017]) nicht näher, sondern bezieht sich augenscheinlich auf die Bemerkung in Jung-Stillings Lebensgeschichte (s. o.).

[17] Christine Charlotte, geb. von Solms-Braunfels (1744–1823), heiratete 1780 Simon August Graf von Lippe (1727–1782). Es war dessen vierte Ehe, die kinderlos blieb.

[18] Ludwig Rudolf Wilhelm (1733–1809), der dritte Sohn aus der zweiten Ehe von Christines Vater Fürst Friedrich Wilhelm von Solms-Braunfels, war am 2. Januar verstorben.

[19] Gemeint ist wohl ihr Stiefsohn Casimir August (1777–1809), der Sohn aus der vorangehenden Ehe ihres Mannes mit Kasimire von Anhalt-Dessau (1749–1778). Er war am 27. Mai des Jahres verstorben.

[20] Die Bemerkung bezieht sich auf den Bau der von Friedrich Weinbrenner entworfenen Evangelischen Stadtkirche in Karlsruhe (Grundsteinlegung 1807) sowie der ebenfalls von Weinbrenner geplanten katholischen Kirche St. Stephan (Grundsteinlegung 1808). Beide Kirchen entstanden unweit voneinander im Zentrum der damals noch recht jungen Residenzstadt.

O wie glücklich sind die, welche über das alles hinaus, das glänzende Ziel erblicken, und die gegründete Hofnung haben, da dereinst getröstet zu werden, über alle ihre Mühe Arbeit und Leyden!
Meine Frau befindet sich jetzt erträglich[21], auch meine Kinder sind wohl. Ich für mein Theil bin vollkommen gesund; nur daß mich zuweilen grose Abspannungen, und Spuren vom Podagra[22] anwandeln. Wir alle grüßen ehrerbietigst. Der Herr sey Ihnen allen innig nahe.
Ich verharre mit Ehrfurchts voller Liebe und Ergebenheit
Ew. Erlaucht
Unterthänigster
Jung Stilling

---

[21] Jung-Stillings dritte Ehefrau Elise, geb. Coing (1756–1817), mit der er seit 1790 verheiratet war, litt an chronischen, sehr schmerzhaften Erkrankungen, die Jung-Stilling in seiner Lebensgeschichte immer wieder beschreibt.
[22] Gichtanfälle.

Überfall eines Straßenräubers oder Unfall eines Betrunkenen? Was einem Geistlichen 1880 auf der Landstraße von Handschuhsheim nach Dossenheim passierte[1]

Gerhard Schwinge

Am Mittwoch, dem 14. Februar 1880 verfasste der Dossenheimer Ortsgendarm Schumacher folgende an den Bezirk Heidelberg des Großherzoglichen Gendarmerie-Corps gerichtete Meldung:

„Angeblicher Straßenraub" – Dem Bezirk melde ich gehorsamst, daß mir der 65 Jahre alte evangelische Pfarrer Jakob Theodor Plitt von Dossenheim[2] die Anzeige gemacht hat [vermutlich mündlich am 12. d. M.], *er sei am 11. d. M. Abends zwischen 7 und 8 Uhr auf der Straße zwischen Handschuhsheim und Dossenheim von einem ihm unbekannten Manne angefallen und seiner Baarschaft bestehend in 37 Mark, sowie seines Stockes beraubt worden. Nähere Erhebungen haben jedoch durch Zeugen ergeben, daß Pfarrer Plitt sehr stark betrunken gewesen sei und kaum den Weg von Heidelberg nach Dossenheim hat zu Fuß zurücklegen können.[3] Es ist daher eher möglich, Pfarrer Plitt hat unter solchen Umständen vorbesagte Gegenstände verloren und können solche von irgend einer Person aufgefunden worden sein, da auf dieser Strasse immer ein sehr lebhafter Verkehr stattfindet. Es ist umso mehr anzunehmen, da Pfarrer Plitt eine goldene Uhr bei sich getragen und solche nicht entwendet wurde und ebenso dessen Perücke, die er getragen, etwa 40 Schritte oberhalb der Stelle, wo er angefallen worden sein will, auf der Strasse gefunden wurde. – Auch hat bis jetzt trotz genauer Nachforschung keine Spur entdeckt werden können und kann auch Pfarrer Plitt nicht das geringste Sig-*

---

[1] Nach der Personalakte Jakob Theodor Plitt (1815–1886) im Landeskirchlichen Archiv Karlsruhe (LKA) 2.0., Nr. 197. Im Folgenden sollen die Quellentexte weitgehend für sich sprechen.

[2] Plitt wird hier überall nur als Pfarrer bezeichnet, obwohl er sowohl in Heidelberg (1854/55–1860) als auch in Bonn (1860–1866) Professor für Praktische Theologie gewesen war, in Heidelberg außerdem Pfarrer an der Heiliggeistkirche (seit 1853) sowie Universitätsprediger und Lehrer am Predigerseminar. In Dossenheim war Plitt in seinen letzten zwanzig Lebensjahren Pfarrer (1867–1886); auch in dieser Zeit veröffentlichte er weiterhin positiv beachtete praktisch-theologische Bücher. – Vgl. Gerhard Schwinge, Jakob Theodor Plitt (1815–1886), unionistischer Pfarrer und Professor für Praktische Theologie, Mann der Inneren Mission und der Erweckungsbewegung, Mitbegründer der internationalen Allianz, in: Lebensbilder aus der evangelischen Kirche in Baden im 19. und 20. Jahrhundert, Bd. IV, Heidelberg, Ubstadt-Weiher u. a. 2015, 96–125.

[3] Nach verschiedenen Ortsgeschichten soll der Alkoholkonsum in Dossenheim bei den vielen einheimischen Steinbrucharbeitern wegen ihrer staubigen Arbeit hoch gewesen sein. Nach Plitt (laut seinem Vorbericht vom 5.9.1885 zur Kirchenvisitation vom 20.9.1885 – LKA SpA 1369, Pfarrdienst Dossenheim) führte das in der Umgebung zu dem wenig schmeichelhaften Urteil, Dossenheim sei das schlechteste Dorf an der Bergstraße und die Arbeiter seien allzumal „Lumpen". Plitt dagegen nahm seine Gemeindeglieder vor den „verleumderischen Lügen" in Schutz.

nalement des Thäters angeben, um irgend eine Spur bekommen zu können, überhaupt glaubt in Dossenheim sowie Umgegend Niemand, daß hier ein Raubanfall stattgefunden hat. – (gez.) Schumacher Gendarm

Laut Aktenvermerk wurde die Meldung über den Gendarmerie-Distrikt Mannheim am 16. Februar vom „Commando des Gendarmeriecorps" dem Großherzoglichen Ministerium des Innern in Karlsruhe *zur hochgeneigten Kenntnißnahme gehorsamst* vorgelegt. Das Ministerium leitete die Meldung am 20. Februar an den Evangelischen Oberkirchenrat weiter, welcher am 24. Februar das für Dossenheim zuständige Dekanat Ladenburg-Weinheim aufforderte, nach Anhörung des betroffenen Pfarrers einen sofortigen Bericht vorzulegen. Dekan war der in der Landeskirche vielfach angesehene konservative Theologe Kirchenrat Lic. August Eberlin (1805–1884), 1859–1884 Pfarrer in Handschuhsheim. Sein Bericht vom 6. März, dem er die beiden Berichte des betroffenen Pfarrers Plitt anfügte, lautete:

Angebliche Beraubung des Pfarrers Plitt von Dossenheim betr. Nr. 65 – Auf hohen Erlaß v. 20 d.M. Nr. 1510 hat man die angeschlossene Abschrift [der Gendarmeriemeldung] *dem Pfarrer Plitt von Dossenheim zugestellt und ihn zugleich eingeladen, sich bei dem Unterzeichneten einzufinden, um über verschiedene Fragen Aufklärung zu geben und sich dann schriftlich zu äußern. Plitt fand sich sogleich den folgenden Tag ein und schickte den Tag darauf anliegendes Schreiben v. 3. d.* [Mts] *und auf weitere Anfragen das v. 4ten. – Die Schilderung der Beraubung hat aus inneren Gründen alle Wahrscheinlichkeit. So etwas kann man nicht erdichten, und der wahrhaftige Charakter Plitts* [unleserlich – erlaubt?] *eine solche Erdichtung nicht. Daß die Perücke 40 Schritte entfernt gefunden wurde, erklärt sich einfacher durch die Annahme, daß ein Vorübergehender sie aufgehoben und dann weggeworfen hat. Der Stock ist wahrscheinlich von / derselben Person an sich genommen worden. Das Geld im Sack und Portemonnaie verliert auch ein Berauschter nicht so leicht, und wenn Plitt das Geld verloren hätte in Berauschung, warum nicht eher den Huth? Wenn auch ein lebhafter Verkehr auf der Chaussee nach Dossenheim stattfindet, so passt doch ein Dieb den rechten Zeitpunkt ab. – Berauscht war Plitt nicht; aber wenn die Welt nur das Geringste von einem Pfarrer bemerkt, so wird es als eine Größe verkündet. Da heißt es, „er ist kannenvoll". Freilich ist die schwache Seite von Plitt, daß er oft mehr trinkt, als er ertragen kann. Vikar Braun hat ihn hierher begleitet, er sagt nur, daß man ihm etwas angemerkt habe. Er bot ihm seine weitere Begleitung an, aber Plitt hat sie abgelehnt. Da aber derselbe nun nicht viel ertragen kann, so muß er desto mehr auf sich selbst Acht haben. Plitt fühlt das, wenn er in seiner Einvernahme v. 3. d. sagt: „ich will gewiß noch vorsichtiger sein." Hieran läßt sich eine wohlgemeinte, eine dringliche Ermahnung knüpfen, welche eine gute Aufnahme finden wird. / Man wird sich auch mit seiner verständigen Frau in das Benehmen setzen. In der Gemeinde hat der Vorfall kein besonderes Aufsehen gemacht. – Handschuhsheim, 6. März 1880. Eberlin*

Dieser (schwer zu entziffernde) Bericht des seinem Nachbarpfarrer gewogenen Dekans war entscheidend für die weitere Behandlung des Vorfalls vom 11. Februar – der sich ja gleichsam in zweifacher Hinsicht im Dunkeln abspielte, nämlich im Dunklen des Abends und im Dunkeln der unterschiedlichen Wahrnehmung. Dennoch enthalten die beiden angefügten Berichte des Betroffenen vom 3. und vom 4. März noch eine Vielzahl neuer Fragen und Widersprüchlichkeiten gegenüber dem Polizeibericht:

Dossenheim, d. 3. März 1880 – Hochwürdiges Dekanat – Bericht des Pfarrers Plitt dahier an Dekanat, Raubanfall betr. – Ueber den Raubanfall, von dem ich am Abend des 11. d. M. betroffen wurde, beehre ich mich ganz ergebenst zu berichten. Ich verließ Heidelberg am 11. Febr. Abends ca. 7 Uhr u. ging mit Herrn Vikar Braun[4] *bis Handschuhsheim. Als ich Handschuhsheim passiert hatte, bemerkte ich, daß ein Mann hinter mir herging. Da, wo ein Feldweg von der Chaussee nach Dossenheim abgeht, packte mich dieser Mann von hinten an den Schultern und riß mich zu Boden, so daß ich auf dem Rücken lag. Der Mann muß auf den Knien gelegen u. mich in dieser Stellung niedergehalten haben. Ich schlug mit meinem Stock, den ich in der rechten Hand hielt, nach ihm u. sagte: Kerl, laß mich los, ich kenne dich ja. Nun drückte er mir mit der linken Hand die Kehle so stark zu, daß ich keinen Laut mehr von mir geben konnte. Die blutunterlaufenen Spuren dieses Würgens waren an meinem Hals mehrere Tage lang sichtbar. Wir haben dieselben mit Umschlägen von kaltem Wasser behandelt. Noch heute fühle ich bei Berührung des Kehlkopfs einen von / seinem Würgen herrührenden Schmerz. Ich suchte den Mann mit den Nägeln meiner rechten Hand zu kratzen und glaube da bemerkt zu haben, daß sein Gesicht bartlos war. Während des Würgens war des Mannes rechte Hand an meiner rechten Seite beschäftigt, u. es war sehr leicht, mein Portemonnaie zu nehmen. Daß er nicht auch die Uhr von meiner linken Seite nahm, erklärt sich daraus: 1. Ich trage die Uhr nicht an einer Kette, sondern an einer schwarzen, über die Weste geknüpften Kordel, so daß nichts von der Uhr in die Augen fällt. 2. An einer gestohlenen Uhr wird ein Dieb leichter erkannt als an gestohlenem Geld. Daß meine Perücke am nächsten Morgen nicht an der Stelle des Überfalls, sondern ein Stück weiter auf dem Weg nach Handschuhsheim gefunden wurde, erklärt sich so: Mein Hut war hinuntergefallen, so berührte mein Kopf die Kleider des über mir knienden Mannes. Die nur mit Wachs angeklebte Perücke konnte nicht auf den Boden fallen, sondern mußte etwa an dem Busen des Mannes hängen bleiben. Er mag sie dann entweder verloren oder weggeworfen haben. Daß sie mit einem fremden Menschen in Berührung gekommen war, beweist folgendes: Als der Straßenkoth, mit dem sie beschmutzt war, entfernt worden war, fanden sich in den Haaren sehr viele Sägspäne. Auf der schmutzigen Chaussee kann sie dieselben nicht gefangen haben. Sie müssen aus den Kleidern des Mannes gekommen sein. Da man am Morgen des 12ten ziemlich früh zwischen 7 u. 8 Uhr / die Perücke fand, würde man wohl auch den Stock gefunden haben, wenn ich beides unbewußt verloren hätte. Wie lang der Mann mich gewürgt hat, kann ich nicht mehr angeben. Als er mich losgelassen, entfernte er sich in der Richtung nach Handschuhsheim. – Daß sich das wirklich zugetragen hat u. nicht von mir erdichtet ist, bezeuge ich vor Gott. – Was die mir Schuld gegebene Trunkenheit betrifft, so berichte ich darüber folgendes ganz ergebenst: Ich bin mit mehreren anderen Pfarrern in das Café Lers [?] gegangen u. habe mich daselbst eine Stunde aufgehalten. Ich habe genossen ein halb Liter Bier u. vorher, weil ich des Bieres*

---

[4] Heinrich Braun, 1853–1916, Vikar in Handschuhsheim.

nicht gewohnt bin, um mir den Magen nicht zu erkälten, ein kleines Gläschen Kirschenwasser. Ich versichere, daß ich sonst kein geistiges Getränk genossen habe. Nun habe ich aber seit mehr als vier Monaten nicht geraucht, u. ließ mir an diesem Abend zur Gesellschaft eine Cigarre geben. Dieselbe war sehr stark. Als ich nun aus dem Tabaksqualm in die frische Luft kam, ergriff mich ein Schwindel, der aber gewiß keine Trunkenheit war. Dieser Schwindel, der vielleicht mehr von dem Tabak als von dem Getränk kam, war ganz vorüber, als ich angefallen wurde, u. hat keine Minute mein Bewußtsein getrübt. Ich weiß, daß ich ganz außerordentlich wenig geistige Getränke vertrage, was wohl mit meinem Herz- / leiden zusammenhängt. Ich bin darum ganz außerordentlich vorsichtig, u. werde in Zukunft gewiß noch vorsichtiger sein. Könnte nun aber diese Trunkenheit nicht etwa von dem Thäter Schuld gegeben sein? Wie, wenn ein Gendarm einen Menschen [als Zeugen] *vernommen hätte, in dem er den Thäter nicht vermuthete, der er aber doch war, u. dieser hätte gesagt: „Ich habe den Pfarrer gesehen, er war betrunken, er ist gar nicht angefallen worden." Damit wäre die Untersuchung in eine falsche Fährte geleitet gewesen. Vielleicht kommt die Sache noch einmal an das Licht. Bis dies geschieht, kann ich zu meiner Rechtfertigung nichts thuen. – Nachträglich möchte ich noch bemerken, daß an der Stelle des Attentats noch am Abend des 11. Febr. ein Theil eines Hosenträgers gefunden wurde, wie geringere Leute sie zu tragen pflegen. Dieses Stück war, als es mir gebracht wurde, weder naß noch schmutzig, kann also nicht lang auf dem Weg gelegen haben. Könnte es nicht dem Mann, als er sich über mich beugte, abgerissen sein u. er es hier verloren haben? – Plitt Pfr.*

Abb. 64:
Jakob *Theodor* Plitt, um 1875 (mit Perücke)
(Foto: Universitätsarchiv Heidelberg. UAH
Pos I 02295)

Dossenheim, 4. März 1880 – Hochwürdiges Dekanat. – Nachträglich zu meinem gestrigen Bericht beehre ich mich noch beizufügen: 1.) Ich habe am 11. Febr. hier zu Mittag gegessen u. nach Tisch den Weg nach Heidelberg angetreten. Ein Stück Wegs begleitete mich meine Frau.[5] *In Heidelberg gab ich zuerst eine leere Medizinflasche in der Leimbachschen Apotheke*[6] *ab. Auf dem Rückweg habe ich die Medizin abgeholt. Dann ging ich in den Laden des Vergolders Ritzert gegenüber der Märzgasse, fand aber nicht, was ich suchte u. gab also auch kein Geld aus. Dann ging ich auf die Post in der Sophienstraße, wo ich den Kanonier Joh. Möll von hier traf, mit dem ich eine Unterredung über seine Angelegenheiten hatte. Dann ging ich in die Kapelle.*[7] *– 2.) Als der Mann, welcher mich gewürgt hatte, mich losgelassen u. ich mich aufgerichtet hatte, suchte ich Stock, Perücke und Hut. Die beiden erstgenannten Gegenstände konnte ich nicht finden. Der Hut lag an meiner rechten Seite nahe bei mir. Ich setzte ihn auf u. ging mit dem Hut bedeckt nach Hause. – Plitt Pfr.*

Es ist beschämend, mit welcher lächerlich wirkenden, detailversessenen Schilderung Plitt sich zu erklären und zu verteidigen suchte, obwohl diese Schilderung in den Augen Außenstehender als Phantasiegebilde erscheinen musste. Das gilt, selbst wenn der berichtende Geistliche Plitt subjektiv – bei einem Mangel an wirklicher Erinnerung – von der Wahrheit seiner Aussagen überzeugt gewesen sein sollte.

Bereits laut Beschluss vom 9. März leitete der Oberkirchenrat den Bericht des Dekans vom 6. März mit den beiden Anlagen, den Berichten Plitts vom 3. und 4. März, mit dem Betreff die *angebliche Beraubung des Pfarrers Plitt in Dossenheim betr.* an das Innenministerium weiter und antwortete zugleich dem Dekanat. Aktenvermerk:

I. Gr. Ministerium beehren wir uns auf die gef. Mittheilung vom 20. v. Mts №. 2669 im Anschluß die von dem Dekanat Ladenburg-Weinheim über das Ergebniß einer Einvernahme des Pfarrers Plitt über diese Sache erstattete Vorlage vom 6. d. Mts № 65 samt 2 Beilagen – v. d. A. – zur gef. Einsichtnahme mit dem Anfügen ergebenst zu übersenden, daß wir danach zu einer weiteren Verfolgung der Sache keine Veranlassung haben.

---

[5] Emilie Bernhardine Caroline von Westhoven (geb. 1829), aus dem rheinpreußischen Simmern (Hunsrück), Plitts zweite Ehefrau seit 1868. – Die erste Frau, die neun Jahre ältere Herrnhuterin Bertha Pastor geb. Edle von Scheibler (1806–1864) war die kinderlose Witwe des Fabrikanten Conrad Pastor (1796–1836) in Aachen und stammte aus Iserlohn als Tochter eines Kaufmanns (Tuchfabrikanten) [im Internet zu findende genealogische Angaben sind, soweit sie Plitt und seine Frau betreffen, oft falsch], sie war vermutlich begütert und deshalb die Finanzierin der mehrfachen Auslandsreisen Plitts. – Aus beiden Ehen sind keine Kinder hervorgegangen.
[6] Traditionsreiche Hofapotheke, Hauptstraße 190, Inhaber: Karl Leimbach.
[7] „Kapelle" des 1868 gegründeten Evangelischen Vereins, 1876 eingeweiht durch die Kapellengemeinde, Plöck 47; bis heute bestehend (Träger: Evang. Stadtmission Heidelberg e. V.). – Nach Plitts Brief an Heinrich Schmitthenner (1818–1893, Pfarrer in Heidelberg-Kirchheim und seit 1881 Dekan des Kirchenbezirks Oberheidelberg) vom 24.9.1881 (im Nachlass Plitt) fanden in der Kapelle regelmäßig (monatlich?) von Plitt *ausgeschriebene* und *präsidierte* (Bibel-)Textbesprechungen statt (an denen der Dekan des Dekanats Ladenburg-Weinheim Eberlin anscheinend nicht teilnahm). – Die Reihenfolge der von Plitt in Heidelberg aufgesuchten Orte bleibt gleichwohl unklar: Leimbachsche Apotheke (zweimal), Vergolder Ritzert, Post, Kapelle, Café Ler (?), wo er mit Pfarrern und also wohl auch mit Vikar Braun, aber ohne Dekan Eberlin zusammen war.

II. Dem ev. Dekanat Ladenburg-Weinheim wird auf die Vorlage vom 6. d. Mts № 65 zur Eröffnung an Pfarrer Plitt in Dossenheim erwidert, daß wir danach zwar keine Veranlassung zu einer weiteren Verfolgung der vorwürfigen [?] Sache finden, indeß den Pfarrer Plitt doch ernstlich und dringend zu ermahnen haben, er möge bei dem Umstande, daß er, wie er selbst angibt, für die schlimmen Wirkungen geistiger Getränke sehr empfänglich ist, gegen den Genuß die größte Vorsicht und Behutsamkeit aufwenden.
III. Wiedervorlage in 4 Wochen (I).

Die Kirchenleitung wollte also anscheinend das unangenehme Vorkommnis so schnell wie möglich ad acta legen und sah keine Veranlassung zu einer weiteren Verfolgung der Sache, wohl aber dazu, den betroffenen Pfarrer Plitt über das Dekanat *ernstlich und dringend zu ermahnen*, bei seiner Neigung zum Alkohol künftig *die größte Vorsicht und Behutsamkeit* walten zu lassen. – Dies dürfte für Plitt beschämend genug gewesen sein. Das verloren gegangene Portemonnaie mit den 37 Mark und den Stock musste er also abschreiben.

Obwohl nun die Landeskirche die peinliche Angelegenheit nicht weiter behandeln wollte, stellte ihr das Innenministerium zehn Tage später anheim, gemäß der Anzeige Plitts doch noch die Staatsanwaltschaft einzuschalten:

Dem Evangelischen Oberkirchenrath senden wir die Anlagen der geschätzten Zuschrift vom 9. d. Mts. № 1841 nach genommener Einsicht anbei ergebenst zurück, indem wir dorthin anheim geben, von dem Gehalt derselben der Großherzoglichen Staatsanwaltschaft Mittheilung zu machen.

Das geschah jedoch nicht. Man mag das Ganze als amüsante Anekdote, als Posse ansehen. Immerhin: Als Plitt sich im Sommer 1867 – nach selbst geleisteten Vertretungsdiensten in der damals vakanten Gemeinde – bei fünf weiteren Bewerbungen Jüngerer – auf die Pfarrstelle beworben hatte, war er unter drei dann zur Wahl durch die Gemeindeversammlung benannten Bewerbern am 21. Juli von 27 Gemeindegliedern einstimmig gewählt worden.[8] Und nach der Kirchenvisitation in Dossenheim vom 20. September 1885 hieß es im Erlass des Oberkirchenrats vom 19. Februar 1886, also einige Monate vor Plitts Tod im 71. Lebensjahr:

Wir haben uns aufs neue überzeugt, daß wir an Pfarrer Dr. Plitt einen Geistlichen haben, der nicht blos vermöge seiner umfassenden theologischen Bildung u. Ausrüstung, sondern auch vermöge seiner ausgezeichneten praktischen Begabung seinem Berufe vollständig gewachsen ist u. alle Pflichten, die damit verbunden sind, in großer Treue und Gewissenhaftigkeit erfüllt. Es ist besonders anzuerkennen, daß derselbe auch die oekonomischen Verhältnisse der Gemeinde zum Gegenstand seiner Fürsorge macht, soweit das mit seinem Berufe in Zusammenhang steht. Mit der Achtung u. Liebe, welche ihm seine Gemeinde entgegenbringt, verbinden wir unsere dankbare Anerkennung für sein erfolgreiches Wirken. – Die vorgelegten Predigten können, was Behandlung des Textes und Verwendung desselben und der Schrift überhaupt für die Gemeinde betrifft, als wahre Musterpredigten bezeichnet

---

[8] LKA SpA 1369: Pfarrdienst Dossenheim.

werden. Sie haben uns großen Genuß bereitet. Wir achten sie des Druckes wert. gez. v. St.[9]

Es bleibt dennoch die Frage, ob das wahrscheinliche Trunkenheitsvorkommnis im Blick auf das Leben Plitts im Alter ein Einzelfall war, und ebenso im Blick auf die badische Pfarrerschaft dieser Zeit, zumal auf dem Lande.

---

[9] LKA PA 2.0., Nr. 197. Unterzeichnet vom Präsidenten des Oberkirchenrats Dr. jur. Ludwig von Stösser. – Plitt hat nur einzelne Predigten im Druck erscheinen lassen (zwischen 1843 und 1866).

Revolution und Kriegsbewältigung –
Das Trauma des verlorenen Krieges.
Das Karlsruher Kriegstagebuch von Clara Faisst (2. Teil)[1]

Udo Wennemuth

Der kürzere Teil des Tagebuchs von Clara Faisst, der die unmittelbare Nachkriegszeit bis zur Jahreswende 1919/20 umfasst und mit der Novemberrevolution beginnt, weicht deutlich von den Schilderungen der Kriegszeit ab, die neben der scharfsichtigen und scharfzüngigen Schilderung gesellschaftlicher Erscheinungsformen und Defizite in anekdotenhaftem Stil zahlreiche Einzelschicksale vorstellte.

Wer nun eine Reflexion der Revolutionsereignisse in Baden erwartet, wird enttäuscht, denn über die Revolution weiß Clara Faisst nur wenig zu berichten. Klar wird indessen ihre Ablehnung der revolutionären Umwälzung insbesondere dort, wo sie die Minister der neuen Regierung in despektierlicher Weise „vorführt". Vielmehr geht es Clara Faisst um die Frage, wie die katastrophale Niederlage zu bewältigen ist, und wie sie vor allem aus christlicher Perspektive zu verstehen ist. Dabei wird deutlich, dass Gott für die Bewältigung der gesellschaftlichen und politischen Krise der Gegenwart in gleicher Weise in Anspruch genommen wird, wie dies bereits in der Kriegszeit mit der Hoffnung auf Gottes Beistand und den Sieg geschehen war.

Auch Clara Faisst verleugnet die Niederlage im Kampf; ganz offensichtlich zeigt die Propaganda der Heeresleitung Wirkung: Clara Faisst webt in ihren Schilderungen den Mythos des „Feldgrauen", d. h. des einfachen Soldaten, der edel, mutig und mit Würde und Anstand Krieg, Niederlage und Gefangenschaft überstanden hat; in ihm ruht für Clara Faisst die Hoffnung auf eine gute Zukunft Deutschlands, denn so wie sich ihr die gesellschaftlichen Entwicklungen aufzeigen mit allgemeiner Zügellosigkeit und Sittenverfall, erscheint die Selbstaufgabe Deutschlands unaufhaltsam. Als Gegenbild des edlen und erstaunlich gebildeten „Feldgrauen" (die Offiziere kommen längst nicht so gut weg) erscheinen so besonders die Franzosen, die keine Gelegenheit auslassen, die Deutschen zu demütigen. Die Situation im Elsass wird so drastisch geschildert und zum Abbild des Gegensatzes der guten alten Zeit unter deutscher Herrschaft und einer grauenvollen Zukunft unter den Vorzeichen einer radikalen Entgermanisierung.

So bleibt auch hier ein für uns heute unangenehmer Beigeschmack. Doch ist zu bedenken, dass Clara Faisst keineswegs eine Extremposition vertrat, sondern sich mit ihrer Deutung der Gegenwart in einer mehrheitlich deutschnationalen Geisteshaltung wiederfand.

---

[1] Vgl. zu den Zusammenhängen die Einleitung zur Edition des Kriegstagebuchs 1914–1918 bei Udo Wennemuth, Das Erleben des Krieges in der Heimat – Das Karlsruher „Kriegstagebuch" der Clara Faisst 1914–1918, in: JBKRG 10 (2016), 169–276, hier 169ff.

Eindrucksvoll sind freilich auch hier wieder die Schilderungen ihrer Begegnungen mit dem greisen Maler – und Philosophen – Hans Thoma, die intime Ausblicke auf seine Persönlichkeit, sein Denken und sein Empfinden geben, anschauliche und lebendige Quellen für jede künftige Beschäftigung mit Hans Thoma.

Edition

[122] 14. November <u>Baden wurde freie Volksrepublik.</u>
Grossherzog Friedrich entsagte dem Thron. Seine Erklärung war so edel und vornehm – wie liebt er sein badisches Volk und Land![2] Wie gut war er und wie viele Freiheiten hat Badens Verfassung schon gehabt! Darin von Großherzog Friedrich II. war Baden vorbildlich. Welche Wandlung überall!

19. November.
Kurt[3] reiste heim. Wie gross war die Freude ihn 2 Tage hier gehabt zu haben. Heute früh spielte er und sang dazu an meinem Flügel: „So nimm denn meine Hände" – ich hörte es von drüben und freute mich tief drinnen – er hat das mit aus dem Krieg gebracht, was er hineingetragen hat: sein Gottvertrauen, seine frohe Frömmigkeit, die frei ist von aller Phrase. Ich ging mit ihm zur Bahn. Graues Frostwetter – durch das die Fahnen zum Empfang der Heimkehrenden flatterten. Wie anders <u>sollten</u> sie flattern und wehen! Elsass-Lothringen französisch! Heut schon vielleicht weht vom Strassburger Münster die französische Fahne! Ohne Kampf nimmt Frankreich zum zweitenmal gewaltsam Besitz von den urdeutschen Landen. Deutsch bis in die Wurzeln. Wohl durchsetzt von französischem Volk durch die Dauer des damaligen Raubes – aber doch grunddeutsch! Und wehrlos müssen die Deutschfühlenden sich darein ergeben.

„Sieger"? Nein! Gottlob! Besiegt haben sie unser Heer nicht – wohl aber durch die Hungerblockade – das Teufelswerk – und durch die vielfache Uebermacht geschwächt und zurückgedrängt. Wir mussten <u>weichen</u>.[4]

Elsass wird sehen, wie es weiter geht, nachdem deutscher Fleiss, Ordnungssinn und geistige deutsche Führung das Land zum Aufblühen gebracht haben. Die Franzosen ernten unsere Früchte und nehmen sie gewissenlos als vollberechtigt hin!

Gottseidank, dass ich das nicht mit ansehen muss, was sich in den nächsten Tagen dort abspielt. Ich würde krank darüber. –

Auf den Bahngeleisen stand Transportzug an Transportzug, alles staute sich hier, ein unübersehbares Gedränge. Geordnet und ruhig warteten viele Soldaten auf den Bahnsteigen auf deren Abfahrt zum Einlass der Personenzüge. Kriegsgeräte, grosse Wagen vollbeladen mit Stroh, mit Lastautos, mit Transportmitteln sah ich. Es wurde 70 Minuten Verspätung gemeldet. Ein leerer Lazarettzug fuhr ein. Im Bahnhofsgebäude nur Militärverkehr. Zivil wird nur mit besonderer Genehmigung befördert in der nächsten Zeit. Ein junger Leutnant mit einem Bein humpelt an Krücken vorbei. <u>Die</u>

---

[2] Am 13. November 1918 war der Regierungschef der Provisorischen Regierung Anton Geiß nach Zwingenberg bei Eberbach gefahren und hatte von Großherzog Friedrich II. die provisorische Abdankung erwirken können. Die offizielle Abdankungsurkunde wurde am 22. November auf Schloss Langenstein im Hegau unterzeichnet.
[3] Kurt Lehmann (1892–1963).
[4] Gestrichen: Aber sie sollen uns die grossen Siege melden!

Soldaten grüssen nicht mehr. Die Offiziere grüssen sich wie zuvor. Aber alles geht in Ordnung vor sich. Ich lese die Rede von Wilson[5] – Spielt denn alles Theater? Nun will er den Grossmütigen spielen und seinen armen geknechteten Feinden zu essen verschaffen und die Welt wird Beifall klatschen! –

Professor W.[6] sagte heute Abend: der Kaiser habe feige gehandelt. Er hätte sich an die Spitze einer angreifenden Truppe stellen sollen und wenn ihn dann eine Kugel getroffen hätte, dann hätte er gesühnt, was er verblendet hat. Statt dessen begab er sich ins Hauptquartier wo's am sichersten war und von da nach Holland, wo ihm „nichts passieren" konnte! W. sagte, seit Weltbestehen sei eine solche Niederlage einer grossen Nation nicht dagewesen. Nun gelte es: die Probe zu bestehen! Ob wir bestehen?

[123] 21. Nov.
Das Strassburger Münster
am 21. November 1918

Deutsch bist du, herrlich Denkmal alter Zeit,
Deutsch bist und bleibst du bis in Ewigkeit.
Deutsch war der Grund auf dem man dich erbaute
und deutsch der Künstler, der im Geist dich schaute.
Aus deutschem Fleiss mit nimmermüder Hand
Dein herrlich hehrer Wunderbau entstand.
Aus deutschen Bergen brach man deinen Stein -
Und du sollst wieder nun französisch sein?
Und weht's von deinem Turm heut blau – weiss – rot-
du trotzest still in tiefer deutscher Not,
Ragst stumm und schweigend über Lärm und Lug
hoch über Wahn und über welschem Trug.
Wie Maskentand kommt dir's da oben vor,
Was unter die geschieht in Gass und Tor.
Das Schauspiel, es begann und nimmt den Lauf,
Du reckst dich um so stolzer himmelauf!
Du wechselst nicht die Sprache über Nacht,
Du beugst dich nicht der fremden Uebermacht!
Und mag die Marseillaise dich umklingen -
Du kannst nur deutsch in allen Tönen singen!
Und mag das Volk sich wandeln nach den Moden:
Da, wo dein Stein ihn deckt, ist deutscher Boden!
Reck hoch und höher dich aus deutschem Geist,
Wie eine Hand, die stumm 'gen Himmel weist.
Es schlug die Zeit die neue tiefe Wunde –
Wir grüssen dich in schwerster Schicksalsstunde.

---

5   Woodrow Wilson (1856–1924), Präsident der USA 1913–1921.
6   Prof. W. ist nicht zu ermitteln; Zum Problem der Namenskürzel vgl. die Einleitung von Wennemuth, Erleben (wie Anm. 1), 171.

22. Nov.
Aus Strassburg schreibt man mir, dass der Pöbel dort ausser Rand und Band sei über die Franzosenherrschaft.

Wie musste den Professoren der Universität zu Mut sein – Spitta![7] Nowack![8] und den andern. Und Lienhard![9] Jetzt streuen die Franzosen den Elsässern Zucker und spielen die Rolle des Befreiers und Beschützers. – Was war Elsass vor 1870 und was wurde es unter deutscher Regierung? Trotz dem zu scharfen Preussensystem! Es ist noch wie vor 1900 Jahren, sie rufen „Hosianna" und Kreuzige" in einem Atem!

[124] Und der Hass und die Wut der von oben systematisch verhetzten und angelogenen Massen geht weiter bis zur Grausamkeit, siehe: Waffenstillstandsbedingungen! Dinge, die man <u>nicht</u> ausführen kann, verlangen sie. Sofortige Räumung von Truppen und gleichzeitig Wegnahme von 5000 Lokomotiven und tausenden von Wagen!!

Ruhig und geordnet ziehen hier Teile der Heere durch die Stadt. Die meisten haben ein frohes Aussehen, wenige haben ausgemergelte Züge. Ueberall, an allen Bagagewagen sind Tannen und Fähnchen, manchmal kleine Christbäume aufgesteckt. Da und dort hat man dem Pferd oder dem Mann den Lorbeerzweig angesteckt. Zigarren und Blumen werden verteilt. Ein Karlsruher gab <u>ungenannt</u> 1000,- [Mark] für Gaben für heimkehrenden Krieger.

„So viele Fahnen habe Strassburg nie gesehen als gestern beim Franzoseneinzug!" Ist es möglich!!

Die Soldaten marschieren durch die Kaiserstrasse – schwere Autos und Gepäckwagen folgen, –[10] „Grüss Gott" so rufen die einen und andern mit lachendem Mund herunter – die Frauen und Kinder schwenken die Taschentücher, dann und wann rufen die Leute noch „hoch", wenn eine Kolonne daherkommt, der man die schweren Kämpfe ansieht, aus denen sie kommen. <u>Alle</u>, aber alle haben so gute, treuherzige Gesichter, manchen sieht man die Strapazen an, aber die meisten sehen gottlob gut aus.

Da laufen englische und amerikanische Offiziere und gefangene Franzosen ohne Wache herum. Die Engländer und Amerikaner in frecher Haltung, manche ohne Kopfbedeckung, die Hände in den Hosentaschen – die Franzosen laut ihre Sprache redend, als wären sie zuhause, Zigaretten rauchend. Ich kann es fast nicht sehen, wie sie dastehn und <u>gaffend</u> auf den ruhigen, geordneten Zug unserer Truppen herabsehen. Es ist schauderhaft.– Ich wende mich ab, wo ich sie kommen sehe.

Wie ehrlich kommen die Unsern aus hartem Kampf, den sie wahrlich unsagbar tapfer bestanden haben!

25. November
Trüber Schneemorgen. In der Stadt sah ich die langen Züge der heimkehrenden Truppen. Rasch auf den Markt und Blumen gekauft! Waren gar keine Blumen zu haben! Nur die Stechpalmen mit roten Beeren, ohne Stacheln! Ich gab sie 6 vorüberziehenden Reitern, die die schönen Zweige ansteckten, einer steckte ihn seinem Pferd hinter's

---

[7] Friedrich Spitta (1852–1924), seit 1887 Professor für Neues Testament und Praktische Theologie an der 1872 gegründeten Kaiser-Wilhelm-Universität Straßburg.

[8] Wilhelm Nowack (1850–1928), seit 1882 Professor für Altes Testament in Straßburg.

[9] Der elsässische Schriftsteller Friedrich Lienhard (1865–1929), der eine völkische Ideologie vertrat, war bereits 1916 nach Weimar umgezogen.

[10] Gestrichen: Alle fast mit Tannenbäumchen geziert, Blumen und Zweige überall.

Ohr, es sah so hübsch aus. Ach, wenn ich irgendwo Zigarren kaufen könnte! Aber die sind ja so teuer! Wie gut sehen die Soldaten aus,[11] ihr Gesichtsausdruck ist freudig.

Hans Thoma[12] kam mir heute in seiner Wohnung auf dem Gang entgegen, mich selbst hereinzuholen, nahm mich an beiden Händen und dankte mir für das Gedicht aufs Strassburger Münster, das habe ihm so viel gesagt! Der gute Thoma trägt sehr schwer an der Zeit. Er verstand nicht, oder fand es nie recht, dass man Menschen dazu in Kasernen drillt, dass die andere totschiessen! „Ich bin eigentlich ganz froh, dass der Militarismus zerbrochen ist! Ich glaub wir könnten uns auch mit den Franzosen sehr gut vertragen, wenn wir den rechten Weg fänden!" Ja, – guter Thoma – welchen Weg sollten wir denn einschlagen gegen Hass und Lüge und Wahnsinn? Du lebst in einer so reinen Gedankenwelt, dass du an die teuflischen Umtriebe gar nicht glauben kannst!

[125] Agathe Thoma[13] erzählte, es habe sie ganz ergriffen, als heute eine Marktfrau ihr erzählt habe, ihre Tochter weine Tag und Nacht über die Schmach, die uns getroffen habe. Nachts höre sie sie oft laut weinen, und sie hätten doch alles für's Vaterland geopfert! Deutsches Fühlen.

Aus dem Brief eines heimkehrenden Offiziers:
„Der Hunger treibt die Leute zu allem! Ja, das haben die Engländer richtig erfasst, durch Hunger ist jedes Volk müde zu machen. Und er hat das deutsche Volk auf die Kniee gezwungen, dass wir um Frieden winseln. Wie mir's zu Mut ist, kann ich nicht sagen. Das Herz blutet mir, wenn ich das Moseltal sehe, in das in wenigen Tagen der Feind einrückt. Bei Bingen wollen wir über den Rhein. Kann sich ein Mensch vorstellen, dass dann auf dem anderen Ufer fremde Truppen stehn? „Es braust ein Ruf wie Donnerhall – zum Rhein, zum deutschen Rhein" – so zogen wir einst ins Feld. Ach hätte ich nie diesen Tag erleben müssen! Glaubt mir, ich kann Walter nie mehr bedauern, „wir sind unbesiegbar", das war sein Glaube. Meiner war's auch und ich hätte gern alles drangegeben für Deutschlands Grösse. Nun bin ich moralisch zerbrochen. Es wäre mir unmöglich, auch nur das Geringste für die neue Regierung zu tun. Vier Jahre habe ich redlich und treu meine Pflicht getan, das ist noch mein einziger Trost, aber nun kann ich nicht mehr.

Das Erbe Bismarcks, alles was unsere Väter gehofft und geleistet, es ist vernichtet und ein uneiniges, geteiltes Deutschland wird aus diesem Kampf hervorgehen. Eben las ich den Einzug der Franzosen in Strassburg. Ach! Kann das ein Deutscher noch überleben? Bittere Tränen möchte man weinen, wenn man das liest! Und hier in Trier, wo entlassene französische, gefangene Offiziere stolz herumlaufen, da kokettieren unsere deutschen Mädchen mit den fremden Eindringlingen. O Schmach und Schande! Wir sind nun wieder in der Zeit, wo es eine Schande ist Deutscher zu sein. Ihr wisst, wie sehr mein Herz am Baltenland hängt. Dort leben noch Deutsche. Und was wird nun aus diesem Land? Den fremden Siegern müssen sie sich hingeben. Und mit welchem Jubel wurden wir dort einst begrüsst! Ich mag gar nicht daran denken. Hast

---

[11] Gestrichen: wie sympathisch [!] und wohlgeordnet mit freudigem…
[12] Zu Hans Thoma (1839–1924) vgl. Wolf Weigand, Hans Thoma (1839–1924), in: Lebensbilder aus der evangelischen Kirche in Baden im 19. Und 20. Jahrhundert, Bd. V: Kultur und Bildung, Heidelberg u.a. 2007, 497–521.
[13] Agathe Thoma (1848–1928), Schwester des Malers Hans Thoma.

du meine Blumen gefunden, liebe Mutter, die ich in Dorpat bekommen habe? Hier hat man uns Soldaten auch Tannenzweige gereicht. Ich habe es aber zurückgewiesen. Das Herz war mir zu schwer. Ach, hätte mich eine ehrliche Kugel dahingestreckt, es wäre mir wohler.

So viel, so viel möchte ich Euch erzählen, was ein blutendes Herz noch in sich trägt. Wann gibt es ein Wiedersehen? Grüsst alle, die mich lieb haben."

27. November
Lienhard schrieb:
„Elsass-Deutschland: Demütigung!
Da ziemt es uns, edel zu denken und tätig abzuwarten[,] was Gott mit einem Volke vorhat, das er so schwer in die Schule nimmt." –

30. November
Agathe Thoma kam zu uns und erzählte uns, dass sie immer hoffe, dass das Gute in unserm Volk wieder den Sieg davontrage!
[126] Sie habe nicht hören können, wie der Kaiser anfangs des Kriegs gesagt habe: „Ich will sie verdreschen." So ein Ausdruck hätte nie fallen dürfen.[14]
Ich war bei einer der Hofdamen der Grossherzogin. Als der Putsch von dem halbverrückten Matrosen[15] gemacht wurde, war sie im Schloss. Sie war mit der Hofdame der Königin von Schweden im 3. Stock des westlichen Flügels gegen die Waldstrasse. Sie glaubten der Soldatenrat käme, und wollten herunter, als Schüsse fielen. Sieben Schüsse fielen in das Zimmer, das sie eben verlassen hatten, auch von der andern, der Gartenseite, wurde geschossen – die Fürstenfamilie floh durch den Schlossgarten – Fasanerie in bereitstehende Autos! Auch die Familie des Prinzen Max[16] musste fliehen!
Der Verkehr mit Strassburg ist ganz abgesperrt – nicht einmal telegrafieren können wir! Unmenschliche Massnahmen der Franzosen, die die Waffenstillstandsbedingungen nicht enthalten, die Pfalz mit Schwarzen, Strassburg mit Analphabeten zum Teil besetzen, deutsche Bataillone nehmen sie gefangen, die gemäss den Waffenstillstandsbedingungen abziehen, aber nicht fliegen können! Da rücken die Franzosen vor, besetzen Gebiete, die sie nichts angehen, besetzen die Brücken, auch die rechtsrheinischen!! Foch[17] sucht jetzt Gelegenheit einzumarschieren! Weil er-s so leicht hat, will er den Franzosen das billige Spiel gönnen! Den Geknebelten quälen, unrechtlich beleidigen, drangsalieren – das ist so edel, der Geknebelte kann sich ja nicht wehren!
Die Gefangenen laufen hier so frech herum, gehen in Kaffees und Restaurants, reden und lachen auffällig in den Strassen, schlendern, die Hände in den Hosentaschen, Zigaretten rauchend, herum mit so frechem Gesichtsausdruck, dass die Hand

---

[14] Gestrichen: Es geht ihr wie uns, sie findet, dass die Pfarrer viel zu viel ihr „ich" auf die Kanzel bringen. Sie verlangtrr auch so nach Worten, die dem Herzen wohltun und es aufrichten.
[15] Gestrichen: K. im Schloss.
[16] Prinz Max von Baden (1867–1929), letzter Reichskanzler des Kaiserreichs. Zu Max von Baden vgl. Lothar Machtan, Prinz Max von Baden – Der letzte Kanzler des Kaisers. Eine Biografie, Berlin 2013; Konrad Krimm, Max von Baden – Annäherung an einen Sachwierigen, in: Badische Heimat 96 (2016), 408–413; Ders. (Hg.), Der Wunschlose – Prinz Max von Baden und seine Welt, Stuttgart 2016.
[17] Der französische Marschall im Ersten Weltkrieg Ferdinand Foch (1851–1929).

einem zuckt. Sie sehen vortrefflich aus, den Gefangenen müsste man mit der Laterne suchen, der „verhungert", „abgezehrt" u.s.w., wie die kindlichen Berichte melden, herumliege.

Leutnant H.[18], von Flandern verwundet heimkehrend, erzählte uns, dass die Engländer viel erreichten, mit ihren geradezu raffiniert verfassten Flugblättern, die sie über den deutschen Linien zu Hunderttausenden abwarfen. Was waren da für Lockungen zum Ueberlaufen drin, für freche Verleumdungen über uns! Aber auf die Länge der Zeit wirkte dies Mittel wie alle Lügen. Auch die Deutschen versuchten dieses „Mittel", aber die Flugblätter waren eben gar nicht raffiniert und so wenig diplomatisch abgefasst, dass sie keine Wirkung hatten und man unterliess es. Wann hätten die Deutschen den listigen Trick heraus, den Gegner so zu kapern? Der dumme deutsche Michel kann es nicht und lernt es nie. H. schilderte seine Stellung, wo alles tadellos funktionierte. Sie standen einer enormen Uebermacht Englands gegenüber, der sie Stand hielten und noch länger Stand gehalten hätten, wäre der Ludendorf'sche Nervenzusammenbruch[19] mit den Folgen nicht gekommen. Die schlechte Stimmung im Reich wirkte sehr nachteilig auf die Front. Die Uebermacht! Wenn 5 Flieger von uns aufstiegen, kamen 50 feindliche, er hat einmal fast 100 gezählt. Auch an Munition hatten sie verschwenderisch viel.

Seit Beginn der Republik soll der A. u. S. Rat[20] dem Reich schon 800 Millionen gekostet haben. Ein Mann der Volkswehr bekommt Mark 10,- im Tag. Unsinnig. -

[127] 100 Alt-Elsässer sind aus Strassburg ausgewiesen worden, darunter einige Universitäts-Professoren, sie mussten bis Kehl zu Fuss gehen, binnen 24 Stunden! Es sei ein über 80-jähriger darunter gewesen.– Unmenschlichkeit! Noch gehört ihnen das Elsass nicht und schon walten sie rücksichtslos darin.

Wilson ist unterwegs. Wie wird er schon jetzt durch Funksprüche bearbeitet werden von der Entente! Und erst in England! Wie wird Deutschland verleumdet und geschändet werden vor seinen Ohren. Das wird eine Konferenz werden! –

7. Dezember
Professor Dr. Nieden[21][,] der Dozent an der Universität Strassburg, der 40 Jahre dort wirkte, schrieb uns aus Barmen, dass er ausgewiesen wurde aus Strassburg, er musste die Stadt binnen 24 Stunden verlassen, nur mit einem Handkoffer zu Fuss musste er nach Kehl. Entlassen, ohne Gehalt, ohne Pension – nach 40 Jahren. –

9. Dezember.
Mit Hans Thoma stand ich vor seinem Bild „Christus" im Kunstverein. Was für einen Rahmen gab Thoma dem Bild! Die Aehren und der Weinstock als Sinnbilder- Vögel singen ihre Lieder in den Reben – o Thoma – so einen Rahmen voll Symbolen kannst nur <u>du</u> malen, nur <u>du</u> erfinden!

Die 4 Evangelisten, Löwe, Adler, Stier und Mensch bilden die Ecken des Rahmens.

---

[18] Nicht zu identifizieren.
[19] General Erich Ludendorff (1865–1937); gemeint ist Ludendorffs Kapitulationsforderung.
[20] Arbeiter- und Soldatenrat.
[21] Johannes Nieden, Schuldirektor in Straßburg.

Er sprach von „seiner" Farbengebung. Ja, sie ist eigen. Das Gewand des Christus hat ein geheimnisvolles lilaweissgrau.

Prinz Max schrieb einen Aufruf gegen die Vergewaltigung, der das deutsche Wolk wehrlos ausgeliefert ist. Sie unterbinden die Post und Telegrafenvermittlung nach dem Elsass auf unbestimmte Zeit! Sie verbieten, dass man Pakete nach dem linksrheinischen Hessen schickt, weil sie da sind! Sie spielen sich als Herren auf in einem Land, das sie nicht erobert haben, sondern in das sie kampflos einrückten. Sie weisen Männer aus Strassburg aus, die 40 Jahre dort eine Zierde der Hochschule waren – sie halten die Waffenstillstandbedingungen nicht und agitieren, um Wilson, der von Amerika naht, schon vor seiner Landung „einzuseifen" gegen Deutschland.

Es war alles schon einmal da. Napoleon und sein Regiment!

In Darmstadt hat der Grossherzog noch nicht offiziell abgedankt. Er soll in eine Wahlversammlung gegangen sein und als man ihm den Zutritt verwehrte, soll er gesagt haben: „Aber der Bürger Brabant darf doch herein?"

Im Residenzschloss zu Karlsruhe sitzt ein ehemaliger Metallarbeiter und ist Kriegsminister! Oder wenn er nicht Minister ist, so ist er doch Oberster aller Militärangelegenheiten[22].

13. Dezember
Die Welt ist ein grausiges Komödienspiel geworden, in dem wir alle mitspielen müssen – eine Tragödie zeitweise. –

16. Dez.
Ein junger Sänger erzählte mir, dass er den Transport der Fahnen aus der Stadt mitangesehen habe – es sei traurig gewesen – aber ein alter Mann habe den Hut abgenommen und habe geweint. ER habe 2 Offiziere gesehen, die hätten die Zähne aufeinandergebissen. Kinder und Jungens seien johlend mitgelaufen. Der alte Mann hat's verstanden. –

[128] Die Fahnen! Die deutschen Fahnen haben in Ehren bestanden.

Nun ist Wilson in Paris und wird „bearbeitet" von den Franzosen gegen uns.

17. Dezember
In Mitau[23] haben russische Generäle, die den Krieg mitgemacht haben in einer Marmeladefabrik Eimer gefüllt für einen Taglohn von M 3,-. Das erfuhr Frau von S. von dort Zurückkehrenden!

Hier stand eine Anzeige im Blatt, dass ein Oberstleutnant, der seine Entlassung bekam, eine Stelle suche! „Regiments-Kommandeur sucht anderweitig Tätigkeit und Arbeit."

Sylvester 31. Dezember 1918
Ich brachte Hans Thoma eine schöne Primel mit weissen und zartrosa Blüten. Er empfing mich so herzlich, nahm das Blümlein in den Arm und trug es in sein Atelier. Dort stand auf der Staffelei das Bild von Christus und dem Versucher, und auf dem Tisch

---

[22] Kriegsminister: Johannes Brümmer (USPD), Minister für militärische Angelegenheiten vom 10.11.1918 bis 7.1.1919.
[23] Mitau, heute Jelgava, Stadt in Lettland.

war eine angefangene Bleistiftskizze, er hatte daran gearbeitet, war im Arbeitsrock und wir plauderten in der bekannten Ecke ein wenig über Gott und Seele und Geistesverwandtschaft – er war etwas herunter in den Nerven und sagte, dass man sich gegenseitig ermutigen müsse in dieser ernsten Zeit. Er schreibe wieder etwas – er wolle an die „guten Menschen" erinnern, die Nietzsche „die Allzuvielen" nannte, die aber gar nicht „allzuviele" wären, nur verkannt, übersehen von den Ellbogenmenschen, den Lauten und sich Grossdünkenden. Das Wort „gut" sei lang fast genierlich gewesen für viele, man habe es falsch gewertet – mit gutmütig und beschränkt in eine Schale geworfen. Es gehöre wieder ans helle Licht. Die „guten Menschen" stünden zu weit im Hintergrund.

Sylvesternacht um 12 Uhr öffnete ich das Fenster. Ach, es war nicht wie sonst das feierliche Geläute! Nicht wie sonst die Gedanken des kühnen Hoffens und Vertrauens auf <u>Guten</u> Ausgang dieses Kriegs! Ganz anders alles – nur eines war da: Gottvertrauen, mit dem man wagt in's dunkelste Dunkel hinein zu gehen. Es <u>muss</u> ja sein. Wir sind überall gefesselt, <u>nur nicht in der Seele</u>.

Neujahr! 1919
½ 9 Uhr war ich mit Anna in der Kirche, wo ein junger Vikar[24] predigte über Jesaias „Fürchte dich nicht, ich helfe dir" – Vom Lied „ein feste Burg" sangen wir alle Verse, und am Schluss des Gottesdienstes: „So nimm denn meine Hände". Das tat wohl.

15. Januar 1919
Hellmut[25] erzählte, dass sie in Riga oder Dorpat Bolschewickes[26], Räuber und Mörder aufgehenkt haben und zwar auf dem Markt an Telefonstangen[,] um ein Exempel zu statuieren. Dies wurde von einem Soldaten photographisch aufgenommen, Hellmut hatte das Bild unter vielen Kriegsbildern in seinem Koffer. Da sein Koffer in die Hände der Amerikaner fiel, so war auch das Bild dabei. 2 Wochen später sagte ihm ein befreundeter Offizier: „Wissen sie, dass ihr Bild, die Aufnahme der Aufgeknüpften in einem englischen illustrierten Blatt erschienen ist unterschrieben: deutsche Barbaren?"!!

[129] 21. Januar
In der Zeitung stand heute: Ein fettes Huhn erhält derjenige, der mir eine Wohnung von 2 Zimmern mit Küche verschafft!-

Die Entente zieht uns Tag um Tag den Strick fester um den Hals und Deutschland, das „einst" so stolze, lässt es geschehen. Sie verteilen schon die Länder untereinander, das linksrheinische Gebiet soll französisch, die Rheinschiffahrt international werden. Wilson wird in Paris wie ein Kaiser empfangen und geehrt. Sie reden von „ihren grossen Siegen". Weise Gott, wo sie diese erkämpft haben! – Wir mussten der Uebermacht am Ende weichen, aber ohne <u>Sieg</u> der Entente! In <u>einem</u> siegten sie gründlich: in der Presse, der Lüge und dem Raffinement ihrer Geschäftsdiplomaten! Wir hatten keine so gerissene, schlaue Diplomatie, die Unsere war tappig und weltunerfahren! Man muss gut englisch stehlen und reden können, dann hat man Kolonien und Kanalein-

---

[24] Wohl Paul Weiß (geb. 1890), 1918–1919 Vikar in der Mittelstadtpfarrei.
[25] Hellmut Lehmann.
[26] Bolchewiki („Mehrheitler"), radikale Fraktion der russischen Arbeiterpartei unter Führung Lenins.

gänge und Meerengen besetzt! Wann endlich lernt der deutsche Michel die spitzfindige Weltbesetzung kennen, die geniale Art des Länderdiebstahls, die feinen, ach so klugen Lügengewebe der Diplomatie und wie alle die Kniffe heissen[,] die England benützte, um <u>überall</u> an den Meeren der Welt seine Länder zu haben! – Nun beraten sie einmütig, wie sie Wilhelm <u>strafen</u> wollen für sein Verbrechen. Der englische Eduard[27] dreht sich mit bösem erwachendem Gewissen ein paarmal im Grab herum. Und seine Vorbereitungen auf alle diese Geschehnisse und die Einkreisungspolitik? –

Die Sekretärin der demokratischen Partei hier ist aus Strassburg. Sie erzählte von dem tollen Treiben, wie es dort war, an manchen Häusern 20 französische Fahnen! Die Fahnen, die vom Militär getragen werden, müssen gegrüsst werden, auch von Frauen! Die Deutschen wurden furchtbar behandelt – es war ein Denunziationsbüro dort, wo man „Boches" denunzieren konnte! Poincaré[28] haben Elsässerinnen geküsst und von ihnen Blumen erhalten.

Tollhaustreiben überall. Die Welt ist aus den Fugen. Sie verteilen ihre leicht gewonnene „Beute", sie zerstückeln Deutschland und nehmen, was nur in ihre Finger kommt. Hätte die Entente durch ehrlichen Kampf <u>Gleich gegen Gleich</u> nach siegreichen Schlachten den Sieg gewonnen – sie wäre sicher edler in ihrem Benehmen dem unterlegenen Feind gegenüber. So aber nahm sie kampflos, nachdem der Gegner ihrer zehnfachen Uebermacht unterlegen war, Besitz vom Elsass, von Strassburg – gerade wie 1681![29] Kampflos sitzen sie am Rhein in Hessen, den Rheinlanden und rühmen sich ihrer „Siege" und würgen das Opfer regelrecht nach allen Regeln <u>ihrer</u> Kriegsanschauungen!

Deutschland[,] wohin gerietest du? Deutschland – wo sind deine Männer und Frauen? – Wie lange liegst du in Ohnmacht am Boden? Der sterbende Siegfried warf mit seiner letzten Kraft den schweren Schild auf Hagen – was tust du? Hagen, dein eigener Landsmann half mit bei deiner Erdrosselung!

27. Januar.
Wer feine Organe für Dinge hat, die man nicht erklären kann, auch mit dem nüchternen Versand nicht fassen kann, der lernt nach und nach auf Stimmen lauschen, die aus Büchern, aus Menschenseelen, nennen wir's einmal „höheren Welten", an unser Ohr klingen, die uns Kunde geben von einer ganz anderen Welt als der Unsrigen. Alle grössten [130] Geister von Dante bis Goethe waren „Seher" – schilderten in Visionen oder tiefen Worten, was ihnen aus jener andern Welt bewusst, geoffenbart wurde. Wir müssen solche Stimmen aufsuchen, ihnen näher kommen, sie verstehen lernen.

Dass es ein Leben <u>nach</u> dem Tod gibt, ist mir so sicher, als dass es ein solches vor dem Tod gibt. Ich wüsste sonst keinen Sinn in dieses oft so rasch vergängliche Leben zu bringen. Ich wüsste auch nicht wozu wir <u>Ahnungsvermögen</u> bekommen haben: ein [!] Sinn muss das Leben haben, folglich auch der Tod, folglich kann es mit dem Tod kein wirkliches Ende haben. Das „was" und „wie" des andern Lebens ist uns wohlweislich verborgen. Gott gab uns dafür das herrliche Gefühl: „Hoffnung" genannt, in die Seele, die nur der Mensch auf Erden kennt. Aber Gott gab auch einzelnen Men-

---

[27] König Eduard (Edward) VII. (1841–1910).
[28] Raymond Poincaré (1860–1934), Staatspräsident von Frankreich 1913–1929.
[29] 1681 wurde Straßburg französisch.

schen tiefere Einblicke in das verborgene Leben, feinere Organe dem übersinnlichen Leben gegenüber.

Diese Menschen haben Seheraugen und haben Offenbarungen über Dinge gemacht, die wir nicht fassen können, die aber dennoch sind. Tausende von Menschen sehen die Sterne und freuen sich daran, wissen[,] dass es Welten sind, die ihre Bewegungsgesetze befolgen? – und bewundern dies – aber unter den Tausenden ist vielleicht Einer, der blickt die Sterne ganz anders an, der baut von ihnen die unsichtbare Brücke zu Gott und tritt damit in Verbindung mit ihm, die ihn von Offenbarung zu Offenbarung führt. Und Wunder tun sich auf vor ihm, die keiner der andern Sternenseher ahnt.

„Wer sucht, findet!" Aber man findet nicht gleich, man muss oft lange suchen! Wer weiss, was der unerforschliche Gott mit uns vorhat, wenn er das äussere Gewand, unsern Körper, zerbricht? Sollte er so herrliche Geisteskräfte in den Menschen gelegt haben, um ihn dann plötzlich (im Krieg kann man sagen „auf's Geradewohl") zu vernichten?

Herr K.[30], der Vetter meines Vaters besuchte uns. Seit 8. Dez. keine Nachricht von seinem gefangenen Sohn. Zwölf Päckchen hat er ihm schon geschickt – nichts war in seine Hände gelangt, auch das Geld nicht, das er geschickt hatte! Es wohnt ein „Ausgewiesener" aus Mühlhausen bei Herrn K., der dort seine kranke Frau und Kinder und den 84 jährigen Vater zurückgelassen hat und seit Dezember nichts von ihnen weiss. Was ist der Grund, dass er ausgewiesen wurde? Er war nach seiner Geburt 7 ganze Wochen in Deutschland gewesen, von da ab im Elsass!! Geboren in Karlsruhe. Unter Schimpfen, Steinwerfen und Johlen hatten die Franzosen ihn und viele Andere von Mühlhausen abtransportiert. Sie sassen in einem Auto und baten, dass man die Schutzvorrichtung herunterliesse, um geschützt zu sein – aber es wurde nicht erlaubt!

Heute schrieb Willi, dass die Franzosen unmenschlich verfahren bei der Ausweisung aus Strassburg. Der Uebergang über die Rheinbrücke kostet 75 frcs ! Wer's nicht bezahlen kann, der kriegt einen Teil seines Gepäcks abgenommen! Die meisten kommen mit 1/3 ihres Gepäcks! Eine Dame brachte einen Möbelwagen herüber mit ihren Sachen, da musste sie den belgischen Offizieren je 200 frcs geben, ausser dem Transport, damit sie nur die „Garantie" übernahmen!

[131] 10. Februar
Als erstes stand heute in der Zeitung: die Trauer um Deutschlands 800 000 Kriegsgefangene, die widerrechtlich zurückbehalten werden und zu Sklavendiensten gezwungen werden!

Und dabei tanzen so viele Menschen! Tanzen bei all diesen Nachrichten. Was für eine Menschheit zeitigt die Erde: Räuber, Plünderer und Aufrührer – elende, sich in der leicht errungenen Siegesfreude grausam zeigende Feinde – Wucherer und Kriegsgewinnler, die den Herrgott „Geldbeutel" nur kennen – und daneben die sich verlustierende Jugend, die die unzeitgemässen Vergnügungen gierig aufsucht, des Zweckes wegen, der dahinter steckt.

---

[30] Vetter von Gustav August Faisst (1834–1873).

Es müsste wohl so kommen, dass wir tiefen Eckel vor [!] Schlechten empfinden, dass wir schaudern und empor sehen[,] ob uns nicht Hilfe kommt! Von den Menschen kann sie nicht mehr kommen. Nur von Gott.

12. März
Irrsinn herrscht allüberall. Was für Weiber laufen hier herum, ekelhaft angezogen. –Tanz und Kino – Kino und Tanz und dann im Theater der Sinnenwelt: Salome von Strauss. Erotik – Nervenkitzel – Sensation – und dazu Deutschland in den Dreck geworfen. Deutschland in Schande.– Weh über Weh. –

17. März
Glaub nur fest an ein Nie-entrissen-werden des Liebsten, was dein Herz besass – Gott wird dich dann von Stufe zu Stufe der Erkenntnis führen, dass der Tod nur ein zeitlicher Abschnitt ist – hinter dem ein neues, viel herrlicheres Morgenrot aufdämmert, dem wir alle wartend entgegengehen.–

23. März 1919
Das „Forellenquintett" ertönte bei mir!! Zweimal spielten wir das ganze Werk – ich war so beglückt und dankbar. O du lieber Franz Schubert, wie reich warst du! Deine Melodienwelt entreisst uns aller Trübsal und Last des Lebens – vergessen war alles Schwere und die Seele hob und senkte sich im Rhythmus dieser klingenden Schönheit, befreit, beglückt. Eine Vorahnung überschlich mich: des neuen, besseren Lebens, dem wir entgegen pilgern – diese Tönewelt ist nicht aus diesen Sphären entstanden. Ganz wo anders ist Schubert zu Haus – ganz wo anders. „Ein Lichtbote aus bessern Welten."[31]

1. April
Unsere „Minister" sind gewählt.[32] Drei davon haben studiert, vier sind Handwerker u.s.w. gewesen. Einer war Schlosser, ein andere[r] Müller[,] ein dritter Gastwirt, ein vierter Schreiner. Volksschulbildung genügt für solche verantwortliche Aemter!!! Ich frage mich nur, warum sie Einheitsschulen wollen und den unteren Ständen Wege bahnen wollen in höhere Schulen. „Ist ja gar nicht nötig!" Man kann Minister werden mit Volksschulbildung! Ist gerade[,] als ob man den Musiker plötzlich an den Operationstisch stellt: bitte operieren Sie! Oder den General an den Schneidertisch, er soll einen Anzug machen![33]

---

[31] Gestrichen: 25. März
Emma weint heute viel, denn ihre Wohnung in Strassburg ist an einen französischen Commandanten vermietet. Wir wird der Feind darin hausen? Alles wurde mit so viel Liebe und Sorgfalt nach und nach angeschafft, so viel selbstgearbeitetes [!] birgt ihr Heim – und nun schalten fremde Feindes-Hände darin. Willi's Bibliothek – an alles denkt sie und ist ganz erschüttert von allem – und man kann nicht hinschreiben, alles ist unterbunden – es ist hart, wie das Los den Einzelnen trifft! Noch dazu Emma, die krank aus Strassburg wegmusste und nichts in ihrer Wohnung ordnen konnte.

[32] Die Liste der vom 2. April an amtierenden Mister bei Gerhard Kaller, Baden in der Weimarer Republik, in: Handbuch der baden-württembergischen Geschichte, Bd. 4: Die Länder seit 1918, hrsg. von Hansmartin Schwarzmaier u.a., Stuttgart 2003, 23–72, hier 31.

[33] Gestrichen: Willi hat die ernstesten, weitgehendsten Studien gemacht, beherrscht 7 Sprachen und hat eine Reihe Examen hinter sich – kommt nicht an, muss „Kuliarbeit" tun in B. – aber die Herren Schreiner, Schlosser, Müller, bringen's 1-2-3 zum Minister! Dazu in jungen Jahren! Niggli [der

7. April

Abends hörte ich Frommel[34] und Klein[35] im Rathaussaal – 2 Männer, die nur das <u>eine</u> Ziel verfolgen: <u>Christus</u> wieder in unsere Mitte zu stellen, seinen Geist den Menschen zu vermitteln und den <u>Parteihader</u> tief unter uns zu lassen. Vortreffliches, wertvollste Gedanken rauschten und strömten in mein Herz.

8. April

Bei Hans Thoma mit Freunden zum Tee. Er las uns ein Gedicht Tersteegens, das ihm ein Pfarrer aus Sachsen ganz abgeschrieben hat. („Kommt Kinder, lasst uns gehen"[36]) Ich vergesse es nie! Er sass oben am Tisch, hielt das blaugebundene Manuscript in der Hand und las mit leiser manchmal versagender Stimme. Draussen war Dämmerung, die Bäume des botanischen Gartens ragten vor den Fenstern auf, frühlingssehnend reckten sie die noch kahlen Aeste dem grauen Himmel entgegen. Grau und düster war der Tag gewesen, grau und düster wie das Leben eben ist, aber in dem warmen Zimmer Thomas war's wie in einem stillen Tempel. Schweigend sassen wir und lauschten der Stimme eines alten Mannes, der Priesteramt tat. Ein Künstler von Weltbedeutung sass im Kreis einer kleinen Gemeinde seiner Freunde und führte sie mit leiser Stimme, die voll Ehrfurcht war, in eine bessere Welt, aus dieser argen, bösen Welt! Später las er noch Selbstgeschriebenes, Gedanken, die unserer Zeit helfen können über Rückkehr zur Einfachheit der Lebensführung, Rückkehr zur Natur, zur Natürlichkeit und zur Demut.

Tags darauf hörte ich morgens bei Konditor Sch., wie schwer es sein Bruder in Russland gehabt habe, er habe 3–4 Wochen lang mit seinen Leuten <u>Gras</u> gegessen vor Hunger! Er habe dann Ruhr bekommen, woran er starb – und wir sprachen von der Hungersnot in Deutschland, die viel schwerer wie im Krieg ist -

Kommt mittags eine bekannte Dame und erzählt: „wir hatten am Samstag Tanzerei von 9 bis 2 Uhr nachts." Ich staune – „Ja, wir haben viel zu tun gehabt, den ganzen Tag den Klavierspieler suchen, der abgesagt hatte und dann das Richten der Bewirtung! Ich gab zuerst Tee mit selbstgebackenem Kuchen, später Bier mit belegten Brötern, ich habe 400 Bröter gerichtet mit Butter und Wurst belegt –"

[133] Ich staunte und starrte sie entsetzt an – – – –

„Kaninchenwurst, das Viertel M 2.80[,] und Leberwurst[,] ein ganzes Pfund[;] ich schmierte viele Stunden lang an den Brötern, und später gab's noch Eis und Gebäck." – – –

Da erstarrte etwas in mir. <u>Das</u>, während der Hungersnot! Viele empfinden die ja gar nicht – die tanzen, tanzen, während Deutschland blutend am Boden liegt. Das will eine deutsche Frau sein? Und sie sagte noch lächelnd: „meine Tochter wurde schon zu 2 neuen Tanzereien eingeladen."

Diese zwei Eindrücke wirkten stark auf mich. Furchtbare Gleichgültigkeit gegen die Not der Brüder. Um der Tochter einen Mann zu verschaffen – nur aus <u>diesem</u> Grund, werden <u>solche</u> Aufwände gemacht.

Schweizer Musikhistoriker und Musikkritiker Arnold Niggli (1843–1927)] hat recht: die Götterdämmerung scheint über uns hereinzubrechen.

[34] Dr. D. K. Otto Frommel (1871–1951), Pfarrer an der Christuskirche in Heidelberg.
[35] D. Paul Klein (1871–1957), Pfarrer an der Christuskirche in Mannheim.
[36] EG 393.

Bis 2 Uhr tanzen in der doppelten Passionszeit unseres Volkes!

Und tags darauf war sie mit der Tochter zu einer Konfirmation eingeladen! Sie kam aber nicht zur kirchlichen Feier, weil sie zu Haus auf- und einräumen musste – aber zur <u>Hauptsache</u> der Konfirmation kam sie: zum Essen.

Wir schreiben 1919, das härteste Hungerjahr seit Kriegsbeginn! –

[134] <u>Frühling 1919.</u>

Einen solchen Maianfang werden wenige unter uns schon einmal erlebt haben. Kälte, Nässe und Dunkel draussen in der Natur. Die Blumen in den Vorgärten, an denen mein Weg täglich vorbeiführt, trauern. Die herrlichen weissen Magnolien sind über Nacht rostbraun geworden: erfroren! Die Stiefmütterchen scheinen sich frierend in ihre weissen und lila Samtmantel hüllen zu wollen, die Kastanienblüten, die schon ein winziges Stückchen aus den grünen Hüllen hervorschauen, möchten am liebsten wieder zurückkriechen, denn s o hatten sie sich's draussen in der Welt nicht gedacht! Und der alte Kastanienbaum muss es den jungen Blüten klar machen, dass es nicht immer so war, dass aber a l l e s in der Welt anders wurde in diesem Jahr – auch das Wetter!

Die Sonne wird von unsichtbarer Hand verhindert, über die arme, frierende Erde zu scheinen, es kamen dunkle, ernste Tage. –

Die Blumen und Bäume merken's, wenn sie Wärme entbehren müssen, wenn die Sonne mit ihrem warmen Strahl so lange ausbleibt. Alles verkümmert dann, alles bleibt stehn im Wachstum und traurig blicken Blume und Baum uns an. Die feinen Farben verblassen und die zarten Blütenblätter schrumpfen zusammen. Wie willig öffnen sie sich der Sonne, dem Licht, und sehnsüchtig sehen sie in diesen Tagen darnach aus! Sie kann ja nicht lange ihre Wärme entziehen, die liebe Sonne – nur das Erfrorene kann sie dann nicht mehr zum Weiterleben wecken, wenn sie wieder scheint! Ein leises Weinen und Klagen tönt aus Busch und Garten, aus Wiesen und Wald.

Ist nicht das Naturbild draussen eine Wiederspiegelung des Menschheitsbildes, wie es sich uns nicht nur jetzt, sondern lange schon darstellt? Nur eines kann Freude, Glück und Zufriedenheit in die Welt bringen: W ä r m e , L i c h t , L i e b e . Und trotz allen Weltverbesserungen sieht es damit im Menschenleben noch nicht [135] gerade gut aus. Alles versuchen die Menschen neu zu gestalten, nur – sich selbst nicht. Mehr Wärme! Mehr Liebe! So rufen unsichtbare Geister lange schon mahnend über die Lande hin und leise schwingt und klingt ein Ton aus „alten Zeiten" in diesen Ruf hinein: „Wenn ich a l l e s hätte – und hätte keine Liebe, so hätte ich n i c h t s !"

Seht ihr's denn nicht, fühlt ihr's nicht, dass ein furchtbares Frösteln und Frieren durch die Welt geht – weil überall Wärme und Liebe fehlen?

Die Eigenliebe ist da, jeder denkt an sich und sein eigen Fleisch und Blut – das ist das Geringste, weil Selbstverständliche. Nicht ganz so selbstverständlich ist das andere: Wärme und Liebe haben für die, die nicht in meinem Haus und an meinem Tisch sitzen. Sie meinen, das Geld, das kalte Geld und nur das allein bringe ihnen Glück, Freude, Zufriedenheit! Sie sind für Augenblicke froh, wenn ihnen ein Häufchen Geld in die Hände fällt und rufen jagdmüde und freudig: „jetzt hab ich dich endlich" – und hören nicht den höhnenden Gegenruf des Geldes: „und i c h habe jetzt d i c h !" Denn der Zauber des Geldes ist das Vergänglichste, was es auf Erden gibt! Sie gehen an den Villen der Reichen vorüber und meinen: wenn wir's so hätten die die da drinnen, dann wäre endlich Gerechtigkeit auf Erden – und ahnen nicht, wie traurig es oft in den beneideten Villen aussieht, welche kalte Luft oft darin weht und wie die Langeweile oder Krankheit dort oft jedes Fünklein Lebensglück auslöschen.

So lange der Begriff: „Geld macht frei und froh, macht das Glück aus", die Menschen beherrscht, so lange werden wir frieren müssen[,] und von einem Blütenansatz am Baum des Menschheitslebens kann keine Rede sein, geschweige von g u t e n Früchten, denen die Blüte vorausgeht.

Nur Wärme, Licht und Liebe kann der Welt draussen und drinnen den neuen Frühling bringen, nach dem wir alle so sehnsüchtig verlangen. Noch liegt der Schnee des kalten Egoismus auf allen Fluren. Je[136]der denkt nur an s e i n Haus, und wenn der Sturm das Haus des Nachbars rüttelt, so setzt er sich noch behaglicher zurecht in seinem auf festerem Fundament ruhenden aus. Die Not hat noch viel zu wenig Wärme und Liebe gezeitigt, deshalb müssen so viele Menschen frieren.

Jedem Menschen, auch dem Aermsten, ist ein Fünkchen Wärme, ein Sonnenstrahl mit ins Dasein gegeben worden von der Urkraft alles Lichtes, aller Wärme. Und das Wunder, das Geheimnis ist, dass sich die Kraft dieses Sonnenfunkens in uns immer vermehrt, je mehr wir sie verausgaben. Und das Wunder ist, dass wir immer reicher und froher werden, je mehr wir davon verschenken!

Sollte die Natur in diesen Tagen uns nicht eine ernste Mahnerin und Weckerin werden, ob nicht auch wir unendlich viel versäumt haben und ob nicht unser inneres Leben in manchem dem gegenwärtigen Naturbild draussen gleicht? Heute schon kann ein warmer Hauch aus den Tiefen unseres Herzens viele Frühlingskeime im Herzen unserer Mitwelt wecken, die hervor wollen ans Licht, denen zum Leben und Wachsen nur eines im Wege steht: die Kälte der Gleichgültigkeit.

Cäsar Flaischlen[37], der schwäbische Dichter, der „Sonnenprediger", schrieb einen guten Spruch, den jeder auf sich wirken lassen sollte:

„So sei und so reife, wie viel du auch littst, dass alle froh werden, wenn du ins Zimmer trittst!"

Wollen wir nicht einmal versuchen, auf diese Art den Frühling in die kalte Welt zu bringen?

[133] 11. April
Abends das Mannheimer Trio gehört vor <u>leerem</u> Saal. Sie spielten unvergleichlich schön. Ich sass unter Menschen[38], die sich unverschämt laut über Familiensachen unterhielten, da rückte ich weg, um das nicht mehr zu hören[,] und kaum sass ich auf dem andern Stuhl, als es hinter mir ertönte: „die Wurst ist aber auch greulich, und erst die Marmelade!" Das sind Unterhaltungsthemen im Konzertsaal.

Ich hörte[,] heute[,] wie der Prinz Max von Baden[39] von Berlin wegfuhr. Er musste durch den Garten des Reichskanzlerpalais hinten in eine obskure Strasse, wo das Auto hielt. Der Chauffeur habe eine rote Fahne gehabt, die er beständig schwenkte, – sonst wäre das Auto sicher aufgehalten worden. Es war eine schauerliche Heimreise. In

---

[37] Cäsar Otto Hugo Flaischlen (1864–1920):
[38] Gestrichen: Juden.
[39] Wie Anm. 16.

Frankfurt herumfahren. In Schwetzingen hatten sie Aufenthalt, da haben die Leute den Prinzen erkannt und hätten „hoch" gerufen trotz Revolution.

8. Mai

In Versailles sitzen Teufel im Rat der assoziierten und alliierten Feinde über uns zu Gericht! Ihnen fiel der „Sieg" allerdings leicht zu. 27 gegen einen! Hungerblockade, Uebermacht und Amerikas Hilfe brachten Deutschland in die Hand der Gegner. Und nun spielen die, die sich der teuflischsten „Waffe" bedient hatten[,] der „Einkreisung", der „Hungerblockade" sich als Sieger und Richter auf in einem an Wahnwitz grenzenden „Friedensangebot". Sie vergewaltigen uns, nun reissen sie uns die Kleider bis zum Hemd vom Leib, reissen uns auch noch die Zunge aus, dass wir nicht protestieren können – und lachen und jubeln, wenn Deutschland beraubt, entehrt liegen bleibt.

Wir sollen Elsass-Lothringen zurückgeben, das wir 1871 „geraubt" – wer raubte es 1682? Der Name des Landes sagt, dass es urdeutscher Boden ist. Sie besetzen das Saarbecken, alle Rheinbrücken, Kehl, [137] nach und nach auch die Rheinlande, sie nehmen im Osten deutsche Provinzen und geben sie den Polen! Sie versprechen Oesterreich territorialen Gewinn, Ernährungsmöglichkeit und Schutz, wenn es seinen Plan, sich mit Deutschland zu verbinden, aufgibt.

Wir sollen ihnen 500 000 Milchkühe geben und entsprechend Hengste, Kälber, Ochsen – und so gehen die Forderungen weiter –– weil unsere Soldaten „Vieh requirierten"! Ist denn nicht Krieg gewesen? Hätten sie es nicht getan? Hätten sie denn Deutschland geschont, wenn sie uns in`s Land gefallen wären? Haben sie selbst nicht viel zerstört in Belgien und Nordfrankreich? Waren's nur die deutschen Kanonen? Und Repressalien! Haben die Franzosen uns je ersetzt, was sie in Deutschland zu Napoleons Zeit raubten und in Schutt und Trümmer legten!?

Wehe dem Volk, das alle Schuld von sich wälzt, den Sieger spielt und mit theatralischer Geste dem „Besiegten" den Fuss auf den Nacken setzt. „Richtet nicht, auf das[s] ihr nicht gerichtet werdet."

Alle liessen Deutschland allein, Italien ward wortbrüchig, Bulgarien folgte – Oesterreich brach zusammen und liess uns allein –[40]

Die Sprache des Grafen Rantzau[41] ist ja viel zu vornehm und ehrlich, so eine Sprache wird dort nur behohnlächelt und missverstanden. Wilson – da fehlen in der deutschen Sprache die Worte, – ihn zu bezeichnen. Lloyd Georges [sic!][42] und er sollen schweigend bei der Eröffnung in Trianon[43] sich verhalten haben. Sie haben ihr Spiel mit verdeckten Karten gespielt und haben das „Geschäft" beendet, so wie es ihr gegenseitiger Vorteil es erheischte – mag nun der Gegner sich vornehm oder unvornehm verteidigen oder ihre Vorschläge nicht annehmen! Ist ihnen ganz egal, sie haben ihr Spiel gut abgeschlossen, alles andere kümmert sie nicht. Sie blieben ebenso regungslos, steinern, gleichgültig, wenn ein Engel vom Himmel stiege und

---

[40] Gestrichen: „da verliessen ihn alle Jünger und flohen" – diese Stelle fällt mir immer ein aus dem Evangelium.
[41] Ulrich von Brockdorff-Rantzau (1869–1928), Reichsaußenminister und Leiter der deutschen Delegation bei den Pariser Friedensverhandlungen 1919.
[42] David Lloyd George (1863–1945), britischer Premierminister.
[43] Im Friedensvertrag von Trianon schlossen die Alliierten mit Österreich-Ungarn 1920 einen Separatfrieden.

ihnen ihr Schuldbuch offen unter die Augen hielte. Auch dann blieben sie kaltblütig und selbstzufrieden. –

13. Mai
Dass sie Thoma „absetzen" als Direktor der Akademie – das ist stark. Diesen Mann, der Weltruf hat und noch so geistesklar ist und so unendlich viel zu sagen hat!

Alle Hofbeamte, Lakaien und Galeriediener wurde entlassen – <u>also auch der grosse Meister</u>.

Ich erhielt heute für vier Mark – o Glück – 2 getrocknete Schellfische im Laden und trug sie strahlend heim.

Abends im Atelier Bühlers[44]. Er schenkte mir die Originalradierung von Thoma. Er unterschrieb sie. Was sah ich da! Bilder, die meine Seele bewegten und von denen ich stärkste Eindrücke mitnahm. Christopherus. Waldsee mit Winde. Das Verlöbnis. Christus, der Gebunde mit der Dornenkrone. Jakob Böhme[45]![46]

Er sprach in mühsam geholten Worten über das[,] was der Mensch ihm bedeutet. „Der Mensch braucht gar nicht zu reden, was er <u>nicht</u> sagt, weil er's nicht kann, steht ja alles in seiner Erscheinung vor mir. Was sein [138] wahres Ich ausmacht, spricht sich <u>hinter</u> dem, was sich[47] im Bild seiner Erscheinung entgegentritt, aus. Das herauszuholen und dazustellen ist des Künstlers Aufgabe. Er <u>kann</u> unendlich viel, dieser H.A. Bühler aber <u>ist</u> unendlich mehr, als das: eine scharf umrissene Persönlichkeit voll religiöser Tiefe. Ein ganz Eigener, Grosser, Guter. Ich fühle das in seiner Nähe wie bei Thoma. Seine Bilder sind Offenbarungen seiner Innenwelt.

<u>Aus Strassburg</u>.
Fräulein D.[, d]ie am „Bon Pasteur"[48] wirkte, besuchte uns mit ihrer Mutter und erzählte:

Die Kinder müssen alle französisch lernen. Da hört sie ein deutsches Bübchen mühsam ein französisches Lied üben, plötzlich bricht es mitten drin ab und singt frischweg „die Wacht am Rhein."

Die Nachfolgerin der Frl. D. ist aus Paris. In der Geografie-Stunde hört sie die Flüsse im Elsass ab. Die Kinder nennen auch die Ill. Da sagt die Lehrerin erstaunt: Je ne connais point ce fleuve, ou existe – t – il? (In Strassburg!!)

An den Geschäftstüren steht: Ferme de 12 a 2 heures. Da kommt eine Frau vom Land und frägt, ob hier die „Ferme" von 12 bis 22 Hektar zu kaufen wäre! Heure las sie „Hektar".

Die Kinder müssen lernen: die hand = la main. Und dabei reckt und schüttelt der Lehrer die Hand hoch in die Luft mit dem Ruf: la main. Als die französischen Truppen einziehen rufen einige Kinder, die Hände hochhaltend: la main! la main!

Die Französinnen tragen Röcke, knapp über's Knie, durchbrochene Strümpfe, gelbe Schuhe – man sieht viele Offiziere mit ihren Dirnen promenieren – es wären

---

[44] Hans Adolf Bühler (1877–1951) war Meisterschüler von Hans Thoma an der Karlsruher Akademie, der sich später ganz der nationalsozialistischen Kulturpolitik verschrieb.
[45] Der schlesische Mystiker Jakob Böhme (1575–1624).
[46] Gestrichen: Wir redeten zusammen und ich glaube der Theosofie, denn unsere Geister waren einander nah.
[47] Zu streichen: „sich".
[48] Gymnasium in Straßburg.

scheussliche Frauenzimmer. Die Elektrische hält aber nochmals, wenn so ein Offizier winkt! Die Autos fahren so schnell, dass jede Woche mehrere Unglücksfälle gemeldet werden, auch tödliche.

Kleine Kinder müssen französisch lernen und können schon jetzt vielfach nicht mehr deutsch verstehen. Frl. D. ist froh, aus dieser verseuchten Stadt weg zu gehen – obwohl es ihre Heimat war!

21. Mai
Eben beschäftige ich mich mit Steiner's Aufsatz „die Mission der Kunst"[49] und versenkte mich in die Offenbarung Dante's, Shakespeare's – da läutet es zweimal – ich muss also öffnen. Ein kleiner zerlumpter Junge steht vor mir und frägt: hawwe se Bitzig? (Abfälle der Küche) Ich verstand nicht gleich und frage: wofür? „Für unsere Säu" – das war ein Kontrast der zwei fernen und doch so nahen Welten!!

Frau Sch. erzählte von dem Missionar, der in einer Familie hier einlogiert war. Die Töchter erschienen in kurzen, weit ausgeschnittenen Kleidern, die Mutter bat um Entschuldigung „es sei so Mode" – da sagte der Missionar: „o das macht nichts, ich bin das ganz gewohnt von meinen Wilden"! – – –

18. Juni
C.B. erzählte von der Mutter ihrer Schneiderin, die in Kaiserslautern lebt. Da wohnen Franzosen im Haus. Eines Tages hört die Frau, die oben wohnt, in einem fort Mundharmonika und es war kaum zum anhören.

[139] Sie geht an die Treppe und ruft herunter: „Was ist denn das für ein elendes Gedudel, hört doch auf!" Da kommt sie auf die Wache, weil ein französischer Offizier die Musik machte, und bekommt 3 Monate Gefängnis!! Alle 8 Tage kommt der Franzose und sie muss sagen, dass es schöne Musik war, was sie gehört hat!

19. Juni
Der letzte Brief Clemenceaus[50] ist das grösste Schanddokument, das je ein Menschenhirn ausdachte.

20. Juni
Die Fülle der „Bedrückungen" wächst. Der Schandkontrakt der Entente soll unterzeichnet werden wir schreiten tiefer und tiefer in Nacht und Schmach hinein. Die Weiber sind im Anzug und Auftreten frecher denn je, 15jährige Mädchen sieht man schon mit Lausbuben anbandeln. Grossmütter gehen in kurzen Backfischröcken und weiten Halsausschnitten. Ueberall liest man von Belustigungen, Kino, Operette, Lichtspiele – – Tanz – Tennis. Die haben's gut, die diese Zeit nicht sehen müssen.

12. Juli
Abendstunde bei Thoma. Ich erzählte von unsern Hausnöten. Dann redeten wir über die Menschen und wie gleichgültig doch so viele die Schmach und Schande hinnehmen, als sei dies wirklich ein „Friedensschluss"! Später las er mir den ergreifenden

---
[49] Rudolf Steiner, Die Mission der Kunst, in: Ders., Metamorphosen des Seelenlebens, nach einer vom Vortragen nicht durchgesehenen Nachschrift hrsg. von Marie Steiner, Dornach 1928.
[50] Georges Benjamin Clemenceau (1841–1929).

Schluss einer neuen Veröffentlichung bei Dietrichs [sic!] vor. „Die Harfen am Strome des Lebens der Pilger und Schüler Mensch"[51], der am rauschenden Lebensstrom lauschend steht und sich unter diesem Lauschen und Rauschen zur Ruhe legt – zur ewigen Ruhe. Es ist ein tief ergreifender Abschiedshymnus in poesievoller Sprache. O dieser gute Thoma. Ich musste ihm gestern überströmend danken, denn er griff mir tief ins Herz. Agathe Thoma brachte mir ein so schönes Gedicht von einer Freundin, das den Schmerz einer deutschen Frau an der Not des Vaterlands meisterlich schilderte.–

Abends war wieder Gassperre. Alles stockdunkel. Zum 3. Mal! Keine Kohlen!!

[140] <u>Sittliche Gesundheit</u>.

Hochwaldschweigen. Endlich nach langer Pause betritt mein Fuss wieder den weichen mit Tannennadeln bedeckten Waldboden, trinkt mein Auge das feierliche Bild der ragenden Tannen, lauscht mein Ohr den verborgenen Harmonien, die durch die sonnenbeschienenen Wipfel ziehen.

Ist denn wirklich draussen in der Welt Krieg und Tod und Verderben?

Die Tannen stehen schweigend.

Warschau fiel! Im Städtchen wehen die Fahnen, läuten die Glocken den Sieg ein. Der Himmel scheint den hellsten Sonnenschein herab. Ihr Tannen, rauscht eure Melodie mit in die Freude: Warschau, Jwangorod fielen.–

Die Tannen schütteln leise die Wipfel im Wind. „Lasst uns die Stille, wir wissen nichts vom Krieg!" – Am Waldessaum steht eine Bank, herbfrischer Windhauch trägt den würzigen Tannenduft herüber. Das stille Wiesental, eingebettet in den dunklen Rahmen der Waldherberge liegt vor meinen Blicken.

Menschen gehen an meiner Bank vorbei, stille, laute, alte, junge, bedrückte, arbeitsmüde – auch oberflächliche – wo sind diese nicht?

Die Diakonisse, mit dem Tannenstrauss und dem glattgescheitelten Haar, ein gütiges, ernstes Gesicht spricht vom Ernst ihres Berufes-der barhäuptige Gelehrte, den Blick zu Boden gekehrt, langsam, stock gestützt dahinschreitend, aus der Tasche sieht das Ende der neuesten Zeitung heraus – 2 lebenslustige Damen in einer Mode, die längst abgelegt werden sollte in d e u t s c h e n Landen, sie müssen trippeln, der Fesseln ihrer engen Kleider wegen, kokett beschuht, Stöcke tragend, als gelte es Hochtouren zu machen – und sind [141] doch so schlichte, bequeme Strassen – lachhaft! – ein Tourist in Lodenanzug und Rucksack – warum nicht im Krieg? Fragt man unwillkürlich –

So geht das an meiner stillen Bank vorbei, langsam, leichtfüssig, ernsten Schrittes. – – sie schütteln die Wipfel – sie kennen nur Regen, Wolken, Sonnen, Himmel. –

Da nahen 2 Feldgraue meiner Bank, der Aeltere auf den Stock gestützt, der Jüngere, blasse, blonde, wie von schwerer Krankheit auferstanden.

Sie gehen nicht vorüber. Sie bleiben stehen. Der Blonde fragt scherzend, ob ich einen Feldangriff beobachten wolle und deutet auf den Stacheldraht, der die stark bergabfallende Wiese vor mir umgab. „Wo steht denn der Feind?" frage ich scherzend zurück und damit begann ein Gespräch, das mich erfreute, wie schon manches, das ich mit rückkehrenden Soldaten hatte.

---

[51] Eugen Diederichs in Jena; der Titel bibliographisch nicht nachweisbar.

Der Aeltere ist Deutsch-Pole, er spricht gebrochen deutsch mit fremdem Akzent. Er hat 1900 den Chinafeldzug[52] mitgemacht und trägt das Band der China-Medaille auf dem sehr mit genommenen Rock. Mit Stolz trägt er sein Feldzeichen und ich bewundere die künstlerisch schöne Prägung.

Der Blonde setzt sich neben die Bank in's Gras und deutet seinem Kameraden an, sich doch auf die Bank zu setzen, dieser aber bleibt stehen – ein gewisses Taktgefühl hindert ihn wohl daran – und dann begann der Jüngere zu erzählen.

¾ Jahr hat er den Krieg mitgemacht, erst im Osten die masurischen Schlachten, dann im Westen den Stellungskrieg. Ein Magen- und Lungenübel brachte ihn in's Lazarett.

„Der Krieg ist in seiner Führung so fruchtbar, dass kein Wort [142] in der deutschen Sprache genügt, seine Greuel zu schildern. Ich bin kein körperlich starker Mensch, aber auch die stärksten unter den Soldaten durchrüttelt's, wenn sie so ein „morden" – anders kann man's nicht nennen – mit angesehen und mit gemacht haben! Die wilden Völker gehen beim Sturm mit tierischer Wut und Geheul gegen uns an, davon kann sich keiner einen Begriff machen, der nicht dabei war! Ich wünschte, die Bierphilister und alle, die so behaglich daheim leben, wären einmal e i n e n Tag im Schützengraben vor der Front – da verginge ihnen so manches ! Wo man mich hinstellte hab ich meine Pflicht auf's äusserste erfüllt, denn ich weiss, dass nur so etwas erreicht werden kann!" – Dann kam er auf die französischen Ortschaften zu reden, in denen sie waren, auf den Schmutz, der da herrschte- und auf – „die Weiber."

Er schilderte ihre Schamlosigkeit, in der sie sich vor den Männern zeigten.

„Wissen Sie, wenn eine Frau auch alt und bucklig ist, das macht nichts, ich erweise ihr dieselbe Achtung wie einer Jungen – aber dort in Frankreich – „die Weiber" – und er schüttelte sich vor Widerwillen.

„Die Kleidung ist auch darnach! Es ist eine Schande, dass die deutschen Frauen das nachgemacht haben bis jetzt! M e i n e Frau zuhause darf mir keinen so modischen Lumpenkram tragen. Eine einfache Bluse und einen Rock, in dem man auch gehen kann! Die Frauen sollten keine durchbrochenen Strümpfe tragen, aber u n s e r e d u r c h b r o c h e n e n S t r ü m p f e f l i c k e n !"

Da sagte der einfache Soldat und ich dachte: Gut wär's, wenn's manche Frauen gehört hätten. Ich antwortete ihm: wenn nur die deutschen Männer solchen Frauen und Mädchen, die den „modischen Lumpenkram" mitmachen, ihr Missfallen deutlicher zeigten, wenn sie ihnen [143] auf der Strasse begegneten! Dann erst würden vielleicht die Frauen einfacher. Und sie stimmten mir Beide lebhaft zu.

Ihre Gesichter sprachen von viel Ernstem, dass sie erlitten und gesehen hatten.

Freundlich schieden wir voneinander. Während ich den steilen Wiesenrain hinabstieg, pfiffen die Beiden am Waldrand weiterschreitend tonrein und zweistimmig das Schubertlied: „Das Meer erglänzte weit hinaus."

Wo sie nur das Lied herhatten?

Wie sicher und rein sie's pfiffen!

Was frage ich! Deutsche Soldanten und deutsche Lieder gehören zusammen. Sie sind gute Kameraden – die Lieder gehen mit ihnen „im gleichen Schritt und Tritt."

---

[52] Sog. Boxeraufstand; an der Koalition von acht Staaten, die gegen China Krieg führte, war auch das Deutsche Reich beteiligt.

Wo aber d i e s e Lieder s o gesungen oder gar zweistimmig gepfiffen werden, da ist mir nicht bange um die innere Verfassung unserer Feldgrauen.

[144] <u>Gedenkfeier</u>[53]

Wieder waren 3 Söhne der Heimatgemeinde gefallen! Ihnen zur Ehre fand an dem leuchtenden Sonntag Nachmittag eine Gedenkfeier statt.

Wenn es die drei, deren Leib in fremder Erde ruht, gesehen hätten, wie es in Scharen in das Kirchlein der Bergheimat strömte zu ihrem Gedächtnis! Die Bauern im Sonntagsrock und die vielen schwarz gekleideten Frauen und Mädchen! Sie füllten das Kirchlein bis zum letzten Platz. Von der Orgelempore herab hängen umflorte Kriegervereinsfahnen. Dort sitzt der Militärverein, dort sitzen weissbärtige Veteranen, zwischen ihnen junge Feldgraue mit dem eisernen Kreuz geschmückt.

Von draussen dringen die warmen Augustsonnenstrahlen herein, der Duft blühender Weisen, der Hauch der dunklen Tannen umwebt das Kirchlein der Bergheimat. Wieder 3 deiner Söhne tot! Schon sind es 30, die nie mehr wiederkehren. 30 Söhne, Väter und Brüder!

Die Orgel erklingt. Wie anders tönt das Singen, als heut früh. Es ist, als stimmten tausend unsichtbare Väter, Mütter, Brüder und Schwestern mit ein. Der Pfarrer spricht schlichte, warme, Ewigkeitswerte enthaltende Worte. Er gedenkt des ersten der drei Gefallenen, eines einfachen Mannes, der in der Sägemühle im Tal treue Arbeit tat, bis der Krieg ihn forderte. Es war einer, der mit tausend Fäden an seiner Heimat hing. Vor kurzem habe er Urlaub zur Heuernte erhalten, da habe er sich fast nicht mehr losreisen können vom Elternhaus, von jeder einzelnen Stube darin, von jedem lieb gewordenen Gegenstand, von all seinen Lieben, von seinem treuen Hund – die Kameraden hätten ihn immer wieder rufen müssen beim Fortgehn, der Abschied brach ihm fast das Herz – so hing er an seinem „daheim!" Kaum war er wieder an der Front, da fiel er durch eine englische Kugel an der Somme.

[145] Manch einer der Männer auf der Empore wischt sich die Augen, auch einen Feldgrauen übermannt es, – er war vielleicht sein Freund, – von unten herauf tönt das Schluchzen der Frauen, – aber fester und zuversichtlicher erklingt die Stimme des Pfarrers. Es ist, als recke sich über die Wogen des Leides eine starke Freundeshand den gemeinsam trauernden [!] entgegen: „Fürchtet euch nicht, glaubet nur!" Und die nie auszuschöpfenden Trostesworte des Buches aller Bücher treten wie liebe, helfende Freunde zu allen Pforten des Kirchleins herein und wischen die Tränen ab und setzen sich neben die arme Schuhmacherswitwe, deren Mann bei Ypern von einer Handgranate zerrissen wurde, neben den Grossvater, dessen Enkel bei Verdun fiel, neben die gebeugten Eltern, die ihren braven Sohn, ihr Hoffen und ihre Stütze im mörderischen Ringen an der Somme verloren hatten.

Drei Kreuze ragen in den sonnendurchfluteten Altarraum. Drei schlichte Kreuze aus Birkenholz, daran heftet die Schwarzwaldheimat Tannenkränze des Gedenkens.

„Ihre Leiber ruhen im fremden Land – ihre Seelen sind bei Gott, dessen Wege unerforschlich sind, die aber alle im L i c h t e enden!"

Begreifen's die Bauern, die Alten mit den durchrunzelten, vom harten Leben verwitterten Gesichtern, die Jungen mit den ernsten Augen – begreifen sie das Geheimnisvolle, das sich um den Altarraum breitet, von wo die Ewigkeitsworte erklingen?

---

[53] Handschr. hinzugefügt: Dobel i[m] Schwarzwald.

Sehen sie die drei Kreuze, die den Weg zu einer wunderbaren Brücke weisen, die aus der armen, schmucklosen Dorfkirche hinüberführt in einen grossen, weiten, herrlichen Tempel?

Drei tote L e b e n d e, denen eine liebe Vaterhand die Schrecken des Krieges aus den Augen gewischt hatte, sind in den Kreis der Trauernden getreten, unsichtbar für diese, fühlbar für diejenigen unter ihnen, die die Brücke fanden zu dem lichten, weiten Tempel.

[146] Der Erste, der so am Elternhaus in der Bergheimat hing – er nähert sich seinen Eltern dort auf der Holzbank, der Mutter wird's seltsam warm im Herzen, als spüre sie seine Nähe –

Der Zweite, ein 20jähriger Jüngling, steht oben auf der Empore, die Hand an die Fahne gelegt, auf der in Gold gestickt die Worte schimmern: „Mit Gott für König und Vaterland" –

Der Dritte, der Schuster aus dem schindelgedeckten Häuschen, steht unter der Kirchentür, noch findet er sich nicht zurecht, so viel Himmelsglanz liegt ihm in den Augen – da beginnt die Orgel zu spielen, laut erhebt sich die Gemeinde und singt ein Trostlied in schwerem, wuchtendem Takt.

Wieder ertönt klar und zuversichtlich die Stimme des Freundes seiner Gemeinde vom Altar her – ihr Leid ist sein Leid, ihre Sorge seine Sorge. Aber sein Trost und seine Gewissheit ist auch ihr Trost und Hoffen.

Die drei Gefallenen ziehen auf geheimnisvollen Wegen dem fernen, unsichtbaren Tempel zu – ihrer neuen Heimat – drunten aus dem Kirchlein ihrer e r s t e n Heimat strömen schwarzgekleidete Menschen, die verweinten Augen von Sonnenglanz überstrahlt.

[147] Sept. 1919
Ein aus serbischer Kriegsgefangenschaft heimgekehrter Freund erzählte mir:

Auf der Rückfahrt von Serbien seien sie in Passau „empfangen" worden mit Fahnen und Begrüssung, aber – es sei keine Freude über den Empfang in ihm aufgekommen – es sei alles so „gemacht" gewesen, man habe nicht von wirklich tiefem Anteilnehmen gespürt. Er war sehr betrübt über das Bild, da sich ihm darbot: die Soldaten grüßten nicht mehr, lungerten ohne Haltung umher, 16–17jährige Burschen seien auf ihn, den Offizier, zugetreten mit den Worten: „Grüss Gott ‚Kamerad' in der Heimat" – als ob <u>sie</u> draussen gewesen wären, mit so kollegialem Ton, der den Jungen, die nichts erlebt hatten, gar nicht anstand gegenüber den Aelteren. So herablassend freundlich traten solche halbwüchsigen Burschen auf ihn zu, der in einer ganz zerflickten Uniform, mit dem Mannschaftsmantel und dem vielen Gepäck, Patronenkasten umgeschnallt und dem Tornister u.s.w. daherkam. Als er den Mantel abnahm bemerkte ein Soldat sein Offiziersabzeichen, sprang herbei und wollte ihm tragen helfen. Aus dem Gespräch ergab sich, dass der Soldat draussen war und ordentlich war, da liess er ihn die Sachen tragen. „Ich hätte sie mir nie von so einem Burschen tragen lassen wie die oben Genannten."

Auf der Bahnfahrt 2. Klasse war er mit so ekelhaften Frauenzimmern und Herren zusammen, dass er sich schämte. Der Anzug der Frauen! Das Gespräch! Er sagte: In Zivil fahre ich nur 3. Klasse, nie mehr Zweiter, denn da sei er überall dieser Art Menschen begegnet.

Hier am Bahnhof war sein Bruder und Schwager und dessen Tochter zum Empfang gekommen mit Blumen. Er hatte telegrafisch seine Ankunft gemeldet, er war mit dem gewöhnlichen Schnellzug angekommen. Aber weder Bruder noch Schwager hätten ihn erkannt! Er wollte gerade seine Sachen abgeben, da entdeckte er sie. Dann fuhren sie im Auto heim. Alle seien um ihn herum gestanden und hätten gestaunt als er seine Sachen aufmachte und ihnen noch Kaffee, Fett und Speck mitbrachte aus der Gefangenschaft! Er habe gespart im letzten halben Jahr der Gefangenschaft, um das kaufen zu können. Auch seine selbstverfertigten Kochapparate aus Konservendosen hätten sie bestaunt. Er lötete Henkel an solche Büchsen, dann waren's Trinkgefässe oder dergl. [E]r wurde erfinderisch in seiner Gefangenschaft und arbeitete immer.

Zuerst hatte er es sehr schlecht südlich von Nisch. Sie lebten einige Zeit von Brot und ––– Pferdeköpfen, die ins Gefangenenlager gesandt wurden, zum Hauptessen. Da habe er oft geglaubt verrückt zu werden. In Erdlöchern[54], nur mit Planen überspannt! Sie seien bei der Eise auf einer Stelle herumgehüpft, nur um nicht zu erfrieren. So menschenunwürdig sei das gewesen, so grotesk, viele seien erkrankt damals, viele seien auch dort geblieben! Gestorben fern der Heimat! In Nisch sei es besser gewesen, aber noch schlimm genug. Die Oesterreicher hätten viel verschuldet gehabt in den Grenzländern. Die Wut sei gross gewesen. Er habe einen grossen Eisennagel gehabt, mit dem man eine Wagendeichsel sonst befestigt, mit dem habe er alle möglichen Geräte gemacht und auch zu seiner Verteidigung habe er ihn gebraucht. In einem der Gefangenenlager habe man ihm beim Abführen mit Erschiessen gedroht, er habe aber sein Recht behauptet, und der Betreffende, der ihm gedroht habe, sei bestraft worden.

[148] Seit vorgestern ist er hier. Ich war nichtsahnend zu seiner Ankunft nach B. gekommen und habe die tiefe Freude der Mutter und Schwester miterlebt. Das Haus war bekränzt, sein Zimmer geschmückt. Ein tiefes Abendrot sah zu den Fenstern herein. Die alte Mutter, eine ganz einfache Frau, stand in der Küchenschütze da, in der rechten Hand eine halbgeschälte Kartoffel, mit der Linken wischte sie die Tränen aus dem runzligen guten Gesicht. Sie hielt's nicht in der Küche aus, sie kam immer wieder herein, ihren Sohn zu sehen und er war so überaus liebevoll und fein in seiner Art mit ihr. Ich stand tief bewegt am Fenster. Das ist der Sohn und Bruder dieser einfachen Leute! Ein edler, feingeschnittener Kopf, den jeder Maler als Christuskopf hätte benützen können. Feine aristokratische Züge, dunkles Haar, ein schwarzer Vollbart machte ihn etwas unkenntlich, gegen früher, er sah älter aus. In dem blassen, leicht gebräunten Gesicht las man alles, was er durchgemacht, Heimweh, Krankheit, Entbehrung –– und doch leuchtet dies Gesicht! Bei seiner Gefangennahme am Ende des Kriegs – er war als Feldintendant mit dem Auto zu den Wagen gefahren, wo eine Menge Verpflegungssachen, Nahrungsmittel u.s.w. waren, um diese noch zu retten, war er einer französischen Patrouille in die Hände gefallen. Der begleitende Leutnant, der bei ihm war, habe sich gleich auf die Erde geworfen und in der Panik sich ergeben. Er habe die französischen Stahlhelme gesehen und alle Ruhe sei über ihn gekommen, wie im Jahr 1914. Mit der Pistole habe er sich allein gegen 16 Mann verteidigt. Einigen Verwundungen beigebracht, bis man ihn überwältigt habe. Einer habe ihm dann gesagt: „Herr Hauptmann, sehen Sie 'mal nach Ihrer Mütze!" Da habe er gesehen, dass eine Kugel den Mützenrand durchbohrt und oben am Kopf wieder heraus sei. Er

---

[54] Gestrichen: 600 Kilometer vom Meer.

zeigte mir die Mütze, ich sah ergriffen das Todeszeichen daran. „Es war eine Fügung", sagte er fest und bestimmt. „So habe ich's auch in meinem Tagebuch verzeichnet, ich habe scheints erhalten bleiben sollen. Alles ist Fügung!"

Er frug gleich, ob wir ihn in irgend etwas brauchen können, er wäre zu jedem Dienst bereit, juristisch oder sonstwie. Auch nach den Wohnungsangelegenheiten frug er eingehend und will helfen, wo er kann.

Ueber Deutschland denkt er, dass eine böse Krankheit des Mamonismus und der Geldgier unser Volk erfasst hat. Alles, was ich sehe ist so undeutsch. Das muss sich ändern, bleibt nicht.

Karlsruhe, 8. September.
    Unglaub und Torheit brüsten
    sich frecher heut denn je,
    darum musst du uns rüsten
    mit Waffen aus der Höh!" – – –

Die Straßenbilder sind hier greulich. So viele fastnachtsmässig gekleidete Mädchen und Weiber –. Häuser, Strassen, Kinos, Menschen, alles passt zusammen. Karlsruhe nimmt den Charakter einer charakterlosen Provinzstadt an. Es ist mir widerlich in den Strassen zu gehen –am besten noch morgens früh und spät abends – beim Heimkehren von einer Reise[55] rief ich einem Frauenzimmer zu: schämen Sie sich nicht, sich so anzuziehen in solcher Zeit!! Sie sah mich gross an. – Schande über ein Volk, das den Ernst der Lage nicht sehen will und in eitler Äusserlichkeit aufgeht.

Professor Dr. W.[56] war gestern Abend bei uns. Er gedenkt einen Bund zu gründen: die Gemeinschaft der „Gottesfreunde" – wie sie zu Taulers Zeit hiessen. Nur von der religiös-sittlichen Seite her ist unserm [149] Volk noch zu helfen. Zu tief sind Moral und Sitte gesunken. Der Rest der Gottgläubigen, der noch blieb, muss zusammentreten, um alle religiösen Kräfte wieder wach zu rufen, so weit dies möglich ist. W. ist beseelt von Mut und Kraft.

27. Sept.[57]
Die kleine Uhr in Berthas Zimmer stand lange schon, – schon vor 2 Jahren ging sie nicht mehr und Bertha[58] stiess den kleinen Perpendickel oft an, obwohl er nur ein paar Ticktack-Schläge machte, „nur damit ich sie ticken höre" sagte sie. Aber das Ticken dauerte keine Minute. Dann – als Bertha schon von uns gegangen war – da stand sie erst recht. Ich wollte das Ticken gar nicht hören. Dann, nach einem Jahr versuchte ich's. Ich zog sie auf und stiess den Perpendickel an. Sie stand nach wenigen Schlägen. Ich probierte es wieder. Sie stand, sie wollte nicht gehen. Einem Uhrmacher wollte ich das Uehrchen, der Kosten wegen, nicht bringen- viel wird er auch nicht machen können.

---

[55] Gestrichen: beim Verlassen des Zuges.
[56] Nicht identifiziert.
[57] Im Anschluss gestrichen:
    „Bis ich auf höherem strahlenden Flügel
    selber entschwinde der wechselnden Zeit."
    Bertha! Am 27. September in ihrem Gedenken höre ich diese Melodie Schuberts.
[58] Bertha Faisst, Schwester von Marie Lehmann und Clara Faisst.

Da – neulich am Sonntag! stiess ich sie wieder an. Und sie ging! Ging plötzlich richtig den Tag über und seither immer. Ein Wunder? Hat sie so lange ruhen müssen und fand nun von selber den Gang wieder? Soll es ein Sinnbild sein? Ein Wunder.

Lieber Meister Hans Thoma.
Es gibt ein Lied von Schubert, in dem der Sänger Grosses und Gewaltiges singen und sagen will von Heldentum und Sieg- aber immer wieder rauscht es aus der Seelenharfe empor: zarte Klänge voll Wohllaut, die das feierliche Pathos des Liedes übertönen und zuletzt ganz zum Schweigen bringen:

„doch meine Saiten tönen;
nur Liebe im Erklingen!"

so geht es mir, wenn ich mich anschicke, aus der Tiefe des Herzens Ihnen an Ihrem und unserem Festtag „etwas sagen" zu wollen! Immer steigt diese Melodie Schuberts in mir auf „doch meine Saiten tönen nur Liebe im Erklingen.—

Und so komme ich und bringe Ihnen als Geburtstagsgabe diese Melodie. Ich möchte sie auf einen goldnen Sonnstrahl legen, der sie Ihnen am Morgen des 2. Okt. ins Haus trägt – aber so reich bin ich nicht, dass ich das Sonnengold auffangen könnte!

Da habe ich goldne Menschworte gesammelt – Worte, die aus der dunklen Gegenwart erklangen – da und dort – sie blinkten mir wie Edelsteine am Weg aus stillen Büchern oder Briefen entgegen und ich schrieb sie auf die Seiten eines kleinen Büchleins für Sie ab.

Vielleicht freut es Sie, Worte von Mitwandern aus dieser schweren Zeit zu lesen, die mich mit Freude und Zuversicht für die Zukunft unsres Volkes erfüllen. Mein Herz ist übervoll des Glückes und Dankes, dass Sie da sind, dass wir alle Sie kennen und lieben dürfen.

Und so danke ich Ihnen für das das letzte Werk Ihrer Feder, das Vielen die Bahn brechen helfen möge zu wahrer Freiheit und wahrem Frieden. Dem Sänger aber des Hymnus, der das Werk beschliesst, drücke ich in tiefer Bewegung die Hand für den wunderbaren Ausklang, der mich umso mehr berührt, als ich ihn aus des Sängers eigenem Mund hören durfte!

[150] O lieber Meister Hans Thoma – mein Saitenspiel kann heute nur die eine Schubertweise spielen und ich glaube sicher, dass am 2. Okt. die Sonne hell scheinen wird und so ein Harfenklang auf goldenem Strahl wird den Weg finden in's wohlbekannte Haus und Zimmer.

„Doch meine Saiten tönen
nur Liebe im Erklingen"

das ist alles, was ich dem lieben Meister an seinem 80. Geburtstag sagen kann. Rausche, mein Saitenspiel, rausche es ihm in die Seele aus meiner Seele.

3. Oktober.
Ich nehme das Wort „Glück" nicht gern in den Mund und wenn ich von einem „grossen Glück" höre, möchte ich immer beide Hände schützend emporhalten und bitten: nenne es nicht so, denn, was uns augenblicklich so erscheint, kann im Laufe der Zeit

so andere Namen annehmen. „Glück" ist ja alles, was innerlich froh und tapfer und stark macht, auch das Schwere kann uns zum Glück werden. „Glück" ist nicht was eitel Sonne und Freude ist! Wir müssen das Wort „Glück" erst wieder befreien von all dem Menschlichen, das sich daran festgesetzt hat.

Es gilt mehr denn je in der tiefdunklen Zeit innerlich rein und reif zu werden und das Leben von anderem als dem egoistischen „allzumenschlichen" zu betrachten.

Das grösste Glück liegt darin, gar nicht nach Glück zu suchen und es dennoch täglich zu finden. Denn es schimmert wie viel feines Gold aus dem Wegstaub uns oft entgegen, dass die erschrockenen Augen es nicht fassen.

Viele gehen daran vorüber, weil ihre Augen auf anderes eingestellt sind. Der Künstler erhielt vor Gott wohl besondere Augen, deshalb ist er auch oft so glücklich in tiefster Not. Er hat oft so ganz andere „Not" als andere Menschen. Er ist auch kein ganzer Wirklichkeitsmensch, er stammt aus andern Landen. Darum fühlt er sich nie so heimisch auf der Erde. Nie!

15. Oktober
Mit einem leuchtenden Kornblumenstrauss ging ich zu Thoma, der sich an den Blumen freute und sie lange mit frohen Augen in der Hand hielt. Sein Zimmer steht noch im Blumenschmuck vom Geburtstag her. Er geht schweren Schrittes, aber er sieht so gut aus, keine Falte in dem schönen, alten Gesicht. Wir sprachen über Theosophie – der er fern steht. „Das Schlichte, Einfache, Grosse, was uns aus Jesu Bild und Worten entgegentritt, braucht keine menschliche Ergänzung. Das Geheimnisvolle soll Geheimnis bleiben und die letzten Dinge sind uns verborgen und es ist wohl recht so!" Das komplizierte Denken und Sagen Steiners liegt seiner Natur fern.[59]

19. Oktober.
Nachrichten in der Zeitung sehr niederdrückend! Der strenge Winter im Schwarzwald jetzt schon – und keine Kohlen! Und das [151] Holz rationiert, was ich nicht verstehe, weil wir ja im Waldland wohnen! Holz wäre sicher genügend da! Und hinten in den Zeitungen nur Vergnügungsanzeigen: sämtliche Wirtschaften in Daxlanden laden wegen „Kirchweih" ein zu grossem Tanzvergnügen! Bei Wein und Bier! Daneben Anzeigen: Cabaret, -Bar, -Kino – eine grosse Anzeige neben der andern. Wo ist der opferfreudige Buchhändler, Buch-Verlag, der, noch grösser als diese ekelhaften Kino-Anlockungen, eine Anzeige für ein zeitgemässes Buch in die Zeitung setzt, täglich, jeden Tag grösser? Reklame für gute Bücher würde ich machen, die die Menschen wach rütteln aus dem Taumel in dem sie leben. Aber dafür hat der Verleger „kein Geld" – wohl aber dazu, raffinierte Romane u. dgl. auf Luxuspapier heute noch drucken zu lassen!

26. Oktober
Abends war ein Feldgeistlicher bei uns. Im Feld hat er den Unterschied der Schichten kennen lernen. Er war erschreckt, welcher Geist unter den „Oberen" herrschte, z. B. beim Lesen der Bücher.

---

[59] Die folgenden Zeilen im Original gestrichen: Beim Fortgehen schenkte er mir sein zuletzt erschienenes Buch: „Aus dem Winter des Lebens" und schrieb hinein: „Seiner lieben Freundin C. F. zum Andenken." – Ich ging fort aus dem mir so teurem Haus.

Er hatte eine Feldbibliothek „nicht pastoral zusammengestellt". Es waren wundervolle Werke darunter. Die Offiziere wollten solche Bücher nicht – sie lasen fast nur Ullstein oder ganz oberflächliche Romane kitschichster Art! „Asch, Ihr Idealismus" sagten sie oft geringschätzig zu ihm. Am Tisch sass er wochenlang einem Prinzen von W. gegenüber. Der habe einmal gesagt, als die Rede auf das „Volk" kam und er ihm erwiderte: „das wird sich das Volk nicht gefallen lassen" – „Ach, die haben sich zu fügen, die haben gar nichts zu sagen." Da habe er ihm geantwortet: „Hoheit, die werden etwas sagen, und werden sich ihr Recht verschaffen, vielleicht bälder als wir es denken!"

„Die haben nichts zu sagen", damit macht man die Sache ab.

Beim Rückzug, ehe sie den Rhein überschritten, hat er noch einen Gottesdienst – den letzten – gehalten. Er konnte nicht weiter erzählen, so ergriff ihn das Drandenken. –

2. November
Allgemeiner Stillstand aller Elektrischen. Sämtliche Bahnen Deutschlands fahren für Personenverkehr vom 5.–15. Nov. nicht mehr. Zehn Tage kein Verkehr als nur der Güterverkehr, damit die Kartoffel- und Kohlennot behoben wird. Wenn dadurch wirklich geholfen wird, wird man auch das noch ertragen. Dazu die Kälte und keine Kohlen![60]

15. Januar 1920
Zehn Uhr abends kam Pfarrer F.[61] aus Strassburg zu uns. Stand da ein grosser, schwarzbärtiger Mann vor der Türe – eine auffallende Erscheinung und Persönlichkeit – und frug nach „Frau Plügge".[62]

[152] Wir führten ihn zu ihr. Dort sass nun der dunkeläugige, grosse, ernste Mann – Elsässer „pur sang" – am Bett und wir frugen nach Strassburg. Er meinte erst: wir wollen lieber nichts von diesen traurigen Sachen reden – es könnte wohl Ihre Nachtruhe stören! Aber dann kam er doch in's Erzählen – ich musste ihn dabei immer ansehen – er hatte etwas Christushaftes, es lag so viel Weh über ihm, alles Leid, das er erlebt, sprach aus seinen Zügen.

Als ich ihm sagte, ich hätte das Bild vom Strassburger Münster u. der Stadt in meinem Zimmer aufgestellt, um es immer täglich zu sehen und mich zu stählen, sagte er: aber doch nicht um Hass – und Rachgefühle zu nähren? Und er erzählte, wie schwer es drüben sei, wie furchtbar kalt und rücksichtslos dieser unedle Feind verfährt und wie ganz verändert das Geistesleben Strassburgs geworden sei seit dem 11. Nov. 1919.

Er habe erst die rote Fahne auf dem Münster nicht sehen können und nicht hinaufgesehn. Dann habe er sich aber eines Tages einen Ruck gegeben und sich gesagt:

---

[60] Gestrichen: Wenn es möglich wäre, mit denen, die von uns gingen – mit der „andern Welt" in Verbindung zu treten, in irgendeiner Art, dann wäre ja der Glaube daran hinfällig, dann würde aus dem freiwilligen Entschluss des Glaubens – und nur das ist Glaube – ein Zwang, denn es wäre ja enthüllt, was wohl verhüllt bleiben soll!
Die Spitta'sche Schrift „die Auferstehung Jesu" [Friedrich Spitta, Die Auferstehung Jesu, Göttingen 1918] sei zu dogmatisch. Hier habe die metaphysische Anschauung einzusetzen.
[61] Nicht zu ermitteln?
[62] Gestrichen: Wir führten ihn ins Wohnzimmer, da E. längst zu Bett lag. Da öffnete er sein Handtäschchen und holte Geschenke von S. Hackenschmidt heraus. Er kannte mich, er habe im Jahr 1902 meine „Ruth" gehört, seither wisse er wer Clara Faisst ist und dann hatte er mich in Strassburg spielen hören. Also kein Unbekannter!

„Schau der Tatsache ins Auge[,] es ist nun 'mal so! Und habe hinaufgesehen, obwohl sich sein Herz zusammengekrampft habe, da habe er den roten Lappen gesehen – ja – der 11. November sei der dunkelste Tag seines Lebens gewesen, da sei er zusammengebrochen – moralisch – aber nur eine Stunde, dann habe er die alte Kraft wieder gewonnen. Er kennt Lienhard gut. Er ist in Schillersdorf aufgewachsen, wo Lienhard oft als junger Mann hinkam. Da war sein Vater Pfarrer.

Für die Polen hat er Verstehen. Er sagte, dass Bismarck nach 1870 einfach im Westen auf der Landkarte den Strich gezogen hätte und über das Grenzland war entschieden. Und Polen sei doch ein grosses, mächtiges Reich gewesen. Und dann sei die Teilung gekommen und das Land habe sich beugen müssen, es sei Grenzland und habe die Leiden des Grenzlandes durchkosten müssen. – Er, als Elsässer verstehe darum die Polen – und das jüdische Volk. Auch mit diesem habe des elsässische Volk einen verwandten Zug. So wie die Juden heimatlos und zerstreut in der Welt leben müssen, so gehe es dem elsässischen Volk. Ueberall da und dort leben müssen, so gehe es dem elsässischen Volk. Ueberall da und dort leben elsässische Kolonien – in Paris – in Berlin – in London – in Hamburg. Der Heimatboden fällt bald dem einen bald dem andern „Sieger" in die Hand. Ein Grenzvolk wird nicht gefragt: „wo willst du hingehören" – man entscheidete über es. Wenn ein Reh im Wald grast und zwei Wilderer nahen sich, so werden sie das Reh nicht fragen, auf welchem Platz es jetzt grasen will – sondern sie fangen eben das Reh! Sollen die Polen nicht auch das Recht haben, sich ihren Platz an der Sonne zu nehmen? Wer gibt uns ein Vorrecht vor ihnen?

Pfarrer F. ist grunddeutsch in seiner Seele! Bisher in Strassburg Pfarrer, von den Franzosen angefeindet, wegen seiner Gesinnung, musste er viel leiden, ist verlobt mit einer Badnerin, und um sich nicht in Strassburg den Schmähungen auszusetzen, hat er eine Stelle angenommen in einem weltabgelegenen Dorf im Elsass „wo der Fuchs und der Hase sich Gutenacht sagen" – weil die ansässige Bevölkerung dort ganz deutsch gesinnt ist. Was spricht da für eine feine Persönlichkeit heraus.

Aeusserlich wäre es ja für ihn viel vorteilhafter gewesen in Strassburg zu bleiben.

Als wir von der furchtbaren Gegenwart sprachen und allen Geschehnissen nach dem Krieg, sagte er: „es wird uns erst später zum Bewusstsein kommen, wie viel Gutes das anscheinend so Furchtbare der Gegenwart in sich trug – auch die Revolution hatte viel Gutes, aber erst wenn die Wogen sich gelegt haben – und das dauert noch lange – wird man das Gute gewahren, das sie unserm Volk brachte. Wir sehen jetzt nur die Verirrungen und Auswüchse.

[153] Sturmtag.

Der Sturm braust über die Felder und treibt die Wolken, die lieben herrlichen Wandergefährten dort oben, mit rasender Schnelligkeit vorwärts.

Was ist das heut für ein Tag! Als ob alle Elemente sich auflehnen gegen etwas Furchtbares, noch nie gewesenes. Das Furchtbare war ja gekommen und es hatte sich in das helle Kleid einer Lichtgestalt gekleidet – dahinter aber war eine Höllengestalt! Und „ F r i e d e " hatte sich das Furchtbare genannt.

Ich wandre über die Felder. Ist das Heulen des Sturmes nicht wie ein Hohnlachen über das Geschehen auf Erden? Die Natur rings in Aufruhr – die Menschen aber in gebundener Ohnmacht. Die Elemente alle entfesselt in grossartiger majestätischer Gewalt – die Menschen aber im Alltag weitertaumelnd. Als hätten sie keine Kraft mehr, sich aufzubäumen gegen Vergewaltigung und Knechtschaft. Die Natur ringsentgegenatmend dem sich weit über ihr wölbenden Himmel, von dem ihr Licht und Nahrung kommt, die Menschen aber nur ihren Begierden und Gelüsten offen, preisgegeben den Mächten, die von u n t e n stammen.

Wie der Sturm tobt! Es ist mir, als trüge er mir abgerissene Klänge eines Liedes zu, das – es war einmal – Männer und Jünglinge sangen, als sie dem Stürmen entgegenschritten voll trotziger Kraft und ungebeugten Mutes, und die Frauen sangen's daheim voll Stolz nach: „O Deutschland, hoch in Ehren"…

Als schimmernde Reichskleinodien wurden die deutschen Lieder von der Treue, der Kraft, der Einigkeit den wandernden Kolonnen vorangetragen. Wie sie glänzten in der Sonne! Wie sie in goldenem Glanz funkelten! Es war einmal. – Jetzt müsste das Lied beginnen: „O Deutschland, tief in …" Brause vorüber, Sturmwind, und trage die letzten Töne hinein in Höfe und Hütten, wo noch Deutsche alten Schlages woh[154]nen, wo man noch deutsche Ehre hochhält – auch noch in Lumpen und Armut.

Ihr reinen, starken, tiefen deutschen Lieder – wo bleibt ihr? In euch lebt Himmelskraft, die die letzten Funken in verarmten matten Seelen entfachen kann zu einer Flamme, die den Menschen durchleuchtet und durchglüht.

Ein Baum steht einsam mitten auf dem freien Feld. Er hält dem Sturm Widerstand. Die Sprache seiner kahlen reichverschlungenen Zweige ist schlicht und gross in ihrer natürlichen Schönheit. Grau und schwer liegt der Himmel über ihm, pfeifend und sausend fährt der Sturm ihm ins Gezweige – ein lautes Aechzen tönt aus dem Holz, aber der Baum ist so tiefgewurzelt – er hält aus! Und wieder klingen Töne des starken deutschen Liedes durch Sturmestoben mir ins Ohr, auf dunklen regenschweren Flügeln trägt sie der Wind dahin, wo Menschen wohnen, die Deutschlands Schmach fast zerbricht, die Töne: „Haltet aus, haltet aus im Sturmgebraus!"[63]

Senkt tief die starken Wurzeln „Glauben", „Vertrauen", „Zuversicht" ins Erdenreich, wo ihr steht! Prüft den Grund, auf dem ihr steht, ob er Menschenmachwerk oder Gottesland ist. Ist er Menschenmachwerk, dann kann der Sturm, der übers deutsche Volk fährt, euch vernichten. –

Ich rufe dem einsamen wettererprobten Baum einen Dankesgruss im Vorbeigehen. Niemand weit und breit, der sieht, wie tapfer du dich wehrst gegen Sturm und Wetter, du starker Baum, der das Beben deiner Zweige sieht und deine Schönheit, die im Rhythmus deiner Gliederung selbst zum „Lied" wird, zum glaubensstarken Lied.

Der Sturm hat nachgelassen. Ein feiner Regen hüllt alles in graue Schleier, Feld und Baum und das ferne Bild der Stadt. Ich wandre heimwärts. Der Gedanke an das stolze deutsche Lied, das wir eins so gern mitsangen, lässt mich immer noch nicht los. Die Töne folgen mir auf Schritt und Tritt. „Zeig dem Feind, dass wir treu zusammenstehn!"[64]

[155] Der Regen weint leise herab aufs aufgewühlte Land.

„Treue"? – „Zusammenstehen"? – – Wo zeigt sich am grauen Himmel die goldene Türe, durch deren Spalt uns ein Hoffnungsstrahl ins Herz fällt? Wo auf Erden der Glauben, der nach dem berühmten Wort „Berge versetzen" kann, auch Berge der Ohnmacht und der Schmach – – und türmten sie sich noch so hoch. Der kleine Mensch, der Gottesfunke mit L i e b e erfüllt, kann das Wunder des Bergeversetzens vollbringen.

---

[63] Aus dem 1859 entstandenen Soldatenlied „O Deutschland hoch in Ehren" von Ludwig Bauer (1832–1910).

[64] Zitat aus dem gleichen Lied (ebd.).

Er könnte es auch heute, wenn „Treue" und „Zusammenstehen" keine Begriffe und Worte blieben. Und wenn du nur an deinem Platz e i n Sandkörnchen vom Berg der Not und der Schmach abträgst – täten's alle dir nach – wie bald wäre der ganze Berg abgetragen! Wären die dunklen Mächte nicht über unser Volk Herr geworden: Verrat, Geldgier, Genußsucht, Unfrömmigkeit – der Berg der Schmach stünde nicht mehr vor der deutschen Seele. – – „und hätte also [!] Glauben, dass ich Berge versetzte – – und hätte der L i e b e nicht"[65] – – –

Brause, du Lied, heiligste, höchste Glut, brause im Sturmwind übers deutsche Volk und Land !

[156] <u>Kriegsende</u>.

Als der Krieg begann, da hing ich, heiliger Begeisterung voll, das Dürer'sche Blatt: Ritter, Tod und Teufel über meinen Schreibtisch, damit ich es immer vor Augen habe und Mut, Kraft und Vertrauen daraus schöpfen konnte.

Je nach den Geschehnissen der Zeit wechselte ich es dann aus mit solchen Bildern, die in Beziehung zu den Ereignissen an den Fronten standen. Hindenburg, Weddigen und andere der tapfern Helden grüssten von der Wand – zeitweise auch das Steinhausen'sche[66] Blatt, Mose darstellend, der auf der Bergeshöhe mit emporgehobenen Armen für den Sieg seines unten kämpfenden Volkes betet, oder der wundervolle Kopf Gott-Vaters von Michel Angelo [!], eines der erhabensten Bilder, das ich kenne. Voll unendlicher barmherziger Güte neigt sich dieser menschlich so gewaltig ausgedrückte Kopf zur Erde nieder. Seit dem denkwürdigen 11. November 1918 aber hängt wieder das Dürerblatt an der Wand und kein anderes darf mehr dahin. – Darunter befestige ich ein anderes Dürerbild: den durch tiefe Wasserwogen schreitenden Christophorus. Diese beiden Blätter gehören an das Ende des Krieges. Und ich sehe sie anders an als zu Anfang des furchtbaren Geschehens, als so viel Siegesglaube in uns allen war.

Wenn ich jetzt von vielen Seiten höre: „Und so viel Blut der Besten ist umsonst geflossen" – oder: „Wozu waren alle die vielen unsagbar grossen Heldentaten – wie sollen denn die vielen Tausende von der Front heimkehren nach solchem Ende ? Ist es nicht eine Schmach für alle, die so tapfer aushielten ?"

Wie sie heimkehren sollen, unsere Feldgrauen ?

Nun, – sie könnten alle heimkehren wie der Reiter auf dem Dürer'schen Blatt! Zwischen Tod und Teufel mittendurch war ihr Weg gegangen und sie hatten standgehalten! Wer so hinauszog, wie der Dü[157]rer'sche Reiter (nicht alle taten es!), der kehrt, ist ihm die Heimkehr vergönnt, auch so zurück.

Stahlhart geworden, das Auge noch geschärfter wie bisher, der Rücken noch gerader denn zuvor, das Herz fester denn je! Aber ich hing das Blatt ja nicht für die „draussen" an die Wand, sondern für uns, die wir jetzt in der Heimat so schwer hindurch müssen. Es hat für mich die folgende Deutung: es gilt erst recht aus dem gefahrdrohenden Hohlweg hinauf auf die freie Strasse zu gelangen.

Es gilt sich zu wappnen nach den Worten des Paulus von Tarsus: „Ziehet an den Harnisch Gottes, dass ihr bestehen könnt gegen die listigen Anläufe des Teufels. Denn

---

[65] 1 Kor 13,2: Und hätte allen Glauben, also dass ich Berge versetzte…
[66] Wilhelm August Theodor Steinhausen (1846–1924)

wir haben nicht mit Fleisch und Blut zu kämpfen, sondern mit Gewaltigen, die in der Finsternis dieser Welt herrschen, mit den bösen Geistern unter dem Himmel."[67]

„Umgürtet euch mit der Wahrheit!"
„ergreift den Schild des Glaubens!"
„nehmt den Helm des Heils!"
„nehmt das Schwert des Geistes!"[68]

so ruft uns das Bild zu in einer Zeit, wo die Teufel der Furcht und Verzagtheit, der List und Lüge, der Gewinnsucht und der Feigheit und wie die schlimmen Geister alle heissen, am Weg lauern.

Wie viele unter uns fallen ihnen rettungslos zum Opfer – und die Hölle freut sich. „Wer sich vor der Hölle fürchtet, der fährt hinein"[69], hat Luther gesagt und man könnte hinzufügen: „Wer ihr nicht gewappnet entgegentritt, den überwältigt sie."

Daher: nicht rechts und nicht links sehen, ob daher oder dorther uns Hilfe kommt. Die Hilfe kommt allein von Gott und aus uns selber, wenn wir furchtlos den Blick nach vorn gerichtet und in der Paulinischen Rüstung den Weg ziehen.

„Trotz, Tod komm her, ich fürcht dich nicht" –[70]
„Unverzagt und ohne Grauen soll ein Christ,
wo er ist, stets sich lassen schauen!"[71]

[158] Diese Lieder steigen aus dem Herzen auf und bannen die bösen Geister.
„Die Welt ist aus den Fugen!"

Nun, so gilt es erst recht das Stahlkleid anzuziehen und furchtlos in's Dunkel hineinzugehen.

Hast du noch nicht bemerkt, dass das unheimliche Dunkel, das gegenwärtig, wo jede Strassenbeleuchtung fehlt, uns entgegenstarrt, sind wir erst ein Stück hindurchgegangen, nicht mehr so dunkel ist, dass wir sogar sehen darin und unsern Weg sehr gut finden?

So wollen wir getrost ins das Dunkel gehen. Wenn nur unser Blick nicht getrübt ist, so führt unser Weg mitten durch und weiter in's Helle, das noch immer jenseits des Dunkels lag.

Der Christophorus von Dürer, der, das Jesuskind auf den Schultern, sich den Weg bahnt durch wogenden Strom, ergänzt das Bild vom furchtlosen Ritter. Er weist uns nach innen und zeigt uns die heiligste Aufgabe, die uns in Seele und Gewissen gelegt ist. Das Jesuskind, das der starke Mann über den Strom trägt, es dünkte ihn zuerst so schwer, dass er glaubte, nicht hindurchzukommen! Es machte ihn aber stark, nachdem er die wahre Demut gelernt hatte.

Die Wasserwogen gehen hoch. Wir gehen den Weg der Demütigung, aber wir wollen ihn aufrecht und mutig gehen.

---

[67] Eph 6, 11–12.
[68] Nach Eph 6, 14–17.
[69] Deutsches Sprichwort.
[70] Erste Zeile der letzten Strophe des Volkslieds „Es ist ein Schnitter, heißt der Tod" aus der Sammlung „Des Knaben Wunderhorn" (1806).
[71] Aus Paul Gerhardts Lied „Warum sollt ich mich denn grämen" (EG 370, Str. 7).

Mit beiden Händen – wie Christophorus – den starken Stab „Gottvertrauen" umschliessend, der uns gegen den Anprall der Wogen schützt, so werden wir durch diesen dunkeln Strom an's Ufer gelangen.

Deutschland, du starker Christophorus, du kannst nur einem Starken, dem Stärksten und Mächtigsten untertan sein. Deine tiefe starke Seele nennt ihn dir! Vor dir ist dunkel anschwellende Flut. Wide Gier, Hass und Rache französischen Blutes, kalte berechnende englische Gewalt verbunden mit amerikanischer Macht lassen die drohnenden Fluten hoch und höher steigen.

Hindurch, mein Deutschland, hindurch – du gehst nicht allein, [159] auch im Dunkel ist ein Stärkerer mit dir, du wirst das Ufer erreichen und wachsen und dich läutern auf diesem Weg durch wilde Wasserflut.

Er, der die Zukunft dir verhüllt – und das ist weislich geordnet – Er wird dich mit starker Hand zum Ziel führen, dass er dir vorbehalten hat.

„Ich weiss, wen du willst herrlich zieren
Und über Sonn und Sterne führen,
D e n   f ü h r e s t   d u   z u v o r   h i n a b."[72]

---

[72] Aus dem Lied „Wie wohl ist mir, du Freund der Seelen" von Wolfgang C. Dessler, 1692.

Der Nachlass Karl Heinrich Mann (1912–1982) im Landeskirchlichen Archiv

Walter Schnaiter

Der Bestand Abt. 150.014 Karl Heinrich Mann (1912–1982) ist kein Nachlass im eigentlichen Sinne, sondern eher eine Sammlung historischer Unterlagen über Heidelberg und insbesondere die Providenzkirche, an der Mann von 1959 bis 1978 tätig war.

Der Nachlass mit einem Umfang von 0,2 lfd. Metern, 18 Verzeichnungseinheiten und einer Laufzeit von 1645 bis 1981[1], ist zu einem unbekannten Zeitpunkt vor dem Jahr 1999 in das Landeskirchliche Archiv übernommen worden. Er beinhaltet 16 Handakten von Pfarrer Heinrich Mann mit Leichenpredigten bedeutender Persönlichkeiten in der Pfarrei und der Gemeinde.

Karl Heinrich Mann wurde am 4. September 1912 in Leipzig geboren. Nach dem Schulbesuch in Leipzig studierte er von 1932–1937 Theologie in Leipzig und Marburg und legte nach bestandener I. Theologischer Prüfung und Vikariat in Sebnitz mit Besuch des Prediger-Kollegs St. Pauli in Leipzig im Mai 1939 vor dem Evangelisch-Lutherischen Landeskirchenamt in Sachsen das II. Theologische Examen ab. Seine erste Pfarrstelle war an der Heil- und Pflegeanstalt Untergöltzsch. Von Mai 1939 bis August 1945 diente er in der Wehrmacht, nahm am Polen- und Westfeldzug teil und kam anschließend in Kriegsgefangenschaft in Kreuznach und Attichy (Frankreich). Im März 1941 verheiratete er sich mit Tatjana geb. Baust und wurde in Heidelberg ansässig. Im September 1945 erhielt er einen Seelsorgeauftrag an der Heilanstalt Wiesloch und wurde nach Aufnahme unter die badischen Geistlichen im Mai 1953 mit der Versehung der dortigen Pfarrstelle betraut. Am 16. August 1959 erfolgte die Einführung in das Pfarramt der Providenzgemeinde in Heidelberg, wo er bis zu seinem Ruhestand am 1. Februar 1978 blieb. Heinrich Mann verstarb am 24. September 1982 in Heidelberg, kurz nach seinem 70. Geburtstag.

Der Nachlass lässt sich wie folgt systematisieren:

1.0 Bau- und Kunstgeschichte der Providenzkirche Heidelberg
2.0 Die Gemeinde und ihre Pfarrer
3.0 Korrespondenz
4.0 Heidelberger und kurpfälzische Geschichte

Der Bestand enthält Fotos, Kleinschriften (Drucke), Presseartikel, kunsthistorische Gutachten, Pläne, Karteikarten, Stammbäume, Listen von Bürgern, Korrespondenz,

---

[1] Das älteste Schriftstück ist ein Originalbrief, datiert auf den 17. November 1645 [VZE Nr. 11].

Literaturauszüge, Programmblätter, Todesanzeigen, Danksagungen, Grabreden, Notizen, genealogische Unterlagen und Protokollauszüge.

Der Nachlass von Heinrich Mann enthält wichtige historische Informationen über die Gründung der Providenzkirche als Versammlungsort von lutherischen Christen in Heidelberg. Mit Zeitungsartikeln, Gutachten, Korrespondenzen und vielen Auszügen aus der Literatur wird das Schicksal dieser Kirche in einer reformiert geprägten Umgebung dargestellt, das durch den Kurfürsten, der durchaus um Toleranz bemüht war, entscheidend mitbestimmt wurde. So lautete der Wahlspruch von Kurfürst Karl Ludwig von der Pfalz (1617–1680) „Dominus providebit", d. h. Gott wird sorgen; nach diesem ist die Providenzkirche benannt worden.

Die Handakten von Heinrich Mann sind eine persönliche Sammlung von Materialien mit historischen, kunstgeschichtlichen und genealogischen Informationen. Eine Festschrift, wie sie erst zum 350-jährigen Jubiläum der Providenzkirche im Jahr 2011 erschienen ist,[2] wäre sicherlich auch im Sinne von Heinrich Mann gewesen. Die Unterlagen von Heinrich Mann enthalten detaillierte Informationen über die Gemeinde und ihre Pfarrer.

Akten:
LKA PA 7286, Mann, Karl-Heinrich, Bd. 1
LKA PA 8304, Mann, Karl-Heinrich, Bd. 2

Literatur:
Hermann Erbacher, Vereinigte Evangelische Landeskirche in Baden 1821–1971. Dokumente und Aufsätze. Hg. im Auftrag des Oberkirchenrates, Karlsruhe 1971, 639f.
Reinhold Grünberg, Sächsisches Pfarrerbuch. Die Parochien und Pfarrer der Ev.-luth. Landeskirche Sachsens (1539–1939), bearbeitet im Auftrag des Pfarrervereins für Sachsen, Freiberg i. Sa. 1939/40.
Armin Kohnle, Kleine Geschichte der Kurpfalz, Karlsruhe 2007.
Heinrich Neu, Pfarrerbuch der evangelischen Kirche Badens von der Reformation bis zur Gegenwart. Teil II (VVKGB 13,2), Lahr 1939.

---

[2] Reinhard Störzner (Hg.), 350 Jahre Providenzkirche Heidelberg, Heidelberg 2011; vgl. auch Anneliese Seeliger-Zeiss, Evangelische Providenzkirche Heidelberg, 2., neu bearb. Aufl., Regensburg 2011.

Jahresstatistik des Landeskirchlichen Archivs 2016

Mareike Ritter

1. Personal

Stammpersonal	5,5
Projektkräfte	0,5
Aushilfen (Wohlgemuth, Depner)	bis 0,5
Praktikanten	0

2. Sicherung und Erschließung von Archivgut

    Archivfachliche Beratung – Archivpflege

Archiv- und Registraturpflegemaßnahmen außerhalb des EOK	32
Erbrachter Zeitaufwand (in Stunden)	128
Archiv- und Registraturpflegemaßnahmen im EOK	9
Erbrachter Zeitaufwand (in Stunden)	30
Verwaltungsprüfung in Dekanaten und Verwaltungsämtern	1
Kirchenbezirksbereisungen	0

    Dienstleistungen für den EOK

Aushebung von Akten inkl. reponieren (in Stunden)	136
Anzahl der Aushebungen	544
Abgelegte Schriftstücke	263

    Übernahme und Bewertung von Archivgut

Zugänge (Anzahl)	31
Umfang (lfm.)	114
Davon gehen zurück nach der Bearbeitung	7
Umfang (lfm.)	72
Zugänge Kirchenbücher (Anzahl)	130
Zugänge Familienbücher (Anzahl)	10
Umfang (lfm.)	3,8

    Übernommene Bestände (lfm.)

Pfarrarchiv Paulusgemeinde Pforzheim	2
Dekanatsarchiv Sinsheim	12
Dekanatsarchiv Adelsheim	3,7
Dekanatsarchiv Boxberg	8,5
OKR, Kollegium	0,6
OKR, Landeskirchenrat	0,3
OKR, Landessynode	0,3
OKR, Landeskirchenkasse	14,3
OKR, Kirchenbauamt, Haus der Kirche	2,4

OKR, Frauenarbeit	0,1
OKR, Kirchengerichtliche Schlichtungsstelle	0,5
OKR, Akademie Baden	0,3
Nachlass Bossert	0,2
Nachlass Münz	0,1
Pfarremeritenkreis Heidelberg	0,1
Sammlung „Kirche und Sport"	1,7
Förderverein Kindergottesdienst e. V.	0,1

Erhaltung von Archivgut

Anzahl restaurierter Bücher	12
Anzahl gereinigter Kirchen- und Familienbücher	140
Trockenreinigung (Umfang in lfm.)	4,5
Umverpackung in VZE	1373
Digitalisierung von Mikrofilmen	0
Digitalisierung und Verfilmung von Kirchenbüchern	136

Erschließung von Archivgut

verzeichnete Archivalieneinheiten	4014
Findbücher	18

Erstellte Findbücher

Bestand	Bearbeiter/in	Umfang (lfm.)
Stiftsschaffnei Mosbach	H. Depner	40
Zentralpfarrkasse Mosbach	H. Depner	12,4
Allgemeine Kirchenkasse Mosbach	H. Depner	1,2
Allgemeine Kirchenkasse Wertheim	H. Depner	0,4
Schloss Beuggen – Teilbestand	H. Depner	
PV-Medien – Teilbestand	H. Depner	2,2
Evang. Erwachsenenbildung Karlsruhe	H. Depner	1,3
Dilsberg	T. Mußgnug	2,3
Donaueschingen	T. Mußgnug	3,6
Hoffenheim	T. Mußgnug	4,0
Mannheim Christus-Ost	T. Mußgnug	1,8
Mannheim Christus-West	T. Mußgnug	2,4
Mannheim Frieden	T. Mußgnug	1,5
Apologetische Zentrale der Landeskirche	W. Schnaiter	0,6
Landeskonvent Baden der zerstreuten evang. Ostkirchen	W. Schnaiter/ J. Schauer-Henrich	0,4
Landesverband evang. Büchereien	W. Schnaiter	0,4
Evang. Akademikervereinigung	W. Schnaiter	0,3
Flüchtlingslager Bad Antogast/Altschweier	J. Schauer-Henrich	1
Kirchengerichtliche Schlichtungsstelle	J. Schauer-Henrich	0,2

Retrokonversion von Findmitteln

Verzeichnungseinheiten	14796
Findbücher	3

Bearbeitung „Ruhende Registratur"
Verzeichnungseinheiten 5519
Überprüfung von Archivakten 76

3. Bereitstellung und Vermittlung von Archivgut

Benutzung
Wissenschaftlich 73
Familienforschung 103
Dienstlich/intern 7
Öffnungstage des Lesesaals 148
Benutzertage 306
Davon wissenschaftlich 111

Erteilung von Auskünften
Wissenschaftlich 137
Familienforschung 210
Dienstlich/intern 31

Vermittlung von Schriftgutverwaltung durch Schulungen
Veranstaltungen 11
Teilnehmer/innen 187

Ausstellungen
Eigene Ausstellungen 0
Ausstellungen mit Partnern 1
Unterstützung bei Ausstellungen 3

Führungen
Archivführungen 13
Teilnehmer/innen 122

Gremienarbeit
In Tage 24,5

Veröffentlichungen von Beschäftigten
Bücher 3
Aufsätze, Beiträge, Rezensionen 20

Sonstige Öffentlichkeitsarbeit
Von Beschäftigten gehaltene Vorträge 5
Einträge im Blog des Landeskirchlichen Archivs 16
Pflege der Homepage (in Stunden) ca. 30

Rezensionen

Karl-Heinz Braun/Thomas Martin Buck (Hgg.), Über die ganze Erde erging der Name von Konstanz. Rahmenbedingungen und Rezeption des Konstanzer Konzils (Veröffentlichungen der Kommission für geschichtliche Landeskunde in Baden-Württemberg B 212), Stuttgart: Kohlhammer 2017, 268 S., ungez. Abb., geb.

Das Konstanzer Konzil (1414–18) hat in seinen 600. Jubiläumsjahren erhebliche theologische, kirchliche, kulturelle und politische Aufmerksamkeit samt breiter touristischer Wahrnehmung erfahren. Auch wenn der vorliegende Band die Dokumentation einer Fachtagung von 2014 in Konstanz (bei der der Verein für badische Kirchengeschichte Mitveranstalter war) darstellt, erfüllt er, nun gegen Ende des Jubiläumsreigens, doch schon die Funktion einer Bilanz.

Auf die Vielzahl der einzelnen Beiträge kann hier gar nicht eingegangen werden. Die Herausgeber selbst haben freilich (XI–XXI) eine präzise Skizzierung dieser Beiträge gegeben. Wie bei Sammelbänden nicht zu vermeiden, ist die Qualität, auch methodische Weite der Beiträge sehr unterschiedlich. Doch bieten auch Untersuchungen in enger Fokussierung interessante Neubewertungen: bspw. der Beitrag Andrea Bihrers zur angeblich unbedeutenden Rolle des Ortsbischofs Otto von Hachberg beim Konzil (S. 13–34). Während Karl-Heinz Braun den Bogen von der historischen Bedeutung des Konstanzer Konzils und des dort affirmierten Konziliarismus hin zu kirchenpolitischen Erwägungen (II. Vatikanum) spannt, bestechen vielleicht doch mehr die rezeptionsgeschichtlichen Untersuchungen Pia Eckharts zum Konzil im (auch) lokalen Gedächtnis (S. 69–107) und v.a. die von Eike Wolgast zum Konzil im Urteil Luthers und der reformatorischen Geschichtsschreibung (S. 51–68). Dem „Nebenaspekt" der Heraldik wertvolle Erkenntnis abgewonnen zu haben, ist das Verdienst Christof Rollers (S. 109–135), während Thomas Martin Buck einen m.E. sehr einfühlsamen kulturgeschichtlichen Abriss zu den konziliaren Exponaten gibt (S. 137–167, mit vielen Abbildungen).

Eine besondere Rubrik stellen die „Hus-Studien" des Bandes dar: Julia Illgner beleuchtet den Hus-Mythos u.a. in der Literaturgeschichte – Raphael und Heidrun Rosenberg bieten eine (wahrscheinlich) vollständige Präsentation der „visuellen Aneignungen und Transformation" der künstlerischen Hus-Inszenierungen (bis heute, S. 191–245, mit einer Fülle von Abbildungen). Letztere dürfte v.a. für die kulturgeschichtlich aufbereitete Husforschung eine unentbehrliche Hilfe darstellen.

Der Band zeigt sich also durch eine große Bandbreite der Betrachtung(en) aus; das schmälert seinen Wert nicht, sondern bietet multiple Anreize, sich unverstellt – zwischen „Historiographie und Dekonstruktion", so der Titel des Resümees Volker Leppins (255f) – erneut und wieder mit „Konstanz" zu befassen.

Johannes Ehmann (Heidelberg)

Annika Stello/Udo Wennemuth (Hgg.), Die Macht des Wortes. Reformation und Medienwandel. Begleitkatalog zur Ausstellung in der Badischen Landesbibliothek Karlsruhe vom 23. November 2016 bis 25. Februar 2017, Regensburg: Schnell & Steiner, 2016. 200 S., Ill. ISBN 978-3-7954-3148-8 (29,95 €)

Luther muss für alles herhalten. Nicht erst im Lutherjahr selber, schon seit Beginn der Lutherdekade wird er für vieles bemüht, das auch bei gutwilliger Betrachtung kaum noch mit ihm und der von ihm in Gang gesetzten Bewegung zu tun hat. Die evangelische Eventkultur treibt Blüten, und nicht immer sind es schöne.

Da haben es die Bibliotheken und Archive als Bewahrer des handgeschriebenen und gedruckten Wortes leichter, die mit ihren Ausstellungen zwangsläufig eng bei Luthers Grundanliegen bleiben. Wer etwas auf sich hält, krempelt seine historischen Bestände um und präsentiert Reformatorisches im engen oder weiteren Sinne. Zwangsläufig ähnelt sich vieles, und so ist es nur verständlich, dass die Kuratoren bemüht sind, ihre Präsentation unterscheidbar und wiedererkennbar zwischen einer Vielzahl anderer zu machen. Dies kann durch Zimelienauswahl, regionale Schwerpunktsetzung, thematische Einzelaspekte, Gesamtkonzept und -anspruch, Leitgedanken, Zielgruppendefinition und Zusammensetzung des Autorenkollektivs geschehen. Bereits der Titel hat Signalwirkung, ist erstrangiger Werbeträger und transportiert einen programmatischen Anspruch, der bei Besuchern und Lesern Erwartungen weckt. Wer sich getreu dem Motto *Verba volent, scripta manent* für einen die Ausstellung überdauernden Katalog entscheidet, richtet sein Augenmerk zusätzlich auf Verlag und Reihe, graphisches Design, Größe und Qualität der Abbildungen, Einband, aber auch Formales und bibliothekarischen Beschreibungsstandard.

Das Privileg, das Bibliotheken und Archive in ihrer Funktion als Gedächtnisinstitutionen in der Reformationsdekade unbestreitbar genießen, fordert sie zugleich in hohem Maße heraus. Ungeachtet der oft knappen Personalressourcen muss der Höhere Dienst sowohl Multitasking-Manager sein als auch ernst zu nehmender Gesprächspartner der wissenschaftlichen Community. Sich dafür im Alltagspotpourri Zeitfenster zu sichern, gehört zu den schwierigen Herausforderungen, die bei der Vorbereitung von Ausstellungen mit Begleitkatalog zu bewältigen sind.

Welchen Weg ging man in Karlsruhe, wie versuchte man hier, sich zu verorten, und wie ist dieser Versuch zu beurteilen? „Macht des Wortes. Reformation und Medienwandel" wählten die beiden Herausgeber als zweigliedrigen Titel für die im Auftrag der Evangelischen Landeskirche in Baden und der Badischen Landesbibliothek Karlsruhe (zugleich Ausstellungsort) entstandene Ausstellung, deren Begleitkatalog es hier vorzustellen gilt. Mit Udo Wennemuth, dem Abteilungsleiter des Landeskirchlichen Archiv und der Landeskirchlichen Bibliothek Karlsruhe, begegnet uns ein erfahrener und durch vielfältige Publikationen hervorgetretener Historiker, dessen studien- und forschungsbedingte Kompetenzen im Bereich der Wissenschaftsgeschichte, Kirchen- und Landesgeschichte sowie Musikwissenschaft für gute Qualität bürgen. Die Historikerin und Romanistin Annika Stello ist an der Badischen Landesbibliothek u. a. für die Altbestände zuständig und als engagierte Bibliothekarin der jüngeren Generation in diesem so zentralen Bereich einer gewachsenen Bibliothek anerkannt.

Der Verlag Schnell & Steiner steht für hochwertige Kunst- und Ausstellungskataloge mit einem hohen ästhetischen Anspruch und exquisitem Bildmaterial. Dass die

Wahl der Verantwortlichen auf diesen Verlag fiel, kann nur als Glücksgriff bezeichnet werden, denn Haptik, Optik und Ästhetik des als Klappenbroschur gearbeiteten Katalogwerks mit 200 Seiten überzeugen und bestätigen die Erwartungen an Produkte aus diesem Haus. Die durchgängig ganzseitigen Hochglanz-Abbildungen sind von bester Farbqualität und so positioniert, dass das Gegenüber von Bild und Text den Lese- und Informationsfluss unterstützt. Auf die so gern eingesetzten doppelseitigen Darstellungen mit misslich-mittiger Falzlage hat man glücklicherweise verzichtet! Einen Eingangshinweis auf fehlende Maßstäblichkeit hätte man sich vielleicht gewünscht; ob die Wirkung der Bilder durch den in den allermeisten Fällen vorgenommenen vierseitigen Beschnitt nicht gelitten hat, ist sicher Geschmackssache, aber doch eine Überlegung wert.

Die in der Folge vorgestellten 68 Exponate stammen zum größten Teil aus der Badischen Landesbibliothek (45), daneben aus der Landeskirchlichen Bibliothek und dem dazu gehörigen Archiv in Karlsruhe (13). Darüber hinaus wurden Leihgaben aus den Universitätsbibliotheken in Heidelberg und Tübingen, der Lippischen Landesbibliothek Detmold, dem Melanchthonhaus Bretten und der Stiftsbibliothek Wertheim präsentiert; ein Objekt (Nr. 4) befindet sich in Privatbesitz.

„Die evangelische Kirche ist eine Kirche des Wortes", beginnen Stello und Wennemuth ihre Katalogeinleitung (S. 11) und nehmen damit Bezug auf den Haupttitel des Katalogs, und auch der Landesbischof der Evangelischen Kirche in Baden betont in seinem vorangestellten Grußwort, die „reformatorische Bewegung war und ist eine Bewegung des Wortes" (S. 7). Erklärtes Ziel aller Beteiligten auf kirchlicher und bibliothekarischer Seite ist es, die Wirkkraft dieses Wortes im Medium des (vor allem) gedruckten Buches aufzuzeigen.

Mit ihrer Entscheidung für den Untertitel greifen die Verantwortlichen wie auch einige Beiträger (Sabine Schuster, Elmar Mittler) bewusst den verbreiteten und immer wieder gern bemühten Topos von der wechselseitigen Bedingtheit zwischen Reformation und Buchdruck auf. (‚Ohne Buchdruck keine Reformation' – und vice versa). Dass die Herausgeber die unterschiedlichen Nuancierungen und Gewichtungen, Fragen von Ursache und Wirkung und die sich darüber entzündeten Diskussionen nicht kommentieren, ist in Anbetracht der thematischen Komplexität zwar nachvollziehbar, dass sie sie völlig unerwähnt lassen, jedoch angesichts der implizierten Programmatik nicht ganz überzeugend.

Stello und Wennemuth verraten durch ihr Ausstellungs- und Katalogkonzept eine profunde Vertrautheit mit den Entwicklungen im Reformationsjahrhundert. Ihre Gliederung in neun Kapitel lässt erkennen, dass sie die Reformation als ein bis heute nicht abgeschlossenes prozesshaftes Ereignis mit einer weit zurückreichenden Vorgeschichte und vielgestaltigen Ausstrahlungen begreifen. Sie verzichten bewusst darauf, ihre Auswahl auf Luther zu fokussieren, sondern legen besonderes Augenmerk auf die Kontextualisierung seines Denkens, eingebettet in die Strömungen, die auf den reformatorischen Durchbruch hinführten und ihn vorbereiteten. Sie verdeutlichen, dass Veränderung, Aufbruch, Reformwille und -notwendigkeit allenthalben latent vorhanden waren. Nicht die Hauptprotagonisten stehen im Mittelpunkt ihrer Darstellung, wenngleich Luther und Melanchthon als Autoren natürlich ein hoher Anteil an Exponaten zukommt. Dennoch widmen sie sich auch den „Autoren aus der zweiten

Reihe der Reformation" (S. 13), die über ihre Schriften als Multiplikatoren und Katalysatoren des reformatorischen Gedankenguts wirkten.

Bei der großen Entwicklungslinie, die die Herausgeber aufzeigen, kommen zwei anspruchsvolle Gliederungsschemata zur Anwendung – das chronologische, das in sechs Kapiteln einen klug gespannten Bogen von den reformatorischen Vorläufern, der Früh- und Hauptphase über Radikalisierung und Ausbildung von Sonderentwicklungen, der Zeit der Etablierung und Kirchenbildung, der Instrumentalisierung der Konfessionen, den späten Ausprägungen der katholischen Konfessionalisierung (vulgo Gegenreformation) bis zu den reformatorischen Jubel- und Gedenkfeiern und der Frage nach dem Fortleben der Reformation beschreibt. Aus der zeitlichen Betrachtungsweise herausgehoben ist daneben eine thematische Gliederung, die in drei eingeschobenen Kapiteln den Blick auf zentrale Aspekte und Streitpunkte im interkonfessionellen Dialog – Bibelübersetzungen, Abendmahlsverständnis und liturgische Fragestellungen – lenkt. Beide Ansätze haben ihre Berechtigung und ergänzen das Bild eines halben Jahrhunderts.

Den neun Kapiteln wurden zwischen vier und zehn Exponate zugeordnet; vorangestellt ist jeweils eine Einführung in die entsprechende Phase der Reformation bzw. den thematischen Aspekt. Sieht man von dem deutlich umfangreicheren Beitrag von Elmar Mittler ab, so umfassen die Einleitungen der Autoren maximal 2 Seiten; sie sind gezeichnet, und sofern dies nicht anders vermerkt ist, stammen die nachfolgenden Objektbeschreibungen ebenfalls von ihnen. Kurztitel weisen hier wie dort auf verwendete/oder weiterführende Literatur hin, die am Ende des Katalogs durch ein sorgfältig erarbeitetes Literaturverzeichnis aufgeschlossen werden.

Als Autoren gewannen Stello und Wennemuth, die selber auch eigene Kapitel verantworten, namhafte Fachwissenschaftler, vor allem Kirchenhistoriker mit reformationsgeschichtlichen Schwerpunkten, musikwissenschaftlich und liturgisch Forschende und Buch- und Bibliothekshistoriker. Die Europäische Melanchthon-Akademie Bretten ist mit vier Akademikern präsent (Günter Frank, Konrad Fischer, Martin Schneider, Hendrik Stössel). Der Bereich der universitären theologischen Lehre wird durch Volker Leppin und Susanne Schuster abgedeckt. Eine Brücke zwischen bibliothekarischer Praxis und buchwissenschaftlicher Forschung verkörpert Elmar Mittler. Mit Heinrich Löber (Kat.-Nr. 59) ist das Landeskirchliche Archiv ein weiteres Mal vertreten, und Tobias Dienst verkörpert als Heidelberger Doktorand (Lehrstuhl Christoph Strohm) die nachwachsende Wissenschaftler-Generation. Das an den Schluss gesetzte Autorenverzeichnis ist leider kurz ausgefallen und beschränkt sich auf Wirkungsort und Kürzel – der Leser hätte sich ein Zusammentragen der biographischen Informationen gerne erspart und hier bereits vorgefunden.

Die Wahl der Autoren ist Programm: Dieser Katalog sollte kein ephemeres Produkt mit schnelllebiger Popularität werden, dessen Nutzen sich nach Ende der Ausstellung erschöpft. Man wollte Nachhaltigkeit und hatte den (stillschweigenden) Anspruch, ein ernst zu nehmendes Referenzwerk zur Kirchen- und Geistesgeschichte des 15. und 16. Jahrhunderts zu schaffen. (Unausgesprochene) Zielgruppe ist eine mit Entwicklungslinien, Fragestellungen und Problemfeldern des Spätmittelalters und der Frühen Neuzeit im Grundsatz vertraute Leserschaft, die auch den zusätzlichen intellektuellen Anforderungen einer sowohl chronologischen als auch thematischen Strukturierung der Epoche gewachsen ist. Dies ist bemerkenswert und durchaus nicht selbstverständlich – auch konträre Ansätze, die stärker auf unmittelbare Breitenwirkung mit weniger Nachschlagecharakter zielen und geringere inhaltliche Bezüge voraussetzen, haben ihre Berechtigung, sind notwendig und finden sich unter den bibliothekarischen Ausstellungen zum konfessionellen Zeitalter. Es bedurfte nicht erst der ernüchternden Halbjahresbilanz im Lutherjahr, um zu erkennen, welches Maß der Fremdheit religiöse Fragestellungen für die Mehrheit der heutigen Bevölkerung historisch und existentiell erreicht haben!

Aus den neun Kapiteln seien nachfolgend einzelne Aspekte und Objekte herausgehoben – einen vollständigen Eindruck vom Reichtum des Gebotenen mag sich der Leser selber verschaffen:

Annika Stello illustriert mit ihrer Objektauswahl in Kapitel 1 „Vor der Reformation" die Prägekraft des Humanismus, Bedeutung von Spracherwerb, Aufkommen der Editionstätigkeit, Rückgriff auf die Quellen (*ad fontes*) und Entwicklung der Geschichtsschreibung. Bemerkenswert das hebräisch-jiddische Bibelglossar aus der Bibliothek Johannes Reuchlins (Kat.-Nr. 3). Die Autorin berücksichtigt hier, wie bei der Mehrzahl ihrer Exponatbeschreibungen, die exemplarspezifische Erschließungsebene durch Angaben zu Vorbesitz(ern) und zu physischer Beschaffenheit, so bei einem offenbar höchst seltenen, bibliographisch bisher nicht ermittelbaren Melanchthondruck aus der Provenienz der Fürstlich-Fürstenbergischen Hofbibliothek Donaueschingen, der sich heute in Privatbesitz befindet (Kat.-Nr. 4) oder einem Konvolut aus gedruckten und handschriftlichen Teilen, das Rezeptionsspuren durch Marginalien enthält (Kat.-Nr. 7). Über die kontroverse Diskussion, ob es sich hierbei um Melanchthon-Autographe handele, kann sie kompetent referieren. Auch die vielgliedrige Provenienzkette eines Drucks aus Luthers Studienbibliothek und seine Exemplarspezifika werden präzise und ausführlich wiedergegeben (Kat.-Nr. 8).

Volker Leppin und Susanne Schuster ist in Kapitel 2 „Frühe Reformation" eine deutliche Bezugnahme auf den Untertitel des Katalogs zu danken, sowohl in der Einleitung (Schuster) als auch in den Objekttexten verweisen sie immer wieder auf druck- und überlieferungsgeschichtliche Aspekte. Es ist dies das Kapitel, in dem mit der ‚Adelsschrift' und der ‚Freiheitsschrift' zwei der Programmschriften Luthers aus dem Jahr 1520 vorgestellt werden (Kat.-Nr. 10/11). Die Ausführungen der beiden renommierten Kirchenhistoriker zu Luther, Johannes Eck, Thomas Murner, Georg Spalatin oder Michael Stifel lassen keinerlei inhaltliche Wünsche offen; positiv spürbar ist auch der Forschungsschwerpunkt Schusters zu Flugschriften der Reformationszeit. Formal hätte man sich allerdings Querbezüge zu mehrfach behandelten Autoren gewünscht (Kat.-Nr. 14–16, Schuster).

Martin Schneider widmet sich im 3. Kapitel der „Radikalreformation und Randgruppen"; er stellt Andreas Karlstadt als Exponenten der radikalen Wittenberger Reformation, den Mystiker und Spiritualisten Sebastian Franck, Ulrich von Huttens Antiklerikalismus und Balthasar Hubmaier als wichtigsten Vertreter der Täuferbewegung vor. Erwähnung verdient der Artikel zu dem als Ketzer hingerichteten Spanier Michael Servetus mit seiner literarischen Verarbeitung bei Stefan Zweig (Kat.-Nr. 24). Nicht fehlen dürfen die Auseinandersetzung Luthers mit den Schwärmern und Melanchthons Gutachten zu den Artikeln der Memminger Bauern.

Elmar Mittler sprengt mit seiner Einleitung zu Kapitel 4 „Bibelübersetzungen der Reformation", dem ersten thematischen Gliederungsteil, den üblichen Rahmen und schöpft mit erkennbarer Freude souverän aus seinem jahrzehntelangen Umgang mit historischen Bibliotheksbeständen. Positiv seine hier bereits geleistete Bezugnahme auf die nachfolgenden Exponate; man hätte sich am Schluss allerdings die gewohnte Aufführung von Referenzliteratur gewünscht. Bei den Objekten wird das Dezembertestament präsentiert, gefolgt von Teilausgaben des Alten und des Neuen Testament mit aufschlussreichen Ausführungen zu Druck- und Editionsgeschichte und Gestaltung der Titelblätter oder zu den Etappen beim Wettlauf um die erste deutsche Vollbibel, Sigmund Feyerabends Frankfurter Bibeldruck und der schwierige Weg bis zur Genfer Drucklegung der reformierten französischen Bibel mit Holzschnitten. Bei der Vorstellung der Dietenberger-Bibel (Kat.-Nr. 29) wären zusätzliche Erläuterungen zu den abgebildeten, aber schwer lesbaren Besitzeinträgen hilfreich gewesen; die wichtige Arbeit von Uwe Köster zu den katholischen deutschen Bibelübersetzungen (1995) fehlt als Literaturhinweis.

Mit 10 Exponaten wird Kapitel 5 „Von der reinen Lehre des Evangeliums zum Bekenntnis der Kirche" der breiteste Platz eingeräumt. Konrad Fischer legt zunächst in seinem hochkomplexen philosophisch-theologischen Einführungsteil die „Gestaltwerdung der Reformation" (S. 97) dar und berücksichtigt dabei auch Entwicklungen und Wandlungen innerhalb der reformationsgeschichtlichen Forschung. Seinem Gesamtduktus merkt man sowohl den Seelsorger als auch den Wissenschaftler an, wenn er erläutert, welche Strukturen und Prägungen die Bekenntnisbildung im Reformationszeitalter beeinflussten und sowohl das persönliche Glaubenszeugnis als auch die gültige Essenz reformatorischer Schriftauslegung der Gemeinschaft entstehen ließen. Den Auftakt (Kat.-Nr. 32) bildet folgerichtig die auf Melanchthon zurückgehende *Confessio Augustana* als Grundlagentext, auf den sich bis heute die protestantischen Kirchen verstehen. Für die mit Aufkommen der exegetischen Dissense einsetzende konfessionelle Fein- und Binnendifferenzierung sollte die CA wie ein Katalysator wirken, erstmals abzulesen an der *Confessio Tetrapolitana* der Straßburger Reformatoren Martin Bucer und Wolfgang Capito und den Auseinandersetzungen zwischen den Anhängern Luthers und Zwinglis. Die beiden Folgenummern stehen in unmittelbarem Zusammenhang mit dem Augsburger Bekenntnis; bei Vorstellung der ersten Studie zur CA von David Chyträus (Kat.-Nr. 33) deutet Fischer Jakobs Kampf mit dem Engel irrtümlich als eine auf den Autor zurückgehende gestalterische Auswahl; es handelt sich jedoch um das Signet des Rostocker Druckers Jacob Lucius d. Ä. Weit hinaus bis ins 18. Jahrhundert greift das Zeugnis des 200-jährigen Jubelfests der CA im Jahr 1730 (Kat.Nr. 34). Natürlich dürfen in diesem Kapitel auch nicht die beiden Katechismen Luthers mit ihren unterschiedlichen Zielgruppen fehlen; den Kleinen Katechismus, der sich an die Geistlichkeit richtete, zählt Fischer mit der Lutherbibel „zu den wirkmächtigsten Zeugnissen der Reformation" (S. 107) (Kat.-Nr. 36/ 37). Mit den von Melanchthon mehrfach bearbeiteten *Loci praecipui theologici* profiliert sich die lutherische Dogmatik (Kat.-Nr. 38). Fischer stellt dieses Zeugnis auch auf Exemplarebene vor, berücksichtigt bemerkenswerterweise Besitzeinträge, Marginalien und Einbandgestaltung und zeigt eine vielgliedrige Provenienzkette auf. (Zur Vervollständigung hätte die Ergänzung der Referenznummern aus der Einbanddatenbank unter Nutzung des normierten Vokabulars für Platten, Rollen und Stempel idealerweise durch die besitzende Bibliothek geleistet werden können.) Von den vier handschriftlichen Versen ist das Melanchthon-Autograph abgebildet; seine Transkription hätte manch einem Leser sicher geholfen. Es folgt die *Confessio Saxonica* (Kat.-Nr. 39), deren Entstehung die Indienstnahme der Bekenntnisse für politische Interessen verdeutlicht. Calvins *Institutio Christianae religionis* als Lehrbuch der reformierten Christen wird in der ersten deutschen Übersetzung vorgestellt, gedruckt im Jahr der Bartholomäusnacht im kurpfälzischen Heidelberg, wo seit Friedrich III. die lutherische Konfession Ottheinrichs dem reformierten Bekenntnis gewichen war. Das ‚Konkordienbuch' als Summe der lutherischen Bekenntnisse beschließt den Reigen (Kat.-Nr. 41). Was den Ausschlag gegeben hat, als einzigen Einband ausgerechnet einen wenig aussagekräftigen und stark abgenutzten Holzdeckelband mit 1/1-Schweinslederüberzug mit unspezifischer Blindprägung auszustellen und abzubilden, erschließt sich dem Betrachter nicht und hätte zumindest einer Erläuterung bedurft.

Die beiden nachfolgenden Kapitel 5 und 6 sind Teil des thematischen Gliederungsschemas. Tobias Dienst untersucht die zentrale Frage des Abendmahlsverständnisses, die hier und da bereits im Zuge der chronologischen Betrachtung anklang. Zu Recht betont der Autor gegen Ende seiner Einleitung, die Kontroverse über das Abendmahl sei „maßgeblich über das Medium Buch" ausgetragen worden (S. 121). Ausgehend von einer weiteren Programmschrift des Jahres 1520, *De captivitate Babylonica ecclesiae praeludium,* in der Luther sich mit der bisher geltenden Sakramentenlehre auseinandersetzt, wird die deutsche Übersetzung durch den Altgläubigen Thomas Murner vorgestellt (Kat.-Nr. 42). Luthers Predigt über den würdigen Empfang des Abendmahls schließt sich Zwinglis bekanntestes Werk, *De vera et falsa religione commentarius* zur Abendmahlslehre an. Sein symbolisches Verständnis des Abendmahls (‚Idealpräsenz') ging deutlich über Luthers Kritik an der Transsubstantiationslehre hinaus. Der weniger bekannte Reformator Johannes Bugenhagen reagierte auf die dogmatischen Auseinandersetzungen über das zentrale Ritual im Glaubensleben des spätmittelalterlichen Christen und wurde mit seiner als offener Brief gehaltenen lateinischen Schrift (Kat.-Nr. 46) „Auslöser der darauffolgenden publizistischen Kontroverse zwischen Wittenberg und Zürich" (S. 131). Es folgen Exponatbeschreibungen zu streitbaren Abhandlungen Luthers, Melanchthons und Bucers, in denen auf vorausgegangene Positionsbestimmungen in der Abendmahlsfrage reagiert wurde. Diensts erkennbar enge Vertrautheit mit dieser Form der Auseinandersetzung steht zweifellos im Kontext seines Heidelberger Dissertationsprojekts zu Kontroversschriften im Konfessionellen Zeitalter.

Im 7. Kapitel widmet sich Udo Wennemuth „Ordnung und Liturgie" und erläutert exemplarisch, wie sich nach Auflösung und Zerbrechen der alten, obsolet gewordenen Ordnungsvorstellungen neue Systeme mit wichtiger Stabilisierungsfunktion für die frühneuzeitlichen Territorialstaaten herausbildeten. Sie fanden ihre Ausprägung vor allem als Kirchenordnungen, Bekenntnisschriften und im liturgischen Bereich. Lehrbuchmäßig lässt sich der Mechanismus territorialer Herrschaftssicherung am Beispiel der von häufigen konfessionellen Umschwüngen geschüttelten Pfalz mit der Kirchenordnung Ottheinrichs nachbuchstabieren, der mit seinen machtpolitischen Zielen wie auch mit seinen ausgeprägten bibliophilen Neigungen kompakt und informativ vorgestellt wird (Kat.-Nr. 55). Mit seinem thematischen Fokus greift der Autor zwangsläufig auch den Aspekt der konfessionellen Verdichtung und politischen Instrumentalisierung auf, den Konrad Fischer im Chronologie-Kapitel 5 behandelt hat. Die unvermeidbaren Wiederholungen beeinträchtigen den Lesefluss nicht, sondern unterstützen das Gesamtverständnis. Die Kirchenmusik erhält im Protestantismus einen neuen Stellenwert – Luther übertrug früh schon Psalmentexte in Lieder, denn er erkannte die Bedeutung des Kirchenlieds sowohl für die Glaubensvermittlung in Kirche, Schule und Familie als auch bei der Einbeziehung der mündigen Gemeinde in den Kultus. Die Ausführungen Wennemuths, dessen theologische und musikwissenschaftliche Kenntnisse neben vielen anderen Kompetenzen hier wohltuend zur Entfaltung kommen, gehören zu den besonders gelungenen Beiträgen des Katalogs. Hingewiesen sei z. B. auf das im Reprint des Erfurter Drucks von 1524 gezeigte *Enchiridion* als eine der frühesten Liederbuchsammlungen – Luther ist unter den 25 enthaltenen Liedern achtzehnmal als Dichter vertreten (Kat.-Nr. 51). In seinem letzten Lebensjahr 1545 erschien ein durchgängig mit Holzschnittrahmen und ganzseitigen Holzschnitten herausragend gestaltetes Gesangbuch, das alle seine Lieder und einen liturgischen Teil enthält, herausgegeben von dem Leipziger Verleger Valentin Bapst d. Ä. (nicht „Babst"!) (Kat.-Nr. 52). Die Arbeiten des hierfür tätigen Monogrammisten HA wurden schon von Luther gelobt. Unter dem Aspekt des Medienwandels ist im 7. Kapitel die starke Präsenz handschriftlicher Zeugnisse bemerkenswert, die nachdrücklich Tradition und Fortleben der Handschrift vor allem in Bereichen der Liturgie und privater Frömmigkeit als Medium demonstriert (Kat.-Nr. 54 und 58, bei letzterem auch eine gute Wiedergabe der Provenienzfolge). Die von Wennemuth vorgestellten Exemplare stammen schwerpunktmäßig aus dem Fundus der von ihm betreuten Landeskirchlichen Bibliothek und dem dazu gehörigen Archiv.

Gemeinsam mit Günter Franz verantwortet Wennemuth auch das kleine Folgekapitel 8 „Katholische Konfessionalisierung", in dem der Entstehung von „Konfessionskulturen" (S. 164) und der Reaktion der Katholischen Kirche auf Martin Luther und die reformatorische Bewegung nachgegangen wird. Alle vier Exponate stehen in unmittelbarem Zusammenhang mit dem Trienter Konzil (1545–1563) als dem zentralen Ereignis, von dem die entscheidenden Impulse und Weichenstellungen im Prozess der katholischen Konfessionalisierung ausgingen. Gezeigt werden Ausgaben von Schlüsseldokumenten wie dem Römischen Katechismus, der auf dem Konzil erlassenen Dekrete und der nach dem Konzil überarbeiteten Version des *Catechismus* durch den Jesuiten Petrus Canisius, daneben aber auch eine voluminöse Untersuchung des Konzils durch den protestantischen Theologen Martin Chemnitz, die die nachfolgende Sichtweise des Tridentinums durch die evangelische Theologie nachhaltig beeinflussen sollte.

Den Abschluss bildet das von Hendrik Stössel verfasste 9. Kapitel „Nachwirken und Fortwirken der Reformation", dessen anspruchsvolle Einleitung besondere Beachtung verdient. Mit der prägnant-lapidaren Feststellung „Rezeption ist Deutung" erinnert der Autor uns an die Mechanismen im Prozess der Aneignung und Erklärung und an die ständige Angewiesenheit auf vorausgehende Deutungsmuster, die uns in Fortschreibung und/oder Abgrenzung prägen. Seine Exponate illustrieren diesen Prozess der Auseinandersetzung mit Martin Luther und der reformatorischen Bewegung, der bereits mit Melanchthons Totenrede 1546 bei der Beisetzung des Reformators einsetzte (Kat.-Nr. 64), gefolgt von der Melanchthonbiographie des humanistischen Universalgelehrten Joachim Camerarius (Kat.-Nr. 65) und drei Zeugnissen protestantischer Erinnerungskultur zu Beginn des 18. Jahrhunderts mit frühen Anklängen an aufklärerische Forschung (Kat.-Nr. 66–68). Die Schlussbetrachtung Stössels, wonach

„Reformationsgedenken stets auch eine staatliche Angelegenheit gewesen ist und im Dienst politischer Interessen stand" (S. 177), sollte uns in Erinnerung bleiben. Sie hat bis heute nichts von ihrer Richtigkeit verloren!

Die reformatorische Bewegung als eine Bewegung des Wortes konnte sich ihren Weg auch über die Sprache bahnen, in der sie das Volk erreichte – es verwundert daher nicht, dass 44 der vorgestellten Objekte auf Deutsch verfasst sind, während Latein als Gelehrtensprache demgegenüber mit nur 22 Belegen nachrangig wird. Die vorgestellten Druckwerke entstanden vor allem im 16. Jahrhundert – die bekannten Produktionsspitzen in den Jahren 1520/21 und 1524, an die Schuster und Leppin in ihrer Einleitung erinnern, spiegeln sich auch in den Impressa der Exponate wider. Lediglich eine Inkunabel findet sich in der Objektauswahl – sie repräsentiert die humanistische Editionstätigkeit am Beispiel des opus magnum von Kirchenvater Augustinus (Kat.-Nr. 5). Das 17. und 18. Jahrhundert sind mit einem halben Dutzend Ausstellungsstücken vertreten, darunter auch späte Zeugnisse des handschriftlichen Mediums. In Anbetracht des programmatischen Untertitels hätte man sich dazu – wie bereits angedeutet – eine stärkere Thematisierung in der Einleitung der Herausgeber gewünscht, etwa auch zu dem rezeptionsgeschichtlich so ergiebigen Phänomen der ‚intentionalen Bindesynthese' bis hin zu Mischungen von handschriftlichen und gedruckten Texten in Konvoluten.

Während das inhaltliche Konzept des Katalogunternehmens uneingeschränkt und seine Ausführung mit kaum merklichen Abstrichen überzeugen, bleibt in manch anderer Hinsicht doch Grund zu Einschränkungen. Zugegeben, die Arbeit von Herausgebern bei Sammelbänden ist in der Regel undankbar und mühsam und wird nicht selten von den Autoren mit Unverständnis quittiert. Für den Leser ist sie jedoch unverzichtbar, und mit Recht knüpft er hohe Erwartungen an die zumindest formale und stilistische Redaktion. Diesen Erwartungen wird der Karlsruher Katalog leider nicht in vollem Umfang gerecht.

Jedem der 68 Exponate wird ein ‚Beschreibungskopf' zugeordnet. Diesem zu jedem Katalog gehörenden Teil bringen Herausgeber üblicherweise besondere Sorgfalt entgegen – dient er als Visitenkarte doch der ersten und schnellen Orientierung und soll den Leser zur intensiveren Auseinandersetzung mit den einzelnen Objekten einladen. Für erfahrene Altbestandsbibliothekare ein Leichtes, sollte man denken, aber gerade hier zeigt der Katalog enttäuschende Schwächen: Bibliothekarische Beschreibungsstandards werden nicht konsequent eingehalten, Titel mal gemäß orthographischer Vorlage buchstabengetreu übernommen, andernorts moderner Schreibweise teilweise oder vollständig angeglichen; Titelkürzungen und Auslassungen bleiben ohne Kennzeichnung. Namensansetzungen von Autoren und Druckern entsprechen nicht durchgängig den Normdaten der GND, variieren, sind fehlerhaft oder fehlen ganz (Kat.-Nr. 66: keine Aufführung des Verfassers Christian Juncker; der Drucker Valentin Bapst d. Ä. wird in Kat.-Nr. 52 zu „Valentin Babst" und in 38 zu „Valentin Papa"). Unvollständige Impressa der Vorlage, die in der Altbestandserschließung ermittelt sind, werden korrekterweise eckig geklammert ergänzt. In mindestens sechs Fällen verzichtet die dafür verantwortliche Herausgeberin jedoch auf die Recherche und belässt es bei der Angabe „o. Dr." (Kat.-Nr. 34 = Johann Michael Roth; 37 = Lorenz Schwenck Erben, 46 = Johann Eckhart, 53 = Sebastian Henricpetri Erben, 57 = Ulrich Morhart d. J. Erben, 64 = Josef Klug). Die üblichen Lagenformeln für Alte Drucke sind in diesem

Rahmen zu vernachlässigen, der gänzliche Verzicht auf jede Form von Umfangsangaben irritiert jedoch. Es macht einen Unterschied, ob es sich um eine nur wenige Seiten umfassende Flugschrift oder eine voluminöse Abhandlung oder Gesetzessammlung handelt. (In Ergänzung der Formulierung im Beschreibungsteil zu Kat.-Nr. 46 „Sein kleines Büchlein" wäre so beispielsweise bei einer Streitschrift Bugenhagens im Kopf die Angabe ‚6 Bl.' hilfreich gewesen.) Damit ist zugleich ein wesentliches Manko angesprochen: der offensichtlich bewusste Verzicht auf bibliographische Nachweise. Es bleibt gänzlich unverständlich, warum die Referenznummern der retrospektiven Nationalbibliographien (GW, VD 16, 17 und 18) nicht angegeben wurden; dies ist mehr als ein Schönheitsfehler, sondern erschwert die Identifizierung der Ausgaben erheblich, ja macht sie im Einzelfall nahezu unmöglich. Schade!

Die Wirkkraft des Wortes artikuliert sich naturgemäß vor allem in den für uns heute erkennbaren Benutzungsspuren, die etwas von der Geschichte des Exemplars verraten, Zeichen seiner Aneignung und der mit ihm durch Institutionen und Personen erfolgten Rezeption tragen. Es ist gerade diese Ebene, auf der das ‚Buch in Gebrauch' greif- und analysierbar wird. Da nur wenige Fachwissenschaftler jenseits der Buch- und Bibliothekswissenschaftler um den Quellenwert der exemplarspezifischen Erschließung historischer Drucke wissen, wurde der Schritt von der Titelebene zur Exemplarebene im Katalog nur von einigen Autoren vollzogen, es sind dies vor allem die bibliotheks- und buchwissenschaftlich Geprägten, Annika Stello, Elmar Mittler, Udo Wennemuth sowie der Theologe und Publizist Konrad Fischer. Hier hätte wichtiges Ausbaupotential für die Herausgeber gelegen! Möglicherweise ist es zeitlichen Engpässen geschuldet, dass Stello den ‚Beschreibungskopf' der Exponate nicht standardmäßig um die Rubrik ‚Provenienz' erweitert und für jedes Exemplar den/die Vorbesitzer aufgeführt hat. Es wäre gleichwohl eine sehr verdienstvolle und lohnende Ergänzung im Konzept der Wirkungsforschung zu reformatorischem Schrifttum gewesen.

Auch im sich anschließenden Beschreibungsteil vermisst man vielerorts die glättende Hand der Herausgeber. (Über die nur vereinzelten Druckfehler, Wort- und Zeilendopplungen, irrtümlichen Schreibvarianten von Eigennamen u. a. m. kann man hinwegsehen – sie unterlaufen, wie man weiß, auch bei sorgfältiger Lektorierung.) Misslich und bedauerlich empfindet die Rezensentin jedoch, dass die Einzelbeiträge der unterschiedlichen Autoren bei der Zusammenführung von den Herausgebern nicht auf Wiederholungen und Redundanzen abgeprüft wurden. Biographische Daten zu reformatorischen Persönlichkeiten müssen dem Leser nicht mehrmals in immer neuen Formulierungsvarianten mitgeteilt werden; siehe-auch-Verweisungen hätten hier Abhilfe geleistet und Platz für andere Informationen gelassen. (Besonders unschön bei direkten Folgeartikeln verschiedener Autoren, wie Kat.-Nr. 17/18 zu Ulrich von Hutten und seinem zweimal erwähnten und sogar unterschiedlich übertragenen Motto).

In Anbetracht des anspruchsvollen doppelten Gliederungsschemas wäre es hilfreich gewesen, wenn die Herausgeber in ihrer Katalogeinleitung durch Bezugnahmen auf den chronologischen und thematischen Ansatz eine gedankliche Klammer und Orientierungshilfe hergestellt und das dadurch bedingte mehrfache Aufgreifen bestimmter Phänomene (s.o. Kap. 7/8) erläutert hätten. Überdies hätten sie damit dazu beigetragen, über den Eindruck der sehr guten Einzelbeiträge hinaus den Gesamteindruck des Katalogs noch homogener werden zu lassen.

Deutlichem Mehrwert für die Nachnutzung des Katalogs hätte ein Personenregister als Erschließungs- und Nachschlageinstrument zu den komplexen, vielschichtigen und wechselnden Bezügen zwischen Hauptprotagonisten, Akteuren in zweiter Reihe, Vorläufern, Gegenspielern und Nachahmern bedeutet. Sein Fehlen erstaunt – wäre es doch so naheliegend und mit wenig redaktionellem Aufwand zu leisten gewesen (kleinere Inkonsequenzen und Fehler wären dabei als Nebeneffekt aufgefallen und hätten schnell behoben werden können, z. B. Karlstadt/Karlstein: Kat.-Nr. 19; Murner † 1530/37: Kat.-Nr. 16/42).

Greifen wir die eingangs gestellte Frage danach auf, wie der Karlsruher Beitrag zu bewerten ist: Trotz der gemachten formalen Einschränkungen bleibt der Karlsruher Ausstellungskatalog ein über Lutherjahr und -dekade hinaus auf Dauer angelegter wichtiger und unverzichtbarer Beitrag, der im vielstimmigen Konzert der Reformationsausstellungen eine erkennbare und nachhaltige Stimme behalten wird. Weite Verbreitung in Institutionen und privaten Sammlungen sei ihm deshalb unbedingt gewünscht!

Annelen Ottermann (Mainz)

Martin Lehmann (Hg.), Der Globus Mundi Martin Waldseemüllers aus dem Jahre 1509. Text-Übersetzung-Kommentar. Rombach Wissenschaften – Reihe Paradeigmata, Freiburg i.Br./Berlin/Wien: Rombach 2016, 206 S., 38,- €.

Wie eng Reformation und Humanismus zusammenhängen und einander bedingen, wurde beim Reformationsjubiläum 2017 wieder einmal deutlich. Erinnert sei nur an die große Erasmus-Ausstellung 2016 im Basler Münster zum 500. Jahrestag der ersten kritischen Edition des *Novum Testamentum Graece* durch Erasmus 1516, die eine Fülle von Material zu den zahlreichen Querverbindungen zwischen Reformatoren und Humanisten bot. Am Oberrhein waren die Universitätsstädte Basel, Straßburg und Heidelberg mit ihren humanistischen Gelehrten unmittelbar Impulsgeber für den Beginn der Reformation.

Einem der bedeutendsten humanistischen Gelehrten jener Zeit, dem in Wolfenweiler bei Freiburg geborenen Kosmographen Martin Waldseemüller, hat der Freiburger Gymnasiallehrer Martin Lehmann ein besonderes Werk gewidmet. Lehmann hat bereits in seiner 2010 erschienenen Dissertation neue wichtige Erkenntnisse zur Entstehung der ersten „modernen" Weltkarte von Waldseemüller aus dem Jahre 1507 vorgelegt, unter anderem durch Einsicht in das Original in der *Library of Congress* in Washington D.C. (unter dem Titel: *Die Cosmographiae Introductio Matthias Ringmanns und die Weltkarte Martin Waldseemüllers aus dem Jahre 1507: Ein Meilenstein frühneuzeitlicher Kartographie, München 2010*).

Bei dem 1509 in Straßburg erschienenen *Globus Mundi* handelt es sich zum einen um eine aus zwölf Zweiecken bestehende Globussegmentkarte, die sich auf einer vorgefertigten Kugel zu einem Faltglobus zusammenfügen lässt: „Dieser Globus nimmt in der Geschichte der Kartographie insbesondere deshalb eine so herausragende Stellung ein, weil es sich dabei um den ältesten erhaltenen Erdglobus handelt, auf dem nicht nur der jenseits des Atlantischen Ozeans neu entdeckte Erdteil erstmals als separate Erdmasse abgebildet wird, sondern auch in Anlehnung an den italienischen Seefahrer Amerigo Vespucci der Name *America* erstmalige Verwendung findet" (S.10). Von diesem ersten Globus sind weltweit nur fünf Exemplare vorhanden, eines wurde erst vor wenigen Jahren im Bestand der Historischen Bibliothek Offenburg entdeckt, ein weiteres befindet sich in der Bayerischen Staatsbibliothek München, zudem gibt es ein Exemplar im Bestand der Universitätsbibliothek von Minneapolis (Minnesota).

Zum anderen wird der *Globus Mundi* durch einen kosmographischen Text Waldseemüllers erläutert, den Lehmann in seinem Buch ediert, übersetzt und kritisch kommentiert hat. Das Faszinierende dieses hier erstmals lateinisch und deutsch publizierten Textes ist die Tatsache, dass Waldseemüller hier 1509 versucht hat, das gesamte kosmographische Wissen seiner Zeit zusammenzufassen. Dabei entsteht eine Art Enzyklopädie des Wissens der frühen Neuzeit unter Einbeziehung der Wissenschaftsgeschichte von der Antike über das Mittelalter bis in die unmittelbare Gegenwart Waldseemüllers. Waldseemüller bietet eine Art Gesamtschau von der Schöpfungsgeschichte bis zur frühen Neuzeit, die er mit zahlreichen von der Scholastik inspirierten theologischen Kommentaren erläutert. Waldseemüller möchte dabei auch die transatlantischen Entdeckungen, die ja erst seit wenigen Jahren bekannt waren, in seine Konzeption einbeziehen und versucht, das neue Bild der Erde theologisch und naturphilosophisch zu interpretieren.

Dieses Konzept kommt im Epilog Waldseemüllers zu seinem Kommentar noch einmal sehr anschaulich zum Ausdruck: *Deshalb, verehrter Leser, bist du im Besitz einer allgemeinen Beschreibung aller auch einzelner auf diesem Erdglobus notwendigerweise enthaltenen Dinge. Und unzweifelhaft wirst du, wenn du dich an ihm übst, andere seltene und wissenswerte Dinge, die nicht eingetragen sind, in Erfahrung bringen und so die Allmacht und die Größe Gottes erkennen, der dieses Universum nach seiner Ordnung, seinem Maß und seinem Gewicht vereinigt und gemäß seiner ewigen Weisheit aus dem Nichts erschaffen hat. Dass wir diesen auf angemessene Weise grenzenlos verehren, dazu ermahnen uns Salomon und alle Propheten. Damit dies geschieht, dafür bete ich immer wieder. Was aber an Wunderdingen in jeder einzelnen Gegend existiert, haben wir beschlossen sodann zu drucken. Herzliche Grüße aus Straßburg, Ende August 1509.* (S.69)

In seinem erläuternden Kommentar bringt Lehmann die Erkenntnisse Waldseemüllers in den Kontext des zeitgenössischen Wissenschaftsdiskurses und zitiert dabei auch mit großer Souveränität theologische Autoren der Antike und des Mittelalters wie Augustinus, die Kirchenhistoriker Beda Venerabilis und Isidor von Sevilla oder den maßgeblichen Lehrer der mittelalterlichen Scholastik, Thomas von Aquin.

Eine in jeder Hinsicht spannende Lektüre, die eindrücklich den kosmographischen Wissenstand am Beginn der Reformationszeit zusammenfasst.

Ulrich Bayer (Freiburg)

Christoph Strohm/Thomas Wilhelmi (Hgg.), Martin Bucer, der dritte deutsche Reformator. Zum Ertrag der Edition der Deutschen Schriften Martin Bucers (Akademiekonferenzen 26), Heidelberg: Winter 2016, 106 S., kt.

Zum Abschluss der Jahrzehnte in Anspruch nehmenden und unersetzlichen Edition von Bucers deutschen Schriften (BDS) ist die dem Andenken des großen Heidelberger Gelehrten und langjährigen Vorstandsmitglieds des Vereins für Kirchengeschichte Baden Gottfried Seebaß gewidmete Dokumentation des Abschlusskolloquiums nunmehr im Druck erschienen.

Martin Greschat, 1990 mit einer maßgeblichen Bucer-Biographie hervorgetreten, stellt die Geschichte der Bucer-Edition dar in einer fesselnden Darstellung und Einzeichnung des Forschungsvorhabens in das langsam aber stetig wachsende Vertrauen zwischen Deutschland und Frankreich. Die Darstellung wird somit selbst zur Skizze neuester und zeitgeschichtlicher (Kirchen-) Historie. Christoph Strohm, der jetzige akademische Leiter des Editionsprojekts, beschreibt den in seinem Wirken nach wie vor unterschätzten Bucer – einem Diktum Heinrich Bornkamms folgend – als dritten deutschen Reformator und begründet dessen Bedeutung (nicht nur) für den deutschen Südwesten luzide und nachdrücklich. Ihm sekundiert der Beitrag des Mitarbeiters der Edition, Stephen Buckwalter. Ähnlich dem Geschick Melanchthons litt Bucer ja über Jahrzehnte (wenn nicht Jahrhunderte) unter dem Stigma des sich schließlich selbst kompromittierenden Vermittlers. Gerade die Editionsbände der letzten 20 Jahre (Interim!) profilieren Bucer nun keineswegs als Vermittler ohne Rückgrat, sondern als bewussten „Versteher", der zugleich, insbesondere gegen Spiritualisten und Täufer, auch klare Grenzen zu ziehen wusste und auch in seiner Klarheit gegen das Interim von 1548 neu, zumindest differenzierter, bewertet werden muss. Wolfgang Simons Beitrag hingegen zeichnet ein sozialgeschichtlich hochinteressantes und auch liebenswürdiges Bild Bucers über die bekannten Rollen hinaus als sozialen Kommunikator und verantwortungsvollen Familienvater. Eine Spezialstudie Eike Wolgasts untersucht in bei dem Gelehrten gewohnter Klarheit die persönliche und stadtpolitisch aufregende Auseinandersetzung Bucers mit dem Stettmeister Jakob Sturm als Ringen um die Entscheidung zum Interim, dies in den (modernen) Kategorien von Gesinnungs- bzw. Verantwortungsethik.

Quasi im Vollzug der Gesamtlektüre wird die Bedeutung Bucers (wieder einmal) deutlich, die durchaus rechtfertigt, von dem Straßburger als „drittem" deutschen Reformator (neben Luther und Melanchthon) zu sprechen. Intendiert wird hier freilich kaum die Herstellung einer Konkurrenzsituation, etwa gegenüber Brenz, Blarer, Schnepf, Frecht oder vergleichbaren Größen. Es geht vielmehr um die reichspolitisch nachhaltige Bedeutung Bucers (etwa Wittenberger Konkordie, Kölner Reformation, Reichsreligionsgespräche) und sein spätes Wirken in Cambridge zwischen reformatorischer Orientierung und frühpuritanischen Einflüssen als Nachhall der in Straßburg gewonnen Kirchenzucht, die so stark auch das Wirken Calvins bestimmt hat.

Nicht nur wird man mit der Lektüre des Bändchens die Freude am erfolgreich abgeschlossenen Projekt teilen, es zeigt sich auch, wie Forschungsgeschichte im Allgemeinen und Editionsgeschichte im Besonderen einen hochinteressanten und unmittelbaren Beitrag zur Kirchengeschichte zu leisten vermögen.

Johannes Ehmann (Heidelberg)

Christoph Strohm, Theologenbriefwechsel im Südwesten des Reichs in der Frühen Neuzeit (1550–1620) (Sitzungsberichte der Philosophisch-historischen Klasse der Heidelberger Akademie der Wissenschaften 57), Heidelberg: Winter 2017, 85 S., kt.

Dass aufwändige, und d.h. unter heutigen „Marktbedingungen" millionenschwere Forschungsvorhaben eine ebenso aufwändige Begründung in der gegenwärtigen Forschungs- und Förderungslandschaft benötigen, ist das eine. Das andere ist der erfreuliche Versuch, diese Begründungen in ansprechender und lesbarer Präsentation vorzulegen. Eben eine solche liegt vor in der von der Heidelberger Akademie der Wissenschaften verantworteten Broschüre zum Briefwechsel wichtiger Theologen aus dem Südwesten des Reichs zwischen 1550 und 1620.

Der Autor der Broschüre (der Heidelberger Ordinarius für Reformationsgeschichte und wissenschaftliche Leiter des Projekts) Christoph Strohm begründet das (genehmigte) Projekt in drei methodischen Schritten bzw. hinsichtlich der inhaltlich einschlägigen Aspekte.

Zum einen geht es um die Fortführung, Ergänzung und Systematisierung bereits erfolgter Digitalisierungen in Konzentration auf die Korrespondenzen. Es ist ja eine (heute durch Vergessen gefährdete) Erkenntnis, dass die wesentliche Kommunikation innerhalb der reformatorischen Bewegung eine Kommunikation durch Korrespondenzen gewesen ist; insb. im deutschen Südwesten: Jeder kannte jeden. Die engen, auch historisch einflussreichen, Netzwerke – man denke etwa an den Briefwechsel Bucers mit Blarer – sind, was konkretes politisches Handeln oder auch Lehrentwicklung der Reformation betrifft, oft weit lehrreicher als Lehr- und Bekenntnisschriften, die ihrerseits eher als Frucht denn als Quelle kirchengeschichtlicher Entwicklungen anzusehen sind. Neu nun eben ist, dass am Ende des Projekts keine Folianten stehen werden, sondern Datenbanken, denen man nur umfangreiche Nutzung wünschen kann.

Zum andern nimmt Strohm eine Konzentration auf den Zeitraum 1550–1620 vor. Begründet wird dies durch wieder drei Entwicklungslinien, die sich mit dem genannten Zeitraum verbinden. Nämlich es geht um Entwicklungen im Übergang vom reformatorischen zum konfessionellen Zeitalter, intensivierte Staatenbildung in den Territorien, zugleich auch um Säkularisierungsschübe. Dahinter verbirgt sich (grob gesprochen) der Zeitraum zwischen Interim (1548) und Passauer Friede (1552) einerseits und andererseits zwischen erstem Reformationsjubiläum (1617) bzw. erster Phase des Dreißigjährigen Krieges.

Zum dritten erkennt Strohm als wesentliche Dynamik gerade der Geschichte des Südwestens des Reichs ein innerprotestantisches Konkurrenzsystem, dessen Hauptmächte die reformierte Kurpfalz und das konkordienlutherische Württemberg bilden. Beider spezifische Reformationsformen wurzeln in der ursprünglich oberdeutsch-straßburgisch geprägten Reformation (die man ja als späte Frucht der Heidelberger Disputation von 1518 ansehen kann). Gerade diese straßburgische Spielart des Reformatorischen bot ihrerseits die doppelte Dynamik der Vermittlung (Reich) wie auch der Entwicklung zum Reformiertentum, insb. Calvins, der vielleicht der prominenteste Schüler Bucers genannt werden muss. Trotz vieler Reibungsverluste innerhalb des Protestantismus erkennt Strohm dieser dynamischen Konkurrenz eine für den Südwesten *produktive* Kraft zu. Damit sind die drei wesentlichen Momente gewonnen, die quasi das inhaltliche Gerüst des Digitalisierungsprojekts darstellen.

Insofern ist es nicht nur strukturell, sondern auch inhaltlich ein Folgeprojekt zur Bucer-Edition der Heidelberger Akademie (s.o.), und dürfte sich einreihen in die so ambitionierten wie erfolgreichen Projekte der genannten Edition wie auch der Ergebnisse der Melanchthonforschungsstelle (Regesten und Texte).

Denen, die solche Projekte zunächst am wenigstens zur Kenntnis nehmen werden, wäre die Lektüre Strohms am meisten zu empfehlen: den Studierenden. Denn das gewählte *genus* bietet eine differenzierte und zugleich leicht lesbare Einführung in die Geschichte des Konfessionalismus nicht zulctzt für den Bereich der (heutigen) badischen Landeskirche. Das kleine (übrigens illustrierte!) Buch ist somit ein Fachbuch im besten Sinne, ohne übertriebene Rhetorik und semantische Überladungen. Gerade die für eine Unionskirche wichtige Vergewisserung der auch irenischen Grundlagen des südwestdeutschen Protestantismus bis hin zur Leuenberger Konkordie (1973), freilich auch der scharfen Polemiken, ist hier leicht zugänglich.

Johannes Ehmann (Heidelberg)

Reformation mit Hindernissen. 500 Jahre evangelischer Glaube in Baden-Baden, hrsg. vom Stadtmuseum/-archivBaden-Baden, Text: Albert de Lange unter Mitwirkung von Heike Kronenwett und Dagmar Rumpf, Baden-Baden 2017, 115 Seiten, brosch., zahlr. Abb., kt.

Das Reformationsjubiläum 2017 wurde in fast allen badischen Gemeinden mit mehr oder weniger aufwändigen und öffentlichkeitswirksamen Veranstaltungen gefeiert. Was wird bleiben? In den meisten Fällen sicherlich – leider – nur eine Mitteilung und vielleicht noch ein kurzer Bericht im Gemeindeblatt der veranstaltenden Kirchengemeinde, dem allzubald das große Vergessen folgt. Dass dies nicht das Schicksal der zentralen öffentlichkeitswirksamen Veranstaltung der Evangelischen Kirchengemeinde Baden-Baden in Kooperation mit den Stadtmuseum/-archiv, der Ausstellung „Reformation mit Hindernissen – 500 Jahre evangelischer Glaube in Baden-Baden", sein wird, dafür wird vor allem der schöne und reich bebilderte Katalog zur Ausstellung sorgen, der somit etwas über das Ereignis hinaus Bleibendes schafft.[1]

Der Katalog ist chronologisch aufgebaut. Auf die Darstellung der Teilung der Markgrafschaft Baden 1535 wird die Stadt Baden-Baden um 1500 porträtiert. Der Schilderung der kirchlichen Verhältnisse am Ende des Mittelalters folgen Kapitel über die Anfänge der Reformation in Baden-Baden (1517–1556), die „erste Blütezeit" der Reformation (1556–1569) und den folgenden Rückschlag während der neuerlichen bayerischen Vormundschaft, schließlich die „zweite Blütezeit" (1589–1622) während der sog. Oberbadischen Okkupation. Durch die Gegenreformation im Gefolge des Dreißigjährigen Krieges wurden die reformatorischen Bestrebungen in Baden-Baden weitgehend unterbunden. Erst mit der Vereinigung der beiden Markgrafschaften 1771 und vor allem mit den Umwälzungen in der napoleonischen Zeit, die Baden den Aufstieg zum Großherzogtum und souveränen Staat (1806) bescherten, ergaben sich für

---

[1] Auch anlässlich des badischen Reformationsjubiläums 2006 gab es eine ganz ähnlich ausgerichtete Ausstellung in Baden-Baden, über die ein Bericht in unserem Jahrbuch informiert (vgl. Silke Alves-Christe, Von den Anfängen der Reformation in der Stadt Baden bis zur Gründung der evangelischen Gemeinde vor 175.

die Evangelischen in Baden-Baden neue Perspektiven. Die Gründung der Evangelischen Kirchengemeinde 1832 ist ebenso Gegenstand der Ausstellung und des Katalogs wie die Veränderungen und Einschnitte der Zeit von 1914 bis zum Ende der französischen Besatzung 1949. Damit endet der historische Durchgang. Ein ausführlicher Blick auf die aktuellen Bedingungen evangelischen Lebens in Baden-Baden beschließt die Darstellung.

Die der chronologischen Abfolge der Geschichte Baden-Badens und seiner Kirche(n) folgende Gliederung des Katalogs wird an passenden Stellen durch biografische Kapitel vertieft: zu Franciscus Irenicus, dem ersten evangelischen Prediger in Baden-Baden, Anna Weinhag, einem Opfer der Hexenverfolgungen im 17. Jahrhundert, zu dem aufgeklärt-toleranten Markgrafen Karl Friedrich als Integrationsfigur, zu der adligen Wohltäterin Charlotte von Schubert bis hin zu Leonore Mayer-Katz als Beispiel der Emanzipation der Frauen in Stadtgemeinde wie Kirche.

Die Bilder und Texte geben im Wesentlichen die Informationen wieder, die in der Ausstellung durch Tafeln dem Besucher nahegebracht werden. Der Katalog dient also dem Nach-Lesen und so auch der Vertiefung. Der von Albert de Lange verfasste Text ist möglichst knapp gehalten, aber stets zuverlässig informierend. Ebenso ist die Auswahl und die Qualität der Abbildungen hervorzuheben. Eine Karte veranschaulicht den zertreuten Territorialbesitz der seit 1535 zweigeteilten Markgrafschaft Baden. Eine Stammtafel des Hauses Baden von 1475 bis 1918, eine Auswahlbibliografie und ein Bildnachweis komplettieren den Band und belegen einmal mehr die Seriosität der Publikation.

Alles in allem: Ein wunderbares Lese- und Bilderbuch.

Udo Wennemuth (Karlsruhe)

Michael Heymel, Eine Geschichte der Kirchenmusik in der Evangelischen Kirche in Hessen und Nassau (EKHN), Kamen: Verlag Hartmut Spenner 2016, 552 S., geb., 49,80 Euro

Ein beeindruckendes, 552 Seiten starkes Opus hat der Autor, Theologe und Philosoph Michael Heymel hier vorgelegt. Man darf es, an der Schwelle zum Ruhestand vollendet, gewissermaßen als eine Summe seiner reichen und vielgestaltigen Berufstätigkeit als Pfarrer, Wissenschaftler, Lehrbeauftragter, Kirchenmusiker, Synodaler und Mitarbeiter einer Kirchenleitung wahrnehmen und verstehen. Das Thema Kirchenmusik und Kirche – sein Thema, dem er bereits zahlreiche Publikationen gewidmet hat – wird hier am Beispiel der Entwicklung in der EKHN von allerlei Seiten betrachtet.

Den gewichtigen Band nimmt der Leser gerne zur Hand, freut er sich doch über den offensichtlichen Fleiß, mit dem das Werk erstellt wurde, an dem umfangreichen Personenregister, das zum gründlicheren Studium einlädt, und an der ansprechenden Gestaltung des Buches hinsichtlich Einband, Bindung, der Schrift und der Bilder, wobei diese je nach Vorlage von unterschiedlicher Qualität der Wiedergabe sind. Vereinzelt zu bemerkende Umbruchfehler sind vermutlich auf Umformatierungen während des Herstellungsprozesses zurückzuführen und zu vernachlässigen.

Zum Nachdenken regt bereits die Wahl des unbestimmten Artikels im Titel an: „*Eine* Geschichte...". Der Autor nimmt sehr bewusst die Perspektive eines teilnehmenden Beobachters ein, dabei – wie sich bei der Lektüre zeigt – eine durchaus parteiliche. Das ist mutig, da einer solchen Perspektive durchaus widersprochen werden kann. Und das regt an, weil das Buch auf diese Weise eine Debatte zu befördern vermag – nämlich die um die Stellung und Aufgabe der Kirchenmusik in einer deutschen Landeskirche derzeit und in naher Zukunft. Dass eine solche Debatte auf der Grundlage der fundiert, detail- und kenntnisreich dargebotenen Geschichte umso besser geführt werden kann, versteht sich; und gerade dazu leistet Michael Heymels Werk einen beachtlichen Beitrag.

Das Buch ist wie folgt gegliedert: Einer Einleitung, in welcher der Autor die Zielsetzung erläutert, folgt ein historischer Teil, der – einsetzend mit der Reformation – die Geschichte der Kirchenmusik in den Territorien, die ab 1933 die EKNH bilden, darstellt. Berücksichtigt werden hierbei die Landgrafschaft bzw. das Großherzogtum Hessen(-Darmstadt), die Nassauischen Lande sowie die Freie Reichsstadt Frankfurt am Main. Die Entwicklung nach der Zusammenführung der Territorialkirchen zur EKHN wird in zwei Abschnitten nachgezeichnet: die Zeit vor und nach 1945.

Zu fragen wäre, ob nicht auch die Situation vor der Reformation mit wenigen Strichen hätte skizziert werden können, wobei selbstverständlich bei derart umfänglichen Veröffentlichungen immer auch eine kluge Beschränkung geboten ist; und für eine solche Entscheidung bietet sich die Zäsur der Reformation mit ihren weitreichenden Folgen für die Funktion und Institution der Kirchenmusik zweifellos an.

Michael Heymel lässt dem geschichtlichen Überblick ein Kompendium der Einrichtungen und Arbeitsfelder der Kirchenmusik folgen, wobei er sich dankenswerter Weise mit großer Umsicht auch sonst eher weniger beachteten Bereichen widmet – z. B. dem Glockenwesen. Im Kontext der Betrachtung der Arbeitsfelder stellt der Autor Fragen, die Anlass für die bereits erwähnte mögliche Debatte sein könnten – z. B.: „Was kann (und soll wohl) die Kirche für die kirchenmusikalische Geschmacksbildung tun?"

Den Personen, die jeweils von Amts wegen (hier Landeskirchenmusikwart bzw. -direktor(in) geheißen) die Kirchenmusik in der EKHN besonders repräsentier(t)en, ist jeweils ein Abschnitt zugedacht. Dass Heymel die Amtsperioden jeweils als „Ära" bezeichnet, unterstreicht, dass er dem Amt und gerade auch den amtierenden Persönlichkeiten eine wesentliche Prägekraft zuerkennt. Eine Übersicht der kirchenmusikalischen Institutionen ergänzt das Bisherige; auch hier zeigt sich, wie sehr der Autor an den Menschen innerhalb der Institutionen interessiert ist. Ein solches Verständnis von Geschichte finde ich sympathisch.

Gewissermaßen als Fazit des Werkes lassen sich die Abschnitte zu derzeit bewegenden Themen und Problemen der Kirchenmusik in der EKHN lesen, wobei diese durchaus als generelle Analyse mit Problemanzeigen über die Grenzen der Landeskirche hinaus verstanden werden wollen. So mahnt Heymel etwa die eingehende Beschäftigung mit dem Bereich Kirchenmusik innerhalb der TheologInnenausbildung an. Statistisches Material, das eine eingehende Beschäftigung lohnt, rundet das Werk ab.

Als Aufgaben für die Zukunft sieht der Autor eine verstärkte Wahrnehmung der Individualisierung als Phänomen, zugleich eine (Über-)Betonung der persönlichen Erfahrung, gipfelnd in einer Klage über die „Patchwork- oder Do-it-yourself-Religiosität", die er konstatiert. Hier, so scheint es, wird die angekündigte parteiliche Perspektive des Autors besonders sichtbar. Man mag seiner Analyse zustimmen, muss es aber nicht – und womöglich noch weniger den Schlussfolgerungen, die gezogen werden...

Ich habe diejenigen Teile des mit Fleiß und großer Umsicht verfassten gut lesbaren Buches am meisten goutiert, welche den reichen Schatz der Kirchenmusik innerhalb der EKHN in Geschichte und Gegenwart weisen und zeigen. Diejenigen, die aktuelle Fragestellungen zur Zukunft der Kirchenmusik allgemein berühren, sind geeignet eine gewiss zu führende Debatte anzuregen.

Damit dem lesenswerten Buch Michael Heymels dies gelingen möge, wünsche ich ihm viele an dem Verhältnis von Kirchenmusik und Kirche interessierte Leserinnen und Leser – nicht nur innerhalb der EKHN.

Martin-Christian Mautner (Heddesheim)

Hans Jörg Staehle, Gottesdiener, Gotteskrieger & Gottesmanager – Zeugnisse aus dem Kirchenleben von Heidelberg-Handschuhsheim im 20. Jahrhundert und heute, Ubstadt-Weiher – Heidelberg – Basel: verlag regionalkultur 2016.

„Kirchen können unser Dasein bereichern und erleichtern. Sie können aber auch dazu beitragen, Schrecken zu verbreiten und Leid zu vergrößern. In diesem Buch wird am Beispiel einer kleinen Gemeinde aufgezeigt, wie nahe Verheißungen und Abgründe zuweilen beieinanderliegen" (S. 3). Die kleine Gemeinde, von der Hans Jörg Staehle spricht, ist Heidelberg-Handschuhsheim. Sein Buch beruht im Wesentlichen auf den Vorbereitungen zweier Referate zur Geschichte seiner Heimatgemeinde anlässlich der 1250-Jahr-Feier 2015. Der Autor ist – nach seinen eigenen Worten – „weder Historiker, Soziologe, Psychologe noch Theologe" (S. 5), sondern Arzt. Die von ihm eingenommene Außenperspektive ermöglicht interessante Antworten auf Fragen der lokalen und allgemeinen Kirchengeschichte wie zum Beispiel: Warum läutete eine aus erbeuteten Kanonen gegossene Kirchenglocke 1910–1942 in der evangelischen Friedenskirche, bevor sie eingeschmolzen und damit ihrem eigentlichen kriegerischen Zweck wieder zugeführt wurde? Warum wurden Geistliche, die aktive Nationalsozialisten gewesen waren, nach dem Krieg als Mitläufer oder gar Opfer des NS-Regimes dargestellt und entsprechend entlastet? Und schließlich: Welche Strategien werden von Christen nicht nur in Handschuhsheim heute verfolgt, um eine „kranke" Kirche wieder zu einem „gesunden" Aufbruch zu führen?

Die Darstellung von Kaiserzeit und Erstem Weltkrieg ist so hauptsächlich geprägt von der Bitte des 1859–1884 in Handschuhsheim wirkenden Pfarrers August Christian Eberlin an Kaiser Wilhelm I. 1871, der Gemeinde eine aus feindlichen Kanonen gegossene Glocke zu stiften als Rache und Ausgleich für den Raub der Handschuhsheimer Glocken durch die Franzosen 200 Jahre zuvor. Von 1910–1942 läutete die Glocke in der von Hermann Behaghel erbauten evangelischen Friedenskirche.

Bei der Schilderung von Nationalsozialismus und Zweitem Weltkrieg im schon 1929 „Hitlerort" genannten Handschuhsheim (vgl. S. 18) nimmt die Kritik an den beiden nationalsozialistisch eingestellten Pfarrern Karl Höfer und Heinrich Vogelmann einen breiten – manchmal zu breiten – Raum ein, hinter den die Darstellung der Ereignisse in der Gemeinde von 1933 bis 1945 zu stark zurück tritt.

In den Passagen zur Nachkriegszeit fällt vor allem die Kritik an einem in der Gemeinde und der Kirche allgemein vorherrschenden Schweigen zum Nationalsozialismus „als sei nichts geschehen" (S. 83) ins Auge. Namentlich Hermann Maas, der von 1943–1970 in Handschuhsheim wohnte, und sein unmittelbarer Nachbar in der Beethovenstraße Otto Frommel kommen nicht gut weg (vgl. S. 39–49). So werden Maas' Mitwirken an der Rehabilitierung von Vogelmann einerseits, und Frommels – angebliche – Bejahung der Pogrome von 1938 sowie sein noch 1949 in unveröffentlichen Aufzeichnungen geäußerter Antijudaismus scharf kritisiert. Eine offene Auseinandersetzung mit dem Nationalsozialismus gab es demnach in der Handschuhsheimer Kirchengemeinde erst mit der Goldkonfirmationspredigt von Gerhard Liedke am 6. Mai 1990, in der der Pfarrer eine Mitschuld der Kirche und seiner Vorgänger am Wahnsinn und Götzendienst des „Dritten Reiches" einräumte (vgl. S. 102).

Eine Darstellung der Geschichte der Katholischen Kirche (S. 113–143), ausführliche Zeitzeugenberichte (S. 144–168), sowie persönliche Schlussbetrachtungen, Zusammenfassung und Fazit (S. 169–207) ergänzen das Werk. Der Bogen wird dabei bis zum Umbau der Friedenskirche und dem „Kirchenumbaukampf" 2008–2012 gespannt (S. 187).

Negativ ins Auge fallen teilweise sinnentstellende Rechtschreibe- und Syntaxfehler (z.B. „Illenau" statt „Ilmenau" [S. 21], „die Deutschen Christen im" statt „für die Deutschen Christen das evangelische Kirchenparlament" [S. 29]) und manche historischen Ungenauigkeiten. So führt der Autor die Bezeichnung „Dahlemiten" im Kirchenkampf auf eine „Theologische [...] Erklärung der Gemeinde von Berlin-Dahlem um den Pastor Martin Niemöller" (S. 32) statt auf die Theologische Erklärung der im Herbst 1934 in Dahlem tagenden zweiten reichsweiten Bekenntnissynode zurück. Solche Fehler hätten durch ein sorgfältigeres Lektorat leicht ausgemerzt werden können.

Etwas zu heftig geraten ist auch die Kritik am Antijudaismus des „Volksverhetzer[s]" [sic!] (S. 33) Martin Luther, der pauschal als Ursache für den allgemein vorherrschenden Antijudaismus auch in der der Bekennenden Kirche herangezogen wird.

Lobenswert sind die zahlreichen Abbildungen bzw. fotografischen Reproduktionen von Quellen, die das Buch zu einer Fundgrube für interessierte Laien und Fachleute nicht nur der Handschuhsheimer Kirchengeschichte machen. Es spricht auch für Staehle, wenn er versucht, aus der geschichtlichen Darstellung Lehren für die Gegenwart zu ziehen, etwa für die Flüchtlingsfrage (vgl. S. 105) oder die kirchlichen Reformprozesse, die er allerdings etwas zu pauschal als „Kirchenmarketing" und reine Nachfrageorientierung (vgl. S. 184, S. 206) problematisiert.

Abschließend bringt der Autor sein Anliegen treffend auf den Punkt: „Wenn die Kirchenvertreter – auch jene von Handschuhsheim – aus ihrer Geschichte etwas lernen wollen, dann dies, der Neigung zu widerstehen, unterschiedlich auslegbare Positionen der Tagespolitik [...] mit biblischen Argumenten zu unterlegen. [...] Nur wenn sich Christen konsequent ihrer eigenen fragwürdigen Vergangenheit und Gegenwart stellen, werden sie gegenüber anderen Religionen eine angemessene Position finden können" (S. 207).

Micha Willunat (Karlsruhe)

Protestanten ohne Protest. Die evangelische Kirche der Pfalz im Nationalsozialismus, hrsg. von Christoph Picker, Gabriele Stüber, Klaus Bümlein und Frank-Matthias Hofmann unter Mitarbeit von Christine Lauer und Martin Schuck, 2 Bde., Leipzig: Evangelische Verlagsanstalt, 2016; 911 Seiten, ungez. sw Abb., geb.

Die meisten evangelischen Landeskirchen haben sich in den letzten Jahrzehnten der Aufgabe gestellt, ihre Verstrickungen und Beharrungsversuche in der NS-Zeit wissenschaftlich aufzuarbeiten. Die badische Landeskirche hat dies – wie die meisten Landeskirchen – durch eine umfangreiche kommentierte Dokumentation in Quellen versucht, woran sich in der Regel umfangreichere wissenschaftliche Auswertungen unter spezifischen Fragestellungen anschlossen. Die Evangelische Kirche der Pfalz ist einen anderen Weg gegangen und hat nun unter dem sprechenden Titel „Protestanten ohne Protest" den Versuch einer quellenbasierten wissenschaftlichen und handbuchartigen Gesamtdarstellung gewagt, in der möglichst alle Aspekte des kirchlichen Lebens und der Verflechtung von Kirche und Staat durch unterschiedliche Autorinnen und Autoren erarbeitet wurden: ein mutiges und ambitioniertes Unterfangen.

Auch in der Pfalz haben die meisten Protestanten die „Machtergreifung" der Nationalsozialisten am 30. Januar 1933 begeistert begrüßt. Die „Gleichschaltung" der Landessynode und der Presbyterien war innerhalb weniger Monate vollzogen. „Protest gegen das NS-Regime gab es im pfälzischen Protestantismus nur sehr sporadisch und zurückhaltend", heißt es in der Einführung von Christoph Picker (S. 11–30, hier: 20). Für die Entwicklung in der Landeskirche war nicht unwesentlich, dass der als moderat geschilderte Landesbischof Ludwig Diehl bereits früh überzeugtes Mitglied der NSDAP war. Er vertrat die Pfalz im Reichskirchenausschuss. Durch die von ihm geprägte Konformität der pfälzischen Kirchenpolitik blieb der Pfalz – anders als etwa Baden – ein „Kirchenkampf" erspart – was Konflikte indes nicht ausschloss.

Der Anstoß für eine systematische Auseinandersetzung mit der Geschichte der pfälzischen Protestanten in der NS-Zeit geht in das Jahr 2009 auf eine Initiative des Arbeitskreises Kirche und Judentum zurück (der abschließende VI. Band der der Quellendokumentation „Die Evangelische Landeskirche in Baden im Dritten Reich" mit der Synopse von Jörg Thierfelder erschien 2005!). Als Motivation für das Groß-Unternehmen macht Kirchenpräsident Christian Schad für sich selbst die Erschütterung über die Selbstaufgabe der pfälzischen Kirche an einem eindrücklichen Beispiel klar: Auf ihrer Synode am 5. März 1934 legte die evangelische Kirche in der Pfalz nichts weniger als ein Bekenntnis zur deutsch-christlichen Reichskirche und zum nationalsozialistischen Staat Adolf Hitlers ab. Die Kirche solle „vollkommen im Dritten Reich verwurzelt" sein, und so hoffte man das „Vertrauen des Volkes" zu erfüllen. Das Forschungsprojekt soll daher „Wahrheit" aufdecken und so mithelfen, eine künftige Erinnerungskultur der Evangelischen Kirche der Pfalz zu gestalten.

Natürlich fragt man sich, warum man sich in der Pfalz erst so spät mit einer systematisierten wissenschaftlichen Erforschung ihrer evangelischen Kirche im Nationalsozialismus befasst hat. Christoph Picker begründet dies mit dem „Narrativ" der Betroffenen-Generation, die die Deutungshoheit der Geschichte nach dem Ende des „Dritten Reiches" beanspruchte und so das Bild einer Epoche prägte, das lange Zeit keine Hinterfragung notwendig erscheinen ließ; das kennen wir ähnlich auch aus Baden, in der Pfalz waren derartige Deutungsmuster aber noch über Ludwig Diehls Tod

1982 hinaus wirksam. Andererseits hat etwa zur gleichen Zeit wie Klaus Scholder für Baden Hans-Georg Faber für die Pfalz schon zu Beginn der 1970er Jahre die Notwendigkeit der wissenschaftlichen Auseinandersetzung plausibel machen können. Die Frage nach dem „Warum erst jetzt?" lässt sich also nicht einfach und geradlinig beantworten.

Der Inhalt der 36 Sachbeiträge kann an dieser Stelle selbstverständlich nicht referiert und im Einzelnen bewertet werden; es müssen knappe Hinweise genügen. Einleitend stellt Harry Oelke die Verflechtungen und die Wechselwirkung der pfälzischen Kirche mit der Reichskirche in seinem Beitrag „Die Pfalz im Gleichschritt? Die evangelische Kirche im Deutschen Reich und die Vereinigte Protestantisch-Evangelische Kirche der Pfalz 1933 bis 1945" dar. Dieser Beitrag ist gewissermaßen für die übrigen Aufsätze der Referenzboden für die allgemeinen Entwicklungen in der evangelischen Kirche im Dritten Reich, denn der von Picker eingeforderte „interregionale Vergleich" (S. 20) kann von den Autorinnen und Autoren des Bandes erwartungsgemäß gar nicht selbst geleistet werden.

Im ersten Teil „Der Weg der pfälzischen Landeskirche zwischen kirchlicher Verantwortung und politischer Inanspruchnahme" folgt auf etwa 170 Seiten in neun Beiträgen ein chronologischer Gang durch die pfälzische evangelische Kirchengeschichte von der Weimarer Zeit bis in die Nachkriegszeit. Erich Schunk schreibt über „Die pfälzische Landeskirche in der Weimarer Republik" (S. 57–69), die man treffend – wenn auch etwas verkürzt – mit den Begriffen „Politisierung und Desorientierung" auf den Punkt bringen kann, und in einem zweiten Beitrag über „Die Entwicklung der pfälzischen Landeskirche 1934 bis 1939" (S. 117–135), einem der zentralen Artikel des Bandes, weil hier deutlich wird, wie sehr doch auch in der Pfalz Konflikte zwischen den radikalisierten Deutschen Christen und „oppositionellen Gruppierungen" schwelten; die auch bei den an der badischen NS-Kirchengeschichte Interessierten bekannte Caroline Klausing schreibt über „Protestantismus und nationalsozialistisches Milieu 1930–1932" (S. 70–89), wo im Wesentlichen die konservative und liberale Perspektive gegenübergestellt werden; Pia Nordblom analysiert in einem herausragenden Artikel „Das Umbruchsjahr 1933" (S. 90–105). Mit der schon erwähnten „Selbstgleichschaltung" und der „Eingliederung der pfälzischen Landeskirche in die Reichskirche" befasst sich Joachim Conrad (S. 106–116), wobei freilich auch der Widerstand der Pfälzischen Pfarrbruderschaft zur Sprache kommt. Besonderheiten der pfälzischen Kirchengeschichte greifen Jörg Rauber und Siegfried Hermle auf mit ihren Beiträgen über „Die Sondersituation im Saargebiet und die Bedeutung der Saarabstimmung 1935" (S. 136–161; interessant ist hier die unterschiedliche Entwicklung in den saarpfälzischen Gebieten mit einer Tendenz zur Selbstgleichschaltung und den kirchenkampfähnlichen Auseinandersetzungen in den preußischen [rheinischen] Saarsynoden) und „Die lothringischen evangelischen Kirchen als Teil der pfälzischen Landeskirche 1940 bis 1945" (S. 189–207), wobei es einerseits gelang, die lothringischen Traditionen zu bewahren, andererseits jedoch zwei unterschiedliche rechtliche Situationen zu bewältigen waren. In dem Längsschnitt darf natürlich ein Beitrag über „Die pfälzische Landeskirche zwischen Kriegsbeginn und Zusammenbruch des NS-Regimes" (S. 162–188) nicht fehlen, den Walter Rummel verfasste; bemerkenswert ist, wie sehr beispielsweise die seelsorgliche Betreuung von Hinterbliebenen von Organisationen des NS wie der Wehrmacht als Bedrohung empfunden werden konnte.

Gabriele Stüber beschließt diesen ersten Teil mit einem Blick auf den Umgang der Kirche mit ihrer NS-Vergangenheit in den Jahren zwischen 1945 und 1949 (208–226) unter den Stichworten Reorganisation der Landeskirche besonders mit Blick auf die Leitung der Kirche, Entnazifizierung und Schuldfrage, die in der Pfalz weitgehend ablehnend behandelt wurde.

Im zweiten ca. 115 Seiten umfassenden institutionengeschichtlich angelegten Teil geht es um „Institutionen, Organisationen und Gruppen" in der pfälzischen Landeskirche. Franz Maier schreibt über das Verhältnis der pfälzischen Landeskirche zu den Instanzen der Reichskirche (S. 229–242), wobei der Akzent aber deutlich auf den Entwicklungen in der Reichskirche liegt; unter einem anderen Blickwinkel schildert Hannes Ziegler die Beziehungen der Pfälzischen Landeskirche zu den politischen Instanzen im NS-Staat (S. 243–257), wobei er die Rolle des Kirchenpräsidenten Keßler (bis 1934) und des Landesbischofs Diehl hervorhebt; die Rolle der Presbyterien beschreiben Helge Müller am Beispiel der Kirchengemeinde Neustadt und ihrer Tochtergemeinde Winzingen (S. 258–265), Friedrich Borggrefe am Beispiel der Kirchengemeinde Ludwigshafen Nord (S. 266–270) und Ingo Holzapfel am Beispiel der Kirchengemeinde Kusel (S. 271–275), womit drei geografisch und sozial unterschiedliche Typen verglichen werden können. Klaus Bümlein analysiert die Rolle der „traditionellen" Kirchenparteien (S. 276–291); obwohl der Schwerpunkt der Darstellung bis zum Jahr 1933 geht, kann auch ihr Weiterwirken nach 1933 anschaulich gemacht werden. Den Deutschen Christen und ihrem Anschluss an die nationalkirchliche Bewegung widmet Thomas Fandel seinen Beitrag (S. 292–309), der Pfälzischen Pfarrbruderschaft und der rudimentären Bekenntnisbewegung widmet sich Michael Martin (S. 310–325). Martin Schuck schließlich stellt die Evangelischen Vereine und Verbände (Evangelischer Bund, Verein für Pfälzische Kirchengeschichte, Pfälzischer Pfarrverein) in der NS-Zeit vor (326–342).

Der dritte nur etwa 70 Seiten umfassende Teil trägt den Titel „Landeskirche und staatliche Gewaltmaßnahmen". Roland Paul schreibt über Antisemitismus und die Haltung zur Judenverfolgung (S. 345–366), zurecht einer der umfangreichsten Artikel des „Handbuchs". Hierin findet auch die faktische Anwendung des „Arierparagraphen" auf die Pfarrer und ihre Familien Erwähnung. Christof Beyer schreibt über Zwangssterilisationen und Krankenmorde (S. 367–376), Karlheinz Lipp über den Antikommunismus in Staat und Kirche in Weimarer Republik und NS-Zeit (dass dieses Thema nicht vergessen wurde, ist sehr zu begrüßen) (S. 377–385). Dem düsteren Kapitel der Zwangsarbeit in Kirche und Diakonie widmet sich Frank-Matthias Hofmann (S. 386–400); zwar ist die Darstellung durch die exemplarische Arbeit sehr anschaulich geraten, doch fehlen leider Zahlen über den Umfang der Zwangsarbeit in kirchlichen Einrichtungen in der Pfalz, wie der Autor selbst einräumt (S. 390). In dem von Markus Sasse verfassten Kapitel „Antikirchliche und antichristliche Maßnahmen" (401–411) wird nicht nur die kirchenfeindliche Haltung des NS beschrieben, sondern auch die Maßnahmen des Regimes gegen Geistliche aufgeführt. Im Vergleich zu den badischen Verhältnissen gab es in der Pfalz vergleichsweise zahlreiche Verfolgungsmaßnahmen gegen protestantische Geistliche (S. 408; ich bewerte hier die Zahlen anders als der Autor).

Im letzten, mit ca. 225 Seiten umfangreichsten Teil der Sachbeiträge geht es schließlich um die „Kirchlichen Handlungsfelder", ein Kategorie, die vergleichsweise einfach zu fassen ist. Ulrich Loschky schreibt über „Gottesdienst und Kirchenmusik" (S. 415–431); breiten Raum nimmt dabei die Darstellung politisch motivierter Gottesdienste ein, Bekenntnisgottesdienste und nationalkirchliche „Gottesfeiern" werden relativ knapp abgehandelt. Monika Storm setzt sich mit „Kunst und Kirchenbau" (432–446) auseinander. Insbesondere die Rückgliederung des Saargebiets gab Anlass zu national(-sozialistisch) ausgerichteter Bautätigkeit und Kunstschaffen, wofür insbesondere die „Saardankkirche" in Rohrbach bei St. Ingbert steht. Über die „Jugendarbeit" (S. 447–468) und die schwierige Marschrichtung der evangelischen Jugend zwischen „Anpassung und Abwehr" berichtet Ingo Holzapfel. Karl-Heinz Fix thematisiert die kirchliche Ausbildung an Evangelisch-Theologischen Fakultäten und am Predigerseminar in Landau (S. 469–485), verständlicher Weise steht die Situation der (einstmals) wichtigsten Fakultät für die pfälzischen Theologiestudierenden, Heidelberg, im Mittelpunkt der Betrachtung. Eberhard Cherdron schreibt über „Volksmission" (S. 486–500), die ihren Schwerpunkt in den Jahren 1933–1935 hatte und anfangs sehr stark unter dem Einfluss der Deutschen Christen stand. „Schulpolitik und Religionsunterricht" ist das Thema von Michael Landgraf (S. 501–516). Hier geht es nicht nur um die Umgestaltung der Lehrinhalte, sondern auch um die Entfernung insbesondere von Pfarrern aus der Schule. Mit „Diakonie und Innerer Mission" befasst sich Norbert Friedrich (S. 517–526); hier gerät auch das Schicksal diakonischer Einrichtungen in den Blick. Friedhelm Borggrefe wendet sich der „Frauenarbeit" zu (S. 527–541); das Verhältnis zur NS-Frauenschaft, die Mütterschule und Frauentage werden thematisiert, eingestreut ist ein Porträt der Vorsitzenden Marie Conrad (die auch bei den Kurzbiographien vertreten ist). Der „Pfarrfrauen" (S. 542–554) nehmen sich Sigrun Wipfler-Pohl und Gabriele Stüber an. Erstaunlich ist, dass die sich selbst organisierenden Pfarrfrauen offensichtlich weitgehend resistent gegen die Ideologie der Nationalkirche waren und auch Bedrängten Unterschlupf gewährten. Traudl Himmighöfer befasst sich mit der „Evangelischen Presse" (S. 555–577); neben der zunehmenden Einschränkung der kirchlichen Pressearbeit werden die in der Pfalz gelesenen kirchlichen Periodika vorgestellt, allen voran natürlich der „Evangelische Kirchenbote". Das Verhältnis von Protestantismus und Katholizismus (S. 578–592), das ja besonders in Speyer eine reizvolle Untersuchungsplattform böte, wird von Klaus Fitschen eher am Rande und m.E. leider auch viel zu wenig mit Bezug zur Pfalz thematisiert. Anschließend befassen sich Frank Biebinger mit den Ökumenischen Konferenzen und der Ostasienmission (S. 593–598, 603), für die sich die Pfalz in besonderer Weise engagierte, Friedhelm Borggrefe mit dem Gustav-Adolf-Verein und der Basler Mission (S. 598–604). Karin Kessel analysiert die kirchlichen Finanzen (S. 605–620), einer der wenigen Beiträge, der mit Tabellen arbeitet. Die existentiellen Auseinandersetzungen der badischen Landeskirche um die Finanzen blieben der Pfalz erspart, da es hier keine staatliche Finanzabteilung gab. Den Abschluss bildet ein Beitrag von Frank-Matthias Hofmann und Christine Lauer über die Seelsorge am Westwall und an Evakuierten in der Zeitspanne von 1939 bis 1940 (S. 621–638); der Beitrag beschränkt sich also auf die besonderen Bedingungen der „Grenzlandgemeinden" insbesondere bei Kriegsausbruch.

Diesem umfangreichen Band mit Sachbeiträgen schließt sich ein zweiter mit Kurzbiographien und einem Anhang mit Abkürzungsverzeichnis, Archiv- und Bibliothekssiglen, der verwendeten Amtsblätter, Zeitungen und Zeitschriften (warum nicht hier die Synodalverhandlungen aufgeführt sind, entzieht sich der Logik des Rez.), sodann das Literaturverzeichnis (das eine die Pfalz übergreifende Perspektive nicht widerspiegelt), Ortsregister, Personenregister und Autorenverzeichnis. Die durchgehende Seitenzählung identifiziert die beiden Bände als eine Einheit. Für die insgesamt 79 Kurzbiografien wurden weitere Autorinnen und Autoren benötigt, so dass insgesamt an die 60 Beiträgerinnen und Beiträger an dem Gesamtwerk mitwirkten.

Aufbau und Gliederung des „Handbuchs" sind insgesamt überzeugend. Freilich wirken manche Kapitelüberschriften etwas lieb- bzw. phantasielos. Über die Formulierung der Überschriften der vier Teile der Sachbeiträge ist sicherlich hart gerungen worden; es ist oft schwer, „griffige" Formulierungen zu finden. Unbehagen bereitet Rez. die Überschrift zu Teil drei. Der Mangel an Präzision kann leicht zu Fehldeutungen führen und die „Täterrolle" der Kirche relativieren, als ob z.B. antisemitische Tendenzen in der Kirche staatliche Zwangsmaßnahmen erfordert hätten. Solche Vorbelastungen werden den Beiträgen aber nicht gerecht.

Ein „Handbuch", das keine Wünsche offen lässt? Trotz der weitgespannten Themenlage vermisst Rez. einen Beitrag über die Verstrickung der pfälzischen Landeskirche in die Arisierungsbestrebungen. Obgleich bei der Lektüre der Beiträge die pfälzische Landeskirche viel mehr Protestpotential offenbart, als die Einleitung vielleicht aus Bescheidenheit unterstellt, wäre gerade ein eigener Beitrag über Protest und widerständiges Verhalten doch sehr erwünscht gewesen. Karl-Heinz Fix erwähnt in seinem Beitrag (S. 480), dass sich auch Frauen zum Theologiestudium einschrieben, doch fehlt ein eigener Beitrag über Theologinnen bzw. Vikarinnen in der pfälzischen Landeskirche. Und zuletzt: So verdienstvoll die Darstellung der Seelsorge an der Bevölkerung am Grenzwall ist – warum fehlt dann ein Beitrag über die Seelsorge an Evakuierten (insbesondere 1944 und 1945) und an Kriegsgefangenen?

Diese Auflistung der Desiderate soll den Wert des „Handbuchs" in keiner Weise einschränken. In einer Rezension kann ein solcher Band kaum hinlänglich gewürdigt werden; es ist ein Band, der seinesgleichen sucht. Das ist den Pfälzern, wenn man an die Buchpräsentation im Historischen Museum der Pfalz und die Synodaldebatte erinnert, auch durchaus bewusst. Bemerkenswert ist die breite Auswertung von archivalischen Unterlagen in den allermeisten Beiträgen und die ausgezeichnete Vielfalt und Qualität der Abbildungen. Das Handbuch dokumentiert den Stand der Forschung des Jahres 2016 zur Geschichte der Evangelischen Kirche der Pfalz und ist eine gute Basis zu weiteren Detailforschungen (die von einzelnen Autorinnen und Autoren auch selbst ausdrücklich angemahnt werden) und exemplarischen Untersuchungen, um so die Grundlagen zu schaffen für eine Neubearbeitung des Handbuchs in vielleicht zwanzig Jahren. Bis dahin bleibt das „Handbuch" anderen Evangelischen Kirchen in Deutschland ein Ansporn zur Nachahmung.

Udo Wennemuth (Karlsruhe)

Register

A

Abegg, Johann Friedrich 119f
Achtsynit, Martin 80
Adam, Melchior 276
Agnes, Frau des Heinr. Medicus v. Horb 95
Agricola, Georg 168
Albrecht, Edmund 322
Amerbacher, Jörg (Georg) 244f
Andreae, Jakob 31, 165f, 290, 295
Angelloch, Herren von 230
Anhalt-Bernburg-Schaumburg, Vikor II., Fürst von 379
Anhalt-Bernburg-Schaumburg- Hoym, Friedrich Ludwig Adolf, Fürst von 379, 382
Anhalt-Dessau, Kasimire von 382
Aquila, Caspar 168

B

Baden, Bernhard I., Markgraf von 61f, 86
Baden, Bernhard d. J., Markgraf von 99
Baden, Christoph I., Markgraf von 44, 64, 73–75, 86f
Baden, Ernst, Markgraf von 44, 51, 78f, 81–85, 99
Baden, Ernst Friedrich, Markgraf von 37, 39, 44
Baden, Friedrich V. Magnus, Mgf. von 44
Baden, Friedrich VI., Markgraf von 44
Baden, Friedrich VII. Magnus, Mgf. von 45
Baden, Georg Friedrich, Markgraf von 39, 44
Baden, Jakob. I., Markgraf von 35, 58–63, 88, 91f
Baden, Jakob III., Markgraf von 44
Baden, Johannes von 97
Baden, Karl I., Markgraf von 55, 58–64, 67, 72, 86, 88f, 91, 93
Baden, Karl II., Markgraf von 35, 44, 64; 77f, 80, 99f, 186, 292f
Baden, Karl Friedrich, Markgraf von 32, 37f, 44–46, 377, 446
Baden, Karl Wilhelm, Markgraf von 45
Baden, Kunigunde, Markgräfin von 99
Baden, Leopold, Großherzog von 38, 190
Baden, Magdalena Wilhelmina, Mgfn. von 45
Baden, Maria, Markgräfin von 100
Baden, Max von, Prinz 398, 400, 407
Baden, Philipp I., Markgraf von 33, 75f, 82–84
Baden, Rudolf VI., Markgraf von 61
Baden, Ursula, Markgräfin von 79, 99
Bach, Johann Sebastian 315, 318
Bähr, Johann Christian Felix 120
Bähr, Karl 120
Bälz, Mechtild 98f
Bärtli, Margaretha 280
Baier, Karl 140
Bapst, Valentin d. Ä. 438f
Barth, Carola 302
Barth, Karl 203, 205, 209
Basedow, Johann Bernhard 104
Basilius 174
Bauer, Ludwig 421
Beckenhaub, Moritz 246
Beda Venerabilis 442
Beer, Georg 311
Beethoven, Ludwig van 318
Behaghel, Hermann 448
Behaghel, Johann Georg 120
Behaghel, Johann Peter 120
Bender, Julius 50, 158, 196, 204
Bender, Karl 150
Berlichingen, Götz von 33, 244f
Berwangen, Albrecht von 80
Besecka, Johannes 97
Bettendorf, Philipp von 247
Bettingen, Crafto von 95
Beza, Theodore 281
Bibra, Lorenz von, Bischof 235
Binz, Friedrich Wilhelm 267
Bismarck, Otto von 420
Bitz, Albert 12
Bitz, Ernst 14
Bitz, Hilde 10–23
Blarer, Ambrosius 31, 42, 287, 443
Blarer, Margarete 42
Blarer, Thomas 42
Blum, Hans 348
Blus s. Plus
Bodenstein von Karlstadt, Andreas 32, 286
Böhme, Jakob 409

Bombast von Hohenheim, Anna 99, 291
Bonaventura 175
Bonet, Jodokus 70
Bonhoeffer, Dietrich 202
Boquin, Pierre 291
Brahms, Johannes 318
Brandenburg, Albrecht von, Markgraf 72
Brandenburg-Ansbach-Kulmbach, Albrecht (Alcibiades) 99
Brant, Sebastian 32
Brasler, Johann Ludwig 224
Brauch, Annegret 21
Brauer, Johann Nikolaus Friedrich 45f, 105, 121, 186, 191
Braun, Heinrich 387, 389
Breitschwert, Veit, d.Ä. 98
Bremgart, Johannes 97
Brenz, Johannes 31, 40, 42, 166, 233, 236, 241f, 245, 291, 443
Brockdorff-Rantzau, Ulrich von 408
Brodhag, Samuel 346
Bruckner, Anton 318
Brück, Gregor 183
Brümmer, Johannes 400
Brummer, Johann Anton 121
Brunn, Konrad von 264
Brunner, Peter 13, 177, 180, 197, 202
Brunner, Philipp Joseph 105, 121
Bucer, Martin 28, 30, 40, 43, 187, 236, 242, 247, 278–280, 283–287, 289, 291, 294–296, 436f, 443
Bühler, Hans Adolf 409
Bürcklin, Philipp Jakob 45
Büttner, Johann Heinrich 347
Bugenhagen, Johannes 166, 437, 440
Bullinger, Heinrich 290, 295
Buss, Wolfgang 232
Buxtehude, Dietrich 316
Bysloch, Johannes 97

C

Cajetan, Thomas 161–163
Calvin, Johannes 248, 278f, 281, 292, 294f, 437
Camerarius, Joachim 180, 438
Capito, Wolfgang 30, 284–286, 288, 436
Carlowitz, Christoph von 169
Chemnitz, Martin 438
Cherler, Paulus 294
Chrysostomus 174

Chytraeus, David 34, 178, 183, 226, 228, 436
Clemenceau, Georges Benjamin 410
Conrad, Marie 453
Cratander, Andreas 282
Creuzer, Friedrich 38, 104f, 114, 118–121

D

Dahlmann, Barbara 156
Daler, NN 45
Daub, Carl 38, 47, 106, 108, 120f
Dessler, Wolfgang C. 424
Dibelius, Martin 13, 49
Diederischs, Eugen 411
Diehl, Ludwig 450, 453
Dienheim, Ägidius Reinhard von 251
Dienheim, Albrecht d. Ä. von 254f
Dienheim, Hans Reinhard von 251
Dienheim, Heinrich Albrecht von 251, 263
Dienheim, Johann Philipp d. Ä. von 255
Dienheim, Johann Philipp d. J. von 251, 253, 255, 260–262–267
Dienheim zu Angeltürn 249, 253
Diethelm, NN, Pfarrer 232
Dietrich, Johannes 96
Dietrich, Veit 183
Dietze, Constantin von 156, 202
Doerr, Emil 138
Doll, Karl Wilhelm 48
Donner, Johann Konrad 260, 262
Dürr, Ruprecht 294

E

Eberdingen, Heinrich von 95
Eberlin, August 386, 389
Eberlin, August Christian 448
Eberlin, Johannes 97
Eberlin von Günzburg, Johannes 41
Eberstein, Wilhelm III., Graf von 96
Eck, Johannes 182, 435
Eckart, Johann 439
Ega, Anna Veronika von 251
Ega, Maria Philippina von 251
Ega, Philipp Ludwig von 251
Ega, Wolf Heinrich von 251, 255
Ehingen, Anna von 99
Ehmann, Kaspar 258f
Eisenlohr, Johann Jakob 189
Eisenmenger, Johann 230
Eitenbenz, Joseph Anton 120
Emerich, NN (Pfarrer) 229

Engelhard, Klaus 72
Engelhart, Katharina 98
Erasmus von Rotterdam s. Rotterdam
Erb, Matthias 42
Erbacher, Hermann 341f
Erxleben, Christiane 299
Ewald, Johann Ludwig 46, 101, 105, 107–111, 113, 116f, 121

F

Fabricius, Tobias 248
Fagius, Paul 42
Faisst, Bertha 416
Faisst, Clara 393, 416, 419
Faisst, Gustav August 403
Faulhaber, Doris 12–14, 16f, 19–22, 312
Fecht, Gottlieb Bernhard 46f
Feil, Moritz und Frau 248
Fessler, Karl Friedrich 339, 350
Feyerabend, Sigmund 436
Fischer, Samuel, Mag. 261
Flad, Bernhard 97
Flad, Konrad 96
Flad, Günther 95
Flaischlen, Cäsar Otto Hugo 407
Flecht, Markus 76
Fleiner, Johann Balthasar 249f, 253–255, 257–268, 270
Fleiner, Johann Konrad 262
Flersheim, Philipp von, Bischof 81–84
Foch, Ferdinand 398
Franck, Sebastian 435
Francke, August Hermann 37, 103
Frank, Ilse 18
Frankreich, Ludwig XIV., König von 375
Frecht, Martin 236, 287, 443
Freiermund, Johannes 72
Freyermut, Marx 71
Frick, Wilhelm 140
Friedrich, Otto 156–158, 196, 199f
Fries, Jakob Friedrich 121
Frisch, Johann Jakob 251, 258
Frommel, K. Otto 405
Furtwängler, Wilhelm 121

G

Gadner, Georg 53f
Gärtringen, Bartholomäus von 97
Ganzhorn, Laurenz (gen. Widmann) 72
Ganzhorn, Michel 72

Geiß, Anton 394
Gemmingen, Blicker von 222
Gemmingen, Dietrich von 239–243
Gemmingen, Johann Albrecht von 253, 258
Gemmingen, Philipp von 240–242
Gemmingen, Philipp d. J. von 242
Gemmingen, Ursula von s. Nippenburg
Gemmingen, Wolf von 231f, 240–242
Gerhardt, Paul 423
Gerung, Beat 278
Gillet, Grete (Margarete) 308f, 312
Giltz, Johannes 98
Glarean, Heinrich 282
Goebbels, Joseph 150
Göldlin (Schultheiß), Heinrich 65, 95
Göldlin, Luitgard 95
Göldlin, Werner I. 65, 95
Göler von Ravensburg 34, 230
Goerdeler, Carl 202
Goethe, Johann Wolfgang (von) 104, 118, 120, 378, 402
Goeslin, Peter 97
Gößlin, Werner 65, 71
Goldbach, Otto 140
Goldstein, Kilian 182
Gräter, Kaspar 241
Greiner, Hermann 12
Gremp, Conrad 99
Gremp, Cordula 99
Griebler, Bernhard 231f
Grischat, Hans 318
Großbritannien, Eduard (Edward) VII., König von 402
Grün, Christian Reinhard 322f
Grundmann, Walter 141f
Grynaeus, Simon 242, 285f
Günzel, Georg 260, 267
Güss von Güssenberg, Barbara 98
Gut, Oswald 80, 99

H

Habsburg s. Österreich
Hackenschmidt, S. 419
Hahn, Michel 81–85, 87
Hahn, Wilhelm 14, 50
Hall, Hans (Johannes) (von) 71f
Haller, Berchtold 281, 284f
Haller, Johann d. J. 291
Hans, NN 97
Hardheim, Anna von 99

Hardheim, Bernhard von 99
Hartmanni, Hartmann(us) 236
Haseloff, Elisabeth 18
Hatzfeld, Hermann von, Graf 252f, 256f, 258–266, 268–270f
Hatzfeld, Heinrich von, Graf 269
Hatzfeld, Melchior von, Graf 252, 269, 271
Hatzfeld-Crottorf-Gleichen, Franz von 252
Hebel, Johann Peter 38, 46, 121
Henckel von Donnersmarck, Charlotte Louise 382
Henckel von Donnersmarck, Wenzel Ludwig 382
Hedio, Caspar 30, 42, 281, 284
Heidland, Hans-Wolfgang 50, 204
Heiland, NN, Pfarrer 264
Heinrich Medicus von Horb 95 (s. auch Agnes)
Heinsius, Maria 11, 21, 302
Helbing, Albert 48
Henhöfer, Aloys 47
Henricpetri, Adam 273
Henricpetri (Erben), Sebastian 439
Hepp, Ursula 95
Hermann, Kaspar 263
Heshusius, Tilemann 291
Hessen, Philipp von, Landgraf 31, 226
Heyland, Johann Philipp 260, 262
Hitzig, Friedrich Wilhelm 47
Hochberg, Leopold von, Reichsgraf 38
Horb siehe Heinrich Medicus 95
Heyne, Christian Gottlob 104f, 113, 118, 120
Hilmer, Klaus 140
Hitler, Adolf 450
Hochberg, Johannes, Probst 80, 86, 98f
Hochberg, Sebastian 99
Höfer, Karl 448
Hölderlin, Friedrich 104
Hötzel, Karl 140
Hof, Otto 156, 158, 204
Hohenlohe, Georg Friedrich von, Graf 254
Hohenlohe, Johann Friedrich von, Graf 249, 253f, 260, 262–266
Hohenlohe, Wolfgang von, Graf 254
Holl, Karl 177
Hollenbach, Johann Jakob 261–263, 266
Hollenbach, Markus (Marx) 257, 259f
Hospinian, Rudolph 290
Huber, Sebastian 97
Hubert, Konrad 284
Hubmaier, Balthasar 435

Humboldt, Wilhelm von 113, 119
Hundeshagen, Karl Bernhard 47, 186, 188, 192, 198, 278f, 296
Hunger von Ettlingen, Hannmann 97
Hupfeld, Renatus 49
Hus, Jan 431
Hutten, Ulrich von 31, 435
Hutter, Leonhard 290

I

Illyricus, Flacius 182
Irenäus 165
Irenicus, Franz 40, 42, 446
Isidor von Sevilla 442

J

Jochum, Otto 318
Joest, Friedrich 15
Johann Freigraf aus Klein-Ägypten 97
Juncker, Christian 439
Jung, Georg 229
Jung-Stilling, Johann Heinrich 46, 377–383
Jung-Stilling, Elise (Tochter) 378
Jung-Stilling, Elise (geb. Coing) 383
Jungmann, Michael 229
Just-Dahlmann s. Dahlmann

K

Käferle, Karl Heinz und Frau 378
Kayser, Gerhard 326
Kayser, Karl Philipp 106, 108, 113f, 117, 120
Kechler, Hans, d.Ä. 98
Kechler, Margret 98
Kechler von Schwandorf, Hans d. J. 98
Keller, Hans-Eckart 340
Kessler, Johannes 283
Keyser (Kaiser), Ulrich und Ehefrau 97
Kistner, Nicolaus 236, 247
Klein, Paul 405
Klug, Josef 439
Knapp, Hans Christoph 263
Knapp, Johann 257
Knoder, Margret 97
Knoder, Jakob 97
Knoder, Jodocus 223f
Koch (Coccius), Ulrich 292
Kölli, Fritz 142
Kolb, Franz 41
Kolb, NN, General 266

Kolneder, Walter 317
Kommerell, Nikolaus 96
Krapf, Georg 98
Kretz, Wendel 244–246
Kübel, Johann Kilian 266
Kühlewein, Bertold 156
Kühlewein, Julius 49, 138, 143, 151
Kummer, Matthias 334

L

Lachmann, Johann 244
Landbeck, NN 258
Landmann, Arno 313
Lang, Theophil 138
Lange, Helene 300f
Lantschriber, Johannes 96
Lauffen, Grafen von 212
Lauter, Gottfried Christian 106–109, 112, 114, 116, 119
Lauterburg, Anshelm von 97
Lavater, Johann Caspar 46, 378
Lehmann, Ernst 139
Lehmann, Hellmut 401
Lehmann, Kurt 139, 394
Lehmann, Marie (geb. Faisst) 416
Leimbach, Karl 389
Lessing, Gotthold Ephraim 105
Leutwein, Jakob Ernst 249, 253, 255, 257–264, 266f
Leyen, Ruf(f)ina von 251
Liebener, Eberhard 78, 95
Liebener, Gosolt 95
Liedke, Gerhard 449
Lienhard, Friedrich 396
Lienzingen, Hans von 98
Liesch, Heinrich 98
Lindner, Thomas 42
Lippe, Simon August von, Graf 382
Lloyd George, David 408
Lobenbach, Adolf Butler von 251
Lucius, Jacob d. Ä. 436
Luck N.N. 97
Ludendorff, Erich (von), General 399
Luitgard, Mutter des Priesters Trutwin 95
Luther, Martin 29–32, 34, 41, 43, 161–172, 176f, 179, 182f, 189, 196, 222, 235–238, 241f, 245f, 248, 278, 281, 284–288, 435–438, 445, 449
Lutz, Johann Peter 254, 263, 265–267
Lutz, Walter 148

M

Maas, Hermann 13, 449
Maler, Katharina 77
Malo, Elisabeth 303
Mann, Karl 47
Mann, Karl Heinrich 425f
Marbach, Johannes 290f
Marheineke, Friedrich 38
Marschall, Marie von 305
Marx (Kanonikus) 76
Massenbach, Herren von 231
Mayer, Hanna Auguste 348
Mayer, Rudolf 12
Mayer-Katz, Leonore 446
Medicus s. Heinrich Medicus von Horb 95
Meißner, Oskar 140
Melanchthon, Philipp 30, 35, 43, 161, 163–171, 173–183, 187, 205, 242, 247, 281, 287, 291, 294f, 436–438, 445
Menius, Justus 288
Merz, Georg Samuel 257
Mesner, Katharina 96
Mey (Meyge), Heinrich 71
Meyer, Jodocus 98
Meyer, Sebastian 278
Mitzka, Franz 121
Mörlin, Maximilian 186
Moll, NN (Kaufmann, Mannheim) 195
Morata, Olympia Fulvia 42
Morhart, Ulrich d. J. 439
Morstein, Johann Ludwig von 249
Mozart, Wolfgang Amadeus 318
Müller, Christian Hans 348
Müller, Jakob, Mag. 254, 261
Müller, Karl 348
Müller, Philipp Nikolaus 356f
Müntzer, Thomas 225
Munz, Theodor 315
Murner, Thomas 437
Myconius, Oswald 277, 279, 281f, 284

N

Nestler, Gerhard 317
Nettinger, Johannes 96
Nettinger, Katharina 96
Nettinger, Krafto 96
Neudeck, Barbara von 238f
Neuhausen, Margarethe von 98
Neuhausen, Reinhard von 98
Neuneck, Hans von 98

Nieden, Johannes 399
Niethammer, Friedrich Immanuel 119
Niggli, Arnold 404f
Nippenburg, Ursula von 242f.
Nix von Hoheneck, Johannes, Bischof 59
Nowack, Wilhelm 396
Nüßlin, August 114
Nüßlin, Friedrich August 112, 114, 118

O

Oberbeck, Elsbeth Auguste 11, 297f, 302, 305–312
Oberbeck, Julius Albert 305f
Oberbeck, Marie Alma s. Schwedler
Oekolampad, Johannes 32, 277, 282
Österreich, Ferdinand von, Erzherzog 33
Österreich, Friedrich III. von, Kaiser 58
Österreich, Karl V., Kaiser 167
Österreich, Katharina von 58f, 72
Österreich, Sigismund von, Herzog 72
Offenburg siehe Osburg
Osburg (Offenburg?), Maternus von 99
Osiander, Lucas d. Ä. 276, 286
Otter, Jakob 41
Otto, Rudolf 304
Otto-Peters, Louise 299

P

Pantaleon, Heinrich 274, 276
Pastor, Conrad 389
Pastor, Bertha (geb. Edle v. Scheibler) 389
Patge, Emma 306
Paulus, Heinrich E. G. 47
Pazzi, Franz 120
Pestalozzi, Johann Heinrich 38, 103, 109
Pfalz, Friedrich II. von der, Kurfürst 230, 246
Pfalz, Friedrich III. von der, Kurfürst 99, 177, 248, 293, 437
Pfalz, Johann Wilhelm von der, Kurf. 366
Pfalz, Karl bei Rhein, Pfalzgraf 99
Pfalz, Karl Ludwig von der, Kurfürst 426
Pfalz, Karl Theodor, Kurfürst von der 111
Pfalz, Ludwig V. von der, Kurfürst 245
Pfalz, Ludwig VI. von der, Kurfürst 293f
Pfalz, Ottheinrich von der, Kurfürst 43, 246, 292, 437
Pfalz, Wolfgang, Pfalzgraf
Pfedelbach, Gräfin von 267
Pflüger, Anselm 42

Pistorius, Johann 44
Pius II., Papst 58f, 67
Plitt, Jakob Theodor 385–391
Plus (Blus), Anna 95
Plus (Blus), Hans 72, 97
Plus (Blus), Heinrich 72
Plus (Blus), Johannes 72
Plus (Blus), Margret 97
Plus (Blus), Marquard 72, 95
Plus (Blus), Paul 72, 97
Pöritz, Karl 349
Poincaré, Raymond 402
Posselt, Ernst Ludwig 46

R

Rad, Gerhard von 197
Rappenherr, Günther d. Ä. 95
Rappenherr, Gunther 96
Rappenherr, Guta 95
Rappenherr, NN 96
Reger, Max 313
Regius, Urbanus 166
Rehberg, Walter 317
Reich, Christian August 359
Reisch, August 261, 267
Reitzenstein, Sigismund von 105f, 121
Remchingen, Reinhard von 96f
Remchingen, Daniel von 100
Remchingen, Hans von 97
Remchingen, Katharina von 100
Reuchlin, Johannes 35, 435
Reut siehe Rot
Reuter, Martin 246
Rhenanus, Beatus 282
Riß, Johann Heinrich 256f, 261–263, 265, 267, 269, 271
Rödel, Karl 22
Rößler, Oskar 140
Rohde, Franz 315
Roos, Fritz 12
Rosenberg, Albrecht von 250f, 253–255
Rosenberg, Albrecht Christoph von 252, 255
Rosenberg, Georg Sigmund von 255
Rosenberg, Philipp Jakob von 254
Rosenfeld, Ursula von, siehe Baden
Roß, Werner 140
Rost, Gustav 199, 202f
Rot gen. Veyhinger, Eucharius 98
Rot, Johannes gen. Großhans Veyhinger 72, 96

Rot gen. Veyhinger, Katherina   98
Rot (Reut) genannt Veyhinger, Petrus   96
Rot gen. Vaihinger, Vitus   85
Rot gen. Veyhinger, NN   96
Rot (von Pforzheim), Johannes   96
Roth, Johann Michael   439
Rothe, Richard   48, 192
Rotterdam, Erasmus von   282, 441
Rubellus, Michael   281
Rucker von Lauterburg, Domherr   59
Ruhmus, Johannes   96
Rumpf, Wilhelm   313–318

S

Sachs, Johann Christian   37–39, 41
Sachsen, Johann Georg I. von, Kurf.   256, 271
Sachsen, Johannes von, Herzog   168
Sachsen, Moritz von, Herzog   168
Sachsenheim Margarethe von   98
Sander, Heinrich   45
Sander, Nikolaus Christian (d. J.)   46, 105, 114f, 117f, 121, 186
Sastrow, Bartholomäus   51f
Sattler, Thomas   72
Sattler, Waltraud   18
Sayn-Wittgenstein-Berleburg, Karl Wilhelm zu   382
Sayn-Wittgenstein-Berleburg, Louise zu   382
Schalling, Martin jun.   42
Schalling, Martin sen.   42
Schauenburg, Kunigunde von   99
Schauenburg, Melchior von   99
Scheller, Georg   266
Schenk von Stauffenberg, Barbara   98
Schenk von Stauffenberg, Hans   98
Schenk von Winterstetten, Katharina   100
Schenk von Winterstetten, N.N.   99
Schenkel, Daniel   48, 194f
Scherer, Anna Magdalena   38
Scheuermann, Hans   229
Schiller, Friedrich   104
Schillig von Cannstatt, Anna   99
Schleiermacher, Friedrich   119, 177, 190
Schlier, Otto   309
Schlink, Edmund   13, 156, 202, 204
Schlosser, Johann Georg   120
Schmidt, Heinrich   15
Schmitthenner, Heinrich   389
Schmitthenner, Karl Ludwig   48, 306–309

Schneider, Hermann   156
Schnepf, Erhard   31, 236, 240f, 443
Schnepf, Margarethe   240
Schnewlin von Wiesneck, NN   96
Schöpflin, Johann Daniel   36f, 39, 41
Schubert, Charlotte von   446
Schubert, Ferdinand   21
Schubert, Franz   404, 417
Schubert, Hans von   306f
Schüm genannt Abenturer, Jacobus   98
Schütz, Katahrina   42
Schultheiß (s. Göldlin, Heinrich)   95
Schultheiß, Goeslin   95
Schwarz, Friedrich Heinrich Christian   47, 119, 187
Schwarz, Johannes   85
Schwebel, Johann   41
Schwedler, Marie Alma   305f
Schweitzer, Albert   375
Schwenck (Erben), Lorenz   439
Schwertfeger, Agnes   98
Schwertfeger, Hans   98
Schwertfeger, Johannes   98
Sebolt, Maria   81f
Seiler, Georg Friedrich   45
Selneker, Nikolaus   166
Serinus, Christian   293
Servetus, Michael   435
Sexauer, Georgine   302
Seyffer, Hans   239
Silbereisen, Elisabeth   247
Solms-Braunfeld, Casimir August   382
Solms-Braunfeld, Christine Charlotte   382
Solms-Braunfeld, Friedrich Wilhelm   382
Solms-Braunfeld, Ludwig Wilhelm   382
Spalatin, Georg   236, 435
Specht, Hermann   348
Specht, Hugo   348
Spengler von Bönnigheim, Nikolaus   98
Spitta, Friedrich   396, 419
Staupitz, Johann von   235
Stein, Johann Friedrich   45
Steiner, Rudolf   410
Steinhausen, Wilhelm August Theodor   422
Stephani, Joachim   255
Sternenfels, Wilhelm von   230
Stetten zu Kocherstetten   249, 253
Stifel, Michael   435
Stössel, Johann   186
Stösser, Ludwig von   391
Straube, Karl   313

Strauß, Jakob 41
Stürmer, Karl 15
Sulzer, Beat 280f
Sulzer, Simon 32, 273–296
Suser, Petrus 97

T

Tettighofen, Günther von 95
Teufel siehe Tufel 96
Then, Jakob, Mag. 266
Thönes, Adelheid 298
Thoma, Agathe 397f, 411
Thoma, Hans 394, 397, 399–401, 405, 409–411, 417f
Thorlinger, Erhard 80, 97
Thorlinger, Ursula 97
Troeltsch, Ernst 306
Truchseß zu Höfingen, Sibylla 251
Trutwin (Priester); siehe auch Luitgard 95
Tufel (Teufel), Friedrich 96

U

Uhrlandt, Karl Friedrich 380
Ullmann, Carl 47, 120, 192f, 195
Umhauer, Erwin 157
Unger, Johann 55, 75, 85

V

Vadian, Joachim 288
Vehus, Hieronymus 32
Vespucci, Amerigo 442
Vierordt, Ernst Jacob 38
Vierordt, Karl Friedrich 38f, 41
Vock, Johann Peter 266
Vogelmann, Heinrich 448
Vollmann, Wilhelm 140
Volmar, Melchior 281
Voß, Abraham 104, 118
Voß, Heinrich (jun.) 104, 118
Voß, Johann Heinrich 104f, 118f

W

Wagner, Robert 146
Walcker, Orgelbauer 314
Waldersdorff zu Eubigheim 255
Waldseemüller, Martin 441f
Walz, Johann Leonhard d. Ä. 45
Weiler, Agnes 69
Weiler, Christoph 68

Weiler, Dietrich 68f
Weiler, Heinrich 68
Weiler, Jakob 69
W(e)iler, Johannes 96
Weiler, Klaus d. Ä. 68
Weiler, Klaus d. J. 68
Weiler, Konrad 68
Weiler, Matern 65, 68f, 72, 80, 98f
Weiler, Nikolaus 65, 68, 98f
Weiler zu Maienfels, Burkhard Dietrich von 251, 253f, 259
Weinbrenner, Friedrich 118, 382
Weinhag, Anna 446
Weis(e), Albert 95
Weis(e), Gerhusa 96
Weiß, Paul 401
Wels, Albert [Vater der Elisab. Wels?] 96
Wels, Anna 72, 95
Wels, Balthasar 97
Wels, Elisabeth 96
Wendt, Günther 157
Weniger, Hans Georg 348
Werner, Kaspar 261
Wertheim, Georg II. von, Graf 41
Westhoven, Emilie Bernhardine Caroline von 389
Westphal, Joachim 291
Widergrün von Staufenberg, Bernhard Friedrich 99
Widmann siehe Ganzhorn, Laurenz
Widmann gen. Möchinger, Cordula 99
Widmann gen. Möchinger, Mechtild 98f
Widmann gen. Möchinger, Johann 98ff
Wieland, Christoph Martin 104
Wieland(t), Johann 76, 85
Wildenfels, Hans Jörg von 244
Wilson, Woodrow 395
Winckelmann, Johann Joachim 103–105, 118
Winckelmann, Johann Just 103
Windeck, Margret 98
Winzelhäuser von Güglingen, Ulrich 230
Wittelsbach s. Pfalz
Wölffing, NN 259f, 262, 265
Wolf, Erik 156, 196, 199f
Wolf, Ernst 197
Wolf, Friedrich August 104, 114, 118f
Wolf, Johann Georg 257
Wolfskehl zu Rotenbauer, Bartholomäus 255
Wolfskehl zu Rotenbauer, Hans 255
Wolfskehl zu Rotenbauer, Jakob 255

Wortwin, Wolfgang   229
Württemberg, Christoph von, Herzog   241, 292f
Württemberg, Eberhard im Bart, Graf   31
Württemberg, Georg von, Graf   292
Württemberg, Ulrich von, Herzog   31, 226, 228–230, 233, 240f
Wurm, Theophil   201
Wurster, Paul   308–311
Wurstisen, Christian   276f, 280
Wurth, Klaus   49

Z

Zanchi, Hieronymus   290
Zeisolf-Wolfram, Kraichgaugrafen   212
Zell, Katharina   42,
Zell, Matthäus   30, 42
Ziegler, Wendel   229
Zittel, Karl   47, 190–193
Zweig, Stefan   435
Zwinger, Theodor   277
Zwingli, Huldrich   281f, 284, 436

Verzeichnis der Abkürzungen

ADB	Allgemeine Deutsche Biographie
BB	Badische Biographien
BBKL	Biographisch-bibliographisches Kirchenlexikon, begr. und hrsg. von Friedrich Wilhelm Bautz, fortgef. von Traugott Bautz,
BPfKG	Blätter für Pfälzische Kirchengeschichte und religiöse Volkskunde
BWB	Baden-Württembergische Biographien
CR	Corpus Reformatorum
DBETh	Deutsche Biographische Enzyklopädie der Theologie und der Kirchen
EKO	Die Evangelischen Kirchenordnungen des 16. Jahrhunderts, begründet von Emil Sehling, fortgeführt von Gottfried Seebaß und Eike Wolgast, Bd. 1–5 Leipzig 1902–1913, Bd. 6ff. Tübingen 1955ff.
GLA	Badisches Generallandesarchiv Karlsruhe
HGL	Heidelberger Gelehrtenlexikon 1803–1932, 1986
JBKRG	Jahrbuch für badische Kirchen- und Religionsgeschichte
LKA	Landeskirchliches Archiv (ohne weiteren Zusatz: Karlsruhe)
LKB	Landeskirchliche Bibliothek (ohne weiteren Zusatz: Karlsruhe)
MBW	Melanchthons Briefwechsel. Kritische und kommentierte Gesamtausgabe (mit Angabe der Reihe und des Bandes)
NDB	Neue Deutsche Biographie
Neu	Heinrich Neu, Pfarrerbuch der evangelischen Kirche Badens von der Reformation bis zur Gegenwart (VVKGB 13), Teil I: Das Verzeichnis der Geistlichen, geordnet nach den Gemeinden, Lahr 1938; Teil II: Das alphabetische Verzeichnis der Geistlichen mit biographischen Angaben, Lahr 1939.
PA	Personalakte
RISM	Répertoire International des Sources musicales [Internationales Quellenlexikon der Musik, hrsg. von der Internationalen Gesellschaft für Musikwissenschaft und der Internationalen Vereinigung der Musikbibliotheken], B/VII/1: Das deutsche Kirchenlied DKL. Kritische Gesamtausgabe der Melodien, hrsg. von Konrad Ameln, Markus Jenny und Walther Lipphardt, Bd. 1, Teil 1: Verzeichnis der Drucke von den Anfängen bis 1800, bearb. Von Konrad Ameln, Markus Jenny und Walther Lipphardt, Kassel u.a. 1975
RGG	Die Religion in Geschichte und Gegenwart
StA	Staatsarchiv
SVRG	Schriften des Vereins für Reformationsgeschichte
TRE	Theologische Realenzyklopädie
UB	Universitätsbibliothek
VD 16	Verzeichnis der im deutschen Sprachbereich erschienenen Drucke des 16. Jahrhunderts
VBKRG	Veröffentlichungen zur badischen Kirchen- und Religionsgeschichte

VVKGB	Veröffentlichungen des Vereins für Kirchengeschichte in der Evangelischen Landeskirche in Baden
VVPfKG	Veröffentlichungen des Vereins für Pfälzische Kirchengeschichte
WA	D. Martin Luthers Werke, Kritische Gesamtausgabe (Weimarer Ausgabe), Bd. 1ff., Weimar 1883ff.
ZGO	Zeitschrift für die Geschichte des Oberrheins
ZWLG	Zeitschrift für württembergische Landesgeschichte
ZThK	Zeitschrift für Theologie und Kirche

Verzeichnis der Autorinnen und Autoren

Dr. des. Daniel Abendschein, Schrozberg

Prof. Dr. Kurt Andermann, Blankenloch

Sarah Banhardt, Heidelberg

Dr. Ulrich Bayer, Freiburg

Prof. Dr. Johannes Ehmann, Heidelberg

Dr. Albrecht Ernst, Stuttgart

Dr. Konrad Fischer, Bretten

Prof. Dr. Thomas Fuchs, Leipzig

Prof. Dr. Georg Gottfried Gerner-Wolfhard, Karlsruhe

Prof. Dr. Uwe Kai Jacobs, Karlsruhe

Heinrich Löber, Karlsruhe

Prof. Dr. Martin-Christian Mautner, Heddesheim/Heidelberg

Dr. Helmut Neumaier, Osterburken

Almut Ochsmann, Karlsruhe

Dr. Annelen Ottermann, Mainz

Dr. Sven Rabeler, Kiel

Mareike Ritter, Karlsruhe

Walter Schnaiter, Sulzfeld

Dr. Gerhard Schwinge, Durmersheim

Dr. Annika Stello, Karlsruhe

Dr. Hans-Georg Ulrichs, Heidelberg

Dr. Udo Wennemuth, Karlsruhe

Dr. des. Micha Willunat, Karlsruhe

Prof. Dr. Jörg Winter, Karlsruhe

Richtlinien für Beiträge zum
Jahrbuch für badische Kirchen- und Religionsgeschichte

1. Angenommen werden nur Beiträge, die in elektronischer Form geliefert werden; die Beigabe von Bilddateien (hohe Auflösung: 300 dpi) ist erwünscht.
2. Die Beiträge werden unformatiert (auch ohne Trennung und Blocksatz) als docx-Dateien mit 1½-zeiligem Zeilenabstand geliefert. Text als „Standard", Fußnoten als „Fußnotentext".
3. Anmerkungen werden als Fußnoten gesetzt. Die Anmerkungsziffer steht nach dem Satzzeichen. Nachgewiesen werden müssen mindestens alle Zitate.
4. Zitate aus Quellen werden kursiv ohne Anführungszeichen gesetzt.
5. Zitate aus der Sekundärliteratur werden gerade in Anführungszeichen gesetzt.
6. Mit Auszeichnungen und Hervorhebungen ist sehr sparsam umzugehen. Namen werden nicht durch Kapitälchen ausgezeichnet.
7. In den Fußnoten ist wie folgt zu zitieren: Bei der ersten Nennung der vollständige Titel – z. B.: Johannes Ehmann, Union und Konstitution. Die Anfänge des kirchlichen Liberalismus in Baden im Zusammenhang der Unionsgeschichte (1797–1834) (VVKGB 50), Karlsruhe 1994 –, bei wiederkehrender Nennung mit Kurztitel und Verweis auf die Anmerkung der Erstnennung – z.B. Ehmann, Union und Konstitution (wie Anm. 12), 16–38, bes. 20ff. Bitte verwenden Sie bei den Namen keine Kapitälchen! Auf unmittelbar voraufgehende Titel kann mit Ebd. verwiesen werden.
8. Beiträge in Zeitschriften oder Sammelbänden sind wie folgt zu zitieren:
Vorname, Nachname, Titel des Beitrags, in: Name der Zeitschrift Jahrgang (Erscheinungsjahr), Seitenzahl, ggf. Spezifizierung; bzw. in: Titel des Sammelbandes, hrsg. von mit Namen des/der Herausgeber (Vorname Name/Vorname Name ...), ggf. Nennung der Reihe (in Klammern), Erscheinungsort und -jahr, Seitenzahl, ggf. Spezifizierung.
9. Zeitschriften und Reihen sind mit vollständiger Titelangabe zu nennen, mit Ausnahme von Institutionen und Reihen etc. mit Bezug auf die badische Landeskirche (EOK, LKA, LKB, GVBl. VVKGB) oder soweit sie im Abkürzungsverzeichnis des Jahrbuchs (bitte orientieren Sie sich immer an dem zuletzt erschienenen Jahrbuch) aufgeführt sind.
10. Die Seiten- oder Spaltenangaben in den Anmerkungen erfolgen ohne S. oder Sp. nur mit den entsprechenden Ziffern, z. B. 7–12 oder 7f. (wenn Seite 7 und 8 gemeint sind) bzw. 7ff. (wenn Seite 7–9 gemeint sind).
11. Die Anmerkungen werden mit einem Punkt geschlossen.
12. Namen von Institutionen, Vereinigungen, Zeitschriften etc. im Text werden durch ihre Schreibweise gekennzeichnet, z.B. Europäische Union; Christliche Welt. Besondere Begriffe und Bezeichnungen können durch Anführungszeichen ausgezeichnet werden.